神道叢説

全

中醫臨床之鑰

神道叢說

緒言

一、元祿寶永の交、伏見稻荷の社家羽倉春滿《アヅママロ》、崛起して復古神道を唱道してより、岡部眞淵、本居宣長、平田篤胤等の碩學相繼いで其學を祖述し、天下靡然として之に嚮ひしかば、從來の神道は漸く衰替して、遂に復た起つこと能はざるに至りぬ、初め春滿の帷を江戶に下すや、其說く所は專ら稻荷傳社の神道にして、卽ち其秘說たる稻荷三社傳、五社傳、七社傳を次第に傳授して以て僅に其口を糊するに過ぎざりしことは、彼が女婿神田明神の社司、柴崎好紀の同僚、浦鬼主殿の談に徵して知るべし、而して稻荷傳社の神道は、原と春滿の先輩にして、彼と同時に稻荷に奉仕せし大山爲起が、傳家の秘說を集めて以て大成せし所にして、夙に之を其師山崎闇齋に傳へ、後又江戸に赴いて吉川惟足の門人堀田五郎左衞門等に授けたるのみならず、天和二年闇齋の歿するや、其世職を抛つて京師に出で、徒弟を集めて以て盛んに其神道を教授せり、爲起時に歳三十有二にして、春滿僅に十三歳なりき、想ふに後年彼が鬱勃たる壯圖禁ずるに由なく、研學未だ半ならずして江戸に赴き、專ら稻荷神道の弘布に盡しゝもの、實に是際に於て爲起に私淑する所最も深厚なりしに由らずんばあらず、況んや彼が爲す所は、爲起の旣に其端を啓きし所なるに於てをや、然れども彼の慧眼なる、社家神道の遂に能く天下後世を指導するに足らざるを觀破し、一旦其說を放棄して、更に一新生面を開きしは、實に春滿の傳記中最も注目すべき所なりとす、世の神道を論ずる者、思をこゝに潛めずして、徒らに從來の神道を以て之を俗神道の名目の下に沒却し去らんとするは、果して其學に忠なりと云ふを得べきか、今し復古神道も亦動もすれば俗了視せられんとするの時に際して、其徒の謂ゆる俗神道書を刊行し、前車の覆轍に鑑みて以て斯道の革新に資せんとするも亦可ならずや。

一、從來の神道は、之を大別して兩部唯一の二とす、兩部とは、原と密家の胎金兩界の謂にして、其名は夙く國史に見えたれども、曾て神道に關せざる稱なりしが、本地垂跡の說興るに及びて、伊勢兩宮を以て胎金兩部の大日に習合し、諸神を以て諸佛に配當して、始て兩部神道の稱あり、專ら眞言、天台、及び日蓮宗の僧徒の主張したる神道にして、唯一とは、或は唯授一人の義とし、或は天人唯一の義とし、或は又儒佛を雜へざるの義とも解して、未だ一定の說有らずと雖も、要するに吉田、白河、藤波、忌部、橘、吉川、山崎、正親町等の諸家にて首唱したる神道なり、世或は別に社家神道の目を設け、之を總稱して三家神道、若しくは三種神道と云ふものありと雖も、其日吉、三輪社家神道の如きは、固より之を兩部に屬し、伊勢、賀茂、稻荷神道の如きは、仍ほ之を唯一に附するを以て穩當と爲すべきに似たり、今此編は專ら唯一神道諸流派に屬する諸名家の著書を收載して、間〻交ふるに獨立派の神道說を以てし、以て各時代を代表せる碩學鴻儒の學說の一般を示さんとするに在り、而して其兩部神道、及び復古神道に關する名著の如きは、更に機を見て之を刊行する所あるべし、

一、卜部兼直の神道由來記、吉田兼俱の神道大意、及び船橋國賢の慶長勅版神代紀奧書は、並に吉田神道の綱領を觀るべき書なり、而して其傳來は、藤中溪の神祇道正統記、鹽田兵庫の吉田家記文に於て、之を審にするを得べし、

一、度會家行の神道簡要、及び出口延佳の神宮續祕傳問答は、伊勢外宮の神道書にして、河邊精長の依勤績幷高年申加階狀は、固より

神道に關せずと雖も、延佳の門人にして、山崎闇齋の師たるの故を以て、特にこゝに收めたり。

一、林羅山の神道傳授は、彼が首唱せる理當心地神道を窺ふに足るべく、熊澤蕃山の三輪物語に、吳の泰伯を以て我が天照大神に擬するは、世既に其辨妄あり、今復た之を贅せず、

一、吉川惟足の神道大意注は、兼直の神道由來記を釋せるに過ぎずと雖も、亦以て吉川神道の梗概を見るに足るべし。

一、山崎闇齋の神道說は、先づ神代卷風葉集中臣祓風水草の二書を推さゞるべからず、然れども民間流布する所は、多くは傳授本にして信を措くに足らず、此編收むる所の藤森弓兵《ユツヱ》政所記、及び持授抄の如き、僅に小册子なりと雖も、亦以て其眞髓を窺ふに餘りあり。

一、正親町公通の神道口授、高屋近文の神道啓蒙、大山爲起の唯一論、

桑名松雲の十二支訓傳、谷重遠の與中村恒亨書、吉見幸和の學規大綱、多門正玄の神道或問、玉木正英の玉籤集、若林強齋の神道大意、松岡文雄の神道學則、跡部良顯の三種神器極祕傳、伴部安崇の神道初傳口授、及び神道問答、谷川士清の神道論、上月信敬の日本學則、小野宮高潔の神學納涼問答の如きは、いづれも垂加門下の高足に非ざれば其末流にして、其論ずる所は頗ぶる師說を補ふに足るものあり。

一、吉見宅地書庫記は、近年神宮文庫より出でたる書にして、當時に於ける吉田、伊勢垂加、及び正親町家神道の大勢を察するを得るは、實に此書の賜物なりと謂ふべし。

一、眞野時綱の神家常談、橘三喜《ミツヨシ》の神道四品緣起、增穗大和の神路手引草、井澤長秀の神道天瓊矛《トボコ》記、淺利太賢り孫信賢の中臣祓八箇傳、伊勢貞丈の神代卷獨見、榮名井《サカナヰ》聰翁の神道指要、及び神學一《ヒト》口《クチ》傳《ツタヘ》の如きは、適〻承くる所ありと雖も、多くは獨立派にして、其說亦大に傾聽すべきものあり。

一、神道祕傳抄は、未だ其著者を詳にせず、其文意に據りて察するに、恐らくは玉木正英の作なるべし、垂加神道の徒にして中臣祓を釋せるもの、甚だ尠からずと雖も、其要領を得たる、此書の如きは蓋稀なり、

一、白河神道は、由來重きを行事に置きて、敎義を記載せるもの殆ど稀なり、今收むる所の神祇伯家學則、及び神道通國辨義の如きは、較〻其缺を補ふに足るべきか。

一、神道傳來系圖、及び神道書目集覽は、一は以て吉田、吉川、垂加、正親町等の諸家神道の傳來を知るに足るべく、一は以て是等神道を講究せんとするものゝ參考書籍を見るに足るべきを以て、特に此編に附載せり。

一、此編を刊するに當りて、文學博士井上賴圀、同松本愛重兩先生、及び和田英松、平出鏗二郞、岡百也、田內逸有、毛山正辰、江見淸風、田邊勝哉、八代國治、副島知一、小林一俊、故馬瀨長松諸氏の示敎若しくは助力を得たる所多し、こゝに謹で其厚意を謝す。

明治四十四年十月神嘗祭日

山本信哉識す

神道叢説

目次

目次終

神道叢説

神道由來記

卜部兼直撰

夫吾國者、天地止倶仁神靈顯坐寸、故仁國於神國止云比、道於神道止云布、國止者千界乃根本奈利。故仁日本登云布、天竺漢土波、月止星止乃像南利、故仁月氏、震旦止云、日者大陽、月者陽耦生、星波陽乃散氣也、三光皆我國與利出天、三神此土爾垂迹寸、神止波常乃神仁非寸、天地仁先天流神於云、道止波常乃道仁非寸、乾坤仁超多留道於云、神性不レ動志天動幾、靈體無形仁之天形寸、是則不側乃神體南利、天地仁有天波神止云比、萬物仁有天波靈止云比、人倫仁有天波心止云布、心波則神明乃舍、混沌乃宮也、混沌止波、天地陰陽不レ分、喜怒哀樂未レ發、皆是心乃根元◎本イ也、心止波、一神乃本、一神止波、吾國常立尊於云、國常立尊止波、無形乃形ヽ無名乃名、此於虛無大元尊神止名久、此大元與利、一大三千界於成天、一心與利大千乃形乎分津、何況哉森羅萬像、蠢動含靈、都天一心乃元與利始利天、天地乃靈氣乎感仁至天、生成無窮也、心乃本源和一神與利起里、國乃宗廟者萬州於照寸、譬波一水乃德乎以天、萬品乃生於育加如之、儒佛乃二教止波、一心乃源與利萬法乃流於分津、釋迦、孔丘、共仁性命於天地仁受介、德行乎夙夜仁施寸、是神明乃託仁非乎◎哉イ、佛波則神乃性、人波則神乃主也、竺◎梵イ漢乃兩聖、心地於和光仁開幾、天地乃一神、道化乎塵埃仁同寸、大道一元乃元、天心一貫乃貫、是吾神道仁非哉、抑開闢乃初運、宗廟乃元由、他邦雖レ殊、蓋其源吾國仁有、其宗我神仁在利、誰不レ仰二吾國一哉、能思倍深思陪、

右神道由來記壹卷、以神祇提要本爲底本、以神祇要編所載神道大意及神道大意注校合了、明治庚戌正月念五日

神道由來記終

神道簡要

上代本紀曰、大田命記(訓イ)傳。號二興玉神一天照坐皇太神、則大日孁貴、故號二日天子一、以二虛空一爲二正體一焉、故曰二天照太神一、亦止由氣皇神、則月天子也、故曰二金剛神一、亦名二天御中主神一、以二水德一利二萬品一、故亦名曰二御饌都神一、惟諸神福田生化壽命也、汝等受二天地之靈氣一、而種二神明之光胤一、誰撓二其神心一、誰干レ慮耶、

又曰、人乃天下之神物也、莫レ傷二心神一、神垂以二祈禱一爲レ先、冥加以二正直一爲レ本、其本心皆令レ得二大道一、故神人守二混沌之始一、屏二佛法之息一、崇二神祇一、散齋致齋、內外潔齋之日、吊レ喪、問レ疾、食レ宍、不レ判二刑殺一、不レ決二罸罪人一、不レ作二音樂一、不レ預二穢惡事一、不レ散二失其正一、致二其精明之德一、左物不レ移レ右、兵器不レ用、鞆音不レ聞、口不レ言二穢惡一、目不レ見二不淨一、鎭專二謹愼之誠一、宜レ致二如在之禮一矣、

又曰、日神月神所レ化乃眞經津鏡是也、天地開闢之明鏡也、三才所レ顯之寶鏡也、當受レ之以二淸淨一、而求レ之以二神心一、視レ之以二无相無住一、因以爲二神明之正體一、

又曰、天照太神則主二火氣一而和レ光同レ塵、止由氣太神則主二水氣一而萬物長養也、故兩宮者天神地祇大宗、君臣上下元祖也、惟天下大廟也、國家社稷也、尊レ祖敬レ宗。禮敎爲レ先、故天子親耕以供二神明一、王后親蠶以供二祭服一、而化レ陰化レ陽、有二四時祭一、德合二神明一、乃與二天地一通也、德與二天地一通、則君道明、而萬民豐、

二所皇太神宮御鎭座本紀曰、伊弉諾尊曰、吾欲レ生二御寓之珍子一、乃以二左手一持二銅鏡一、天鏡尊所レ作三面寶鏡也、則有レ化、是謂二大日孁貴一、亦號二天照大日孁貴一也、此御子光華明彩、照二徹六合之內一、

又曰、以代水德未レ露、天地未レ成、瑞八坂瓊之曲玉平捧二九宮一天、即水德爲二天地一利、天地起成天、人民化生須、名曰二天御中主神一、故千變萬化受二一水之德一、坐二續命之術一、故亦曰二御饌都神一也、古語曰、大海之中有二一物一、浮形如二葦牙一、其中神人化生、號二天御中主神一、亦曰二國常立尊一、亦曰二大元神一、故號二豐葦原中國一、亦因以曰二天照止由氣皇太神一也、與二大日孁貴天照太神一、預結二幽契一、永治二天上天下一給也、

豐受太神宮御鎭座本紀曰、齊二情於天地一、乘二御想於風雲一者、爲二從道之本一、爲二守神之要一、將除二萬言之雜說一、

而學二一心之定準一、配二天命一而嘗二神氣一、理實灼然、祭
レ神淸淨爲レ先、我鎭以レ得レ一爲レ念也、神主部物忌等、
諸祭齋日、不レ觸二諸穢惡事一、不レ行二佛法言一、不レ食レ宍、
亦迄レ至二神嘗會日一、不レ食二新飯一、常謐レ心、愼攝レ掌、敬
拜齋仕矣、
又曰、視聽之外、氣氳氣象之中、虛而有レ靈、一而無
レ體、故發二廣大慈悲一、於二自在神力一現二種々形一、隨二種
種心行一、爲二方便利益一、所レ表名曰二大日孁貴一、亦曰二天
照太神一、爲二萬物本體一、度二萬品一、世間人兒如レ宿二母胎一
也、亦止由氣皇太神月天尊、天地之間氣、形質未二相
離一、是名二渾淪一、所レ顯尊形、是名二金剛神一、生化本性、萬
物惣體也、金則水不レ朽、火不レ燒、本性精明、故亦名
曰二神明一、亦名二太神一也、任二大慈本誓一、每レ人隨レ思雨
レ寶、龍王寶珠利二萬品一如二水德一、故亦名二御氣都一、金玉
則衆物中、功明甚勝、不レ朽不レ燒不レ黑、故爲レ名、無二
內外表裏一、故爲二本性一、謂人乃受二金神之性一、須レ守二混
沌之始一、故則敬レ神態、以二淸淨一爲レ先、謂從レ正式爲二
淸淨一、隨レ惡以爲二不淨一、惡者不淨之物、鬼神所レ惡也、
天口事書曰、天照珍圖者、心神花臺之中、天地八尊圓
鏡坐、豐受珍圖者、天地父母二儀之中、五大尊光照金
鏡坐、俗常以二金鏡一喩二明道一也、
寶基本紀曰、蓋百千尊號二天津御量之功名一也、故聖神
曰二內外不二一、常一躰、天神地祇皆一露矣、
神代本紀曰、號二倭姬命世記一心神則天地之本基、身體則五行之
化生奈利、肆元レ元入二元初一、本レ本任二本心一與、神垂以二
祈禱一爲レ先、冥加以二正直一爲レ本利、夫尊レ天事レ地、崇
レ神敬レ祖、則不レ絕二宗廟經綸天業一、又屛二佛法息一、奉
レ再二拜神祇一禮、日月廻二四洲一、雖レ照二六合一、須レ照二正
直頂一止詔命明矣、
神皇實錄曰、神語、大者人靈也、云二久志備一名レ之號レ魂、顯露形也
惣以二八洲八齊八心一、因以爲二大象一者也、古語陽氣爲
レ心爲レ神、故名レ魂也、陰氣爲レ意爲レ性、故名二精魄一
也、因レ玆祭二八齊神靈一、則世苦樂、皆是自在天神之作
用、廣大慈悲之八心、即續生之相、眞實而无レ畏、鎭二坐
大元神地一、如二湯津石村一、長生不死之神慮、請再拜、
又曰、高天海初出之故、天御氣理學之八重雲以、天坐
成神、天讓レ日國禪レ月乃皇神、亦曰二天御中主尊一、故天
地俱生神坐也、自明了而照二大千世界一、用二无漏乃靈
知一度二无量乃群生一、惟諸天之本致、皇帝之大宗也、諸
天子保任二此事一、而尊レ宗熟レ考、故故宗敬二天孫一、於二天

照太神一則尊二貴天御中主皇神一焉、

又曰、天口事書文 神人心外好二別請一、而從二不淨實執一、則不レ得レ踐二神地上一、不レ許レ飲二神地水一、而五千大鬼、常罵二大賊一、

或書曰、神人敎令潔淸三戢、而畢レ身不レ朽、語二其定一也、恬二思慮一正二神明一、而終日不レ亂、語二其惠一也、崇レ德辨レ惑、而必然以レ此備レ之、惠二群生一以二正法一、神而通レ之、天地不レ能レ撿、密而行レ之、鬼神不レ能レ測二其演法一也、惟是以二道德一謝二天子諸侯一、歸二神明一祈二國家大平一、是本來大人耳、

又曰、神一道無二多慮一、无二多智一、多レ智多レ事、不レ如レ息レ意、多レ慮多レ失、不レ如レ守レ一、慮多志散、智多心亂、心亂生レ惱、志散妨レ道、嗚呼不死妙藥、一道虛寂、萬物齊平也、

三始圖

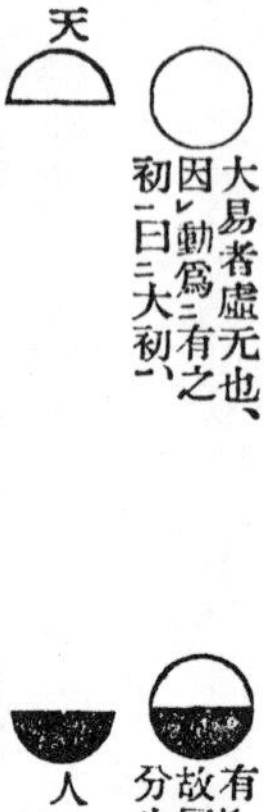

大易者虛无也、因レ動爲二有之初一、曰二大初一、

有レ氣爲二形之始一、故曰二太始一、氣形相分生二天地人一也、

道德者虛无之神、天地沒而道常存矣、原二性命一受二化於心一、心受二之於意一、意受二之於精一、精受二於神一、形軀消而神不レ毀、性命既而神不レ終、形軀易而神不レ變、性命化而神常然、因以名二國常立尊一、以レ初爲二常義一者也、

天神七代

大元 一 國常立尊　无二名狀一所レ化神、名曰二天御中主神一也、

件五柱神、則受二天地之精氣一、而氣形質具、而未レ相離レ名、稱二五大魂一、是中府藏坐神也、故謂レ神者生之本、形者生之具也、古語稱二獨化神一也、

- 地大、天八下靈神
- 水大、天三降靈神
- 火大、天合靈神
- 風大、天八百日靈神
- 空大、天八十萬魂神

二 國狹槌尊

三 豐斟淳尊

四 泥土煑尊　沙土煑尊　荒魂

五 大戸之道尊　大苫邊尊　荒魂

六 面足尊　惶根尊　荒魂

件五代八柱、天神光胤也、雖レ有レ名、相未レ現、形軀五府中坐、故名二天地耦生神一也、應化神名曰二天御中主神一、未レ顯露一名二國常立尊一、亦稱二國底立神一、天地之間稟二氣之靈一、蒙二一大五種之神力一、受二天地父母之生身一、以二言語一授二世人一、依

レ之得ニ一切智心ヲ利ニ萬物生化ー也、
伊弉諾尊（天降陽神、名日子、亦稱ニ大自在太子ヲ）妹伊弉冊尊（天降陰神、名ニ月子ヲ亦稱ニ大自在天子ヲ）從ニ國常立尊ニ至ニ惶根尊ヲ、天神六代之間、則有ニ名字ヲ、未レ現ニ尊形ヲ、五位神坐、其後轉變、合ニ陰陽ニ有ニ男女形ヲ、

伊弉諾伊弉冊二尊、承ニ天御中主神詔ヲ、卽以ニ天瓊戈ー指ニ立於磤馭盧島之上ヲ、以爲ニ國中天柱ヲ、化ニ竪八尋殿ヲ、共任生ニ大八洲、次大小島合拾四箇島ヲ、其後處々小島、皆是水沫潮凝而成者也、

伊弉諾伊弉冊二尊、俱議曰、吾已生ニ大八洲及山川草木ヲ、何不レ生ニ天下之主者ー歟、先生ニ日神ヲ、曰ニ大日孁貴ヲ、亦云ニ天照太神ヲ、亦曰ニ天日孁尊ヲ、此子光花明彩照ニ徹於六合之內ヲ、故二神喜曰、吾息雖レ多、未レ有ニ若レ此異靈之兒ヲ、不レ宜三久留ニ此國ヲ、自當下早送ニ于天ヲ、而授以中天上之事上、是時天地相去未レ遠、故以ニ天柱ー擧ニ於天上ー矣、

一　高皇產靈神、（皇神祖、故亦曰ニ高貴神ヲ、天御中主長男也、）

　天女　栲幡豐秋津姬命（皇孫尊母也、高貴女神、）
　妹　思金命（智性靈、相殿神、）天手力雄神（石戶開神、相殿神、）

二　神皇產靈神
三　津速產靈神

件三柱靈神者、天御中主神所化神、名爲レ子、父子道今時露現矣、

天鏡尊（伊弉諾伊弉冊尊上祖也）獨化神（天津水鏡神三坐、是神鏡始元三光面日明此時也、）
天萬尊（獨化神　伊弉諾尊靈明生、）天鏡尊次生也、
沫蕩尊（獨化神　伊弉冊尊靈明也、）天萬尊次生也、

件三柱神者、天御中主神出現之時、三魂荒魂坐、續命神坐云々、亦名稱ニ三諦明神ー也、

私勘云、仁王經授持品曰、是般若波羅蜜、是諸佛菩薩一切衆生心識之神、本一切國王之父母也、亦名神府辟鬼珠、亦名如意珠、亦名護國珠、亦名天地鏡、亦名龍寶神王、文

神皇實錄曰、於ニ高天原ー化生一神、號曰ニ天讓レ日（陽神　日神）國禪レ月（陰神　月神）皇神ヲ、亦名天御中主尊也、天地俱生神、是諸天降靈之本致、一切國王之大宗也、德被ニ百王ヲ、惠齊ニ四海ヲ、文

或天御中主所レ化載レ之、國常立與ニ天御中主一同
躰異名、上代本紀曰、國常立尊所レ化神、以ニ天津
御量事一、地輪之精金白銅撰集、地大、水大、火大、
風大神、變通和合給比天、三才相應之三面、眞經津
寶鏡乎鑄表給倍利、故此鑄顯神名天鏡尊、爾時神
明之道明現、天文地理以存矣、文
今案、一切國王大宗義、與ニ天鏡義一相同之間、
勘如レ之、尤可レ有ニ了見一歟、
地神五代番ニ地五行一、傳ニ神位一坐、道德極而生化德表也、
一天照太神奉レ擧ニ天上一、故曰ニ大日靈貴一也、
二正哉吾勝々速日天忍穗耳尊、
素盞嗚神、欲レ奉レ辭ニ日神一、昇レ天之時、櫛明玉命奉
レ迎、獻以ニ瑞八坂瓊之曲玉一、素盞嗚神受レ之、轉奉ニ
日神一、仍共約誓、即感ニ其玉一、生ニ天祖吾勝尊一、特甚鍾
愛、常懷ニ腋下一、稱曰ニ腋子一、
三天津彥々瓊々杵尊、大八州坐也、
天照太神之太子、正哉吾勝々速日天忍穗耳尊、娶ニ
皇天御中主尊長男、高皇產靈尊之女、栲幡豐秋津姬
命一、生ニ天津彥々瓊々杵尊一、

故皇祖高皇彥靈尊、靈持ニ鍾憐一受以ニ崇養一焉、因以
受ニ皇天尊號一稱ニ皇御孫尊一也、遂欲ミ皇孫尊以爲ニ
大葦原中國之王一矣、
四彥火々出見尊、天津彥々火瓊々杵尊第二子也、母木花開耶姬、大山祇神女也、
五彥波瀲武鸕鷀草葺不合尊、彥火々出見尊太子也、母豐玉姬、海童二女也、月神變易神坐、
神代三面鏡事、
上代本紀曰、國常立尊所レ化神、天尊尊、月殿居所ニ鑄
造一鏡也、三才三面之内一面是也、
一面者、神代天御中主神所レ授白銅鏡也、止由氣宮從ニ
天上一御隨身之寶鏡是也、奉レ崇ニ彼宮一御靈形也、
今二面者、天鏡尊子、天萬尊傳ニ持之一、次沫蕩尊、次伊
弉諾伊弉冊尊傳持天、神賀吉詞白賜邑、日神月神所レ化
乃眞經津鏡是也、天地開闢之明鏡也、三才所レ顯之寶
鏡也、當受レ之以ニ清淨一、而求レ之以ニ神心一、視レ之以ニ无
相无位一、因以爲ニ神明之正躰一也、今崇祭一面、荒祭宮
御靈、一面多賀宮御靈坐、
次天照太神御靈形御鏡事
八百萬神等、以ニ石凝姥神一奉レ鑄ニ寶鏡一、是也、
一面者、日前宮坐也、石凝姥神鑄造鏡也、初度所レ鑄不

レ合二諸神意一、紀伊國日前神是也、次倭姫命隨二神誨一更鑄造日月所レ化神鏡、藏二置朝熊山神社一也、亦此處爾志天種々神財鑄造已竟、

私記曰、日神所レ化御鏡者、荒祭宮奉レ崇之、月神所レ化御鏡者、高宮奉レ崇之、彼謂二月神一者、月夜見尊御事也、亦豐受宮稱二月神一、天御中主尊是也、或主二水氣一或主レ陰、有二月神號一歟、

外宮御神號有二異說一事

以二豐受宮一、或號二月讀尊一、是則爲二豐受荒魂一、高宮御坐之間稱レ之歟、以二當宮一或號二皇御孫尊一、是則爲二當宮相殿神御坐一之間、稱二此義一歟、以二當宮一或號二奈具社神一、是又奈具社者、爲二當宮酒殿神御坐一之間、勘二謬之一歟、彼以二奈具社一稱二御饌都神一、又以二當宮一中二御饌津神一、其名相通、委不二存知一之仁誤レ之歟、謂二御饌津一者、古語御氣津也、神語曰、御義理也、又水道也、以二水氣一易レ形號二御氣津一、凡如レ此同異、委知與二不知一之間也、守二一隅一、不レ能レ述二是非一耳、

外宮天神始天有二七星一陽神男主レ水、陰水珠所レ生號二月神一、陰陽神故寶殿有レ前象レ文象二春夏一御形圖、五神位圓形坐、五常圓滿知光表也、一輪之中、萬含レ象、五常百行、悉皆一圓、常住應化元神坐也、金鏡千四面、千木伏閉レ口、堅魚木、陽數月天、有二五百天子一

內宮地神始地有二五行一陰神女主レ火陽火珠所レ生號二日神一、陽陰神故寶殿在レ後象レ武象二秋冬一御形圖天瓊玉杵象表也、是天地發初、萬象根本、火珠所レ成白銅鏡形八面、是大洲神坐、

千木開レ口、堅魚木十、陰數日天、有二七百天子一

或人夢相云、外宮三爾宜朝棟神主、始見二月輪一、次爾御池際如二月輪一、志天陰絹其巾書二文字一、裏有二一首歌一

阿羅波佐波、具毛羅牟毛乃加、伊佐支世支、古古路乃加斤乃、宇津留加々美曾、

此事甚深殊勝御事也、細々不レ可二口外一哉、神垂門、是玄哉、竪二心柱於金石一、顯二文而於棟梁一、千木仰伏、鰹木增減、內外表裏、陰陽稱レ德、俱交互備、而貽二六色之禁法一、專峻二七言之制誡一、見レ恰開レ給、盡レ識二神垂之旨一哉、凡神者以二正直一爲レ先、正直者以二淸淨一爲レ本、淸淨者心不レ失レ正、不レ穢レ物、守二大道一專二定準一、是以明光照レ頂、靈德入レ掌、爲レ願盡レ成乎、萬事者一心作也、時々奉行、面々莫レ怠矣、

文保元年八月中旬、以二當番之次一勒二簡要之文一畢、

禰宜家行判

右神道簡要一卷、原大須眞福寺藏本也、以東京帝國圖書館本令書寫、一校了、明治四十四年八月十八日

神道簡要終

神道大意

夫れ神と者天地に先て而も天地を定め、陰陽に超て而も陰陽を成す、天地に在ては之を神と云ひ、萬物に在ては之を靈と云ひ、人倫に在ては之を心と云ふ、心と者神なり、故に神は天地の根元也、萬物の靈性也、人倫の運命也、無形にして而も能く有形を養ふ者は神なり、人の五臟に託して而も五神となる、各其臟を守る者なり、故に神の字をたましゐと讀是也、眼に色を見て眼是をみず、其見る所の者を神と云、耳に聲を聞て耳是をきかず 其聞く所の者を神と云、鼻の香に於ける、口の味にをける、身の寒暑にをけるも亦如レ此、當レ知心は則神明の舍、形は天地と同根たることを、天神七代、地神五代を合て十二の神とす、彼神力を以て天地を建立し、萬類を養育す、故に日に十二時あり、歲に十二月あり、人に十二の經絡あり、又は十二因緣ともなる、然れば則天道も地道も、千變萬化も神明の所爲に非と云事なし、況や天地の靈氣を受て、色心二體の運命の保者なり、其證明に云、頭に七穴あ

るは則ち天の七星なり、腹に五臟あるは則ち地の五行なり、上下を合て十二あり、又是天神地祇の變作なり、日月は天地の魂魄なり、人の魂魄は則日月二神の靈性なり、故に神道と者心を守る道なり、心動く時は魂魄みだれ、心靜る時は魂魄穩なり、是を守る時は則ち鬼神鎭なり、是を不㆑守時は則ち鬼神亂て災難をこる、之を守るの要は、唯己の心の神を祭に過たるはなし、是を內清淨と云ひ、又外清淨と云ふ、心を使に七品あり、喜と云ひ、怒と云ひ、哀と云ひ、樂と云ひ、愛と云ひ、惡と云ひ、慾と云ふ、是也、又形を用るに五の品あり、生と云ひ、長と云ひ、◎老と云脫カ病と云ひ、死と云ふ、是也、合て十二あり、是則神代の數なり、心を用るに神に非ずと云事なく、形を養ふに、神を離るゝ事なし、故に喜心過る時は肝の臟の神いたむ、怒心過る時は心の臟の神いたむ、哀心過る時は肺の臟の神いたむ、樂心過る時は腎の臟いたむ、愛する心過る時は膽の腑の神いたむ、惡心過る時は大腸の腑の神いたむ、慾の心過る時は脾の臟の神いたむ、故に神道は再見する時は汚と云は、執着の心を忌む義也、忌の字を己が心と作れり、以㆑之可㆑知、然も如㆑此なりと云へども、肉身を受る者、不㆑喜ば有べからず、不㆑怒ば有べからず、不㆑哀ば有べからず、不㆑樂ば有べからず、不㆑愛ば有べからず、不㆑惡ば有べからず、不㆑慾ば有べからず、畢竟過と不及とは則災難となり、諸病となる、是を去る者は中なり、中と者神なり、神を知を悟と云、神を不㆑知を迷と云、迷者は迷を不㆑知、故に鬼神亂て道を失ふ、悟者は迷を知、迷を知者は鬼神を祭る、鬼神を祭時は道治る、道治る時は他從ふ、他從ふ時は功成る、功成る時は名を遂る者なり、本文に云く、神を祭者は安く、神を不㆑祭者は危と云へり、神に三種の位あり、一には元神、二には託神、三には鬼神なり、初の元神とは、日月星辰等の神なり、其光り天に現じて、其德三界に至れり、然れども直ちに其妙體を見ることあたはず、故に淨妙不測の元神と號す、二に託神と者、非情の精神なり、非情とは草木等の類なり、地に着て氣をはこび、空に出て形をあらはし、四季に應じて生老病死の色あり、然れども全く無心無念なり、故に之を託神と號す、三に鬼神と者、人心の動作に隨を云ふ、纔に一念動けば是心他境に移る、故に心に天地を感ずれば、則ち天地の靈我心に歸す、心に草木を感ずれば則ち草木の靈我心に歸す、心に畜類を感ずれば則ち畜類の靈我心に歸す、心に他人を感ずれば則ち他人の靈我心に歸す、字書に云く、鬼とは歸なりと、然ば則鬼神は心の賓客なり、他より來て他に歸り、猶ほ家を出て家に歸るが如し、夫れ鬼神は萬物の主にして、而も人心の宗とする所なり、故に鬼神鎭る時は則ち國家安く、鬼神亂る時は國家破ると見へたり、依レ之伏羲は八卦を畫して八神を祭り、釋尊は天地の爲に十二神を祭り、佛法の爲に八十神を祭り、伽藍の爲に十八神を祭り、靈山の鎭守の爲に金毘羅神を祭る、則ち十二神の內也、此金毘羅神は日本三輪大明神也と、傳敎大師歸朝の記文に被レ載たり、他國猶ほ如レ此、何に況や吾が神國に於てを哉、

天神七代

第一 外宮是也　國常立尊陽神
年數百千億萬歲、無レ始無レ終、

第二　國狹槌尊陽神
年數八百億萬歲

第三　豐斟渟尊陽神
年數八百億萬歲

第四　泥土煑尊陽神沙土煑尊陰神
二神年數八億萬歲

第五　大戶之道尊陽神大苫邊尊陰神
二神年數八億萬歲

第六　面足尊陽神惶根尊陰神
二神年數八億萬歲、此神晚年自二過去毘婆尸佛一至二拘那含佛一五佛出、

第七　伊弉諾尊男神伊弉冊尊女神
二神治曆二萬三千四十歲

地神五代

第一 內宮是也　天照太神
治天三十萬歲

第二　正哉吾勝勝速日天忍穗耳尊
治天二十五萬歲、至二此神之末年一、過去迦葉佛出、

第三　天津彥々火瓊々杵尊
治世三十一萬八千五百三十三年、此神初而降二化于下界一、

第四　彥火々出見尊陽神
治世六十三萬七千八百九十二年、此神

第五　至二治世中間一、震旦盤古王生、

彥波瀲武鸕鷀草葺不合尊

治世八十三萬六千四十二年

此神治世晚年、伏羲生、至二最季曆一天竺釋迦大師出化、日神和光同塵、以降經二二百三十四萬二千二百餘歲一、

定二日本國中大小神社鎭座一事

延喜五年十二月廿六日宣下、於二山城國愛宕郡如意峰神祇齋塲所一、奉レ安二鎭三千一百三十二座之神體一、大神四百九十二神、小神二千六百四十神、同月廿八日奉レ渡二神體於六十餘州一矣、天下諸神奉レ授二神號一之時、於二齋塲所一、以二神代正印一被レ定二神宣一事、延喜以來之聖斷也、

定二二十二社次第一事

村上天皇御宇康保三年閏八月廿一日、霖雨經レ月、九天覆レ雲、依レ之被レ奉レ獻二官幣於十六社一、

伊勢　石清水　賀茂上下　松尾　平野

稻荷　大原野　大神　石上　大和

廣瀨　龍田　住吉　丹生　貴布禰等是也、

一條院御宇正曆二年六月廿四日、炎天送レ日、萬物變レ色、依レ之加二吉田廣田北野以上三社一、被レ奉レ獻二官幣於十九社一、

吉田　廣田　北野次第事、可レ爲二住吉之次、丹生之上一由宣下、

同五年二月十七日、祈二年穀一之日、加二梅宮一被レ奉レ獻二官幣於二十社一、

梅宮事、可レ爲二住吉之次、吉田之上一之由宣下、

長德二年二月廿五日、被レ奉レ獻二臨時之官幣一之日、加二祇園社一爲二二十一社一、

祇園社事、可レ爲二廣田之次、北野之上一之由宣下、

後朱雀院御宇、長曆三年八月十八日、被レ奉レ獻二官幣一之日、加二日吉社一爲二二十二社一、

日吉社事、可レ爲二住吉之次、梅宮之上一由宣下、

上七社

伊勢　石清水　賀茂　松尾　平野　稻荷　春日

中七社

大原野　大神　石上　大和　廣瀨　龍田　住吉

下八社

日吉　梅宮　吉田　廣田　祇園　北野　丹生

貴布禰

已上二十二社
日本國中三千餘座、預二年中四度官幣、並臨時祭祀一者也、其中於二廿二社一者、以二勅使一被レ奉二獻幣帛一者也、

三十番神由來事

一日熱田　二日諏訪　三日廣田　四日氣比　五日氣多　六日鹿島　七日北野
八日江文　九日貴布禰　十日天照大神　十一日八幡　十二日賀茂　十三日松尾
十四日大原野　十五日春日　十六日平野　十七日大比叡　十八日小比叡　十九日聖眞子
二十日客人　廿一日八王子　廿一日吉備イ　廿二日稲荷　廿三日住吉　廿四日祇園　廿五日赤山
二十六日建部　廿七日三上　廿八日兵主　廿九日苗鹿　卅日吉備

右正義不レ詳、傳聞、叡山慈覺大師如法經始行之時、於二棱嚴峰之杉洞一、毎日有二化現之瑞一、因レ玆以二其神光一其日爲二卅神一加レ之配二一月三十日一、守二護禁闕一之故、號二番神一云々、此段曾無二蹤跡一、抑慈覺大師者、貞觀六年正月十四日入滅矣、是後經二數年一垂跡神多、如レ此番神、於レ中祇園社者、貞觀十八年始而勸二請之一、北野天神者延喜三年二月廿五日、於二太宰府一薨、覺大師入滅後經二四十年一、然天曆元年六月九日、影二向於右近馬場一、是故始而建二祠堂於彼地一、奉レ授二神號一、謂二北野天滿天神一、貞觀六年以降經二八十餘星霜一者也、就レ中去文永十年八月十八日、毘沙門堂碩祖僧正經海問二吾八代曩祖兼益一曰、内裏三十番神、自二何代一被レ定二置之一哉、兼益答云、於二神道一未二曾有一之矣、世之所傳亦無二規範之分明者一、予竊案レ之、天照太神之御孫、初而降二臨于此國一之時、供奉神有二三十二一、則被レ勸二請内侍所一之神是也、若謂レ之乎、番字者數也、並也、對也、二與レ番其意同乎、傳敎弘法兩大師、以二彼三十二神一配二三十二菩薩一、然不レ謂二之番神一、復經海雖レ爲二顯密碩學一、以レ不レ辨二元由一、而問二於吾祖一、則豈非二後世會釋一也耶、且俟二博雅君子一質焉、

右所レ言之神道、名曰二宗源一何也、神書曰、掌二神事之宗源一也、宗者萬法歸一謂二之宗一、源者諸縁所起謂二之源一、是故上宮太子曰、神道者儒佛之宗、萬法之源也、宗源之旨、於レ是乎可レ視焉、盖神者天地也、無二天地一則四時不レ行、百物不レ生、無レ神則無二人生一、無二人生一則無二萬法一、亦無二一法一、畢竟爲二諸宗之源一也明矣、

天兒屋根尊四十五世孫
神祇長上從二位行侍從卜部朝臣兼倶撰

右神書吉田神主兼倶撰レ之所レ進二置禁裏一也、則彼
御本申出書寫了、兼倶息兼致自筆也、尤爲二證本一可
レ秘々々、

本云

延德二年庚戌正月十六日書二寫之一訖、遂而可二清
書一者也、

寛文六年菊月廿五日、以二古本一書寫了、
十一月朔日校合了、　權少僧都杲快

文化十三歳次二丙子一冬十一月、觀智院所藏之以二杲
快僧正自筆一令二摸寫一訖、　僧正隆賢
他日校合了　助筆　菅原定恒

右神道大意一冊、以予所藏寫本爲底本、以神祇提要所載本及流布
板本比校畢、明治四十三年正月念五日、

神道大意終

慶長勅版日本紀神代卷奥書

日本書紀、歷代之古史也、元正天皇養老年中、一品舍人親王、太朝臣安麻呂、奉レ勅撰レ之、吾朝撰書迄二奏覽一、以レ是爲二權輿一者耶、君臣共以莫レ不レ窮二此書一矣、按應神天皇以還、至二繼體天皇御宇一、異域典經、多以雖二來朝一、不レ解二其義一、徒經二三百有餘歲一矣、推古天皇御宇、聖德太子察二三才之源一、達二三國之起一、故始以二漢字一附二神代之文字傍一、於二于爰一吾邦人浸得レ識二量典經之旨一、非二至聖一誰敢成二此緈一哉、蓋神道者爲二萬法之根柢一、儒教者爲二枝葉一、佛教者爲二花實一、彼二教者、皆是神道之末葉也、雅以二枝葉一顯二其本源一、然則異曲同工者歟、頃學二儒佛一者夥、而知二神書一者鮮矣、物有二本末一、事有二終始一、何棄レ本取レ末焉、於二神國一爭疏二神書一乎、萬機之政、尙以二神事一爲二最第一一、但神代事、理旣幽微、非二理不一レ通、欽惟陛下、寬惠叡智之餘、後世惜二其流布不一レ廣、遂命二鳩工一、於レ是始壽二諸梓一矣、舊本頗純駮不レ一、求二數本一考二正之一、去二其駮一而錄二其純一、用二之國一而及二之天下一、則以成二煕皡之治一、以紹二神尊

之統一、保二瑞穗之地千百五秋一、將三必有レ賴二於斯一焉、

慶長己亥姑洗吉辰

正四位下行少納言兼侍從臣清原朝臣國賢敬識

右慶長勅版日本紀神代卷奥書、以流布本校合、明治四十三年二月下澣、

慶長勅版日本紀神代卷奥書終

神道傳授及同追加目録

神道傳授追加

以上八十九條◎此目錄據副島本補

神道傳授

一

一神は天地之靈也、

一心は神明之舍也、舍は家也、たとへば此身は家の如

く、心は主人の如く、神は主人のたましゐ也、
一形有る程の萬物は消ゆる事あり、神は形なし、目に見えぬ處に滿々て、天地に亘りて何時もあるなり、
一善をすれば、我が心の神に隨ふ、故に天道に叶ふ、惡をすれば、我心神に背く、故に罪を受く、諸神と人の心の神と、本より同理なる故なり、
一心の淸は神のましますは故也、鏡の淸く明なるが如し、彌淸くする故に、鏡の中の、にごりのガをのけて、カミと申也、

二 三種神器

一神璽はしるしの玉也、一寶劒は草薙の劒也、天村雲の劒とも申也、一やたの鏡は內侍所の事也、右玉と劒と鏡とを三種の神器と申候、天照大神より授け玉ふ代々帝王の御寶物也、此三の內證は、鏡は智也、玉は仁、劒は勇、智仁勇の德を一心に保つ義也、心に在ては智仁勇也、あらはし器と成時は、玉と劒と鏡と也、是を以國家を治守也、又鏡は日に像り、玉は月にかたどり、劒は星に像る、此三光ありて天地明なるが如し、三種神器備て王道治る、王道神道理一也、

三 一神則八百神事

一天地開時の神を國常立尊と申、天神七代の第一也、此一神分身して、諸神の惣體と成、たとへば天上の月は一輪にて、萬水に皆其影をうつすが如し、月も下らず、水も上らず、月の本質は自レ元一なれども、百千萬の影あり、人の本心一にて萬に通ずるも、皆國常立尊也、

四 勸請事

一神勸請する處に、變現して現はれ給ふ、例へば地を掘れば何處も水の涌くが如し、人心眞實に崇めまつる所、即神のすみか也、然れども祭るまじき神を勸請すれば道理に背く、故に福を蒙る事なし、神は非禮を不レ請故也、

五 本跡三儀

一佛を本地とし、神を垂跡とす、本地垂跡二なれども、不思議は一也、和光同塵の義也、
一佛は天竺の神、日本の神と不同也、然ば本地をも神とし、垂跡をも神とす、是は昔の神道說也、慈鎭和尙歌に、
誠あらば神ぞ佛の道しるべ迹を垂るとは何故か云ふ

一人をいはいて神とあがむる時は、人を本地とし、神を垂跡とす、是は元來より神をいはふと替り有故也、根本の所を本地とし、宮社のあるを垂跡とす、

六神道人道一理

一民は神の主也、民とは人間の事なり、人有てこそ神をあがむれ、若し人無くば誰か神を崇むる、然ば民を治は神を敬ふ本也、神德によれば人も運命をますべし、人間は晝の如し、神道は夜の如し、晝夜不同はあれども、其理は不同なし、生死の道も又如レ此、生をば今日にたとへ、今年に譬ふ、死をば昨日にたとへ、去年にたとふ、生道を能知れば、死の道も能しるが如く、人間の理を能知れば、神道も自知るべし、神をば敬遠かりて不レ可レ汚、民道義に宜く叶ふ、先專行上は即神慮に通ずるなり、

七天地神、人身神、

一日月星水火の類、四時の移替、晝となり、夜となり、寒熱、風雨、雷雲霧霜、雪ふり、萬物生榮、又枯しぼむに至て皆天地の神のしわざ也、目に見、耳に聞、鼻にかぎ、口に云ひ、息の出入、或靜眠、或若壯、或年老衰、皆是人身の神のしわざ也、人は天地の氣を受生たる故、天地を身に備たる也、兩眼は日月に形り、身の温なるは火也、潤也、又は唾汗出類は水也、肉身は土也、筋骨は金に形り、毛髮は草木に形る、一身に陰陽五行を具せずと云事なし、

八先祖子孫魂魄同氣事

一先祖魂魄神となる、其子孫の魂魄、即先祖の神也、たとへば菓を植ふる時に、其本木は朽と雖、後の木は本の種と一つ物なれば、木の氣は同き也、幾度植かへても、菓のあれば、初の木の種は替らず、人も如レ此、先祖の魂魄子孫に傳て、同じ筋目の魂なれば、其祭る時に眞實の謹ある心に先祖の神は感通也、魂は阳、魄は阴のたましゐ也、

九魂魄辨之事

一人生れて形の生るは白也、其中にあたゝかなる阳氣あるを云《コン》とす、目に視、耳に聞の類は白也、口鼻より出入息は云也、云は阳也、白は阴也、眼は白のしわざなれども、云と交て一つとなる、醒は云也、靜なるは白也、動歩は云也、元來一氣なれども、動と靜との變に依て、阴となり阳と成也、其神靈を身に備を云白と云也、白は形につく、云は形につかねども不レ離レ形、

たとへば云は人の如し、白は車馬の如し、人馬にのりて歩む如く、云を白にのせて心を治ればよし、云と白とを分はなせば、人の馬にはなれて歩に不レ異、此理に違へば逆に成て馬を人に乘るが如、神道には幸魂を云とし、奇魂を白とす、

十 陽神陰神事

一陰阳不レ分先を混沌と云、一氣也、一氣分て阳と成、阳神を伊弉諾と云、陰神を伊弉冊と云、此二神相交萬物を生ず、天は阳也、地は阴也、火は阳也、水は阴也、晝は阳也、夜は阴也、晩は阴也、朝は阳也、赤は阳、暗は阴、春夏は阳、秋冬は阴、東南は阳、西北は阴也、温と寒と男女阴阳也、物生は阳、枯は阴也、上と、左と、腹と、面と、淸と、輕と、動と皆阳也、下、右、背、裡、濁、重、靜、皆陰也、如レ是類を分て阴阳に屬といへども、又阴中に阳有り、阳中に阴あり、冬の中より春の萠すは阴中の阳也、夏中より秋の萠は阳中の阴也、夜半より晝までは阴中之阳也、午の刻より夜迄は阳中の阴也、男なれども生付柔なるは阳中の阴、女も强きは阴中の阳也、朔日より十五日迄は阳、十五日より晦迄は阴、正三五七九十一月は阳也、二四六八十十二月は各阴也、是阴阳交也、此類猶多、本より一氣の開ば阳と成、かゞまり閉れば阴となる、あつまれば阳と成、散ば阴と成、阴阳動いて五行となり、五行變化して人を生、鳥獸草木を生ず、かやうの事は皆是伊弉諾伊弉冊の兩神の所作也、所有の事、此兩神の離事なし、

十一 阴阳神の生る五行の神名

一句々乃馳《クヽノチ》　木ノ神　勾芒《コツハツ》　春ノ神
一軻遇突智《カグツチ》　火ノ神　祝融　夏ノ神
一埴安姫《ハニヤスヒメ》　土ノ神　后土《コウト》　土用神
一金山彦《カナヤマヒコ》　金ノ神　蓐收《ショクシツ》　秋ノ神
一罔象女《ミヅハノメ》　水ノ神　玄冥　冬ノ神

十二 五行之配當

五行	木火土金水	五時	春夏土用秋冬
五方	東南中央西北	五常	仁禮信義智
五臟	肝心脾肺腎	五竅	目舌口鼻耳
五色	青赤黃白黑	五味	酸苦甘辛醎
五臭	羶焦香腥朽	五音	角徵宮商羽
五運	風熱温燥寒	五精	魂神意智魄精志
十干	甲丙戊庚壬 乙丁己辛癸	五口	筋血脈肌肉皮毛骨
五液	泣汗涎涕唾	五志	怒笑思慮恐

五位　震離宰坤兌坎

右の如、五行の神も、四季の神も、皆人身の五臟に備、其の五の理は仁義禮智信五常也、其他萬事、何も此五の物に配當するに相違なし、人は陰陽五行の氣を受て生、故に五の物、身の內に有、形にあらはる物は、手足の指五有を以て可レ知、五と云も其理一也、

十三　祓之事

一外淸淨とは、行水をして、常の寢所を替るを云、

一內淸淨とは、精進し、其上にて蒜葱の類を不レ喰を云也、是謂ニ齋と一、此二つは輕き神事也、外祓也、

一重神事は身を淸て精進するを外淸淨と云、心に妄念惡念を拂を內淸淨と云也、是內の祓也、過を悔て改て善とするを祓と云、過を改を神は請給也、神前にて此祓を唱て願禱祝詞を云、

十四　六根淸淨之祓事

一眼耳鼻舌身意是也、目に穢を見ても心に見ず、耳に穢を聞ても心に不レ聞、口鼻身又如レ前、一念發る處を濁と云へども、後念に萠ねば其濁は其儘止て淸く成、淸明に成は神心也、色は目を亂、聲は耳を亂、匂は鼻を亂、欲は心を亂《マヽ》なれば淸淨なり、

蓮葉の濁に染まぬ心もて何かは露を玉とあざむく

聲を聞て心に通、色を見て心に通、飲食味を知、此心理に不レ背、即神也、

十五　三種大祓の咒文事

一天津祓　吐普加身依身多女《トフカミエミタメ》是れ神代より傳ふる神詞

國津祓　寒、言、神、尊、利、根、陀、見、是は神道と易道と一にして、神祇伯弁祭主久傳來也、

蒼生祓　波羅伊玉意《ハライタマエ》、喜餘目玉《キヨメタマヘ》、是は中臣祓の中の語也

祓申、きよめ申といへば、人の祓ふ也、陰陽家には如レ此よむなり、中《マヽ》祓卜部の家には、はらいきよめ玉ふといへば、神の祓ましますなり、何の穢あらんや、

十六　神體之事

一筥の內に物なく空なるを幾重も包み、又入子にしてしめを張り、內陣に納時、此物は木にてもあらず、金にても非ず、土にてもあらず、中に神のましますと、口の中に小聲に唱、神は形なき故なり、高天原に神止は、魂氣は天に還の義也、

一筥の內に土を入時、此物は木にも非ず、金にも非ず、中に神のましますと唱也、萬物皆土より生、亦土

に歸故也、陰神黄泉に入は、體魄歸ニ於土ニ義也、一箱の中に鏡などの類を入時も、此物は木にも非ず、土にも非ず、中に神ましますと唱、鏡明成を神にたとゆる故也、日神出給ひて後、天岩戸へ鏡を入たる義也、其餘は例して可レ知、但社により少不同あるべし、繪像、木像等の類は、中比よりの事なり、

十七 神道三流

一唯一宗源、是は神代の神道、日本の古風にて、異國の事を不レ交、春日明神より傳來、大織冠以來、中臣ト部家へ別、吉田、平野、其流也、

一兩部習合、是は佛神一體にて、天照大神は大日如來也、日吉は藥師也といへり、行基、傳敎、弘法より以來の流也、

一本迹緣起、是は諸國諸社神主、其家々に久云ならはして、本地垂迹を立、此社は日本の神、彼社は唐土天竺より飛來神と中傳也、

十八 神道奥儀

一理當心地神道、此神道即王道也、心の外に別の神なく、別の理なし、心清明なるは神の光也、行迹正は神の姿也、政行るゝは神の德也、國治は神力也、是は天照大神より相傳ましき、神武以來、代々帝王御一人しろしめす事也、御幼少時は、左右大臣、攝政、關白抔傳授し奉事也、近代は此通知人慥ならずと云、

一ト祝隨役神道、是は不レ可ニ◎可下恐脱限字社家禰宜、神主、祝部輩ニ祭禮神事時に、社内を掃除し、或は祓、祝詞、宣命など讀上る事の役人なり、然ば帝王御一人しろしめす神道をば輙く窺がたし、故に理當心地の神道外は、何も皆神の事也、役者也と可レ知、

十九 御手幣《ミキテ》《ミテクラ》

一天照大神天岩戸にとぢこもり給時、諸神相はかりて、青幣白幣を岩戸の前にかけ祈り給ふ、是御幣の始也、或絹を用、或紙を用、青は春の色にして陽、白は秋の色にて陰也、西也、手に青白の幣を持は、陰陽を握、東西南北をも、四季をも手の中に取也、幣串は[常]にかたどれり、然ば目に見えぬ神は幣の上あらはるゝ也、一說には、祭る人の心に謹あるを現はして幣を奉、其外備物に皆是心中の禮義をあらはしたるしるし也、供物を多飾りたりとも、實心の謹なくば神は受べからず、供物輕しとも、神は實心を感ずる也、太神宮を茅葺にするは潔きをたとへて奢を嫌ふ故也、

二十千木之事 日本紀に榑風を千木とよめり、破風のことなり、

一中臣祓に、高天原に千木高知てと云は、天津宮を高作の義也、宮の上にさすまたのやうに立たる木を、千木かつをぎと云、又かたそぎとも云也、社壇の上、阴阳の氣を受たるにかたどる也、

夜や寒き衣やうすき片そぎの行合のまより霜やをくらん

是は住吉大明神の御歌なり、社壇古くそこねたるを嘆きて、帝の御夢に見えて、此歌をよみて造營し給ふとなり、

片そぎの千木は内外にかはれども誓は同じ伊勢の神風

風雅にあり、度會朝棟歌なり、是は内外立やう少かわれども、正直の人を守らんと御誓は同也、

久方の天のつゆじも幾世經ぬみもすそ川の千木の片そぎ

後鳥羽院御歌也、太神宮の作は、餘社に替、千木も不レ曲、片そぎもそらず、正直をたつとぶ也、

二十一注連之事

一日本紀に、日神天岩戸を出給て、後端出之繩《シリクメノナハ》を岩戸の前に引と云は、しめの事也、うたぬわらを以て、左繩になつて、其端を七五三と出す、七五三、合十五也、左へなふは阳に形る、十五は十五日づゝにて月の盈缺有に象る、十五は阴也、然ば繩にも阴阳を備ふ、此繩を民間には飾繩と云、後西園寺殿說には、繩は直々に引物なれば正直に象る、わらの先を餘て切揃ざるは質朴に象る、神は正く直なるを用給ふ故也、近江の坂本にては、昔一家の中にも穢を隔てんためには繩を引也、或は身にしめをかくることも有、是は日吉の神道の說也、日神再又岩戸へ入不レ給やうにとて、しめ繩を引事なれば、物を隔儀にて、穢しきをさへぎらん爲しめを引也、

榊葉の上と下とにしめかけて立まふ雲に神ぞあつまる

二十二王之字事

一王、三は天地人の三也、|は天地人を貫也、天地人を貫ものは神道也、即王道にて其第一の人、天下の君也、王と云、主、王の上の點は火焰の貌なり、日火珠也、首に日輪在は、天照大神を頂くなり、日神の御子孫、日本の主にまします故、日本國と申也、

一玉、天地人三を貫事は、玉を貫如に連つゞく故に、丸點を玉に比して、王に加て玉の字とす、御身を玉體と云、神璽を曲玉と云、御位を玉震と云類、皆是なり、

一皇貌白月也、王の上に白有は、是も日神載給字の義也、日下王と云心を以皇と申也、

二十三雄誥の事

一稜威之雄誥　いつのをたけび、いかめくつけしめす義也、

一稜威之嘖讓　いつのころび、いかしくしかる義也、

一詰問　なじりとふ、つみとがをとひつむる義也、

神代卷の素盞雄尊、猛き荒神にて、天へ上給へば、天照大神驚て、天上を奪んとて來可レ成と宣て、武士の裝束し、弓矢を帶し、劒を取て、をたけいし、ころいじ詰問給ふと云々、後世に合戰の時音を上るは是より始、ゑいゑいあふ云也、始のゑいは雄誥也、次のゑいは嘖讓也、後のあふは詰問也、ゑい、ゑい、あふ、三重なり、是に付て拍子をうつ事ありマ、進かゝる時擧る聲をば、送りごきと云也、戰場で後擧るは、勝時と云也、軍神を請ずるに◎さカ軍神をくるとの義にて習ある事なり、

二十四神代日弓

一座陣弓　天照大神持給御弓也、引事なくして、自四海大平の勢有、上弦の月に象、上弦は三日より七日八日迄の月を上弦とす、ゆみと、よみと古語通ず、月はよるみゆる故にゆみと申也、

一發向弓　日神天上にまし〳〵て、下界を鎭めん爲に、諸神被レ遣時給弓也、十五夜の月に象る、十分に引保てる體也、惡神邪神を射んとの爲也、

一護持弓　皇孫天降、日本の主と成玉ふ時、持給へる弓也、下弦月に象る、二十三夜の月也、御身守也、

一治世弓　日神第四代孫彥火々出見尊持給弓也、晦日の月に象る、晦日の夜は月見えず、弓矢を袋に納て天下靜謐の體也、

二十五神明事

一卜部說には、天上の神を神明と申、明の字を分て日月とす、神の明成事、日月に齊して、日月の上に在る儀也、地神を明神と申、日月の二字を合て明とす、日月の下に神有儀也、

一周易に、神明其德と云は、人心の中に具たる道理明成を神明と云也、微妙にして清明なる故、左傳曰、明神

殛レ之と云は、諸の明にすぐな靈神を云、人もし罪惡あらば、神の責を受けんと云義也、此神明、明神の字義は、卜部の説にかはれり、

二十六鳥居之事

神《カミノ》坐《マス》鳥居《トリ井》於《ニ》入《イレバ》此《コノ》身《ミヨリ》日《ヒ》月《ツキノ》宮殿《ミヤト》安樂《ヤスラカニ》而住《スム》

一天照大神四代御孫火火出見尊海に入、龍宮城へ至、門外に井有、尊の御影、其手水に移る事有、神代下卷にのせたり、是によりて井げたの形を移し、とりゐとして、社の前に立、神の御影をうつし申也、

一黑木の鳥居、縱橫の柱皆まつすぐなるは神也、曲れるは人と示給ふ御敎なり、

千早振神の名しるすみづがきの跡はたえせじ八百萬代も

後醍醐天皇、春日祭の茂成をよめるをしうた、

立よらばつかさ〳〵も心せよふぢの鳥居の花の下かげ

一華表は鳥居の事也、是を立事、此内に社在としらしめてろし往來諸人にうやまはれしめて、無禮らうせきを爲せまじきためなり

二十七遷宮之事

一假殿に供物を備、御幣を取、再拜し祓をなす、其後丑時本社へ神體を移し奉、本社に兼て諸道具を調置也、祝詞に云、「くにも開け、天も明る、新殿に移り給へ、國々暗からず、内外ゆがまず、長き御代迄守ましませ、」如レ此唱て再拜してをさめ奉る、

一三輪流の神道には、此時印を結び、梵字をひねり、陀羅尼を唱ふる事有と云、昔はなき事也、兩部習合の説より起れり、

二十八神無月

一十月を神無月と云事は、十月は純陰の月にて陽なし、陽神なき月也と云んため、神無月と云也、然ども、陽ついに不レ可レ滅、故に十月を陽月と云也、十一月は一陽生ず、

一伊弉冊尊かくれ給ふ事は、十月に至、萬物悉皆枯しぼむ、是陽神のしわざ也、伊弉冊尊滅玉ふ所を指て神無月と云也、神滅すといへども終に滅せず、春榮と冬枯との時節を以、神生死に比ふ、然ども毎年四時の巡り移る事何も同なれば、此神生死なし、前説十月に諸神皆出雲國へ集る、故に神無月と云とならば、出雲にては神有月と申べけれども、其沙汰なし、此説不レ慥、

二十九祭意事

一先祖を祭に、其鬼神必定有事にて、來請とするは迷なれば不智也、其鬼神必定なき事にて、何者か祭をうけんやと思は、親を忘事にて、不孝不仁也、此段古事に不レ可レ有、道春淺識の僻見歟、

一先祖の魂は子孫に傳る、我身生てあるは即是先祖の身分たる故也、父母なくば子孫不レ可レ有、然ば我鬼神即是先祖の鬼神也、我心眞實に謹て祭れば、爰に鬼神必定有て、其すゝめ先祖子孫一理也、一氣也、是聖人祭禮する意なるべし、論語に祭如レ在と云は、祭するは先祖の生て在やうに、敬もてなす意也、禮記に之レ死而致レ死と、之ニ不仁一而不レ可レ爲也之死に而、致レ生之不智にして、不レ可レ爲と云も此義也、

三十　皇孫降臨之事

一神代始、國常立より伊弉諾尊迄を天神七代とす、天照太神より鸕芽葺不合尊迄地神五代とす、合十二代也、此内十代目皇尊ににぎノ尊、初天降、秋つすの主と成玉ふ、今に至迄代々帝王は其御子孫也、帝王御即位の儀式、皇孫降臨の義を象ると云、

一儀云、懷姙時、一月に血集る、二月に脂の如くに凝る、三月形始作、男女定、四月に姿漸成、五月動、六月筋骨成、七月毛髮生、八月臟腑備、九月物を飲食ふ、十月識神具、此月誕生す、此十月の胎内の次第を、十代の神に比すれば、一氣初て萠して一滴の露と成は、國常立の神也、十箇月に當り產するは、皇孫天降り給ふ意也、

三十一八雲事

一素盞男尊、出雲國に到、稲田姫をめとり、宮作して住玉ける時よめる歌、

八雲たつ出雲八重がきつまごめに八重がきつくる
其の八重がきを

此所に八色の雲立ければ、八雲立出雲と云へり、八ゑがきの宮を作、稲田姫をつまごめ、もりい給ふ、八ゑ垣は幾重々々に作義也、其御悦のあまり、重て又八ゑがき作と念比にくり返し、其八重垣をと祝ひ玉る神詠の意なり、此歌に四妙有、一には字妙、卅一字に定たるを云、一月卅日にてきはまりて、又一日と改め始る義也、二には句妙、一首の内を分て、五七々々の五句とす、五行、五常、五臟、五音、五味、五色等に象る、萬事皆此五にもるゝ事なし、三には意妙、一首の意玄

妙にして、天地を動し、鬼神を感ぜしめ、男女ノ志を和、四には始終妙、凡そ古歌は文字の數も不レ定、然に此歌は文字の數定、神代より末代の今に至、此風絶ゆる事なく、傳來變ぜざれば、始終妙と云、古今序に、荒金の土にして素盞男尊より起と云は此事也、和歌の家には猶以習あるべし、

三十二混沌事

一混沌は一氣の圓きを云也、天地不レ開、阴阳未レ分時、混沌まんまろにして鷄子の如し、其中に神靈の理自在て、未不レ現、其分開くるに及て、天地の間に萬物生ず、是を人にたとゑれば、一念初めて起りて胎內に宿り、一滴の露の如なるが、月を重て生ずるは天地開に似たり、又人の心に譬れば、圓なる理の中に、動と靜とを合て、念慮未レ芽はこんとん也、既に動發て種種の思ふこと多出來は、天地開萬物生に似たり、神は未分の內より備て開闢の後に現はる、故に始もなく終もなし、人心も同理也、靜にして虛なれば今日も混沌未レ分也、

三十三國常立同體異名事

一天讓日天狹霧國禪日國狹霧尊　國常立尊　可美葦芽彥舅尊　天御中主尊　天常立神

右五神、天地開時初て生出神也、舊事記、幷日本紀にあり、卜部說に、此五の神元來一體也、之を大元尊と號す、國常立尊は一切諸神の根本也、一而無形有靈、一切の人にも此神の氣を不レ受と云ことなし、萬物の始、悉皆此神に基く、

三十四日吉神事

一大己貴神は素盞男尊子也、出雲國大社も、大和三輪も此神の事也、此神の弟を大歲神と中、大歲神子大山咋神は比叡山にまします、又山城國葛野にまします、舊事記にあれば、日吉と松尾と同體の神也、然ば日吉神、素盞男尊の孫にて、大己貴の姪也、

一或說に、日吉は大己貴也といへども、舊事記の本說慥成故、日本紀の註には、三輪日吉同體に非ずと曰へり、然ども伯父姪の間なれば、奉ニ勸請一ことも有んや、無ニ覺束一、

一傳敎の說には、天竺のこんぴら神は、日本素盞男尊、大己貴父子の事なれば、大己貴もこんぴら神とす、又またら神とも名づく、傳敎渡唐し、青龍寺の鎭守は此神なるにより、歸朝して叡山を開時、日吉を以

同體とし、山王と號、北斗の七星に象りて七社を立たり、山王の事は日本紀等に載せざれども、彼の家に傳授ありて、玄旨《ヤ》き命口を修する時の事といへり、

一摩多羅神を竹に比ふ、內空なるは神の心なり、外圓直なるは神正直にして柔和なる德也、雪霜にも色を改めざるは、神の常住不變ノ形也、節有は神の靈威の品々によりて守ニ節義ー也、

一或說に、大己貴を日吉大宮とし、大比叡の地主權現とする時は、其子事代主神を日吉とし、大ひゑの地主權現とするぞ◎日吉以下十六字原書墨にて線をかけたり二宮とするとも云、

一摩多羅神事日本紀に此神の名なし

一摩多羅は、こんぴら神の事也、藥師十二神の內、こんぴら神將と申は是也、藥師の反現也、天台家にまたら神、諸神の惣體也と云り、此神の左右に、丁禮多童子、尼子童子とて、二人の童子あり、一人は鼓を打、一人は立てまふ、鼓は筒の內の空なる革としらべとをかけて打ばなる、例へば人心空なるを五體にて張たるが如し、動き働き口より言ば、此二人の童子の鼓打て立て舞ふに比ふ、如レ此鼓打舞ふは、摩多羅神のしわざなり、心中に此神あり、五體離ればことなし、空は神體也、鼓の革としらべを取はなせば、筒計あれども聲なきが如し、是をつゞみの一心三視と申なり、猶又有レ習、

三十五神之理イニハ六是より下可レ知

一神は形なしと雖靈あり、氣のなす故也、一氣の萠ざる時も萠して後も、此理本より有て、音もなく、匂もなし、始もなく、終もなし、氣を生、神を生ずるいはれは即是理也、眞實にしてあらゆる事の根源也、いたんには此理を不レ知、

一佛法に空刧いせんと云、いをんなはんといふは、混沌未レ分を云也、猶ものぼりて云へば神と名け、無と名くれば、旣に神其始は神れいもなく、又無と云名もなしと云て、其れいをも嫌へり、老子莊子說に、神と云物もなしと申、無も元來なしと申故也、無の名に拘るを嫌へり、後佛は先佛を師とす、然ども元初を極れば無もなし、佛もなし、

三十六神語之事

一阳神、阴神、みとのまぐはいせんと約束して巡りあへる時に、阴神先唱アナニヱヤ、ウマシヲトコニ、アイヌ、十八字、阳神後唱アナニヱヤ、ウマシヲトメニ、アイヌ、十八字、此詞神代の始也、伊弉諾伊弉

卅の御詞なれば、素盞男八雲の歌よりも遥々先の事、是を詞の始とする故に、歌道にも日本の神語の第一の始なれば、此阴神阳神の詞、合卅六字有、象りて卅六人の歌仙を定めり、是我家の秘傳也、

一眞言家に、ア字と云ことを、かんやうとして、大日如來の種子とす、萬法此ア字にもるゝことなし、あなうれしのア字を取合て、ア字本不生の義に叶と云、

三十七神籬之事

一彦火にゝぎ尊は、日神の御孫也、故に天孫と名け奉る、天孫外祖父を高皇産尊と申、天孫天降、日本の主と成玉ふ時に、高皇産、神籬天磐境を立、吾孫の爲に祝んと宣ふ、又天兒屋、太玉の二神ニ勅して、神籬を持て天降、吾孫の爲に祝はれよと宣ふに、神即天孫に随て供奉せらる、神代下卷に有、日本紀註、幷兼良公の跡に、神籬は社ほこらを云、磐境は城を云也、一説に、ひもろぎは賢木を云也、卜部説に、此二種は神道の實也、天神地祇を祭る時、榊を立て、其中にいはさかを安置す、是神離の璽とす、秘傳に云、天津は貴詞也と云ども、實は自然天然の義にて、神の所爲也、人作に非る所也、磐は堅固長久の心也、ひもろぎは、神の御座所也、封疆ときはかきはに堅久なるを岩さかと云り、何にとも神のまします所、則是ひもろぎなり、たとへば、身は屋舍の如、心は主人の如し、然ば心中に神明あるは、ひもろぎならずや、此心平常にして不レ動ば、いはさかにあらずや、身を主ざるは心なり、身をやどらしむる物身也、身を修するはひもろぎを保てるなり、膰の字、胙の字、釐の字をひもろぎと訓むは、祭の時のすべり物也、左傳、國語、史漢等の書に見たり、胙は福也と云り、神より福を給義にて、御膳の徹しものを、神酒のながれを頂く也、尺奠翌日に胙を奉ずるも是也、神籬のひもろぎと和訓同けれども、其義同異歟、

一吉田神主兼満、平野神主兼興は、従兄弟にて諍論あり、吉田申けるは、大織冠の狀云、天つ神籬璽、一名一つ磐境神籬の正印は、大織冠よりいひ丸へ被レ授、代代相承して我家に有、他人不レ知所、唯授二一人一の寶物なれば、此正印を以邪神のほこら破却すれども、祟をなすことなし、然を二條町の鍛冶をして新しく銅を以是を作と、平野申條、其謂れなし、父祖をかすめ我家をさみす、先祖に對して不孝也、神靈に對して罪人

也と云々、近年惺齋◎齋恐齋誤聞て申されけるは、平野其時何故に答申さゞるや、ひもろぎのこと、日本紀に有といへども、上古の事なれば其名有て形を不レ知、但其形如何やうなるものぞや、社の姿にても、榊の姿にても、大概如レ此あらんかと了簡して、後代の子孫にしめさん爲に、鑄師をやとひ、試に作て見たるまでなり、神代のひもろぎも、大織冠の筆迹も、久事なれば、今に傳て不レ可レ有、吉田なきことを作てありと申すは、神明にも先祖にも虚言を申かくると云々、

卜部

吉田兼致（○兼俱長子）――兼滿――兼右（實宣賢子也）
平野兼永（兼緒養之實父兼俱也）――兼隆（爲ニ土岐聟ニ有ニ濃州ニ去ニ神職一）
　　　　　　　　　　　　　　　　――兼與（實小槻宿禰于恒子也）
清原宣賢（味賢養之）――業賢
　　　　　　　　　　――兼右

一日本紀五　崇神天皇六年、以二天照太神一託二豐鍬入姫命一祭二於倭の笠縫の邑一、仍立二磯堅城神籬一、神籬此云二比莽呂岐一道春按、此文によれば、神籬は廟殿叢祠を云と見たり、

一同紀云、垂仁天皇三年、しんら王子天日槍來て奉二七物一、内に熊神籬一具あり、但馬國に藏て神物とすと云々、此文によれば、ひもろぎは神の實物也と見たり、神體を入器なるべし、

三十八九部妙壇之事卜部説

一神變、神通、神力、是を三部妙壇とす、天は神變妙壇也、地は神通妙壇也、人は神力妙壇也、此三部を分て九部とす、日月星るい、天の神變也、春秋晝夜推うつる、天の神道也、風雨雷鳴は、天の神力也、又山河江海は、地の神力也、山と水と氣を通、潮の滿干、運氣のめぐるは、地の神通也、草木の生、地の神變也、又形動き働は、人の神力也、口に物を云は、人の神變也、物思ふは、人の神變也、三部分は九部也、九部又合て三部となり、三ぶ合一と成、是神通妙也、是を三妙とも名け、又三元とも名づく、畢竟一神の理也、

三十九七十二神之事

一人に九竅有、目二つ、耳二、鼻二、口一、下部前後二、合て九の孔あり、此あな每に一の神あり、三倍して廿七と成、是天の廿七星にかたどる、廿八宿の內、牛宿を除て廿七宿と成るは、日本天文道の習也、是を三倍して八十一とす、此内天の九宮を除て七十二とす、一

年の内七十二候に象る、一箇月に六の候あり、合七十二神のしるしとす、是又一氣の變化也、天地の神と、人の神と、元より一靈の故也、

四十大甞會時天神地神の事

一天子毎年、新米のはつほを神祇に參らせらるゝを新甞會と申す、御即位以後、一代に一度、天神地祇を祭り玉ふをば大甞會と申す、是は内裏に新き祭殿を立、天子自天照太神を祭玉ふなる御祭也、先天神を祭をば悠紀と云、清く潔きの故也、神代よりの詞也、次に地神を祭を主基と云、主基は次と云の詞にて、悠紀に次と云義也、此時の天神は、天照太神を始として、天降まします諸神の事也、地神は三輪明神より以下の諸神を云、天神七代、地神五代の名同からず、地神五代とかぞゆる時は、天照太神を地神の始とす、

四十一加持ト部説

一加持は神代の詞也、御孫天降玉ふ時、かしまの明神梶取明神、先拂に降て、とよあしはらの惡神拂て、天下しづまりぬ、四魔を加持するの故に、かしまと名け、其かぢを手に取る故に、かぢ取と名く、神功皇后異國退治の時に、神のたくせんに依て、船の梶を作給ければ、御船自由也、楫にて船を思ふ處へつくる如く、神道の加持力にて、所願叶也、是を神變加持、神力加持と申也、佛法に云處も、自此詞に叶へり、船のともへの加持にて、能所の岸へつくを象りて、神道加持壇を建立すと云々、

四十二隨身三寶加持ト部説

一壽命と、無病と、福祿とを三寶と云、一切の寶の中に壽命を第一とす、其次は無病、其次は福祿也、何等の富貴にても命なければ用なし、此三寶は神道の加持にて得事也、心に神なければ三寶を失、心に神あれば三寶其身に隨、心と神明とそむかざるを加持とす、故に神の御守御恵を受也、三寶を草木にたとふれば、壽命はみのこんぽん也、無病は身の枝葉、福祿は身の花實也、身の根本は神也、神有故に命有、佛法には佛と法と僧とを三寶とす、神道の三寶に不レ同、

四十三十八神道ト部

一元氣と五行と ◎五行と三字恐衍 五運とを合して、天の六神道とす、

一靈と五行を合して、地六神道とす、

一性命と五臟とを合、人の六神道とす、此の三六を

合、十八神道とす、天六神道を神道加持とし、(地六神道を神通加持とし歟)人の六神道を人力加持とす、是を三元十八唯一神道と申也、

一五行、五運、同事也、木火土金水の氣の天に旋を五運と云、其きの地に運りあらはるゝを五行と云、元來一氣、分て五と成、此五者人に備て五臓と成、五臓の生るは性靈也、しからば人身に十八神道を具す、

四十四元氣五行之事

一國狹槌尊木德神　一豐斟渟尊火德神
一泥土煑沙土煑尊水德神　一大戸之道大苫邊尊金德神
一面足惶根尊土德神

右天神七代内、國常立と伊諾伊冊を除て、のこる五代を五行の神に配當す、國常立は元氣の神にて、陰陽をふくめり、伊諾伊冊は陰と陽と相分るゝ初也、故に元氣の中に自五行を具、又陰陽不レ分先にも、五行歷然としてある理を以、此五代の神をあげたり、即是天にある五行、五行は一元の氣より出る故に、元氣五行の神と云、

四十五八之五大神

一天八降魂命《アメヤクダリムスビノミコト》地大輪神　天三降魂命《アメミクダリムスビノミコト》水大輪神
一天《アマ》合魂《アヒムスビノ》命《ミコト》火大輪神　天《アメ》八百日魂命《ヤホヒムスビノミコト》風大輪神
一天八十萬魂命《アメヤソヨロヅムスビノミコト》空大輪神

右五の神は、皆天に在神也、是を佛法より見れば、地、水、火、風、空を五大とも、五うんとも云、五輪とも云、五大和合して人と成、地は肉也、水は汗唾涙尿ノるい也、火は身の温成なり、風は喉鼻の息、其外身の動きはたらく也、此四の物あつまる中に空あり、無レ空ば四の物あつまるといへども不レ動、たとへば草木を以て人形を作といへども、あやつりなければ動ざるが如く、空は形のあやつり也、此空を即心とし、或は空の中に心ありとも云り、其あやつりは神のしわざなり、五行の時は木と金とを云て、風と空とを不レ言、是五行と、五大との不同なり、

四十六十二支神

北子鼠	虛	毘羯羅大將	釋迦
丑牛	牛	招杜羅大將	金剛手
寅虎	尾	眞達羅大將	普賢
東卯兎	房	摩虎羅大將	藥師
辰龍	元	波夷羅大將	文殊
巳蛇	翼	因達羅大將	地藏

南午馬　星　珊底羅大將　虛空藏
未羊　鬼　額儞羅大將　摩利支天
申猿　參　安底羅大將　觀音
西酉鷄　昴　遙企羅大將　彌陀
戌犬　婁　伐折羅大將　大勢至
亥猪　室　宮毗羅大將　彌勒

右十二支禽獸と星との事は天文家に云事也、佛家には藥師經の說に付て、毘羯羅ゟ宮毗羅まで、藥叉大將は藥師の十二支也、一神に各七千のけんぞくあり、皆やくしのけんぞく也と雖、內證は藥師一佛の變化也、此十二神を十二の佛菩薩に配當する時は、釋迦より彌勒まで合十二佛也、此佛菩薩、幷に十二神は、十二支のある所は「皆是此神可」有、日本にも十二しあれば、十二神も天竺の事なれども、十二支に配分普くあるべしといへり、然ば日本の神、異國の佛、相通ずと佛家の說也、抑又六十六甲日直神將の名をよびて、

丁未神將叔通　丁酉神將臧文公
丁卯神將司馬　丁巳神將崔巨卿
丁亥神將張文通　丁丑神將道子玉
甲子神將玉文卿　甲戌神將展子江
甲申神將扈文長　甲午神將衞玉卿
甲辰神將孟非卿　甲寅神將明文章

と號して、十二神各其形十二獸之頭、鼠牛虎等の如なる有を、身に皆鎧を著して人加に立て矛をもつ、是又其類に似たり、

四十七神道血脈

一帝王の御系圖を申ば、日神第六代の御孫神武天皇より、代々天津日嗣をうけ玉ふ、當今迄すぢめ違ひ玉はず、藤原氏の系圖をいへば、春日明神の苗裔、天種子命より、代々の孫、大織冠より歷代相續せり、

一神道血脈は、天神七代始國常立尊也、其動は阳神也、其靜は阴神也、一心阴阳を具るは、國常立尊のまします也、故は自餘の系圖は其次第を云ひ、神道血脈は圓して、無始無終國常立より以來、又我心より國常立へかへる、國土に常住まします大神なれば國常立と申、人物出生の根元也、故我身に天地を建立すといへり、是秘中の秘也、

四十八神道灌頂日本紀に此說なし

一灌頂は、いたゞきにそゝぞくとよめり、大日經に天竺の法に、太子を立時、象にのせて水を太子の頂に灌

て其位を定て王位をつぐ、帝王父子國を受傳事を灌頂とす、此義備て眞言家に秘法を傳授する時に、前佛の智水を以て、後佛の頂に灌と云て、我身即是大日如來の本誓也と思へり、是を三摩耶灌頂と號す、兩部習合の神道に又此義を備て、身を清め心を清め、ゆうをかけ、神前に向ひ祓を唱、其道傳授して吾身即是神と思へり、是を神道灌頂と號す、其儀式別紙に有、師弟子共に其心即神也と覺時は、神より神へ傳授する事、たとへば佛より佛に傳を灌頂と云が如し、

四十九神道顯密之事卜部説

一天台は顯也、眞言は密也、佛法に顯密あるのみに非ず、神道にも本より顯密の二義有、げんの中に三つあり、日神の孫天降、あらはにごとを治は、天下國家を治る義也、大己貴命此國を退て、幽事を治て長隱と云は、目に見へぬ鬼神の道を云也、顯露の事は顯也、晝の如、幽事は密也、如レ夜、晝夜は生死の理也、顯密異なりと雖、晝夜生死の理如レ同、人道品異に、其理不レ異、人なくば神何を以か立んや、現はれたるは人道也、隱れたるは神道也、是神道の秘密なり、大己貴命、三輪の明神なり、

五十唯一神道付佛神混合

一人皇神武天皇より千二百餘年の間は、神國の風を守、更に別なし、人王卅代欽明天皇の時、初て日本へ佛法渡る、其後聖德太子是を好て、佛法は花實、儒道は枝葉、神道は根本也といへり、然どもやまと媛の御託宣に、天地を貴、神祇を崇、宗廟を敬て、天津日嗣を可レ治、佛法の息を退て吾國の神を祝へといへり、是によりて伊勢齋宮の忌詞に佛を立すくみと云、僧をかみ長と云、經を染紙と云、塔をあらゝきと云類は、其の汚を嫌て不レ受義也、故内外宮は無上そん神にて、天地の本源、日月の靈明也、何ぞ佛法のけんを施さんや、一氣の元水を含んで、三教の餘滴をなめずと云、春日明神より大織冠までの神道傳授の本意也、

五十一佛神混合

一日本は神國也、然に佛神一體と見事は何ぞや、倭姫の辭に、西天に眞人有、其教傳來すべしと云は、佛の事を云、其後聖武天皇の時、太神宮の御託宣に云、日輪は大日如來也云々、是によりて天照太神を大日として、胎藏界、金剛界の兩部を、陰陽に配當す、是より以來、傳敎、弘法、慈覺、智證等の説々、彌びこりひろ

まりて、太神宮既に大日なる上は、其外の諸神も皆佛菩薩の垂跡也と云、是を兩部習合の神道と申也、但佛法不ㇾ渡先には此さたなし、倭姫は天皇の姫宮にして、天照太神をもりまします齋宮也、

五十二神道三業

一身の行、口の物云、心の物思ふ、是を身口意三業とす、天地の位は阴阳の形也、晝夜の移は阴阳の進退也、思案工夫の念は阴魂の意密也、能物云は阳魂の口密也、手を揚、足を運び、形の動は天地の身密なり、此三所作を三業とし、三業の清淨なるを三密とす、是神道の加持也、佛家に佛、法、僧を三寶とし、法、報、應を三身とし、空、假、中を三諦とし、戒、定、惠を三學とす、是又畢竟三業に歸す、又佛と一體に同くみる時は、此の物は悉皆神道の三元、三行、三妙也、卜部の說に、彥火々出見尊海に入玉ふ時、龍王三床を設て迎奉、其三床を三密に比す、

五十三神道書籍江家說

一大織冠云、神道は天地を以書籍とし、日月を以て證明とす、然ば神代には文字不ㇾ可ㇾ有、神詞を請來、口づから傳たり、神代の詞自有ことなれば、人作にあらず、人皇の世に至て、其詞傳て絕ことなし、應神天皇の御宇に、初て百濟國より論語と云書、幷漢字渡ければ、是より神代の詞を漢字の義理に合て、日本のよみを付、神書を撰べり、推古天皇の時、聖德太子、蘇我大臣の作れる舊事本紀も此類也、太朝臣安麿は、稗田あれが口づから語を聞て、古事記を作る、舍人親王、前代の記錄撰集日本書紀を作、皆是日本の詞の意を漢字の義に合てよみたり、或人云、卜部の說に、神代の文字、天上の文字、龍宮の文字とて、昔は三流有、何れの程にか絕て人不ㇾ知、漢字渡來假名出來は後代の事なりと云はいかん、答て云、さやかにあらず、大織冠は春日明神の正統にて、卜部の大祖也、日本紀に、天智天皇、大織冠、相共に周公孔子の敎を南淵先生に學とあり、此人若上古に三流の文字有事をしらば、何故に神道には天地を以書籍とすと曰ん、三流の文字なきこと必定也、大織冠の知玉はざる文字を、末世卜部如何でか知事あらんや、是は悉達太子の梵字、幷諸法文字を云と云ことあるに依て、佛說を慕て申し出せるなり、惣じて近代中臣、卜部、忌部の徒、外はあらはに神國の風を申やうにて、內々竊に佛法を好で、あら

ゆる事多取合て佛神一體と云なせり、初は佛者より神道を掠盗しに、後は神職の徒却て又佛法を盗めり、難ニ信用一、故に舊事本紀、日本紀、幷古語拾遺を見て、日本の昔の神代を可レ考、問云、神代の詞は人作にあらずとは如何、答て云、唯今初て卵をわりたる雛の聲はたれが敎てなかしむるや、自然の理なり、赤子の泣くも、父母乳母の敎へたる聲にあらず、神語も亦如レ此、私に云、道春今現に三世ある事を不レ知、一氣より自然に生、又一氣歸すとばかり思惟する故也、

五十四人之五大神

一天八降魂命《アメヤクダリムスビノミコト》　五大　地大輪神　五智　大圓鏡智　五佛　阿閦佛
一天三降魂命《アメミクダリムスビノミコト》　水大輪神　妙觀察智　阿彌陀
一天合魂命《アマアヒムスビノミコト》　火大輪神　平等性智　寳生佛
一天八百日魂命《アメヤホヒムスビノミコト》　風大輪神　成所作智　釋迦
一天八十萬魂命《アメヤソヨロヅムスビノミコト》　空大輪神　法界體性智　大日

右五神は皆天にある神也、是佛法より見れば地水火風空を五大とも、五輪とも、五蘊とも云、五大和合して人と成、地は肉也、水は汗、唾、尿の類なり、火は身の溫なる也、風は喉鼻息、其外身の動働也、此四物あつまる中空なければ四物集ると雖不レ働、假令ば草木を以て人形を作と雖、あやつり無ければ不レ動が如く、空は形のあやつり也、此空を即心とし、或は空中に心ありとも曰へり、其あやつりは神のしわざ也、五行の時は、木と金とを曰て、風と空とを不レ云、是五行と五大と不同也、◎信哉云、右五神以下十行重出、秘說に、空は四大に亙りて有、四大あつまりて身と成、耳目口は十の穴即是空也、腹中にも空あり、腹中空なくば何を以て物を食はんや、色心一體なりと可レ知、五大の上に、しきを加へ六大とす、色は即心なり、眼耳鼻舌身の五は皆一身なり、心は即是しきなりと可レ知、此五物廣大にして無限、故五大と云、圓滿にして遍く德を備、故五輪と云、輪は圓きものなり、五大を五六明王に當つる、木は東方降三世、水は西方大威德、火は南方軍荼利夜叉、風は北方金剛夜叉、空は中央不動明王也、地の色は黃にして形四方なり、水の色は白して形圓し、火の色は赤して形三角也、風の色は黑して形半月也、空の色は靑して形圓也、頭頂も空の形なり、又五大を五智の佛に配す、智即是心也、心も空も一にして、四大に通じて有也、

五十五神の主賓事

一何の社にも、其當社の神體を主として、自餘の諸神

を賓客とす、傳授の習に、本社の神體の外に、天神七代、地神五代、合十二神を勸請し、神體を圍繞せしめて祭也、是主と賓客との品也、日吉の中に白山權現を勸請し、客人宮と號る類是なり、

一主を本社◎脱カとし客を末社とせば、所により天照太神をも末社とすべきかと疑あり、必しも末社とすべきにあらず、賓客とする事は可レ有、但佛說に、諸佛互に主伴と成と云事有により、准じて云歟、

五十六穢と服との事

一神代に死の汚を忌事は、神代の卷に見たり、神道は潔を貴び、是を淸まはりと云、故に穢を嫌也、但水火には無レ穢、入物には穢可レ有、人の世に至り、禮儀行て後服忌あり、神代にはなし、然ば卜部の說に內證にて穢嫌て服を不レ嫌、或はゆうを掛、或はしめを張れば服さはりなし、

五十七胞衣之事

一神代の卷に、陰陽の神めぐり合て國土を生んとて、先淡路島を以て胞とし、萬物を生玉ふ、是人間懷姙する時に、ゑな有ことの始也、人の生る時は此ゑなをぬいで產する也、

一弓馬の家にほろをかくることは、胞衣に象る、故に母衣と書てほろとよめり、鎧の上に單の打かけを着るを云也、混沌未レ分未レ生以前にかへりて、生死に拘はらざるを示し、勇を勵んと也、但神道にはほろのさたなし、

五十八天瓊矛之事

一伊諾、伊冊、天の浮橋の上にて、天のとぼこをさし下して、靑海原を探り玉へば、其ほこの鋒より滴潮こりてをのころ島と成と、日本紀に見たり、天浮橋は空中の事也、陰陽のめぐりわたる故に橋と云、別にはなし、有にあらず、天とほこ、陰陽の根也、一氣初て萠す所、露の如く潤の生を、をのころじまと云、水火未レ離の處也、是より後に萬物を生なり、

五十九雄元雌元

一陽神の雄元を、陰神の雌元に合て、婚姻して萬物を生玉ふと日本紀にあり、みとのまぐはひは、夫婦となる事なり、雄元は陽本也、雌元は陰の本也、周易に乾元坤元と云るは是也、道家には陽は陰の父、陰は陽の母也と云も、佛家には天地同根、萬物一體と云也、

一儒には、天地は萬物の父母也と云、又乾を父とし、

坤を母とすとも云、乾道成レ男、坤道成レ女といへり、乾坤は天地の性、天地は乾坤の形也、陰陽は天地の氣也、神は天地の運用、其大本を雄元、雌元と云は、陰陽變化し、きしん屈伸して物々を生る故也、即是儒道の中に神道を兼たり、

六十神道神代年數

一天神七代の間、年數さたなし、地神五代の間、百數十萬年といへり、其五代めの、うがやふきあはせずの御子をば神武天皇と申、即是人の代の初の帝王也、父尊萬萬年長命なりしに、御子歳僅に百四十計にて崩御あり、是神代と人代と大なる不同也、如何となれば、神は形なければ、死する事なし、無始無終にて坐す故に長命也と云、形を請て生たるものは必死する道理なれば、人の生死は常の道なり、此理を示ん爲に、ににぎの尊、木花咲耶姫をめとり玉へば、磐長姫恨て、世人花の散る如く失なんと云しは斯由來也、

付レ之私說など、其外の抄に皆さくやびめを呪咀し給ふ詞は、或浦島太郎を引、其意いぶかし、物に不化あるを考へずとも、三國に亘て人仙、呪術、藥力にて長壽彌倫せり、神代は神の不測の妙ならん、加レ之龍宮へ通ひある故、幼より其風に習れ、又天神の餘孫故に程近き◎此下恐有缺文

六十一人神同異之事

一形有を人と云、形なきを神と云、無レ形終になき物かと曰へば、諸物無形內より生る、故に不二無に、一むと、うと、本來不レ二は、神も人も同理也、天地の始より今に至迄、無より有を生ず、有は無に歸す、されども無より萬物の生こと、終に極なし、是即有無本より一也、

六十二陰陽萬物出生次第

天地陰陽不レ分處

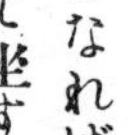

陰陽神出生處

陰神陽神相交處

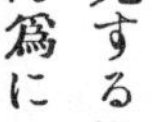

陰陽分て五行と成也

五行變化して萬物を生處

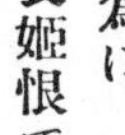
萬物皆一理處

右六之圖之義、皆一心に備ふる、

六十三神道實理

一天上に在、地下に有、日は東より出、西に入、終に北より出事もなく、南より出こともなし、夏温に、冬寒、水は冷に、火はあつし、鳥は空を飛、獸は地を走、魚は

水に泳ぐ、草木の種をまけば、一々の物を生、人間も亦如レ此、善を知て行、惡を知てせず、君に忠あり、親に孝有、高き賤きの品を知、昔より末代に至迄、何か誠ならざらん、是を神道の實理と云、

六十四穢之事

一陰陽元來一氣也と雖、其清を陽とし、濁を陰とす、清濁あるは陰陽分所也、清濁有て後萬物生ず、其清濁に二あり、一には身の清濁、二には心の清濁也、心の上にて曰へば、智は清也、愚は濁也、正直は清也、邪智は濁也、慈悲は清、慳貪は濁、直は清、曲は濁、道を行は清、無道は濁、忠孝は清、不忠孝は濁、善清、惡濁、これらの事を行は身の清也、不レ行は身の濁也、是等の事を思は心の清也、不レ思は心の濁也、心清は身清、心濁は身濁、みも濁惣して穢也、故に神は穢を嫌玉ふ、是神道に穢を忌の子細なり、

六十五穢之論

一陰陽不レ分時は、清濁なければ穢もなし、是を神道に大清大濁と名け、天地萬物も皆其中より出、此時何の穢と云ことかあらんや、清濁分て後重々の清濁あり、是を神道に、小清大濁と名く、陽變して陰となる、陰變して陽となり、種々移易は神道の常也、清をば尊也、濁をばいやしむ道理、神代より人の代に至る迄、定る事なれば、濁を嫌こと大法也と可レ知、然ども水火には無レ穢、人物には穢ありと云は、神道の習也、若又根本の初に反る時は、穢を不レ嫌理無にしもあらず、然ども此忌を立ること、世の敎とせんため也、

六十六神之根本

一神は天地の根、萬物の體也、神なければ天地も滅、萬物不レ生、人のみにては命也、魂也、五行を具て不レ分、萬物を含み一とす、此根有故に、人も生物も生、若根本なくば、人も物も不レ可レ生、空にひとしくして不空虛にして靈也、是を無色無形の神と云、又無始無終の理とも云、始終有、古今常の道神有、故に能萬物の始をなし、又萬物の終をなす、是神道奥義、

六十七神理受用事

一神道は即理也、萬事は理の外にあらず、理は自然の眞實也、然に或說に理になづむは理の障也とて、却て以心の障りとす、只是世間は、花開花落、時節到來の因緣也と受用すべき、此說高やうに聞ゆれども、根本の理を不レ知して、却理障とし、唯是人間萬事時節到

來まで也と思は、神道の本意に非ず、理になづむは障也と云も理の中にあり、時節到來の因緣なりと云も又理の中にあり、正理を取り誤て却て理とするなり、古今の間、移易時節到來は、是又定常の理の外ならんや、此理を知を神道とす、

六十八神明之掟之事

一罰利生、神は福を不レ與、人善をすれば自有二利生一、神は罰を不レ與、人惡をすれば自有レ罰、

六十九約束を違、虛言謀計之事

一萬の災は虛言より起、故に神是をあぢきなしと嫌玉ふ、又謀計は私也、我身の爲にす可からず、但國のため、萬民の爲には方便也、

七十不淨を嫌事

一身の穢有、心の穢有、神是を雖レ嫌、別して心の穢を惡む、惡念の起を心の穢と云ふ、

七十一神は非禮を不レ請事

一神は人の敬を請、人の信をうく、結構に美々しく祭ても、其人誠心なく、謹うすければ納受なし、神と人と能く心の叶を禮と云、其分際に過たるを非禮と云也、寶物を備、種々の捧物ありと云ども、是を祭人に相應せざれば、神明是を請不レ給は、喩へば一枝の花を捧て、一杯の水をむすび、菜の葉うきぐさを手向くとも、誠心あれば神は請也、物を費し民を苦るは、神明嫌玉ふこと也、黍稷《シトキヨ子ノコトナリ》不レ香、明徒是香と云るも、此義也、

七十二軍神之事

一第一天照太神、次に鹿島香取明神、是はあし原國を平げ玉ふ神なり、
一第二八幡大神、次に往吉明神、是はゐこくまで、討したがへ玉ふ神なり、
一第三三輪明神、次に日吉明神、是は諸の神の軍の大將なり、

唐にては、其先祖の神に祈祭て軍陣に向、周武王は其父文王を祭て殷の紂をうつ、又漢高祖は黃帝蚩尤を祭て後項羽に戰かつ、黃帝蚩尤は昔初て弓矢をとる君なり、故に軍神とす、日本には其氏神を祭てよろし、或は其所によりて、名高神に祈て諸軍を勇しむる也、

七十三心靈之事

一神は心の靈也、心は形なけれども、生て有物を靈とも、妙とも云也、然に其靈をはらふを佛とす、靈にも妙にも不レ拘、心本より無にして、見につき、聞につき、其時うつり事過れば其儘本無なりと曰へり、是向

上に聞ゆれども、神道に少替也、心に靈なくば、いかんぞ時に當りて俄に顯んや、本心は色もなく、形もなけれども、元來きつかとある道理を神靈妙と申也。是神道の奥義、もらす可らず、

七十四五行之神相生相尅

一氣萠す時、先初に水を生ず、萬物の初めて生ずる時は潤ある是也、其凝堅まりて形あるは草木なれば、水生レ木と云也、諸木生る初は潤と云とも、温成きなければ不レ生、此故にかたく成時は、其中に火を含む、きとすり合て火を生、或木をもめば火を生、故に木火を生と云也、萬物もへぐひと成、塵灰となり、汚くさりて皆土と成、是火生レ土のしるしなり、土の中には必金有、沙石も皆金玉同類也、故に土生レ金と云也、金玉沙石必冷也、煖成ことなし、是其中に水を含故也、たとへば水のわき出源を尋ば、大方岩くづ砂石の間よりわき出、是金生レ水のしるし也、即相生の理也、又水は必火を消す、此故に水尅レ火と云、金は火に遇てとけて湯と成、此故に火尅レ金と云、斧鉞鎌刀を以木をうつ、草を刈る、此の故に金尅レ木と云、木をけづりためて鋤鍬となし、土を堀、是故に木尅レ土と云、土水を防、或は土を運て池を埋む、是土尅レ水と云、是尅の理也、此五行相生せざれば萬物生ぜず、五行相尅せざれば萬物不レ調、五物互に變化して、萬物常に生ず、古今極なし、是神の妙なり、若又人のみに付て曰はゞ、胎内一滴の露は水の初て生也、既に水ありてやう〳〵凝り集るは、草木の萠出が如、すでに形生て、温かならざれば死す、温成故に生、是火也、いきて形大に成は肉也、是則土也、肉あれば必骨有、筋あり、是則金也、骨中にた《カ》◎ずいあり、頂の中にのうあるは、金中に水を含の理也、是一身に五行を具せり、

神道傳授追加

七十五御即位灌頂事

一天照太神、鏡をとりて、すめみまに授、此鏡に向て吾に向ふ如く思べし、日本を治事明にして、位を長保んこと天地と同きはまりなからんと宣ふ、日本紀にあり王道神道一也、是鏡を神の心に比へたるなり、帝王の心明なれと云義也、古代々即位の義、皆是を守れり、中比佛神一體と云て、即位の時、主上大日如來の印をむす

び玉ひ、高御座の中に大日經を備、其しなんの人、或は法皇、或大臣裝束し、貴僧など、けさ衣に水晶の珠數を持、灌頂せしむ、是王法佛法不同なしとの義可レ成、攝政關白授奉こともあり、二條關白良基公の秘記に云、即位灌頂の印咒は、天照太神、春日明神より以來、神代の印として、藤原氏嫡々相承の口訣、秘中の甚奥秘也、帝王登壇の時授奉、よ人是不レ知、眞言家祖師の血脈にもあらず、此事を尋に、眞僞を決せん爲に問によりて、彼意に眞言家の知事に◎也カと思へるは誤也、永德三年十一月十八日の記に、慥にのせられたり、帝王登壇とは、即位の事也、壇は高御座なり、高御座に登り玉ふ時、神璽寶劔を奉、神鏡は内侍所にまします、是を三種の神器と申也、三種のことは前に見えたり、從一位敎良の歌、

神代より三くさの寶傳りて豐あしはらの印とぞなる

七十六大織冠啓白文

掛毛畏幾、大日本國中三千一百三十二神、惣祖神四所大明神等乃神靈於請之動之奉天、恐美恐美毛申左久、夫善言美詞乃解除登者、元祖天兒屋根命乃妙業、素盞男命乃惡幾行於退氣、天照太神乃天岩戸於開天、日留夜乃分、遍久六合仁合嬭《マヽ》賜毛、此神態起《マヽ》登利、然有波、人皇三十餘代◎代下恐脱二麻字一天、我國乃郡◎郡恐群生、皆悉祓乎以天三世於建立之天、遂仁外國乃力借◎借一本作レ備左流者奈利、世漸久澆季降里、人乃心妄仁之天、正於疑比、邪於信之、元於忘天、末味於亂流、因レ茲天照皇子、始天儒、釋、道乃三敎乎立天、衆生應氣乃方便乎演賜布、是者全久異國乃傳法奈利、神國乃根元乃祓乎以、心地乎清牟禮波、天毛清淨、地毛清淨、三才倶仁清淨奈禮波、三業即清淨奈利、三業即清淨奈禮波、三界仁妨氣無久、三世仁障利無久、三世仁障無禮波、三世所願必須成壽、神宣仁曰久、惡魔降伏、萬德圓滿、如意安樂乃神咒是奈利止示賜布、此祓乃深位乎以、天兒屋根、太玉兩神乃祓賜清賜事乎、天神地祇、八百萬神乃、平介久安介久聞食㠯、一天安全、四海平定、朝廷興行、家門繁榮、子孫長久、福祿圓滿、一々乃求願、各各《コトヾヾ》久成就乃神明於加倍賜倍止恐美恐美毛申賜波止久申佐久、檮別《コトワケ》㠯申佐久、家中上下、老少男女乃中仁、不慮乃外仁、汚穢不淨乃疑有登毛、善言美詞乃御祓乎以㠯、祓比清牟留故仁、咎毛無久祟毛無久、夜乃守利日乃守仁護幸倍賜申、

此啓白は、世に秘すること也、右の啓白の文は、文

言古めかしからず、後世に作て、大職冠の名を借ると見えたり、延喜式にのせたるのつと多、その內六月卅日の祓、末の詞を少改て、中臣祓と號して、中臣氏忌部◎齋部イ氏、卜部氏、巫祝輩、世々唱行、又六根清淨の祓の詞有、作者不レ憺、此中臣祓と、六根清淨祓とは、世に普申ことなれば爰に不レ記、

七十七三十神名　圓融院之時、內侍所へ勸請す、

十日　伊勢大神　イセニマシマスチホンカミ
十一日　八幡大菩薩應神天皇　山城
十二日　加茂別當神　山城
十三日　松尾大山咋神　山城
十四日　大原野春日同體　山城
十五日　春日天兒屋根命　大和
十六日　平野八姓祖神　山城
十七日　大比叡松尾同體　近江
十八日　小比叡國常立尊　近江
十九日　聖眞子天忍穗耳命一說大已貴　近江
二十日　客人白山權現、來ニ比叡山ニ客人となる　近江
廿一日　八王子クニサヅチノ命、八人の神を生　近江
廿二日　稻荷稻翁化現　山城
廿三日　住吉上筒、中筒、底筒の三神　攝津
廿四日　祇園素盞嗚反現也牛頭天　山城
廿五日　赤山素盞嗚反現也　山城
廿六日　建部玉屋命、一名明玉の神　近江
廿七日　三上天世手の命　近江
廿八日　兵主大國魂、一說天照大神勸請
廿九日　苗鹿天太玉命、老翁化ノ鹿、苗負出現
三十日　吉備孝靈天皇皇子、吉備津彥命也是吉備大臣先祖也
朔日　熱田日本武尊天村雲劍　尾張
二日　諏訪建御名方富神、一名伊岐志邇保命　信濃
三日　廣田稚日靈　攝津
四日　氣比仲哀天皇　越前
五日　氣多天治玉命　能登
六日　鹿島武甕槌神　常陸
七日　北野菅丞相　山城
八日　江文天三降靈の命　山城
九日　貴布禰船玉神、日本紀高合龍と云水城也　山城

右是は世に三十番神と申、每月每日相代、帝王國土を守給、

七十八宗廟社稷神付祖神

一伊勢、石清水を宗廟とす、帝王の御先祖を祭宮なればば、別てゐがめ給ふ也、後京極攝政の歌に、

我國は天照神の末なれば日の本としも云にぞ有ける

とよめるも、代々天子日神の天日嗣を知召す故也、豐前の宇佐に應神天皇垂跡ありしを、清和天皇の時、山城男山はそのみね石清水に勸請あり、石清水と申す也、此二神の外の諸神をば社稷とす、社は國土也、稷は五穀也、國土治、五穀豐に成やうに守玉神、又人々先祖の神有、之をば祖神と號、たとへば春日を藤氏の祖神、梅宮、橘の祖神、北野、菅原の祖神、武内の社、紀氏の祖の類なり、但國家を守護し玉ふに至は、宗廟、社稷神皆同也、

七十九内外宮事

一伊勢内宮、天照大神也、是を磯の宮とも、度會の宮とも申也、垂仁天皇の時勸請す、日本紀に在、其後四百餘年をへて、雄畧天皇外宮を勸請す、倭姫の託宣に依て、丹波國與謝郡に坐けるを迎奉て、伊勢山田に祭り玉ふ、是を豐受太神宮と申、此神御事慥に知人まれなり、昔は此の處にて内宮の御膳を調進するに依り、内宮の御膳の神と申說あれども、左樣には非ず、天狹霧國さぎり尊にて御座しませば、國常立尊、天御中主尊と同體異名也、天地開闢の初の神也、天照太神の孫天瓊々杵尊、皇孫と申奉、天降、日本國の主に成玉ふ、此皇孫既に外宮の相殿にまします時は、豐氣の神を御膳の神と不レ可レ申、此事北畠親房の記にのせたり、相殿とは、宮の屋を一に作、出入門二有由也、内宮の託宣に、我より先に、先外宮を祭と有により、勅使立時、内宮の禰宜來、外宮の勅使を迎、奉幣せしめ、翌日勅使内宮へ參向し奉幣する事外宮の如と、江次第にも見えたり、大中臣能親が說には、外宮は皇孫の事也云々、

八十春日神體之事

一昔は天兒屋根命、太玉神、武甕槌神、皆常陸鹿島にをはしませしが、或時雲を淩白鹿に乘り、榊の枝を鞭とし、河内國平岡へ赴玉へり、是より姫の太神と相共に、稱德天皇神護景雲二年、大和の三笠山へ移玉ふ、是は春日四所の明神と申ならはし、此四所を分て曰時は、ふつぬし神は、下總の香取明神也、武みかづちは鹿島也、姫大神は平岡の明神、毎年春日祭時、夜に

入て火を消し、とく行事なれば、御神は榊也と云傳ふ、されば春日の神木と、日吉神輿と云習せり、神は形なければ誠に殊勝の事なり、神木動座ある時は、惣じて藤原氏の月卿雲客に至まで不㆓心安㆒恐思と云へり、然も春日の神體は金剛般若經とす、秘密の事也と、日次の記に見えたり、是は佛法の一體のさた以後の事なるべし、又春日若宮は、天兒屋根命の子、天押雲命也と傳ふ、藤原清輔歌に、

天が下長閑かれとや榊葉を三笠の山にさし始めけむ

八十二三輪大社同體之事

一素神子、大己貴の神、此國を平て、天照太神の孫に授奉、後に出雲に長隱、其社を大社と名て、杵築宮とも申也、日本紀幷風土記に見えたり、神祇令の註には、大社に素神をも祭と云、父子の間の事なれば、さもあるべし、其後大己貴の魂魄光物と成、大和三諸山へ飛び移る、是を三輪明神と申、三諸山を三輪の山とも申して、杉を神木とす、昔は杉を印として社なし、神は本より無形の故也、中古より山中に拜殿あり、宮寺も有ときこゆ、

八十二熊野之事

一熊野三所權現は、天竺より飛來影向の神也と、彼社家の說に云、左樣には非ず、日本紀伊弉冊かくれ玉て、紀伊國ありまの村に葬といへり、伊弉冊の子、速玉男、事解男、御母と一所にましますを、くまの、是を熊野三所の神と申也、但秦の徐福、五百人童男童女を連れて船に乘り、不老不死を求めんとて、紀州に至て熊野に止、是を蓬萊山と名く、其子孫多と云こと、世に云傳れば、それを天竺より飛來と云歟、其子孫多とは、秦氏のこと歟、それは徐福にてはなし、

八十三十八字配當之事

一陽神陰神みとのまぐはひする時、阴神先唱て、

あなうれしにゑやうましをとこにあいぬ

十八と云を、阳神是はさがなしとて、後に唱て、

あなうれしにゑやうましをとめにあひき

と云、此兩度の神語を合て、三十六字とす、其内五字をのけ、殘三十一字を和歌の字影とす、又十八字を分て六とし、佛法よりは六根、六識、六境界に配當す、歌道には、風、賦、比、興、雅、頌の六儀に配當す、其圖左の如し、

あな　眼識　色　風　そへうた
うれし　耳識　聲　賦　かぞへうた
にゑや　鼻識　香　比　なぞらへうた
うまし　舌識　味　興　たとへうた
をとめに　身識　觸　雅　たゞごとうた
あいぬ　意識　法　頌　いはひうた

此配當は神道歌道秘中の秘也とて、定家卿も卜部氏傳授せらるゝ、間〻一子ならでは相傳せざる故、唯授ニ一人ニの秘事也と云り、

八十四八之字之事

一神道には、八の數を貴用、八咫鏡、八尋殿、八雲、八重垣、八十隈路、八坂にの曲玉、八岐の蛇、八醸の酒、八いろ熊鰐、さをしかの八耳、八百萬神、神祇官八神殿などの類、擧不レ可レ計、神代卷を考ふべし、夫混沌分兩儀と成、阴阳是也、兩儀分て四と成、老阳、老阴、少阳、少阴、是也、四象八卦となる、乾、兌、離、震、巽、坎、艮、坤、是也、八卦を重、八々六十四と成、萬物の理數、悉皆其中に在、一三五七九は阳數也、二四六八十は阴也、人道は明にして阳に象る、神道はかくれて阴に象、故に專多八の數を用、神道の家説に、我國の神道は、周易の道に通ずと云、是るい可レ成、三種祓内に八卦を唱も此例也、三種の祓は前に見たり、

八十五東西南北事

一東は日出、日あかしと云儀にて、ひがしと云、南は日のぼりて、何くも皆みゆると云故にて、みなみと云、西は日がいにしと云義にて、にしと云、北は一阳初來る方なりと、片きたと云、是卜部説也、天地未レ開時は、本より東西なし、何處にか南北あらんや、片方角をいむもの此心を用は祟なしと云ども、天地未レ分時も、東西南北の理は自可レ有、天地開後、日月の出入すでに東西に定、北よりも南よりも出入することなし、是阴阳神の所爲にて、眞實自然の理也、日出方を東とし、入方を西とする時は、南北自定、一切の前後左右も又同理也、如レ此といへども、强て方角のみ心に拘は迷也、例へば人の兩眼の前に有て、後にあらざるが如く、是人のしわざに非ず、神の自する事とするべし、

八十六郊祀禘宗

一天神七代は、國常立は第一也、地神五代は、天照太神第一也、日本紀に見たり　天子一代に一度の大禮を大嘗會と

云、内裡に新しく四五殿を立て、天神地祇を祭、悠紀は天神を祭、主基は地神を祭、天子自天照太神を祭り玉ふ、此時又天神第一は天照太神也、地神の第一は三輪也、其次第を守て取行る、神祇令の註に見たり　天神七代、地神五代と、時の名に不レ同、是人のみ誤り也、大嘗會の事は、延喜式に詳なり、異朝にて帝王自天を祭、郊祀と名け、又帝王其先祖の初て出たる處の神を祭を禘と名く、此郊禘の儀にかたどり、大嘗會行ると先儒云、悠紀起、主基の事は前に見たり、

八十七三世の事

一未生以前は神也、是過去也、出生しては人也、是現在也、死後は又神也、是未來也、夜は如レ神、晝は如レ人、又夜成ば神也、是一日間三世あり、靜にして隱は神也、動顯は人也、又靜にかへるは神也、是一心に三世あり、極ていへば一念に有、是を不生不死と云、無始無終と云、生死の根源を知故に、其心を動すことなし、此心畢竟何物ぞと尋れば、三世不可得也、本來一物無は、此心を求ともついに得ことなし、此說向上也、神を取佛となしていへる可レ成、但神道の本意には、始を尋て終にかへんは、生死の說を知、幽明不レ同、人鬼異なりといへども、其理一也、心は神明のやどる所にて、動靜無だんと可レ知、其動處にて天地の心をみ、其一動一靜の間にて萬物の妙を知、

八十八息風之事

一神代には無レ暦、何を以てか年月移替ことを知やと云に、息の數を以知也、鼻より出を呼と云、入息を吸と云、呼吸を合て一息とす、晝夜の間三萬三千五百息なり、是を積て日を計、月を計、月を計、年を知也、此息は風也、しながと云風の神有て、人の身に備て息と成也、形の動働も此風也、此神書の說也、佛書に云處、天大の中に風有は、其いはれなきにあらず、此風なければ息もたへ、脈もきれて甚あやうし、誠に人の命根也、又佛家に、盲、聾、啞の三種の病人は、何を以か可レ救や、目に佛を拜することなく、耳に法を聞事なく、口に念佛することなく、然は息風を以可レ救也、佛菩薩の息風も、人と異ことなき故也、顯密敎化如レ此いへり、禪家には別に說話あるにや、神道には大地廣重といへども、大虛中に有て不レ動ことは、大氣是を擧也、大氣は則是剛風也、剛風大虛中に充滿して、少も止事なき故に、大化うかびてゆるがざる也、たとへ

ば静成たまり水に船の浮が如、鳶の空をかけるに似たり、若水の力にてなくば船沈み、若氣にのらずんば鳶も可レ落、人のみも此氣にのり、此氣即人の身内外をはなれず、是息風の法也、彼の剛風之内、級長戸邊神出生の風神となり、あらゆる處へ吹て不レ至と云ことなし、其風人身に備、口鼻の息と成、是神道の息風と云也、級長戸邊神は、大和龍田祉に有、又いせにも風の宮あり、

八十九高天原之事

一祝の詞に高天原仁神留りましますと唱、高天原は天也、理也、大虚也、無形の處に自神あり、理のある處は神明の止所也、日本紀に、高天原仁まします神を、天御中主と申すと云り、此神も一心の外にあらず、可レ謹、敬べし、いともかしこきことなり、

本に曰

右一帖、神道奥儀之秘也、奉ニ若狹國主左少將源朝臣酒井君之求一、而繕寫進呈之、冀無ニ他人覷破一云レ爾、

民部卿法印

林道春

正保年中

右神道傳授、同追加一册、以副島知一本令書寫、以東京帝國圖書館本、及羅山文集卷五十五所收神道傳授抄跋文比校畢、明治辛亥八月九日

神道傳授終

三輪物語巻第一

今はむかし、天子世を知給はざること年久しく、武家の威もおとろへ行て、天が下に令し給ふこと叶はず、弱は强に役せられて、静かなる時なく、天子も朝夕の供御のそなへもたへ〴〵なり、まして公家の人々は、知るべを尋て田舎に身を隠し給へり、八月十五夜、三輪の山本はことの外しづかにて、禰宜だつ人あまたもあらず、居士などうちまじり、四五人物語し、うち詠たるも、いとさむしげなり、「こゝに京のすみかうしなひ給ひし公家の君達にや、なれたるかうぶりなをし、ゆうにけだかく著なし給ひ、顔うちあをみて、やせ〳〵なれど、わかく清げにて、たゞ人とは見へず、古歌などにや、うちうそぶき給ふもなつかしう見ゆ、「社家とおぼしきかうぶりすがたなるは、しる人にや有けん、さうじいれ奉りて、こよひだにとふ人もなく、つれ〴〵なるを、かたぶくまでは、こゝにて御覧ぜんやといへば、立よりて物がたりし給ふ程に、月もさしあがりぬ、かたはらなる人、さきにのたまひし事はといへば、「やれたる狩衣着たるねぎ、本朝は三界の根源にして、神明を以て元祖とす、神明は宇宙の宗廟也、我國開闢のはじめ、天地と共に神明あらはれ給へり、故に國を神國といひ、道を神道と云、三國は三光の國也、天竺をば月神のつかさどりまします故に、月氏國といふ、唐は星神の掌りまします故に、震旦といふ、我國は日神のつかさどりまします故に、日本と云、月星は日光の分附也、故に二國は我國の末流也、千界の源、萬國の本は、我國也、ことに小國なること、三國のはじめなる證據也、萬物みな始は小きもの也といふ、「君達ははしぢかき柱により居て、ながめおはしけるが、かへりみて、今宵の月に心のくまあらんも、本意なきわざ也、至情をいひてあそび給はずや、にくみ給ふまじくば、いひてんとの給へば、「社家うちゐなをりて、雲の上人を待うけ奉りて、木の間の月を御覧ぜさせんとは、思ひかけざる也、しかのみならず、我人の至情をいひて身の益とし、まどひを辨へ侍らんには、ますこと侍らじ、まづこそ承らめといふ、「公達、其國に仕ては、其國の君ならでは、他に君ある事を知侍らざる事は、臣の道也、我朝の皇統を至尊とあふぎ奉ることは、本よりの義なり、しかれ共、三國にあわせていふ事は、無用の事ならんか、神明を宇宙の宗廟とする事は、其國に私すべきにあらず、大虚の神明を宗とする義なれば、四海の內、一本の家也、また三光のつかさの國といふ義は、道理なきににたり、日は暑をつかさどり、月は寒をつかさどれり、ひとり行ては寒暑をなし、相交ては温凉をなす、春夏秋冬是によつてなれり、星は晝を掌り、辰は夜をつかさどる、日月星辰四海照して、私照なきとこそきけ、又天竺の惣名を月氏國といふ事は、半月のかたちしたる國なるゆゑ也、釋迦の國は西なりといへども、南によれり、月は西より明を生ずるものなれば、西戎の內に、わきて月氏國といふも有べし、東夷多しといへども、たゞ豐秋津ばかり日本といふごとし、掌るといふべからず、日本の內にても、東のはてを王城とはせず、神も人皇も九州よりおこり給へり、後にこそ日本の中國には住せ給ひたれ、日月は東西より出給へども、中夏に中會し、中和の氣のあつまる所なれば、大虛の神道の宗をたもち給ひて、東西南北の宗國なり、私なく天地の理あるべきやうにいふべき事也、すぢなき事のみいひ傳ふるゆへに、神道は次第におとろへ侍るなり、佛者は理もなき事をいふものなれど、世にはびこりて方人多きゆへに、をして行はるゝなり、今神道は微なれば、道理明に正しくてだに、立がたき時なるに、すぢなき事をいひては、いよ〳〵亡に近かるべしとの給ふ、「又一人の禰宜云、神道は根本也、儒道は枝葉なり、佛法は花實也、神道の根本なくては、儒道の枝もなし、儒道の枝なくては、佛法の花實もならず、これを以て佛法の花實は、もろこしの儒道の枝によりて傳る、終に日本の根本に合す、是を佛法東漸すといへる、上宮太子は權者なり、むかし儒經佛經も渡りし事はわたりしかど、すぐに聲にてばかりよみしかば、いかなる事とも其心をしらざる所に、上宮太子出給ひて、神書の和字にも漢字を付てよませ給へば、はじめて其心しられたり、誠に聖知にあらずしては、成がたき事也と申傳へたり、日本に大功ありし人にておはしますといへば、「居士云、其神代の抄をかき、日本の傳記書たる人々には、公家にもあり、出家もあり、いづれも佛法信仰の人にて、上宮太子贔負の人也、愚者のあやまりを證據として、いよ〳〵つけましたる事多し、史書傳記といふものは、上古の代の德をあらはし、古の賢者をあげて、後世の鑑とする物なり、次に戰國の事を記すとは、道なければかならず亡ぶる事を示し、時變をしらしめたるもの也、もろこしの書記は皆かくのごとし、日本にても欽明帝以前の書は、もろこしに同じかるべきを、佛法渡りて後、佛法威光をからむとて、天神地神人皇の其初の事は隱して記さず、其むかしは人もなく、何のたゝちもなかりしを、佛法渡りて後、上宮太子に至てはじめてひらけたるやうに書なせり、時の人太子に誂て書たるが殘りて、後の證據となれり、太子以前の書は、或は守屋の家に有て、一亂に亡び、或は入鹿の臣の亡びたる時、燒れなどして紛失たり、神代の書を抱て、正人なりし人々は、多くは守屋に合せて亡され、生殘りたるも山林深草に隱れたり、たゞ佛法の方人計時を得て、世にはびこれり、上宮太子以前に、書をもよみ道も行れ、事物の制度も中國より習取し處あり、日向國に住給し地神五代の間は、年久しき事也、高麗、新羅、百濟は、九州と隣りにて、日本の畿內東國よりも近ければ、一國のごとくにて、通路しげく、互に親み往來して、言葉も通ひ、朝鮮は中國にしたがふ國なれば、何事も聖人の制作は中國と一度にしりぬ、されば朝鮮より船にて九州にわたり、有無をかへ、又彼よりも來り、是よりも行て學びなどして、數百年を經て、事物次第に備れり、朝鮮より中國にも通じて、たがひに風を望しれり、或は風にはなたれ、もろこし人の直に來れるもあり、地神の御代に日向の國にして、文武の道、諸物の制ともに傳知給へり、神武帝の國中にいたり給ひ、大和の國へ出給ふ事も、九州とは地はなれ、海道へだゝりたれば、船ならではかなはず、帝王こそ初て出給へ、地神の代より通路は傳てしげく、事物の制も習ひしれり、しからでは、神武帝と賊との合戰も、何によりてかあるべき、人皇七代孝靈帝の御宇にあたりて、徐福といふ者、海中の仙宮を求るといひて、秦の惡政を避、男女數千人を引供し、中國を出、富士山を見て蓬萊山なりとて來るといふも、本より朝鮮人に、日本の案內をよく聞をき、仁國と知りてたのみ來るもの也、前通路し約束したるともいへり、徐福が大船數艘に、多くの貨を積、男女數千人をのせ、蓬萊山をたづね、管絃舞樂の遊び、詩文の妙を以て、仙人仙女を招き出し、不死の藥を得むとて、いろ〳〵たくみに僞り、中國を出、日本に遁れたる事は、唐土の書に具に書載侍る也、同じ僞の議にても、徐福が所爲をばほめたる也、其故は、秦の始皇が人を殺すこと草を苅がごとく、文才、知德、藝能あるものをにくみて、とかく殺すべければ、書を抱き隱し、文道武事を學び得て、危きものゝかぎりは皆引つれ、數千人を水火の內に救ひたればなり、日向の國にして地神の御代數千載の內、いつとなく通路有り、道學、禮義、諸物の制も傳來るうへに、除福が數千人來りて里をなしたり、本より日本にのがれたる者共は、中國に經典絕たりとも、異國に殘しをきなば、時有てかへるべしと思ひ、萬歲を含て來りたる者なれば、日本にて生れそだちたる子共には、一しほに學問させ、本より唐人の子なれば、唐の辭は生れながら通ぜり、書は達者也、日本に生れたれば、日本の言葉に通ぜる事は勿論の事也、本より大志を含て來る者共なれば、兩方に通ぜる樣にそだてたれば、日本の書を見て漢字を付、漢の書には和訓をつけて、明に通じたるもの也、今日本にて生じたる唐人の子を見てもしられ侍り、書を讀むことも講ことも、唐倭ともによく達者なり、むかしは日本に人もすくなし、しかるに一代二代の內には數萬人と成たる唐人の子、一國をもなすべきほどありたる事なれば、何事を傳へんもなさんもたやすき事也、又日本の神代の文字ありしと云をきけば、中國の上古の文字也、また人皇五十六代應神天皇の御宇に、百濟國より經典を博士持て渡れり、書經ともいひ論證なりともいへり、天皇其經をよませて、講明を聞召し、さて又汝が國に、汝よりもよくよむ者あらば、重て渡すべしと勅ありて、さま〳〵のをくり物どもたまはりてかへし給ふ、其後王仁來て、王子公卿の師と成て、經ををしへ奉れり、應神天皇道理を悅ばせ給はでは、王仁をも召べきか、王仁來て書を講じ、本より道をしろし召たるゆへにこそ、仁德天皇も難波の御子と申たる時、兎道稚郎子と、互に天下を讓り給ふの善行おはしましけれ、其うへ、昔は日本の言葉、漢の言葉に近かりし故、音樂の律呂のむつかしき事をだに、たゞ一わたりにて習ひ來るほど、昔の人はさとかりき、しかのみならず、同じ御時に、秦の姓に弓月といふもの、百二十縣の人をつれて、日本に來り、住居して歸らず、又漢より阿知と云者、十七縣の人を引具し來るともいへり、又人皇二十七代繼體天皇の御宇に、百濟國より五經を渡したりしにも、博士添て來りたり、佛書は其後人王三十三代欽明帝の御宇に、初て渡りし也、上宮太子をまたずして、漢の書に和訓を付たる事疑なし、守屋の大臣は儒者也、書をよまずして儒理をしらんや、正理をしらでは佛法を邪道と云てひしぎ退くべきにあらず、又太子の愚なる事は、崇峻天皇の御時、蘇我の馬子が無道なるをにくませ給ふを聞て、馬子に告たりしかば、君をうち奉れり、さて馬子と同じく政を執て恥る心なし、太子といひ、執權といひ、馬子は主君を弑したる惡人也、諸人のにくむ所なれば殺さん事はいとやすし、人々太子にすすめければ、太子云、前世に天王馬子を殺し給ひたるもの故、其むくひにて今又馬子に殺され給へり、我今馬子を殺せば馬子また來世に我を殺す、是を以て伐ずと也、かやうの愚成人、いかでか初て聖經を解し給はん、再來の生はいふに及ばず、目の前にて又我を人の殺すとても、主君の敵をうたずして、心を同じくし、たすけをくといふことやあるべき、何の罪もなき忠臣なれども、守屋をば佛法を嫌ふとて、をして逆臣と名付亡せり、日本のかやうに惡しく成たるも、皆上宮太子におこれり、又上宮太子の子あまたありしを、殘らず馬子が子殺したり、眼前主君を殺すべき惡人を見知らずして、主君の辭をもらし、我子を殺すべきものをもしらざる者、いかにして未來記をば書べき、野馬臺の筆法にかきも書べし、註の付樣にて、あしきもよきになるべし、十七ケ條の憲法を見るに、道理分明ならず、本才のかたにうとくして、定見なし、學問の才はありても、愚なる心の筆法也、子孫の絶たる所のみ、其願ひに叶ふべきか、しかれども、佛法を立ていはんには、初より生れざるか、出家して絶べきこそは、其法としてもよからめ、人に殺され、恨み怒て死たる太子の子孫は、生々輪廻絶ことなからん、正道を以ていはゞ、いふに及ばず、其信ずる法にしても、我子の未來をだにしらざる者を、かしこしといはんや、萬の事、太子より初りたる樣にいひ傳ふることは、佛者の常也、夢にもしらざる上代の中國の樂をだに、佛の作のやうにいひなし、證據ある天地のことをだにわきになして、證據も理もなき佛説をいへば、一として取べき事はなき也、むかし齊の大夫に王孫賈といふもの、閔王につかへたり、王出て走、賈王の所をしらず、賈が母の云　汝朝に出て晩に歸る時は、我門によりて待、汝暮に出てをそく歸る時は、我ちまたによりて望、汝今王につかへて、君の所をしらず、何の面目ありてか家に歸ぞやと云、賈大に恥て、市中に行て云、卓齒齊國をみだり、閔王を殺せり、我と齒を誅せんとおもふものは、右のかたぬげといふ、市人のこれにしたがふもの四百餘人あり、則すぐに其勢を引つれて、俄に卓齒が所へとりかけ、うち殺し、主君の敵を取たりしは、太子に異なり、「問、賴家は實朝の爲に害せられ、實朝は賴家の子別當公曉が爲に弑せられたり、親の敵なれば討たる事道理なるか、「云尤親の敵は討べき義なれども、こゝに又大義あり、實朝を殺して公曉死すれば、賴朝の子孫は亡る也、祖父賴朝より見る時は、子孫を亡し、天下を失ふべき行をなすは大不孝也、たとひ其憤りあり共、命をかぎりに相待て、實朝の子も生長して、讓をもなすべき時に至り、天下あやうからぬ時節に臨で、すべきやうもあるべし、其間に實朝終りたらば、家の爲天下の爲に堪忍したる憤りは、墓の木を一太刀切て自殺せんも神妙なるべし、實朝に子なくして終り給はゞ、眼前に賴朝の孫を置ながら、京より將軍よび下し、北條の天下を執こども、勢ひ成まじければ、公曉を還俗させて立べし、しからば我子ありて後、又志のとげよふもあるべし、太子はうたで叶ぬ君の敵をうたず、公曉は討まじきを殺して、先祖の生を絕たり、とにもかくにも、戎國の敎をうけて、仁義を知らざるが故也、「社家云、日本の帝王の御先祖は姬姓にて、中國聖人泰伯の御苗裔也、泰伯御舟にめして、異國の浦に逍遙し給ひしが、風にはなたれて、日向の浦に着せ給へり、聖人にておはしませば、國人の音に通じ給ひ、かれも開知べき樣にもののたまひき、其時日本國、東西南北はいふに及ばず、隣國も通せず、深山廣澤のみ多し、魑魅、魍魎、大蛇など多く、人をなやまし、國民の歎きたえず、泰伯これを憐み給ひ、牲など云ものを出すごとに、其所に忍びおはしまし、持給ふ劍をぬきて、大蛇を切殺し給へり、魑魅魍魎の神靈あるものは、聖人神武の德に恐れて退き平ぎぬ、國民其神武を恐れ、仁義に懷き奉りて、親とも思ひ、主君とも思へり、たゞ人間のたねにおはしまさねば、天をさして神といへり、民の煩ひのぞき道開けて、次第々々に國ひろまり、御徳化及びしかば、國民皆此國の主とあふぎ奉り、よしある女子をみやづかへに備へて、天の神の御子孫を以て、此國代々の主となし奉るべしといへり、其人にして神の用おはしまし、天神の化生し給ふことなれば、無窮氏、水神氏、有木氏、有金氏、有土氏、象形氏の次第をさして、天神七代とし、此國にあらはれさせ給ひし初なれば、此神の始として、天照太神宮と申奉れり、天照皇の御子天忍穂耳尊迄二代の御徳は、人ながら神の如くなれば、此國におちゐおはしましきにやと疑へり、是を以て、二代は天におはしまして、くだり給はずといへり、瓊々杵尊より三代は、神徳靈明なれ共、此國におちゐおはしますといへり、天照太神の神體を、雨寶童子とて作り奉るをみれば、泰伯の呉に遁れさせ給ひし時の御形なり、泰伯の釣舟にはなたれさせ給ひて、渡らせおはしましたるともいひ、御子孫に至りてともいへり、日向國に五代迄住せ給ひ、六代めには人王と成給ひ、此國の人にあまねく禮義を知せんとおぼしめし、日向は島地なれば、大和の國

に出給ふ、その時賊徒ふせぎ奉りしかば、大に軍ありてたいらげ給ふ所ろに、賊徒多して禮義を用ひず、其上大蛇など多かりしかば、常に武を事とし給へり、しかのみならず、日本は小國にして貨多し、他の夷の爲に奪れ安し、世々武勇に得たらばよからんと思召て、みづから武威を專にし給ひ、大蛇をきり、賊徒をしたがへ、魑魅魍魎を絶給ひ、民の居を定給へり、神の徳にして武道かしこくおはしますとて、國人神武天皇と申奉れり、天照皇の御時はいまだ文字に通ぜざりしかば、智仁勇の徳を象にかたどり給ひ、三種の神器として、天神地祇よりの御寶、世を知給ふ政道の至極なりとて傳させ給ひぬ、則其象の寶器神靈おはしまして代々の帝王の御守と成給ひぬる事一千五百餘歳也、其帝王の武徳衰へさせ給ひて、世を知給ふまじき先表にて、寶劔は海中に入給へり、周の王道おとろへて、鼎の河に沈みたるがごとし、ほどなく頼朝に至て武家の天下と成ぬ、有時は共にあり、勇のなき知仁は眞の仁知にあらざれば、なか〳〵國を失はせ給へり、しかれどもかく天地の間に稀なる功徳多き帝王の御末なれば、神璽内侍所に殘りとゞまらせ給ひて、帝王

たるの御名ばかりは恙なし、勇なきの知仁は虚なれば、帝王公家の官位も皆虚にして存せり、武家も天下を取といへども、武のみして仁知を用ゐず、知仁なきの勇も眞の勇にあらざれば、頼朝より尊氏の末に至て久しき事なしと、其比の古老申せるよし語り傳へ侍り、伊勢の棟札を三讓といひ、神體をのせ奉るを御舟といひて、舟を用るは昔を忘れじとなり、衣服は呉服といひ、器は呉器といふ、泰伯は呉國よりわたらせ給ひし故なり、女子は國の姓をいへば姫と云、帝王御即位の禮は、周の衣服制度なり、此證據すくなからず、目出度御系圖を今の神道者公家などにもいみ給ふ事は心得がたく侍り、「君達の給ひけるは、古事の諸説に、日本は后稷の裔とあれども、今の神道公家にはいむ事なり、みづからは用ると用ひざるとの二つをはなれて思へり、人は皆太虚天地の子孫なり、其太虚の神虚明かなる人を貴とすとす、これにまされるめでたき系圖やあるべき、から人といへども、天地の子孫也、我王者といへども天地の子孫也、儒者の后稷の裔といふも無用の事也、日本は日本にて直に天地を父母とし給ひ、天神よりの御系圖にて事たれり、

陰陽五行の氣なくては生せず、元亨利貞の理なくては性なし、知仁勇の三のものは天下の達徳なり、國常立尊より傳へ給へる神符疑ひなく、然れども全神職公家などの聖人の後とあるをいみ侍る事は、文盲にして聖人神明の徳をしらざる故也、神は人のしわざはかなはず、人は神の妙には達せず、聖人は人にして神の用あれば、神よりもまされり、此理を明かにして後、日本は日本にて、儒をも佛をもまじへず、唯一の神道といはゞ可也、「又かたはらに客とおぼしき人の云、堯舜の君二代につかへさせ給ひて、天下の農事を掌り、民の耕作の道を委敷教へ給ひて、國に五穀有事、水火の如くにして、求むればこゝに生ずる様成事は、后稷のいさをし也、是によつて周の國に封られ給ひて、代々周公と成給ひき、日本にも天竺にも、五穀を植て上より下迄食事ゆたかなる事は、此后稷の徳に依り、是に依て唐は云ふに及ばず、東西南北の國國にも五穀の神として祭り奉るは、此后稷にておはします、后稷千餘年の末にあたりての御子孫に、古公と申おはしましぬ、北狄に近き國なりしかば、狄人來りて國を侵せり、もろこしの四百餘州を敵にしてだ

になほ多勢なる北狄なれば、周一國してふせぎがたし、金銀美玉をあたへ、衣服犬馬をつかはして、汝等が此國に來りて取べきものは是也、軍に及ばずあたふべしとの給へども、きゝいれず、終に大軍を催して至りぬ、其時古公゛土地は人を養はんが爲也、人をやしのふべきものをあらそひて人を殺すは、其意あらず、汝等いづれを君とせんもおなじ事なり、愼て狄人につかへよとて、岐山の麓に逃れ給へり、國人これを聞て、仁人なり、失ふべからずとて、したがひ奉れば、いづくにてもおはします所、則みやこと成ぬ、しかのみならず、隣國の人々まで其德を感じて助奉しかば、其和して一なるには、狄人の大軍といへども近きがたくて、しひて合戰をも得せず、是より後古公德化隣國に及び、其武威日月にまされり、御子三人おはします、泰伯、仲雍、季歷也、長子は聖人なり、次二人は賢人なり、 季歷の御子に聖人ありて、 昌と申すは文王也、古公の御心に竊に思召けるには、宗子也、 聖人なり、泰伯に國をつたへば民人いよ〳〵安かるべし、然ば季歷も賢なればあしからじ、其上孫に聖人あれば、相續て國もゆたかならんとはおぼしながら、色にも

出させ給はざりしを、泰伯やがて父の御心をさとらせ給いて、古公の御煩ひありて、天年をうしなはんとおぼしける時、次仲雍をともなはせ給ひて、藥をとるとて山におはしまし、深く入りて跡をたち、終に吳國にのがれさせ給へり、 吳國の人いつきかしづき奉ることかぎりなし、古公尋させ給ふに、荊蠻におはすると聞えければ、 品々歸ト給ひ御跡をつがせ給へと仰あり、吳國は夷なり、海邊なれば漁を事とす、 海中に惡龍毒蛇多し、 これによりて所の人髮をきりて禿となり、身に文を入れてまだらか也、海中の毒蛇惡龍に害せられじとなり、泰伯仲雍諸共に、中國を出させ給ふより、ふたゝび歸り給ふまじき御心なれば、古公の御使をも煩はさじとて、 やがて國俗にしたがはせ給ひ、からぶりをすて、髮をたち身をあやにし給ひて、此ありさまなれば、中國の人に見ゆべからずとて、終辭し給へば、 力なく末の御子季歷に御國を傳へさせ給へり、 ある時泰伯釣舟にのりて沖に出させ給ひしが、西風強く起り、艪たへ楫おれ、たゞ空中にのるがごとくにて吹送られさせ給ひ、日本日向の浦に御舟より來れり、仲雍の子孫は吳國の主となり給へば、荊

蠻の風俗化して中國にひとしく成たるは、仲雍の徳によれり、もろこしの人、泰伯仲雍の御心をしらず、其跡見がたければ、或は狂妄ともおもひ、或は許由にひとしくいへり、數百歳を經て知る人なし、孔子は聖人なれば、其御心を知り給ひて、泰伯をば至徳といふべし、三度天下を以て讓れり、人其徳を稱する事をしらず、跡化して見えず、周の徳をば至徳といふべしと深く嘆じ給ひき、其比商の天下すでに末に成て、天命あらたまるべき前知あり、あらたまらば必周に歸すべき時勢也、泰伯は至徳なれば、繼立給はゞいよ〱天下の歸する事速なるべし、其天命時勢を知給ひながら、辭して去給へり、禮の法に一度辭するを禮辭と云、二度するを固辭と云、三度に及ぶを終辭と云、三度辭する時はかさねしゐず、天よりあたへ給ふの詔を、三度讓り給ふとなり、孔子の御辭を待て、初めて泰伯の至徳を知、御行えなかりしかば、日本に落とまらせ給ひし事、秦の代より後次第々々に其證據かくれなし、中國は四海の宗國なり、昔は此國よりも貢物あり、しかれども彼方よりは來をうすくして往をあつくし給へり、周の后稷の適孫なる事はいむべき樣なし、神道の祓も易也、佛道わたりて後儒道をいめば、儒の神徳をいひをとし、俗學といひけして、聖と神とをへだて、佛神を一體となしぬれば、神道者も公家も是にまどひ給ひて、中國の傳來をいむ事はじまれり、中比博學の僧あり、渡唐して日本の傳記の唐にありしを取來て、日本の史を編り、我朝にてはたぐひなき重寶なる書也しを、日本は周の子孫と書たるが罪によりて、其書施行せられず、終に灰塵と成ぬるはおしむにもあまりあり、いにしへは其本を忘れさせじとて、元來の事を殘し置たるに、後世はこれを失はむ事を願て、代々に其書を亡し、其證據を失へり、もろこしは天氣晴明の地にして、日月のめぐり中會なり、是故に中和の氣あつまりて聖人繼起り給ひて、物の初をなし、四海に敎へ給ふなり、德明かにして敎を傳るは師也、治道の出るは君也、舟車の至る所、霜霧の降る所、尊信せざるはなし、東西南北の地には聖人起り給ざる天理なり、故に禮を制し樂を作る事成がたし、天竺人の夢にもしらざる樂の道をさへ、よき事の至極なれば、其作り出したる樣にとりなし、もてなすは、まことにおもはゆき事也、德も位も聖人と佛とは違たる事なり、此地は其神聖の始給ふ國にして、中國にもおとらざれば、八狄七戎六蠻九夷の其中には、日を同して語るべからず、かく目出度日本の系圖をばあらぬ樣に取なし、神よりははるかに下れる佛をば、神佛などゝてならべていふは、惑る事の甚しきなり、そのかみ天竺にあきなひし侍る者、天竺に住ゐして、一とせ親類見舞の爲に、本國にかへりてかたりしは、朝鮮人の樂の樣なる事はあれ共、日本唐などの樣なる樂の樣はさらになし、經も日本には色々あれども、天竺にはさもなし、出家といふ者は、念佛を唱へつゝありきて乞食するばかりなり、四十二章經ほどなる少しある物を讀み侍る、出家をば、ことの外かろくあへしらへりと語りき、又毎年渡りし商人の物語もをなじ事也、彼是通はし見ても、佛經は唐にて作りたる事疑ひなし、纔に今の佛經一卷ほど成もの、天竺より來たるを本にして、書ひろめたるとみえたり、根本、枝葉、花實の譬は、理もなく私なる事也、國の根本は中夏なり、四海は枝葉なり、花實は人なり、故なき事を云出せども、大勢いひ傳れば、眞はかへりてうづもれぬ、今の世の中にある文字の讀聲も、あやまりを傳る事多く侍りと、「又一人の社家云、日本は東夷なれども、日本といふに奥義あり、私に名付たるにあらず、天のゆるせる名なり、日本のごとく金銀の多く出る國はなし、くわしく尋れば大方皆金銀ありと見えたり、日光の精のさす所金となり、月光の精の入所銀と成れり、四海の中、日月の輝し給はぬ國なれば、いづれの國にも金銀あり、しかれども日本に取分多き事は、日の本のしるしなり、日の本なるが故に、山川にも靈多く、人にも神人あり、これは大祇の義なり、其内の山川土地にも精粗なくて叶はざれば、をのづから神靈の厚薄あり、人のすぐれたるを神といふ、人と生れたるものはみな天地を父母として、天地の體を備へ、天地の德を有せざるはなけれども、たゞ帝のみを天子といふ事は、よく其父母に似たまひて、全く其道德を明かにして、よく造化を助け給へばなり、古へは王たる人には必神德あり、神德おはします人を王にし奉りたり、王の字の三文字は天地人なり中の丨は天地人一貫の道理なり、いづれも親の子なれども、よきをば親の子なりと世俗にもいへるは、とりわきてほむる言葉なり、大方の人にてだに、少親の人がましきに、子のよきものあればかくのごとし、同じく日本の人と生れさせ給ひても、類なくすぐれさせ給へばこそ、天の神の御子孫とは云成べし、天子と申も同じ理なり、よく神なれば聖徳備はり、よく聖なれば神に入給ふ道理なり、天神地神は神にして聖徳おはしまし、神武皇帝は聖にして神徳おはしましたり、物の備はらざる事は世のはじめなればなり、尤本ある事とはいひながら、日本武の命の和琴を作り給ふをみれば、よく武ある人は必文徳あるのことはり明なり、神徳おはしまさでは、人作になるべき物にあらず、日本の武將のはじめなる故に、日本武とは申すなり、未何事の傳もあまねからざる時は、律呂にまで通じ給ひし事、大方に見奉るべきことかは、もろこしの至人は、聖にして神をかね、日本の至人は、神にして聖をかね給へり、天地のことはり、其人ならでならざる時は、其人生じ給ふ、神代の後は中國との通路自在なり、日本は中國より傳へて習ふべければ、其後日本には神人出給はず、中國も聖人始をなし給ひて、賢者の力に及ぶ事なれば、其後聖人出給はず、儒學をするものは聖人をひき、神書を見るものは日本をひく、皆有我の私に出たり、天地の間に、中國の外に、日本に並ぶべき國はなし、たとひ中國の聖人渡り給ふとも、日本にてはおのづから日本の徳あれば、神道にしたがひ給ふべし、地はまち〳〵あれども、天はたゞ一つの天なり、一本の父にして腹々の子のごとし、其兄弟のうちにては、我人の爭ひはあるまじき事なり、たゞ一つの天は父なり、父によりてこそ子は尊けれ、國々のわかれは母なり、中國は后妃のごとく、四方の國々は女御更衣の如し、いづれにしても、日本の帝王は天の神の御子孫疑なし、日本の國の靈にしては、神人出給はで叶はず、神人はかならず聖徳おはしませば、天照皇、神武帝の御功徳の厚き事尤なり、もろこしをかるに及ばす、富士山は三國一の名山といへり、三國はいふに及ず、四海一の名山なり、秦の徐福、海中の蓬萊仙宮を求し時、漫々たる大海に漕出したるに、富士山の見えけるをおどろきて、これこそ蓬萊山よとて、楫をむけて尋ねよれり、秦氏の者は、其時の唐人の子孫なり、富士山の樣なる靈岳のあるにても、國土の靈はしられたり、天照皇は日本の開闢の主なれば、第一の禮儀を盡してつかふまつるべきに、神社として宮殿は茅葺なり、御供は三きね米なり、御裝濯川の鮎をとりて備へ奉るばかり也、至敬には文なきの禮にも叶ひ、萬歳眞實朴素の敎を垂給へり、いづれの國もと云ながら、取わき日本は、奢れば國亡る事速なることはりあり、奢るものは身の榮耀に盡して、用たらざれば下をめぐまず、かへりてとりあぐる事數なし、不仁の本なり、奢るものは無禮なり、其分をしらざればなり、奢るものは不忠なり、臣はなれ民怨て、其位祿の用にあたらず、奢るものはやはらかなり、たとひ心はたけくありても、身武士の用にあたりがたし、子々孫々に及ては、終に長袖のごとくになれり、奢るものはいやし、用たらざれば貪り生ず、利欲の樂にいとまなければ道をきかず、かへりて文道をそしり、文盲にして無知の初なり、奢るものは不孝なり、終に子孫亡るなり、奢るものは盜賊の名をまぬかれず、天道萬人を養ひ給ふ生物を取て、己一人の用とす、これ天地の盜なり、つゐには人の物を借りてかへさず、商人の物を取て價をあたへず、人の盜也、奢るものは遠慮をしらず、一日なりとも我樂をだにすればよしとおもひて、前後左右をかへりみず、はじめは此人をそしるものも、大道をしらざれば後は同類と成ぬ、かくのごとくなれば、國の亡ぶる事日なし、神武天皇の道にしたがひて淳厚朴素なれば人の眞實立ぬ、天下國家靜謐の本は誠より先なるはなし、奢る時は用たらず、たらざれば轉薄にしてかざり多し、しかれば人道を亂るものは奢より甚しきはなし、しかれども奢きはまりて、貴賤共財用乏く成て後には、奢るべき樣もなし、此時に至て俄に罪を奢に歸して、儉約の法度つよければ、却て世間の困窮と成物なり、此時に中する政道は、本才の人知べきか、「かたはらなる人の言、神道の學問する人の中に、狂氣するもの侍るは何としたる事にや、「社家云、其故ある事なり、神書をかきたる者、すぐに書侍らで、莊周寓言の筆法を似せて書たり、莊子は理明かにして古今無双の筆力なれば、いかほど大なる寓言しても、後人とりて見てよく道理しられ侍り、日本の人は、文筆の法にならはず、道理分明ならずして寓言したる故に、其人の心にはかくとおもひてかきつれども、筆不達者なる事なれば、後世の人理を取て見るべき樣なし、道理しられざる故に、其辭のしどけなきをみてあなどるこゝろ出來、神靈の明かなるまで、をしてなみしぬれば、狂氣する者も有べし、「問、古へは神書を明かに書のべ給はざる事はいかゞ、「云、德を以てみづから天下を風化し給へば、書はなきなり、孔子も時にあひ給はでこそ書をあらはし給けれ、其上上古には文字も定らず、唐にても堯舜以前の聖人の御事は、德の傳へ、事物の制ばかりにて、敎の書は傳はり侍らず、たゞ易の陰陽の畫のみあり、日本にても三種の神器の象、則易の畫の如くにておはします、三種の神器を書の本として、神道傳授の心法、天下國家政道の敎をひろめ給はゞ、百千萬卷の書共成侍るべし、儒書をも佛書をもからずして、何にも事闕ぬやうに、いかやうの書にもあらはし侍らんは、易き事なり、天地否塞の運にてや、中比神道者に人なくて、神書の理を說得ずして、佛者儒者の書をからではならざるやうに成し故に、佛者はひろごり、儒者は微なり、終に佛者にとられたり、陰極て陽を生ずるの理なれば、子孫の代にぞたのもしく侍れ、「かたはら成る老翁の云けるは、我等近比いすゞ川の傳記を得侍り、さきよりいづれもの給ふ所の說に大かた同じ、日本は周の後胤なり、故に東海姬氏國といへり、女子は姓を稱するゆゑに、日本の女子を姬といふ、姬は婦人の美稱ながら、周の姓なり、故に天照皇は泰伯なりといへり、天照皇の像を作りて雨寶童子といへるは、泰伯の吳にて髮を斷給ひしかぶろのすがたなり、日本の衣服を吳服と云、食器を吳器と云、皆吳國の事なり、吳國は漁を事とす、海中に蛇龍多し、頭かぶろに、身あやなれば、水中には己が友にまぎれにて不レ害、泰伯中國に二たび歸り給ふまじき御心にて、御身を國俗にしたがひ給へり、ある時漁舟の風にはなたれて、日本日向の浦につき給ひ、聖神なれば日本の者の言を五音に通して聞とり給ひ、彼のきくべきやうにの給ふ、日本は國ひらけて年久しといへども、國郡わかれず、道路通ぜず、天子諸侯の號なければ、年月日時の記なし、故にもろこし大荒の時のごとく、屋宅いまだあらざれば穴居野處せり、山中につかのごとくして石をたゝみ、內虛にして口あるは上古穴居の遺跡なり、穴居の時、恙といふ虫、害をなせり、故に人を問につゝがなきかといへり、此時は農業をしらざれば五穀なし、糞とゝのふる事もしらで、草木の實をくらひ、生肉を食す、女事なければ木の葉をかさね、けだもの丶皮を衣服とす、親子相愛する心あれども、禮ありて敬ふことを不レ知、泰伯わたらせ給ひてより、人倫の道をたて、愛によりて敬を敎へ、父母を敬ふ心をうつして上下の品をさだめ、禮を起し本を報て、我出たる本をしらしめ玉ひ、終に先祖を祭り、天地を祭るの禮あり、媒を以て婚姻の禮を調へ、人倫のはじめを重じ給ひ、人の天に禀たる性に本付て敎をたて、萬物の上に備たる理を明かにし、木をきりてすきとし、一木をためて鍬とし、牛にはくびきをつけて重をひかしめ、田をかへさしめ、馬は輿鞍三韉をつけて、乘て遠を行、舟楫を作て不通をわたし、終に美種をとりて耕作の業をなし、天の時と地のよろしきを見て田とし畠とし、五穀を施し、春夏はうへ芸り、秋冬は收めかくす事を敎へ給へり、民生日用の器を制して、工業ををしへ給ふ、器の制、中國には代々の聖人の手を經て初りし事なれども、日本にはいまだなし、泰伯山に入りては金鐵を取り、海によりては鹽をやかしめ、農は五穀を生じ、工は器を作り、穀と器と相易て用を達す、是を以て日中に市をなして、有無相通ずる事を敎しへ給ふ、禽獸蛇蝎、人倫に近付て害をなす、故に弓矢を作りて是を退け、獵者の業をなさしめ、あみを作りて鳥魚をとる、漁の業をなさしむ、如レ此ならざれば、禽獸人倫に交り、耕作をなす事あたはざれば也、終に屋を作て風雨をふせがしめ、婦人に女事を敎へ、衣服を作て、人道の禮容をなし、五色を用ひて貴賤をわかち、百司ををきて天下を平治し給ひ、人民をあわれみめぐみ給ふ事は、天地の萬物を生育して遺す事なく、知神明にして鑑の物を照がごとし、此國の人其德になつき奉る事、父母のごとし、其神武に恐れて君としつかふまつれり、大舜の民となりておはしましける時居給ふ所は、程なく都のごとく民あつまりしといへるも是なり、況や日本にては、きゝみし事なき神聖なれば、人間の種にあらずとし、天をさして神といへり、五代を經て其德化遠く及び、其功用ます〳〵廣く、知不レ通といふ事なく、明ならずといふ事なければ、日月の天にかゝりて不レ照と云事なきがごとくなる故に、天照皇太神と申たり、今の內宮是なり、又外宮は、天照皇太神の祖神にて、后稷也といへり、神家にて御食津の神と申、豊受皇太神と申奉るも、五穀豊饒の義也といへば、五穀の神にて后稷なるや明かなり、國常立尊と申奉るは大極に配せる名也、天照皇のわたり給ひし昔は、此國いまだ文字なし、書なし、故に知、仁、勇の心の徳を三種の象にかたどりて、修身、齊家、治國、平天下の心法を示し給へり、これ我國神道の淵源なり、五代は九州に住給ひて、中國にかたどりて九州の國をわかち治め給へり、是を地神五代といへり、それより以前の事は、年月日時の別ちもなく、國主の號もなかりしかば、理を以て推て、無窮氏、水神氏、火神氏、有木氏、有金氏、有土氏、象形氏の次第をさして天神七代とす、三種の神器は知、仁、勇の象なりといへり、夷蠻戎狄の中に、人道の禮樂を傳へ、道學を知て君子國といへるは日本なり、天照皇以前は、何のわきまいもなき國なりしに、此レ如の恩徳天よりも高く、地よりも厚き故に、日本のみ帝王の家をたがへず、武家の世と成ても、天下を取る人、王と成事あたわず、三種の神器、自然に神威おはします故なり、正しき證據多けれども、神職の人はこれをいめり、聖人の神徳をしらずして、天神の孫といへるにはをとれりと思へるが、聖人は神よりもまされり、天神の孫と云よりも、聖人の後と云は尊き事なり、昔は其本を失はせじとにや、内宮に三讓の額あり、今も内外宮の御正躰をおさめ奉るものを御舟といへり、跡をくらまして神書には記したれど、其實はすてがたき故にや、舊事紀には降臨の時、舟長、梶取など云詞見えたり、日向の國には、雨寶童子の舟に乘給へる繪、古き神社にありとなり、中比まで證據正しき書もありしかど、神家公儀の權威をかりて破りたりといへり、然共三讓の名あり、天意亡すべからざれば、破るといへどもくちせず、もろこしの書にも、日本は吳泰伯の後なりと記せり、神家にも正しき傳あらば、書に記しあらはすべき事なるに、秘して我を信ずる者にのみいひきかせ、神道を不レ知などいへるは、證據分明ならず、よはき所有とみえたり、さりながら畢竟聖學の徒のかならず姫氏國と云も、我學べる道を贔負するくせにても有べし、又神家のかた〴〵、姫氏國にあらずといへるも、誤りを傳て實とする事も有るべし、人は皆天地の孫也、太虛天地の神より來れるものなれば、人皆神孫たるべし、徳をしるものは默識すべし、

三輪物語卷第二

いざよふ月の天晴ば、よべの空にもをさらじとて、社家禰宜例のとのゐ所に打寄つゝ、宵過るまでながむるに、公達は見え給はず、社家せうそこして、おなじうばこよひもときこへければ、やゝまたれてぞおはしましける、いとけうありて入奉る、「社家云、よべの御物語も心にしみて覺ゆれば、又こそ至情をのべ侍らめ、虛中にこそ天下の益はきたしつべけれ、其位にあらずして申さんは、罪得べき事なれども、天が下に住さぶらふ者は日月の光をいたゞかぬやうなく侍れば、時ありて雲雨のめぐみをのぞみ、常は空の霽を朝夕にうけ奉る事なり、君の御德は日月のかわるぐ〵明かなるがごとくおはしますこそ、天が下の望にて侍れ、今は天子もなきが如くおはしまし、大臣公卿もをちぶれさせ給ひし事は、いかなる故にておはしますや、うけたまはらまほしくこそ侍れさいへば、「公達の給はく、古へも時々のさはぎはありつれ共、知仁勇の三種の神德、天子の御身におはしましゝかば、千有餘年はゆるぎなく天下をたもたせ給ひしが、臣の家に普代といふものたて給ひて、藤氏の長者攝家といふ名のりせしより、臣の家に天下の威うつり、それも奢次第にまさり、其人なくして官位さかんなれば、君臣共に文武の道失はせ給ひて、事あれば地下の武臣に任せて征伐をつかさどらしめ給ふ、武臣とて立たるものも本はなかりしに、上つかたの人々は、奢によりて日々に風俗やわらかに成もてゆき、武事にをこたりし故、みづから征伐すべき樣もなければ、國々に下り、山野にかりして、武事にならふものを武臣と名付て、さしつかひ給ふ、功ある者には官位國郡を給はりぬれば、藤氏の威も亦武臣に奪はれて、はて〳〵は武家公家とわかれて、武家の天下と成侍る、武家といふも、もとは同じ流れなれども、江南の橘は江北に移して枳となるがごとし、◎信哉云、蕃山は王政復古の志有り、先つ禮樂を興して公家の威儀を増さんと欲す、後年幕府の忌諱に觸れ古河に謫せられたるは、實に是が爲ならん、「社家云、天下の權威こそ武家にうつり侍る共、吾國は神國なれば、たゞ人の天子の位に登べき理なければ、天子と諸卿との御官位はいつまでも絶給ふまじき事にておはしますに、かくおとろへさせ給ふ御事はいかなる故にて侍るや、「公達の給はく、武家の罪のみにあらず、公家に禮樂を失ひたるあやまりより、かく成侍るなり、「社家云、うけ給はれば節會などおこたりなく行はれ侍る、禮樂共に傳はりて禁中第一のまつりごとゝ申也、禮樂失ひ給ふとは、いか成事にておはしますや、「公達の給はく、禮樂は日用にはなれぬもの成に、常にはもてあそばずして、節會巳下の公事にのみ禮樂ありと思ふなれば、それによりて禁中公家の風は絶侍るなり、さればこそ世俗にも、公家衆は節會と云藝をせらるゝといへり、禮ある人は樂をはなれず、樂有人は必らず禮有り、物あれば則あり、のりは則禮なり、生あれば樂み有、たのしみは則樂なり、人の心は生ものなれば、うごかぬと云事なし、正にうごかさゞれば邪にうごく、こゝを以て古への神人、糸竹の樂器を作り給ひて、天地の律呂をうつし、雅音を發して人心を天遊にみちびき給へり、人心律呂にかよいて天遊をたのしむ時は、邪道に行べき樣なし、禮は和正の質ありて後、よく常によく久し、こゝを以て樂は禮の養なり、禮は樂の節なり、禮は見やすく、樂はしりがたし、見やすきが故に人皆禮の尊き事を知れり、知りがたきが故に、人多くは樂をゆるがせにし、をこたれり、禮は書だにあれば、賢者の力にもおこさるゝものなり、樂は書ありても、傳へのありといふものたえぬれば、賢者の力には再興なりがたし、聖人神明の德なくては興るべからず、もろこしは律呂かしこき故に、代々に作り直したれば、本をば作失ひて、古樂の風絶ぬ、天地四海の間に、古樂の殘り留ぬるは日本ばかりなり、もろこしに聖主起り給はゞ、必ず日本に來て習べし、昔は大なる苦勞にて、多くの人、この遠き國より度々に習ひ取し樂の道を、それ程までこそあらずとも、かく失給はむ事は無下に歎かしき事なり、今の公家は天下の政道にはあづからず、士農工商の役はつとめず、昔の皇統とて養るゝばかりなり、清盛、賴朝以來、天下をしりて將軍といふ人は、田舍あらゑびすの中より起る者なれ共、人心の靈あれば、いにしへの禮を守り、神聖の樂をもてあそび給ひて、けだかく風流なるを見きゝては、人道はかくてこそ禽獸にことなるべけれと思へれば、天の神の孫にて國主の筋なれば、すてがたく敬ひたてをかるゝなるべし、しかるに近代の公家の人々は、猿樂の能拍子を好み、小歌三線をもてあそび、凡俗の茶の湯などやうの、肩衣袴の俗衣を着れば、世俗に異なる所いくばくもなし、正樂の道はいかやうなる事ともしらで、むかしは能拍子小歌などなかりし故に、面白もなき古樂をばしたるかなと云公家もあり、其心すでに婬樂にながれて邪なれば、平生の則も公家の作法にあらず、けだかく上らふしき風俗、風流なる事たへはてぬれば、何を以て奥ふかくゆかしく思ふべき、さる故にこそ、君も臣もあるかなきかのごとくには成行給ひしなり、「社家云、公家にはいづれもよく歌を遊ばし、家々の有職秘傳の事なども多くおはしますと承れば、御所作なきとは申がたし、しかるに禮樂の道絶て、風俗おとろへたるやうに仰せあるは心得がたく侍り、「公達の給はく、其疑ひ最なり、さきに申所の節會等の禮樂によりて、眞の禮樂亡び侍るやうに、今の公家は、歌と有職とにて公家の道は亡び侍る事なり、古人は歌よみなりき、今の人は歌作にて侍り、歌よみと云本ありての枝葉、實ありての花に歌をよみ侍るなり、歌よむ事は稀にても、志のたゞ人ならぬを歌人とはいへり、本とは道徳の學也、此もと有て後、月に花にあふ所によりて情をのべ、志をいひ出たるものなり、本なくて歌のみを學ぶ者は、歌讀の藝者なり、その故に諸道はみな廢れて心はいやしく、歌の言葉にのみ風流を作り出るなり、本立て俗をはなれなば、常の文も歌成べし、いにしへの人の歌をよみしは、今の人のふみをかくがごとくなりき、文を書にも、少は心を用れども、常に書なれたる事にて、實事をのぶれば、筆を立る下より文章はいでくるなり、いにしへは風俗美なりし故に、歌を以て往來のふみとせしなり、常の事にて苦勞もなし、今は風俗いやしく、常の心にもなく、常のわざにもなれぬ事なれば、歌よむは作り物にてむつかし、常の物語言葉づかひも又歌なり、内明なる人は天理存し、人欲亡びぬ、遊びだに天地の律呂に遊び給へば、凡俗のいやしきならひ、せはしきまよひをしらず、かゝる人を上らふといふ、上らふにしてはじめて歌をよむべし、今の歌よみは、たくみによく歌をつくれども、其心凡俗なれば、しるものゝ耳にはいやしまるゝ所あり、又有職方を第一として秘事する事は、公家滅亡の故なり、是は家々の秘傳も爭ひもなきやうに、上より式を定め給へば、誰もそれを見て知事なり、さしもなき小事を、秘してならひ口傳とすれば、大禮大樂の道すたれ、藝者のごとくあなづらるゝ、なり、「社家云、今の樂所奉行、樂を秘して人に教へ給はず、人のうへまでもふせぎて、樂のひろまらぬ樣にし給ふを、心得ず思ひて、思ひ侍れば、かやうの事あるにてこそ公家ともいはるれ、夷中々々にあまねく成なば、公家の詮もあるまじきと信ぜられたり、有職歌道の秘事も、其御心得にてや侍らん、「公達の給ふ、よしと思ひての給ふや、それ猶ひが事也、昔はつくしみちのくのはてまで、あまねく傳へしらせたりし樂の道だにかくたへ〴〵にをとろへぬ、其秘事なくあまねかりし時、公家はなほ盛なりき、樂ははづかしきものにて、其人の心と人がら風俗を聲にあらはすものなれば、上手にても、地下は堂上の爪音撥あたりをば得きかせず、箏ひきよせ、琵琶ひきかけたるすがたよりはじめて、およばぬ所見へ侍り、舞などは樂人師としてをしふれども、堂上の家の子のふりをば、樂人はえ見せず、よく其人がら其位をゑがきうつすものなり、武士なれども文道にくらからで、志たかく、日用にいやしき心づかひなく、上らふなる人の糸竹の聲は又殊成音あり、それはたゞ心のたゞ人ならぬ故也、公家も官位高くならひ來りたるといふばかりにはあらず、今の時百人が九十七八人までは俗におちたる中に、一人二人いにしへの物の音とて傳へてあるは、◎信哉評、こゝ蕃山自ら稱ふなり、をのづから人がらもいやしからねば、さのみ道學に志ある人ならねども、たゞ人のおよばぬつま音侍るなり、世の中にひろく傳へて、あまねくしらせ侍らば、樂の道のふかく遠き事をもあまねくしり、また所作は上手ならでも、位は及ばぬ所を覺へて、公家のいまだ絕へぬいとすぢもしられぬべし、しらでだにまだくちせぬ所ある公家に、まして道德の學をしらせて、其心の惑をはらしなば、其爪音には誰か及び侍らんや、物かくも手はよからねど、公家と武家の歷々の手には位あり、よくてもたゞ人の手は位なきにてもしり給へ、樂の道は深く携はらでは、よきもあしきもしられず、面白までも行たゝぬ事なり、あまねく人にしらせてこそ我勞もかひあるべき事なれば、我は下手にて勞もなく、樂の位もなく、人にしらせぬ許りにて樂をつかさどらんとは、いかなるひがごとぞや、又有職の大事は用ひぬ人もあるべし、用ひざる世もあらん、章甫をたからとして楚にゆく人、楚にかうむりきざれば、よしなかりしとなん、むかし戰陣に矢種射つくして、馬のむちを弓につがひ、いはほのかたかげによりゐて、行敵をしり目に見ゐたるものあり、のり過候武者、多くはまことの矢はげたると心得て見ぬ躰にて過ぬ、跡より來りし者、眼ばやくて鞭と見しり、馬より飛おり鎧付て、やがて高名したりと人のかたりし、實なきものは萬歳をかぬべからず、たゞ文武禮樂の達者と人がらのよきばかり、いつの時いづれの國にもすたるゝこと侍らじ、今公家も人がら公家らしくだにあらば、何の秘事なくとも、武士よりも敬ひ用ひられん、人がらは賤しく凡俗にかわらで、鞭ばかり秘したり共、時ありて絕侍りなん、今はたゞ公家は赤子のごとく神のごとし、もりときねとのならはしなるべし、武家は公家のもりにておはしませば、心あらん武家の出給ひて、よくもりたて給はん時節を待ばかりなり、我とは公家らしき程にも、誰か取立侍らん、中にも末の事の樣に人々の思給ふなる樂の道を、公家第一のやうに申侍るを、不審におもほすは、知給はねば餘儀なく侍り、近代公家の賤しくあしく成行事は、樂の道廢れたるよりおこりたる事なり、雅樂の章は、宮聲定て商角徵羽を生ず、亂ては宮にかへり、かへりては生じ、終にもまた宮に歸す、宮は君なり、商は臣なり、角は民なり、徵は事なり、羽は物也、君の德厚く威尊くして、臣令をうけ、民化して、事とゝのほり物正しきがごとし、世俗の淫樂は、能拍子、小歌、舞しやうなり、三線、尺八まで、其聲宮はあるかなきかにて、はやく商にうつり、角徵羽亂れて宮にかへらず、序を失ておさまらず、君臣道なくして、民手足を措所なく、事亂ておさまらず、物其所をえざるが如し、後醍醐の御宇に豐原の龍秋と云樂人有、樂をするに、商位はかり◎《カ》れて宮聲は沈めり、大原に音にさとき隱者あり、是も調子をきくに宮聲しづめり、隱者は龍秋にとはんとて京に出て、龍秋は隱者に語らんとて大原に行、紀川にて行合て、互に不審して、宮聲沈み商聲かるといへり、ほどなく亂逆の事起りて、天皇武臣に囚はれさせ給ひ、京都は兩六波羅の成敗等に成たり、人心正しからざる時は、天氣逆ひ、五音位を失ふなり、武家は萬歳の事は思ひ玉はず、昨日主君かとおもへば、今は臣となる、今日臣かとみれば、明日は主となれり、それを見る〳〵も、有道につきてたゞし、長久のはかりごとはし給はず、時のはやり物を用て慰み、一榮一樂と思へるにや、亡國の淫聲をも其まゝ置て、治國平天下の雅樂をば撰用ひ給はず、かへりて亡國の聲をば祝儀に用ひ、治平の雅樂をば佛事などに用ひて、死葬の憂ひをかれにまじへ給へり、天地神明にすゝめ、天子の御遊に用らるる吉禮雅樂を、佛事にまじゆる事は、ゆゝ敷事なり、佛の極樂の遊びとならば、出家に傳へて、出家ばかり用ひんは格別の事なり、朝服を着し、朝庭に用ゆる樂器を以て、佛事にまじふべきにあらず、如レ此の吉凶をもたゞされず、軍國の風を其まゝに、人質を取かため、力を以て一旦威に服せしめ、後の費をはかり給はぬは、武家の風俗にこそ、公家は不易の君臣なれば、さ様にては君も臣もたゝず、不忠不孝の至なれば、萬歲を期して一榮一樂を思はず、時のはやり物にうつらず、古禮を守り、古樂を翫で、不正の形容、音曲、物事を禁中にいれず、公家の門にをかず、朝には讀書の聲惰らず、夕には絃管の音やまず、手習禮事まじへてたゆまず、青侍青女房までも、公家の家に來ては淫聲俗事を云事を耻るなり、かくのごとくなれば、其家の子はをのづから胎敎あり、長じても俗事をしらず、正樂の音ふかければ、淫聲は聞てもけがらはしく思へり、淫を惡む心より、心の生々岩木ならねば、善をするにすゝむべきより外なし、耳にも律呂をわきまへ、目には正色を見しり、口には嘉言をいひ、身には正禮を行ひ、心には道理を窮む、如レ此なれば上らふの風すでになれり、うごく所皆有職なり、いふ所皆歌なり、何のかくす事あらんや、事の秘事は道おとろへて後の事なり、かくのごとくならば、人心皆靈有、誰かうやまひのつとらざらん、眞に道學をこのむ者は、必雅樂をもてあそぶべし、眞に樂を好むものは必道を學ぶべし、相はなれぬ道理なり、あそびにたゞしき道なくては德に入事深からず、樂は至極の者なれば、よく〳〵心を染て習らひとらでは、面白き所までもしりがたし、樂の面白き所をしれば、婬聲不正の事は見るも聞もけがらはしく成ものなり、さるに今の公家は、百人が九十八餘までは唱歌をだにしらず、況や律呂は何としたるものともおもはねば、欝氣を散ずるにも謠をうたふはよき分なり、其次はまひせうなり、其次は小歌也、甚しきは三線、尺八、能はやしに及べり、かく俗なる心なれば、たまく書を讀といへども俗學なり、禮をすれども悪禮なり、小身なれば召使者も貧賤の中にそだち、俗なる事に習たる事なれば、父母をはじめ、青侍、青女房に至るまで、胎敎にも生長にも、賤しき事のみ習はせり、されば賤男賤女に違ふ事いくばくもあらず、人の心はよる所する所には實事見えず、安ずる所たのしむ所に實事有るものなり、樂は正によらず婬によらず、安ずる所樂む所にあり、こゝにおきてすでに心をあやまる事なれば、いかでかよかるべき、公家の風俗の亂は、雅樂のすたれたるより起れりといふは是故なり、「社家云、能拍子、小歌などは、一旦の慰みなれば、人がらを亂るまでには及侍らじ、「公達の給はく、武家は君臣嚴に賞罰眼前に侍れば、慰みばかりのやうにてもありなんか、公家は君臣ありとても嚴ならず、心安し、武家も公家をば客人とし給へば、大逆無道に及ばぬ事はとがめられず、されば慰み則實事と成て、人がらの亂に及ぶ事眼前なり、武家の例は、何事もあはぬ事多く侍り、武家とても心に好み給ふ事のおもしろくおぼす事ならでは、慰みにも見給ふべき様なし、正しき遊びの道うづもれたるうへは、餘義なき事也、役とする公家がたにかくのごとくなれば、武家は無二是非一事なりとの給ふ、「其中に年八十におよびたる禰宜、しはぶきし出て云、此公達などしろしめさゞる昔の事しり侍り、みづからは二十ばかりの時、親なる者ある攝家につかへ申て、老て引こもりたりしが語り申しは、其時までは攝家淸華には御家領一二千石おはしましき、大臣家、羽林なども、御家領二三百石づゝはおはしましき、貧くても公家の風流は殘りし也、其時にはや今のごとく零落させ給ふべき兆し出來たるとてなげき侍りし、參內も輿にておはしませば、力者、青侍、履持などもなくては叶はず、使者見舞の取次のため、留守にも青侍なければならず、兒小姓もいり侍り、衣冠のついゑ、家職のつとめ、奥方の入用かけては、二三百石家領にてはたるべきやうなし、しかるに京ならひとて、客あれば酒を出し給はではならざる様なり、用たらざれば借てかへさず、かりてやらず、それにてもつゞくべきよしなければ、貪りの心發り、心だてもいやしく成行、大名の緣者と成ては女がたにかかり、家居きらく〱しく衣裳美を盡し、奢れる公家はしく〱出來たり、はじめは笑ひ給ひし公家も、後々羨しき心出來て、此才覺のみなり、代官やうの町人より起りて、賤しき者の娘、しかも金だにつけ、まかないだにすれば、むかへ給へり、女公達持給ふ公家は、大名の妾となりて前金取、もし子あらば外戚とて、かゝるべきたくみをし給へり、民間の地士やうの者にても、又は武士の五百石、三百石の人にても、妻として求めまほしく思ふには、小身とて嫌ひ給へり、たゞ目の前よき衣着て、親兄弟にも物とらするをいかめしき事におぼして、人の使ひ者と成、賤しき名にくだりぬるあさましさは、何ともおぼさず、親のたよりにもならず、いかめしき事なければ、人の妻となり、禮義よき事には、かへりて外聞よからざる様におぼしたり、たゞに堆く無禮なる事のみ殘りて、心のいやしさもなく、恥なき事は、公家出家など申侍りき、公家出家は、人のものをもろふべき者と極て、善不善のわきまへもなく、たまく〱人の志にてまひらするものも、例の事にして何とも思ひ給はず、公家乞食と申たるなり、其後清花一人おはしましたり、度々の亂世に家領おち落て、三百石ならでは殘り給はず、上らふの心だて身持失ひ給はぬ御人なれば、外のかざりし給はず、内に參り給ふ時も、しほれたる衣冠にて、青侍一人、沓取一人、あるかなきかにて出入せさせ給へり、人參りても、茶をのみ出し給ふもよほし有て、公家中おはしましても、御粥御湯漬やうの御もてなしにて、酒は出し給はず、御家内物靜かにて、世事のいそがはしさなく、いつとても讀書の聲、絃管の響ならではきくものなし、將軍家權柄の御かたぐ〱に參會ありても禮遇し給はず、又無官の武士に逢給ひても無禮し給はず、慇懃によきほどにおはしましき、ある公家の御異見に、時代にて今は將軍家をば公方と云て、仙洞に准らへ申せば、其執權人にまでくだりて、禮ふかゝらずば、無禮なるとやとがめられなん、又無官の武士、國方の人などには、とめされよ、かくせられよと、羽林名家の人々も被レ申、大臣に成たる人は、とせよ、かくせよなど申さる、しかるに今は大臣にておはしましながら、國家の士にも慇懃なるは、過たるなるべし、過不及ありと覺え侍りと、かの大臣殿仰せけるは、將軍家にも、公家とて立をかるゝ上は、その禮あるべき事なり、此方より望てさし出せばこそ頭をも地につけめ、我方よりもとむるにあらず、客の禮を以て招かるれば出るなり、衣冠して公家の官位を用て出るうへは、其禮義なくては叶はず、しかれども、いにしへとはちがひたる事なれば、時の中に叶ふべき禮義はあるべき事なり、又朝庭にてもなき鄕黨のまじはりにては、老を敬ふともいへり、問學の事には、德を尊ぶともきく、公家の傍輩ならば堂上地下の禮もあらんか、今の武士は他家なり、朝庭にてもなき所にて、他家の人に對して無禮をいたさんは、位を心にさしはさみて、時處をしらざる也、我方に出入武士は、故なき人、無下の人は來らず、いかさまに志やさしく、なま〳〵の公家はづかしき所あり、その種姓れき〳〵也、武家と武家は傍輩にて同家なれば、身上の高下によりて詞づかひ禮儀も多違ふべき事なるに、かへりてしからず、大國の主といへども、他家の士をば、我又者にもあるほどの小身にても、そのことば慇懃なり、家かはりたる公家ながら、大臣の官位ありとて、小者あへしらひにせば、心あらん人は誰か重て來るべき、きけばれき〳〵の武士を、官位なきとて平折敷にて食せしめ、我は三方にし、盃もさしすてゝかへさずとなり、おもてむきにて官位の禮を用る所には、國家の人などは來もせぬ事なれば云に及ばず、來程の所は內々の義なれば、さまでもてなすべき事かは、大臣ならば木具か茶碗のちがひはありとも、客として相伴にもてなす人ならば、塗碗、なしうちにはすゆべき事なり、盃さしてかへさせぬほどならば、さゝぬぞよき、むつかしくば一向に他の相伴を出して、我はひきこまんこそまさるべけれ、又或人の異見に云、振舞はし給はず、酒だに出し給はず、參內に輿にもめさず、しはきと申と人のいひし時、みづからが親なるもの、すゝみ出て申けるは、むかしある家の武士二十騎ばかり同道して京へのぼり侍りし、其中に上らふしきわかき馬のり一人ありき、殘る人々は習ひ賤しく侍り、しかるに其上らふの若黨のいふやふ、我等のだんなはきたなき人なり、皆々同道の衆は、あの餅をかへ、このあめをとれとてかはせらるゝに、一度もかへと申されず、しわき人とて腹立し、此殿の上らふなるを、しわきと申人は此若黨なり、此若黨にほめられ給はんか、そしられ給はんか、かわりやるべき覺えもなくて商人をたをす事は、公家武家共にはやり物にて候へども、はやり物とて僻事せんも口惜かるべし、此御家には有職、歌道、文學、糸竹のしらべくらからずおはしませば、其徳をしたひて參る者多し、何給はらでも、他の結構の御振舞よりはかたじけなく思へり、たゞ御前へ召仕さるゝを、世にしらぬ悦として出入す、酒食に心有賤しき者は參らず、御家領にあはせて、儉なるべき所は儉に、御位にあわせて、上らふなるべき所は上らふしくおはしませば、是をこそ世の中の手本とも申べけれ、武士は武勇ばかりの勉めにて、家内かろ〴〵しく侍れば、此御家領程にても馬にも乘事なり、公家には家内上らふしくおも〴〵しくおはしませば、此御家領して輿にめす事はならせられじ、よくあたりたる御作法にておはします、誰何と申とも御聞入あるまじきと申たれば、異見の人言葉なくして歸たり、「社家云、神代の遺風にて、今の禁中の第一に殊勝なるは、内侍所の御神樂にておはします、日本第一の御神事なるに、堂上地下共に役人不足に見奉り侍り、和琴、笛、篳篥、堂上に一人、地下に一人と申なり、歌がたは、堂上地下共に十餘人もおはしませど、樂をしり給ひて、拍子とり給ふ人は、一二人ならではおはせず、其人さし合て出給はねば、歌の調子、糸竹の聲にあわぬ事多しと承れり、歌の秘曲は、堂上にたゞ一人とうけ給る、あやうき事にておはします、篳篥は薄以緒卿たゞ一人にておはしましき、牛公事と云事ありて、信長より薄殿を切腹させられし最後の時、樂人安信の秀房をまねきて、年比の所望なればとて秘曲を傳へ、家の管小薄共にわたし給へり、此薄殿心剛なる人なればこそ殘り侍りつれ、あやしき事なり、信長も御神樂領を附られたるは奇特なれども、薄殿切腹の事は不仁なり、武家ならば私曲の切腹にあたる罪なりとも、公家にておはしませば、其役取あげ申したるばかりにてもよかるべし、しゐて罪重くば流罪にてやむべきか、不仁故に不慮の殺害にもあひ給へるなるべし、「公達の給はく、申給ふ如く、歌の秘曲傳へて、本の拍子よくとり、樂をもしりて調子たがはぬ程の人、堂上に三四人はなくて叶はぬ事なり、和琴、笛、篳篥も堂上に二人、地下に二人づゝ、人長なども三人ばかりはなくては叶はぬ事なり、本末の拍子つけ、歌の人々も、皆樂はしらではなりがたき事なり、たゞ公家、地下共に貧なるが故に、これを人に傳へては我家絶ると思へり、將軍家に器量の人出給ひて、事の理をいひきかせ、役領をつけて、その數ほどの人を出かし給はでは、今の公家の力には及ぶまじき事なり、今武家天下手に入たらば、禁中公家を馳走し取立奉むといふとき、、道有てよく取立奉らばよかるべし、凡情の馳走ならばゆかしからず、禁中に御領をつけ奉り、諸公にも家領をあたへ、內裏造營の結構などを以て建立とせば、外は生かへりたる様にて、實は又亡びに近かるべし、今かく築地もくづれおち、御殿もくち失て、かりなる御住居なるは幸の事なり、今の御かりやにても、政行なれば、其御かりやを風雨ふせぐばかりに、黑木作かやぶきに作り改め、築地も道行人の見こさぬばかりにさびてつき、御領も御不由ならぬ程に奉り、禮樂をこたり給はぬ様に、其禮其樂の領は、役人有て別につけ奉り、御遊なども月に兩三度、取をこたらせ給はぬ様にあらば、諸家をのづからあだなる事にうつるべき様なからん、御遊などは定れる事にて、大臣以下の公卿、殿上人、樂人かはりて必ず參るべし、君は臣よりはからひ奉るべきにあらねば、御所作の有無は時の御心のまゝ、なるべし、たゞ天子の御位を尊くあふぎ奉り、公家の公家たる風流を失はぬ様に馳走せられなば、儉約朴素の古風興りて、不自由なる事もなく、上らふの心とりかへしつべし、驕を以て馳走せば、家領多くとも用たらずして賤しき風俗になりなん、申給ひし様に公家はありたき事なり、たゞ定たる節會などを公家の事と覺えて、足ぶみをもち、左右を家の大事とし、心に禮の本たらず、情を正樂にのべずば、節會の藝者のごとくになりて、公卿は亡び侍らん、武家の賢君良相出給ひて、神代の遺風をおこされなんことのみ、あふぎねがふ所也、

三輪物語巻第三

天の孫天津彦火瓊々杵尊は、當社の御讓りによりて此國の御主と成給ひぬ、大山祇神の女子木花開姫を妃とし給ひて、火酢芹命と、彦火々出見尊の二男子を

生給ふ、兄の火酢芹命は、海の幸おはしませば、父の尊よりつりのうつわもの授け給ふ、弟の彦火々出見は、山の幸おはしませば、父の尊より弓箭授け給ふ、其後弟の命、こゝろみに幸かゑんとの給ひ、かへ給へば、共に其利を得給はず、兄の命悔て、弟の弓矢を返し、己が本のつりかへし給へとの給ふ時、弟の尊、本のつり失ひ給ひて、新にして奉り給ふ、其時兄の命、小兒の事とわずして人はたるがごとく、本のつりならでは請取まじとてせめはたり給ふ、弟の尊甚憂まして、行々海畔に吟ひ給ふ、其邊に鹽土の老翁と云者有、あわれみ奉りて、尊を龍宮に導き奉り、終に失へる釣針を得て歸り給ふ、其つりかへしさまのことを龍神敎へ申す、又潮滿瓊と潮涸瓊の二の玉を奉る、尊國に歸給ひて、兄の命につりかへし給ふ時、龍神の敎けるまゝに、貧釣といひてかへし給へば、兄の命いかり結ひて害ふ心有、其時弟の尊、しほみつ玉を出し給へば、忽にこゝ海と成て兄溺れ死なんとす、兄の命悔みわび給ふとき、しほひる玉出し給へば、本の平地と成ぬ、兄の命の心に、弟の尊は神徳おわしまし、己が及ばざる事をさとり給ひて、臣と成給ふ、龍神やゝもすれば雨風して、火酢芹の命つりの利失ひ給へり、火火出見の尊は、風雨にもかりの利得給ふ事かわらず、彦火々出見尊、三年龍宮に住給ひし時、龍女に幸して生給ふ御子を、彦波瀲武鸕鷀草葺不合尊と申す、葺不合尊、玉依姫を妃として、神日本磐余彦尊を生給ふ、是を神武天皇と申す、人皇の始にておはします也、

「處士云、兄火酢芹命と弟彦火々出見尊のさひさき爭ひをよみ侍るに、兄は始より利にめでゝ、友愛の心うすし、弟は始めはみづからのゆたかなるをもちて、兄の貧しきにかへて奉り給へば、弟順の道有、しかれども後に兄をなやまし、臣とし給ひし事は首尾せず、然るに弟の尊德有と申侍る事は理なきに似たり、後世の敎の爲など申事は、猶以愚成說也、敎へに道なき爭ひを傳へてよかるべきにあらず、古今の秘抄どもの說々取がたく侍り、各はいかゞ御覽じ給ふや、「公達かへりみ給へば、「かたはらに老翁有、さらぼいたれど、よしありげなる人也、こなたへと請じ給へども、爵なき者は御座の末にこそさぶらはめといふ、「公達はさはあるまじき事也、天の神の御孫に御國讓り給ひて、位をさり跡をけちて、天に二の日あらじと

てかくれたまひ、御社だにかまへ給はぬ神前なれば、官位をついづべきにあらず、たゞこなたへとくだります、「其時處士立出て、王公は賢者の德を尊び給ひ、賢者は王公の位を尊ぶ、此故に王公も臣とし給はぬ人有て後、天下平かに國治れり、賢者も王公に客たる德有りて後、よく一人業を起すべし、德を友とする者は、國君といへ共匹夫の貧賤を見ず、匹夫といへども國君の位を見ず、德と位と相和して貴賤友となる也、今老翁と公達も、亦かくのごとしとて、對座にすへたり、「公達仰せけるは、さきの處士の爲をば老翁にゆづり侍ると也、神書にはかゝる筆法多し、一を明かにせば、十にもかよひ侍らん、「老翁云、この事昔物しれる神主に聞侍べり、神代には私照なく、私親なし、一人を以て天下を治しめ給ふ、天下以て壹人にあたへず、賤の子なりとも神德あらば天下を治しめ給ふべし、況や兄弟の中にては、有德を立て主とする也、德不德を撰ばずして、嫡子に國天下を讓ると云事なし、始めより東宮とてさきに立る事なし、たゞ兄となく弟となく、有德を撰びて後、天下のゆるすを以て主と定め給へり、兄なれども火闌降命は、不肖なる故に、其天命の分にくたして、庶人とせんが爲に、釣器をあたへ給へり、弟なれ共彥火々出見の尊は、人君の德おわしますが故に、弓矢をあたへて天威を讓り給わんとす、上古は朴素なれば、弓矢を奉り給ふは則天下の御讓也、父の尊よく御子の德不德をしろしめして奉り給へり、兄の命は愚にして、みづからの命分を知給わず、父の尊の命にそむきて、弟を庶人に下し、我天下の君たらんとおぼして、器をかへ給ふ、然れども天下の人民隨ひ奉らねば、釣をたれ給ふ程の御樂もなし、それによりて本の御讓にかへり給ひて、弟の尊に天が下かへし給へり、弟の尊も人君の德こそおわしませ共、庶人の賤しきかひ〴〵しさは得給わねば、是も自食を求め給ふ事叶はで、共に苦しみ給へりしが、本にかへりて安堵し給へり、君子は大受すべくして、小受すべからざるの義也、釣はたり給ふといふは、不德にして天が下治め給ふ事は叶はね共、弟の尊を責はたりて天下の財を貪り、色々の難事いひ給ひし事、寓言したり、弟の尊の海中に入給ふと云は、寶に龍宮と云所有て行給ふにあらず、知仁勇の德おわしまして、大舜の衆が心をやぶり給はざりしやうに、兄の命のひがごとをもとがめ給はで、海の底迄も心をやりてつかへまつり給ふありさまの寓言也、乾珠満珠のたとへは、凡情の人力は、一旦徳にも勝やうなれども、天定る時は又よく人に勝の理にて、とかく力は徳に敵する事ならぬもの也、力を以て徳にかたんとするは、水火にむかふがごとくと寓言したる也、兄の尊色々難事をの給へども、徳は君也、力は臣也、天ゆるし民随ふの有徳は人君也、天ゆるさず民随はざるの不肖は人民也、力終に徳に負て、争へども人臣と成ぬ、尊は争ひ給はざれども、徳はひきくしてこゆべからず、尊くしててれは、終に人君と成給ふ事を寓言したり、たゞ暫く世俗の争ひをかりて、徳と力と、人と天との勢ひをあかしたり、兄の尊はあらき風はげしき雷雨に利を失といふは、火々出見尊徳有て、天下を治め給へば、風雨も民の願に随ひて、諸民の爲によき風雨も、つりの爲にはよからぬ日あり、畢竟は五穀みのりてこそ、釣の魚をも人の求る事なれば、風雨の時に随ふはよき事なれども、今日の利のみ見る者は、利なきと思へり、又平生に無理非道の者は、義にをきて勇あらず、内心くらければ、鬼神も理にまどふ事をあかせり、弟の尊の風雨に利を得給ふものは、平生やはらかなる者は、義に勇みあり、内心明る人は、迷明を二つにせざるの道理を寓言せり、今の時にも弓矢持てかりするものは、晴天には晴天に随ひて鹿鳥を得、風雨の時は又風雨に随ひてかりて得物多き事有、海上の利は兩様に得る事成がたし、「又一人の神主云、弓矢をもつは、天下の主と成べき瑞相見えたり、人君たるものは、一張の弓を持て天下を治むべし、漢の高祖は三尺の劔を提て天下をとるといへる、同じ理也、烈風雷雨大にいたれば、衆恐れて常を失ふ、しかるに尊これが爲に惑ひ給はず、度量絶人なり、如レ此の大勇あれども、仁厚友悌にして、兄の命にはたられては、泣吟ひ給ふの順徳有故に、天地鬼神もたすけ給ふ事有、兄の命は幸かゆるの私欲あり、天理已に亡びたり、利を以利とすれば、終に不利に至れり、一天の君たる人は、仁を先として萬民を救ふが道なる事を、後世にしらすもの也、兄なれ共仁徳なければ、天下をたもち給はず、弟なれども仁徳あれば、天下を保給ふ、天地の氣節、四時の寒暑も、一人の御心に應ずるもの也、一人の御心正しき時は、風雨も時有、一人の御心不レ正ときは、風雨も時あらず、利と不利とは、人の善と不善とにあり、此兄弟の幸あらそひも、兄の御心あしくして、風雨に侵され給ふ也、初は海幸有て、後には海幸もなきと云は、天命の分を安せずして、高をねがひ、外をむさぼり給ふ故に、其家業をも失ひ給ふ事をいへり、神書は昔の傳を其まゝかゝで、はるかに後に書り、其筆先に道徳の學なかりし故に、寓言の様宜からず、せめて寓言すとも、荘周抔の様に理を明かにしたらばよかるべし、神聖の御事を、凡人の上にかりときたれば、大方にては通じがたし、心をやりて離れて見れば、とけがたし、よきにしても寓言はふよふ成事也、神明は正直なれば、たゞすぐに書てよかるべし、「禰宜云、貧釣とのろひごとして歸し給ふ事、正直の御心には相應せず、いかゞしたる事にておわしますや、「公達云、初の書の躰はさあらず、たゞ正直に事の躰の給ふ也、庶人の業は多く貧にしてなすもの也、富人となれば、なされぬ事多し、ことにつりの業は大方其日ぐらし程なる事也、此業は貧にしてつとむる道理也と聞へ、天命の分量かくのごとしと知て、つりすれば其利を利とし、其樂をたのしむ也

と至情をいひて、兄のまどひを敎へさとし給ふ也、凡夫は至情をいはれては、心には實にもと知所あり、後には得心もすれども、まづは腹立さかふもの也、我をのろふと、さかさまにとりなして、立腹し給ふ凡情をのべたるもの也、それを寓言の仕様、たゞ凡人のうへに取なしていひたれば見がたし、後の説々はとりなしていひたる事を書たり、「禰宜云、龍宮に住給ひし三年の内に、龍神の女子豐玉姫に幸して御子生れ給ふとはいかゞ、「公達の給はく、兄の命の望のまゝに君位を渡し給ひ、海邊にくだり、庶人と成て住給ひし時、生れ給ふ御子なれば、かくいへる也、奇妙にいわんが爲也、晴天には月もり、雨天には雨もりぬる、ねやの板間もふきあはぬ、貧賤なる住居に生れ給ふ御子なれば、則名付奉る也、昔は子の生れ出る時の事をかたどりて名とせし也、夫を御産急にしてと云て書なせり、「社家云、日本は神國にして、四海の中にてすぐれたると申侍るに、神道の經典備はらざる事は、如何したる事にや、「公達云、古への神人は天地を書とし、萬物を文字とす、神なき時は天地なく、萬物なし、故に神は天地の德也、人は萬物の靈也、國は神明のい

がきにして、人はみあらか也、造物等に經典なければども、日月かはる〴〵明かに、四時たがふ事なく、神の德は凪のごとく、蒼生は草のごとし、不レ知不レ識天の則にしたがへり、既に天神の御代遠く、地神の御代も半ば過て、人の世近く成ぬれば、敎なくては人道立がたし、此故に神明の德をかたどり、三種の象を作らせ給へり、内侍所は八咫の鏡也、神靈は八坂瓊の曲玉なり、寶劍は草薙の劍也、鏡は知德象也、玉は仁德の象也、劍は勇德の象也、鏡は心の神明にして、虛靈不昧成にかたどれり、天に有ては日光とし、事にをきては正直とす、玉は心の温潤にして、慈愛とし恭敬なるに象れり、天にありては月光とし、事におきては委曲とす、劍は心の剛强にして、堪忍、斷なるに象れり、天にありては星とし、事にをきては威武とす、天照太神の、皇孫天津彥々火瓊々杵尊を、此國の主となし奉りてくだし給ふ時、三種の象をゆづり給ひて、此鏡を見給ふ每に、常に大神を見奉り給ふがごとくし給へとの神勅也、是日本の書の始なり、中夏の聖神伏羲氏の始て乾坤の畫を顯し、六子を生じて八卦となし、八八にして六十四卦をなし給ふがごとし、八咫、八坂の八の字を用る事は、天地の神道は一貫也、和漢共に自然に相叶の妙理也、凡知のかしこきといふは、皆九々の數を用る、されば理屈になりてせまるもの也、故に中夏の聖人、日本の神人は、九々の一を太極に歸して八々を以天地萬物の理を盡し給へり、「問、鏡を知者の象となすべきためのみならば、小鏡にてもたりなん、しかるに大鏡を用ひ給ふはいかゞ、「云、小知を戒給ふ也、「問ことを好み、天下の人を用るは大知也、八咫の名を得る所也、人の知を用るは、人に見るがごとくなれども、是非を撰事は吾にあり、小知の天下を治るは、九々の算をなすがごとし、乘じては除するの外なし、八々の德治は有餘有てせまる事なし、儉節にして乘ずる事なく、易簡にして無事也、しかる故に天長地久也、大知にあらずば、誰かこれをよくせん、「問、玉を仁者の象となすべきためならば、圓玉なるべきに、曲玉を用る事はいかゞ、「云、曲は審也、仁也、愛の理也、愛する所には必ず心を盡すもの也、仁愛の心は至誠にしてあまねからずといふ事なく、天道造化の工をみるに、蟻、蝶の小虫に至るまで、つまびらかにしてたがふことなし、生理の至誠なるが故也、且父は子の爲に隱し、子は父の爲に隱す、直きこと其中に有、仁愛の曲玉は天理の直なり、大舜の瞽叟に事へ給ふは、つゞらおりの難所を行がごとし、九皐といわずして八坂といふは、君子は易に居て命を待の意也、仁人の民をめぐむ事は、父母の赤子を思ふがごとし、敎治し給ふ事曲玉のごとし、心に誠に求れば、あたらずといへども遠からず、「問、釼は始には天のむら雲といへり、草なぎは日本武より始れる名なり、本の名を用ひざるはいかゞ、「云、草なぎは中のひを略していへり、草なびくなり、君子の德は風なり、小人の德は草なり、威勝ㇾ愛ときは、まことに成の義なり、「問、德鏡を日光に比する事はいかゞ、「云、太陽東に出給へば、天下にかくるゝものなく、諸色ことごとくわかれて、其形をおほふことあたわず、自然に正直也、心に知明かなれば、天下にまどふべきものなし、正邪ことごとくわかれて欺く事あたわず、自然に無事也、德玉を月光に比する事は、春陽生ㇾ物の氣さかむなる時は、日光もかすみてうらゝかに、月曇らねどもおぼろ也、水至てすめば魚なし、人至て察すれば、徒なし、月夜明なれどもかくるべきくまあり、心知よく善惡をしれ共、惡をかくして善をあぐ、諸の直をあげて、諸のまがれるをすて置、大知は愚成がごとし、罸に大やうにして、惠にくはし、德釼を星光に比する事は、星は金の散氣なり、北極二十八宿の諸星有て、四時を定め、年をなす、正してたがふ事なし、剛强にして間斷なし、「問、勇釼を堪忍といふ事はいかゞ、「云、いかりをこらし欲を制するより、五倫の交り、無逸のつとめ、とても堪忍のなくては叶はず、ことわざに短慮は未練の相といへるも、勇なきものは堪忍なきよし也、「問、明鏡を云て、正直とする事はいかゞ、「云、邪心はくらきより起れり、命を不ㇾ知るゆへに、覇術の謀略にもおち入なり、明かなるものあるべき樣を行て、天命に應ず、明かなる時は正直ならずや、「問、仁は愛の理也、しかるに慈愛と斗いはずして、恭敬を加る事はいかゞ、「云、敬は愛の極也、愛する事深きものには、必ずつゝしみ有、明鏡、曲玉、寶劒、わかつべからず、神明の德也、ある時は共にあり、三光あれば天也、三種の神器あれば天子也、知仁勇あれば人也、鏡は知也、玉は仁也、劒は勇也、勇は義也、禮は仁に存し義にあらはる、信は知の明かなるより誠有、乾元亨利貞も、三種の象にこもれり、此國の主となし奉り給ふ天照太神の皇孫を、天津彥々火瓊々杵尊［頭注］火瓊々杵とは鏡玉劔の意なり、と申奉る、此神の御心に知仁勇の德おわします、故に三種の靈寶をそへ奉りてくだし給ふ、火は此神の德性、火の光明なるがごときを云、鏡の象に適す、瓊々は此神の德性、玉の温潤なるがごときを云、則玉の象に適す、杵は此神の德性、劔の堅强なるがごときを云、則劔の象に適す、三種の象おわしますといへども、君の御心に美德をわしまさでは、天下の風化あさし、君の御心に、其德おはしますといへども、其敎なくては天下にあまねく行はるべからず、徒善は政をするにたらず、徒法は自行ふ事あたはず、「問、知仁勇と云は、中夏の聖語也、日本にては、別に三種の名あらずや、「云、八咫鏡、八坂瓊曲玉、草薙劔と云文字も中夏の字也、字と名はかり物也、萬物は有無をかへて相通せり、中夏、東夷、南蠻、西戎、北狄、をの〳〵文字有、名あり、しかれ共、文字は中夏の文字よりよきはなし、故に佛法にも生國の天竺の文字をすて、中夏の文字をかりたり、文字をかれば名も字に付てかるなり、かりたるといへども、大にひろごりたれば、かりたると云者なし、今吾國の神道も、中夏の文字名義をかりて大行はれば、又かりたる名はあるべからず、夫道は天地の神道也、天に二つの日なき如し、國と云國、生としいけるもの、日月星をいただかざるはなく、運行して定在なし、しかるに我國の日、我國の月、星とあらそはゞ、まどへる事の甚しき也、天地の神道は、形象なくして人々の性となる、名處は、唐のをとりていひもせよ、琉球のをかりていひもせよ、其實體は、天地一源の神道也、しかるに、中夏聖人の道といひ、日本神皇の道と云は、日月をあらそふがごとく、いへば、日本の神道にてもあり、中夏の聖道にてもあり、又へだてなき大虚の道にてもあり、天地の間、四時の色同じ、春は花咲、夏は靑葉しげり、秋は紅葉し實のり、冬はおさまり葉おつ、春の花はよろこべるがごとし、夏の緑は樂しめるがごとし、秋の色はうれふるがごとし、冬の聲はいかれるがごとし、これ四時の和して、天地の七情なり、天地の神道にあらずして何ぞや、唐日本たがふ事なし、詩に作り、歌によむところ、符節を合せたるがごとし、もろこし人は中夏の春といひ、大和人は日本の春と爭はゞ可ならんや、たゞ天地の春なり、春を悦びて遊ぶ時は、又我春也、夫春夏秋冬、元亨利貞の理にしたがひて、時を以て色をあらはせり、天地は無心無欲なるが故に、正しくしてたがふ事なし、中夏の聖賢、日本の神皇は、人の形ありといへども、元亨利貞を以て、仁義禮智の性とし給ふ、明かにしておほはる丶所なく、すくやかにしてやむことなし、萬物一體にして、私己なく、又正しくしてたがふ事なければ、小體の天也、唐やまと、四時の色たがはざるがごとし、此知仁勇の德も、亦心に尋てたがふ事なく、中夏の人に習て知るにあらず、日本より傳へてしらしむるにあらず、誰にかると云事あらんや、人參は朝鮮の地より出るを、唐へも日本へも取來て、人の生を助る靈藥とす、銀は日本の土地に生ずるを取行て、中國四海ともに用を達す、文字は唐の文字を傳へて記臆とす、しかれども、人性全からざる國には、習とる事能わず、心に一貫の德性精明ならざれば也、「問、神道傳授の秘密はいかが、「云、社家などの其役人たる者は、傳へて知るべし、直人は知て益なき事也、たゞ神秘は神秘にて、密し置たるがよき也、中夏の聖人の天地の神道をとり用ひ給ひしを、たゞ正心、脩身、齊家、治國の用をなすべき所のみ取て、其しかるゆへはあかし給はず、其故はしらしめて用なし、しればかへりて平人の惑のはしとなれり、知者は云り、敬ニ鬼神一遠レ之と、鬼神の鬼神たる德を知時は、心至誠純一ならでは拜しがたく、身潔白ならでは近付がたく、服さかんならでは祭がたく、是故にをのづから遠る也、遠ざかるは尊敬の至れるゆへなり、後世の人、神社にまうづる事しげきは、鬼神の德をしらざるが故也、あがりたる世には、宗廟の祭も春秋なりき、後世の人、夏冬を加へて四時とし、又朔望をます、鬼神を敬するの心得かならずして、次第に近付なれり、「問、社家禰宜等の役人はいかゞ、「云、其職として拜供祭祀するは、毎日といへどもしげしとせず、盛服潔齋も、たまさかの人の樣には成がたし、されども、其理有てつかふまつるが故に、くるしからず、或は云、使ニ天下之人、齊明盛服、以承ニ祭祀、洋々乎如レ在ニ其左右、或は云、何事のおわしますとはしらね共、ありがたさにぞ涙こぼるゝと、身の潔齋より心の誠敬を立る者あり、心の誠敬より身の潔齋をかねる者有、神社にまうづべき心なくして、潔齋盛服のまうけなけれ共、祠に至て、かぎりなき恭敬の心をこれば拜する事あり、「問、三種の神器も亦神秘ならずや、「云、三種神器は、禁中におわしますといへども、其家の心法は、上天子より下庶人に至るまで、身を修るを以て本とする義也、あまねくをしへ給はんが爲めの象なれば、秘すべき道理にあらず、藥法なども、六君子湯、敗毒散、正氣散などは、天下にあまねくしらしめて、其神のたがふ事なし、妙藥と云ものは、秘すれば大にしるし有り、廣くしらすれば驗しなし、三種の德は、あまねくしらしめて、天下の人心の邪病を退け去べし、秘密は妙藥の神力をかりて、迷明は相交るべからずして相助べし、造化までは神の用なり、造化の後、有形の主は人なり、然れども人道も、神の冥慮を賴む事有、神の人道をまち給ふ事有、不測の理をしる者は、神明の德に通ずべし、故に、人の道を行は神に事る也、神に事ることは、臣の君に事るがごとし、心無欲にして義にしたがふ時は賞あり、心廣體ゆるやかなる是賞なり、外の福もをのづから來る事有、心有欲にて、不義をなす時は罸あり、心安き事なく、身くるしめり、是罸也、外の禍もをのづから來る也、神は天月のごとし、心は止水のごとし、水清ければ月影明か也、水濁れば影も亦さやかならず、淸ければ樂み、濁ればくるしむ、惑と不惑との謂也、宇宙の主は神也、國の主は王也、身の主は心なり、主を君といふ、敬て心君を奉ずべし、人心は神明の一體分身也、心上に一念の不善あれば、神明をけがし奉るゆへに、罸を來す事、ひゞきに聲の應ずるがごとし、心中清淨なれば、神明をすゞしめ奉る故に、賞を來する、形にかげのしたふがごとし、「社家云、天照皇は、瓊々杵尊に三種を授けさせ給ひて、たゞ鏡のみをさして、太神を見奉り給ふがごとくし給へと、みことのりありし事はいかゞ、「公達云、明は君臣の法則也、不明なれば其則を失ひ給ふ也、姑息の愛と、血氣の勇とは、明を失へり、佛の慈悲は、志殊勝なれども愚なり、姦勇の將は、剛なれども、終に家を亡すもの也、其に明を失へばなり、故に鏡をあげ給ふ時は、玉、劔、其中に有、知仁勇の三つのもの、ある時はともにあり、

三輪物語卷第四

禰宜の云、中子、本來の面目をいへり、吾道にも亦ありや、「居士の云、我むかし人にきく、天命の性、則本來の面目なり、これ無一物の時を以て、性ををしへ給ふなり、その詠に云、吾性の人にかくれてしられずば、高天の原に打出て見よ、大學致知の旨は、情欲みだれまじはる時にして、性をしらしめたまふなり、そのながめに云、吾性の欲にまぎれてわかれずば、たゞ無知の知にたちかへり見よ、大人は赤子のこゝろをうしなわざるものなりと、これ父母の胎をいづるのときにして、性をみちびきたまへり、そのながめにいふ、吾性のならひにまじりしられずば、生れし時に立かへりみよ、まづ天地によりて我本躰をみる時は、まぎるゝ事なし、天は物を生ずるを以て心とし給ふ、春は生じ、夏は長じ、秋は實のり、冬はかくす、かくするによりて來歲の生長收をとぐる也、人の夜いねて晝の用を達するがごとし、地は萬物を養ひそだつるを以て心とし給ふ、此天地生育の心より、先祖、父母、吾出來れり、形は數ありて生死すれども、此生の德は無始無終、故に數の主にして數なし、人に有ては仁愛と名付く、此仁愛、天地生育の命をつぎたすけて、齊家、治國、平天下をなせり、仁者は命ながし、實は死て不レ亡の義也、「禰宜云、報ひと申事は、經說のやうに申侍り、聖人の道にもおはしますや、「居士云、佛法わたらぬ已前の聖語に、むくひのこと有り、直を以て怨に報ひ、德を以て德に報ふとの給へり、すべて經には聖語より不レ出事はなき也、たゞ本のちがひある故、取なしやうにかはりある事也、天道は無心にして感應あり、人道は有心にして禮報有、仁心仁政は造化の生理をたすくるもの也、不仁不道は生理をさまたぐるもの也、其感應の速なる事、たとへば養生をよくする者は、日月のめぐるに隨て氣色快然し、不養生なるものは、日月に隨て病を生ずるがごとく、打身あるものは、土用八專におこるがごとし、是むくひの理也、しかれ共天道にありて、むくひといはずして感應といふは、無心なるが故也、人道は心ある故、德怨往來、其義理をはかり報ゆ、感應報禮は一理也、無心有心は時也、太虛の風物にあたりてひゞき靈なるが如し、「爾宜云、天子諸侯の隱居と申事は、いにしへはなかりし事と承わる、若き時の御子にて、御親に追つゞき、五六十歳まで部屋住にておはしまさんは見苦敷やと思はれ侍り、「處士云、今の風俗にては、隱居もなくては叶はず、古への作法にては、いつまでも隱居なくてよくおはします、古へは諸侯はいふに及ばず、天子の御子といへ共、生れながらにして尊からず、たゞ人と同じく大學に入て學問御修行あれば、五十六十に至り給へ共、只學の及ばざることを知給ふのみにして、國天下を執ての榮耀欲心をば思ひ給はず、士民に成とも、賢ならば讓り度思召事なれば、まして兄弟の内にては、互に賢に讓るの心あり、天子諸侯共に老君と幼君に、攝政と申事おはします、君御老年にて御子年若くおはしませば、諸臣と共に國政をあづかりつかへ給ふ也、中に德の勝れて世を繼給ふべきが、攝政の如くにつかへ給ふ、幾年といへ共如レ此、其間に天下國家の政道に深くなれ給ふ事なれば、下民の情までもくはしくしろしめす事なり、君の天年久しからずば、大學の修行政道の積功とげざらん事をなげき給へば、部屋住の苦勞といふ事少もおはしまさず、後世は君の御子とあれば、大學にも入給はず、臣と成て國政をも勤め給はず、君の跡を繼といふ斗なれ、其心にはあらざらめど、待佗る樣にも見へ、且見苦もあれば、隱居もなくて不レ叶義也、本にてたがふ事なれば、末にてはとかくの儀定めがたし、生ながらにかしづきすゑられたる貴人は、其一代は威嚴備はり給へ共、下の情をしろしめされねば、下にてしる者のもよほしも出來侍り、然れ共未見へがたし、其次の君は猶猶結構に、物每におもきに過る樣に成行給へば、下の情にはうとくなり給へば、其躰は結構にて、威はおち行事也、世中の人のくらゐだふれといふ事は、酒飲の事にはあらず、位を持過て下に遠くなれば、必亡る物にて侍る故に、位に倒れたると云儀也、貴人の爲に風諫したる古語にて侍るを、へつらいものどもいみはばかりて、酒のみの事に取なしたる也、古の法のごとく、天下の主の子も、國君の子も、學校に入て、たゞ人となし修行させませば、いつまでも代を經て天下を保給ふ也、越後の景虎は、十四にて順禮と同道して艱難を經て名將と成給ひしと也、すぐれたる人は、暗に者あつる事と見へ侍り、初の程は、繼の君の御才德あれかしと、夜を日にねがひ侍れども、生れながら上らふにかしづきすへられ給ひて、何事も人づてならではしろしめされねば、大方十人なみよりよき御生質にては、十人なみよりはるかに才徳をとりて見へ給ふもの也、左樣成君をおし立て、政道を行ひ侍れば、大によき事もなく、あしき事もなく、相談の持合にて位づめになる故に、上中下共に心安きもの也、此心安き味をしりぬれば、最早つぎ〲の君に才智あるは、誰も〲きろふ心出來侍り、ほどなく天下我持に成、亂世と成べき事はかんがへざる事也、「問、天に二の日なしといへり、しかるに仙洞おはしませば、二つの日のごとく、又隱居といふ事もよき事有、惡王を脫屣させ奉り、國郡の主のあしきをも廢するほどの罪なきは、隱居せさするにはよき事也、「答、學校の政行はれ侍れば、惡王なるべきは、初より御位につき給ふべきもうけの君ともなし奉らず、國郡の主もあしかるべきには國を給はらず、兄弟同姓のうちにて、よきを撰て家をつがせらるゝ事なれば、隱居のよきといふ事もいり侍らず、又仙洞と申侍るに、天に二の日あらん事を恐れての儀也、蓬萊の仙境に入給ひて、世の中の事をきこしめさぬ義にておはします、しかるに名のみ仙洞にて、禁中の事をしろしめすは、二の日にておはします、天に出たるだに夭なるに、まして人道に有べき道理にあらず、よくばいつ迄も、御治世あり度御事なり、ゆへあらば仙宮に入て、跡をたち給ふべき義也、「問、其仙宮と申も、起りのなき事は侍らじ、「答、正しき事にはなけれども、仙家より申出たる事成べし、黃帝は仙術を得て、天にのぼり給ひ、御くつ斗殘りたり、日本にては天智天皇も御屣ばかり殘りたりといへり、帝王の御在世ながら御位を讓り給ふといふ理なき事なる故に、此故事をためしとして、王者の隱居を脫屣とは申也、此世におはしましながら、おりゐ玉ふ事はなりがたき事なれば、院の御所を仙洞とも申侍り、「問、仙家の語は皆作りごとにて侍れば、それを證據として、只今人道に行はせ給ふ事はあるまじき事ならずや、「答、尤あるまじき事也、されど其虛說の實成とも立て、世中を御かへりみなくば、一道ともいふべき也、「問、仙家より太祖とする事はひがごとにて、扨黃帝の人間の死をまぬかれ給ひて、此身ながら神と成給ひし事は、あるべき道理にておはしますや、「答、尤あるべき道理なり、後の者の仙術を取付て學ぶは、ひがごとにて侍り、黄帝御一人は、さもおはしましなむ、御長命にて後世の爲に養生の論をくはしくし給ひ、則御身に行ひ給ひて、本より聖人なれば、其功すみやか也、形體の糟粕化し、魂氣魄體をのせ、聖にして知べからざるの神なれば、幽明神人形色共に變化して、其天年の終給ふ時に至て、御屐のみ殘り給ふことわり也、「問、しからば黄帝は聖人の中にても、すぐれ給ふか、「云、是は聖人の緒餘也、凡人の驚く所にて、君子の學びざる事也、たゞ人も無欲薄情の生付にて、養生の方をねり得たらば、其身の天性、第仁慈にして、又器用なる所あらば、長生飛行の術ばかりは得る者も侍るべし、ひとつの爐火のごとし、出し置ば灰と成事程なし、よき灰に埋み置ば、一時にてきゆる物は、五時もある物にて侍り、長生の術の心付たる所也、しかれども人ごとに學て成べきにあらず、其天性の近きものと、をる所の地形とによるべきか、先はなき事とおもひ給ふべし、「問、聖人の緒餘を、黄帝は事とし給ひ、他の聖人はまれにも養生の術おはしまさざる事はいかゞ、「答、昔山のやくる中を通て、身そこなはれざるもの有、或人子貢に問て云、此理ありや、子貢の云、此理あり、吾はしれども火中に入ほどの德はなし、「問、孔子はなるべきか、「云、孔子はなり給へ共、して見せんとてはし給はず、義にあたり行かゝり給はゞやけ給はじといへり、聖人は其のときにあたりては其知生じ給ふ也、「禰宜云、源氏物語を見侍るべきかと申人あれば、見る事なかれとの給ひ、又源氏をそしる者あれば、尤と仰られて、みづからは御覽ぜらるれば、心神がたく侍り、「公達云、うたがはるゝ事尤也、世間に源氏をみる者と、そしる者とを見侍るに、見るものは大方あしく、そしる者は其惡をにくむなれば、まづはよきにて侍り、其うへ、中人已下の人の見るべき書にはあらず、されば多くはよむ事をとゞめ侍る也、愚が見侍る事は、源氏には奥儀多くて、益をとる事有故也、聖經と神書とは各別の事也、其外和漢の書多中に、源氏の如くなるはまれ也、昔より世人の說には、善惡共にしるして戒のためといへり、尤其義もなきにはあらねど、ふくめる心一二にあらず、よきをよくかきてみづからほめず、あしきをあしく書てそしらず、たゞ見る人の目に殘したる筆法おほやけ也、白晝に人前にて惡事をする事は人心有者はなき事にて侍り、たゞ忍びてかくしとげんと思ふ心有故也、しかれども善惡共に實はかくれなきものなれば、たゞ二人の私語も、聞傳ふるとはなけれども、かくれなし、ものいはざれども人の心だてをば人見ていへり、是まづ世人のいへる善惡の戒と云もの也、扨愚が見侍る奧儀の其一には、聖人と聖人ならでは、至情はいはれざる者也、書經を見ても明かにしられ侍り、其外は上たる人は云に及ず、我より下つ方、又は兄弟甥子にても、至情をいへば腹をたつるもの也、是によりて作り物語によせて平人の至情をのべて、心づかせ用心させ、男女の別を立べき心根を教へたる也、其上皆作り物語と思ふも愚成心得也、唐を倭にとりなし、昔を今になし、今を昔といひなどして證據有事多し、二には上らふの風は、男女共におとろへ安し、賤しき人より不仁なる事も出來ず、すさまじき心も起り、やぶさかなるまよひもあり、上らふの人がらはうち清くて、色をだやかに、思ひけだかくて、身へりくだり、おほどかにしてうごきなき心也、かく事に出てをしふれば、窮屈になりて人よりつかず、書をみれ共ほどなくあくもの也、此故に見る人の心にまかせをけり、三には上代の清和の風、年々におとろへやすし、そろの文字の樣になりもてゆけば、後後は何事によりてかは、昔を知べき、從、從、ん、方さ、如レ此次第にやつしもて來れり、よみ來ればこそよみもすれ、理を以て知るべきやうなし、言葉づかひなど、日々にいやしく成行ぬれば、上古の言葉は程なくたえ行事也、色は人の好む物なれば、絶ず見て殘らん事を思ひ、好色をつり糸にして、古への言葉を殘したり、辭氣を出して鄙言を遠るは、君子三重の其一にして、言行は尤天下の大事也、古への詞をしるは源氏にしくはなし、中人以上の人は、つり糸をまたずして魚を得べし、中人已下はつり糸のみを見て魚をしらず、傳へて君子を待もの也、よの常の好色ならば、人もまどふべきを、不義の好色をまじへぬれば、まどふべきやうもなし、たゞむかし物語として見る斗也、四には禁中公家の禮樂絶なん事をうれへて、かのつり糸にしてつなげり、樂の事などは傳には絶たる事あるをも、源氏を見てしられ侍り、此物語なくば絶ぬべき事多し、五には人情をくわしくかけり、しらでは天下國家を治めがたし、毛詩の國風も、二南の外には婬詩多し、君子斗の寄合ならば政刑施す所なけん、小人の爲の政なれば、小人の情をしらでは叶ざる故也、或説に婬詩は後人の人たる也、聖人は人の惡をなし給はざるの論有、尤其意奇特といへども、惡人の惡をなすこと、必しも婬詩を待ず、源氏よまざる者に不義多し、よむ人にかへりて清に過たる人有、雅詩正風は小人に敎へ、婬詩は君子齊家治國の主意を設け給へり、常人の知所にあらず、六には詩を學びずば物言事なかれの義あり、詩はもろこしの風なれば、今日本にて大方の聰明にては通じがたし、歌にも尤その義あれども、歌は遠悠にして餘情かぎりなく、道にふかからざれば、學びずばいふことなかれの所まではいたりがたし、式部是をやわらげ敎しへたり、ゆふべき事をいわざるも愛なし、いへば又さわる事有、まげて人に叶ふべきもねぢけたり、此三つをはなれて言葉有、常の言葉といへ共詩歌也、詩歌に物語のやうなる有、物語に詩歌よりもたへなるあり、詩歌のしかるゆへをしらでは、昔何をいひしとかへり見るに、其言葉皆可にあたらず、詩を學びずばものいふ事なかれ、聖言むなしからず、奇特成敎へ、いひ盡しがたし、紫式部の父は博學の人也、日本の史をかゝんとて下書し、清書ならで終たり、式部取て物語とす、「禰宜云、歷歷の御物語に、琵琶の傳來は絕たり、其故は先帝は箏より琵琶を被レ遊たり、しかれ共、此御傳受の流は、本なき事也、其外の家々の傳もしかとつぎたる人なしと仰られたり、左樣の事にておわしますや、「公達云、さの給ふ人は、樂道をしらざる人なるべし、樂は傳のふりと云物絕ぬれば、再興する事成がたし、禮は書だにあれば、賢者の力にても起さるゝ事也、樂は聖人神明の德なくては、賢人の力にも、ふりの絕たるを起すと云事は成がたし、絃にても管にても、ふりだに殘りぬれば、譜といふものにて、いつとても起さるゝ也、管を知たる人の絃を起さんも、絃を知給ふ人の管をおこし給はんも、自由成事也、まして箏より琵琶を再興する事は、ふりのかくれなき事なれば、何の疑もなき事也、今何がしの親王などひかるゝも、則古への曲也、堂上にも今は樂を知たる人すくなし、理屈ばかりにてはしられじ、其うへ左樣にの給ふは、樂をしらざるのみにあらず、公家にはあしき言葉也、公家の公家たる事は、古の禮樂ある故也、疑はしくは其道を習ひて見給ふべき事也、學び給はゞたるゐぬ所明かにしられ侍るべし、「禰宜云、胡國は獸に近き國にて侍るに、彼地より琵琶の傳り侍る事は奇特成事也、胡國にも、又聖人出給ひしや、「公達云、琵琶は女媧の作にておはしませ共、末の世に至て中國には傳を失ひ、胡國に落とまりてありしが、中國にかへりたるもの也、胡國の作にはあらず、「禰宜云、女媧氏の作とある事は、いづれの書にも見へ侍らず、異說たるべきか、「公達云、中國にも日本にも、古書の亡たる事あげてかぞへがたし、秦の惡政にのがれたる人々、古書多く日本に持來れり、其書を見て日本の樂には書とめ侍る也、和漢の古書共は、守屋入鹿の火に亡びて、今はなし、自然に古事の殘りたる事は萬が一二也、今の書は多くはかの火災以後の書也、昔の事をいづれの書にもなきといふは愚成事也、三墳の書は日本に有と、もろこし人もいへり、慥にわたりたるをしれば也、其上理を以てをしてしれば、萬歲の前、萬歲の後、しられずといふ事なし、もろこしは樂上手にて、しかも道なき事久しき間に、作りかふる事度々にして本を失ひ、今は古人の樂はなく成て、日本にのみ殘れる也、日本は下手成故によく守て不レ失也、此後數千歲を經て、今の書も又亡びたる時に、古樂を中國に傳へかへし侍らば、其本をしらで日本の樂とやいふべき、何の傳記なしとも、明者はをのづからしり侍りなん、「社家の云、今も折々御遊はおはしますと承はる、古への御遊びにかはる事おはしますまじきにや、「公達の給はく、今の御遊びの躰は、やがてたへぬべき下地にて侍り、いかにとなれば、樂人の上手下手餘多打まじへふきたて、琵琶、箏、和琴も、上手下手ませ給ひて、絃かず多すぎたる故に、絃はばら〳〵にてそろはず、管は、調子の、めりかりも、しどろ也、下手にて覺よきものよりひきたて行ば、上手のしづめも聞いれず、役儀斗のつとめのやうにて、おもしろくもなき事也、おもしろからでは、いつとなし絕々に成行侍らん、「社家云、扨其おもしろからん樣には、いかやうにてかおはしますべき、「公達の給はく、みづからがおもふやうに侍らば、上手に御箏あそばされなば、つけごとは二絃か三絃かにてよからん、琵琶二面、和琴一絃成べし、管は笙三管、篳篥二管、笛三管、太鼓、かつこ、鉦鼓、各一人づゝ、外に唱歌の殿上人、聲よきかぎり二三人、又功者の人、時々扇ならし、拍子とりて、ゆふにしづかに有度侍る、拍子は大躰なれば、つめてとれば樂にゆふなくてはやくなり、位を失ふもの也、たゞ拍子のみだれんとする時計、功者より聲をかへたるがよき也、琵琶、箏、和琴ともに、きゝ所あらん、上手ばかりならば、絃は一人づゝも、折々はよからん、しからば管かたは笙二人、笛二人、篳篥一人、太鼓ばかりにてよかるべし、上手のかぎりならば、唱歌の人はなきもよし、舞たちなどは拍子にのりて、きほひゆくものなれば、管かた多くてよき事也、少下手まじりてもくるしからず、今の御遊は舞立の様なれば、いにしへの御遊がゝりといふやうなるしづやかなる事なし、「社家云、昔は后、女御なども、みすの内にてあそばしたりと承はりぬ、諸卿ならびに地下までもさふらふ事なれば、あるまじき事のやうに思はれ侍り、近きころは承はらず、今やまさり侍らん、「公達の給はく、それこそ故有事なれ、わらはのかぎり、又は正しき公卿殿上人、老たる樂人などめして、折々は、后、女御、更衣なども、みすの内にて、箏、琵琶、和琴などひかせ給ふ事あり、其故は女と云ものは、二親の傳へなくては、樂知べき様なし、みやづかへに出したつる人は、樂しり給わで叶ぬ事なれば、家々の勤、をのづからありて、敎たりし事なれば、今は此風絶はて侍れば、后、女御、更衣、樂の風流しり給はざれば、たゞ嬉樂ならでは、おもしろくもおぼさず、しかれば、御子出來させ給ひても、はや胎敎あしく、其御子は、又嬉樂を好み給へり、しかのみならず、賢王にておわしまさぬは、御寵愛の女御、更衣の好み給ひて、御覧せられたくおぼす事を、上にも好み給ふもの也、御覧ぜさせんがためのゆへなり、近代禁裏仙洞にあらまじき見物の事共の有しは、うち〳〵のかくれたる御所望より出たる事と聞、如レ此なれば、禁中の古風は、たゞ五十年の内外にすたることゝ、此惡の源をふせがんために、宮づかへの女中に、正樂の外はさせまじくの用意にて、折々御遊にもさぶらはせ奉り給ひし也、それにも後々はつゐゑありしかども、それ故に公家の亡びには至らず、今のいやしき風はたちまち亡びをまねき侍る也、「社家云、調子は昔も今もかはらぬ證據おはしますや、「公達の給はく、笙はしらべのめりかり出來れば、久しからず、篳篥は舌のしらべ次第なれば、これも當座の事也、笛のみむかしのまゝなれども、これもらうのふかきあさきにて、少しはめりかりあり、其上獨調子をもちがたし、上手は大方たがはね共、笙、篳篥につけてかなふ事あり、圖竹も久しからず、律の竹慥かなる物なれども、きゝ様により、耳大きにさとからねば、たがふさとみえ侍り、其上竹のかれ行にてもちがひあり、たゞ樂によくなれて、心の覺へにしたがひたるがよきなり、調子中よりかれば、心のおぼえはりつめたる弓のごとくにて、たのしまず、和すくなし、中よりめれば、うはづる、たるみたる弓のごとし、物たらはずなるやうにて、心ゆるまれり、和すぎて、又たのしまず、此二の中をとりて、心の中和をのりとすれば、いにしへのしらべに多はたがはず、又めりたる樂は、三管のうつり、たしかにきこえずして、絃のかたなし、かたくかりたる時は、聲かれてかたければ、またきゝわきがたし、中和なればひきてゆくやうによくきこゆるもの也、樂おはりて後、思ふにかりたる時は辛勞也、めりたる時は心濁りて氣すゞしからず、されば寒暑晴陰にも、精義入神の人は心得てしらべしときく、故なければ、しばらくも身をはなたぬよふになくては、上手にても聖學の心法しらぬ人は、こゝまでは至りがたし、聖學有ても、樂にふかゝらでは、大方のならひ計にては知がたし、されど此法をのりとして、年久しく心を用ひなば、しらるる事有べし、ある人の言、拍子は樂の大躰也、これにはづるゝといふ事はなけれども、是になづみては、又樂の眞に害あり、理は天地の様なれども、理になづみては、理屈といふものに落て、道徳に害あるが如し、拍子にはづれず、愛して我より出るがごとくなるべし、優なる事、四時のうづり行がごとくなるべし、又拍子きゝといふものは、多くは位をしらず、拍子に目備して、拍子を要とすれば、拍子の大躰なる事をしらず、本より生付たる事なれば、拍子をわすれたらばよからまし、位なくして、賤しき所をさとりなば、はじめて樂を知べし、拍子のすゝまぬ人には位あるもの也、しかれども其位は、生付たる事なれば、そこにとどまらずして、稽古の勞をつみて拍子をよくすべし、拍子にのると、はまると、拍子を愛して我よりなし出すとの三あり、拍子にのるはいやし、はまるは中也、のらずはまらず我より生ずるは上也、拍子のすゝまぬ人の心けだかく、身文章あり、勞つみて此上の所に至るべし、拍子きゝたる人も、君子心ひろく體ゆるやかなる心法をしり、四時の正くしてたがふ事なきが、しかもうつりゆく事、悠々としてせまらぬ道にかよひなば、必位出來て、此上の品に及びなん、しかれども、拍子のすゝまぬ人には、一倍の勞なくては、過たるは應じがたかるべし、所作よりは心の功をつみたるぞよからん、「禰宜云、源氏見ざらん歌よみは無下の事也といへり、作り物語ならば證據とも成まじき事にて侍り、「公達の給はく、作り物語と云は、外の事也、源氏は古き言葉を以て書のべたるものなれば、たすけ不レ少、「禰宜のいはく、近代源氏御覽ある人を見侍るに、歌をのみ讀給ひて、古への正しき樂をばもてあそばれず、能拍子以下の俗なる事斗好給ふ也、源氏ほど樂の事くはしきはなきに、上らふしき風流なる事は似せ給はずして、其婬亂の風をば似せ給ふと申せば、作り物語なれば樂の事はとるにたらず、歌道は戀を本としたるもの也などの給ふは、何としたる事にや、「公達の給はく、作り物語として、古代のよき事をゑがき殘したるもの也、その古き詞をば用ひ給ひながら、上らふの風流古樂の正しきをば、何とて用ひ給ふまじきや、かやうに次第に風俗賤しく、音樂の道もおとろへて、禁中公家の躰、賤男賤女にひとしく成べき事を憂てこそ、古樂の事、古人の風躰をくわしく書置たるなるべし、作り物語のすがたはさもあれ、古き言葉、古き禮樂との實をば用ゆべき事也、其よき事を殘さんの用意ばかりにてあれば、淫亂の事は、皆作り事にて、其中にあるよき事の分は、皆古人の實事也、しかるに我いやしき心のきらいにまかせて、正眞の古代の風をば、作り事としてとらず、釣糸のために作りたる不正の婬風をば、歌道の眞實として取事、明王出させ給はゞ、かゝる筋なき事は立給はんや、「禰宜云、歌にはあだなる事のみ用ひ侍り、さも思わぬ事を思ふといひ、さも見ぬ事をみるといふは常の事也、しかれば、作り物語と知つゝ、古事とし用ゆる事也、樂の事は、正しく執行ことなれば、作物語は證據と成がたかるべきか、「公達云、いつぞや、十ばかりなる女子の、蚊帳の中より外を見出して臥たるが、星か螢かといひたるを見れば、所々うすぐもりたる空の晴間より星のみゑたるなりけり、三十一文字にはつゞかね共、萬葉の古躰を思ひやりて侍りき、今はあだなる僞に習ひて、昔の眞も僞と思へり、樂の事は古へまでもなく、まぢかく禁中には、御遊の外に賤しき御遊びはなかりし、此比御見物とて、能などの有たるだに心あるものは眉をひそめたり、まして局々などへ淫樂の器の入たる事は、甚だ近き事也、今はかへりていにしへのよき遊びの道は、かくれ忍びてするやうなり、大方はならざる勢ひ也、俗なる事のあしきあだごとは、いづちにてもをし出せり、天地さかさまに成たるとは、如レ此の事をやいふべき、近き此江戸の城主太田のなにがし、弓矢に名を得たる人也、文字和歌の道にもうとからず、源氏よく見たる人也、其外源氏このめる人には、よければすぐれてよきあり、かへりていさぎよきに過たる人、五六人も見侍り、きはめて淫亂の書ならば、淸人是をよむべきか、「處士云、公達は人ぎらひにておはしますと申す者有、又博學を好み給ひて、先師の實學にあらずと申ものもあり、「公達の給はく、師の人よかりしは、今を以て見侍れば、其心をば學ぶべし、其事學ぶべからず、みづからが人嫌ひといはれ侍るは、人ずきのいたりてすぐれたる故なり、たゞ人の千萬人したがはんは悅にあらず、一人にても其人やあるとうかゞひ侍れども、いまだ見付侍らねば、むづかしうて、たゞ人には交り度もなければ、人嫌といはれ侍る也、又師の實學を興起するとて人々のいざなはれ侍るは、實學と名の付たる靈學にて侍り、諸子の實學おこらんは、師の志にあらず、師の學は亡び侍る也、みづからが學を、あしゝとてそしり除れなんは、かへりて悅にて侍り、今は物の數ならずとも、後にみる人侍らば、師の志の端也、殘り侍らん、吾博學を好むにあらず、又惡むにあらず、身に德なく才なし、人の師となるは損也、たゞいつまでも人にくだりて習ふ程なる益はなし、是故にいづれの學者にも、それ〴〵の事をきゝ侍り、「處士云、公達の御事をあしく申人有、きけば都におはしましける時の同學の人々也、第一したしかるべき人に疎く、公けの御內證よく〳〵しるべき人のあしく申事なれば、きく人信じ侍り、見奉るにつけて、人の申所は少もましまさず、いかなる故にか侍らん、「公達の給はく、同學の人は十餘人ありき、其人々のあしくて、自一人よきにては侍らじ、自があしきにて侍るべし、形あれば影有、物あれば名あり、なき事は人も申侍らじ、「老禰宜云、自がよく知たる事にて侍り、公達の師なりし人、仁愛にあまりて小人のゐらびし給はず、あしければこそ學問もすれとて、不肖の者の世中にいれられぬ者をも、しりながらいれ給ひ、利心あり、邪智あるものをも、しり給はざるか敎へ給へり、其中に公達たゞ一人、心清く身上らふにて立おはしましき、師のおはする程は、恐れて人々の俗性も見へざりしが、師なく成給ひて後は、此門より出でし人々に、一人としてよろしき人なし、利心深きあり、邪智ある有、愚不肖なる有、人がらといひ、學知といひ、公達とは黒白のかはりなれば、親み給ふべきやうなし、かれも又我によからねば、あしざまに申す也、其いふ者の人がらによりてこそ、言をも信ぜめ、其思ひばかりもなき者の聞傳へて申べきは、かまひ給ふべからず、公達の御人がらのよきところは、天しろしめし、衆信じ奉るべければ、内魔の樣には侍れども、邪人の惡言とくべからず、一旦のきくをあやまり、うたがはれ給ふ事は、何事にも世中にすぐれたる人のある事にておはします、賢君上に出給ひ、風化の德は各別の事也、道なき世に下に居て道を敎る人は、人を撰で一人なりともよき人に敎べき事也、俗性の心根あしき人に敎る、道德の大なるそこなひなり、弟子多ければ道いよ〳〵亡るどは、かやうの事をいふなるべし、

三輪物語卷第五

「處士云、日本の神代の秘密、神道の大事と申は、多くは事の上にて理少なし、其道理と云も、たゞ天地のなりはじまるかたち、人の生ずる子細のみ也、聖學にては緒餘とする事也、秘密とて奥ぶかく思はせて置故に立る事にや侍らん、よき樣に註を付るも、しゐて道理を求る也、畢竟事淺くさしもなき事と覺へ侍り、「公達云、さにはあらず、衣裳をたれて天下治るは德の至也、無事を行は知の極也、是を上治の世と云、上治の世には如在敬を盡して、孝を鬼神にいたすより外の事なし、今の神道の傳授は、上治至治の世の遺風

也、神代の徳のさかむなる事を見るにたれり、中國といへども、至徳の代の無事を行ふ時には、祭より外には事なし、「問、今も祭のみして、孝を鬼神にいたさば、其如在事誠を感じて天下無事なるべきか、「云、今とても天下の大禮は祭なれば、おこたるべきにはあらずと、今の時にして改むべきを不レ改、おさむべきを不レ治、とくべき惑をとかず、ゆるくすべき苦をすくはず、此おこりのまゝにして、上代のごとく祭のみおもくせば、いよ〳〵國窮すべし、堯舜の賢に讓給へるは、至極の天理なれ共、燕王これを學で、元子に讓られしかば、國亂れたり、子に不レ傳して賢に讓る事の善のみを知て、其故を不レ知、時に位とにそむきて行時は、堯舜を學びてもあしゝ、燕王其身不徳にして其心不明なれば、賢とおもへる者も賢ならざるの位をしらず、才知あるを以て賢とせり、たとひ賢にても、傳て天人共にうけざるの時をしらず、元子賢なればうけざる所也、如レ此事をたとへて西施が顰にならふとは云也、昔西施といふ美人有、心痛を病て顏をしかむ、天の生せる靈質なれば、其者のみ猶かはよし、惡女これを見て、顏をしかめてうつくしき事をばしらざりしよと思ひて、人にあひては顏をしかむ、いよいよ見苦しくすさまじとて、人皆ちかづかず、神代の風は至極の事として尊敬し、今は今にて時にかないたる道學を興起してよかるべきに、西施顰にならふ故に、かへりて本をそこなふに至り、上世の代、祭祀のみにして治りたるにはあらず、祭祀のみにして治りたる其故有、西施が顰の美なるにあらず、ひんも亦美なる其本あり、堯舜は受によりて大名有にあらず、天にしたがい人に應ずれば禪受しても無事也、堯舜の賢に傳へ給ひ、禹の子に傳へ給ふ、其義一也、聖賢の聖賢たる本ある事をしらで、其跡を學ては、西施顰にならふ惡女のごとく、惡女は其身一人の笑にとゞまれり、燕王は堯舜の子に傳へずして賢に讓り給ふ美名をうらやみ、聖人のまねをして國を亡し、天下の笑をとりたり、上世至治の代の風をとりて、今の時に用ひがたし、古今かはりなきものは三綱五常の道也、いつまでも學ぶべき事は、淳厚朴素の義と文武の勤也、「禰宜云、いにしへは、神の罸、利生をいひてをどし、人の惡事をせざる樣にしたるもの也、神道と云ものは大かた此格といふ人あり、さもある事にておわしますや、「老翁云、さにはあらず、有德は必威有もの也、君王に神武の威をわしませば、法令なく罰なくても、人の恐るゝ事白及のごとし、賞罰を以て人をすゝめおどすは、德のおとろゐたる故也、上に仁愛の德おおはしませば、天下の人、其惠になづき、上に神武の德わしませば、天下の人、其威を恐る、不賞は惠也、不罰の罰は威也、今も內に仁愛明かにて、外に威猛有親の子は、父母にも孝に、作法もよきもの也、嚴君の下には忠臣多し、おどして惡をなさしめぬといふ說は、佛法わたりて後、後世を以ておどして、人に惡をなさしめざるの習ひよりをこりて、上古の事にはあらず、方便と稱して僞をいふ事は、天竺、南蠻の俗也、人性全からざる國の敎也、「禰宜云、公達の御事を申者あり、學問好給へども其益有と見る事もなし、今世にある人はいふに及ばず、下々迄もほど〳〵にしたがいて、身にかまわぬものは少なきに、身にかまい給はぬ事のみ也、學のしるしならんと申侍り、「公達の給はく、身にかまふもかまわぬも、共にしかるべからず、世の中のかまふといふも、人の道の禮義に出たるかまいならば、いかゞあるらん、かまはざると云も、惰慢にての事ならば、ほむべからず、みづからかまわぬといふも、物むづかしくての事なり、惰慢にや近く侍らん、それ人道は禮義あるを以て尊べり、禮義有者は必ず文章有、身の衣裳は人の文章也、儉約とて、輿丁、童僕と衣裳をひとしくすべからず、其程々の文章あるべし、かくいへばとて、富貴の人は文章有て、貧賤の人の禮義なからんにはあらず、雉は文章有鳥なり、鶯は文章のみるべきなし、雉は文あれども伏するを以てとる事有、鶯は文なけれども風流也、人の道も、心賤しき人のよき絹着たるは、美なれども文章ならず、心けだかく上らふしき人の、貧にしてあらき衣着たるは、心なき人の錦繡をかざりたるにまされり、身の文章は心より染出して、位と相叶ふべきものなり、唐鳥は文章有ていやし、あき人の能き絹着たるといへるがごとし、すゝみは文章なくていやし、庶人のきぬ着たるがごとし、官位高く身富貴なれども、あき人の心なるもあり、輿丁の躰なるも有、身をかざりてもいやし、かざらでもいやし、此二色を世中に、身にかまふともかまわぬともいふ事なり、おごれども心と文章と相叶はず、儉約なれども仁愛無欲のなす所にあらず、是故に二つの名あり、古はやまとおりの花やかならぬ也、しのぶずりの衣などきても、人の心けだかく風流なりき、今はから物あまた着て、やまとの染物もいろ〳〵美をつくせども、いやしきなれば、たゞ心より染出す色ならんかし、「社家云、我むかしより、繪を好みて書侍り、あしかるべきわざならばやめ侍らんや、「公達云、繪は古へより上らふのあそびなれば、何か苦しう侍らん、我みやこに有時、志のただならぬ繪師有て、繪はあだなるものにやと思ひけるに、こたへし、繪は人の敎也、いかにとなれば、繪にかきてよきものは、皆常にして中を得たる也、上より下に至て、世中にありと有事の、繪に書てよからぬ事は道にあらず、選て常にしたがひ、非道を除むと也、其一二を左に記す、

一家屋は、黒木作り、かやぶき、竹がき、しほり戸、民の家ならば、垣に桑の戸など書たる、見あかぬもの也、筑地、かわらぶき、板ぶきのなどは、見所なく、繪の位もおとりてみゆ、

一賢君の御代をゑがくには、屋作り衣服朴素にして、禮儀の備はる計なるやうにけだかく書べし、

一不賢の代ならば、屋作り衣服美麗にして、禮儀のかたはおとりて、榮花らしく書べし、

一柴門流水、松竹に雪の積りたるなど、昔より今に至るまで、常なる躰にてうち付たる物なれば、さるべき人の住居、心をやりてかくべし、

一山水は、山のたゞずまひ、川の流、隠居者の住居など、山水に心をすまし度思ふ人のねがひに叶ふべき樣に書たるは、見る程も人の心をすますものなり、青山我目をいさぎよくし、流水我耳をしづかにすることはり也、

一武者繪は、日本の躰見所有、末の世に生て、古への武具は珍らしければ、繪によりて知こと多し、鎧の作法馬上の體など、随分念を入て正しく書べし、尊氏の末の代より武道おとろへて、此頃の具足指物の躰は、よろしからざる也、

一唐日本共に、衣冠束帯の躰を繪がきたるは見所有、禮儀の常なるが故也、人の手本になるよふに正しかるべし、

一女繪は、女子の敎を本としたるものなれば、上手ならでは一入書がたし、婦人の顏足衣服念を入て、女

子の手本とすべし、賢女ならばおもりかにけだかく、住居など物ふかく、迷にげさをかるべし、不レ賢女ならば、おもりかにけだかきかたはしをくれて、はなやかにうつくしくけぢかく、顔色もよく見遣て書べし、

一上らふ繪は、女しく樣躰ゆたかに、顔などはむかひたる人にもさだかにみゆまじう、木丁あらば多くは居がくれ、衣のすそ、袖口計みせたるがよき、琴あらば琴のはしつかた、御簾、木丁のはづれよりしるしばかりに見すべし、きぬの躰、髮のかゝりは女の衣冠なり、今の女躰を繪に書たるは見ぐるし、からの女まされり、風俗賤しく成たるしるしなり、

一平士の躰も、賴朝の時分まで、打刀、太刀、ゑぼし、直垂の繪は、なを入道に近し、近比のかしらつき、袴、肩衣、刀、脇指の繪は、さながら夷なり、

一似てよき物と、かすめてよき物有、末世の繪は、人にても鳥けだものにても、すなをなるは書にくきにや、大方美形なり、異形なるは似たる程見苦し、

一雲に鴈などは、鳥に似たるはあしく、かすめて書べし、平砂の落雁、葦に鴈などは似たるぞよき、牧の馬、荷馬などはよくにたるはきたなし、大かたにかくべし、

一人の死たる躰は見苦し、かゝで不レ叶事もあるべし、大方は前後を書て、思ひやらせたるぞよからん、合戰ならば、對陣の躰、大長刀のうち合ばかりにて、人をころしたる所は、もたせてかゝぬもよき、それも事によるべし、

一鳥獸の死たるは苦しからず、しかれども虎狼などは、矢にて射たる所まで書て、血の出る所はもたせてかくべし、

一世中の神鳴の繪はあまりにおろか也、陰氣につゝまれたる陽氣の發出する理也、燒栗の勢のごとくなれば、かたまりたる黑雲の中より、火の玉のやうなる物、上へ二三ほころび飛出たる樣に書べし、惣じて鬼神は形なし、神鳴の落ると云は、陰陽相當て時に變化して、あまりたる糟の落る也、其日の支干の形をあらはすともいへり、又昇と云は、糟に付て下りたる精氣ののぼる也、

一鬼の繪は、おこりは魑魅魍魎の雲中より、それかあらぬかとおぼろげに見へしを、書うつしたるもの

也、それを象り添て、ありく〵しく書たるなり、ちみといふものも、山鬼にて形はなし、時にかりにあらはるゝ事もあり、

一むかしの上手の繪師は、狂したる事の、用にたゝざる事は、かゝざりしなり、

「禰宜云、今までは、板ぶき、かわらなどの美麗なるを常の屋作りとおもひて、かやぶき、黑木作りは、ことそぎてわびたる物とのみ心得侍りき、いまだ明かに辨へがたく侍り、「公達の給ふ、宮室を卑して、力を溝洫に盡し、飲食をうすくして、孝を鬼神にいたすの理なれば、我國にては、伊勢太神宮の宮作りより美なるはあるべからず、しかれども、まろ木の柱かやぶきなり、何を常ならぬわびたる事をばし給はやん、後世の爲に儉約を示し給ふといふも、後の世の奢を見習ひて、しゐてつけたることば也、古へは國々の屋形、公卿の屋作りはいふに及ばず、禁中の宮殿も、丸木柱かやぶきなりき、伊勢兩宮を作らせ給ひし時は、王宮よりも美なりしなり、其古への天下第一の美なるをあらためず、代々に傳へたるをばしらで、後世の奢に習て、わざと儉約を示し給ふと云也、内になをる色のすさみ、外になせるけものゝすさみ、たかき屋、繪がけるかき、こゝに一つもあれば、いまだ亡びざるはすくなしときく時は、後の世のかわら、板ぶき、角柱の高く大なる宮殿屋作は、非常の變にて、亡國の相也、「禰宜云、妻は我より下ざまなるものをむかへたるがよきと申侍り、小身の士など大身のゑんに成たるをばそしり侍り、「云、たゞなを人のびんぎと、世の富貴にめづる者とをいひたるなるべし、帝王の姫宮、將軍家の姫君をば、臣下にたまはらでは、いかゞし奉らん、きはめてあしき事ならば、誰か申うけ侍らん、世俗のひがごとなり、下々の人は親につかふるにも、婦のくだれるは心安し、家人とをしくだしてをごりなく、身をもつにたよりよきといふ事ぞかし、たゞ人にても少しよろしき人は、夫婦みづから親につかふる事はなく、侍女のめしつかふべき者必あり、士以上の孝は其身をたて、道を行にありとこそきけ、妻もあまりに心安く我まゝならん人よりは、賓主の禮の如くなるこそよけれ、妾をあげて妻としても、夫のあなづりやすき所あらんには、其おこりねたみ、本よりの高き人にも、などかをとらん、貴人の息女とても、夫の心

をきていつくしきには、をこたるべきやうなし、一言の制止を加へずとも、あしきは我と我身にあたりくる様に、自然の道理あるものなり、をごれる人こそ、女の爲にも、富貴の夫をば求れ、賢なる親の、よき女もちたらんは、たゞ徳の叶ふべき夫をこそゑらばめ、あるは夫妻の徳をく◎《イし》らべ、あるは聟と舅の志の叶ふによりなどせんに、大身小身の妨たげ有べからず、富貴にめづる者は、妻の縁によらずとも、あらぬ方にもこびぬべし、むかし大和國に宇多の太郎なにがしと云者あり、文武有士なりければ、國の守親しくいひよりて聟とせり、繼直出居のかたはらに、休所かまへて、かねて召仕べき者もあり、妻の住べき所は、奥にいりてあり、妻いたりて三箇夜の後、めのとだつ者めし出て、我今まで妻なき事は、思ふ所有故也、せばき家の内こそ、ひいなの様に夫婦ならびゐずしても叶はぬ、我小身なれども、内外のへだて有、かゝる程の人は、夫婦賓主のごとくあるべし、互に用意なくては見ゆべからず、へだつとおもひ給ふな、妾などは主とすれば、をのづから常の用意あり、妻はさもなければ、なれすぎてたがひの心のおくもかくれなきやうに成ては、互にうとむ心も出來なん、且我につたなき性有て、不仁不禮の心、かたちを惡む心有、とりわき不慈のいかり不仁の事などあれば、世の中のけがれをいとふ様にて、思ひなをしがたし、氣にぶくて我身のあやまちをだにたゞしえざれば、まして人の惡をたゞす事もむづかしといひきかせて、物むづかしくては奥に不レ入、可レ入ときは、必ずせうそこせり、妻のこころむづかしき時は、めのと出て不例のよしを傳ゆ、もし奥に不仁、奢りの事などあれば、其多少によりて、一旬、二旬、三旬もいたらず、おり／＼せうそこのみあり、それと人の過をあらはしがほにはあらで、書に見かゝりてとなどいひ、あるは武事のはたすべき行ありてなどまぎらはすれど、心の鬼はしるべく、たしなみもてゆくほどに、あしき習ひなどは跡なくきへうせて、上らふしき心をきて、作りいでぬ、此男、道學武藝はいふに及ばず、歌の道、絃管の遊びも、いとよくて、見るにあくべき人ならねば、妻もおなじく心に入てしなせり、生れ付すぐれたるにはあらねど、下地おほどかにて、上らふと作りなすべきには、あまる所ありければ、しなよくもてつけて、花の朝、月の夜などには、時にあひたるしらべ共にて、あらまほしきあはひに成けるとなん、「禰宜云、近代帝王の姫君をば、多くは比丘尼となし奉るはひが事にておはしますべきか、「云、尤道理なき事也、男御子は多くは出家させ奉り、女御子は比丘尼となし奉る事、もつたいなき事なり、びくびくには乞食也、釋迦は心もて修行の爲に乞食と成ぬれば、一かたの道とも云べきか、それも天竺のあらき夷より起りたる事なれば、學ぶべきにあらず、又國といひ、世といひ、はるかにへだゝる事なれば、作りごとならんもしらず、生れながらにして官位ある人はおはしまさぬ天理なれば、帝の御子にても、將軍家の息にても、男御子は其うつはもの程の官位を授け給ひて、臣となし給ひ、女御子は臣下に下し給ひ、男女德のたがふべきをえらばせ給ひて、夫の官位にあはせてしたて給ふべき事也、「問、女御子こそいくたりにてもかたづき給はめ、男御子の多くおはしまさんは、いかゞかたづき給はんや、「公達云、先帝の御ねがひなりき、天子の子皆學校に入、たゞ人とひとしくをきて、性理の禮樂の事をならはせ、中にて德のすぐれたるを位につけ、三種の神器を傳へ、それにつぎたるは、三公ともなし、事をつかさどらしめ、其外のは、文學、禮樂、學びとりたるを、國々の學校の主として、賓客の禮にてくらし、祿すくなくもてなし、いつくしくて、國學に一人づゝをき、其子よりは其國の學校にて、其國のたゞ人とひとしく學問させ、其天理のうつはものにしたがひては、庶人となすともくるしからじ、しかれども源近き事なれば、敬のいたりにて、いまだ客人分などいふ樣なる名ありて、武士となるべし、ひこよりは何のきらひも有べからず、皇子すくなくば、攝家、清花、諸家の子をくらすべし、皇子の客となりたるは、諸侯の座上に置べし、攝家清花の子は、對座たるべし、諸家の子はすこしくだるべし、皇子のくだりたる國へは、諸家の子一人そふべし、文學と禮樂と、一人して兼がたからんが爲なり、攝家、清花の子にても、人によりて諸家の子そふ事も有べし、國學の主、二代とつぎたもたせずして、都よりつぎたちなば、皇女も、諸公家の女も、此學校の家に嫁し、二代めの客人分の武士に嫁しなば、坊主となし、比丘尼となすの憂有べからず、國々も後々にはあしきゑびすの風俗化して、まとの君子國にやなりなん、此願ひは今の公家の力にては成がたき事なり、大樹に賢人出來なば、此願ひ叶ふべきか、武家より心づきなば、何かあらん、此御願ひ有しをも、時の有職申給ふは、日本にて異國の例にはたがふ事おはします、瓊々杵尊を、まごこおふのふすまを以ておふひて、くだし奉り給ふたる例にて、御位につきたゝせ給ふべき御子は、生れ給ふより御もてなし異なり、古はやすく平人の拜し奉る事だになきを、まして學校に入奉りて、たゞ人とひとしく置奉らば、神位の神法、天子の統はこれより絶侍らんと申給へり、先帝の勅には、應神天皇は、みづから大將軍となり給ひ、弓をひき馬をはせ、甲冑をぬぎ給はで、太刀を枕にし、野にふし、山を家とし給ひし事十八年なりき、黑糸おどしのよろひに半風生じて、しろくはいけるをなん、後世のいましめにとて、たゞほしのおどしは、はじまりける、平人とならび居給はでは、弓馬もいかで得させ給はん、山野を家とし給ひて、兵を下知し給ふ事もいつにてかならはせ給はん、難波の御子、菟道稚郎子も、げすちかく學ばせ給ひてこそ、賢王のきこゑは有けれ、まごこおふのふすまの事は、さす所有、女の樣にそだてゝ、下の事をしらせざりしあやまりより、藤氏の人權をほしいまゝにして、攝家の名出來たり、平氏これにならひて、攝家の權を奪ひ、源氏又ならひて天下をとりたり、代をつぎ天下をもつ事は、天の廢する處也、しかれども、日本は他國の例に異なる事あるにより、かく皇統のたへざるは、神國のしるし也、よし今は昔のあやまりを是とし、とめてもありなん、其あやまり常となりぬれば也、王たる人よきとても、國のたすけにもならじ、あしきとても害にもならざれば、東宮は生れたちより、東宮のもてなしにてよからん、その次の皇子をば、源氏になして都にとゞめても、よき人が有とも何にかせん、今の諸家だにやくなきにはあまりあり、しかればとて、出家とし、比丘尼とするは、國の遊民をまし、民に害ある事すくなからず、「問、學は治亂ともにかくべからず、禮樂は治世の備なり、師なくては叶ふべからず、世の助とはなりて害あるまじ、

三輪物語卷第六

「禰宜云、もろこしと豊秋津と、宗廟社稷の事、◎信哉云、蕃山の宗廟社稷説は、卜部兼倶の日本紀神代抄巻十一の五丁ウに見えたると同文なり、其神道説も亦卜部家に私淑する所有るか、又云、此書に禰宜と稱するは即ち兼倶の徒を指すか、名同じく義異なり、もろこしには、天子は七廟、諸侯は五廟、先祖の廟を宗廟とし、五穀の神を稷とし、土地の神を社とす、日本には伊勢両太神宮と、八幡宮とを宗廟とし、其餘の神を社稷とす、伊勢外宮は國常立尊なり、内宮は天照太神なり、四海建立の神を立て宗廟とす、故に祈年の祭にも、太神宮へ幣を奉給へり、社稷は地祇なり、故に國郡の諸神を民の生所神とす、人皇の始の神武をば、宗廟とせずして、はるかに後なる八幡を宗廟とする事は、應神初て異國をかね給ひし故也、「公達の給はく、天神七代、地神五代の御事は、言語の及ぶべき所にあらず、人皇の初は至徳にして文なし、其後良文明の時に至て、不幸にして人なく、神道を建立すべき才なし、儒道は訓詁のみ渡りて、性理の學なし、仙佛は知ある者は、身を利せんが爲にす、道に志あるものは、愚痴にして初て聞所を主とし、我をたてぬれば、たま〱天質の美なる人生れても、師は針、弟子は糸なれば、終に大道をしるものなし、兩部聚合の神道出來、秘傳とて書に記し、口にいふをきけば、かたはらいたき事共也、此後王者に其人出給ふとも、神道を明らかにし、祭禮を正しくし給ふことあたはじ、時有て將軍家に賢君出給ふ事あらば、神道王道ともにおこる事もあるべきか、大道世に明かならば、始祖の廟かならず神武天皇にておはしますべし、◎信哉云、宗廟に神武天皇を祭るべしとの説は卓見なり、明治維新に至り此説始て行はる、始祖のよつて出る所を祭は、國常立尊を外宮に立て、六代の天神をもかねて外宮にまつり奉るべし、天照太神を内宮に立て、四代の地神をもかねて内宮に祭奉るべし、日本は武國也、武道の神にて國に功おはしませば、神武天皇の次に應神天皇を祭奉るべし、八幡の三韓を伐給ひし事は、故ある事也、義なくして他國を伐給はゞ、疵とはなりて徳とはなるべからず、三韓を伐給ふ故に、宗廟とすといふは、大に愚成説也、八幡は日本の武國たる故を明かにして、異國の爲におかされじとし給ふ也、其上先朝よりの事也、孔子も天下の大事は、食と、兵と、信との給へば、此三の物一もかくべからず、とりわき日本には、兵をかきては、むぐり《蒙古》のために奪はれて、神道の信も生ず、食有て民の生もかひなき事に成行なれば、兵を以て國の第一とする事なり、中國にては黄帝、日本にては八幡帝、軍神たるによりて、其功をあげて宗廟とす、三韓の事は其餘事也、「處士云、武道の始をひらき給ひて、國を武國と稱せられ、異國より恐れて手さゝぬ事は、應神天皇の御功徳にておはします、今は又武をば用ひずして、内間の用ひて、日本を亂り、終に奪取べき謀をなせり、是をよくふせぎとゞめ給ふ君有ば、八幡帝につぎて又日本の宗廟たるべし、「公達の給はく、公家は人情に遠ざかる事久しければ、文學のことも、本才の方にはうとき事多し、武家は學あるも學なきも世間にまじはりて人情時變に通じ易し、此はかりごとは愚が及がたき所なれば、處士にゆづり侍り、こゝろ見に申給へ、「處士云、此春吉野の花見にまかり侍りき、一人つれたりし僕も、花を花とも思はぬ者なれば、立やすろふ勞も心をかれて、ふもとの宿に殘し置、只ひとりこゝかしこの木の本にやすらひて、谷々かぞへありきけるに、雲井の邊にて、二三人打つれものがたりし行者有、跡につきて聞けるに、一人の云、世の中の人云へる事あり、にくきものは、のみ、しらみ、ねずみ、馬かた、船頭、すね座頭、僧と云り、いかで出家は、かく人に憎まれ侍るや、「一人の云、佛法の方便は、吉野の花せのごとし、花せと云事は、吉野の山の神木は櫻也、むかしは山も谷も櫻のみにて、花の盛は雲かとうたがはれ、落花の風にしたがふさまは、花の波とも見へたり、まことに神異の威徳厚くして、奥山は萬木茂り、よく雲を出し、雨をおこし、山澤氣を通じて、流川深かりき、今は人の心いつわり多く、欲ふかく成ぬれば、櫻の木の下を畑とし、年中にいとまなく土を打かへしぬれば、實ばへの櫻はおひつくべきやうもなし、櫻は命短き木なれば、ふる木は程なくかれうせぬ、さればむかししげかりし櫻山は、花せの爲に失はれて、今はたゞ麥畑に成たり、花の跡といふ心にて、花せとはいふ也、我此山を見るに、貳十餘年の間に、雲井のさくらも十が一に成りたり、頓て吉野は名斗に成て、通り路のはゞ櫻のみならん、櫻にやどり木の生ずるは、櫻のかるゝ病なれば、やどり木の有所を切り捨れば、又久しくさかふるもの也、しかるにそれを神木とて手もふれず、木の根ざしをば鍬にて打きれば、さくらは根よりかるゝ也、それのみならず、山にはつ◎《カ》へたる櫻をぬきもてきて、櫻を寄進し給へとて持ありき、所もなき路の邊に植菑、其人通り過れば、又もてありく、たとひ其まゝうへ置たりとも、あさよもぎのごとく、少の處にせきうへたらんには、何の用にも立べからず、まして跡より幾度となくひく事なれば、生つくべき樣もなし、彼是以て花せのはたは千萬倍し、櫻はこゝかしこの邊に殘りて、いにしへの萬が一もなし、神は人の敬はざるによつて威なければ、山神の靈をも知るべなし、物知の坊主達のかくせらるゝ事なれば、賤男賤女は、神木をからしても苦しからざる事と思へり、「問、これ其佛者の方便に似たる事はいかゞ、「云、夫日本は神國なり、昔神道の盛なりしときは、佛者共神を敬ふにことよせ、神社の地のかたはらを少しかり居て、神佛は水波のへだてにて、本地垂跡なりなどいひて、ちいさき堂をたて、後生をいひて諸人をまどはしすゝめしより、賤男賤女はいふに及ばず、社家禰宜等までかたぶきて、信仰のあまりには、和尚上人とて上座になをし、父母の身も我身も打まかせてはからはせ、はて〳〵は、國郡の上たる人々までも信仰し給へば、次第に威勢付たり、堂寺は大國の法にておびたゞしく、宮社は日本の法にて、煩ひにならざるやうにちいさし、うちみる所より、堂は本になり社は末に成がごとし、威勢のつよき儘に、社領をわかちとりて知行し、後にはこと〴〵く坊主の物となれり、社領と云は、朝夕の御供のため、修理の爲、禰宜等のつかへ奉る料なるに、坊主のまゝとなれば、御供をも備へず、魚類をも退けて、神道をなみし、知行は皆寺の用とすれば、破損し朽ても修理せず、禰宜をば被官のごとく追くだせば、百姓とひとしく成て、なきがごとし、しかのみならず祈禱といふ事も坊主のすれば、諸方の捧物をも取込ぬ、公儀は大やうなれば、此非道をも改め給はず、大破といへば御建立有、宮社に金百両を用れば、堂寺は千両にてもたらざるなり、公儀より建立なければ、諸方を勸進し、あまる程取ては坊主の榮耀とす、國郡の主をたぶらして、山林田畑をも寺領とし或は買取、國々所々のよき山林は多くは佛者の用となれり、在家は薪も不自由なれども、坊主は澤山にきりとるのみならず、やゝもすれば所の百姓等も、今はかへりて坊主の手より求め得也、かしやかしておもやとらるるとは佛法の方便也、吉野の花せによく似たり、又寺寺に鎮守とて神社を建るは、敬に似たれども、これも賽錢とらんがための手だて也、日蓮宗は三十番神を建て云、他の社々の神は、眞の神にあらず、皆魔也、我寺の番神のみ眞の神也、神參も皆此寺の社へ參れ、子どもの生所神參《ウブスナマヰリ》も此寺へせよと云、釋迦多寶へ直にうぶすな參せよとは、流石いひにくければ、如レ此まが〳〵しきたくみを仕出せり、賤しきものゝことはざには、穢多の伯樂《バクラウ》といへり、日蓮等出ざる前には、神明いまだ靈明におはしましき、苦魔のやどりをいはゞ、我滿を本とし、邪欲を宗として建たる日蓮寺の番神堂にこそ、惡魔はこもり侍るべけれ、銅のやけたる焰の上には座し給ふ共、心けがれたるものゝ所には至らじの御ちかひなれば、一定日蓮寺の社には、神はおはしまさじ、然らば日蓮天狗を神として、木の葉天狗の社なるべし、我滿ふかきは魔道也、欲深きは畜生の道也、魔と畜とを兼たるものは出家也、法華經を經王といへ共、法華の有るといふばかりのいけんならめど、佛法に迷へる者の爲にこそ、經王にてもあらめ、迷はぬものの目には、わらはべの手習ほうごに同じ、よし法華を至極のものにもせよ、たとひ天徳にても、盜蹠が仁義には、天道神明は與し給はず、我滿邪欲の坊主の鎮守には、神は住給はじ、「一人の云、南蠻は畜生國にて人の形有のみ也、しうねく人の國に望をかけ、意地わろく他の國をついやす事のみはかれり、南佛者はいへるには、日本は西佛の法を信ずる國也、其信ずる時をきけば、後世を賴むにあり、これ日本の欺安くして取得べきたね也、西佛の法の中にても、愚痴なる法ほど盛に廣まる事なれば、道理の沙汰には及ばず、たゞ幻術と後世とを以てまどはすべし、今は諸大名我も〳〵と大に奢りて、榮花を事とし、堂塔伽藍を作りぬれば、下民困窮せり、初の取入は金を以てみちびくべし、南佛の法ひろまりなば、五十年にして天下手に入べし、若ふせがるゝとも、百年の前後にはかならず手に入べし、いかになれば、西佛の法は、生國の天竺に亡びてもろこしにひろまり、もろこしに亡びて日本にひろまれり、月本の佛法も大方亡びにちかく、我南佛の法をふせがんには、文盲なる國なれば、正しき道理を以てふせぐ事あたはじ、定て西佛の法をさかむにして防ぐべし、さありども火消むとして光をますの類ならん、西佛の行者によき者ありておこるにあらじ、たゞ南佛をふせがんがために、信あるも信なきも、おして宗旨を定め檀那をつくべし、出家は日々に多く、寺は月々に澤山になるべし、しからば西佛の力をかりて、日本六十六ヶ國の内、貳十ヶ國は年々にうちとるべし、又たばこ草を以て田畠をあらし、それにしたがふ遊民を生じ、これにても年々に二三ヶ國は打取るべし、日本六十六ヶ國の内を、貳十二三ヶ國毎年に打取なば、わづか四十二三ヶ國の小國と也なん、小國となるのみならず、うたれたる二十餘ヶ國の不足は、其殘りたる四十餘國のつぎまへなるべし、然らば日本國百年迄はこらへずして、衰微必ずきはまらん、其きわまりに饑饉などかなからん、饑饉の蓄はへせぬ國なれば、大饑饉とならば、すでに亂國となるべし、其時はたれか西佛をひき、南佛をふせがんや、西佛は外むきの繁昌にて、根なきものならば、亂世の盜賊ならん、民の困窮は極るべし、其時に臨で我法を思ふ儘に廣め、貧なる者には金をあたへ、後世にまどへるものには幻術の印を見せ、たくみにいつわりまどはさば、國をとる事日あらじ、日本は四海一の寶の國也、いぼにて鯛をつることやすかるべしといへり、「壹人の云、それは一大事の事也、左樣の事上つかたに聞へてはよろしかるべからずと、「一人の云、文盲無道の人上にたてば、我身の一榮一樂のみ思ひて、子孫のおとろへ、萬歳の惡名をだにはゞかり給はねば、まして日本の國のため、末代の事まで思ふ人はなし、聞てもおどろき給はじと、此南佛者の謀事におとされなん事、掌の内なるべし、南佛とは今の切支丹の事也、西佛とは釋迦の法なり、

「處士云、神は非禮をうけずと云ひて、道理に背きたるきたなき者をうけ給はず、此故に今神と云はまづしくおはします、佛は非禮ときたなきものとをあつめてうけらるゝ故に、富かぎりなく侍り、證據脇前に多き事なれば、委敷申に及ばず、當時佛のやうに信仰せらるゝ和尚抔の、大名中名の馳走にあひ、其弟子迄國々に請せられて、結構にもてなさるゝをきくに、家中の諸士はすりきりはてゝも救はず、百姓には過分の年貢をいひかけ、遲く出せば水籠に入、木馬に乗

せ、はしごにしばり付て水を呑せ、妻子をとらへ、さまぐの不仁無道の責をして、田地家屋敷を賣らせ、妻子をうらせ、牛馬をはなさせて、はたりとり、萬人のなげきあつめてとる金銀にて、長老になされ、紫衣にせられ、堂塔を建立させ、朝夕の馳走をうけてよろこぶものは、非禮ともきたなきとも名付べき樣なし、扨其大檀那の心行は、情欲に流れ、不作法樣々の榮耀をして、文武の道の事は心にかけず、人のするまでそしりぬ、かゝる人を佛法信心の人とほめ、悟道者にてかゝはる所なきなどゆるせば、彌無作法長じて、不善いたらざる所なく、天下の風俗の亂の初めと成ぬ、此奢りの上に、又佛法の馳走に多くのものを費せば、むかしより有來天下の用を通ずる公儀の山林までもきりつくし、其うへ百姓の先祖より代々傳へ來りたる田畠屋敷を取あげて寺地とす、堂塔を建る地計りだに、大なるひがごとならんに、まして寺內とて多くの田畑を費し、地主を流浪させ、其跡にかし屋をたてゝ人にかし、借屋賃まで取集めぬ、田地相應のあたひを遣す共、公儀づけのおしがひは無道也、たとひ五双倍、十双倍のあたひを遣はす共、生付たる產業を失はせて所をかふる事は、君子のせざる事なるに、年貢を出さぬといふばかりにて、たゞとりにとりあげらるゝ事は、なげかはしきにもあまりあり、年貢の事は地有てこそあたへけれ、地取られては何をか出さんや、大名旦那もたぬ寺々は、寺を建るぞ修理するぞとことづけて奉加し、あさましきうばかゝのもの迄取集め、出さゞれば信心うすし、地獄に落むとおどして、門役に出させなどするもあり、我無作法のいひわけのために、寺參りをし、佛に物さへおしまねば、佛に成といひきかせて、心たしなみの敎へは少もせず、此故に、うば、かゝも寺參りし、後生ねがふものは慳貪邪見なりと、普く人の云事也、されば出家は、よき分が、死たる者の皮を取りあつめて富貴とす、穢多をきたなしといへども、それよりも猶まされり、穢多とはけがれおほしとかけり、死たる牛馬をとりあつかふものをだに穢多といへり、況や死人を取扱、死皮をはぎて食とし衣とし、數百の墓とならび居者は、大穢多ならずや、「云、人は尊き者なれば苦しかるまじきにや、「云、人の尊きといふは心也、死せるものは、生の厚き程けがれ多し、魚よりも鳥はけがれ、鳥よりも獸はけがれ、獸よりも人はけがれたり、如レ此の不儀無道のきたなき物を取集めて佛に供す、しかるに佛にはこれをいむべき心もつかず、誠天竺は西戎也、戎は犬にかたどれり、其生國の餘習成べし、おとろへたれども神道には、いまだきかぬ事也、國俗の位、日本は遙に高き事也、然るに神佛は一躰などならべていふ事は、まことにけがらはしき事也、「公達の給はく、有道の世には、有德の人富貴にして、不德の者貧賤なり、此故に世中の風俗いさぎよし、無道の世には不德のもの富貴にして、有德の人貧賤也、故に世の中の風俗きたなし、しからば佛は無道の世の富貴なるものか、

三輪物語卷第七

「禰宜云、他の國には、誰にても天下を取る人の王となり給ふに、日本にてはかく天子の御筋一統にして、天下を知給ふ人も、臣と稱し、將軍といひて、天下の權をとり給ふはいか成故にておはしますや、「公達の云、夫中國は四海の宗國也、天地ひらけていまだ人なかりし時、天地を父母として氣化の人生ず、これを渾沌氏といふ、この天よりふりける人數多し、男あり女あり、此時の人は皆神人にして、不レ知不レ識道行われたり、之を百姓といふ、もゝの氏といふ義也、相易て婚姻をなせり、其後は人の人を生れば氣化なし、このゆへに、中國は士と民とわかつことなし、氏姓の系圖をいはず、たゞ才德の秀たる人を士とし、太夫とし、公侯とす、皆天孫にして、高下なければ、誰にても天下を取る人を王とす、堯舜の子に傳へ給はずして、賢に傳へ給ふを道理の至極とす、然れども、天の賢に與ふる時は賢に傳へ、天の子孫に與ふる時は子孫に傳へて人力をからず、日本は邊國也、故に士民といひて、國土の生あり、是を百姓といふ、中國の名義に異也、帝王は天神の孫にして百姓に異也、日本の百姓の始は禮義をしらず、禽獸を去事遠からず、然るに天照皇神武帝の御德により、人々の心に神明ある事を知て、禮義の風俗起れり、此厚恩は天よりも高く、海よりも深し、此國の人萬々歲の子々孫々といへども、報

じて報じがたし、此故に此國の有らん限りは、天照皇の御子孫を國の主と仰ぎ奉り、易べからざるを道理の至極とす、三才の至善は、所によりて宜ことあるものなり、大名は名なく、大道は法なし、何ぞ唐流と云ものを用む、何ぞ儒道の名あらん、日本にては、おのづから日本の宜き跡あり、只其實は一理也、天照皇、神武帝、堯舜の國に出給ひて堯舜たらば、子孫に傳へずして賢に傳へ給べし、堯舜又天照皇、神武帝の國に生れ給ひて、天照皇、神武帝たらば、神統を神統にして、王子の有德をゑらびて御位を繼せ給ひ、百姓の賢を以て助とし給ふべし、唐にては天下の爲に賢を傳へ、日本にては天下の爲に子孫に傳ふ、其傳ふる事は黑白のたがひ有ごとくなれども、實理に符節を合せたるごとし、武將の天下を取人、天命を得るほどの人なれば、必ず德功の昔を思ふ事あり、周人は甘棠をだに愛したり、況や天神の御子孫をや、「處士云、今の將軍、天下の權を得て、野人なりといへども、思の外に天子をあがめ奉り、公家中馳走の事おはしますによりて、田舍に身をかくし給ひし堂上の人々も、皆京に歸入せ給ふと承るに、いかで公達は歸らせ給はざるや、「公達の給はく、弟にて侍るものをつかはして、相續せよといひやり侍り、みづからは此國山賤と成はてむにおしからぬ身也、道有御代にあふ事もかたき事なるべし、「處士云、公家武家の交りを承るに、其禮同じからず、あるは慇懃なるもあり、又は無禮なるもあり、いかなる事にやおはします、「公達云、祖父なる者かたりしは、そのかみ武家の權威勢盛なりし時、ある國の守、攝家のもとへ來られしに、とめされよ、かくめされよなど、大やうなるあへしらひにてありし、折ふし清花大臣來會ありし、これはことばも慇懃なり、其座にありし者の云、攝家清花のかわりはあれ共、當時は同じ大臣なり、國主は國持なれども三位にもいたらず、禮の過たるにやといへり、其後將軍に諸家をまねかれて、でんがく坏見物ありき、事果てかの攝家歸給ふに、大樹の家老をくりて出ければ、手をつきて、今日はかたじけなし、よき樣に御取なし賴み侍る也、何となされよといんぎんの體也、大臣の禮には甚過て見苦し、さまでなく共、流罪せんとも誰か云つべき、武家の威にくだられで叶ぬ事ならば、先日の國守へのあへしらひは又無禮也、其時はいかゞといひし清花大臣こそよけれといひき、大抵の大名は公家の家に來らず、來るは故ある人也、内々にての事なれば、衣冠にての交にもあらず、國守は公侯質也、こなたは虚官也、座と躰こそ各別也とも、言葉は清花の内大臣にも成たる人をいふほどにはあるべき事也、また將軍家は公界也、官位の次第あれば、しなこへては近付ず、言葉も躰もそのほどよりくだるべきにあらず、將軍は太上皇に准らひしこともあれば、かたじけなき通り頼入、もはや入給へなどあるべき事也、おくりて出たる老臣は、かの國守よりは官位もくだり、國持にもなく、若世の習と成て、家老をうやまはで叶はずば、兼て其心得有て、國持には猶慇懃にあるべき事なり、將軍のあへしらひも、國持と家老とは各別也、慇懃にありても苦しからぬ内々の人、又は禁中へ對し奉りては無禮也、將軍家にて思ひの外に慇懃なり、諸家の參會いよ〳〵禮儀なし、攝家の納言以下の輩は、官位の亂りがたきおもてむきの役にはしたがはず、中少將といふ人も束帶ならぬ日には羽林名家の納言の下にくだらず、とめされよ、かくめされよなどいへば、納言は手をつきていへり、畢竟朝廷をなみしたる事也、清花大臣家なども、無心得なる人は、大臣になりたる日より、はや地下の四位五位に向て、とせよ、かくせよなどゝ、我下人にいふやうにいへるもあり、羽林家抔にも、國家にて士大將をもする歴々の武士に向て、何とめされて抔と云人もあり、公界にて官位の用らるゝ所にては、あたりへ來らぬ事なれば用なし、内々にて來る程の人は、故ありての事なれば、我位をたつべき所にあらず、それは將軍家の千石、貳千石の無位無官の人にも、其あへしらへならば尤なり、家かはりたれば、武家の人は其あへしらひにてはとりあはず、此方は納言にても、大方傍輩の參議中將程のあしらひ也、將軍家の五千石、萬石の人と、國家の名ある士との參會見るにも、座の次第少し上下あるばかりにて、大方ことばゝ同等也、武士に根本高下なし、君臣とならざれば、さのみへだてなきがゆへ也、旗本に無禮しがたき心得して、國家の士にも慇懃なる者あり、かしこきものは慇懃也、無禮なる者はかしこからずと思へり、今思あわするに、たがふ事なし、一禰宜問云、今時堂上の中にて、賢人の樣に申人あり、家の學問いふに及ばず、儒學佛學共によくしり給ひ、行跡よき人なり、公家武家共に崇敬あり、公家の無作法なるも、此人によりて愼み出來たると申侍るなり、此人の給ふは、日本は日本の法ある事なるに、儒禮を用ひて喪をおさめ、神主を作りて祭禮する事は、大なるひが事也、王道の破滅なる間、停止せられてしかるべし、との給ひしよし承はれり、儒道は上に御信心もなし、且微也、取立てだに行はれがたき時節なるに、かようにれき〳〵の給へば、少越《マヽ》はんとする大道のかたはしも、とりひしがれ侍らんかと歎かしく侍り、「公達云、其日本の神道を破りて、なきが如くにしたるものは佛法也、喪祭ともに日本國中貴賤共に皆佛法なり、かほど破滅したる神道を、又いかゞ破滅すべきや、害ある佛法をばいまで、儒をきらふ事は不二心得一、「禰宜の云、佛法は久しき〳〵朝廷にも用ひ來りたる事なれば、謗るは僻事也、佛法の喪祭、則日本流也、我は佛にても儒にても神にてもなし、何れにもかたよらず、たゞ朝廷の臣也と常にの給へりとなん承はりし、「云、實は佛者なれども、佛をいひて儒を破らんがための遁れ辭なるべし、其かぞへてよきといふ事は、我滿の心よりつとめて是に似たるの非ならん、尤日本に生れては、日本の法に隨ひ度事也、しかれども日本の法には、したがひよるべき正法もなく、有道もなければ、すべき樣なし、とても他國の法をかり用んとならば、むかしより官位冠衣等の制度文章迄習ひ取たる事なれば、死生人衆は一貫也、喪祭ともに中國にしたがふ事は、則正法にしたがふ也、佛法は各別のみち也、佛法を信ずる人は其法によるべし、信ぜざる者は人道に隨ふべし、日本の宮社の作、中國の廟の作、國土によりて制かはれども、同じく神道なれば、ねがはくは日本の制にしたがひたき事也、中國の神主の制、日本の神骸の傳も、同じく神道なれば、日本の神道に隨て叶也、しかれども日本にはいまだ公卿士庶の法度定まらず、をしてとり行ひがたし、暫有道の制の定を待べきほど、儒禮による事也、日本の神道をあらはし、ちはやふる神代の美風をかへさんとする時をまつ、かりの儒法をば害なりといひていみにくみ、停止を望み、長く日本の神道王道を亡したる佛法をば用ひ來りて、日本の法に成りたりといひて、根を固し枝を連《つが》せんとするの論をなす人は、日本の朝敵なるべし、天下の執權とり給ふ人は、儒道こそ信じ給はずとも、事になれ給ひて明におはしませば、誰の給ふ共、かく道理くらく邪なる異見にはよも同心し給はじ、千に一も非道にかたぶき給ふ様成たのもしげなき事ならば、世のみだれ近きにあるべし、儒佛王法ともに亡ぶべし、もろこしより來る書は、制せらるべからず、後世時有てまた起るべし、ながき世の惡名をとり給ふべき、ひがごとの制法はよもし給じ、心安く思ひ給へ、內々其わたりの者の云ひけるは、天子にあらざれば禮樂を作らずといへり、佛法は代々の天子用ひ給ひて、日本の法となれり、然るに今儒禮の喪祭を用る事はひが事なりとて、儒禮を用る人をそしり侍りき、予が云儒禮をひがごとゝそしらば、聖人の言をも合て不レ用こそよけれ、天子にあらざれば禮樂を作らずとあるも、聖人の語也、得がたき事にも聖人の敎を用ひ、又得がたきには謗る樣なるひがごとやあるべき、又其人の言、よきと云ては堯舜の道にしくはなし、しかれども餘りによくて、日本の夷にはあひがたし、其うへ父爲レ子隱、子爲レ父隱の道理にて、代々佛法を用ひ給ひし王者の非をあらはすも、臣としてはいひごとなれば、かたく佛法にしたがふべき事當然の理なりと、予が云、王代にも、賢王は皆聖人の道を尊びて、もろこしより習ひ取給へり、佛法を用ひて神道を破り、國俗を亂り給ひしは、皆暗主にして、終に天下をも失ひ給へり、明王の道をば日本流ならずとて不レ用、暗主の非禮をば日本流とて用るといふ道理なき事やあるべき、其上伊勢大神宮にては、佛法のすがたなるものをば神前に近付ず、日本の主は此國のあらん限りは、大神宮にておはしませば、其御子孫として禁中を立置給ひ、崇め奉れり、帝王の帝王たる所は、三種の神器おはします故也、禁中の禁中たる大禮には、佛法は用られず、大禮にいたりては、名をだにいはずして忌詞あり、何を以てか佛法の日本の法に成たるとはいふべき、又武家の制法にも、儒禮をいみ給ひし事なし、賴朝、北條、尊氏の代々にも、儒道をいみたる事を不レ聞、しかれば人の信ずるかたにまかせて、神道なりとも、儒道なりとも、佛道なりとも執行すべき事也、本よりかくのごとく用ひ來るものなれば、今あらたに禮樂を作るにあらざる事明なり、又父は子の爲に隱し、子は父の爲に隱すといふは、今日の父子たるものゝ至情をいへり、君子はたゞ父子の間のみにとゞまらず、天下の人の爲にも、惡を隱して善をあぐるものなれば、父子の儀はいふに及ばず、父の羊をぬすみ、子これをあらはす、無智の律儀をよしとするもの丶ために、しばらく此言ありたる也、あまねく人の爲にいふべき事にあらず、しかのみならず、今の臣下の先代の非をかくすといふは、かへつて非をあらはす也、先代の帝のよく我國の神道を用ひ給ひて、國土ゆたかに德さかんなりし時の道によりしたがひて、後世の神道に背き給ひ、國土亂れ、德衰へたる時の事は、隱していぬこそよけれ、有道の風儀をばおしけちて、後の世の德おとろへ道なき時の例のみ、我國の道として用る事は、善をかくして惡を揚るなり、これたゞ我國の神を尊ぶ樣にして亡し、佛法をいよ〳〵さかんにせんとなるべし、「かたはらの人の云、佛法をにくみ給ての給ふとや可レ申、予云、我國の神道王法を亡す者は佛法也、天照大神宮のいみ給、大和姬の神女の傳を守りて、朝敵をにくむものをとがむる人は、同じ朝敵ならずや、天下にくむべきものは、不幸不忠の賊なり、不孝不忠の者をひいきして、にくまざる者こそあやしむべき事なれ、すべて昔より正道をさまたぐる者は、無作法なるあらはの小人にはあらず、あらはなる惡人は、人の信ぜざるもの也、行跡よく學問ありて人の信じおそるゝ者に、異見ありて大道を害するものなり、

三輪物語卷第八

「禰宜云、大和姬は垂仁帝の御子也、いまだ佛法渡らざるさきなるに、大和姬の世記に、佛法の息を絶との給ふ事は、神道にて未來の事を兼てしろしめしたるにや、○信哉云、延曆儀式帳に、既に大和姬の時に忌詞を定むと記せり、固より後人の所記の攙入なるへし、「公達云、神道にて未來を知などいふは、佛氏天安附會の說にきゝ習ひていへる事也、至誠の前知は左樣の事に有ず、大和姬はことぶき長くして、神明につかへ給ふ事七百餘歲なり、されば佛法の渡りたる時までもおはしましき、「問、いまだ佛法の害も見へ侍らざりし時なるに、いかでかいみ給ひけるにや、「云、天竺は同類

の國にあらざればなり、中國、日本、三韓、琉球は同類の國なり、風俗を同して首にかぶりし、衣に袖あり、文字かよひて天理をしれり、八狄、七戎、六蠻は、又同類の國也、風俗は同くす、其しるしは衣に袖なく、文字かよはず、天理をしらず、佛法は、天竺、南蠻、韃靼などにありては相應の法也、南西北の三方は、人の形ありといへども、生を性として、心は禽獸の性に近し、たゞ氣ことにして、至誠不レ息の神理なし、この故に生るゝも始あり、死するも終あり、やけば灰、埋ば土と成ぬ、木の葉の落て朽失るがごとし、しかるに生の厚きものは知覺ふかし、草木は生うすきの至也、此故に四時の氣に隨て生長收藏すれども、動く事なし、魚はうごくといへども、感のみ有て死生の情なし、鳥は生死の哀聲あり、けだものは鳥よりも厚し、角ふりして死地につく事をいとふ心あり、人はいよ〳〵知覺ふかき故に、おくりむかへて生を好み死をかなしめり、情欲厚して執着あり、三方の人、生あつく知覺深きのみにして、仁義をしらず、此故に生に執着し、情欲むすぼゝれ、死すといへども、沉魂滯魄なを殘れり、本なきものを作爲して、惡鬼の境界あるごとし、執着の淺深によりて、或は五十年、或は百年に及ぶも有り、魔などをまじふるものは、二三百年に及ぶもあり、生れかわるの理はなけれども、執の樣模によりて、滯鬼のよるがごとくなる事もあり、是佛氏の地獄輪廻をいひ出せる所も、神聖の國、生れて天理をしるものゝしらざる事也、天竺人、本天理明德の性なくて生れたり、人となりて天理明德の性なし、死して又天理明德の性なし、是故に天竺の人は生れざるにはしかず、生れては天地萬物我心皆なきものなる事を知て、着せざるを聖とす、死して寂滅し、何もなきを以て極樂とし、成佛とす、佛と云は、無の稱也、無欲無心なるものは佛也、これを即身成佛といふ、無欲無心なる時は、天地陰陽の外に出て、陰陽の爲に生死せられず、これを生死流轉を離て大悟道すと云、「問、佛氏も慈悲をもとゝす、天理の仁なきといふべからず、「云、佛氏の慈悲は、愚痴の慈悲にして、天理の仁にあらず、正直なれども畜生理直也、無欲といへども、犬馬のたゞ久なきがごとくなるを至極とす、敬禮すれども天理自然の發動にあらず、後世によくならんといひ、有難たふとしと思ふ願ひの念よりおこる也、知と云は、たゞ〳〵人をたぶらかすべき邪神妖恠の術也、須彌山など〻て、理もなく事もなき物を作り出して、用にもた〻ざることにて愚民をおどろかせり、本より天理にしたがひてある物の、しかもはかりしりがたきを知て、天下の用をなし給ふ、暦數のごとき正しき神妙にはあらず、佛は西戎の神也、其國にしてはきどくなり、天竺にてはそしるべからず、日本に來りて神明の國をけがさん事は勿躰なき事也、中國の外には、日本のごとく人の人たる明德全き國はなし、生には仁あり、死には義あり、よく仁なるが故に、生て欲なし、よく義なるが故に死して惑はず、凡人といへども、思ひきりあり、不レ知不レ識性に仁義全き故也、しかるに戎國の敎を入て、此仁義をみだらんとすれば、凶事これより大なるはなし、佛法の息をたつの神託明白ならずや、「禰宜云、ある社家の說に、大和姬は、佛法已前の皇女なれども、三韓より通じて、天竺の佛法と云ものもろこしに渡り、如レ此の說成りと云事明白に聞へ侍り、其時分より三韓へは、はし〴〵うつりぬ、大和姬は聖女なれば、其心法やがて日本にも渡るべし、しからば我神國は戎國と變ぜん事をしろしめし、佛法の息を絕との給へりといへり、又老子は八百歲ながらへておはしましたる樣に、皇女も七百餘歲の御ことぶきなれば、佛法の渡りしまでおはしましたるといふ說もあり、何れか是にて侍る、「老翁云、兩說ともに是也、渡らぬ已前にも明白に聞ゑ、わたりて後もよくしろしめしたる也、「問、さばかり佛法をつよく忌給ひし事は何ぞや、「云、神道には、七のいみ言葉とて、佛をたちづくみともなかごともいひ、佛書をそめ紙といひ、比丘をかみながといひ、比丘尼を女髮長といひ、寺をかはらぶきといひ、堂をこりたきといひ、塔をあらゝぎといひ、ときをかたかしは（◎信哉云、齋宮式の片膳な譌誤れるならん、）と云、日本國中の神社にをきて、いづれもいむべき事也、むかしは、かく名をだにいみたる事なるに、兩部取合せと云こと出來て、いかなる大社にも堂塔を建まじへ、社家禰宜をば被官のごとくおひくだし、社領を寺領に奪ひとり、日本の神道は、百が九十九とりせばめられてなきがごとし、かく神國に敵する大賊なれば、いみ給ひし其聖知の深き事、あり難き御事也、これ皇女の忌給ひし根本也、且太神の威靈すぐれたまへば、たゞ伊勢兩大神宮にのみ堂塔のまじはりなし、此皇女の戒めなかりせば、いつしか山田の地も佛閣となりなん、禁中に僧尼をいむの古法も殘らず、宮中にも堂寺まじはり、天子も御位ながら御ぐしおろし給ふべし、さあらば日本は天竺へうちとられたるといふもの也、佛者の根ふかくからみたる事なれば、つゐには神道も人道も亡びぬべし、佛書に云、我遣三聖、化彼震旦、とは、老子、孟子、顏子をさすといへり、誠に聖賢の性理文章をからでは、いかで佛法かくのごとくひろまるべきなれば、暗にいひあてたるなり、今又吉利支丹が云、我二人の伴天連を遣はして、彼日本を化すとは、傳敎、弘法をさしていへり、佛敎の後生に迷ふ國をば、悉く吉利支丹望をかくるとなり、是も亦暗にいひあてなん、歎かしき事也、「問、切支丹も佛法をばいみ侍らずや、「云、念佛宗と日蓮宗の敵味方のごとし、釋迦、伴天連、共に後世をいひて人を惑はす事は同じ、佛如來といひ、せんすまると云、其實は一也、釋迦は切支丹の邪術を習て神通力とし、切支丹は佛如來を取てせんすまるとす、「處士云、公達の給ふ神道は、まさしく中國の聖人の學也、儒理を借用ひて我國の神道明し給ふといふ人侍り、「公達云、理二つあらず、中夏の聖人の道も天地の神道也、我國の神、皇の道とも、天地の神道也、易にも天地の神道とあり、◎信哉云、儒者の易の神道を以て日本の神道を解するの非なる由は、伊勢貞丈の神道獨語に見ゆ、論語にも、宮室を卑して孝を鬼神にいたすと有り、聖代の天下の重事は、神を祭祀するを第一とす、四書五經に見へたり、天地の神道よりなすわざなれば、人の五體のありやうも同じ事也、五倫のそなはりもなし、五常の性も又同じ、もろこしの書も渡らぬ以前より、我が國の人の心に天よりうけ得てあり、孟子の四端の説をみれば、誠に人々の心にある事なりと、符節を合てしらるゝ也、我が心に本よりあればこそ、如レ此しらるれ、なきものを外よりつけます事ならば、いかにして割符の合べきや、又道德の敎を傳へしらするには、中夏の文章よりよきはなし、其文章といふも、本我國の人の心にあり、書にはじまりし所は中夏也、杉苗を方々へわけうふるに、杉によき土地には生長し、よからぬ土地にては植ても多くかるゝもの也、中國の文字もこれに同じ、三韓、日本の人には、心に天然の文質あるゆへに、中夏の文字かよひて、我國の文字となりぬ、文はかざる共よみ、ふみともよめり、かざるとは、人道は禮樂、制度、文章のかざり有て萬物の上にある義也、此故に文字のかよふ國には、冠あり、衣に袖あり、かざりのしるし、天理自然の應也、南蠻、天竺、北狄の人には袖なし、牛畜國にて文に通ずべき心の神明なければ、是も亦自然の割符也、ふみとよむは、ふくむの義也、中のくを略していへり、天地人三極の道德、太虚の神理、萬事萬物の分理までも文にふくむと也、聖神の道德は言語に述がたく、又天竺の梵字、日本の假名、南蠻、北狄の字形の樣なる事にては、書おふせがたし、もろこしにても、太古には日本の假名づかひの樣なる事にて、繩を結て用を達せり、伏犧氏の初て三畫をひき出して、天地萬物の理をふくみ敎へ給ひしより、次第に文字出來たり、然ればもろこしとても、生付て本より文有しにあらず、人の心神明なる故に、伏犧氏の神書に通ぜし也、日本にても文字もかなもなき以前に、三種の神器おはしましき、これ又易の三畫のごとく、知仁勇の三は天下の達德也、直に器に象をとりて敎へ給ふ、易簡明白なる事、中夏の文にも過たり、知仁勇といふ名をきかず、文字も習はぬ先なれども、理に二つなく、天地の神道かはりなければ、自然に割符合もの也、心は日本の神道の心にて、文字は漢を用るなり、漢字を用れば名も亦漢の名によれり、漢字は書にたよりよければ、次第に日本の上古の言葉はとり失ひて、今は心ばかり殘りて、言葉は皆漢の字にうつりし也、佛法はもろこしへ取來て、後生輪廻の說を本にして、聖學の性理文字をかりて作爲したるもの也、中夏の聖賢の道とは、黑白なることを、色々に文を以てかざりたる故に、實をしらざるものは、三敎一致などゝもいへり、うはべばかりつけあわせたれ共、眞は大にちがひたり、天竺へは文字かよはぬことなれば、もろこしにて出來たる佛法のありさまは夢にしもしらず、ただ本の天竺ゑびすの愚痴なれば、何の見るべき事もなし、されば其後天竺より名僧の一人も來りたる事なし、かばかり大にかりとりうるものはあらじ、天竺にてはしらざる事の、中夏の聖人、神明の德なくては、出來たる事なき制作のものまでも、佛のはじめたる樣にいひなせり、方便といひて大なる僞りを以て、少しの人の惡をとゞめんとす、尺をまげて丈をのぶる事だに、利に近ければ君子はせず、況や佛氏丈をまげて寸をのべんとする利心なるをや、賢父兄たる者は、おさなき子をすかすにも、あざむくことはいはず、一旦幼子のなきをやめ、わるさをとゞむといへども、その僞りは久しくしてはかくれなし、三歳のわらはだに又欺くといふ事はしれり、況や佛氏が方便の妄語、幻術の邪僞をや、儒道の理をかり文をかりて作りたる事は、かくのごとく明白なれ共、實のあはぬ所をしらねば、全く拵へたる事をしるものなし、今日本に來て、佛と神とは水波のへだて也、本地垂跡などして、兩部取合の邪說をなし、日本の神道を悉く奪ひとれり、しかれども心かれに迷ひたれば、いかなる僞を云ても皆誠なりと心得て、ありがたしたふとしと思へり、昔もろこしに男色によりて君に得られたる者有、主君にもゝのくひさしをあたへたれば、かく厚味なるものをみづから食せずして我にあたへたるは、忠心ふかしと感じ給へり、又母の煩ひしに、主君の車に乗て行ければ、親に孝行なる心より、身の難をもかへりみず、我車をかりて乗たりとて稱美せられき、後に色おとろへて、色々の奢、無作法も目に見へて、にくき事哉、我に桃のくひさしをあたへ、我車をぬすみ乗たりとて、罪の數にかぞへられしとなん、今佛にまよふものゝ心には、日本は佛土と成たりとよろこべども、佛にまよはぬものゝ目には、神道を亡し、王法をなみし、神國を變じて戎國となすの大賊とみるなり、罪の重き事死にも入られず、日本に生れながら、如レ此大賊の味方と成ぬるものは、主君の知行をうけて妻子を養ひながら、己が心のひく方にまかせて敵にくみし、かへりて我父母の國を亡すがごとし、誠に神明は佛の名を聞ことまでいみ給ひし事むべなるかな、「問、かくのごとくなる大罪人のかたはし罪し給はで、たてをかるゝ事は、神明とも申がたからんか、「云、人多き時は天に勝の理にて、あしかれども、天竺より唐日本にいたりて、大勢の人のかたぶき來る勢ひには、天道の至善も、一旦は負給ふがごとし、人は天地の主也、主の心の惑ひたるはすべき樣なし、神は隱のくらゐにて、人に天下の事をゆづりまかせ給ふ道理也、造化までは神明つかさどり給へり、造化巳後は人のつかさどる事なれば、神明も人には勝給ふ事あたはず、聖人も終て神と成給へば、人事をばきこしめさず、このゆへに帝は隱居と申事なし、天に二の日なきが爲也、もし故ありて隱居あれば、神の境界のごとくにて人事に交り給はず、三輪の太神の國をゆづり給ひて跡をけし給へるが如く成べし、神も邪なるはさあらず、帝王も隱居有て後は、權勢退ぬる故に、只今迄君なりしも、おぼすまゝにはならせ給はず、それも隱居のかた惡人なれば、道理にそむきて、剛惡を以て其儘權威をとり給ふ事あり、神明は正直なれば、わたすべき道理にてわたして後は、いろひ給はざるの儀也、日本の神國たるしるしばかりに、伊勢兩太神宮にのみ古風の殘りたる事は、神靈の威德ありがたしと云も餘り有、天定る時はまたよく人に勝の時なからんや、我神國に生れて神恩を戴きながら、西戎の佛につかふるは、我親を捨て人の親を養ひ、我君を捨て人の君につかふる也、況や佛者は我君父を亡すの大賊なるをや、心あらん佛者は、などねぶりをさまして還俗せざるや、「處士云、日本は神國なれば、神社の修理造營はなくて不レ叶事也といへ共、折ふし士民ともにつかれ、山もあれ造營難儀也、されども、羊を惜み禮をおしむの理にしたがひて、難儀なり共建立すべき事にや、「老翁云、愚拙いまだ經書の心をもわきまへざるさきに、夷中に春日の社ありて、殊更あれたる體也しに、わびたる神主あり、これも雨だにたまらぬ住居也、其神主にむかひて、神慮の儀なれば上へ申すか、もしは郡中をもよほしてなりとも、などか建立せざるといひければ、神主の云、これは勸請の社にておはします、すべていづれの神も勸請の宮社は、よくよくの義ならではあるまじき事也、宇佐八幡宮は、あまり遠國なれば、源氏の御爲、男山へ移し奉りても可ならんか、神はなれてけがし、勸請多くしては威をおとし奉ることなれば、天照宮ならば伊勢山田ばかり、八幡宮ならば宇佐ばかり、武雷命ならば鹿島ばかり、日本武ならば熱田ばかり、出雲大社、攝州西宮、洛陽賀茂の社、其外如レ此の德あり功あり故ある神は、其本社斗の造營修理はなくて叶はざる御事也、勸請の宮社、不靈の地に澤山なる事數をしらず、其神明の威をおとし、德をけがすの第一也、我等飢死に及ず、逐電すとも非禮の再興は思ひもよらず、幸ひ社のうしろに、我等幼年むかしよりよき松を植をき侍り、是を神木として、社にかへ、民の生所神として祭り奉るにも、此松にかき、しめめぐらして可也、後世をわづらはさじのはかりごとなり、又云、公儀より造營なくては不レ叶大社なりとも、大破以前はうはぶき修理等を加へらるれば、又五十年も百年もたもち侍る事也、公儀は大やうにてしろしめされざる事もあるべし、神主たるもの大方心なき者どもなる故、今新に建らるゝよりは、本よりの木柱まさりたるをもうちくづし建立させ奉り、また雨もり朽るを待て申上などする事、甚だ神慮に叶ふべからず、宮社はかみさびたるこそ殊勝におはしませば、隨分かゝはる程は、上ぶき修理等を加へて、ふるきをたもちたるこそよく侍れ、伊勢の宮貳十一年に遷宮おはします事も、少しの間なれば、隨分かろくすべきの神慮にておはします、一說には建て貳十一年を經て、御體をうつし奉るべきの故也、あたらしきものゝけがれをさらむとなり、二十一年に一返の造營の義は、伊勢大神宮ばかり也、他の神社はいづれもうはぶき修理等を加へて、かゝはるべきほどは古きを用るの義也といへり、三輪の太神は山を社にて、鳥井ばかりを用ひられたるは、誠に殊勝の御事也、天の神の御子孫に國を讓り給ひ、跡をけちたる神故と云說もあれど、實は日本の山川をはかり、後世の奢をとゞめ給ひしもの也、日本は神國なり、神社だに猶しかり、況や堂塔寺の結構にして、數しらざるは何事ぞや、日本國、國々の士屋敷、町屋家等を見るに、大形たふれかゝり、やね折て、たへがたき躰なれども、朝夕の烟りを立る薪だに大切にして求めがたければ、家屋の修理にいとまなし、釋迦は鳩のはかりにだにかゝれりしといへば、山澤の力つきて、材木薪不自由なる時節に、相爭ひて數々の堂寺を建らるべきにあらず、今の出家は多くは無慙の盜賊にひとし、少し出家がましきものも愚痴にして、左樣の思ひはかりにもいたらずとものがたりし侍りき、今思へばたゞ人にあらず、其後たづね侍れども行方をしらず、右の理にて思慮あらば、其可侍りなん、達磨功德の心をしるものは一休ひとり也、其心なくて堂寺を建るもの無功德にして、其心ありて建るものは功德とのみ思へり、其心あるものは、今の時におきては、堂寺をばたてざる事をしらず、「處士云、勸請の社多きは、神の威をかろくするとはいかゞ、「社家云、山城國紀伊郡稻荷の社、下の社は大宮姬、中の社は倉稻魂、上の社は太田命なり、今傳て五社といへるは、後にそひ給ふなるべし、しかるに佛法其本源をかくして、東寺門前にて稻を荷へる老翁にあふ、是よりして東寺の鎭守とす、これいなりと名付るの名義也といへり、これ大きなるひがごと也、地主荷田大明神の地に倉稻魂を置、これを以て稻荷の二字の神號とす、夫此神は本朝衣食の祖神也、蒼生安逸の靈社也、故に天子諸侯といへ共、箸を下ざる前に、宇賀姫を祭り給ふ、萬民飢寒をまぬかるゝの神恩を報ずとなり、尊信の餘りに、みだりに諸國に勸請せしかば、後々は狐の人に付たるをも、ほこらを立ては稻荷といへり、俗多くは狐の神と思へり、これ神の威をおとすにあらずや、「處士云、狐の使者たる事はいかゞ、「社家云、使者にはあらず、稻荷山に狐多くすめば、神を敬ふの餘りに、狐をも恐れて手さゝず、後には誤りて使者とせり、三月の中の午より、四月の初の卯まで、御かりやにおはします事は、稻荷山の狐の子をうむ間、けがれを避給ふとなり、「處士云、狐をあしくして、稻荷の神の罰をかうぶる事はいかゞ、「社家云、神は寛仁也、凡女のけはしきごとく、人に罰をあつるといふ事なし、たゞ其人の心に邪あるゆへに、邪神のふるゝなり、むかし天狗の人に付たるが云、慈愛なる人ほどおそろしき事はなし、不慈なる者は我同類なれば、あなどり易しといへり、夜鬼を恐るゝも、またかくのごとし、仁愛正直なる人は神明と同體也、吉神常に守となれり、邪鬼は正人を恐るゝものなれば、正人は何をか恐れん、狐も邪人にあはざる時は無事のけもの也、邪人をみる時は、邪神又狐の形をかる也、只狐のみならず、狸、いぬがみ、とら、ひやうの類ひまでも、邪神の乘物多し、人道正しければ邪鬼なし、又狐狸の妖恠なし、佛法ひろく成てより、人心惑て邪知邪欲に也、これによりて邪神時を得て、狐狸神通をなせり、惡人のたゝりをなしたる者共をあつめて、天王、御靈神、八幡抔と勸請せり、誠に勿躰なき事、歎くにも餘り有、世を經て後は、まことの明神八幡なりと思へり、又邪知のもの共、正神の號をおかして、こゝかしこに建たるもあり、社多くて朝夕みれば、敬すべき心もなし、日月程の生神はおはしまさね共、毎日見奉ればさのみ恐れ尊ぶものなし、況や形象を見せ給はぬ神靈に於ておや、「禰宜云、遊民とは當時何々をか申侍らん、「老翁云、坊主、山伏、判はんじ、うらやさん、みこ、座頭、ごぜ、猿樂、あやつり、かぶき狂言、其外門々ありく乞食の類に至りて、色々の遊民多し、博學の物よみにてはなく、文學もあるかなきかにて、道理も明白ならず、道たてをいて何の役もなき者あり、これも遊民也、又職人商人の内にも遊民あり、天下の奢につれて、世のそこなひになるあきない所作にて、道ある世には少もいらず、日用の役にたゝざる事をする者あり、武士の中にも遊民あり、人民を教へ治る役人にして、何の辨へもなく、かへりて下をしへたげしぼり取て、己が榮耀とし、武道武藝の心懸もなく、事有ても何の役にも立まじき者あり、國の警固にもならざれば遊民也、又遊民の中にも、遊民ならざるもの有、出家の人がらよく、地獄極樂の説を以て人をも惑はさず、悟りを授て我儘氣隨もさせず、其身忍辱慈悲にして、愚人を教化し、人の慈悲正直の心をそだて、其身儉約にて、人の物をも多くとらず、堂寺の美を好まず、出世の外聞を心とせず、其上に文字有て、人に教るあり、これは出家なれども、人の助と成て害なし、遊民の中の本民也、然れ共よしとはいふべからず、其身一人はよくても、弟子は大躰の坊主なれば、あしきもの多くつぎ起れり、「問、山伏は神道者の類也、うらやさんは易を本にし、みこは神主同事也、遊民たる事はいかゞ、「云、山伏は役の行者の流れといへども、役の行者は山川地理に通じて、此國に功ありし人なりき、今の山伏は眞言坊主と同事也、神を禱るといへども、神の傳にてもなく、剰へ人をたぶらかし、大に人道をそこのふもの有といへり、うらやさん、判はんじは、清明が流といへども、清明は神に通じて能博士也と聞ゆ、易は至極のものなるゆへ、烏帽子をいたゞきて人をたぶらかす事也、みこも神前などに侍るにはあらで、たゝきみこなどゝて、むざとしたるものあるを云也、「問、座頭、ごぜは、無二是非一かたわ也、遊民とはいかゞ、「公達云、工商にても奢の事をなして、無用のものは遊民とす、座頭、ごぜの役は、音律に達し故事を覺て、内外共に人の助と成を役とす、今は彼等が心としたる罪にはあらず、世に道なくての事なれば、不便なる事也、先帝の御願ときく、世を道行はれば、座頭の座をやぶり、正しき音樂の役者とし、さては三史を初として、二十一史をわけて一部づゝに家たて、其故事と時變とを覺へさせ、樂の方へなりとも、書の方へなりとも、思ひ〳〵器用次第にかたわけ、樂にても書にてもよく覺へて、盲者多くひきまはす者を頭として、祿も多くあたふるやうならば、座頭、ごぜともに遊民たる事をまぬかれなんと、「又曰、こもそう、はちたゝき、猿樂、あやつり狂言、歌舞妓などは、人數少なき事なれば、道ある世には、いかやうにかたづけんもやすき事也、左様に大によくこそあらためられずとも、今の分にて猿樂もむかしの猿樂にて、謠をよくし、あやつり狂言も、人の善心感發するやうにあらためば、其費すくなからんか、歌舞妓などはいつとてもあしきもの也、門ありく乞食の類の遊民は、上より道をきてにて制せざれども、おのれと有付出來て、なく成事也、只坊主のかたづきのみ、大に道行はれば、佛者の迷惑せざるやうに、己れと化に服し、人道に歸るべし、かへらざるものも、佛の法を守らば大なる害あらじ、賢君良相ならでは成がたかるべき政道也、「處士云、傳に云、日本は東夷の頭國、南西北の君國也、夷の字をはなちて見れば、一、弓、人也、二つにして見れば、大弓也、弓矢の道にすぐれたる人はと云心也、東夷九國あり、しかるに日本のみ武國なる事は何ぞや、

「公達云、太陽の出給ふ本なる故に、國土の山川靈明にして、人心仁知也、仁者は必ず勇あるの聖言むなしからず、「又問云、四海の君國なる事は何ぞや、「云、天地の間は陰陽のみなり、日は陽の靈也、月は陰の靈也、日は東に出て南に行、月は西にあらはれて北に歸す、南は東につき、月は日にうく、男女の形、君臣の義也、しかのみならず、南蠻の字は虫をかき、西戎は犬をかき、北狄はけものをかく、皆半畜國なれば、三方ともに文字通はず、禮樂傳はらず、人倫明らかならず、かくのごとくなれば、天竺國は日本の同類の國にはあらず、しかるに佛氏のいやしき法をうけて尊敬し、日本の尊き神道、王法の上におき、佛を本地といひ、神を垂跡と云、月は日の光をうけて明ある道理なるに、月の光を日のうくるやうに上下をいひみだせり、菩薩は釋迦の弟子也、諸天は佛の使者なり、しかるに應神天皇をば菩薩と名付、素盞烏尊を午頭天王といへり、日本の王をば天竺の弟子とし、日本の神をば天竺の佛の使者とす、かくのごとく日本をいやしめられて、其故をさとる事なし、若弟子と成べくば中夏の聖人の弟子とこそ成べけれ、◎信哉評、蕃山は日本の神を支那の聖人とか稱するもの

の弟子となさんとす、日本の神を天竺の佛の弟子と爲すものと五十歩百歩の論なり、中夏は天地の間の中國として、四方の宗とする所也、聖人かはる〴〵おこり給ひて、萬事萬物の初をなし給ふ國也、四方より來て習ひ、ならはざるはなし、南蠻、天竺、北狄は不知にして道藝に通せず、只に事物の制作のみならひとれり、日本には文章禮樂を習ひとりたる事なれば、其恩尤ふかし、これ日本の人の、中夏の人におとらざる生れ付ある故也、「禰宜云、佛法は是王法の治具なり、佛法衰ふれば王法も又衰るといへり、「處士云、佛法のさかんなる事、天竺にも、もろこしにも、今の日本のごとく大にひろまりたる事はなし、佛法のひろまるにしたがひて、王法は年々におとろへ來れり、天萬物を生じ給ふに人を貴とす、この故に聖人禮樂を制して、神を祭祀するに魚肉を用ゆ、日本の神道、王法又同じ、しかるに佛氏は父母を廢して虫魚を憐む、我身父母の遺體なる事をしらずして、身をとら猨に投じ、肉を蚊虻に餧、天道造化の理を不レ知、聖人食政の義をしらず、不殺生を以て仁とするは愚の至也、それ仁道はひろくしていひがたし、殺と不殺と仁中に有、仁者は天下を得るといへども、一人の罪なきものを

不レ殺、佛氏の殺生戒に異なり、何を以てか王法の治具と云べき、佛をあがむるは神祇をなみする第一なることをしらず、「公達云、すべて佛氏は義を不レ知、もろこしにても、日本にても、義を不レ知者は佛法を悦べり、東西はるかなれども、同氣相求る也、今取分公家は義をしらざる也、道をしらざれば、明らかにはなけれども、少義をたつる者は武家也、これ天下の權の自然とうつりかはりたる本なり、今公家の風俗を見給へ、あしけれ共家本といふものをば用ひ、よけれども家本ならぬをば用ひず、今庶流の家には、人がら公家らしく、作法正しく、所作もよき人あり、しかるに家本よりをさへて、かしらあげさせじとす、人の師範となさしめじがため也、人がらよければしゐて爭はず、我と人の師たらん事を求めず、其上無理の利を得たるためし多し、家本のものは、人がらあしくて公家らしくもあらず、作法みだりにて、所作も宜からず、家に凶徳ありて、人倫にあらざるものあれども、公家の權威をとる人も、其凶徳の人をば取立なんとす、吉人を凶人より押たをさんとすれば、共に助べき勢ひ也、かゝる人を公家の賢者といひ、物しりとして

其下知にしたがひ、恐れはゞがれば、公家の内にも古風をしたひ、公家の所作をも習はんと思ふ人は、かの凶人にはしたがひ度もなし、吉人にしたがはんは人ゆるさず、おのづから無能無藝になり行て、俗とひとしくなる事也、禮樂は人々の所作なれば、其家といひて有べき義なし、王代のむかし、藝者の樣に定りたるものなし、かくのごとく義理にくらければこそ、義理のなき佛氏が法をば尊信せり、義理明かなる神聖の大道は、心に通ぜぬ事なれば、いみきらふなるべし、

熊澤先生著

右三輪物語八册、熊澤蕃山著也、以副島知一本令書寫一校畢、明治四十四年九月二日

三輪物語終

神宮續秘傳問答

問曰、子が作の陽復記には、國常立、國狹槌、豐斟渟は、乾の卦の三爻を表すと記し、同作の秘傳問答には、三氣の樣に記せり、其同作異說は如何、　答曰、陽復記は世人の或說を記して、秘傳にはあらず、周易を相傳もなく淺く心得、乾の卦は三文字を書樣に、一時に三書すると見る人、如レ此云也、八卦は先畫すれば、陰陽の兩儀現じ、其陰陽の爻に一畫を重ぬれば、大陰、大陽、少陰、少陽の四象現じ、其大陰、大陽、少陰、少陽の爻に、又一畫を重ぬる時、三爻成就して八卦となる、乾の三畫の奇爻も、八卦と共に現ずる也、八卦の最初に、乾の卦の三畫の陽爻計一時に現ずると心得る故、今の世の人のみならず、何れの時代よりやらん、乾道獨化、所以成二此純男一と云十字の加筆、日本紀の神代卷にあるを、中古の人其說を信じ、熟讀もせず加筆とも不レ知して、乾の卦を裏にして、表に國常立、國狹槌、豐斟渟と號し奉ると心得るは、甚以誤也、此十文字入ては開天闢地なりがたき子細あり、能察すべ

し、予が始て云にはあらず、此の事不審多年なりし、以後長寛年間大外記師光《もろみつ》が勘文を見しにも、此段を引て此十字なし、又國初文記にも十字なきにて、後人の加筆なる事炳焉たり、其上此十字無レ之れば、後段の乾坤之道相參而化、所以成二此男女一と云十四字の文義分明也、十字入ては後段まで義理不レ通、能々可レ味レ之、但國常立、國狹槌、豐斟渟の三神を三極と見ば可ならんか、一太極を天地人の三極と云も同理也、元氣を天地人の三氣として、其中に在る太極を三極とは云也、然らば國常立は太極、國狹槌は地極、豐斟渟は人極、理合一、三神三體也、又埿土煑、沙土煑、大戸道、大苫邊、面足、惶根の六神は、坤卦三畫六斷の體に似たる故、此六神を裏には坤卦と心得、表には六神の御名を稱するは淺見のみならず、神道も易道も一向無二會得一事也、剩へ神皇系圖、神皇實錄は、兩部習合者の加筆者とも不レ知して、陰陽以前に木火土金水德の神ありとし、地水火風空を配して諸神に當つ、地水火風空は佛語也、能可二明辨一レ之、古今異朝の書にも、大極生二陰陽一、陰陽生二五行一とこそあるを、陰陽以前五行の配當、次第錯亂す、但豐受大神を水德と云秘傳は各別也、內宮火德の日神に對して、外宮水德の月神と相傳也、是は太神宮にて御鎭座に付ての事也、日本紀の上などにては講じがたし、天御中主、國常立は陰陽以前の神なれば、五行の德を含たる神なれども、水は五行の始なれば、水德とも月神とも云は其理有に依て也、內外宮を水火の二德に配する子細、能々工夫して自得すべし、　問曰、外宮は皇孫尊《すめみまご》にて座《まします》の由、東鑑、大中臣能親書狀、其外神書等にもあり、何たる說ぞや、

答曰、皇孫尊は外宮東相殿とぞ、御同殿に座せば豐受大神宮の一神也、宮の字にて知べし、宮の字を除き、豐受大神と計云時は、國常立尊也、此等の說、口授なくして不案內の人、神書推察は相違ある事也、殊に長寬勘文には、延喜の御記の中に、有下大神宮與二豐受宮一如二君臣一之文上と云へり、是は豐受宮には五神ありて、天兒屋命、太玉命も西相殿とし、其五神の內なれば、天照皇大神には君臣の文あるべし、但し延喜の御記全文見ざれば推ては云がたき義也、天祖《あまみをや》國常立尊をば天照太神の臣とは中々難レ申事也、◎信哉、外宮の祭神を國常立尊に非ずと云說は、本居宣長の辨出づるに至て始て確定す、　問曰、外宮は國常立尊なるを、天照大神とも云は何たる故ぞや、　答曰、外宮天照座豐受

大神宮とも奉レ號也、問曰、外宮に天照の神號ある事、何たる神書に見え、何れの帝の勅號ぞや、答曰、天照は二宮の通稱、大神宮は大廟の本號と神書分明也、內宮は火德にして日神と奉レ號、日は天を照す、故に天照大神と奉レ號、內宮の日神に對して外宮を月神と奉レ號なれば、月は天を照す故に、天照座豊受皇大神と、鳥羽天皇の宸筆の宣命にあり、兩宮天照大神の神號あるゆへに、今も兩宮通用して每度一紙の宣命也、天照大神の神號外宮になくんば、何ぞ一紙の宣命、兩宮通用し玉ふべき、若又別通の宣命の時は、鳥羽天皇の如く、天照座豊受皇大神と戴給ふ事也、秘傳の神書に、往々外宮に天照の神號を記せり、問曰、外宮の尊神を國常立尊と云、又天御中主命と云は、同體異名の尊神、君臣一同の祖神の由也、其子細如何、答曰、國常立と云《まう》す時は、帝主の始祖神也、◎闇齋の風水草亦此說に從ふ、帝王より出たる系圖の人は、神拜に其心得あるべし、天御中主と云す時は、萬姓の元祖神也、其心を持て萬人神拜すべし、是は今の世までの系圖の法也、雖レ有二深意一、委曲難レ言、可二密察一之、問曰、內宮は女體の神にして、外宮は男體とは何たる故に云や、無形之天御中主、國常立となるに、男體とは如何、答曰、內宮火德の女體の尊神に對して、外宮を水德の男體の尊神と申し奉る也、日神は南方火德なれば、離の卦にかなひて、陽中の陰、離は中女也、月神は北方水德なれば、坎の卦にかなひて、陰中の陽、坎は中男也、是は易に習合と云べけれど、自然にかなふは難レ捨事也、能工夫すべし、天御中主、國常立は、無形の神なれども、水德と云より男體とは云也、水火の二を以て世界は建立の事也、無二偏廢一可レ奉レ致レ尊二崇之一、但月神ぞ、水德ぞ、男體ぞと云事は、倭姬命の外宮御鎭座し給以後奉レ申相傳の秘義也、其理奇妙、凡慮の非レ所レ及、普通には天御中主、國常立尊は、水德とも、月神とも、男體とも申さぬ事也、其理あるによつて內宮に對して兩大神宮と現じ給ふ上へ奉レ申也、此義最極の秘傳、口外し難き事なれども、末代にも信心の輩に其傳を知しめん爲に云也、祭祀にも參宮にも其心を可レ持也、猶有二深秘口傳一、問曰、兩宮千木を片挨《かたそぎ》の內外の相違、又鰹魚木の員數相違は何たる故ぞや、答曰、內宮は女體の尊神なれば內を挨ぐ、外宮は男體にとれば外を挨ぐ、鰹魚木の員數、外宮は男體の故奇數にして九丸《くぐわん》、内宮は女體の故、耦數にして十丸、奇耦の員數、内外の片掞、能可レ致ニ觀察一、外宮は別宮末社まで千木の外を掞、鰹魚木も奇數を用、内宮は別宮末社まで千木の内を掞、鰹魚木皆耦數を用也、問曰、外宮は男體にとらば父に配し、内宮は女體ならば母と心得配すべき歟、答曰、然り、孝道も神道にて會得する事也、有レ母父なくば不レ可レ有、父有て母なくば不レ可レ有也、内外宮の尊神不レ可レ致ニ偏廢一、陰陽、奇耦、内外と云にて、神道孝道の深意可レ有ニ觀察一也、往昔より内外宮の祠官職掌人まで、尊神の高卑を論ず、心引故にや、渡世の爲にや、言語を絶する義也、外宮の參道は北より入て西に折れ、少又北に進て北面して拜す、又内宮の荒魂荒祭宮は、本宮の北の山に御鎭座、外宮の荒魂の多賀宮は、本宮の南山に御鎭座也、又東西の寶殿も内宮は正殿より少北に退て左右に立て、南面に御戶あり、御扉を外に開く故に、東の寶殿を假殿に用たる例あり、外宮は正殿の南に、左右に立て、北面に御戶あり、御扉を内に開く、故に假殿に用たる例古今一度もなし、皆是故ある義也、能観の上に自得する事と也、問曰、多賀宮は神直日の神、大直日神、荒祭宮は八十枉津日神と也、然るを秘傳問答に、其說を不レ取して、氣吹戶主神、瀨織津姬と計云は何たる故ぞや、又神直日、大直日の二神を合せて、氣吹戶主神と號すと云も不審也、又八十枉津日を瀨織津姬と號すとの其義如何、答曰、是は倭姬世記の註より出たる說なれど、古代より相傳の神書秘記には曾て無ニ此說一、此世記の註は甚く誤なるべし、伊弉諾尊、檍原《あはぎが》にして祓除の時、左右の御眼を洗ひ給て、化生の日神月神を兩大神宮にしては荒魂と云て、其神名を瀨織津姬と云ひ、氣吹戶主神と云と、御鎭座本紀、御鎭座傳記、御鎭座次第記、其外の秘記等にも見えたり、祓除の時、荒魂は化生し給と聞て、相傳も無く、神直日、大直日の二神を合て氣吹戶主と申ならば、秘記に又祓除の時、御眼より化生の月神を氣吹戶主と申となれば、合て三神共に氣吹戶主と云ん其理なし、甚しき誤也、是は祓除の時、化生の天照大神、月讀尊の荒魂也とは曾て不レ知、人體の天照大神、月讀尊也と心得誤り、且又祓除の時に、荒魂化生の由は略聞ながらも、其傳受を得ざれば、何れの神を荒魂とも不レ知、九神の内、底津《そこつ》少童命《わかづみの》、底筒男命、中津少童命、中筒男命、表津《うへつ》少童命、表筒男命の六神は各鎭座所も慥にして、兩大神の荒魂に當べき神ならぬ故、殘る三神の鎭座所知れざる八十枉津日を推て瀨織津姫と云ひ、神直日、大直日は二神なれども、强て合せて一神の名として、氣吹戶主と云、此註は無知妄作の加筆也、世記の註には、往々兩部習合者の加筆あれば、能可レ明ニ辨之一、正說には非ず、後代家行神主の類聚本源、又親房卿の元々集にも此說を取給ひ、誤とも知給はざるも亦不意の誤也、但此義先賢の誤也とは、末代の愚拙難レ申事なれども、兩大神宮第一の別宮の御事は、細事ならざれば難ニ默止一て、傍人の毀をも不レ顧して言に出し侍る、

問曰、瓊々杵尊は外宮東の相殿と也、火火出見尊、葺不合尊は、大神宮にては何の神社ぞや、又火火出見尊、水府に行給事、秘傳問答に記ても、異國の雜書に云ふ孫思邈水府に行、千金方の中の秘方を傳し事、又浦島子常世《とこ》郷に行し小說と云がたし、猶明辨あるべき歟、

答曰、火火出見尊、葺不合尊は、伊勢兩大神宮に御鎭座所記文見當り侍らず、火火出見尊、海宮に行給ふ事は、神詠を考て一島なる事を知れり、秘傳問答を記せし後の考索なり、　委細越前國山本氏廣足へ演說せしに、其趣を筆作して神代講述抄と名付、當時梓に刊行せり、披見あるべし、

問曰、近代まれに先づ內宮へ參詣して、後外宮へ參詣する他國人あるは故あるや、

答曰、外宮御鎭座ありてより以來、其義神籍に所見無レ之、勅使の參詣、毎度外宮を先にし給ふ、豐受大神宮を可ニ先祭一との依ニ內宮御託宣一也、　外宮祠官の私に云にはあらず、神書分明也、但し內宮の祠官計は先づ內宮より參詣は尤也、然ども內宮の祠官、年首の外宮參は正月一日式日也、外宮の祠官年首內宮參は、正月二日式日也、六月、九月、十二月の三祭禮、共に外宮は十六日、內宮は十七日式日也、今も毎年相違なし、　又二十年に一度の式年の遷宮も、九月十五日は外宮、十六日は內宮の式日也、是にても外宮を先に參るべき事を知べし、

問曰、神道の二字は易の觀卦より始て出たれば、日本の神道も易より出たるならんと云人あり、如何、

答曰、甚以不可也、今世儒學の輩、心引方に執して、吾國をも忘れ、如レ此云也、神代より相傳の神道は、何ぞ周易より出たるならんや、佛家の兩部習合は嫌ながら、儒家に又易より出たる日本の神道と云は、易習合也、但し自然と符合の所を捨よとにもあら

ず、神道と云漢字の連綿は始て易より出たれども、加美乃美知と云倭訓は、神代よりの相傳也、能可レ辨レ之、問曰、三代實錄卷三十五に、大神宮の氏人に、有二三神主姓一、荒木田神主、根木神主、度會神主と云へり、根木神主とは何れぞや、　答曰、此事今世難レ知義也、但し先年內宮の禰宜荒木田經盛神主へ尋侍れば、　根木神主とは、今の內宮の物忌等《ものいみら》を云と也、內宮の物忌等は、天見通命の末孫也、神書の中に、天見通命を神代の禰宜と記したるを、字皇の沙汰文に、禰宜職は天武天皇の御代、始て置給也、何ぞ神代の禰宜あらんやと難じたり、根木神主の事、皇字沙汰時代にも不レ慥にや、但し諸國神社の神主は神職也、　荒木田度會に付たる神主は姓戸也、根木神主も姓戸にや、故に有二三神主姓一と云へり、姓戸とは、今の朝臣宿禰など云が如し、天武天皇以前二所大神宮の大神主とて、　兩宮を一人して兼たるは職也、自身の位署には荒木田神主某、度會神主某と書也、　他人を記する時は、荒木田某神主、度會某神主と、神主の二字を名の下に書は、他人を恭敬の體也、　問曰、今世山田總中を云て、　山田三方とは何たる子細ぞや、　答曰、先年明德二年の解狀の草藁を見しに、山田三方神人等謹言と端作ありて、其奥に名々判して肩に須原方神人、坂方《さかかた》神人、岩淵方神人と記せり、然らば、山田中を三に別て、山田三方と云にや、
問曰、岩淵は繼橋鄉也、山田原は沼木鄉也、　何ぞ岩淵を山田と云や、　答曰、　山田原は御鎭座所名なる故、沼木鄉、　繼橋鄉、　共に摠て往古より山田と號し來れり、　問曰、繼橋鄉と何たる故に名付るぞや、　度會郡と云も、繼橋の鄉より起りたる名と也、如何、　答曰、大國玉の神と佐々良姬と、　梓弓《あづさゆみ》を橋として度會《わたりあひ》給故に、度會郡とは云也、其橋の故跡は、高神山の麓にあり、此橋の名を月弓橋と云と、北畠親房卿の筆跡にあり、神名秘書に云、大國玉神奉レ迎之時、以二梓弓一爲レ橋而度レ焉、爰大國玉神佐々良比賣參來《まうきたり》、迎二相《むかひあふ》土橋鄉岡本村一、自レ爾度會焉、因以爲レ名也とあり、今の茜の社北、祇承《じぜう》が橋と云土橋是也と云人あり、　沼木の鄉と繼橋鄉との堺也、ちさいと音通ずれば、土橋とも繼橋とも云にや、　大國玉姬社と云も此橋より近き高神山の巽方の谷にあり、此谷を大黑が谷と今の俗は云、實は大國玉姬神社ある故也、神體二座也、黑と國と同音故誤にや、又大國玉の神は大黑天也と、兩部習合者は、　其

故にや、度會郡の名も此橋より起し事分明也、問曰、箕曲社は、繼橋の郷岩淵の東にあり、箕曲の郷にあるべき事也、如何、　答曰、岩淵の末にある美野《みの》社也、其所の名も古記には繼橋郷美野村と記せり、今俗誤て箕曲社と書り、外宮の末社の箕曲氏社は、久志本村の北勢伊太川《きたせいたがは》の南の岸にあり、俗に流社《ながれのやしろ》と云也、久志本村は箕曲郷やらん、繼橋郷の内やらん、慥に知人なし、此社の北の川瀬をみのゝせと云、箕曲瀬の訛にや、此社の西北の船江は箕曲郷の内也、按ずるに、此神末孫に箕曲氏の人ある故に、箕曲氏の社と云か、但し天牟羅雲尊鎭座之由、此社の祝詞にあれば、箕曲郷に鎭座の度會氏社歟、　問曰、順和名鈔度會郡下に、伊介郷とあり、今は何れの所ぞや、　答曰、宇治郷松下村の東に今も伊介《いけ》浦と云あれば、其近邊は伊介郷にや、但し伊介御厨《みくり》を郷と云へるにや、今は志摩國鳥羽領と成たれば、慥には不レ知レ之、但し伊介御厨と云は、度會郡の内の由慥なれば、昔は太神宮領にて神三郡の内也、古來神領の名を記したる神鳳鈔と云物あれば可レ考レ之、　問曰、佐古久志呂宇治《さこくしろうち》とは何と云事ぞや、　答曰、佐古は拆《さく》也、古と久と五音通ず、久志呂は奇《くしろ》也、宇治山谷拆《さけて》、奇妙の風景、言語の非レ所レ及也、宇治と云は猪路《しゝみち》を云との說あれば、拆《さけ》て奇妙にして人は通じ難き嶮岨の猪路を云にや、又宇治は内也、内宮御鎭座故の名ともいへど、倭姫命世記に、内宮御鎭座以前の詞に、佐古久志呂宇遲《うち》之五十鈴《いすゞ》川上《かはかみ》とあれば、内宮と云に付ての名にはあるべからず、其上外宮御鎭座ありてより内宮と云へば、是の雄略天皇以後の說也、上古は猪路を云へるにや、拆鈴《さくすゞ》五十鈴《いすゞ》と云は、鈴は口の拆たる故の枕詞とも記せり、◎信哉按、拆鈴《さくくしろ》は拆口《さくくちろ》の義なるべし、くちを、くしとも云ふは、鯨を常陸風土記に、くしらと書けるにて知るべし、鈴の形の、口の拆けたるが如くなれば云ふなるべし、さてくしろは、今の鰐口の如く、打ち敲きてぞ鳴しけん、因て宇治の枕詞とは爲したりしか、尙ほよく考ふべし、　問曰、近古《ちかごろ》愚堂和尙、中山寺を建立して、山田に住せられけるに、或夜話に、外宮領を隔て内宮領の瀧原等の在は不審と云人ありければ、愚堂云、外宮御鎭座は内宮より後と聞ば、其以前は皆内宮領也、外宮御鎭座より其内を取て外宮領とすれば、外宮領は内にあるべしと云へり、又愚堂云、兩部習合の神道は、聖德太子より興ると云、實ならば恐くは太子の御誤ならん、其道は他の道と强て混雜せぬ事也と云へり、道理有樣に覺へ侍る如何、　答曰、一道に明なれば他の道をも發明殊勝也、無我なれば萬事に通ず、　祠官職掌人等可レ恥レ之、　問曰、兩部習合とは何たる故に云や、　答曰、伊勢兩宮を胎金兩部、　大日如來に配當し重ね合する故に云也、習は重也、習坎の心にて重合すると見るべし、ならひ合すると云人あるは誤なり、　問曰、神事に拍手は何たる儀ぞや、　答曰、韻會小補動字注に云、周禮九拜四曰二振動一、以二兩手一相擊而拜、集韻一曰、今倭人拜以二兩手一相擊、蓋古之遺法と云へり、是は異國よりの説なれば證に取難き事也、　但し上古は倭國へ漢土の禮を摸したる事許多なれば、さもありけるにや、本朝の説は、文永十二年二月十六日記曰、禪二條大納言入道云、拍手事、木偏は僻事也、拍手とす、可レ爲二手偏一之由、存知之處、式之古點に拍手と書て拍手宣《かしはでうつてのたまふ》と點レ之、如何、　答曰、供レ神之物皆備レ柏、　新嘗會《なめゐ》、　神今食《こんけ》之時、御食御酒盛レ柏供レ之、天子聞二食御酒一之時、拍二御手一召レ之、仍拍手《かしはで》者也、實者雖レ爲二拍レ手之義一、供物依レ盛レ柏、號二之拍手一乎、然ども拍手の二字をかしはでうつと分レ點之條、義理尤有レ興事也と云り、兩部習合⊘書ながら、拍手の口決とて、神道灌頂觀想云、神語云、天空虛而運二晝夜一、地虛無而顯二草木一、人無心而成二動靜一云々、皆虛而有二靈妙一也、手を拍も然り、掌の內一物もなき虛空より其音をなす、是亦虛而有二靈妙一也、妙則神也、　其神妙拍レ手則顯、　手其妙をあらはさず、其顯るゝは是神也、天地の間妙にあらずと云事なく、神にあらずと云事なしと云へり、道理あれば習合の書ながら捨がたし、拍手に八《や》開手《ひらて》短手《しのびて》と云事あり、拍樣は家々相傳して不同ある故難二一決一也、　問曰、朝熊岳《あさくまのたけ》は虛空藏と也、何ぞ諸人尊崇して外宮內宮朝熊岳を三宮と云や、　答曰、朝熊と云は、岳の麓朝熊村と鹿見《かのみ》村との間に、朝熊六柱の神鎭座ありて、其神社近邊に鏡宮と云ふあり、　上古水中の岩の上に神鏡二面御座す、　而るを諸人參詣して拜みしに、　長寛元年神鏡自然に紛失の聞、同年五月六日被レ立二勅使一、祈申させ給に、其後如レ本歸座し給ふ、又正治元年五月の比、右の神鏡一面を或僧盜取て山城國稻荷山に崇めけるに、同年八月十五日立二公卿勅使一て被二祈申一、偏致二精誠一て所レ奉レ待二歸座一に、神鏡の御在處露顯して、寬喜二年正月彼神鏡二面ながら爲二狂人一被二盜取一給ふに、忽に顯二靈威一出現し歸座し給ふ間、新構二新殿一、可レ奉二鎮座一歟、被レ問二宮外記並諸道一之處、尙御二座岩上二、又文永六年十一月に、昔正治元年紛失之神鏡一面令二紛失一給ふ、即本宮より經二奏聞一之間、被レ行二御卜仗議等一、被レ下二御祈宣旨二、而るに同七年正月皈座し給ふ、此事は小朝熊神鏡沙汰文並に神名秘書等に詳也、其社も久く退轉せしを、近代大司大中臣精長朝臣再興也、其神鏡今は堅田神社寶殿に奉レ納と申傳へたり、朝熊神社は、今朝熊岳五六十町餘麓にあり、岳は風景よく、伊勢國中のみならず、富士山なども雲間に見え、殊に坊舍數多ありて見所あれば、諸人參詣には面白く殊勝の靈地也、縁起あれども神鏡廣記と云物の抜書、兩部習合者の作の書なれば難レ信、神宮の神書には、延暦二十三年の内宮儀式帳に、内宮領の神境を立て、以東《ひかしかた》は石井嵩、赤木嵩、朝熊嵩、黄楊《つげ》嵩、尾《を》垂《たれ》峯と記せるより外見及侍らず、今の虚空藏を太神宮末社朝熊神社と心得は、甚以不可也、兩太神宮參詣竟て後岳へ參ば、風景もよき山なれば尤也、參宮以前に佛寺參詣は不可也、可レ有二思慮一義也、近年は外宮、内宮、朝熊岳を一日に參詣は、三宮とて神慮御納受あるなど〻云俗諺はやりて、一盲牽二衆盲一事也、三四十年以前までは曾て耳にも觸ざる義也、朝熊岳は佛寺也、神宮にはあらず、能々可レ辨也、太平記に二見の澳に岩に添て神代の神鏡あり、案内者を賴て拜レ之由記せるは、右の鏡の宮の事ならん、但し傳へ聞計にて目には見ざる故に、澳とは記せるにや、鏡の宮は二見が浦よりは南方の山際也、半里計隔れり、此朝熊の神社の櫻は、日本最初の櫻也と太田命傳にはあり、愚詠ながら「神代しも今うらめしき朝熊や散ぬ櫻の種子《たね》ならずして」と讀しも此故なり、内宮一殿の邊、櫻宮と云ふ壇も、朝熊六柱の神を拜するなり、

問曰、外宮には天御中主、瓊々杵尊二神御鎭座故、外宮を二所大神宮と云すとの說、羅山子の神社考に見えたり、其義如何、

答曰、是は神皇正統記垂仁天皇の下に、内宮御鎭座の子細を記し、又雄畧天皇の下に、外宮御鎭座の子細を記し、外宮には天祖天御中主、天孫瓊々杵尊の二神御同殿に御鎭座あり、自レ是二所太神宮と號すとある、自レ是の二字は上の内宮を受て、外宮御鎭座より内外宮を合て、二所太神宮と申との事なるを、博學の羅山子なれども、伊勢大神宮の御事は不案内故、天御中主を正體とし、瓊々杵尊も東相殿とし、二尊御

同殿に御座す、自レ是外宮を二所大神宮と申と、神社考に書れたる様に文句聞ゆ、正統記を見誤て歟、古今の神書に外宮計を二所大神宮と申との説なく、又相傳もなし、　問曰、外宮御池の中堤の中央にて、西方に向て拜するは何れの神社の遙拜ぞや、　答曰、是は秘拜也、但し日隅宮拜と申傳たり、又月輪の拜とも云人あり、有二深秘一歟、　問曰、内宮風宮の橋の中央にて東方に向て拜するは、何れの神の遙拜ぞや、　答曰、是も秘拜也、但日若宮の拜と云傳あり、又日輪の拜とも云へり、是にても兩宮御鎭座陰陽の故ある事、工夫を可レ用也、　問曰、多賀宮を少し下り、内宮遙拜所の前にて、乾方に向て拜するは、何れの神社の遙拜ぞや、　答曰、此拜世人不レ知事也、但し大司大中臣精長朝臣へ問侍りしかば、家に申し傳へたるは、鈴鹿《すゞか》を拜すると也、尤鈴鹿は乾の方也、禰宜の家には其傳絶たる歟、知人まれなり、但し秘記あるか、　問曰、鈴鹿の拜とは、今の鈴鹿山の坂の中にある社を云歟、延喜神名式の上に、鈴鹿郡十九座の神名あれとも、皆小社也、しからば何れの神社の拜ぞや、　答曰、日本武尊の能褒野《のほの》白鳥《しらとり》陵を拜するならん、日本武尊は伊勢國鈴鹿郡能褒野にして薨御し給ふ、其野に陵あり、白鳥陵と云と日本紀にあり、延喜式に、在二伊勢國鈴鹿郡一兆域東西二町、南北二町、守戸三烟とあり、今も白鳥陵跡殘れる歟、其處にいまだ參詣せざれば、陵の有無を不レ知也、日本武尊の御事は諸人尊崇すべき神なれば、尤可レ拜義也、公家武家殊に信仰し給べき神なるをや、八幡の御爲には祖父、神功皇后の御爲には舅《しうと》にて御座也、其武功詳に日本紀等に見えたり、　問曰、遷宮の時、祝詞讀に、履を脱《ぬぐ》と不レ脱との時あると聞、何たる時ぞや、　答曰、遷宮前後の祝詞を一紙を折て表裏に書き、古殿の前にて遷御以前の祝詞《のつと》には履を脱掛て不レ脱、新殿へ御神體遷御了《をはりて》は、左右共に履を脱て祝詞を讀事、故實也、此義凡人聞ても其益なければ無用也、祭主宮司などの家には其子細相傳の事と也、　問曰、内宮興玉《おきたま》石壇前にて、履を不レ脱して拜すと聞、しかるか、　答曰、興玉を拜する時は、右方隻履計脱して拜す、凡人も草履の右方計脱して神拜秘傳也、其故あるにや、外宮にても北御門社にして隻履計脱して拜す、故ある事ならん、皆是太神遷幸の御時、御先に出現し給ひし神也、　問曰、參宮の時は、先大麻を取り解除する作法と云、しかるや、　答曰、然り、大麻なきときは、扇を大麻と觀じて、祓して後參宮、每度の儀式也、勅使參向にも、二鳥居にて獻二大麻一、他國人の參宮にも、參詣の前に大麻を出すを頂戴するは此故也、但し今の世は自他共に輕忽す、大麻頂戴無レ之參宮は神慮不納受の由也、必可レ勤レ之、　問曰、今時、參宮の前夜より日を待、瞽者を招て、終夜絲竹の聲を聞て、夜明て參詣する輩あり、物の音は參宮の前には嫌ふ事と也、如何、　答曰、音樂は六色の禁忌の其一にして、齋《ものいみ》の內には倭姬命の重き御戒なれども、末代の凡愚に對してとかく難レ言、心あらん人は愼むべき義也、問曰、諸人上下に通じて神道の心得あるべき事也、何事を工夫して神慮にかなふべきや、　答曰、神慮不測なれば、愚拙とかく申しがたし、但し正直は神明にかなふ事、神書分明なれば、朝暮工夫を用て心中と言語と相違ある歟なきかを省て、久しく其功を積み、心の問ば如何こたへんとよみし古歌の如、愼て表裡なく、人を欺く事なき時は、神道者とも云べし、神書博學にして、講談も懸河の辯を以てするとても、朝暮の所爲表裡ありて、心中と言語と相違あらば、却て神罰恐《をそろ》し、諸人指す所は即ち神慮也、可レ恐可レ耻、利祿の爲の神書博覽歟、又名聞の爲の神籍博學歟、我心中に問て、一念も其心あらば、改るに勿レ憚事、神慮正直の道に甚違ふ事也、　人前にしていはれまじき事は大方は惡事也、工夫を用て改むべし、心中正直ならずしては、神書博學其詮なき義也、可レ愼レ之、是は大方の正直の工夫也、一步を進て云時は、凡夫も神明の域に到るの捷徑、正直の二字にある也、言語に述がたし、　正直爲レ神と異國の書にも見へたり、　問曰、人前にして云はれまじき事は大方惡事ならば、密謀をも皆泄せとにや、　答曰、密事あるは泄すべき義ならず、さしてもなき事までも物かくしする人は、不正直の人と知るべし、又正直と云を惡く心得て、密謀までを泄すは淺智の人、甚不可也、云れまじき事は大方は惡事にある義なれば、惡事ならば其惡念を改よとの事也、密事は自他融通なく二ッに成故に、大方は惡事惡心也、惡心ありて神慮にかなふと云事は、稀にも無き道理也、神慮は正直にして明鏡の如く、　惡心は不正直さびに似たり、直不直は水火の如し、水火は尅する眼前の證據也、予稀年に近くまで時々工夫すれども、凡愚なれば火を鑽《きる》如く力を用ざる故にや其驗もなし、無念口惜き事也、問曰、正直の人はつよく、物にあたつて仁心なきと云は如何、答曰、神慮は仁心を以て本とすれば、たとひ罪人を殺害するとても、仁心を以て殺すは秋冬の氣のあらく寒き如し、是も畢竟は五穀成就して、又萬物生長する事なれば、天意は仁心也、私の心を以て人を愛するは却て仁心とは云がたし、後に必ず害ある事也、心中に少も私なく正直なるは神慮に同じ、是に過たる仁心やあるべき、雲掛らざれば日月明なる如し、人を惡む心なく、惡を惡むべし、是正直の仁心也、能可レ辨レ之、問曰、大神宮には、牛、馬、猪、鹿、犬、豕、熊、猿、羚羊《かましし》の類の肉を食する人は、六色の禁忌の一なれば、百日の間別火にして參宮固く禁止、其肉食用の人と同火は廿一日禁忌、其廿一日の人の同火は七日別火、參宮制禁、甲乙丙三轉と也、是は殺生を忌給ふ故歟、又肉を不淨との故か、答曰、御贄に魚鳥を神領より備へ奉る事、上古よりの例なれば、一向不殺生にもあらず、但し牛、馬、猪、鹿、犬、豕、猿、羚羊の肉、御贄に奉る例、大神宮にては古今神書に無二所見一、牛の肉を食二田人一しに、御歳神發レ怒て苗の葉枯たる事、古語拾遺に見えたれば、神の惡む所不淨とも云べし、然れども白馬、白猪、白雞を以て御歳神を祭て、枯たる苗の葉茂て、年穀豐稔とあれば、あながち不淨のたゝりとも不レ見、農を助くる牛を殺せる故歟、但し白馬、白猪、白雞を殺して御歳神を祭るとは不レ見、生ながら神に奉る計にて、神馬、木綿付鳥などの類にや、倩思ても見るべし、人畜は異類ながら、禽獸は人に近し、愚拙幼童の比、小鳥を取て翫しに、其悅不レ斜、其日漸薄暮に至て、彼鳥籠の内に悲鳴し、籠より出んとする躰を見て、中心其悲に不レ堪、即時籠の口を開て放やりしより懲て、今年六十八歳まで家に小鳥を不レ飼、まして殺生を禁ず、但し出家などの樣に一向不殺生にして、盜鼠をも不レ殺、死たる魚鳥の肉まで食ざるには非ず、海魚までも石決明《あはび》、榮螺《さゞひ》、蛤《はま》蜊《ぐり》などの類の死たる肉は、食用に味惡ければ、客饗應の爲には不レ得レ已、生たるを門内へ入侍れども、其外生たる魚鳥を嘗て門内に不レ入、是は强て戒むるにはあらざれども、殺生を不レ好也、石決明、榮螺、蛤蜊などは面目もなく蠢動する計なれば、餘の魚鳥とは各別也、佛者の殺生戒にも非ず、儒者遠二庖厨一との戒にもあらず、神職の家に生たる故也、異國人の狗彘《てい》雞鵝《か》などを數多養は、愛するに似たれども、終には殺して食用の爲也、予倭國六畜の肉を不レ食の國に生れて、殊に大神宮の神官なれば、儒者にあらざれども儒の戒に近く、佛者にあらざれども佛の戒にも近し、但し殺を禁ずとても、盜賊し、物を害て罪あるは、人にても殺す事、道に少も不レ背、まして田畠を荒し、農をさまたぐる禽獸は殺べき事也、但し鷹を飼の爲に、田畠に網はり鴿《はと》雀を取り、人として禽獸よりは田畠を荒して農を妨ぐるは、土民の嘆嗟、放逸の所爲也、仁心有ん人はいたく戒むべし、佛家には其報を恐る、神道には報の有無にはよらず、罪なきをば禽獸までも愛す、まして人たる農民をや、日本紀に、天武天皇四年四月庚寅、詔ニ諸國一曰、自レ今以後云々、莫レ食ニ牛馬犬猿雞之肉一とあり、且又古老口實傳と云大神宮相傳の神書にも、鷹飼事禁レ之、沼取ニ雜魚等一同禁レ之、鵯《ひよとり》諸小鳥飼事禁レ之と有をや、多田新發意滿仲ほどこそ勇猛の信心なくとも、神道を開て興起せば、みだりに殺生し、農業に害ある事は即座にも禁止有べし、何事に付ても善に趣事速なるは最神道の專要也、

萬治三年、既撰ニ述秘傳問答一、然有ニ遺漏一、則恐後葉可レ失ニ故實一歟、方今暮齡六十有八、耳之所レ納、目之所レ接、復集ニ撰之一曰ニ續秘傳問答一、非レ不レ背ニ鐘鳴之類一、依ニ紀州淡島神主紀如尙之需一也、

天和二年壬戌三月卄日、謹記レ之、

天牟羅雲命四十四世孫

權禰宜從四位下度會神主延佳

右神宮續秘傳問答壹册、以和田英松所藏本令書寫一校畢、明治四十四年九月二日、

神宮續秘傳問答終

依勤續幷高年申加階狀

河邊精長

前大宮司正五位下行神祇少副大中臣朝臣精長誠惶誠恐謹言、

請下殊蒙二鴻慈一依二勤續幷高年一因二准傍例一加中

敍從四位下上狀、

右精長、承應之初、拜二任司職一、而躉務二十二年、僶俛從レ事、無二敢怠一矣、其間勤二于幣使一四箇度矣、隨二于造宮一五箇度矣、又蒙二勅命一奉二仕于大殿祭一矣、又誘二神人一而修二復兩宮攝社四十字一矣、又訴二武家一而興二復二宮大宮院廻內玉垣各一重一矣、是皆雖二職分之所一レ當レ爲、而亦不レ可レ謂レ無二憂勞一矣、自餘之勤續、不レ遑二枚擧一焉、加レ旃延寶七年、皇帝陛下御不豫、被レ下二御敎書于司家一之日、仰祈伏禱、先レ是雖レ被レ恩二免劇務一、奉レ君之情、老而彌切、靡二日不一レ祝二寶祚一矣、于レ玆御平復之後、二宮祠官等各關二勸賞之總級一、精長頹齡八十二歲、均二勁節於寒松一、而五株洩レ賞、同二悲鳴於皐鶴一、而九天隔レ聽、歲月滋蹙、愁鬱尤深矣、夫賞レ功養レ老者、明君之政化、精長齡踰二八旬一、功非レ一、伏惟自二正五位下一不レ歷二正上一而拜二從四位下一者、祠官加階之前蹤也、望請乾臨降以二憐恤一、任二件例一殊被レ授二從四位下一者、將下戴二天朝愍レ老之恩一、以勵中後裔守レ職之思上、精長誠惶誠恐謹言、

天和二年十二月十九日　前大宮司正五位下行神祇少副大中臣朝臣精長上

精長、宮司職を男長春に讓與し、今齡八十二歲、然るに天恩難レ報上、自分之功勞を申上、加階を望候事、旁以恐入奉レ存候へ共、老後之面目、竊に四品に望御座候、凡精長承應二年被レ補二大司職一、躉務之間、年中數ヶの祭祀を勤役し、今職を退候迄も、寶算悠久之懇禱、更無二怠慢一候、殊に明曆元年、進二禁庭一而勤二仕大殿祭一、其外例幣使を奉る事四ヶ度、又萬治元年大神宮同祿、仍身力を盡し、一晝一夜之間、雨覆の假殿を奉レ營、暫奉レ安二鎭御體一候、同二年同宮假殿遷宮奉行、及臨時造宮使を勤仕し、其間不日之功を勵し、無爲に奉レ成二遷御一候、又內宮所攝廿四社、外宮所攝十六社、嘉禎寬元之後、四百歲之間修覆之沙汰も無レ之、且社

地多他領に成候後は、其跡知る人さへ稀に成行候事、餘に歎かしく奉レ存候へども、家貧く朝暮を送兼る體にて御座候間、尋二求遺跡一、存二神忠一、祠官等を勸、合力を以て諸社の神殿四十有餘宇奉レ經二營之一候、又寛文四年外宮假殿遷宮を奉行し、又二宮四重の御垣も、瑞垣一重相殘、盜賊亂入之恐不レ少、且舊制之衰廢歎かしく奉レ存、寛文正遷宮之日、其趣を武家に申て、二宮内玉垣是を再興候、就レ中延寶の年、聖體御不豫之日、既に司職を辭讓すといへども、老衰の身神前に至て御平復の御祈を勤仕し奉り候、然に殊驗あるを以て、二宮祠官等各預二加階一、或は其中忝二四位一輩不レ少、精長前官たるを以て、其賞に洩、位猶正下の五位に止り、將今足下繼レ絶興レ廢、有功之祠官も亦預二其賞一畢、伏願は是等雖レ爲二微功一、偏哀二八旬之衰翁一、被レ擧二達天聽一、忝二四品一ば、歲老齡傾、餘日雖レ不レ幾、生ては寶祚の安全を祝し、死ては榮名を無窮に顯乎、精長誠恐謹言、

九月廿六日　前大宮司大中臣朝臣精長

進上祭主三位殿政所

口狀之覺

前大宮司精長申二加級一之事、職辭退以後候得共、官神祇少副候、宮司所勞故障之節者、爲二司代一從二神事一候、且又職辭退以後加階事、餘社賀茂前神主等茂預二階級一候、精長八十有餘、不幸位不レ及二權禰宜一旨、所二歎申一候、非レ無二其謂一候歟、此等之趣、申御沙汰可レ被レ成候哉、以上、

九月四日　景忠

信哉曰、二所太神宮神名略記序云、寛文年間、大司大中臣精長朝臣、奮然興起、正レ名問レ址、得二費神人一、既以經營、其功可レ謂レ偉矣、自レ爾以來三十有餘年、其間雖レ經二遷宮一、而攝社不レ與焉、精長男大司長春朝臣、欲レ接二其武《あと》一而不レ能也、於レ是與二度會延昌、延經兄弟者、暨橘成胤等一、戮レ力一レ心、而循レ名督レ實、損レ餘補レ闕、又鳩二金神人一、蓋構理事、頗復二于古一焉云々、

又曰、秦山集云、出口信濃守延佳、亦垂加之師也、伊勢之法、中臣祓十八神主之外不レ傳之、故信守以レ不

レ知謝二垂加一、爲二之先容一詣二大宮司精長一、受二中臣祓一焉、同書又云、垂加翁受二中臣祓於伊勢大宮司精長一、然未レ得二許可一、不レ能レ傳レ人、筆二之風水抄一、爲二箱傳授一云々、

又曰、神道或問云、出雲路信直日、中臣祓は道の奥義也、然ども垂加の門と限りたるには非ず、伊勢にても重き傳なるぞ、翁も伊勢大宮司精長より傳授ありしぞ云々、

右前大宮司精長加階欵狀、天和三年神宮祠官位階欵狀寫所載也、今以予所藏請殊蒙記一校畢、明治辛亥八月朔、

依勤績幷高年中加階狀 終

神道大意註

仰に曰、大意は大槩、大綱の心、定家卿和歌の心をすべて解し、詠歌大槩と號けり、此大槩是に叶、唯我道は天地を以書籍として、四德行るゝ所を證據として、此に則り日月をつとめ、他道によらず、理りを道のをしえとす、

夫吾國波、天地登倶仁神明顯坐須、故仁國於神國登云比、道於神道登云布、國止者千界乃根本奈利、

三國の當然を以みれば、我國は東方に當れば、當然に因ても萬國最初の理り明けし、然ば日月先づ我國よりあらはれ玉ふ、日月は陰陽也、其陰陽をなす所以の一靈あり、此を國常立尊と云、此神明の德始て我國にあらはるれば、國を則神國と名く、亦此神動て道をなし、人其跡に因て求めず道こゝに建、故に道を神道と云ふ、

故仁日本登云布、

我國は萬國に先立、東方にあたれば尤然り、詩歌にも春は東より來と詠ず、故に唐より日本と名けり、

【頭註】日本の國號西土より名くと云說甚非也、

天竺、漢土波、月登星止乃象奈利、故仁月氏辰旦止云、唐は南方にあたり、天竺は西の方にあたるを以て、月星にたとゆる說あり、

日波太陽、月波陽乃耦生、星波陽乃散氣奈利、三光皆我國與利出天、三神此土仁垂迹須、

日は陽の精、月は陰の精也、陽は大にして世界をつつめり、耦生は神代巻にたぐいなると訓せり、日あれば月と云たぐいあり、一あるは二有、是に隨、たとへば日月は男女也、男あれば女たぐふ也、星は太陽の精餘て形をなす、故星の訓をほしの上畧也、此大秘訓也、〔頭註〕星の訓、一說に細しの略、月に對して細少の義とす、亦通ず、日太陽の一氣より萬星を生ずるは、道體の一理より、分て萬殊となるが如し、地のあらゆる形は、亦天の星なり、〇垂跡、ほしいまゝなる說に似たりと雖、其形顯る本を尋れば明けし、三神皆我國より顯て、垂跡も亦名たれ玉ふ、

神止波常乃神仁非須、乾坤仁先氏留神於云、

神代巻に、古天地未レ剖、陰陽不レ分ときと云り、是乾坤に先だてる所、萬物の根元にして、亦道より起り、爰を誤て老佛の無と云、有と云、是に迷へり、天地未分の時を暫く云ば、鳥の玉子の如し、天地未生無物の始なれば、虛に似たりと云ども、殼の開に及で、雁は雁、鴨は鴨と分るゝ所は、未形より先に其一理有て然り、其妙體をさして常の神に非と云り、

道止波常乃道仁非須、乾坤仁超多留道於云、

まろがれたるものより顯る道をさして云へり、天照、春日の今日の道にあらず、此より天神七代の神明もあらはれ玉ふ、淸陽なる者は薄靡て而爲レ天、重濁る者は淹滯て而爲レ地、然後神靈生二其中一焉、此道の根ざす所也、天は高くして上にそなはり、地はひくゝして下に位す、これにならつて君は上に有て下を惠み、臣は下にあつて君を敬す、親は子の上に有て尊く、夫は妻の上に有て尊し、五《マヽ》ひ其道を以、接て和順するなり、

神性不レ動志天動幾、靈體無レ形志天形須、是則不測乃神體奈利、

道體は杲を不レ動、其不レ動所に又大に動《うごく》もあり、其妙體不測にして手をくだしがたし、暫とかば不レ動して動と云べし、靈體無レ形て形すを說は、一

統下て示せり、其體を求るに無物也、然ども是より形するを見ば、無形にして萬物をなす、此則國常立尊にして、みぢんの中にも其靈やどらずと云ことなし、物あれば必靈そなはる、故に不學にして天然に知るもの爰にありと雖、私欲に仍此を失す、然ども我道は先輩に起居動靜のわざを習ふ、習ふ中に又其理も有ます、

天地仁在天波神止云比、萬物仁在天波靈登云、人仁在天波心登云布、心波則神明乃舍、混沌乃宮奈利、混沌止波天地陰陽不レ分、喜怒哀樂未レ發、皆是心乃根本奈利、

是皆本は一神にして分れたり、混沌はまろがるヽと訓ず、神代の卷まろがれたること鳥の子の如と云に、是を書り、我心に天地を包備す、果してしかり、佛氏の云芥子に須彌入の說はたとへ也、我道の混沌の宮は、全比喩にあらず、重々口決あり、混沌は天地未分にして、人に對しては喜怒哀樂未レ發を云ふ、

心止波一神乃本、一神止波吾國常立尊於云、

人々固有の心をたづぬれば、天の一神よりわかれて、則國常立尊也、

國常立尊止波無形乃形、無名乃名、此於虛無大元尊止名久、

國常立は、形もなくして形をなし、名もなくして名を得玉ふ妙體也、其理をとけばそらと云ものもなし、空は形に對すれば、其虛と云にもいまだあづからずして、又大に爰に形をなし、萬物の大本たる斷有、そらなきを以、反て萬物をなし、しづかなるを以、反て大に動く、道を知者に非ば焉ぞえん、悟しがたし、

此大元與利一大千界於成天、一心與利大千乃形體於分津、

先に云國常立尊とは、無形の形、無名の名、此を虛無大元尊と名くと說り、本陰陽をなす所以のものあり、然ども一物有とする時は不レ可レ得、虛無大元にして虛也、厥虛と云にも未預ざる無物の始、此道體の源也、如レ此そらなきものかとすれば、又天地陰陽五行の元にして、萬物此に根ざす、無空と說去て、反て大元とす、此有無にあづからざる所に中有、此妙體を無形の形、無名の名と說り、名は一物あれば自定る、元來無物なれば無名也、無物にして而も萬物を成せば、因レ茲名あり、是大元より大

千界を成すと、此間工夫あり、忽にすべからず、道體の妙、窺難ふして且易し、虚と云ものも無と云大元と轉ず、其故何ぞ、當然萬物の化生ず、何れより出、此大虚よりなし來る、然れば大元と謂べし、此大元を物にあづけて說けば、易に似たり、こゝにありし胸中にして又得がたし、又曰、混沌として號べき名もなき物より、一大千界はなす、古天地未レ割、陰陽不レ分、混沌如二雞子一、溟涬而含レ牙と、其ふくむ所の本、則大元にして、夫清陽者薄靡而爲レ天、重濁者淹滯而爲レ地は、大千界の成姿也、然後神靈坐二其中一焉と云所也、清濁天地と成て、一理の妙體、其中間に備て、大千の形體を造化し王ふ、人此を得て一身を主とす、天に有て神と稱し、人に承て性と云、心と云、理と云、中と云、名ことにして、其理一般也、阴阳形をなして此神をつゝみ、而して五行五體をなす、神と云、人と云、物と云、皆此一神より形をなす、何況やの文意なり、

何況森羅萬像、蠢動含靈、都天一神乃元與利始利天、

佛語也、兼直天氣を窺い、彼近ふなるゝ所に因て筆を翫ぶ事しかり、蠢むぐめり、手足もなき類いに至まで、此一神よりなせば、其靈氣にあづからずと云ふものなし、

天地乃靈氣於感仁至天、生成無窮奈利、心乃本源波一神與利起利、

是又要所也、萬物是一神より始るに、人、禽、獸、草、木、魚、鼈と分し、或は蠢動のごとき、生にも賢、愚、貧、福の品あり、一神よりなせば皆上品たるべし、是何の理ぞや、儒にも天地之間、感應而已と說り、賢、愚、貧、福は、氣稟の清、濁、厚、薄の差によると論じて、此に安んず、佛は過去を建て、因果の理に安んず、此を推て不審を入るに、儒佛に論の決せぬことあり、門人の覺悟の爲に此を辨ず、夫清濁厚薄とのみ說去ては、天命は空し、中庸に、天命之謂レ性、性は天命也、前に異端を惡んで、後へは彼に落つ、且佛に因果と說は、佛も衆生なき時は何の因果か有て此をさとり、此を不レ悟、貧く貴き當然によらば、世々萬々に渡て其論しかり、凡物其所以あり、萬物一神の元より形をなすに、感應にしたがい、生成無窮、火に近けば乾、水によればしめる、善を感じ惡を感ず、其應必至る、心は萬境に向て轉遷する、

つゝしむべきこと也、

國乃宗廟波萬州於照須、

國の宗廟は、天下の宗廟也、宗廟を祝するは、天の一神の本にかへる、一國に於ても其宗廟を祭が肝要也、一神に歸る宗廟なれば、萬人此をうやまい、或は祈願をかくると云とも、納受の眸を垂、天下の宗廟は天下を守、一國の宗廟は一國を守る、感ずる時は德を天下に曜す、天の一神に歸ては、士庶人に至まで本一神より始まるは、貴賤に差なふして、厥德四海に及ぶ、子孫の榮を求に、我先祖を祭に不レ過、人々先祖を祭事を忘る、明神と云とも、上代の人にあらずや、

譬波一水乃德於以天、萬品乃生於育加如之、

一神の本に歸るは、喩ば龍の一水の德を以、萬品を潤すが如く、其德天下に滿て、萬人を守る德有也、

儒佛乃二敎止波、萬法乃流與利、一心乃源於分津、

我道は如レ此と說て、此より儒佛を論ず、儒佛、或はバテレンが道と雖、本此一元より起れり、其ほどこす所は、各土地の風に依て敎へり、理に於て異なる事なし、爰に山水を心にたとへて說く、一源の水、谷に流て泒となるに及び、用水に用ひ、或は洗水に用ゆ、又儒佛等の其國に行るゝ所も、此にひとし、顏子易レ地然と云る如く、釋迦日本に生じて道を說、天照天竺に生じて道を說玉はゞ、釋迦神道を以てとき、天照佛を以てとき玉はんや、理に天竺、漢土、日本の差なし、然ども事は大に隔別なり、日本は神道、天竺は佛にして、初て可也、此を日本にほどこせば、器に不レ合、蓋をあたふるに似たり、佛は妻子を捨て、山林に入て一箇の心を安んず、神道は干戈を帶して日用を要とす、然るを我國に用ば、如何益あらんや、山林に入も、無道を成者よりは殊勝也、

釋迦、孔丘、共仁性命於天地仁受氣、德行於夙夜仁施須、是吾神明乃託須留仁非哉、

釋迦、孔丘、天命の然ることはりを知て、夙夜にほどこす所々、神託の外にあらず、

佛波則神乃性、人波則神乃主奈利、

弘法の惣秘决に、佛は衆生之性、先レ心謂レ性、先レ性謂レ神と、是に本づきてかけり、此性は出生する所の一佛生を云ならん、人は則神の主とあるは、異本

に神の器なりと書せり、此説によれば解し易し、神の主とは、神明の妙用は人有て行はる丶ことはりよりいへり、

梵漢乃兩聖、心地於和光仁開幾、天地乃一神、道化於塵埃仁同須、

釋迦、孔丘、心地のことはりを和光に開て、敎をたる丶所は天地の一神、塵埃をいとはず、普通化を施し玉ふ神德に均し、

大道一元乃元、天心元◎イ神一貫乃貫、此我神道仁非哉、

大道は道敎、一貫は儒敎也、儒佛道を三敎と云ども、理は一也、神道の外にあらず、然れども、事に於ては各異なるといへども、時に佛は此に反せり、

抑開闢乃初運、宗廟乃元由、他邦雖レ異、蓋其宗我國仁在、其源吾神仁在利、誰不レ可レ仰ニ吾國一哉、

其宗其源は、宗源の二字をとけり、解して曰、宗と云は萬法の所レ歸、源と云は諸緣の所レ起、我國天地開闢の端的、萬州に先たり、故に其源我國にあり、萬州の始に生ずれば、又神も我國にあり、然ば他邦と雖ども、我國の道は可レ仰、況國民をや、

天兒屋根命三十七世孫神祇道管領勾當長上卜部朝臣兼直撰レ之、

此注者、吉川氏緒足之述書也、

延寶戊午（六年）五月書寫畢、

享保癸卯（八年）五月廿一日寫畢、秘本、

藤原姓心弓齋

兼直神道大意、雖レ不レ免ニ儒道傅會、佛敎習合一、三國基ニ於三光一、三才歸ニ于一元一之理、深矣切矣、吉川氏注解、誤字脫文不レ可レ句、惜哉、

元文五年庚申正月中浣　谷垣守拜書

右神道大意註壹册、以東京帝國圖書館藏本令書寫、一校畢、明治四十四年八月十二日、

神道大意註 終

神道四品縁起序

此書は橘氏の翁ちらしおける反古の中より探し出して、門葉のそれがし家のたからとせるを乞取て、梓に彫て世に流布すべしと持來て、予に校合せよと促す、披見るに、翁の心も日本の直道の異道に紛れて正しからざるを憤り、吾神道の榮ん事を願に有、同氣の應、同聲の響、ともに類《あやかる》は、胡越同舟の志無ニ違事一、來去前後して面を合さざる悔有といへども、翁も此道の長にして鳴レ名、我亦不レ及ながら神の事觸して年を經し身なれば、渡の船暗の灯しといさみて、跋を添ふ、只何業も吾國の傳へ道をふみたかへじ、人に本の道筋に還れかしとのみ、

源　最　仲
七十七歳書レ之

神道日月星待縁起

橘　三　喜　撰

日待の事

夫日神の本地を委く謹でかんがふるに、天地ひらけはじまらざる時、まろがれたること、とりのこのごとく、めを、いまだわかれざるに、くゞもりてきざしあり、そのかたちあしかびのもへ出たるがごとくなり、則化して神となり給ひ、國常立尊と申奉る、此神の德にてこそ、あめつち萬のものはいできし、此神天にまし〳〵て元氣のもと、地にまし〳〵て一靈のもと、人にまし〳〵て性命のもと、かるが故に又大元尊神とも申、天御中主尊とも申奉る、此神衆生濟度の爲にとて、終に日の神天照太神とあらはれ、伊勢太神宮とあがめ奉る是なり、國常立尊を天神根元の第一とす、第二代は國狹槌尊とて、水とくの神にして、百億萬歲をたもち給ふ、今日向の國八天宮と申是なり、第三代め豐斟渟尊とて火德の神なり、是も百億萬歲世をへ給、出羽の國鳥の海乙宮にいわゐ奉る、第四代泥土煑《うひぢに》沙土煑《すひぢにの》尊、木德の神にして、貳百億萬歲たもち

給、今河內國志貴神社とあがめ奉る是なり、第五代大戸道《おほとのぢ》大苫邊尊《おほとまべの》、白雲に乘りて、貳百億萬歲をくりたまひ、大和國山邊明神は此御神のすいじやくなり、第六代面足《おもたる》、惶根尊《かしこねの》と申、黃雲に乘りて、これも貳百億萬歲たもち給、和泉國桑曾《くわそ》好《この》宮といわゐ奉る、第七番目伊弉諾尊、伊弉冊尊、めをふたばしら神、みとのまぐはいまし〳〵、海國山川草木、萬の物をうみ、終に日神、月神、星神、もろ〳〵の神たちをうみそなへ、伊弉諾尊は安靜の地にかくれまします、此神世をへ給ふ事、貳百三千四十歲、此ふた柱を天地じゆんくわん、萬物しゆうしゆの御神と申奉る、此二神一女三男をうみ給ふこと神書にみへたり、先一女とは伊弉諾伊弉冊尊、ともにはかりてのたまはく、われすでに大八洲國《おほやしまの》、山川草木をうめり、いかんぞあめの下の主君たるものをうまんとちかひ、則天照太神を生給ふ、此神ひかりうるはしく、唐天竺其外國々殘りなくてりかゞやきて、無双無二の妙躰なりき、二柱の神のたまはく、清淨、正直、道德全備の神なりとぞ、ほめて天上へおくりあげ、則日輪とあらはれ、百億の世界を照し、萬民此恩澤をかふむらずといふ事なし、誠にたつとき明神なり、三男とは月弓尊、蛭兒尊、素盞嗚尊なり、先月弓尊と申は、日につきてそのひかりをうけたもふ故に、御名をつきといふ、この尊初て弓のかたちをあらはし、天が下長久の器を末代につたゑたもふ、有難御神なり、今伊勢の國月よみの社、其外月の神をいわゐたる所あまた有なり、次に蛭兒尊をうみ給ふ、此御子三歲になれども猶足たゝず、二柱の神是をにくんで、あまのいわくす船にのせつゝはなちすつ、その船津の國にながれつきしに、其所のゑびすもりそだて奉り、終に西宮大明神とあらはれ、萬民をまもり給ふ、三郎殿と申は、三番目の御子なる故に此御名あり、今の人三郎殿をゑびすと心得るは、大なるあやまりと知べし、次に素盞嗚尊を生給ふ、此神常になきなげく事をすきこのみ、萬民うへこゞゆべき事をのみわざとし、或は人にやまひをさづけ、よき心ねを惡くし、道をさまたげ、わざはひをなし、かくの事どもやまざる故に、父母の神、根のくに底の國にいねとのたまひやらひつかわしき、然ども此神のけんぞく殘て、あしき風疫病などをさづけ、人民のなやみとなる事、此けんぞくのしわざなり、そさのをの尊のけんぞく、九萬八千五百七十二神、又その眷屬九億四萬三千四百九十神、此神あれたつ時は、宮々の惡事さま〴〵のさいなんをおこす、或は一心散亂、一念迷倒させて、ぢごくにおとししづましむるも、皆荒神のしわざなり、されども天照太神は廣大無邊の御慈悲ましします神明なれば、我名を唱へば、たちまち神變をあらはしすくひさらんとちかひ給ふ、又さいさん惡念をはらひ、萬民をすくはん爲とて、祓の敎を殘し置給ふ、しかるにこの中臣《なかとみ》の神經《かみをしへ》、三種神器《みくさのかんだから》、神籬《ひもろぎ》、繁境《いわさか》などは、唐天竺にもつたわらず、我國にあがめたふとぶ事こそめでたけれ、誠に有難神經也、皆人此祓を勸誦してたすかるべきものなりと、古の知識たちものべ給へり、女は罪深くしてたすかりがたしといへども、神の道にはさら〳〵男女をへだつる事なし、天照太神女體にてましします、是にても知べし、道者をとうとみ、神經を信ぜば、ぐちむちの男女なるとも、すみやかに高間が原にいたらしめんとちかひ給ふ、ありがたき神慮ならずや、そのうへ開耶姫《さくやひめ》、神功后宮《じんぐうこうぐう》、玉依姫、とよすき姬、やまと姬、皆神の道を傳へ、女にしてさとりをひらきたまふをおもへば、いたりやすきおしへと知べし、同じ天地の間に生るゝといへども、此神明の光胤《ひかりたね》をたなつき、大神の敎をうけ、此祓など傳ふる事、現世未來の安堵ならずや、三社詫にも衆生に善なし、我善を以て萬民にほどこすとあるも、祓の事とこそ、去程にそさのをの尊も、この祓にてぞ惡心を飜し、すが〳〵しの大悟をば得給ひける、此神すいじやくの處は、出雲の大社に大あなむちの尊と同殿にましします、地神第二代忍穂耳尊《をしほこのみこと》と申は、則そさのをの御子なりしを、ゆへ有て大神の養子としたまひ、栲幡千《たくはたち》千《ぢ》姫をおしほの尊の后にそなへ、御子瓊々杵《ににぎの》尊出來させ給ふ、此神初て此國に下り、天下の主となりて、衆生にめぐみをほどこし給、地神第三の神とぞ申、日向國に宮柱ふとしきたてゝ住給ひしなり、此神大山祇命の御むすめ開耶姬を后にして生給ふ御子を、出見の尊と申奉る、是第四代の御神なり、此時神の道こと〴〵くひろまり、龍宮までもいたりまして、龍神三熱の苦しみをもぬき、六合かくる所なく、神德神恩をかうむらずといふ事なし、此神豐玉姬を后とし、あれます神を、葺不合尊《ふきあはせずの》と申奉る、この尊までを地神五代と申なり、

天照《あまてっす》大神《をゝんがみ》　地神第一代なり、治世二十五萬歲、伊勢大神宮これなり、

忍《をし》穂《ほ》耳《み、》尊《のみこと》　第二代、世を治給事三十萬歲、今山城國木幡山に奉レ祝、

瓊《に》々《、》杵《ぎ》尊《のみこと》　第三代、此尊あまくだり世を治たもふ事三十一萬歲也、伊豆神社といわゐ奉る、

彦《ひこ》火《ほ》々《、》出見尊《でみのみこと》　第四代、治世六十三萬七千八百九十二歲也、今箱根神社とあがめ奉る、

鸕鷀草葺不合尊《うがやふきあはせすのみこと》　第五代、地神のおわり、世を治め給ふ事八十三萬六千四十二年、今日向國鵜戸神社にいわゐ奉る、

此葺不合尊、玉依姫をめとり給ひて、うみたもふ御子を神武天皇とぞ申、人王の神なり、このときより天照大神をまつり、天地神祇をくわんじやうする事はさかんになりぬ、日本紀を勘ゆるに、神武天皇都を大和國にうつし、神教を天下にほどこさんとし給ふ時、丹敷戸畔《にしきとべ》、長髓彦《ながすねひこ》などゝ云、道をさまたぐるもの多くして、軍をおこして皇軍をすゝむ事あたはず、その所に人あり、名は熊野高倉下、たちまち夢を見けるは、天照大神武甕槌神《たけみかつちのかみ》にのたまはく、あし原の中津國さはぐ事あり、汝ゆひてしづむべし、みかづちの神、口合《こたへ》て申さく、それがしくだらずとも、昔國をたいらげし寶劔をくださば、國こと〴〵くたいらぎなん、大神のたまはく、しかせよと、時にみかづちの神、高倉下をめしていわく、此劔ふつのみたまといふ、今いましが藏のうちにおくべし、とりて天皇のもとへ奉れと、夢さめ、あくる朝、藏をひらきてみるに、夢の敎のごとく、おちたる劔くらの板敷にさかさまにたてり、則とりて皇軍のもとへ献じ奉る、その時天香山の土をとりて、かわらけをつくり、天皇みづから神をまつり、日輪のすがたを背《そびら》におひたまふ、今のほろといふものなり、終にそむくものども、一人も殘らずしたがひ、あめがしたたいらかになり、神の道世界におこなはれたるなり、されども日待の來歷とは云がたし、人皇五十二代嵯峨の天皇に、天照大神の告有て、吉田の先祖春日大明神よりは二十七世の孫、智治丸と申大悟の人にみことのりし給て、如意がだけにて餅、酒、熨斗、昆布などをそなゑ、別火潔齋して日待をいたし、日の神天照大神をまつる儀なれば、わざとのし酒をそなへ、潔齋をいたし拜べき事、我神國の掟《おきて》たるなり、又本朝の法には、魚をきらわずなどゝいふ事斗聞て、美食の爲に魚を料理、別火をいたさず、ほうらつなるもありとなん、人によりて別火なりがたきことも有べし、然らば別火のかわりにせめて精進いたし、神前にはのしをそなふべし、日待にのしを用る事は、

大神宮の御祓にのしをそゆる、是にてもしるべき事なり、又別火をいたし、けがれをいましむる事は、上代よりの遺戒《ゆいかい》なり、けがされは死人、月水、獸、火など斗にてはなし、よろこぶまじきをよろこび、にくむまじきをにくみ、いかるまじきをいかり、邪欲邪念、皆以けがれなり、そのうへ道をさまたぐる人、むさくよごれたる人、無禮、非儀、外道、外法、是則けがれなり、今時の人、けがれをけがれとしらざれば、神意にそむく事出來るものなり、本朝に生を請し人は、神の敎を貴み、我國の掟をまもる事、人々おのづからそなわれる本心なるべし、されども神の道しらする師匠まれなる故に、本朝の正法をそむき、人の人たることはりをうしのふ、誠に我家を忘るより、我身心までを忘るものともなりなん、神のおしへきかざる故とは云ながら、人々元祖の大神をもおろそかにおもひ、日待などは天子より外のものいたす事に非ずとあやまり、又日待をいたす行作をみれば、日輪の御本地なる天照大神をしらず、觀世音、勢至菩薩などゝ唱ふ、遠慮有べき事なり、たとへば餘處の名を云、其人をよぶがごとし、なんぞかんおう有べき、かゝる事より我主君を忘れ、我父母をしらざるまどひ出くるものなり、外の道におち入たるもの、此ことはりを聞なば、我得かたの事のみを引出し、大象をさぐるたとへ、夢幻の語をかり、大道郭然としてとるべきおしへもなく、守べき法もなしなどゝて、物毎かきやぶりになり、無の見にてはなしと云ながら、無の見におち、我先祖の遺言をそむく事、あげてかぞふべからず、聖人の一貫、佛說の眞空を聞て、これはせばし、是はひろしなどゝ評判するは、おろかなる人の有事なり、神の道のちいさき事をかたらば、けしつぶを百萬億にわりたるひとつ程のものゝうちにも、そなはりますは神なり、又廣大なる事をいはゞ、天地を胎内におさめ置給ふ大神なる故、一貫眞空の極意の傳授ども、神明の敎にことごとくそなはれり、其上大道をまなび、安座巡行などつとむる修行者は、異道に着したる者のさとりたる悟は、眞の悟とは間の有事をよく知るものなり、さやうの眼のひらくる事も、わたくしのなすしわざにあらず、皆是大神の御かげなるべし、儒敎は唐土の神道なり、佛法は月氏國の神道なれば、儒佛を惡しとそしるべからず、月氏國の人ならば、成程勢至や觀音と唱へ尤なるべし、本朝にて理非をもわきまふる人、むりに天照大神の御名をすてたがるは、我國の人とは云がたし、か丶る人は神敵の心をふくみ、二心ある人かと皆人うたがひをなすべし、若異國にかたぶく心ある人此書をみば、我心の着有事をしらず、あしざまにおもふ事も有べけれども、吾神國をたふとみ、後のうれへまでをおもひめぐらせば、かくしるし侍るものなり、右の趣をしりて、天照大神を拜し奉らば、誠の日待と有がたかるべし、能々わきまへ道に入べし、

月待星待の事

月待、星待など云事は、日待をいたすより事おこるものなり、月の神に三つの御名あり、月弓尊、月夜み尊、月讀尊とて、天照太神の御弟、男神にてましますなり、星の神とは、傳にいはく、そさのをの尊也、此神又の御名、神素《かんそ》盞嗚《さのをの》尊、速《はや》素盞嗚尊、以上三名有、日月星の神、をの〳〵三つの御名まします事、そのいわれ習あり、かやうの事あらわしおくもいかゞなれども、我國の人々、神の道をもしらず、一生を過さんも、むげの事なれば、あらましるし侍るものなり、是をたねとして、いよ〳〵ふかきことはりども、師をもとめて傳へ給はゞ、眞の大道をさとりて、神明の威光、大千世界にあきらかならんかし、

神道庚申縁起

橘三喜撰

抑庚申待の事、この本地は大事の神なり、其趣をしらずして祭る事どもは、よこしまのふるまひあらんとおもひ、粗《ほゞ》しるし侍るものなり、金《かね》とは金《きん》のえとなり、申《さる》も又金なる故に、金金《かねきん》大過してつ丶しむべき日なれば、此祭をとりおこなひ、五行相生の道理にかなはん爲の神事なり、六月なごしの祓もこの心に同じ、夏は火にて、秋は金なり、夏より秋にうつるは、火尅金とたゝかふ故に、中に土をいれ、相生の理を得るおこなひ也、此みな月の祓とは、さいなんをはらひ、命をのぶる儀なりとあり、歌にいはく、

みな月のなごしのはらひする人は
ちとせの命のぶとこそきけ

おもふこともみなつきねとて麻の葉を
きりにきりてもながしぬるかな

公家武家とも、たへずとりおこなふ神わざなり、先かのえさるは、猿田彦の大神つかさどり給ふ日なるによりて、此日つゝしみねぶらずして、この神號をとなゆる時は、悪事しりぞき、善事増長する事うたがひ有べからずとぞ、夜に入ては、鳥までとかぎるは、其日の内をつゝしむ義なり、この猿田彦大神と申は、しやうげ神ともなり、又うがの神ともなれり、善悪ともに二六時中人々おこる處の、一念の萠《きざし》にしたがい、しやうげわざはひをなし、又善心にうつり、さいなんをはらひ、福祿をさづけ、折にふれ時にしたがいて、變化自在の神なり、しかる故、晝夜におこる悪念を打はらい、この神號をとなへ、道の事をなさば、神明その正直の頭を照し、諸願成就すべしと也、神道にざんげするとは、悪念を拂ふ義なり、はらいたる處に、のこる罪科あるまじきなり、此神を念じまつる時は、勝利財福をさづけ、後生善處にいたらしめんとちかひ給ふ、又悪事をなさば、たちまちさいなん中天をうくべし、人々の善悪をしるし高天原の神明に告給ふ此日なり、故に此日をつゝしみ、潔齋をいたし、御供御酒、のし、こぶをそなへ、阿奈猿太神《あなたるたがみ》ととなふる時は、すみやかに降臨のうじゆありて、祈願成就すべし、又人を極樂へやるも、地ごくに落も、此神のはからひなり、萬事の道びきと成て、今生後世までをまもり給、道祖神、亦衢神とも申奉る、神宮にては奥玉命、山王にて早尾、打颪にては白髪大明神と申、船にては船玉、幸《さき》玉《たま》と現じ、軍所にては、事勝太神と申奉る、蹴鞠のつぼにて精明神と出現まし〳〵、清道の卿拜みたまふ、鞠の三神、金色《こんじき》の文字をひたいにあらはし、まりをいたゞきて出現なり、そのもじ秘曲なればあらはしがたし、しかるあいだ、年の初の鞠、又はれのまりなどは、申の日のさるの時興行する、常の法なり、清道卿、この三神をいわゐたもふ、在處は洛陽中の御門、西洞院滋野井なり、神主は紀氏のもとをさだめおかるゝよし、記録にみへたり、又幸神《さいのかみ》、結神《むすぶのかみ》などゝ申も、皆此神の御事也、往古此國のあるじ天照大神の御孫、天津ひこをにゝぎの尊、天上より日向くしぶるのたけにあまくだり給ふ時、あらはれ出で道びきし奉る、則此庚申の御神なり、又彦ほゝでみの尊、釣針をうしなひ、求かねおわしましゝに、鹽土老翁《しほつゝのをきな》と現じ、龍宮の道をあらはし、つゐに失し針をとりかへし給ひける、又垂仁天皇の御宇、大和姫の皇女、神鏡を安置すべきとて、國々所々をみめぐり給ふ、ある時伊勢の國五十鈴の川上に至りましゝに、おち合のあたりに、たけ高くいかめしき神まします、これ猿田彥大神なり、まなこは日月のごとくてりかゞやき、矛をもちて居たまふ、その時やまと姫おそれころびて、御もすそよごれける、是をその川にてあらひたまふゆへ、御裳濯《みもすそ》川と云、また五十鈴のある處よりながれ出たれば、五十鈴川ともいへり、右の猿田彥の大神、皇女をおつかけてのたまはく、なんぢを待し事八萬歲の間なり、爰にしたついはねをしきて奉らんと、 そのたてはじむる宮の名を、 磯の宮と申、 是大神宮みや作りの初なり、此神の敎によりてこそ、伊勢國に大神宮を立、 日本第一の宗廟とあがめ奉る、 尤たうとむべきものなり、此神をよくしんかうする時は、淸淨の善心こころにもとづき、自己の神光をさとり、 後生うかぶ事も、何のうたがひかあらん、今時正法をきかざれば、あしくこゝろゆる有、今生ばかりの神敎にて、後世は佛のたすけたもふとおもふ、是大なるひが事なり、釋迦も今生にてぞ佛と成、一切の經文をとき、極樂をば得給き、我國の人として、神の道をあしくおもふは、 我とわが身をほろぼす道理なり、 左樣の心根少もおこらば、則神罰來ると心得べし、大神宮をあしざまにおもふものゝいへる事あり、「神に三ねつのくるしみ有」と、また「神は九ぜん、皇は十ぜん、佛は十二ぜん」と、又「ちかづく神にばちあたる」などゝて、人々元祖の大神をとをのけ、 聖人や佛よりおとりのやうにおもひあやまる、以の外の惡心なり、又此語をよしとおもひ、人に云きかするは、 則ぢごくのたねをまく人と、そらおそろしくおもわれ侍る、 若し神をおろそかにいたす念慮あらば、此神號をとなへ、正しき心にもとづくべし、今生にて神慮にかなわざるもの、後世にて神や佛となる事あらじ、神敎にしたがひ、神慮にかなゐば、則うかび、神と成也、

一、夫れ天地の間に生ずる人は、皆大神宮の子孫なるぞや、高天原の神明より心の神をうけ得、生れて行住座臥、 造次顚沛、神道しばらくも離るゝ事なし、生前のおこなひよこしまなければ、則もとの高天原に上

天妙果し、神明と同座すべし、人々信心をおこし、此神號をとなへ、我朝の大道を受用すべし、敬ておこたる事なかれ、

一、日待潔齋の事、明朝の日神を拜むとおもはゞ、今日よりゆあみ、かみあらい、衣裳などあらため、火をもみ別火にいたし、けがれの心おこすべからず、

一、別火の時は、必もみ火を用ゆ、そのゆへは木生火と相生するをたふとぶ義なり、

一、潔齋の時、水をかゝらずゆあみするは、先あかよくおちる故なり、その上水にては陰分のけがればかりをはらふものなり、陽を用るは、水に火をそへて陽となる故に、陰陽兼備りて、汚穢ことごとくはらはれ身心清淨になる故なり、

一、ゆふだすき、ぬさ、しやく、すゞ、かうろなどは、日月を待、先祖をまつり、いづれの神を拜む時も入物なれば、人々兼て用意有べき物なり、

一、日待は日神の神號を唱、月待は月の神の神號をとなへ、猿待は庚申の神號をとなふ、又だんにも其神號をかけ奉る、

一、かけたる神號の前に、机をたてゝ、だんとすべし、机の上に柱鈴、香爐、榊の枝、時の花などをたて、常灯をともし、机のうへに御膳をすゆる、兩脇に三寸《みき》をそなゆる、其外洗米、餅、菓子、心の及び身にかなふ程、ていねいをつくすべきものなり、

膳は三ぼう、神前の方に御供、左にのしにても、するめにても魚物をそのふ、右に大根か、こぶか、めにても午房にてもそなゆる、

日待、月待、庚申、其外の神にそなゆるも、これにてこころへべし、其外みきなど備る事、別にしるし侍る、此御膳をそなふるは略しての事なり、ていねいにいたすには、山の物、海のもの、野の物、里のものなど、式々にそなゆる作法もあり、

一、日待の事、日待には朔日、十一日、十六日、二十一日、其外は神吉日をゑらぶべし、月待には三日、十五日、十七夜、二十三夜、星待には、七日、九日、十二日、二十八日、此日を用べし、又三長月、三旬の祭日など云事もあり、又日待大事、月待大事、星拜みの大事、庚申待の次第、いづれも傳受の事なればもうし侍る、

一、神前には燈を用べき事、朝家の神事公事に、らうそくをともさずして、必常灯を用る、その巨細いか

に云に、一灯をあげて五行をわかち、五行をもつて萬法をなす故有、先燈盞は金輪にして肺の臟なり、是を二つ重ねたる、地輪にして脾臟なり、灯心は木にして肝臟なり、油は水にして腎臟なり、火は則火にして心臟なり、人の諸病は寒熱の二つよりおこる物なり、火は腎水にてやしなひ、腎水を又心火にてやしなへば、其身そくさい平安なるなり、然るに心火さかりにもゆれば、腎の油がつくる、腎水つくれば心火きゆるなり、人の性命は水火をもてやしなふ、是則心腎の二臟なり、ひとつともしびをあげて、人の生滅をしめすものなり、灯盞にひとつかわらけをせぬといふは、五行の德ひとつかくる故なり、かくはいへども、らうそく用ずしてかなはざる事有時は、又その義理のまゝに用ゆべし、何事も道をたつとむかたにしたがふべし、

一、諸社參詣の事、前夜よりけつさいして、婬事をとどめ、あくる朝行水して參詣いたすべし、毎日の所作さだまりたる勤行には、不淨を少もきらはざるよし、服忌令に乘られたり、又國をへだて、式法の社參にして、前齋後齋を勤むべし、

一、日神御拜みの事庭、上或緣にて尊號をとなへ、御祈願の事、直に向て御申の儀くるしからざる義也、そのいわれは、下界にましますの宮社は、境地をさだめらるる故、淨穢のへだてをもつぱらにすべし、天下の神明は、三千世界を照し給へる御德廣大なる故、清淨も汚穢もへだてなき神意なり、故に穢るゝ時も、直に向て御拜み、くるしかるべからざるよし、吉田二品卿より、法住院へ御返事の旨あるなり、

一、天照大神は、諸神諸佛の本體なり、元氣の神は無爲無念なり、此神一度拜たる位を理と云、この理は善なり、是また人々具足したる自己神なり、神樂の歌に、

いかばかりよきわざしてか天にます
ひるめの神をしばしとゞめん

晝目神《ひるめのかみ》とは、天照大神の御名なり、大日孁貴《おほひるめのむち》、亦天照《あまてる》大日孁尊《おほひるめのみこと》とも申奉る、凡人惡をおこなへば、邪鬼あつまり、わざはひをおこす、もし善をおこなへば、天照太神影向まし〱、よろづの幸ねがわざれども來、人の善心は則天照太神の內證にかなふ、萬物一體といふも、此ことわりよりいたるべし、よきわざとは道理にかないて、すぎたる事なく、又たらざる義もなきを

至善とて、諸神の善とす、善根にも分に過たる事をなし、道理至極せざるは、善ににたる惡なり、凡夫の善といふは、惡に對したる善なり、善惡をはなれたる善は、天照大神の御心にして、眞妙の理なり、神明の敎を聞示し、傳受をうけ、安座巡行の修行を勤めば、すみやかに自己神を發明いたさん、勤めよ〳〵、

一、天照大神、潔齋して神をまつりたもふ、一神とい て申さく、大神の外に、いづれの神かたつとき、答てのたまはく、吾天神をまつると、又一神右の如く又とひ給ひしに、大神の宣く、自己神をまつると、此二つのこたへ、ふかき意味有べし、よく〳〵修行の功つもらば、太神にそなわりましますの外の答をしりて、道のさとりをひらくべきなり、

一名號觀口傳云、天照大神と音にとなふる時は、顯露敎にひかるゝ故に、穢不淨を忌事あるべし、阿《あ》麻《ま》弖《て》羅《ら》須《す》巢《す》賣《め》袁《お》保《ほ》牟《ん》賀《か》彌《み》と唱る時は、隱幽の敎たる故、全く穢れ不淨をいまざるものなり、然ども參詣の時は、其宮社の神主のおきて次第に、忌穢をもきらふべきなり、我宿にて、元祖先祖の靈璽を靈璽とは今のいはいの事也立置たる神壇にむかひ、神拜なる、勤る時は忌穢少もきらはず、其謂れは、凡夫としては、穢不淨我とさりがたし、おほん神をたのみ奉れば、あたなより不淨を拂ひのけ、今生後生たすかる事、皆是神意の慈悲、廣大の御內證なる故也、臨終の時は勿論、常々二六時中、御名號おこたらざれば、其功德にて、一切の地獄、餓鬼、畜生、修羅等のくるしみをまぬかる、しかるゆへ、神壇の正面には、天照大神を本尊と定め、其脇に佛や聖人の像をもおきたくば置べし、壇の左右には靈璽をすへべし、靈璽とは我がよしある位はいの事なり、ゆめ〳〵大神を脇に致すべからず、又神明の本尊は、おかでもくるしからざるなどゝおもふ邪心をおこすべからず、惣じて垂跡の社には淨穢を隔る事あれども、本地の神には心よりたゞまさる穢はかつてきらはず、其上天照皇大神は、諸神諸佛の惣御本地なれば、忌穢少しもとがめ給はず、死穢、產穢、月水穢、其外何れの穢有時も、御名號をとなふは、其功德によりてけがれ悉くはらはれて、一切の願ひ成就すべしとの神敎なり、引導の歌にいはく、

生れ來ぬ先もむまれて住る世も
死ても神のふところのうち

追加

増穗源最仲

日待月待之事、宗源之日月は、萬民の蒙むる德を仰ぎ奉るなれば、賤山賤も祭奉るべし、齊元の日月は、天子に祭らせ玉ふ御事にして、下民凡俗の身は奉レ恐祭る事にあらず、又伊勢參宮も、宗廟として祭玉ふは上御一人に限り、凡俗は其恩澤を忝として御庭を踏のみ、禁裏の砂を頂て還る心なれば、參宮の恐れなし、此二筋の分別《わいため》なく、下民は瑞垣《みづかき》に近づくべからざる敎を成は、敬して遠ざくの異國魂よりぞ、能心をつくべし、和光の御惠の厚して、宮所を邊地に鎭座すの神議を取失ふ事、彼支那の經典に泥んで、吾神道を捌故也、口傳、庚申待之事、吾國の古例なし、中昔より上下倶に祭り來れる事、源は、彼道家より編立し三尸蟲の物語より起りて、勸善懲惡の一助に用來れるなり、全く惡しき敎にあらず、愚夫鄙俗に恐れしむるに利有り、故に國學で成す業となりぬ、抑其濫觴は、攝州天王寺を聖德太子御建立の後一百五歲、文武天皇大寶元年辛丑正月元日庚申日、此寺の住侶僧都豪範、蒙二不思儀之靈夢一、一人之總角《あげまき》童子、過二僧都室一告曰、吾是帝釋天之使はしめ也、爲レ除二末世衆生殃疫一、庚申日可レ愼之法可レ訓、以二無礙辨一明二說之一而、則靑面金剛之像授二豪範一、右は天王寺之畧緣如レ件、豪範は戒行德厚、道力勇猛所レ許レ人、功驗名高レ世、多年依二勤修一、得二一時感應一、於二其道一不レ珍、一向是虛談賣僧評、屈儒之扁見習て、今時神道者左祖事なり、夫念二彌陀一感二彌陀一、念二觀音一感二觀音一、學不レ可レ計、吾國人念レ神感レ神事希、其丹誠不レ凝故可レ恐可レ悲、然世上並庚申待成、日本人ならば猿田彥を可レ祭、又甲子も摩迦伽羅天にはあらず、大己貴を祭可レ申、信心厚、何其御形感、所願忽成就、不レ可レ疑、三尸蟲は作物語にもせよ、庚申の夜を守る事は、世の爲人の爲なり、靑面金剛は虛僞にしても、不レ見猿、不レ聞猿、不レ言猿は能誡也、思レ之、

享保拾七歲壬子孟春吉祥日

帝都　寺町五條橋詰町
書林天王寺屋市郎兵衞壽梓

右神道四品縁起及追加壹册、以東京帝國圖書館本令謄寫、一校畢、
明治四十四年九月一日、

神道四品縁起終

神家常談序

按ずるに、凡天神地祇及先考につかふる事は、和漢共の通禮、王侯卿大夫士庶人に至て、皆一つに其忠と孝とに發して、推て天理に本けり、されば自先祖の遺體を主として、其神靈を依しむ、感應の理甚妙なり、故に上古より祭官の任職は定りながら、王公も親《みづから》是を勤させ給、唯祭には分限品級ありて、祈には貴賤上下の分別なし、惣て祭官の重事は、北畠准后親房卿職原抄を撰し給ひしにも、先神祇官をもて百官の最初に置、從て注して曰、以㆓當官㆒置㆓諸官之上㆒、是神國之風儀重㆓天神地祇㆒故也、又曰、祭官之職者上古之重任也、又神國之故以㆓當官㆒置㆓太政官之上㆒乎云々、後世宗廟の神職を補任するにも、四世の祖を糺し、神胤氏人にして實に重任なり、しかはあれど神道の故貫《こちじ》おほく衰微し、又諸の神家も家業を忘れしより、交今はせんすべなき事おはし、近來は世の人も神道のかたはしを窺、豊葦原のむかしをしたふ志もあれど、よく弘る人の稀なればにや、半は信じ、半は疑を發の端となれ

る事も亦少からず、千早振神道山は分のぼる徑おほくとも、人の心の區々なる麓の叢をわけ、神風五十鈴河のすゑ〴〵は、瀬々の岩浪派分とも、彼岩浪を避てひとへに水上のいにしゑを仰べし、僕も神家に生つれば、時々心に動事のいはまほしき事なきにしもあらざれど、書も乏しく師もまれなる事なれば、僻心得の事などいはむも、還て世を惑の事にこそ、唯往々聞にし談の中に、耳底にとゞめし事のみを粗記て、神家常談と名付ぬ、同志ならん人の神學を勵べき一助ともならば、是予が本意の幸なるべし、言の拙、筆の短は、生德なければ耻べきにもあらず、心をもてむかへ給てよ、言をもて志を蔑せば又無道《アヂキナキ》ものなり、貞享四年仲冬望、尾陽海部郡門眞の庄津島にをゐて、眞野時綱手謹記、

神家常談上

△或神家の云、物盛なれば必衰る事は、天地自然の理にて、易といふ書の實理とかや、故に神道も唯中常の道をおこなふを宗とするがゆへに、國を葦原の中國といひ、道は中極を尊ぶなり、元祖天御中主の尊の神の國、御中主の神の道にして、高天原より傳來處是には過ず、世と共に鎮《とこしなへ》なるがゆへに、國常立の御名もあり、然るに神代十二世の後も人皇十代の比までは、無事自然にして、神道もをのづから盛なりきと聞、十代崇神天皇に至て漸神威を恐させ給ひしは、其謂本紀に粗ありながら、神代もいまだ遠からぬ御代に、神鏡と御別殿の事、愚意の疑はれず、いかにとなれば御同殿に永坐べき御事は天照太神の御遺敎なれば、假神威を恐させ給とても、益御愼ありて、神鏡と御同殿ながら、御崇敬も今しほの御事なるべきは、拙者の推量奉るにやは及ぶべきなれど、三種の御影を摸し給事も、舊事紀古事記日本紀には見へず、然共其世の御事などは今より知奉がたく、殊に宗廟の御正體に建給へば、此には微妙の道理おはしますなるべし、又おもふに、此時宗廟を建給はむ前兆に、神鏡を別殿に遷奉れたるや否はしらず、御同殿に坐ても宗廟はあるべき御事なれば、此等の理道しる人に尋をくべき事な

りとぞ、
△或神家の云、天地の道理變易して常なし、其中に鎮《とこしなへ》なる一理を備ふ、是我神道の名ある處ぞかし、故に神代卷にも、怪力亂神共に神理に根ざしたる緣を明し、神性にも善惡邪正ありて、一事も去べきなし、其中自然に善を勸、惡を懲、抑揚褒貶して敎誨窮なし、一概に泥べからず、又今世の神家、神道衰て他敎のみ盛なりと歎ず、宜なるに似て又しからず、佛法なども東漸すとかやいふて、日本に普く盛なるべき道理のごとくいふは不審事なり、是も盛衰なるべし、彼釋尊の生國には廢て、他邦にのみ弘る事を、佛の願とし給はむや、萬國一統ならんこそ佛の本願ならめ、是も天竺には衰て我國などに渡ては盛なれど、いにしゑを聞て近代を考るに、正法を得道する佛者も稀なりと見えて、區々に別れ、宗派の偏執專にして、堂塔の盛なるには似ず、彼唐の玄弉三藏も渡天し給ひて、佛の生國には佛法も大半廢にし事を歎きたまひしとかや、堂塔も所狹まで建廣る事、正稅の費十分の五なりと、意見封事といふ文に記され、太政官符弘仁文にも是を禁じられつれど、時勢によりて今は盛なり、されども今のごとくならば、をのづから新地法度も亦盛になりて、文に過るの弊なかるべきか、唐の或君佛閣の大廈を建て珠玉を鏤《ちりはめ》、其功德に誇給ひしかば、爭臣ありて、民の妻を賣子を賣て出せし財をもて大廈を營たまふ事、功德にはあらず、佛もし佛ならば、此罪還て此浮圖よりも重かるべしといひし事あり、又或爭臣は、民を苦しめ其財を聚て、大廈を營光彩を加ふるは、民の血を塗、民の膏を塗なりと諫しも有、達磨の所レ謂無功德おほかるべし、神道御崇敬鎮なれば、行末神社の繁榮も何ぞ堂塔のごとくのみならんや、是神國の本基なれば也、今諸國の神社氏神產神は衰て、里々にあるは山林塚廟となり、式内の神社も國人の知事なく、四至の宮地の境もなく、少林形ばかり殘り、或は絕て宮地のしれぬもおほかるべし、かくまで衰ぬるぞなげかしきと也、

△或神家の云、今世神道の故實衰微し、或は斷絕におよびぬる事、太神宮を始、齋宮、齋院の御事、此外も大禮廢て、我國の事にもあらぬ事のみ盛になりぬ、凡物に本末あり業にも終始あれば、先本朝の故實を本とし給御事は、むかしにかはる御事なしと見ゆるに、今

世の人神道の物事は、名を聞にだも目をそばだて、唇をかへすがごとくなりぬる事、時勢の風俗による事なれば、是非なき事也、此等の理は唐の書にも歎きをける事なれば、我國のみに限たる事ならず、さりながら我國は大八洲とて、異域にかはる由緒おほし、神代巻のはじめにては、萬國の元始をいひたるが如くなれど、大八洲の起源明也、元祖の神も枝葉の神系もしるく、又人皇に至ても、正統枝別與に諸神の御裔にて、宗廟社稷天社地社も分別有、且萬代不易神皇一姓の御由緒正しき國の風儀をもしらず、他邦の道のみに心ひかれ侍る人有、いかにぞやはかり難き事也、むかし我國より遣唐使度々なるに、皆我國の元祖神系など問るゝ毎に、明白に答し事、神名までも異國の書には載たり、唐人も來朝する毎に、我神國の道のみ巨細に問しとぞ、いづれの時にか我國の儒者の應を聞て、それは唐の事なれば吾よくしれり、唯日本の事を問なりと嘲りしとぞ、又貞永の式目最初に神祇道の事有を見て、國の善政是一事をもてしるといふて、奥をば見ざりしと也、假初にも唐人の書に載て批判せむ事は、國の爲に耻べきの甚なり、日本紀を引て正史と稱美したる書もありと也、凡異國より我國の事を書に載たる事、後漢書以來あまたなりとかや、國史の中にも遣唐使の威儀正しきを見て、君子國の名に相應せりと稱美せし事あり、然るを動れば我國の人の書に、粟散國など記るは何事ぞや、むかしより豐葦原中國、千五百秋瑞穂國などこそいひ傳侍れ、又異國よりさへ君子國などいふなるを、吾神國に生れ神國の粟を食し神恩に飽ながら、少の主意の隔によりて、身は神國に置ながら心は國敵の基とも成べし、愼べき事也、且終に我神國の耻を取たるためしなし、是皆むかしの人は博學にて、他邦の人にも神道など問るゝ毎に、明白なりし故ならずや、然るに近代の學者異國の事を我國に弘めむとの心のみにて、いかにぞや、吾國の道の廢をなげく人を聞ず、神道の羽翼にすべき事を、還て本道のごとくにおもえるは、是非なき事也とぞ、

△或神家の云、儒道などもすゑ〲は、異端さま〲雜て、正論普からざりしと也、宋の世には眞儒あり乍ら、彼混雜の弊救かねて、とかく邪を受るは、自家の道虚したる故なりと論ぜりとかや、神道もすゑ〲

に虚したればこそ、　兩部習合などいふ事雜りて本を失なへり、今又本を補べき人も稀なるべし、假其人ありとも、私には否の事也、是を思ふに唯神家には過あり、私に否の事也とは非家の人の事なり、神職にをゐては專神道を勵、分限相應の勤はあるべき事なり、しからずば見任を解し、　職分を取放るべき事必然の理なれど、忽なるは有難事也、上よりの御下知最忽ならず、　然るに近古より神家神道をもて名を得たる者僅なり、先伊勢にても、上代の神家撰せし舊記あまたなれど、中古浮居に流入て其説を加筆せしとかや、近來は漸中興の聞あまねき事、　宗廟の神威も今一しほの御事にや、忌部家には廣成正通が徒、世の人に超たる者となれど後なし、卜部家は代々先達もあまたにて、一家の秘書も多からめど、世に普からねばしらず、兼方の釋日本紀など其功少からず、　其外何流角流といふ神書、非家の輩の名を假事を託せる類は、一二策を取べきも稀也、古代より傳る習合家の書には、故實を載、今絶たる神書などをも引たれば、後世の勘文とすべき事もありて還て捨がたし、　公家には古よりの正記をつたへ給ふ事勿論おほかるべし、　神道の御相傳も推てゆかしき御事也、　北畠親房卿藤兼良公の御述作、あまねく人の知事也、唯古書の秘傳となれるせんかたなき事也とぞ、

△或神家の云、神職の者家業を忘れ長袖の名を避ば、武家の風儀を羨に外なし、太平記以來の軍書に、神家も戰場にたづさはる事往々見ゆれば、　時宜によりてむかしを聞に、最其例有事なれど、平生武道を事とせば、陰に神慮を恐ず、陽には還て國風を蔑するに似たり、さるによりて諸國の神家として、可なる神書を一卷撰事も稀也、　一社の傳義舊記をさへ浮居氏の手に任て邪正をしらず、　世の人も共に神道の事は知者稀なれば、尋問るゝ事もなきまゝに、愚は益々愚にのみくらせり、夫文武兩道は神代に備て、神器の中にも御鉾、劒、刀、弓、箭、楯、靫の類なきにあらず、不道を攻、有罪を刑する理は、天討に代る事となれば、などか忽ならむ、　然といへども又既に神宮にをゐては鞆の音を聞ずとて、　神前の邊弓の弦音の類さへ大倭姫命は忌給ひしなり、殊に兵仗を帶して神前に至る事、禁忌の法也、諸社とても此心得あるべきか、神職のふるまひも、よのつね武道を事とすべきいはれなし、　權道時

宜にをゐては又一日の談にあらず、又云、文武兩家の別し始は、神武天皇の御宇、道臣命の率るを久目部といひ、味間知命の率るを物部といふ、是を俗に物部《もののふ》といひて則武官の始なりき、兵器をもて神の幣物としたまふ事も、垂仁天皇の比より盛にきこゆ、近世は神寶の兵仗さへ其制法しる人稀也、傳の絕てしれぬ事も亦おほし、唯當時の神家たらん人は、かやうの故實を糺し知べし、しからば還て求ざるに和軍の術をも得道すべきか、徒に威儀を假ていやしまれじとするは、みづから快や否や、おもひを致べし、彼僻心得によりて、神領なども神稅の辨なき時は、小破の修理怠て大社も破壞し侍るべし、天武天皇の詔にも、天社地社神稅三分レ之、一爲二擬供神一、二分二給神主一と侍るをや、武家にも亦無道の人は神家をいやしみて、神領など掠られし族ありしとぞ、上代より神家は神胤を規摸とす、武家も其系譜を糺せば神胤ならぬはなし、其本の同じきをしり、國政をも仰ぎたまはん人は崇敬すべき事なれど、それも神家よりいやしまるゝ事にて、自家のあやまりにあらずや、式の太政官の下にも、禰宜祝與レ人鬪打及有二他犯一、詳二其由一移二送此官一、國司勿二輙決罰一とも侍る、按ずるに、權道時宜にいたりては、淨不淨をも論せず、況國家の大事朝敵國敵におゐては、神職にかぎらず誰人か程につきての忠勤を勵ざるべき、むかしも神家の軍忠をつくせしは有が中に、扶桑記に元正天皇養老年中に、大隅日向逆亂す、公家宇佐宮に祈り給ひ、神家に辛島勝波豆米といひし者ありて、神軍を率て彼朝敵を討し事あり、神道におゐて義理を明にし、國恩を忘れずは、よのつね武を事とせずとも、時に臨ではたとへ梃をもて堅甲をうつ程の忠勤なりとも、などかなかるべき、第一朝夕の星を戴て天下國家の安全を祈り奉る事、職分の常にして、又神家の忠厚なり、職分を忘るゝ時は、忠厚を勤むべき時にも怠ぬべき事兼てしられぬ、さればむかしより神家の名も、神記の中又は和歌撰集の中にて見たるは、其社の尊さも彌增に、神家の規摸も今一しほの心地す、偶も軍書の中に神家僧徒の名を見たるは、忠厚の時にこそよらめ、ことやうにして似氣なくおぼへ侍る事、誰も此意ひとしかるべし、但かくいへばとて、神道に勇を取ざるにはあらず、神劔は勇を捨べからざるの表なり、仁義の勇にして血氣匹夫の勇にはあらず、職分を守るは義也、義あれば又勇あり、豈匹夫匹婦の諒を則とせんや、且よのつね御政道にも、神職には神祇道を勵べしとは侍れど、武事を學べとの御下知なし、古人もいへり、獸窮時は摑、鳥窮れば啄と、いづれの物か勇なからん、唯人倫は義に從べしとぞ、

△或神家の云、神職の人常に思ふべし、今時神道の學者と世に稱する人の文才、儒家佛家抔にて大概の學生程なれば則名を得ると見えたり、儒家佛家などは學問盛なるがゆへに、大方にては世の人もしらず、故に嚢中の錐のごとき聞なし、神書は乏しくて世の人神道の廢たるをしらず、大方神書の目錄をおぼへたる人をさへ是を稱せり、いでや神書を學むとならば、儒學大概に勤て、舊事記古事記日本紀打續く帝紀、又は律令格式其外國記家牒の類、緣を求て涉獵し、識者につきて故實を粗も同ほどの事はいとやすき勤なるべし、神書も今世に聞へたる分は一部五六十卷に過ず、大部の書は全部稀なるべし、或又其理を窮、諸子百家に尋至むは氣量によるべし、嗚呼是ほどの志與起なきはあさましき事也、彼不學者遁辭をかまへて、家督に隙なく貧乏なりなどいふ族あり、自家の嗜好事には還て身命家財のほろぶる事もしらず、神慮をも省ざるものなりとぞ、

△或神家の云、夫神國の重任祭官の緣は、神のむかしにも漸其名は聞、神功皇后も親神主と成給、祭給時は其の御理いつも齊しかるべきか、伊勢賀茂齋王の御事、神祇伯も古は諸家に混じて任じ給ひ、清仁親王以來は白河殿に御任じとかや、大中臣齋部卜部は大副までに至り、よのつねの神家も其家によりて二位までの昇進あり、或人の云、諸國の神家百官の名を賜り、受領に預る事いにしゑには聞ず、神家には定れる家名ありて、位階をのみ敍する事、上代の例にや、百官の御事は職員定りぬる事となればおもひやるべし、神家は其家名則官職にして、是神役人なれば勿論百官にあらず、祭服もむかしより定る名あるにや、百官受領に預り朝服をも着する際は有難事なれど、又其始をしらず、何よりの御事にや、諸職人に賜る受領なども、未公文とかいふよし或書に見えたれば、其子細あるにやといへり、予按ずるに、此說は古今の分をしらぬ身の、推ともあたるまじき事なれど、物事皆むかし

有て今なき事もあり、むかしなかりし事の今有事あり、時と共の損益は此等の事にかぎりたる事ならず、且まして公事の御事は凡人の得て知奉がたき事也、大中小社も或は勅願官幣に預り、不時の御祈の賞に官社に列し給ふ類おほければ、天下國家の爲に祭られ、其神役人に定をかれ、神事公事本より一致にして不二なれば、官名受領などに預る事いづれも神家の規摸ぞかし、出世の僧綱をもても知べし、大師號などは最贈官ながら、異朝の重任僧徒の職に非ずといへども、其例ある事にて、しかもいはれあればなるべし、殊に本朝は神國にして神祇を御崇敬あるより、神祇官をも百官の最初に置給ふとなれば、ながれの末ならぬ身とても神職を勤る事は、本朝神民相應の職にして有難事也、或人の説につきてしばらく祭服の分を考れば、禪《ちはや》小忌《をみ》大忌《をほみ》明衣《めうえ》淨衣《じやうえ》などの名は、それとばかりにて知る人さへ稀なりと見ゆ、神家の怠りみづから耻べしとぞ、

△或神家の云、神職の家品家名などもよく辨をくべき事なり、其中宮司宮主齋主などいふ號は神代巻に見えたり、其外は帝紀の中諸社の舊記に雑出もあり、

案ずるに諸社の社務職、むかしは武家などの兼任たりし事もありといへり、或説に、神家の名に何の大夫角の大夫などいふ事も、武家諸大夫の兼任たりし名殘にやといへり、さもあるべきか、禰宜といふ號などを、世俗には下輩の家名とおもふ事なれどしからず、伊勢にては三姓神主の其一とかや、荒木田度會根木是を三姓神主といふとぞ、但伊勢にては姓也、諸社にては職なり、何れの神家にや禰宜號を世もてしらぬを憂て「禰宜といふ名をだにしらで千早振、神にいかでかつかへ申さむ、とよめりとぞ、此歌は鴨の長明菊大夫たりし時の口占なりと或人いへり、可否をしらず、事を好人の説に、禰宜といふ號は二所太神宮を宗廟と申によるか、いかんとなれば宗廟とは異朝の宮號也、父の廟を禰《ねい》といひ、又宜といふ祭もあればなるべし、禰に宜といふ心にて又宜禰ともいふにやと也、一理あるに似てかゝはりたる説にや、根木神主の號本據なれば、禰宜は假名書なるべし、御師職といふ事由緒はしらず、先は詔刀師といふ事にて、高家などの御祈の時、其詔刀《のつと》を勤るより略て御師とはいふなるにや、東鑑に、武衛の御禱師豐受宮權禰宜光親と見え

たれば、御禱師も詔刀師も同じ意にやとぞ、
△或神家の云、神道は儒佛にかはり、其學所狹しといふ人有、倭書をのみ一生學ども其理盡べからず、三種神器の理解し盡すべきや、徒に博學をのみ事とすべからず、講述抄にいへるごとく、神記は數聖の發明を經ざれば、異朝の聖經に貶たるがごとくなれど、天の主宰を天御中主尊と申し、天瓊矛などの理心御柱の甚秘、其外神道の意味ふかき事どもを等閑にして、唯人は怪を好異學に陷り、正理に眼を付る事なし、神人の勤る諸の行事も、其宮其社の舊傳は由緒も各々にして、微妙の道理をそなへ、むかしおぼへて殊勝なる事おほし、今世は習合家の流弊おほかるべければ吟味すべき事也、倩案ずるに祭神の法も、神のむかし眞坂樹の根こじなるに、三種神器を掛て神樂を奏し給を緣として、いはれふかき事おほし、神樂の品々など今はしる人まれなるべし、人皇の始神武天皇の祭神、五十串立給ひし故實もあり、惣て神寶神器の品品、祝詞の分皆神家の急務ぞかし、延喜式に見えたる諸祭祝詞の類は、公事の故實など世間に通用ならずといへども、其道理は窺知べし、祈念などは氣轉なくしてなりがたしといふ說もあれど、それもさる事ながら唯一向に古法に從の外神明に任奉る事あるべからず、信の字をまかするど訓じ、任の字をもまにと訓じたるは、私意なきの理にや、菅家の御歌に、紅葉の錦神の任々と侍るも此意なるべきか、太占をもふとまにと訓たれば、占も本意は任るの理にや、よく工夫すべし、又云、諸社の宮殿なども、大中小社に從て造營の法諸殿の數など定るにや、舊記に太政官符を載て、萱葺檜皮葺又は板葺の分、諸殿の區數四至も、大社は九町中社は八町小社は四町の別、諸殿の高下廣狹の寸尺までも全備せり、宗廟の御宮造のみ日少宮の圖形を摸し給となれば、比類なき御事也、神代にも大己貴命の日隅宮の事、八尋殿の事あり、いつとなく大中社も小社も、四至の敷地本制にかなふとは見へず、里々などに產神氏神の神祠を營ぬるを見るに、神社とも佛閣ともしれぬ類のみなり、又神社の御籬の內は夜牛など人の出入を妄に許まじき也、夜參などさへ諸神會集の時なれば憚るべきかのよし、古老口實傳といふ書に見えたり、且闌二入大社門一徒一年、闌二入中社門一杖八十、亂二入小社門一杖五十を撻事、律の定る制

法なり、又千木鰹木なども、むかしは諸社共に有ける事にや、民屋に鰹木を置しあやまり有て、雄略天皇の逆鱗を蒙し様、古事紀に見えたりとぞ、

△或神家の云、神道に生死の說を聞事稀也、或書に人物皆高天原より出て又是に皈し、神道に背時は根國に沒落すといへり、本より生死の辨も、儒書に畢竟かはる事あるべからずといふ人あれど、聖人とてもかたり給ぬは生死の深理にこそ、唯生ずるいはれを知ときは、死するいはれを知との教、ふかく諭給とかや、天智天皇の昇天、日本武尊の白鳥の化、大倭姫命の石隱の御事、凡人の則とし奉るべき事にあらず、神道にては死を神退とも神避とも石隱ともいふの常談なり、本より生死は陰陽五行の聚散なれば、晝夜の消息又は寤寢の理にもひとしくこそ、因果輪廻の事は强てかゝはるべからずといへども、欝結寃死の氣散せずして、妖怪となるためしは誣ひがたきに似たり、唯其氣は常理にあらず、終には散じ盡がゆへに、其說を專とせざる事、理書の辨已に明也、神書にも黃泉の事黃泉醜女の事あれど、陰神崩御の事につきて、皆造化の理說より外古より邪說なし、伊弉冊尊崩御の事も、尋常の生死を云に似て不滅の神理を明すにや、生平の如くにして伊弉諾尊に對し給ひ、又吾當ニ寢息、請勿レ視レ之の神話をもて考べし、されば神道學者も生死を晝夜寤寢のごとくに脩する工夫積なば、高天原に皈るぞかへらざるぞとあてゝする事なくとも、根國に沒落する事はあるまじきにや、根國とても定れる所あるにあらず、極陰の稱となればおもひやるべし、さりながら善人は死ても、天御中主尊の玉座の左右にいたるべき事神記の旨なれば、とかく生死共に、詮ずる處は我神明に打任奉りて、疑の私意なからんぞ神道の宗なるべき、續後拾遺集神祇部に、前大納言爲世卿、春日の社に讀て奉り給歌に「後の世も此世も同じ知べにて、をろかなる身の惑ずもがな、同社に安喜門院の高倉讀て奉れるにも、「同じくはそむくうき世のしるべせよ、まことの道も神ぞしるらん、と同集に見えたり、或人問神道にも平生の日所作は勿論、さらぬ時も、佛家の念佛のごとく唱たのむべき神號は、何れの神か其德は勝させ給にやと、是最ふかき信心なれど、何れとむかしより定りたる事を聞ざれば、今更分て申さむもおこがましけれど、日所作には二所太神

宮をはじめ諸神を拜し、神家ならば我奉仕の神より始、さらぬ人は產神氏神より始るも道理有、按ずるに國常立尊天御中主尊は諸神元祖の神にて、一體別名の御神なれど、傳聞豐の宮を拜し奉るにも、皇別ならん人は國常立尊拜し奉り、庶人のごときは天御中主尊と拜すべき深理もおはしますとなれば、よのつね唱奉るべきにも、天御中主尊に過て尊き御事あるべからず、されども何れの御神も自て出給所は一脉の神理なれば、勝劣を存べからず、先神家ならば我奉仕の神よりはじめ、さらぬ人は氏神產神より推て八百萬神をも拜し奉る事然るべきにや、或人又我國の葬禮服忌の故實を問、今世我國の古法の葬禮とて、誰おこなふべき事にもあらざれば、古法の全備を聞ずといへ共、神代卷に古法の大概は見へたり、帝紀の中にも往々所見あり、棺槨などにも槇を用べき事神勅に出たり、興津棄戸といふ事などあしく心得て、水葬野葬の事とし、殯儉哭女喪屋《そのをのところなきめもや》などの字神代卷に有を見て、儒書の說を附會し、其外色々の說皆信用しがたし、火葬などは禁忌勿論なり、今按ずるに、葬禮も時に從て强かゝはるべき事ならず、たとへ古法とてもあまねく私にすべきいはれなし、葬といふ事も忠孝より發となれば、おもひやるべし、神代卷に出たれば古法なきといふにはあらず、時に從損益を守る事、神道忠孝の勤ぞかし、服忌令本より王道神道也、諸社の服忌の區々なるは社傳の異なり、故に物忌の輕重不同也、服忌、食穢、五辛、魚鳥の穢、六畜の事、忌火理なども、吟味を聞ざれば世間おほくは拘過て忌事あり、觸穢の道理をわきまへざれば又私おほし、權道時宜を考ざれば塞る事あり、諸社の服忌令其社傳によりて大同小異あり共、其本二致あるべからずとぞ、家君重綱常に命じて云、神家に神道を學び、恒例の祭祀怠るべからざる事、誠に職分の常也、其中に服忌忌火の事、外儀のみ勤て心に忽にすべからず、陽に國法家業を蔑し、陰には冥監の罹處也とぞ、

△或神家の云、儒書も秦火の災に罹てより後は、漢の世には訓詁を事とし、宋明の比より理學心法の受用其說又委しとぞ、それすら異論區々にきこゆ、然れども聖經賢傳そなはりて乏からず、是をおもふに神學も當時の心得あるべし、第一神書乏しく家々の秘書となり、或は蠧魚鼠の巢となり、偶殘るも闕卷僞書半

に過たり、國史のごときもすゑ〴〵には錯亂衍文誤字などの見ゆる事、ひとへに烏焉馬のあやまり、家々におほくなりて、末學のわづらひなれば、緣を求正本につきて校合し、社傳舊記なども校正を事とし博覽の人に糺し、神事の故實又は行法の邪正なども吟味すべき事也、今善政の時にあひて此に心なくば、諸社の舊記來歷を行末せんかたなかるべし、是當時の急務也、神書だに足なば興起の人などかなからん、今國史の闕たる、風土記の全部せざる、諸社舊記の絕或は習合の說の雜りたる、何れも歎てあまり有事也、國史などご高家には全部御相傳あるべけれど、風土記は全部する沙汰を聞ずとぞ、

△家君重綱が云、今時の神學者、書乏しく師もまれにして、僻心得のみおほければ、佛者にあふて、一言にもおよばず負を取べしと歎ずる人有、此人はいまだ對談なき前に負たるものなり、いかんとなれば、道は人によりて廣狹あるべけれど、學力次第いひ勝などのごとくせば、一座の勝劣ありとも、人の負るにてこそあらめ、何ぞ道に勝劣あるべき、むかしより聖敎は一致にならびおこなはる、佛者の宗派の論、儒者の異論も、人に勝劣ありて法の勝劣をきかず、何ぞ天地の理聖人以下の人の言に盡すべきや、天地は一理にしても國異に風儀のかはれるがゆへに、法の建立亦同じからず、其あらそふ處はその〳〵よる方にひかれて、剩習俗異なる他敎を强て合せん事を謀、故に初入にはや道理に背て公道を失えり、しかも强て合するを大同ともおもひ、公道なりとおもふ類は、還て我道をも狹むるなるべし、本一致なる事をしらば、それぞれの道の筋目をみだらぬこそ、公道の本意ならめ、佛說に所謂獅子身中の虫おもひ知べし、神國の道を食むとする者あらば、はじめより默してあらそふべからず、且神道は王道なり、私の事として强てあらそふべき理なし、をのづから過を知事などかなからん、唯博學の人ならば默し從て、神道の羽翼ともなるべき說は取用る事、今の時勢にかなへりとぞ、

神家常談中

△或神家の云、儒には敬學養氣など、心法受用の論有、佛家には座禪觀法あり、神道にをゐて心法受用を論ずる事切なるはまれなりといふ人あり、予常に是をおもふに、神代にをゐて天照太神、皇孫尊に授給し三種神器は、至理具て、神皇御相傳の今の世に至まで正しく神道の眼目、殊に神器に添られぬる神勅など、又御遺敎のあさからぬ事はしられぬ、神記に載る微妙の道理おほき中に、天に有ては天瓊矛、地に有ては心御柱、人に有ては性、是天地人一貫の神德已に明也、又天御中主、國常立など申奉る尊號も、御靈德の上ゟ稱し奉るとなれば、深く味奉るべし、唯中極の道理は鎭なる事なれば、神道も中常の旨に叶ひて脩し行事とかや、此神理天德を人心に受用すべき朝夕の工夫、忽に思ふべき事ならず、いかにして受用すべきとならば、揣き心をもて量難き事なれど、先格言を知べきにや、御鏡に添られたる神勅に、吾兒視二此寶鏡一當レ猶レ視レ吾と也、天口事書に曰、皇天盟宣久、天皇如二八坂瓊之勾一久爾、以二曲妙一治二御宇乃政一免、且如二眞經津鏡一久爾、以二分明一看二行山川海原一支、即提二是靈劔一弖、平二天下一天利二萬民一度言壽布と也、又の御託宣に、逆レ天則無レ道、逆レ地則無レ德、而外二走本居一沒二落根國一、故齊二情天地一、乘二想風雲一、爲二從レ道之本一、爲二守レ神之要一、將除二萬言之雜說一、而擧二一心之定準一、即配二天命一而嘗二神氣一、又の御託宣に、人者則天下乃神物奈利、須レ主二靜謐一、心波則神明乃本主多利、勿レ傷二心神一、又神記に云、任二其本心一皆令レ得二大道一、又大倭姬命、宇太大采禰奈に誨給ふ御言に、無二黑心一、以二丹心一淸潔齋愼、左物不レ移レ右、右物不レ移レ左、左レ々右レ々、左返右廻事、萬事違事奈久志弖太神奉レ仕、元レ元本レ本故也と、此等の尊き御敎をもて、倩愚ながらも案ずるに、皇孫尊に授給御言を始め、上御一人の御事は申に及ばず、普く我神民までに誨諭し給ふが如し、誠に有難御事也、彼智信勇柔剛正直の敎も、三種神器の理にひとしとぞ、御託宣の中にも常に味奉るべきは、齊二情天地一、乘二想風雲一、擧二一心定準一、主二靜謐一、勿レ傷二心神一、又は任二其本心一、又左右を左右とし、元レ元本レ本すべきの誨、ひとつとして忽にすべき事なし、其中にも亦擧二一心定準一、主二靜謐一任二本心一の三言約にして切なるべし、陽

復記にも此御託宣の理詳なれば考知べし、同記に、鏡のさびをさるは大學の誠意の工夫、然れども鏡の本體平ならざればうつる影ゆがむもの也、其平ならざるを平にすれば、向ふ姿をそのまゝに移す、是にて正心の功夫をすべし、正直といふも此事也といへり、誠に無欲集義の功つもらば、御託宣の理をも獨知べき御事にこそ、一にして形なく虚にして靈ある元神の御德用を稟て、かゝる神勅を仰べき神道なれば、記誦の上にて沙汰するのみとは心得べからず、或書には湛然不生傳、湯津磐邑傳、安座功夫直傳などいふ事も見えたり、家々によりて文句は異なりとも、其理は一致なるべきか、性心情意の分別も、神代卷にをゐて祕ありといふ説あり、又心といふの和語、凝の字の訓意にて、本體の靈明敬の上より名を得たりともいへり、儒書に敬の字義を注するに、神祠に向の心とも侍れば、誠に神祠にむかふ時は、放心聚り內外一致の意味あるにや、神代にも伊弉諾尊は、執心を悔て祓し給ひ、素盞烏尊は、惡神の御名を負給といへども、大蛇を斬淸地にいたり給ては、吾心淸々之の言擧し、三十一字に其神慮を宣たまふとなれば、末世の神民神學の心法受用にをゐて、忽なりとは心得べからずとなり、

△或神家の云、太神宮に僧尼法體人の類を忌、經佛なども名をさへかえて忌來る事は、大倭姬命の禁令にて、內外七言も定り、又禁裏の內侍所にも、僧尼の許より奉れる物をば供給ずとかや、是又佛法をもむかしより御崇敬ながら、吾神國の道の筋目は各別に愼せ給にこそ、然るを習合家の書佛家の書などにも、太神宮に僧尼を忌事色々附會を筆し、社家の私のごとくおもえる事常におほし、唯なげかしきは博學の人とても、神道の筋目いかやうの事ともたづね窮ずして、一向に偏執のごとくおもえり、昔の名僧などは各各に心得て、吾國の古法を尊ぬるゆへにや、神助もおほく、求法も成就せしと見ゆ、惣て何れの家の人とても、神國の風儀を欺心得は、陽には神人の非を誹るに似て、陰には王道を蔑するもの也、最彼大倭姬命の禁令に、屛ニ佛法息一と宣ひしは、我朝に佛法いまだ渡らぬ前の事なれば、いぶかしみ思ふ事も理の如くなれど、其理は聖女の御心なれば何ぞ量しるべき、神職は唯其遺誡に從奉るのみ也、倩案ずるに、たとへ皇女の

禁令し給ずとも、他邦の法と我國の古法と各別に論給事を、強いぶかしみおもふべき事にもあらず、香をさへ異國の物とて神前には焚ぬ事となれば、まして我神脈を禀て我國に生れたる人の、異國の風俗にかはりたるを忌給事、申におよばぬ事也、太神宮の外他の神社には、僧尼の參詣忌ぬにてもしるべし、宗廟は禮の先ずる所なれば也、それゆへ同じ神明にても、勸請の神明諸國に坐す所にては、僧尼佛經をも忌事なし、是又宗廟は幾處にもなきいはれなれば也、且尋常佛法を忌といはゞ、大なるあやまりなるべし、殊に禁裏年中行事にも佛事おほしとなれば、まして地下國民にをゐてをや、唯神道に混ずる事は流幣なりとぞ、

△或神家の云、今時托鉢の凡僧抔、動れは觸穢の限をしらず、問ずして神社に詣ずる事あり、それとて神罰を蒙る事を見ず、然れば服忌といふ事も本よりなく、僧尼を忌給事も神慮にはなき事やらんといふ人有、是に答て云、僧尼を忌は內外宮に限り、穢中に參詣する事、凡僧の事は論ずるにたらずといへども、中人以下の僧にも自然此過はあるべし、觸穢の限もしらざるは不意のあやまりにて咎なきに似たれど、已に穢にふれて神社に憚有事を知ながら、服忌觸穢の限も問ず、推て參詣せば、あやまりには非ず、犯といふものにして、面の罰よりも甚しき事有、いかんとなれば佛道も王道國法を欺べきや其理なし、しかれば還て自が道の本意をしらず、佛意にも背ものなるべし、神道に於ては、潔齋して神拜する事いはずして諸人普く知事也、是本我國の正敎なれば也、諸社毎に信心ありて詣むとならば、其所の服忌令に從こそ眞實の參詣ならめ、且服忌令は王道也、諸社の服忌令もあやまる事あらば社家の怠としるべし、徒に神佛一致とのみ心得て忌穢をしらざるは、愚昧の事なれば云にたらず、智識豈しからんや、服忌とても權道時宜により急難等の事あらば、神前にも至べき理あり、是は非常にして權道なれば、私意にあらず、若私意をもてせば又犯なり、故に其事畢れば又本にかえりて憚事なり、急難の時忌穢を論ぜば神道の弊なるべし、むかし釋の性蓮は死骨を負て熱田の社に近づく事を憚しかば、神其意を惠給ひ、釋の常觀は吉野の神祠に詣る途中にして、やむ事を得ず死穢に觸て、穢を憚神祠に詣

ざりしかば、神其心を受て是を詣しむとかや、誠にさもあるべき事也、二僧共に神事には觸穢の憚ある事を明白に辨知て蔑せず、其信心は厚き物から、神慮を恐し誠によりて、神是を承引たまふにこそ、今の僧尼も信心誠にかなひ、神慮に承ひかるゝ事、二僧の如くならば可なるべし、いとおぼつかなき事也、いでや萬物に體する所の神靈を論せば、何ぞ淨不淨の分別あるべきなれど、既に一靈萬殊にわかれ、物異にして淨不淨ある事も亦天理より來る所にして、物忌も自然に本づけり、萬物一源の理にのみ眼を付て、すゑを捨る人は、また一源の道理も意味すべからず、神理にかなひたる人の前には、物忌といふ事も穢といふ事も有まじき事なれど、服忌を定しは還て聖者の所爲、忌火本より神勅に出たり、豈其法を守らざるべきや、拙工の爲に繩墨をすてずと、況我神道の大禮をや、彼死靈も本是神靈一致と見るは、天理渾然の上につきては一致也、それは萬物一源の理、服忌は禮なり、しかも神道にをゐて神靈死靈一理にしても祭るにをゐて一ならず、靈社は有功有德の人を祭る神社也、是も服忌は同前なり、況神代の諸神をや、豈又吉禮と凶禮を混ずべきや、凶服の者は公門にいらず、神門に入べきや、忌火は神代に起、物忌は人情に本づきて天理を守る、試に問む、死者と生者と何れか淨き、祭服と凶服と何れか潔き、惡臭と香と何れか馥しき、若死者を淨とし、凶服を潔きとし、惡臭をかんばしきと云ば、人情に乖れり、彝を秉ものならんや、禮の本は人情に從天理の節文なり、古人いはずや、禮は天より降にあらず地より出るにあらずと、人情則兼て天地の理を具たれば也、故に禮は人情に乖て强るにあらず、おもひを邪にすべからず、或人のかたりしは、一僧觸穢の限を問ずして神社に詣る事ありしに、神人のいはく、足下には近く穢にふれ給る事我是をしれりと、僧の云、しかり、神人の云、然らば何ぞ今此に詣給るや、僧の云、佛神は水波の隔其本又一體にして穢なしと、神人のいはく、しからば何ぞ自家の佛のみを拜せずして、過て此にいたれるや、夫心と佛と一理といふ、なんぞ座禪功夫のみにあらずして佛像にかゝはるやと、此にをゐて僧無語すとかや、又或法語を見しに、癩病人古佛の像をもて盥とす、一僧呵して云、汝かゝる意より其惡病を稟と、癩人のいはく、我實に此罰のがれがたし、此佛像は又何の報によりて今我盟とはなれるや、彼僧答る事あたはずして、其師に糺す、師のいはく、其意則癲なりといへりとかや、誠に美談なるべし此師の言をもて按ずるに、人として法を犯、神佛の罰を恐ざるは、人面獸心なり、禽獸に罰を論ずる事を聞ず、愼べしとぞ、

△或神家の云、惣て兩部習合本地垂跡の說などは、少し文才ある人は辨せずとも知べき事なれば、强論ずるにおよばず、倩人情を案ずるに、何れの學者も我國に限ず、自家の道の外には委からず、大方他の道には等閑なるによりて、貶めそしると見へたり、神道をも他家の人詳に辨ざるより、附會の說もありと見えたり、道の勝劣を論ずるに似て唯偏執を先とせば、佛に入ても佛意にそむき、儒にいりても聖意に背なるべし、たとへ異國の道に神道の劣たる事ありとも、輕しむべき事かは、今の學者は一向に他邦の聖經の備れるを見て、神道の傳の闕たる所を、道の劣たると心得にや、しかも神道の闕てかけざる事を味ず、神代卷など神道の相傳もなく、强て始終を易にあはせ、佛經にひとしからむ事を求、本より天地の道理諸法共に二つなければ、其暗にかなふ所をば自家の才覺のごとく稱し擧、相違の處に至ては相傳の望もなく、還て不經とやおもはん、神道の故實なども闕たる所を補むこそ、博聞の甲斐有て神忠ならめ、神道を輕しめ神をもて佛に變ずるや眞實の學者なるべき、習合の神道を說人、神佛同體異名と見ば、佛を捨ても我國の大祖たる神を崇むべきに、それほどこそ眞實なくとも、神を佛に變ずるまではあまりなる事なり、其神名を捨て佛名に變じ本地也といふをもて神名を輕しむる主意はしられぬ、聖德太子は吾朝の聖にて、儒釋道に通達し給ひ、神道は勿論の事にて、馬子大臣と共に佛法を弘む事をのみ願給しだに、舊事本紀を撰じ給に、神名を佛名に變じ給ふ事なし、是一事にても知べし、又神名を佛名に變ずるをもて、專神道を敬事といひて打まかせなば、天下に神號を唱者なく、我父母の名をしらぬがごとく成べし、道理に二つなき事をしらば、など速に我國の道を本と仰ざるべきや、佛者とてもむかしの名僧は各別にや、吉水和尚は本地垂跡の說を用給で、跡を垂とは何ゆへかいふと讀たまひ、公顯僧正は異域無緣の身を尊みて本朝相應の像を輕ずべ

からずとて、淨衣を着し幣を持して神を拜し、土佛法印は伊勢參て家行神主に神道を聞、出家の神前に遠なげきを記、無住國師の砂石集には、天照太神の託宣也と、世もて久しく過來る、三社の託の中なる、謀計眼前の利潤たりといへどもの句を、聖德太子の御言也と著給とぞ、

△或神家の云、或人の問に、太神宮の末社に繪木像を置事は、近古のあやまりに出來ぬときけば、是を例するに太神宮すらかくのごとくましまして諸社の御正體と崇るも、みなもておほくは佛像なるべし、しかれば拜するも神佛兩般の猶豫あるべし、など速にあらためざるや、末世の事とはいひながら、神人等も心あらば、假自分のはからひにかなひがたくともせんすべあるべき事也、供僧社僧などいふ事も、本地の沙汰につき、御正體佛像なるが故なるべしと、是に答て云、凡大社の御正體は由緒によりて其品一にあらず、神記の載る所也、小社などは世すゑになりては、佛像など安置せる處もあるべければ、否とはいひ難けれど、但吾子神社に詣る毎に、御神體佛像か否を問て後に拜するや、神人も亦しかなりと云や、しからずば其所在をしらじ、知ずして佛像の疑甚無益の事也、たゞひ神人愚にして當時佛法の信仰盛なるをうらやみ、其信を奪む爲に、神體佛像なりといふとも、信ぜずして可なり、夫神靈は感ずるに應あり、むかし惠心僧都の妹安養の尼、或時太神宮に參て、遙拜の序によめる歌或云西行之歌「何事のおはしますとはしらねども、かたじけなさになみだこぼるゝ、と打誦じ侍りとかや、是ぞ諸人神拜の心得なるべき、しかも神道の旨にかなひぬ、いかにぞや其神體佛像たる事をもしらず、人のかたるにまかせて推て不敬の意あらば、何處にむかひて求むべきや、惣て習合ならぬ社とても、御正體內陣の御飾などは問求べからず、神人とても白地に拜せぬ事也、口に說事すら中人以下には知しめ難き甚祕おほし、鬼神を敬して避よとの敎も、褻て瀆安き理あるをもてなれば、愼の一字神道の眼也とぞ、

△或神家の云、日本紀神代卷古來よりの諸抄を見るに、北畠親房卿の祕傳は、其旨ふかくして初學者見得する事あたはず、公望公の私記、藤兼良公の纂疏、兼方の釋日本紀等は事理よく備り、忌部正通の口訣は漸其理委き所おほし、環翠の諺解又は兼倶の抄、いづ

れば後學の益おほくなりぬ、直指抄に引用る所の古書の名いぶかしき事あれど、其説可なる所おほしとぞ、近代の抄には講述抄前人未發の理おほきにや、或人の云、神代卷を釋する人のいはく、儒にてよく通ずる所あり、佛説にも似たり、雜書にも類せり、千變萬化にして見る人一訣しがたき事を歎ずと、宜なるかな、其一訣し難き中に於て、神道の筋目しかも萬事にわたり一事も違事あるべからず、彼一訣しがたきを歎ずるは、偏僻の見ありて、主意神道にうすきゆへなるべし、主意神道にあらば一訣せざるを其まゝにて、儒佛百家の道理まで本より二致なく、還て羽翼となるべし、唯解しがたき事あるは、神變のみに泥、譬喩のみにかゝはりて、事理を明さむとするがゆへに、正統に暗き事有、一概に泥べからず、いづれの聖經も理に二つはあるまじけれど、其國々の人情習俗につきて、道の入かたは又同じからず、是亦天地自然の理なり、故に人道より推て天地の沙汰をするも、其來る處を明め、動靜共に天地の理に從ておこなふべきが爲なり、されば諸の書を解するも、心上の理を推に過ず、故に神代卷も神變をそのまゝながら常理にして、見る所は又理を窮にあるべし、徒に神變なり奇妙なりとのみいはゞ、塞りて通ぜざるのみにあらず、いとゞ人は怪を好ものなるをや、又神變を取ざるは神道にあらず、唯一概に泥ずして、しかも筋目を失ざるを得たりといふべし、さるによりて此書近古より明釋なく、剰へ家々に秘傳をかまへて、幣を取て傳受する事になりぬ、受者傳人共に理を窮る事なく、言を金銀に賣て其書をも笈にし、我もしらず、まして人にも見せず、神道の廢はみな是より始れり、心ある人は其耻を知べし、字書に秘とは神なりと侍れば、邪秘私欲にはあらず、最も神書によりて六十未滿の人には拜見を許ぬもありとなれど、唯其人によるべき事なり、上古聖賢の天地を察し給ひしも、心上の理を本として是を外に推給には過じと、愚ながらも又察しられぬ、いかにとなれば、心は本虛にして靈あり、一にして形なしと釋し奉る、天御中主尊の御靈德を得て、人物の固有とすれば、其一といひ靈といひ、皆彼處より稟て此にあり、此にあるがゆへに萬理具て又よく彼處の理を發けり、體用一源顯微間なく、萬物一理なるぞ實に中極の道の根ざしなるべき、此故に其道を傳ふるも、其器にあらざれば傳ず、其人にあらざれば得て聞事あたはず、みな是心法なり、聖經賢傳も心の跡なり、心は神明の舍なれば、心に動て言に發し、言に出て經となれり、されば千歳の下にをゐても、其書に因て興起せずといふ事なし、然れども初入に執する所、儒をもて入、佛をもて入、神をもて入のかはりあるゆへに、神代の卷も數世を經て發明の注解稀なり、物理は漸をもて全なり行理にて、蘇我氏の火難以後神籍ほろび、偶殘る本紀のごときも、久しく明釋なかりしに、近古より漸又理にちかくなりぬる事、世中穩なるしるしにや、神代卷にをゐて注解區々なれど、天七地五正統の神系をよく意味し、大八洲の地脉他邦に勝たるを知べしとぞ、

△或神家の云、中臣祓は天兒屋根命の稱辭にして、天種子命の傳給ふといふの傳にして、式の中諸祭の祝詞の中に、此祝詞に限り神代の故事其理明白にして、語意共に幽微玄妙なるゆへ、世もて尊事宜なり、中臣の二字も、氏となる事は後の事にて、其本兒屋根命の御德號にや、弘くいはゞ人は天地の化育を助て、天地の爲に臣たる理あり、其中に專聖者中臣の心に合給ふべし、兒屋根命最其御德あればなるべし、扨又高天原の事祕事とする說あれど、神留坐の三字則高天原の注の如し、神の留給ふ地なれば、虛空清淨と注し、或は無一念の胸中といひ、指處なしといふ古注、何れもあたれり、神は留り給所なく又留り給ぬ地もあるべからず、十二段十三段などいふ事は、何れの人の所爲にやしらず、自然と段々の語勢あればなるべし、始終の大概を推ていはゞ、皇極立て上下尊卑位定り、宮室の經營嚴威備るといへども、益人の罪咎なき事あたはず、過をあらためざるを犯といひ、犯をもて罪の名あり、罪極て人主の咎神の祟みな漸あり、扨此祓に天津といふは形なきの稱、國津といふは形より以下の事にいふ古語なり、故に天津罪とは神代天上の故事ながら、人々心上の罪をいふ、其を田地に種子を播に比せり、罪の言は積なれば也、試に論ずれば、心地を田地に比する事諸道同じきにや、佛家に本分の田地八識田中の類、儒にも禮運に、人情をもて爲レ田、又云、聖王脩ニ義之柄禮之序一、以治ニ人情一、人情者聖王之田也、脩レ禮以耕レ之、陳レ義以種レ之、講

レ學以耨レ之、本レ仁以聚レ之、播レ樂以安云々、按ずるに、一度本性の外に氣質の重播すれば、病根拔がたく、一旦かくれて伏りといへども時ありて浮ぶ事あり、此理說によれば、此祓の放レ畔とは、上下尊卑の序を失ふなり、埋レ溝とは物我の隔にして、公道仁心なきなり、放レ樋とは不仁なれば固有浩然の流行を塞て神氣を養得ぬなり、重播とは本性の神明を蔽て氣質の邪神事を取なり、是御中主の尊の種子を絕むとするがごとし、人體成就は則是國常立尊の神德、一心の主宰は天御中主尊、魂魄は日月の二神、毛孔は星の宿なれば、人は一小天地なり、國津罪とは國津の二字形にかゝりて、已に心上獨知の罪積で、形に稟る陽報の天刑必然の理をいふなり、かゝる種々の罪咎も祓し悔れば神助有てぞ、天神地祇も聞食承引たまふべき實理を明す、祓すれば必巨罪をも遁るとのみいはゞ、恐くは又過ありて還て咎を招く媒とやならん、あしく心得て神慮與し給べからず、はらへとは、罪咎を悔て二度せじ、此心又あらしめ給ふなと謝し祈る心にて、以往の餘殃を免る爲なり、故に急湍飛瀧の潔き譬喩あり、又天津祝詞太祝詞の事、古來より極秘といへり、天津祝詞は心上の敬感無欲無私の敬心なり、詞に發すれば太祝詞なるべし、彼未發已發の中、默識神會などいふも通侍らんか、古注に無言無舌の祓といふも此天津祝詞の事なればなり、又祓の具に天津金木千座置座といふ事は、千座は數箇所の心、置座とは上古祓の贖物とて、罪の料に稻束を出せし事とぞ、後世是に易るに金木とて、小き木の枝をもて稻束に象ると見へたり、又持《もち》可《か》可《か》牟《む》呑氏《のんで》牟《む》といふ事、式には哥呑《かのむ》と侍るが、舊記の中にも哥呑とは唯呑といふの古語なりと見ゆ、然るに哥の字をきりて可可牟呑氏牟と續くる事、あやまりに似て還て後人の微意に出たる物なるべし、竊に按ずるに古注に、此處にいたりて、牙を三度鳴して神勅を味べしと記にて心付ぬ、僻案なれどしばらく論るに、齕といひ呑といふ俗語を、感通得道喫緊の心にいひふるせり、牙を三度鳴とは道家の術のごとくなれど、神代卷にも祈の字をのむと訓じ、又劒璽盟約の事に付ても、齕然《さがみに》咀嚼などいふ事の侍るも、ひとへに感通の理說なれば、準據なきにしもあらず、祓戶の諸神見直し聞直し給ふ神助の上を形容して、齕ぞ呑ぞといふにや、かゝむとはかむといはん詞の音律自然の響にや、猶識者に糺すべし、又荒鹽乃鹽乃八百道乃八鹽道乃鹽乃八百會といふ詞、天然の妙詞にや、重歌の語勢に似てしかも言表に意味ふかし、敢て難すといふべき文勢にこそ、鹽道幽遠の心しられぬ、且心の底心の海といふ事もあれば、容易に解すべからず、左男鹿乃八耳といふ事式にはなきを、是も祕といふ說有、鹿は耳といはむ枕詞のごとく、耳は獨私をいれず、神用正直の味有にや、又云、六根清淨の祓といふ物、常磐大連に詫して後人の作せる事疑なきにや、六根清淨の四字先佛語なる事明なり、且此祓の天照太神の詫は、大倭姫命傳給し事舊記に見へて、則神詫を釋したる祓なれど、諸法如二影像一といふより以下、皆從レ因業生といふまでの二十字は、金剛界禮讃文の偈にして、不空三藏の作とかや、然るを辨ず、此偈の中を三種神器の理にあて丶解する人有、諸法如二影像一といふを神鏡の理とし、清淨假無レ穢といふを神璽の潔白にたとへ、取レ說不レ可レ得、皆從レ因業生いふを神劔の決斷に比せり、最よく相合たる理もあるべけれど、かくのごとくに附會せば、いづれの佛說か漏侍るべき、然れども亦此偈は往々舊記の中にも所見あり、此偈に限雜來る事子細あるべし、又云、六根といふ名目こそ佛語ならめ、耳目口鼻の欲を愼、宜にかなへて中心を養べき事は、いづれの道にか忽ならん、伊弉諾尊は祓して左右の御眼御鼻を洗給ひて三神をあれまし、其外御身をきよめ給ひて祓戸の諸神出化ありき、是につきて六所十二所の身曾貴の說も有、大枉津日八十枉津日命、又は神直日大直日神號、いづれも此處神代卷深理あるにや、顏子の亞聖だも克己復禮の再問にをゐては、視聽言動の愼をもて孔子も答給ふとのことなれば、おもひやるべしとぞ、

△祖父大夫丸康綱、或人の問に答し言とて、家君重綱或夜話にいはく、文治の亂に安德天皇御入水の時、三種神器も共に海底に失たまふべかりし中に、神劔のみうせたまひし事、朝廷の武備悉賴朝公の御任じあるべき前兆にてありつるにやと云人有き、康綱答ていはく、足下の心は賴朝公より文武各別になりぬとおもふゆへなるべし、ゆめ〳〵さにはあらず、我其理を愚ながら案ずるに、其比天下の亂逆やまざりしかども、時代によりて朝廷の盛衰は見へさせ給ひな

から、萬代不易神皇一姓の御由緒は違ずして、今上にいたりたまふ、かゝるためし異國になく、神國神道の勝て尊き御事は是一事にても明白ならずや、泰平の今は猶ほ朝廷の百官備り、天下の武事公方家に御任じありて宇内穏かに、又た公方家よりの御崇敬むかしに彌増給ふは、是ぞ誠に天照太神の御幽契のごとく、公武共に天壤と窮なかるべき前兆ならずや、末々幾萬代を重とも此御誓何ぞむなしかるべきと辨ぜしかば、或人大に得道せしとなり、予此言を常に一唱三嘆す、實や吾國は小國なりと人はいへど、むかしより大國をなびけ給ふためしはおほく、異國に從事をきかず、是神のむかしより文武事足いはれに非ずや、吾素盞烏尊新羅國を平給ひしを始として、神功皇后は三の韓國を懲したまひてより遠海原の波を凌て貢を奉り、其外諸蕃おほく歸化しき、今は猶御當家の御德八洲の外に潤ひ、恩波に浴し御惠に懐き、千里を遠とせざる貢物たへず、公武共に天照太神の御苗裔にて、神脉一貫和合のかゝる正しき御代にあひて、國恩に飽ながら神道の元本仰ざるべきや、心をひそめて味ふべし、我國の文道も武道も惣て神道なる事を世の人しらぬゆへに、神道とは神事祭禮のみとおもえり、又あやまらずや、

神家常談下

△或神家の云、世にいふ神變奇妙の沙汰、神佛のはやりたまふといひ、又は飛給などいふ事、又は神詫靈夢の虚實など、理に從てよく辨知べきことなり、神の飛給といふ事は、神記の中に降臨したまふといひ、來格坐といふ事あるをもて、凡俗の是も非もしらぬ者の心得あやまりて、神記の旨をも聞かざれば、誠に是非なき事なり、すこし學力ある人も、此神記の降臨來格といふ事を、或は疑或は惑ふ事なり、天翔し給ふと神記に見ゆれば、凡下の人飛給ふなどいふ事、最なるあやまりともいふべし、はやりたまふといふ事も妄語の例有事なれど、勿論正理になき事にて、是は神佛のはやるにあらず、凡心のはやるより、一盲衆盲を引、一犬虚を傳て衆犬實を唱るものなり、古今信感の誠によりて神の現形し給ひ、直に神勅あ

りしことも國史の載る所にして、各別の道理ぞかし、儒書に先祖の神を祭に、其形を見るがごとく其聲を聞がごとしとも侍れど、いかなる形を見いかなる聲を聞しといふことは記ず、其見るがごとく聞がごとくなるは、則來格の道理なれど、如の字に意味あり、如在の禮を盡て有無の中間に此來格を感ずる事、甚微妙の道理を具す、我國の神祭も道理は同事ながら、上代の降臨神勅現形と申事、唐の例をもていひ難事あり、且神の現形し天翔し給ふ常理をいはゞ、近く日月星毎日毎夜の降臨天翔りなれば、猶上古の神靈疑べき事にあらずといへども、必常にある事として、仙術のごとくおもふ時は見る事あるべからず、神變も亦かくのごとし、天地開闢より以來、日月の運行晝夜にかはり、春夏秋冬の序、花咲て實事、ひとつとして神變ならぬはなし、是何れも無より有にあらはるゝ神變慥なる事なれど、よのつね見なれたるがゆへに、還て常とし神變にあらずとおもえり、唯奇怪を好て時變不順の妖孼時ならぬに花さき、忽然として形なきに物の聲し光を放、夢中の奇異人口童謡の珍事、鳥獸草木の怪、其外さまざまの物怪を留て神變とおもえり、是はみな神變の變異にして正變にあらず、故に常になき事なり、然るを固執して常に見む事をおもふは、愚不肖のいたり也、其奇怪も共に神變にてなきにはあらざれど、神道の常理とせず、故に常にかたらずして其中に常理中極を尊事、是神道にして則人道なり、程子曰、不レ信ニ神怪一亦不レ得ニ便於猛一、須ニ是知ニ道理一、若是直放猛不レ知ニ道理一、撞出來後如何處置となり、怪力亂神を常にかたらずとは、人の心を動し、徳を毀安きがゆへなり、怪を見てあやしまざれば、其怪かえつてやぶるといふも、正變の事にはあらず、祆怪の事なり、祆は徳に勝ずといふも亦同じ、神變の正變常理といふは、四時の序かはらず萬物一定の理とて、松は萬年松、杉は萬年杉にして、いつか松の種子を植て杉の生じたるためし有や、若あらば物怪といふ物にして信ずるにたらず、故に國家の興廢を天より諭給ふにも、禎祥妖孼のしるしをあらはし、人心の愼を誨たまふは、是も亦神變の常理ぞかし、我國宗廟を始大小神祇は、本よりはやりたまふといふ事なく、又さむるといふ事もなくして、世と共に鎮に國家を護り、萬民をあはれみたまふ神德あるをもて、代々御崇敬ある事なり、宗廟社稷の神變神詫國史に載り舊記の載る所おほし、今世のはやり給などいふ類にあらず、かゝる正しき神變を辨知て、彼妄談に惑ぬ人獨もあれば、唇をかへし詈がゆへに、彼不惑の人も亦をのづからそれにくらまされて過行風俗になりぬ、理書を見るに、神佛のはやりたまふといふ事も色々道理有事にこそ、或は賣僧ありて佛像を造り、猛き獸の類を活ながら佛像の內にこめをく事有、彼活物死すといへども、刧し捕られたる精魂殘て、人の信じ香火などする氣に相應ずる事あり、或又諸人群聚の信氣彼佛像の上に集てよく靈なる事あり、石佛の光を放しを、程子其石佛の首を持來れといはれたる一言にて、諸人非をしり信を弛しかば、石佛の光も消ぬる事あり、或又惡人などの死氣散せぬを神に祠て、其靈を和むといへども、其氣散じ盡ずして餘殃の靈あるためしもあり、或又辻佛などの側に旅人の食物など忘置しを、かたへの人しらずして、此佛靈あるゆへに、供物かくのごとしなどいひふゝるまゝにはやり出る事有、今の世に時花《はやり》たまふといふは大方此類なるべし、今世の人心佛法に信仰ふかきがゆへ、神社にははやりたまふと云妄談まれなり、此外又淫祀の類おほかりし中に、皇極天皇の御宇にか富士川の邊にて、大生部多《おほふべのおほし》といふ者、常《とこ》世《よ》虫《むし》と名付て、蠶のごとくなる虫を諸人にまつらせ、禍福を說て惑せしを、秦の川勝といひし人、彼多《おほし》を撻て誠しかば此事やみぬ、扨又神詫靈夢の虛實も、前にいふ所の神變の理にひとし、凡神詫の沙汰は天磐戶の前にて諸神神樂を奏し給ひ、天鈿女命《あまのうすめのみこと》舞かなでたまふ時、顯神明憑談《かんかりす》と侍れば、則是詫宣の事也、人皇のむかし神詫靈夢おほかりし事、國記の載る所なり、伊勢の舊記には、大倭姬命の宣ひ告し神詫、後世の規範となれる事のみなり、靈夢の諭おほき中に、神靈殊にあらたなるは、神武天皇の御宇、高倉下といふ人の靈夢に、武甕雷神の告にて、庫の中に韴靈《ふつのみたま》と申す靈劔を天より降し置たまひしは、眞實の靈夢國家安全の基となれる前兆なりき、是をはじめてあまたなり、夫神詫も靈夢も、上代は各別、今の世にをゐても、虛とする時はしかも實ありて誣べからず、實とのみ心得て理に從の意味なき時は闇事あるべし、和漢共にかゝる道理はおほければ、よくよく意味すべき事也、恐れおほき事ながら、いでや神詫の上を弘くいはゞ、風聲水音鶴唳鷄鳴狗吠といへども、みな是神の詫せるなり、人倫の正言はいふにおよばず、惣て常理の正詫也、其外國家の興廢にも、前兆を天より諭たまふに、鳥獸の異聲人口童謠の時として其怪にあたる事あるは、正詫中の變にして人心の愼を諭給るなり、天に口なし人口を假とかや、然れども今時のごとく、女巫山伏の沸湯に沐し、詫宣と稱する類は、又信ずるにたらず、偏に流弊なり、女巫の口寄とかやいふて絃扣事は、神樂の和琴などの遺習にやともいへり、或記に天照太神大倭姫命に告て宣く、神詫末世に停て或は無レ形以レ聲以レ夢と、此文言は加筆なきにやと疑し、末世とても神詫などかなからむ、女巫の神詫を僞る事はむかしもおほかりけるにや、雄略天皇の葛城の一言主神《ひとことぬしのかみ》に逢給ひし事を評せし詞の中にも、神は萬物に妙にして爲レ言以レ形かたるべからず、然るに今の女巫《めかんなぎ》、計レ利假レ威、頑俗に宣、流弊に迷溺する事、唯禍を銷、福を招、更に氣を調、物を和する本意にあらざるのみにあらずといへり、又類聚三代格にも、弘仁三年九月十六日の官符に、諸國の民の狂言禍福の說、神詫の虛實を檢察し、男女を論ぜず事に隨て科決せよ、但し神宣灼然として其驗尤著るゝに於ては、國司檢察し實を定て言上すべきよし見えたり、たとへ又舊記に載る所なりとも、信じがたき事もあるべし、或記に天照太神大倭姫命に詫して宣く、西方に眞人あり、皇天に代て機に隨て法を說、彼詞將レ來、是故に神明詫宣を止て如來に讓と侍るはいぶかしき事也、此詫宣實ならば、屛二佛法息一との禁令はあるまじき事也、夢にも五夢の分別ありといへば、唯道理に從むにおゐては、何ぞ神明の惡を蒙るべき、意味すべしとぞ、

△或神家の云、世間に善人の不幸にくらし短命なるあり、惡人の幸ありて長命なるあり、天命常なきがごとくなれど、自家の招に隨事は又常理也、天のなせる孼は逃る事有とも、自ら招く災には生べからず、されば善人の榮長命なるべきは常理なれど、不幸短命なるは誠に天命の理とかや、其天命何をもてかしるべき、おもふに十目の見る所共に是をあはれみ助といへども、其不幸に勝事あたはず、其衆人の心に戾ざるは、天道に惡れぬものながら、しかも不幸なるは是天

命也、惡人の幸は先祖の餘澤餘慶によりて榮る事ありとも、常に危道に立て親疎ともに人心の容ざるは、天道の惡所なれば、是幸にして免るものなりといへども、必後なからん事をおもふべし、唯命數は出生の始にあるべければ、幸不幸には似ずといへども、又神助によりて齡を延、神罰によりて夭死するためし有、天命を知人は巖牆の下に立ずとかや、今とても千金の子は垂堂せぬ事をしれども、身を守る脩はしらず、彼よのつねの人の所謂天命は、みな能植ずして覆さるゝもの也、顏子が短命は天命を樂て千歲のごとく、盜跖が類の長命は天命に戾て、千歲も一日のごとし、天命を恐神慮を省ば、獨知の所にをゐて忽にすべきや、唯我人闇くして神明の舍を閉るのみなり、神明の照鑑といふ心を、片鄙の俗語には、神は見徹なりといへり、若獨も不實の者ありて不信の言を吐とき、かたへの人神は見通なりといへば、いかなる邪氣の者も恐懼の心忽面目に着る事あり、此一言甚人心を懲に益ありて、しかも微妙の道理にかなふ、天に眼なしといふべからず、十目の見る所をもて天眼とするよりも疾、肺肝かくれなきのみにあらず、我獨り知る心中の微惡を省れば、天神地祇の照鑑と一般なり、其省察するものは誰や、是我心の御中主尊なり、故に人前は打紛るといへども、必神前などにて我年月のあやまりを思出れば、何となく恐懼の心發して、人しらず膚に泄する事は誰も同じかるべし、是心に則御中主尊坐がゆへ也、此心を知ながら愼の心を弛、みづから欺て終に先非を遂るは、前非を悔ざるに成て神罰を蒙る事必然の理なり、偏に自心の神明を謾がゆへなり、自心の神明をあなどるは天神地祇を蔑するに又一般なり、謀ざるの神助もあり、必とするの神罰あり、凡慮にこそ辨しらね、神明の見徹恐べきの甚なり、故によのつね神を祈るにも、正理にかなひたる祈は、其應響の音に從がごとくなるべし、利賞うすきは我こそ正理なりとおもふ事も、何れ理に背く所のあればなるべし、利賞は常に遲、罰は常に速なるがごとし、いかにとなれば、利賞は人欲の好所にて飽事なきの欲有がゆへに、程よく足事をしらず、故に眼前の利潤のごとくならん事を貪がゆへに、遲乏しきに似たり、自足事をしらば、人々の祈の正理に應て程の宜利賞は速なるべし、又罰の速なりといふは、人常に忌嫌所にして、身にある罪咎をも省ず、一向に逃む事をのみ願が故に、速ならずして速なり、限なきの願をもて是を□む事を祈り、限ある命數をしらず、萬歳も不死ならん事を祈り、榮行末の事をあらましたのむ、晴をねがふ事あれば又雨を乞事有、行舟に順風を願ば、歸る船には風の逆事を歎く、誠に天道も一日の中に千變ならずは無量の願に應じ難し、是をもて彼に神助をよろこべば、此には又靈ならずと怨る者有、是みな人欲の上より天道神明を蔑す、惑の甚しきものなり、神道を尊み祈るべき理をしらむとならば、上下萬民に至まで人々の職分をつとめ、五常の理に怠なくして、人力のおよばぬ所、不意の災を免しめ給へとならば、神何ぞ其心を見徹給ざらん、唯なげかしきは吾人愚昧の惑のみにて、心は神明の舎たる事をおもはず、常に心中の神明見徹たまふ事をしらず、愼べく恐べしとぞ、

△或神家の云、世にいふ神に三熱の苦有と、又神佛は水波の隔なりと、又木佛に春日明神の御作ありと、みな是神道家の言にあらず、文才あらん人の惑べき事ならねば、辨ずるにおよばずといへども、心あらむ人はおもふべし、神に何の苦といふ事か坐べき、形有物の苦樂は常の理なり、神代に火酢芹命と申神のみづから苦たまふといふは、子細ある理説ぞかし、彼三熱といふ事を聞に、無量の願に應ずる事あたはず、惡人を變じて善人とする事能はず、定業の死を轉ずる事能はず、是を三熱の苦といふとかや、夫神は無心にして能萬事に應じ、正直にして一なりとこそ侍れ、其三熱といふものはみなこと〴〵く天理の常なり、然るを強枉てよく變じ給ふといはば、正直の德といはむや、天理は則神理なり、惡人の變ずる事は聖者の德に化する事もあれば、まして神理に難といはんや、變せざる性ある事も亦天理の常なり、定業轉じて不死不老に至る事は、仙術といふ事も聞たれど、形有物の終に盡ざるはなし、是も亦神理の常なり、諸の願を滿足すべき事は、少欲知定ならずして祈とも、神豈與したまふべきや、但し三熱の說も神理生德の本理を推て、仁道の窮なきを形容せんためならばさもあるべき說なれど、還て神理天道の常理を人欲の上より謀るに似たれば、如何とおぼえ侍るなり、又神佛水波の隔といふ事も、彼本地垂跡の說のごとし、理書に水と波と

人と影とは各一物にして二つ也、されども波と影とは物の用をなす事なしと侍れば、佛をもて水とし人とせんや、然らば神をもて波とし影として、物の用をなす事なしとするにや、されば神佛本一致といふに似て、還て神を貶め佛を本とする主意はしられぬ、夫神は萬物の體にして、萬物は神の用とこそいへ、思を致べし、又木佛を春日明神の御作と云は其說しばらく據あり、或書にむかし稽文會と云佛工あり、渡唐して妻を求め一人の子を生り、稽主勳と名付、文會皈朝の後に、彼子成長して母に向て父を問、母文會が事を明す、彼子父を慕て來朝し、終に尋逢といへども父子相しらず、名のみをしるべにて逢ぬれば疑あり、父の云、互に佛像を作べし、各半身を作て後合てよく一體ならば、父子の疑を決すべしと、彼子喜で作るといへどもせんすべをしらず、春日の神に祈てよく佛像の一體ならん事を願ふ、神其誠をあはれみ給ひて、夢に佛の指を賜ると見て、彼佛指を則として作り、父子相合するに實によく相かなえり、是よりして彼父子の作る佛像を世に春日の御作といひしとかや、此說につきて或人の云、明神も佛像を造り給へばこそ佛指をも授給なるべしと、是亦理に闇して雪の上に霜を加ふる心得なり、神は人の誠をあはれみたまふがゆへに、其事につきて其々の意を諭給ふにこそ、誠に神慮の無邊ぞかし、何ぞかゝはりて佛像を刻給といはんや、此事に限ず諸職人の祈り誠にかなふはみな利賞あるべし、然るを神其諸職を勤給ふといはんや、强て神理を論せばあらゆる事闕たまふべからず、されどもかやうの俗說より神明を褻瀆事、世にあまたなれば、意味すべき事なり、稽主勳が靈夢はいかにも實なるべし、本より佛師なれば、佛指の則己が心にありながらも、此靈夢によらずんば一決しがたし、内外誠に應ずるの神助、心に誠なくてはあるまじき事なれば、稽主勳がはる〳〵來朝の誠を、神いかで惠み給ざるべき、春日の神作といふ事はかゝる據もあれど、此例を引て、動れば天照太神の御作などいふ說あり、是はいづれの證ぞや、いとおぼつかなき事也、たとへ實の神作なりとも、佛の垂跡ぞと輕しむる神の作たまふなれば、佛氏などの意には强ち尊むべき事なしといへども、還て神威を假て木佛の光とするに似たり、但し大方は道路にをゐて賣僧などのいふ事おほけれ

ば、利を見て義をそこなふ事むべなりとぞ、

△或神家の云、淫祠の類、唐の書にも其品々おほき中に、取分甚しき事あり、唐の或國に邪神ありて人をもて犧牲とする事を好たまふといふ事有て、道路に旅人を捉、或は金銀に買ても其日の供御とする事あり、或時貧士を捕て供ずる事ありしに、大蛇口を張て已に喰とす、彼士心を凝し觀念し咒を唱ければ、大蛇退き此害を免れけるとかや、此事を先賢辨じて云、惣て猛獸毒蛇の類は邪氣を稟たる物なれば、同氣を求動氣を伺得て從て是を喰、彼者觀念の中、其心をのづから咒をたのみて動氣の端なし、故に邪魅を退る理有て、其害を免る事を得たるにやといへり、又左傳に、宋の襄公覇業を圖の餘りに、鄫子を殺して次睢の社の犧牲に用る事ありしに、司馬子魚といふ者の云、古には六畜だも相爲に祭ず、小事には大牲を用ひず、況や人を犧牲に用むや、祭祀は人の爲なり、民は神の主なり、人を用ば何れの神か是を饗むといひしは、誠に淫祠を停べき名言なり、 我神道はむかしより民間の妄談はおほかりしかど、かゝる淫祠は聞ず、當國中島郡國府の宮にをゐて、毎歳正月中旬に、道路に旅人を捕祭禮の夜半に至て追逐之事あるを、凡俗の言に由緒もしらで彼滛祠の犧牲の類にやとおもえり、其宮の傳義を聞に中々淫祀の類にあらず、此事神社考にも梅花無盡藏の說を引て、儺の神事たる事を明せり、此祭をなをいといふは儺追の字の心にや、且此社は當國の大社にて、式の神名帳にも、尾張中島郡尾張大國魂神社、大御靈神社と侍り、殊に文德天皇の御宇、當國憶感《チカン》の神社と共に同時に官社に列せられぬ、かゝる大社ともしらず凡俗の心得こそ歎かしけれ、予彼神事の法を粗聞に、彼捉たる旅人に潔齋させて、祭の夜土餅を負せ、髻に燭を燈て神前を追廻し、一里の男女神官の下知を受て是を追逐之事とかや、此外社祕あるべし、元亨釋書を見しに筑紫の方にも此例有、太宰府の觀音寺にて是も歲の首に驅儺をおこなふ、其日寺の四傍にて旅人を捕、頭に鬼面を蒙しめ、身に彩服を着せ號て儺鬼といふ、引て殿庭を過れば、此夜は闔府の男女寺に入て此鬼を撻とかや、此日觀音寺の四邊行人なし、他州の旅客往々捉に就といへり、國府の宮のなをいも國家の爲に邪氣を追なるべし、此社にをゐて此神事ある事、大國魂命の神德にかなふ子細

あるべし、いづれの神社の祭禮とても、吾神國の往古より由緒につき微妙の道理おほからめど、物換り星移れば其本意を忘るゝ事なれば、取分神社の舊記は全き所まれなりとぞ、

△或神家の云、むかしより神木を伐て血流、或は伐て神の祟たまふといふ事有、神木は勿論子細有、さらぬ木とても精靈ある事は、白澤圖にも見えたり、風俗通に、唐の叔高といひし者の畠に、大樹ありて耕作の妨と成しゆへに、此樹を伐ければ血流たり、然れども古木の枯汁にやとて彌伐ければ果して鬼魅あり、飛出て叔高にさはりしを、高勇氣ある者にて、終に四頭を殺して恙なかりしとぞ、血の流と云は此類なるべし、神木なればとて强妖怪の事はかたり難といへども、又伐て祟ありし事は國史にも見へたり、式にも凡神社四至の内不レ得レ伐ニ樹木一と侍る、日本紀に孝德天皇輕ニ神道一とある注に、生國魂社の樹を削給の類なりといへり、推古天皇の御宇、河邊臣といふ人を安藝國に遣て、船木の材を求給ふに、好木ありて既に伐むとす、里人のいはく、伐べからず是は霹靂《かんどき》の樹也と、臣のいはく、雷神も勅命に背べからずとて、人夫をかけて伐に、大雨降り雷電頻にして其祟驗ければ、幣物をもて是を謝し祭るといへども、猶小魚のごとく變じて木の岐に挿りひろめきし事有、又齊明天皇朝倉廣庭の宮に遷坐、此時朝倉の社の樹を伐拂彼宮室を造、故に神忿給て殿を毀、是によりて大倉の人および近く侍ふ人々病で死する者多し、同年の七月天皇も朝倉の宮にして崩御なりき、御喪を徙の日朝倉山の上に鬼有て、大笠を着し御喪の儀を伺見しとかや、又光仁天皇の御宇、西大寺の西塔に地震す、是を御占あるに、近江國滋賀郡小野の社の樹を採て、塔を作りぬるゆへに祟ありとなれば、則當郡の戸二烟を充て神の忿を解たまひき、かやうのためし數をしらず、唐の書にも所見あり、木の精靈を木魂《こたま》とも樹神《こたま》とも俗にはいへり、神代卷に木祖句々迺馳命といふは榊をいふとの說あれど、是も木神の惣名をいふ事にや、何れの樹にも靈ありて榊に限ざればなり、草祖草野姫又は野槌といふも、木祖といふに一理にして草の精の惣名也、沙石集に、或學生野槌といふ物に變じ、其野槌は耳目鼻の類なく、口のみ有て深山にも稀にあり、人を喰と侍とぞ、

△上件の事どもは、往々神家の物語をきゝにし毎に、拙き筆愚なる言を省ずして、然も亦事の前後理の可否は猶糺すに力なく、謾に記とゞむるのみなり、恐くは唯やつがれが愚なるをもて、或人の罪となすべき事を、見む人罪ゆるし給てよ、或時祖父大夫丸康綱常にいえりし事とて、家君重綱予に命じていはく、神家たらん者、神道の事物起源を辨置ずして、人の問に應ずる毎に前非を悔ざるはまれなり、當時猶務べきの急たり、神書の中事物の來由往往雜出といへども、其約なるをいまた見ず、何ぞ忽にするや、其人の師となり人の爲に成べきほどの勤は、又汝が生得のおよぶべきにあらず、唯さしあたる責を塞などの備となすべしと、予ふかく此言に感じて、常に是を事とし、書々閲見し、人の語を聞毎にも、是を記彼を抄出し、終に草稿して私に篇を立て類を聚、事の大小理の淺深なる、心のゆくかぎり拾集る事已に年あり、されども習合の名目或は俗説の中にあるがごとき、神道に用ざる事おほしといへども、ふるくより傳來る類は、ひさしき風俗となりて、大方は神道傳來の事故なりとおもえる事普し、故にしばらく辨論を加るといへども、詳なる事あたはず、固陋のなげきのみにして、終に其功を果さず、殊に神秘の御事などは、白地に楮地にもくだすべきにあらざれば、偶一二事相傳せしも、心のまゝに記事あたはず、篇目に協ざるも混雜のまゝにて糺にいとまなく、唯塞時の備とす、偏に燕石の嘲をまねくに似たれど、せめて名目をだも衆と共にせば、是によりて初學の人、其理を尋、其事を心得の益ともならんかとおもふ心にひかれて、左に連侍る也、唐の神事を記事は、彼國此國の祭祀の分別を考索せんがためなりかし、

○神學類聚

○神國篇 卷一

神國二字義　大八洲起源　日本十四名 或二十名　六十餘州五畿七道 國名

○神道篇 卷二

神道二字義　唯一　宗源　社例傳義　諸家之流　兩部習合　神道護摩　宗源行事　十八神道　神道灌頂　神道加持　護身神法 九字

○宗廟篇 卷三上

初穗初尾荷前　射禮　起請文斷金　淫祀神仙水府　神體蛇
鍾馗札　鬼門　急々如律令

○神器篇卷九

十種寶　神籬磐境　三種神器八咫鏡、八坂瓊、草薙劔名義、元由、安置　天
平賀　嚴瓮　手抉　葉盤　盆　土器　匏　百鳥机
八脚机　梔弓　鹿兒弓矢　羽々矢　八目鏑　蟇目桃弓蓬矢桑弓
棘矢　白楯　御鉾　天日矛　天瓊矛天逆太刀　廣矛　蠅斬
茅纏矛　蛇麁正　頭槌劔　十握劔八握九握　千箭靫
五百箭靫　鵄尾琴　神樂器數多、神器非ニ此限ニ其要摘レ之

○祭任篇卷十

齋王伊勢齋宮賀茂齋院　神祇官　祭主　齋主　宮司大司、權大司、少司
主神　神部　宮主　大神主神主　長官　禰宜正禰宜權禰宜
官府權禰宜　大祝　國造　縣主　社務　大物忌　物忌父
神三郡惣追捕使　大内人　玉串内人　諸鄕刀禰
司中兄部　檢非違使　宇爾物忌　檢校　別當　神
服部　御師職禱師詔刀師　神官祠官　神樂人八乙女口頭　中臈
此外諸社之職掌人不レ遑ニ枚擧ニ

○爵位篇卷十一

官位古冠　朝服　祭服　烏帽子　木綿繦　襷同掛帶領巾
受領

○卜筮篇卷十二

太占　鹿占　龜卜　雜占數多　陰陽師　古暦之事
暦日取

○他教篇卷十三

儒佛來朝　本朝僧尼始　同寺院始　同佛像始經論□□
同宗旨始　同僧綱始門跡號、菩薩號、大師號、□□國分寺、惣錄目　葬禮
棺槨制、碑　合葬火葬、水葬野葬、殉死　因果輪廻說

○服忌篇卷十四

五等親　喪服　三轉忌　忌火　月水穢　產穢　魚
鳥穢　六畜　五辛　火燒溺死　灸治　雜食穢　途
中二見

○國史篇卷十五上

神代文字新字　八之字八數　伊呂波　片假名　古書
目錄

○同　篇卷十六中

中臣祓解　六根清淨祓解

○同　篇卷十七下ノ本

神代卷上摘ニ要說一

○同　篇卷十八下ノ末

神代卷下同上

○歳時篇卷十九

五節供正五九月祈念　毎月朔十五廿八日祝儀　元三諸式本朝之故實異朝之故事

三月三日諸式　巳日祓　端午諸式　六月祓　七夕

生身魂祝儀　盂蘭盆玉祭　八朔風俗　放生會　重陽諸式

無神月説　亥子祝　荷前使十陵八墓　追儺　節分故實

△類聚都て十三篇、事故已に三百餘事におよぶといへども、神道の故實豈又此限ならんや、遺漏にをゐては追て考べきのみ、徒に名目を聚といへども、神道の甚秘公事の大義など、其十が一をだも知て是をするにはあらず、一二同志と共に此名目によりて其緒を繹ば、遂に行高にのぼるの便ならんか、其中に事理共にしれがたく名のみなる事有、又理を傳て事の傳絶たるあり、又形を見ていはれをしらぬあり、しかれども古書に載所の大概、師説の辨によりて學ざらんや、常に用てしらざるは實に神家の大患なり、興起せば又何ぞ難かるべき、唯なげかしきは吾人尋ざるの怠にあり、おもはざるべけんか、

貞享五戊辰年正月吉日

尾州本町兩替町角　木村五郎兵衛

書肆　洛陽錦小路新町西へ入町　永田長兵衛　開板

右神家常談三册、以流布本令書寫、一校了、明治四十四年九月七日

神家常談終

藤森弓兵政所記

藤森弓兵政所者、舍人親王之廟也、親王者、天武帝皇子、母新田部皇女、舍人其諱也、持統帝九年春正月、以二淨廣貳一授レ之、文武帝慶雲元年春正月、益二封二百戶一、元明帝和銅七年春正月、又益二二百戶一、封租全給、食封田租全給自レ此始、元正帝養老二年春正月授二一品一、三年冬十月賜下內舍人二人、大舍人四人、衞士三十人上、益二封八百戶一、通レ前二千戶、詔旨最盛、四年夏五月、親王奏二上日本紀三十卷、系圖一卷一、先レ是奉レ勅修レ之、至レ是成矣、秋八月知二太政官事一、聖武帝神龜元年春二月益二封五百戶一、天平元年春二月左大臣正二位長屋王、私學二左道一、欲レ傾二國家一、帝遣下親王及新田部親王等窮中問其罪上、長屋王伏レ誅、夏四月太政官處分、舍人親王參二入朝廳一之時、莫三爲レ之下レ座、秋八月詔、立二正三位藤原夫人一爲二皇后一、親王宣二其勅一也、三年秋八月引下入諸司主典已上於內裏上、親王宣レ勅云、執事卿等、或薨逝、或老病、不レ堪二理務一、宜下各擧中所レ知可レ堪二濟務一者上、五年春正月、皇后母內命婦正三位縣犬養橘宿禰三千代薨、冬十二月帝遣二親王及從三位鈴鹿王等一、就レ第宣レ詔、贈二從一位一、是歲親王與二新田部親王一、宣乙聞四諸王願三賜下臣連姓上供二奉朝廷一之勅甲也、七年秋九月、親王弟大將軍一品新田部親王薨、帝遣二親王一、就レ第弔レ之、冬十一月乙丑、親王薨、壽六十歲、葬二于山背國深草山麓藤尾一、卽今藤森也、帝遣三鈴鹿王等監二護葬事一、其儀准二太政大臣一、令三王親男女悉會二葬處一、遣二中納言正三位多治比眞人縣守等一、就レ第宣レ詔、贈二太政大臣一、帝嘗行二幸山村一、詔二陪從王臣一賦二倭歌一、卽有二御製一、時親王應レ詔獻二一首一、載在二萬葉集一矣、親王娶二山背上總守當麻老女一、有二子十人一、一三原王、二三浦王、三三島王、四船王、五池田王、六式部王、七大炊王、八守部王、九出木井王、十貞代王、孝謙帝天平勝寶八歲夏五月、太上皇崩、遺詔以二新田部親王子道祖王一爲二皇太子一、太子不肖、不レ堪レ承レ重、天平寶字元年春三月、帝召二群臣一示二先帝遺詔一、右大臣已下同奏云、不三敢違二顧命一、遂廢レ之、夏四月、帝召二群臣一議二皇嗣一、右大臣藤原朝臣豐成、中務卿藤原朝臣永手等言曰、道祖王兄鹽燒王可レ立也、攝津大夫文室眞人珍努、左大辨大伴宿禰古麻呂等言曰、池田王可レ立也、大納言藤原朝臣仲麻呂言曰、知レ臣者莫レ若レ君、知レ子者莫レ若レ父、唯奉二天意一耳、乃勅曰、宗室中、舍人新田部兩親王、是尤長也、因レ玆前者立二道祖王一、而不レ順二勅教一、鹽燒王者先帝責二無禮一、則宜レ擇二於舍人親王子一、船王者閨房不レ脩、池田王者孝行有レ虧、唯大炊王雖レ未二長壯一、不レ聞二過惡一、欲レ立二此王一、如何、僉曰、惟勅命之聽、則立爲二皇太子一、二年秋八月、太子受レ禪即二皇帝位一、三年夏六月、帝追二尊皇考一、奉二崇道盡敬天皇之號一、皇妣號二太夫人一、兄弟姉妹皆稱二親王一、八年冬十月、太上皇遽退レ帝、爲二淡路國公一、則淡路廢帝是也、天皇孫有二猪名王一、其父或云二式部王一、或云二守部王一、猪名王子曰二乙村王一、其子曰二清原峰成一、其苗裔相繼爲二社司一焉、予竊尊二信天皇一、參二詣藤森一、見二舊記一、聞二口傳一、天皇得下弓兵神妙之法上、其所レ愛馬與レ鷹也、社前繪レ馬畫レ鷹、此之緣也、其兵法秘而在焉、所レ謂二相大悟、其一彼立足、其一水銀體者也、武人所レ重自治要集、頗窺レ之爲レ之、謂二之天皇作一者非也、政所之稱、桓武帝賜レ之、後土御門帝文明年中社棟文曰、皇聖廟一字建立焉、每歲仲夏端午日、騎射、走馬、甲冑帶刀、把二弓矢一、操二戈矛一祭レ之、仲冬念三日、夕奠祝レ之、凡神事尙レ質、土座築二三

才壇一、東天壇、西地壇、中人壇、奠物用二土器一、平賀、手窪、小壺之三品、所レ謂深艸土器是也、大倭祭、安鎭祭、傳受之大事也、延曆年中、早良親王爲レ厲、仍謚二崇道天皇一、寫レ經建レ寺薦レ之、當社相殿早良親王坐焉、以三親王特崇二敬當社一也、或曰、謚號上字、本社土隆切、從レ山宗聲、尊重之崇、相殿思遂切、從レ山示聲、神禍之祟、蓋以二兩字分毫之間一而有二親王神禍之事一云レ爾、社東南有二鉦槻一、相傳神功皇后藏レ旌處、天皇亦納二旌於玆一、則靈地威氣既尙矣、西南有二經塚一、或謂埋二儒經一、或謂埋二佛經一、予謂是何爲也、佛經則爲二早良親王一者耳、儒經則防二于秦火一乎、然則盍レ埋二日本紀一耶、夫我神道宗源在二于土金一、而其傳悉備二於此書一、其神代卷有二專言レ天者一、有二專語レ人者一、以レ人談レ天、以レ天話レ人者亦有レ之、以明二天人唯一之道一、然古來之說有レ詳有レ略、有レ同有レ異、天皇博聚レ之、具紀レ之、不三敢取二捨之一、敬之至也、若下上宮太子蘇我宿禰撰二舊事紀一、安麻呂之撰中古事記上、則皆一決成レ之、是故以二天皇之記一、爲二萬代之達書一、其皇代紀中、神代之遺言遺事、間出而間現焉、我人所レ當三逢下鹽土老翁上而受二其傳一也、蓋聞レ之、天地之間、土德之翕聚而位二於中一也、四時由レ此

而行焉、百物由レ此而生焉、此倭語土地之味《つちしみ》、土地之務《つちしむ》之謂、所三以訓二敬字一也、五十鈴川、則土生レ金、金生レ水、伊勢則五瀨二字之倭訓、出レ自下五十鈴川之名上也、六合之內、五氣之行、有レ淸有レ濁、有レ美有レ惡、而我國之秀、土金之盛、開闢以來、神皇正統、永聯々焉、是乃天照皇太神所レ勑之本意、兒屋命太玉命村雲命所レ護、猿田彥命所レ導、而天皇所レ傳之密旨、當社所レ存之遺法也、茍匪二神垂冥加之人一、孰能觀二其妙一、啓二其秘一也、嗚呼崇道云、盡敬云、尊號正稱二其情一矣哉、今歲秋成、請二嘉記一レ之、於レ此乎應二其需一、乃爲二之詞一曰、

大哉天皇　彊識淸雅
涉二於冊書一　游二於弓馬一
道貫二天人一　敬徹二上下一
深草之中　藤森之社
祭禮列レ兵　尊器用レ瓦
良有レ以夫　斯告二來者一

寬文十一年辛亥冬十一月廿三日

山崎嘉謹記

重浪翁高潔敬寫

武州赤城神社祠官

三戸石見守平安貞

寬政四壬子二月十六日

中山姓延正謹而書寫之

右藤森弓兵政所記一册、予所藏也、以垂加文集、及日本書紀通證、漱芳閣叢書料本比校畢、明治四十四年歲次辛亥八月十二日、

藤森弓兵政所記終

持授抄

三種神寶極秘傳

嘉謂、十種而三種、三種而二種、二種而一種也、瀛都邊津一之鏡也、八握劍蛇蜂品物比禮一之劍也、生足死反道反玉一之璽也、一之鏡、一之劍、即是一之神璽也、高天原是腹心也、心在二腹上一、故亦云二高天原一、神則心之靈、以レ玉表レ之、其明處以レ鏡表レ之、其嚴處以レ劍表レ之者也、◎信哉云、三種神寶事、見二舊事本紀玄義卷九深祕卷一、

八坂瓊之曲玉者、指二元氣一、名曰二寶珠一、亦稱二神體一、天御中主尊又號二國常立尊一、又號二大元神一、尋二天地開闢時一者、天御中主尊即寶珠也、陰陽分後、自稱二二尊一、備二續命靈一、遍生二萬物一、秀二其中一眞氣所レ感而成二一人一、應レ知此寶與二皇孫一同體、同時相化、又曰、此玉、水德所レ成、而具二火德一、何者萬物陰陽所レ共、而不二孤立一、故稱二生玉一、亦成二足玉一、及曰二死玉一、亦成二道反一、皆同陰陽元氣所レ變、瓊玉分作云々、已上玄義取レ要、

寶鏡者、天地根元之靈明、此號二天鏡一、又名二瀛都邊津一、彼左右手持二白銅鏡一所レ化日神月神是也、同一鏡分作、都無二別體一、已上玄義取レ要、寶劍者、土精金龍神所レ造也、嘉謂、龍與レ立訓同、國常立尊之所レ變、府錄曰、八握劍一柄、註天村雲劍、亦名草薙劍也、素戔嗚尊趣二根國一時、於二出雲國一所レ令二感得一、即在二蛇尾一、其崎自劍、東家祕傳曰、神劍、乃八岐大蛇精神也、及蛇比禮、蜂針、皆共靈劍之所レ變也、悉是陰陽之德用也、故八握及九握十握、同劍分作、都無二別體一、亦與二皇孫一同化云々、已上玄義取レ要、

伊勢外宮者、八坂瓊曲玉之所レ化、內宮者、白銅鏡之所レ化、水火幽契、二宮一光也、

十種之義、初兩都俱一寶鏡、四五六七俱一寶珠、三及八九俱一寶劍、俱第十寶、合二上九寶一、號二品物比禮一寶冠是也、品物比禮、亦一劍分作也、於二第十一表二一人位一云々、已上玄義取レ要、十種約二于寶冠一種一以覆二護君一、此臣下之任也、饒速日命、本知二天神慇懃一、唯天孫是與、而歸順焉者爲レ之也、

劍玉現世、其趣如二記文一自然靈貴、何尋二造人一、蜂持二利針一、螢放二玉光一、誰所レ造也、安相承乎、應レ知陰陽精明分作、況人靈寶、莫レ疑、已上玄義取レ要、

右十種而三種、三種而一種之義也、

古語拾遺曰、以二八咫鏡、及嘉謂有二口傳一、草薙劍二種神

寶一、授二賜皇孫一、永爲二天璽一、矛玉自從、即敕曰、吾兒視二此寶鏡一舉レ鏡則劔玉在二於其中一矣、當レ猶レ視レ吾、可三與同レ床共レ殿謂神皇無二也、以爲二齋鏡一云々、如レ云三二種神寶一者、舉二鏡劔一則玉自從也、又如レ云二鏡及劔一者、舉二鏡一種一則矛玉自從義也、

元々集曰、踐祚之日、獻二神璽之劔鏡一文、是乃寶玉自從之義也、若然者、未三曾離二歷代帝王御身一之靈璽也、嘉謂、口傳之祕訣即此也、只而二授之於其人一則親切心得也、

口傳曰、神璽者、天照大神御心之靈、以二八坂瓊之曲玉一表レ之、八坂者、胸也、高胸坂、平坂、磐坂、此同、瓊者、赤玉、心之色也、此吾勝尊所レ生之物根也、其明處以レ鏡表レ之、其嚴處以レ劔表レ之、所レ謂八坂瓊曲玉、及八咫鏡、草薙劔是也、三種約二于一之神璽一、是帝王之任也、故舉二一種一而二種自從、舉二二種一而一種自從、此三種而二種、二種而一種之秘訣也、

右三種而二種、二種而一種之義也、

神籬磐境極秘之傳

嘉曰、口傳云、神籬者、日守木也、巖境者、中也、泉津平坂、千人所レ引磐石此也、生死之大事在レ玆焉、是唯一宗源神道之極秘也、

嘉謂、三女者、天照大神之心化、無形之神、田心姫《たごりひめ》者其本體也、市杵島姫者瀛津鏡也、湍津姫者邊津鏡也、則是一之田心姫之鏡也、噛レ瓊生二三女一者、心之靈、以レ玉表レ之、田心者玉凝也、心之本體、湍津、市杵島者、心之動靜也、食レ劔生二三女一者、奉レ防二護皇孫一嚴心、以レ劔表レ之也、凡玉鏡劔、共心之表也、天神敎レ之曰、汝三女神、宜下降二居道中一、奉上レ助二天孫一、而爲二天孫所一レ祭也、高皇產靈尊敕曰、吾則起二樹天津神籬、及天津磐境一、當下爲二吾孫一奉上レ齋、齋磐訓同、下津磐根、石窟磐戸、磐座、共祝二皇居一之詞也、祝詞往々有二常磐固磐之辭一、以二磐石一示二磐境一、以二榊及御殿一示二天御蔭日御蔭一者也、汝天兒屋命、太玉命、宜下持二天津神籬一爲二吾孫一奉上レ齋、大神手持二寶鏡一授二皇子孫一、而祝レ之曰、視二此寶鏡一當レ猶レ視レ吾、可三與同レ牀共レ殿、神皇一體、而與二天壤一無レ窮、於二高天原一神留坐是也、以爲二齋鏡一、此日守木、磐坂也、復敕二天兒屋命、太玉命一、惟爾二神、亦同侍二殿內一、善爲二防護一、此乃宜レ持二神籬一之謂、是則在二天上一、在二道中一、同體異名之神、日本國中、大小神祇之本體、皆此神也、凡神社皆神籬也、口傳有レ之、胸肩之名、則此心之表也、以爲二祭主之名一矣、

嘉謂、奉レ助二天孫一、而爲二天孫所一レ祭也者、神皇一體之心傳也、奉レ助二天孫一者、三女神奉レ助二護日繼君一也、爲二天孫所一レ祭者、日繼君奉レ祭二護三女神一也、乃是日護也、神籬、神木、堀二五百箇眞坂樹一、懸二瓊鏡一致二其祈禱一、此日守木之言本也、神供、皆云二比莽呂岐一、此之由緣也、凡神社、神祠、亦皆

謂二之神籬一矣、神武天皇詔曰、可下以郊二祀天神一、用中大孝上也、乃立二靈畤鳥見山中一、仰從二皇天二祖之詔一、建二樹神籬一、此神祇官八神殿之由緣也、社云二野志呂一、八知之謂、八耳之口傳有レ之矣、祠云二保句邏一、日座也、火藏也、心臟神明之舍也、此即所レ謂日少宮者、而神道始終之本體也、比莽呂岐、日護也、呂岐反籬也、是口傳也、

嘉謂、天御蔭、日御蔭、是皇儀而表二神道一者也、天御蔭者、天御中主尊、高皇產靈尊之御蔭也、日御蔭者、天照大日孁尊之御蔭也、皇天二祖、爲二皇孫一加二護之一、皇孫奉二行二祖之命一、所レ謂上則答二乾靈授レ國之德一、下則弘二皇孫養レ正之心一者、神籬磐境、爲レ此而建レ之、二祖之加護、及二于天下萬神一、故祝詞往々有二是辭一、又不三止及二于萬神一、而及二于天下萬人萬物一、可レ不レ仰乎哉、可レ不レ愼乎哉、

名法要集曰、十種三種之靈德、畢竟統御之神寶、是云二神籬磐境一、無上靈寶是也、無上者、高天原之尊號也、

口傳云、日守木者、日者日也、日繼君也、守木者、覆二護皇孫一、猶三樹木蔽二翳天日一也、兒屋命之訓、亦覆二皇孫一之義也、磐境者中也、中者天御中主尊之中、此君臣相守之道、君在レ上治レ下、臣在レ下奉レ上、表二君臣合體、守レ中之道一、以號二中臣一也、執二持伊賀志杵一、不レ傾二本末一中亙布留人、稱二之中臣一、亦此義也、臣奉レ防二護君一、是日守木也、平坂者、無二二念一誠一之胸中也、境坂同訓、護レ中之堅固、如三千人所レ引磐石一矣、皇天二祖、三女神、奉レ助二護日繼君一、乃是日護也、日繼君、奉レ祭二護皇天二祖一、三女神、乃是日守木也、臣奉レ防二護君一、是乃日護木也、樹下者日蔭也、天御蔭、日御蔭之由緣也、上愛レ下、下惶レ上、此道及二于天下萬人一、起二樹日守木磐境之道一、而與二天壤一不レ變、其靈留二宅於日之少宮一矣、所レ謂生死之大事在レ茲矣、可レ不レ仰乎哉、可レ不レ愼乎哉、

神道系圖

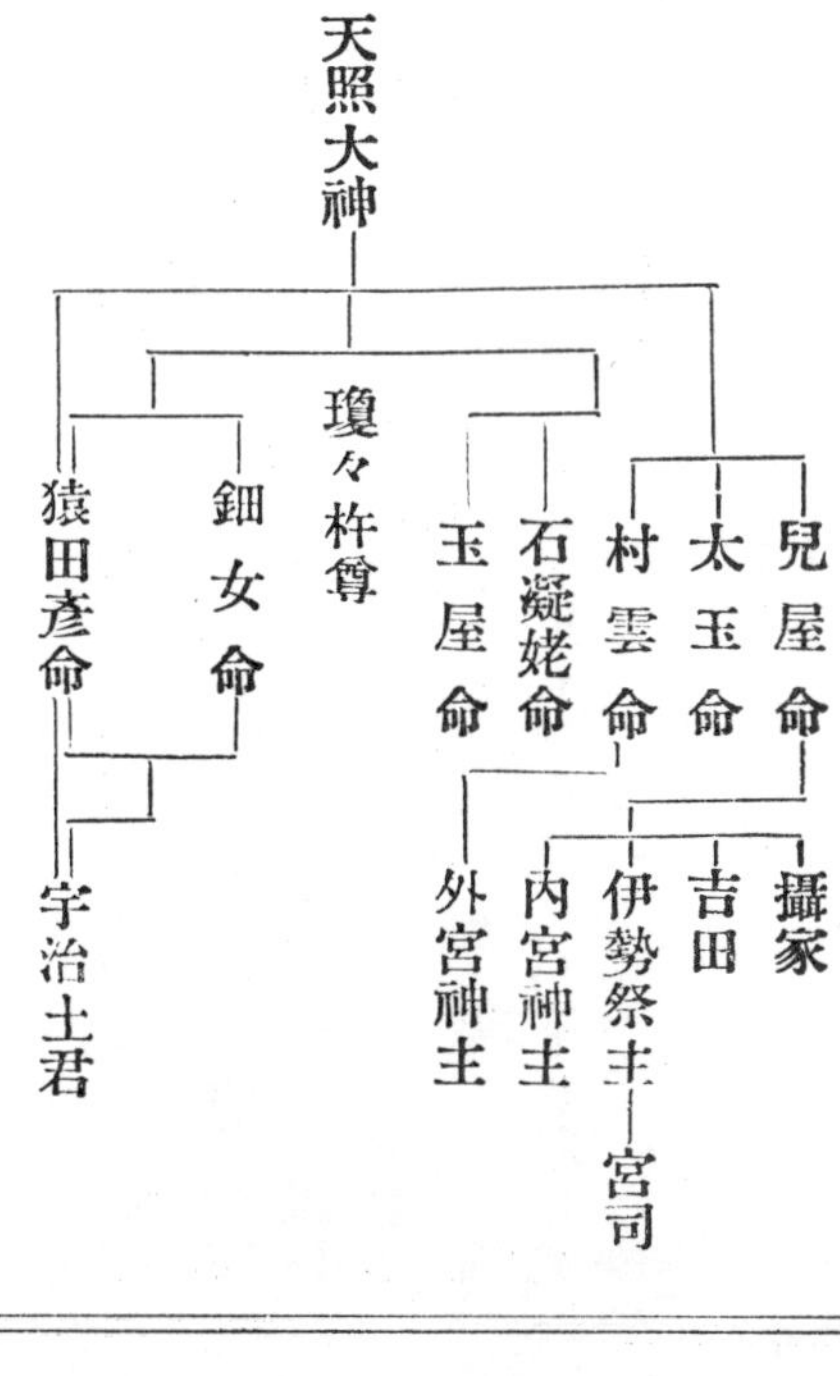

天兒屋命

天兒屋命五十三代
卜部萩原侍從
從五位下號二神海靈社一
兼從

五十四傳　吉川惟足
從時
號二吾視靈社一

天兒屋命後裔大中臣
伊勢大神宮司從五位上行神祇少副
精長

山崎嘉右衞門
號二垂加靈社一
敬義

從一位權大納言
藤原
公道

下御靈神主
從五位上春原
號二八鹽道靈社一
信直

正英玉木兵庫

右唯一宗源神道之極秘、垂加靈社之所二以授一レ予者、悉具二于此卷一、今復以授二于玉木正英一、宜二奉持而謹守一レ之、莫レ失二夫傳授之心法一焉、

享保十一年仲夏　從一位公通朱印

享保十六辛亥年七月廿一日　玉木正英押字朱印

信哉云、井上賴圀翁所藏舊事玄義奧書曰、一品藤の白玉翁〇正親町公通のたまふ、玄義は沙門〇慈遍、卜部兼好兄也、卜部の編なれども、三種の傳を得たりと見ゆ、然れ共、金銀砂石錯綜紛雜せるゆへ、具眼の人ならでは吹分難きを、吾鹽土翁〇山崎闇齋是を拔萃して風水草に載せられぬ云々、此書亦多く玄義を引けり、因て拔萃して參考に供ふ、

右持授抄壹册、以伊豫宇和島宇和津彦社司毛山正辰所藏本令書寫、以日本紀、古語拾遺、舊事玄義等校合畢、明治四十四年九月十日、

持授抄終

正親町公通卿口訣目錄

以上凡四十一條

正親町公通卿口訣

享保戊戌秋、御ニ參向于江戶一、館ニ西窪一乘寺一、九月十九日、同廿五日兩夕錄、光海翁、八重垣翁同聽之、

(◎享保以下以東京帝國圖書館本補)

浮橋造化《あめのしわざ》人事《ひとのわざ》

一垂加翁曰、以ニ造化一有下解ニ人事一者上、以ニ人事一有下語ニ造化一者上、浮橋全體以ニ人事一知ニ造化一云々、相交互して說と也、是名言にして、此段人事は能く合點ゆけど、造化が知れがたし、人體の夫婦會合にて能く知れども、造化もあの如くかといへば、そこは知れ難し、譬へば天の日月は明か也、人體の日月は左右の眼也、

天の如く明かにはないぞ、人體の會合も、天の會合も同じ事かと見れば、人のやうにはない、故に難レ知、然ども男女會合の所にて、則天地陰陽の會合を知る、こゝを垂加翁の能合點し玉ひて、右の語を書れし也、垂加翁の能合點さるゝは、あゝ只是々と、只一言にあり、天人唯一なり、こゝで儒學の語を云へば附會なるゆへに云ぬことなれども、論語に我欲レ仁斯仁至とある、是も欲すと云字が即仁心也、只是々也、

浮橋二尊

一公謂、神代の初段に、國常立、五行の神と語て、次に二尊とあり、陰陽の神造化にして、浮橋の段より引起し、改てとく、降だりますす處則人體なり、一書に、二尊は青橿城根《あをかしきね》尊之子《みこ》也とある、妙筆也、こゝで人と見するぞ、人は敬みより生ずるの意也、國常立尊は天地全體の神也、是より五行陰陽とくるぞ、たとへば國常立は櫛笥の如し、其中の櫛、髻、髮搔等、みなこれ五行陰陽の備る也、此櫛、髻、髮搔等は本と櫛笥より出る也、◎櫛笥以下、帝國圖書館本、平出本、並作ニ多葉粉盆の如し、其中の火入れ、灰ふき、きせる等、皆是五行陰陽の備はる也、此きせる火入等は、本と多葉粉盆より也、四十八字一、附會に非れども、易の大極は、神道の國常立也、夫れより五行、一陰一陽とあり、神道で浮橋の段の、前の二尊を造化で云ねば、陰陽はどこで云たものぞ、是天人唯一也、

白銅鏡《ますみの》

一白銅鏡の所は則御祈禱也、あの日の如く、あの月の如くと思召たと云ふ計では、御祈禱の所見へず、御祈禱から心化なり、これ本段に共議曰とある、是御相談なり、御相談とて別はない、即日月の御祈也と見べし、此段の白銅の意を含でみよ、二尊の何とぞ天下を治る御子を御持あそばされたいがと御相談也、この御相談と云こと大切なる事也、

心化

一心化神は、心に思ふばかりに非ず、神號を奉る事也、奉るは立て祭るの訓也、封ずるとは不レ云、封ずるとは文などを封じこめる意にして、邪神などならば、封ずると云、神號には封ずるとは云ず、奉ずると云也、諸尊の底筒、中筒、表筒は、これ住吉大神矣とあるは、勸請し給ふこと也、總て神を勸請するには、今此宮に鎭座し給へと皆此方よりの了簡也、さには非ず、今御手を取て引奉る意になければ勸請と云難し、

九神

一表、中、底、これを横竪にしてみよ、竪にも三神也、

横にも三神也、合して九神なり、表筒と底筒をいへば中をかねる、中をいへば跡先をかねる、即扇を取りて手づから敎へ玉ふにも、中を取れば兩端は自らあがる、兩端を取れば、中は自らあがる也、片端を抓みあぐれば、全體が直にあがらぬ也、思慮のかうと徹したる處が即中也、中さへ定れば本末は自ら明也、心化のなりが即是なり、これ秘傳也、

和歌

一公通公曰、神代卷九神出生の段、日道の所に於て和歌の傳ありと云、底筒、中筒、表筒は、住吉大神と、是を和歌の神と云は後に云傳る事也、神代卷に和歌の神と記してなき故に、神代卷にては和歌の神とは説ぬ事也、尤興言曰、上瀬是太疾、下瀬是太弱、是は歌の本にして大切なる事也、興言は格別に言出す事也、是五七五七にして混本歌なり、渾本とも云、渾はすべると云意也、八雲御抄に渾本歌出たり、三十一字は素盞嗚尊より也、此段は渾本歌秘傳の事なり、

住吉

一又曰、天子御即位の時は、三種の神器、後世まで證據とす、大切なる事也、然るに諾尊冊尊の、日神を格別に天子と立給ひ、殊に天子の始なるゆへに、證據なくては叶はざること也、日神を天子とする證據は、御禊の時、是住吉大神とある處、即證據なり、こゝで噎すみよいと宣ふ也、浮橋、白銅鏡の段は、後世申子《まふしこ》の筋也、後のあゝすみよしとあるに通ず、眞住吉は切紙なりそれゆへ此末に洗二左眼一、因以生神、曰二天照大神一、この處にては、はつきりと證據に宣ふこと也、住吉《すみのえ》、えはよしの反し也、日吉《ひえ》は日よきなり、

七庚申

一七庚申混沌傳のことは、傳敎が七疋の猿の詠に

見ず聞ず言ざるみつの猿よりも
ましらざるこそまさるなりけり

この歌の意、定めて混沌傳を得たるなるべし、去ながら本傳に合ず、此歌は傳敎にてはあるまじ、埒もなき歌也、後人の作なるべし、さて七猿と云ことを、畫に書たが色々有るに、埒もない圖が多く、不レ見不レ聞不レ言の外には、立て舞ふ所や、幣を持た所や、色々の圖は譯もないこと也、或る圖に、七匹を只つく〲と並べて畫たがあり、面白き圖なり、畢竟は三猿にして七つの筈なり、さて目をふさいだ猿と、耳をふさいだ猿

と、口をふさいだ猿と、目と口をふさぎて耳のあいた猿に、口と耳をふさぎて目のあいた猿、耳と目をふさぎて口をあいた猿、扨のこらずふさいだ猿、以上七つ是秘訣なり、この傳を、我れ繪にかゝせたると也、混沌傳は伊勢の傳にして、出口延佳が垂加翁へ傳授と也、此傳は少しなれども、此方が明かなるゆへ細かになりしとなり、それ故庚申傳も伊勢からなり、

一猿の面の赤きは、朝日に向ひたらば顔赤かるべし、尻の赤きは、これ徹底也、面より尻まで打ぬいた處なり、良顯云、〇良顯、平出本作二光海翁一 尻の赤きは夕日なるべきか、公の曰、徹底を言た跡では、なるほど夕日も面白し、

和歌極々傳、枕殘二條、別紙に在、

神代人皇

一公謂、神武帝より人王と云ことは曾て無こと也、神世七代は造化にして、是神代也、二尊も未生《みしやう》、已生《いしやう》あり、未生は造化ゆへ神代也、已生は人體ゆへ人代也、天人唯一にして今も神代也、古今集の序に、人の世となりては、素戔嗚尊よりぞ三十一字は詠けるとあるも、人體ゆへ人代也、人體は皆人の世也、人の世は即神代也、それゆへ今も亦神代也、神武帝より人王と云ことは甚非也、卜部家の未生の二尊已生二尊と云ふはよき傳也、問、神武紀に、始馭天皇《はつくにしらすすべらぎ》よりを人皇と説く。いかん、答、始馭は、開基の事也、これより人王と云説是亦非也、初て國を知は、みな開基のことなり、とかく神武帝より人王と云は、すべて非なり、

一垂加翁の中臣祓我に語り給ひしは、今時學問した者は、天下を丸のみにして、一人にて天下を治めたきと改たがる心あるは、宜しからぬこと也、何として我すきにならふ樣はなし、成らぬことを無理にさうやらふとするは世人の我《が》也、我が力にいかぬ事は其通にしてをいたがよい、從はれぬことにも、今の世では從てをらねばならぬ、其れは其通の事で、我身の道の行はれぬは唐からあの通の事じや、時に從ふがよき也、そこで予思ふは、天下之事 ◎天下之事、圖書館本、平出本並作二神道二字一は中臣祓につゞまる、中臣祓を人にして見れば天子也、何程道が絶ても、是が有れば天下は治る也、天子此中臣祓を ◎天子此中臣祓を七字、圖書館本、平出本、並作二今中臣祓を人にして見れば、天子と大樹也、此御兩人さへ廿四字一 體認ましませば、天下は治るとありしをば、翁のさて〱名言也と褒美ありし也、

一又謂、諸家中臣祓で皆すむ也、卜部家、忌部家、伊勢

家、其外皆中臣祓ですむ事也、扨卜部は行事を重にして、其行事も皆後世に作ること多し、伊勢には行事とては八足祓まで也、これは中臣祓の八針にの處に行事がある也、此行事が古來の事なり、

一又謂、神道は諸家に傳が殘りてあり、今時これは誰の傳かの傳と、色々に云は悪し、神代巻の中、混沌傳は、伊勢にのこり、浮橋の段、未生已生の傳等は、卜部家に殘り、三種の事は忌部家が委し、中臣の祓は伊勢に委し、如レ此なるを猶集めねば大成せず、それを卜部の神道とて、何もかも卜部一家ですむ事ならず、神代巻に不レ殘神道は在て、其中の事を方々に傳たる事也、佛家の八宗九宗の如くにならぬ様にすべし、根本みな神代の巻の中の傳也、然るを、是は伊勢の傳、卜部、橘、忌部とわけて云は非なり、

一又謂、卜部の傳書に、浄衣は白張のやうに拵へたを浄衣と計はいはず、浄衣と云は、きよき衣と云ことにして、何にても浄き衣にして穢れぬを皆浄衣と云、これは面白き傳也、新しくても古ても同じ事也、上下小袖も清きはみな浄衣と云べし、

一木綿《ゆう》は麻なり、これを八筋の三筋のと云ひ、木綿糸でこしらえるは非也、今のもめんは漸百年以來異國より種が渡るなり、これを卜部家にて免すは埒もなき事也、ゆふは塡字に木の綿と書く、木の中の柔かな物は皆わた也、石のわたも、貝のわたも、わたと云はみな同じ事也、今加茂の祭に藤の帽額《もかう》をはちまきにするも木のわた也、木綿手襁《ゆうだすき》は我も伊勢の通り麻を掛用ゆると也、

一又謂、風葉集首巻に、翁の曰とあるは垂加翁の語也、翁謂とあるは、翁のことばを皆々打寄てかくゆへわけて見する也、

風葉集全體取立し事、先年私宅に於て、出雲路民部と、淺井重遠◎重遠平出本作二萬右衞門一とくませ、梨木左京と、桑名松雲とくませて吟味せし時、梨木と桑名◎桑名平出本作二松雲一と喧嘩せし也、それより止し也、其後我《が》を立て說來れり、もはや取立る事も成べからず、何とぞ取立たきもの也、尤初學の爲には佳き書なり、未だ草稿なり、

一總體道理の付けられぬ事に、無理に付るは悪し、針の理に大極を云やうな者也◎此一條以二平出本一補、

別紙

和歌極々傳

一神代巻では、和歌の神と云事はなし、さりながら浮橋の段、あなにゑやの御詞を始とする也、和歌の極々の所は、宗祇抄にもある通り、順徳院の俊成に、古今六歌仙の中に、誰が勝たりと勅問有しに、花山の僧正は歌のさまはえたれども、まこと少しとあり、歌は心の誠を本にする事なるに、何とて僧正を第一とは申ぞと有しに、俊成の、そこが勝れたりと也、是至極の義也、是迄は知る人もあれど、此上を知る人なし、されば誠のないが歌かと云ば左には非ず、櫻を雲と見るは、櫻と見て雲と見るに非ず、紅葉を紅葉と見て錦と見るにも非ず、されば古今の序に、秋のゆふべ、立田川にながるゝ紅葉をば、帝のをゝん目に錦と見玉ひ、春のあした、吉野の山の櫻は、人丸が心には雲かとのみなんおぼへけるとあり、櫻を雲雪と見るは後の事也、和歌は戀慕の情出るが戀の情也、そこで好色は悪きと思ふは後の事也、業平は此傳を見そこなひて好色に流し也、此すぢで花山僧正を勝れたりといへり、

一小倉山定家の百人一首は、一首ごとに讀人の名を書れざるが本意也、名を書きしことは、後に考の為に見るものが書きしこと也、名を書おけば人がそれに付て色々のことを云たがる也、それゆへ書き給はず、歌は作者に構なし、歌のよきを主として撰むゆへ、貴賤の差別もなきことなり、◎歌は以下廿二字以二圖書館本一補、

一伊勢物語は業平の事を伊勢が物語に書しとなり、◎此一行圖書館本无、

一法皇より古今御傳授あるべしと勅命あれども、御斷申上て、御傳授は得ざる也、此の譯は、古今御傳授には、卜部中興の傳あるゆへ、それを立てねばならぬなり、此方の神道の為にならず、かやうの意味あるゆへ御斷申上げし也、近年は歌も止めて詠せず、御會にも御斷申上て不レ出也、慰に狂歌をよむなり、狂歌も世俗の狂歌とはちがひ、本歌を取てそれに俗語を入るゝまでなり、江戸の卜養が狂歌は落首の類なり、狂歌には非らず、總て和歌添削のことは、古今傳授せねば添削せぬ法なり、傳授なき故我れは添削はせざるなり、◎總以下圖書館本无、

枕

一枕の事、萬葉集にいくらも出る、古は枕なし、それゆへ手を曲て枕とすゆへ、枕の訓は、按ずるにたまくらの訓なるべし、こらがまく手まくらと云つゞけたり、こらは女子の事也、それゆへまぐると云意也、巻物もぐる〳〵まくは曲る意也、枕に色々の訓義をつくるは非なり、まことのくらと云もあしゝ、萬葉の歌は手枕の枕言葉なり、

一禁中で、菊のきせわたと云事あり、それを昔から兩說に云て、歌にも二通りによみてあり、菊居と云ものを置て、そこに菊を置て、わたを色々に染て丸くしてのせる事也、某が見は、兩說でなし、一說につゝまる、明日菊が咲ぬゆへ、あたゝめてさかする爲とても、さうするからは、花の形に似せて作る筈、花が咲ぬゆへ花を作てのせると兩說ではなし、花が咲ねば則それを花にするなり、

笏《しやく》

一又謂笏の事、唐では笏《こつ》と云て、所㆔以備㆓忽《こつ》忘㆒と云て、物をわすれぬ爲書付る用にしたるもので、昔もこつの音也、それを日本でしやくと訓ずる也、音と云は非也、和訓也、尤こつと云は、骨のことに通じて、禁中で忌ことゆへ、しやくと音を付ると云は誤也、それゆへ齒黑《はぐろ》も骨をあらはすゆへ忌むで、かねを付け、爪紅《つまべに》も骨をあらはすを忌ゆへ也、譬ば堂上方では白虎通《びやくこつう》をも白虎通《とう》と云は、白骨《びやくこつ》と音まぎるゝ故とうと云也、通はつうともとうともよむ故、笏もこつともよめ共、しやくと云は非也、しやくは訓也、切紙あり中古より取違へて、寸尺の尺と云て、天子は何尺何寸にして、官位に依て長短ありと云て、成《せい》の短《ひく》き人も、官高ければ長き笏を持、官卑ければ成の高き人も短き笏を持、この外、形が見苦きこと也、位に應じて尺を以てはかるとて、尺の音を付たるなど云は附會の說也、堂上方の傳は身の曲りを直す爲也、笏を身の中にて兩手で持とき、笏が曲れば其身も曲る、そこで直《ろく》にすれば身も直になる也、じやうぎとも云ば聞へた事也、鏡なり、しやの反さ也、則さく也、物を裂の意也、入鹿を大織冠の笏で打殺すとあり、是劔也、人の形をあらはしたものゆへ、全體玉也、爰で三種そなはる、此故に神體とす、◎笏を身の以下百廿字圖書館本无、春日の神體を笏とす、是秘訣なり、

猿田彦

一猿田彥八萬歲のことは、造化にて說たるものなり、◎此一行平出本无

◎信哉云、別紙和歌極々傳以下八條原无、今以二東京帝國圖書館本及平出鏗次郎所藏阿波國文庫本一補レ之、

問目の答

一十種の圖形は、振祉の傳也、おきつへつ者臺也、臺の形は、いかやうにも有べし、形に拘るべからず、おきつへつは陰陽也、蜂は空を恐れつゝしみ、蛇は地をおそれつゝしむ、品物寶冠にして、三種もこゝに約まる、外は傳の如し、

一靈社號は、神道傳授の人は誰にても稱すべし、靈はみたまに非ずや、人々靈なき者はあらじ、其靈を社とするに何の障ることあらんや、卜部家にて靈社號を出すことも利の爲なるべし、靈社號を稱して咎る者あらば、免す人有て稱すと云べし、

一狛犬は、天子清涼殿の御帳臺のへりにあり、是文鎭也、火闌降、狗人のことゝ云は非ず、さて文鎭は猫にても犬にても作るべし、狛犬に限ることには非ず、然るを神社の庭上におくは誤なるべし、その上禁中にても障下にてなきにて知べし、

一神代卷上下と分るは、後世の加筆歟、神代上下と書てなき本ありとぞ、予はその本に從はんことをねがふ、

一門松の說未レ詳、古歌にもあれば久しき故事とみへたり、考るに正月の元日に、そのかみ、子の日ありて、子日の松ならん歟、注連は一年中曳べき物なれども、そうはならぬゆへ、後世は年の始のみひくなるべし、注連を引ための松歟、松には限るべからざれども、尤も久きを祝して用ゆるならん、我門にも子日の松の心にて小松を立る也、禁中に門松なし、さぎちやうは異國の禮禮一本作レ例なり、

一狐は稻荷の使者也、總て使者は其神德に應ずる鳥獸を云、狐は五穀を守る物ゆへ、五部書に三狐神と塡字あるより、稻荷の使者とす、人を化すは、人にも善惡ある如く、狐にも人を化すは狐中の惡物なれば、神慮にもかなふべきやうなき也、

一磯城神籬は、磯城の地に神籬を立たるが故に云レ爾しより、何處に立るとも磯城の神籬と云べし、崇神紀に所レ載は地名なり、如レ此ことは活見すべし、

一卜部家に三元五大神妙經の意、神代の傳にあはず、

彼書の意、卜家の癖なり、

一去々年垂加翁の墓所、皆々打寄修覆せしを、光海翁へ殊の外大慶の由禮をの玉へり、◎此一條以平出本補、

一源良顯◎良顯三字、平出本作二光海翁一、云、先年學會の時、論じて云、承久亂の時、北條家の臣となり、元亨建武の亂の時、高時高氏が家臣、此國は天子の御國なり、然れば朝家に弓を引は朝敵也、又官軍となれば、代々北條家、足利家恩を請たる主人に弓を引也、いかんして可ならん、一座論分明ならず、其夜夢に垂加翁私宅に來り給ひ座し玉ふゆへ、予此事を云て、君臣の大義を問、垂加翁の曰、常々誰も知たる伯夷にて能すむ也と仰らるゝとみて覺たり、一位公これを聞召され、誠の靈夢なりとて感じ給ふ、

一古今集の事、御傳授を受ざればいはれぬ事也、然ども古今の事、宗祇抄にて大ていは知る事也、色々の道理をつけて云は、後世附會の事也、御傳授を受ざればいわれぬ事也、光海翁曰、宗祇抄に、やまと歌は人の心をたねとして、萬のことのはとなれりとある所に、神代巻にて、まろがれたること如ニ雛子一、溟涬含レ牙、この語を引て注有レ之は如何、公曰、其やうな事也、ここへ神代の巻の事を引ことにあらずとの玉ふ、多門氏問、古今の三鳥の中、呼子鳥は猿とも申、つゝ鳥とも申候、如何、其やうな埒もなき事を云傳ることなり、古今の事わけあることなれども、云れぬこと也、◎此一條原无以二平出本一補、

一先年勅命にて、三條西實敎は近代の高才なるが、佛見が極意か、神道歟、儒道歟、問答して參れとある時、かやうの儀一人しては如何に御座候間、誰にても同道を一人被ニ仰付一被レ下候樣にと申上る、其時前大納言通福卿を添られ、一夕實敎の亭にまかり、そろ〳〵と語出して、終夜種々問答す、とかく實敎は根が佛見也、子細は神道に神を封ずると云ことを疑て難ぜらるゝゆへ、あれは封じこむるには非ず、神號を奉りて祭ることゆへに奉ずると云也と答へければ、とかく心は封ぜられざる物也、大學に具ニ衆理一而應ニ萬事一と朱熹の注せるも合點がゆかず、具ニ衆理一と云如くに、こちらから具へさせぬやうなることにてはなしと云るゝ、某が云は、否あれも衆理具てと書しも同じこと也、それは漢字に通ずれば人作にて具れりと言ことに非るは知れてあると論じたり、實敎大學の注

のすまぬは、實敎漢學にうとき故也、封ずると覺へたるは神道に暗き故也、根は佛見也と云ことが彌しれたり、

一後西院古今御傳授の時の御歌に、守るてふかひこそわたの底筒お、ふかき傳への道をしへくれ、此御歌、神道の正傳を御存じなき故に、そこづゝおばかり御詠じなされて、本傳に叶がたし、惣じて古歌に神道の事を詠じたる歌多し、其中に傳を聞て詠じたる歌有、又傳をきかずして、口拍子にて詞のつゞきよく詠じたる歌、自神道の傳に叶ひたるも多し、此わけを辨へてきくべし、◎此一條以二平出本一補、

一古來世間流布の王代紀、年代記に、天神七代、地神五代と記して、神武天皇より人皇と書き著はす、此大なる誤也、人皇の始は天照皇大神にして、それによりて三種神器を正統と立て、書に著はすは神皇正統記のみ、それを考へて無窮紀と云書を書立置れし也とて、良顯へ見示あらん爲、京都より持參せられ、手づから良顯へ授たまふ、◎信哉云、公通江戸下向は無窮紀の跋に據るに享保三年の秋九月なり、吉野南朝のことも、正統記には後村上天皇まであり、此末を考へ、無窮紀にのせんと志して、先草稿を書きしとてこれを授け玉ふ、良顯南山編年錄は、數年考へ南朝を正統に書し由申上ければ、御感心にて御覽有たき由仰らるゝ、翌日指上し也、公御覽有て、甚稱美し玉ひ、御感心の由仰下されし也、

一葵は負日《あふひ》の訓元にして、靑は即それをうけて敬むの事也、神武天皇御影を負玉ふ事を以て其神德葵存せり、〇此一條以二平出本一補、

正親町公通卿御口授に云

三種の神器の傳は、畢竟玉一つにつゞまる事也、此心のなりをすぐに形にして出したるものなり、玉は物を惠み出す德にして、先づ玉のすき通りて明なる所鏡也、玉のきつめ畏べき所ある則劒也、是玉一つにつづまる所也、予は柄の長き物なれど、丸くすれば則鏡也、予玉自從と云も、玉とばかりあげて云へば、鏡予がつきそふ也、鏡ばかりを上て云へば、玉劒がつきそふ也、劒を上て云へば、玉鏡がつき添ふ也、

傳に曰、三種神器の根元は、神代卷曰、古天地未レ剖、陰陽不レ分、渾沌如二雞子一、溟涬而含レ牙とあり、是根元也、まろがれなる所、萬物の生氣を含む所の明なる德

具る、故に開闢しても日月明かに照し玉ふ也、牙は劔の徳也、是三種の神徳開闢の前に具る故に、開闢の後も此神徳の顯れ出る也、それを大神天人唯一の徳、天子御代々絶ぬやうに形に具へ置て、御代々護身の神璽となし、日本を治め玉ふ事也、◎信哉云、右一條跡部光海翁源良顯著三種神器極秘傳所レ收也、

東京帝國圖書館本奥書云

御歸京の時御歌

又も見む秋をぞ契る我よはひ六十あまりのむさし野の月

六十六歳にならせ給ふゆへの詠也、

西のくぼ一乘寺となんいふ寺にて、はじめて從一位公通卿を拜し奉りて、悦のあまりさゝげ奉る、

源　安　崇

今日こゝに都の月の影高く仰ぐ光は神のしでかも

平出本奥書云

此一篇、以ニ飯田景豊翁所藏之本一、享保十八歳癸丑夏四月十八日畢ニ寫功一者也、

伴部八重垣翁源安崇之門人　荒井嘉敎

予所藏本奥書云

右公通公之口授、而實道之秘也、

藤原宣重謹寫

右公通卿口授一卷、予往年於淺草書肆淺倉購求、今以東京帝國圖書館本、及平出鏗次郎所藏阿波國文庫本補正畢、明治四十四年九月四日、

正親町公通卿口訣 終

吉見宅地書庫記

寶曆六年歲次丙子秋九月、有邦君之命、而明年夏四月、有司相攸於郭內吉見氏宅地、創建書庫、此乃因我師左京大夫幸知朝臣夙志所願也、其縱三丈橫一丈二尺、葺以葵紋瓦、四壁開窓、便于通風除濕、土木之功、不日落成焉、令嫡子大膳大夫幸混掌之、闔國稱榮、其地東南有士大夫家數十、次第壯麗、北鄰憲廟、而閟宮有侐、脩竹茂林、周布其側、西則城濠環繞、矗矗列樹、鬱乎蒼蒼、明倫堂亦在其西北、相距百步、而絃誦之聲不絕、明倫堂我藩之學宮、亦邦君之所令經營也、今所成之書藏、火禁常嚴、則自無失火之患、況又境邃地清、非佗土之可比焉、其構諸此也、良有以也、其所藏之書、則我大東之神書及國史、官牒、律令、格式、搢紳名記、有識及歌道秘書、諸家傳記、軍術、武藝、百家秘錄、其佗至雜錄、盡聚之、凡以萬數、其書目因君命獻之左右、無敢佗見者、其所建書庫之由、則余竊聞之、蓋元祖宮內大輔幸勝二世民部大輔恒幸三世幸和四世幸混凡四代、各游京師、出入搢紳及名家、窮年盡力、而聚得其秘記、先生之功爲最多、人皆所知也、其志非唯爲己、皆豫備國用也、故有司因國政、有繹典故者數回、不遑枚擧、享保年間、德廟所歷尋覓於海內之秘書中、稀世者數十卷、先生繕寫以上、即晃禪公獻之東都、此時大有感賞、而賜白金若干焉、寬延年中、天廷行大嘗會、所祭悠紀主基兩殿之神名、中古度會氏所繆者、先生稽之古典、以告正親町頭中將實連卿、卿即告一條攝政兼香公、公乃服其理、達之天聽、制曰可、得被用之、後日實連卿傳之先生、以褒賞焉、寬保年間、本州國府宮正月十三日追儺修法、捕人以充之者、以似淫祀、邦君寬政之餘、思國民之憂、欲止之、使有司問之先生、於是先生考索和漢典籍、審誌勘文以聞、乃有嚴命、禁止猥捕往來人之淫祀、因下令於國中、不曾使闔國往還安、天下大悅、傳聞之者、無不感歎邦君之仁政、嗟呼偉哉、是皆所係政事之大者、而考許多祕記、奉上勘文之功也、故恐其祕書記錄、或罹池魚之殃、且暴書之日有散脫、此其所建書庫之由、大抵如此、先是圓覺公、覽吉見家藏書目、甚歎美、以爲自今以

後、同ニ金城書庫之祕書一、勿ニ敢出一レ佗。雖レ有ニ上覽之命一、當ニ繕寫以奉一レ之、原本必守ニ先師之誓約一、勿レ出レ他焉、是故特繕寫以上者及ニ數次一、依ニ此例一、當ニ今之時一、亦謄寫以備ニ上覽一者許多矣、初京師正親町從一位公通公者、垂加翁之高弟、而以ニ神學及有識一鳴、先生從學數年、遂窮ニ蘊奧一、得ニ許可一而歸、圓覺公褒賞不レ少、數召ニ金城一令レ講ニ神代紀一、又問ニ有識故實、進退式法一、寵幸最厚、賜ニ酒盃一、且有ニ葵紋服等之貺一、老臣奧田氏、其佗近臣皆受レ業矣、古渡邑稻荷神社創建之日、令三先生幹ニ其事一、功成後、賞レ之以ニ服一稱、白金十枚一、又及三晃禪公拜ニ詣伊勢太神宮一、召ニ金城一問ニ其禮法一、手自賜ニ葵紋襲衣及袷一、且有ニ懇命一、又豫ニ參日光大祖廟一之日、召ニ金城一自習ニ束帶之法、進退之式一、且箚記以上、賞賜ニ葵紋羅衣一、他日召ニ先生一、以下忠勤篤敬、學業專務、群下克治、磨ニ勵武術一、其佗功勞不上一、褒ニ稱之一、而賜ニ葵紋服一稱、及黃金一枚一、老臣列座、深歎ニ賞之一、爾後京師公通公之嫡嗣實連卿、幼而喪ニ先公一、故欲レ受ニ神學於先生一、以ニ使价一聞ニ其意於邦君一、即命ニ先生一令レ之レ京、先生到レ京悉傳ニ授之一、實連卿禮遇最篤、滋野井前亞相公澄卿、難波黃門宗建卿從學焉、其佗堂上地下入レ門者幾多、其名聲溢ニ都鄙一、施及ニ東奧一、無ニ不レ知者一、鹽竈祝家藤塚知直、不レ遠ニ千里一來ニ本藩一而從學、歸レ國、又其黨數十輩、謀下辨ニ往來之費一以乞中先生之來臨上、遂聘レ之、先生爲レ之命ニ駕於東奧一、留止百餘日、途過ニ東武一、亦有ニ入門者一、歸レ鄉而弟子益進、凡門人數百輩、循循善誘レ之、竊謂、先生之於レ學、擇レ之也精、語レ之也詳、今以ニ其一二一言レ之、先生自撰之書數百卷、皆先進未發之確論也、其神代紀正義八卷、悉破ニ先輩之習合附會一、皆以ニ事實一立ニ國史基本一、宗廟社稷答問二卷、五部書說辨十二一卷、破ニ度會氏僞說一、與ニ獻廟官撰寬永勘文一同ニ其歸趣一、以ニ內宮一爲レ先、稱ニ之宗廟一、外宮稱ニ社稷一爲レ次、中古以往、多爲ニ度會氏一所レ欺、以ニ外宮一稱ニ國常立尊一、而不レ辨下豐受神者豐宇食比賣、而所レ主ニ太神宮之御饌一之神上、故不レ知レ爲ニ君臣之差別一者、數百年爾、今辨ニ知其尊卑一者、先生之功也、度會氏聞レ之、競起欲下來ニ尾府一難中問之上、先生聞レ之、莞爾曰、彼來則吾當下以ニ一言一雌中伏之上、不レ足レ勞ニ口舌一而自若、是所下以正史之與ニ僞書一、薰蕕相分、蓋壤懸隔、而彼不上得レ來也、又卜氏之說、亦粃繆甚多、雖ニ學者一不レ辨者不レ少、先生撰ニ辨卜鈔俗解一一卷一以明レ之、

凡世稱二神道者流一者、大師流、三輪流、立川流、其佗自立釣レ名者、不レ可二勝計一、皆附會妖妄、不レ足レ取焉、如二舊事大成經八十卷一、磯部社人與二釋潮音一有二秘計一而所レ撰者、皆私說造言、一無二本據一、自二內宮一訴レ之、旣見二毀板一、而今其殘編散二在于世一、昧者以爲二眞神書一秘レ之、尤堪二捧腹一焉、卜部度會尙以二贋書杜撰一欺レ人、況於二其佗一乎、先生悉以二國史官牒一破レ之、以歸二至當一而止矣、其佗神官等私稱二社例一、欺レ上犯レ禁者、不レ爲レ不レ多、或有下五位六位、而借着二四位以上袍其色黑一者上、無位而犯二禁色一者尙有焉、夫位袍制在二衣服令一、雖二搢紳一敢不レ能レ犯者、律令之定制也、豈於二神官一許レ之哉、凡另外則有二別勅文、又法曹家之證文一者、當レ爲レ徵、不レ然者皆當レ知二神官等之私、而不レ足レ信焉、或有下稱二一日盛禮一、而犯二位袍一者上、凡一日盛禮云者、如二寬永行幸一所二希有一、而其色目異レ常、非下如二彼神官等一者所上レ知也、其如二例年祭祀一、何以得レ言二之一日盛禮一哉、可レ笑之甚也、有下拜賜而着二四位袍及禁色一、稱二另外一者上、此亦不レ辨二有識一者之妄言也、雖二搢紳家一、豈得下私違二令制一妄許上レ之乎、若有焉則共非禮也、服二非禮袍一以向二神明一、於二己心一不レ安、神官口唱三神舍二正直頂一、而自不正直而可哉、其心唯在二欺レ人飾レ身而已、又有下稱二社例一、用二紫組懸一者上、此亦本飛鳥井家執奏、而所レ有二勅免一者、侍從以上之事也、何得下妄爲二社例一、神官等肆用上レ之哉、又有下神官等如二巫覡一、僞稱二神託一、欺レ人好上レ利、此律令所レ制、三代格所レ載之禁制、犯レ之者其罪不レ輕矣、或自稱二神職一、不レ識下神國神道之所二以然一、及神云者上、不レ守二六色禁法一、而交二神事一、禰宜與レ祝、笏之訓尙不レ知、其於二束帶一亦不レ辨二位袍色目、禁色織文一、不レ立二衣文一、不レ習二進退法一、折旋、周旋、拜揖之差、磬折、平伏、蹲居之別、警蹕之聲、警屈之容、其佗許多、一無二知者一、神官之名何在哉、可レ愧之甚矣、蓋父母服一年、天下之通喪也、當日淡海公奉レ敕所二撰定一之令制、詳見二喪葬令一、自二王公一以下至二庶人一、皆不レ可レ不レ守焉、然私背二令制一、竊效二異國三年之喪一、又稱二社例一、私立二百五十日之制一者、不孝不仁、噫何心哉、蓋失レ厚失レ薄之過也、此皆先生平日懇懇爲二諸生一說レ之、享保年間、吾儕十一人得二官位一也、特不レ由二吉田家一、而以二武家傳奏一直有二勅許一者、皆以榮レ之、初四人得二任叙一、此時傳奏兩卿傳二攝政之命一曰、當レ准二熱田神官四員之例一、此外不レ可レ許二拜任一焉、先生不レ肯、勃然變レ色曰、惡此何謂也、凡當二今之世一、伊勢之外、東照宮者冠二天下之諸社一、何用二餘社之例一乎、四月十七日、祭典之嚴重也、邦君命二有司一、擧以供二神事一、其盛禮爲二天下之壯觀一、人皆所レ知也、故神官十一員、猶レ未レ足、何限二四人一乎、如二熱田一鄕之祭一、豈同日之談哉、且吉見氏位二千秋氏之上一、吾輩十一人同列、而四員得二官位一、其餘無位、則有二何面目一供二神事一乎、此不レ可レ不レ訟、詞氣慷慨激烈殆動レ坐、兩卿以告二攝政一、服二其理一、遂十一員官途始開、是先生之勞、不二敢感佩一、先レ是先生於二京師一有二大功一、享保年中、其弟園崎知幸爲二稻荷祠官一、故爲二叙爵一上京、晃禪公遣二使价於正親町公通卿一、欲レ有二執奏一、卿達二武家兩傳奏一、兩傳曰、宜レ令三知幸往二吉田一、公通卿勿二執奏一、是故公通卿不レ能二執奏一、知幸空歸レ鄕、於レ是先生發レ憤、告二有司一曰、我牽二知幸一而再上京、則得二叙爵一、有司曰、然又可レ遣二使价於正親町家一乎、先生曰、否、使价甚重、何有二再使一乎、乞下吾與二知幸一賜中上京之暇上、有司以聞、即可レ之、於レ是二人上京、到二公通卿館一、委細演說、欲レ有二執奏一、卿曰、兩傳之言、假不レ能レ背、吾子往二兩傳一宜二演說一、先生即到二兩傳一演說曰、吾聞、兩傳命下令三知幸往二吉田一、正親町家勿中執奏上、此何謂也、延寶二甲寅、享保六辛丑、關東賜二吉田家一命案曰、賴二來吉田一、則宜レ及レ執二奏之一、不二賴來一則不レ宜レ及二執奏一、然今背二台命一、而欲四猥令三知幸往二吉田一乎、我國衙有司、預相研覈、以令二知幸上京一、使二正親町家一而無レ賴二吉田家一、然兩傳橫二之中途一而阻レ之乎、熟顧、今櫛笥家者爲二今上帝外戚一、其子八條家者爲二卜氏之壻一、所以執事之徒、恐二其時勢一、憚二彼名門一、是以因循凝滯乎、關東之命、二月既施行、然隱二匿之一、今十月蒙レ聽レ之、其淵源未レ審レ之、又考二延寶之台命一、無下賴二吉田一宜レ請二執奏一之文上、自レ古令式之文、亦無二吉田家與一レ之、然知幸官途、遮說擾擾、自二叡慮一而然與、關白之命與、抑櫛笥家之所爲與、將傳奏兩卿充二斥之一與、分二析其條理一、明二察其閉塞一、而研二覈之一、還レ鄕告二國君一、訴二關東一、以遂欲レ達二此官途一、可二得而聞一レ之、兩卿曰、足下所レ言尤有二其理一、而今春依二關東之命一、未レ有下不レ據二吉田一而叙任之例上、山崎離宮神主、久請二官達一而無二敕許一、徒歸レ鄕、論二其先後次序一則離宮其先也、知幸姑亦宜レ歸レ鄕矣、於レ是先生忿然汗レ膚曰、夫吾鄕者日本三家之隨一、而威振二列侯之上一、以二吾邦一爲二佗州之例一可也、以二佗州一爲三吾邦之例二不可也、且若二離宮神主一、歸レ鄕者幾許、吾聞若二嚴島神主一亦同レ之、今考二索如レ此者一、則不レ可二縷數一、以二吾邦一爲レ例、則佗州何爲二不足一乎、從レ事據二左右一、欲レ留二延之一與、吾不二曾肯一レ之、宿計三曾有二是難澁一、後二援知幸一、共到二京師一、不レ可レ不三審訂二其根極一、其辭氣慷慨也、殿下及傳奏兩卿、感二美其雄辨一、將二順其事宜一、而卜氏不レ能レ出二其間一焉、雲上之公卿、月宮之搢紳、黨レ彼者瞭然吐レ舌、貶レ彼者揭焉揚レ眉、英爾嘉聞溢二堂上一、達二聖聽一、遂不レ賴二卜氏一、以二正親町公通卿執奏一、知幸叙任、至レ得二敕許一、自レ是多歲所二卜氏遮隔一之官爵、蓄憤一時闢、而公裁昭々、凡社職者歡二抃之一、出二塗歌邑誦一、公通卿謂二先生一曰、先失二執奏之事一、諸人口實所二甚恥一也、今因二吾子一而得意、以爲二家之面目一、即欲下認二家牒一勿中遺失上矣、下鴨祠官梨木三位祐之卿、亦謂二先生一曰、我雖下任二大社職一親中公卿上、雄辨不レ能二如レ是其烈一、惟足下不下屈二大臣一撓中權門上、其言最堪二感美一焉、然歸レ鄕之日、大老有司之徒、嗟二歎於不一レ辱二君命一、稱二譽於不一レ隕二國威一、其令名褒稱、不レ一二二于此一、蓋先生爲レ人也、篤實謙遜、敬レ神無レ懈、先二神學一而崇二經傳一、足不レ蹈二非禮之地一、身不レ行二非義之事一、先生弱冠以前、仕二泰心公一列二近臣一、秩俸數加蒙二眷遇一、後令レ掌二神廟禮儀一、在職之間、神廟修作二一度、依二其功勞一、每賜二白金五枚一、又丁二神廟百年御忌一之日、賜二白金十枚一、致仕之日、亦厚賞二功勞一、而賜二白金五枚一、其佗蒙二褒賜一、拜二賞賜一十餘度、此豈他人之所レ及哉、又邦君懇二問先生之安否一、且賜二放鷹所レ獲之鳧兩頭一、又稱二其功勞一、賜二月俸十口一、且召二金城一、寵遇優渥賜二酒饌一、遂令建二書庫一、表二其勤功一、今老而致仕、自適二神助一、壽超二八旬一、猶好レ學不レ倦、可レ謂二篤學君子一歟、嗚呼今世於二神學一也、獨二步古今一、無下天下出二其右一者上矣、先生之家嘗有二當レ兼レ武之命一、故學レ文之暇、時講二武事一、吾儕亦效レ之、若有レ事則當三戮レ力一レ心勵二忠烈一矣、今當二泰平之世一、浴二至治之澤一、置二枕於泰山之安一、伏冀學業日進、德行月修、各守二其職一、將レ報二國恩一焉、頃聞花山院前右府常雅公、及中山亞相榮親卿、難波黃門宗建卿、賀二書庫輪奐一、被レ納二公家名記及秘書若干卷一、自レ今寄附書典、先生子孫累歲納レ之、則充レ棟如レ山、國家之光、學者之幸、何事加レ之、庶幾先生令嗣令孫、至二仍雲一繼二箕裘一、益樹二家聲一、長傳二無窮一、誠之荷二先生之恩一、有レ年二于茲一、聞二書庫之

擧一、不レ知三手舞足蹈一、雖三不敏一、聊綴三孟浪之言一、幸欲
レ顯二先生之功一、因以爲二書庫記一云レ爾、
寶曆戊寅（八年）重陽日
門人　正六位上守内藏權頭源朝臣誠之謹書

附二書藏記後一
寶曆六年丙子秋九月、邦君下二嚴命一、新築二書樓於予賜
第域中一、令下家嫡幸混掌レ之、藏二父祖以來所レ聚之典
籍一、豫防二鬱攸災一、永傳中後裔上焉、於乎渥恩之辱、無二以
加一焉、亦足三以觀二泰平之善政一矣、頃門人誠之著二記
一篇一、述二所由一、其志可レ嘉焉、於レ是予雖レ至二僣偱一、何
可二默而已一乎、聊賦二唐律及倭歌一、以申二微悃一云レ爾、
巍然書庫耀二家門一、　四世聚來手澤存、
寄レ語兒孫螢雪力、　箕裘繼レ業答二君恩一、
かしこしな家の光も增かゞみ
曇らぬ御代の深きめぐみは
寶曆戊寅冬至前一日
正四位下行左京大夫源朝臣幸和誌

一筆致二啓上一候、春寒烈敷御座候得共、高居御多祥被
レ成二御座一候哉、承度奉レ存候、然者兼而御内意申進
候、愚父左京大夫述作之書十四卷、拙者屬文相添、御
文殿へ奉納仕度、此度差進申候、尤卑辭雜駁草稿同意
の儀、御笑可レ被レ成候得共、老人之儀、急き奉納仕度
被レ申候間、不レ能二文飾一候、可レ然御納置被レ下候は
ば、可レ爲二本懷一候、此度始て奉納仕候に付、近比乍二
輕少一、御肴代方金百匹相添、態々表二寸志一申候、預二
御祝納一可レ忝候、爲レ其如レ此御座候、恐惶謹言、
吉見大膳大夫
幸混花押
二月廿三日
井面四神主樣
左右

寶曆年間、尾藩吉見幸混、其父幸和の著書五部書說
辨等十四卷を內宮文殿に奉納す、今其の奉納屬文、
及び井面四神主にあつる書翰を合せて神宮文庫に
藏す、其の內吉見宅地書庫記は、吉見氏が歷世學界
に致せる功勞と、當時に於ける神道界の消息を傳
ふること詳なり、依て其の一本を影寫せしめ、幸混

が書翰と共に學兄山本氏に贈る、

明治四十三年十二月

辱知神宮禰宜江見清風朱印

右吉見宅地書庫記壹卷、江見禰宜所惠贈也、再三涌讀加點畢、明治四十四年一月十五日、

吉見宅地書庫記終

學規の大綱

一神道は、我國天皇の道、尊敬せずんばあるべからず、開闢以來、神聖治國の功勞を以て、君臣の道嚴に、祭政の法正しき事、國史官牒を以て事實を考ふるもの、國學の先務たり、俗學の輩正僞を辨せずして、僞書妄撰の造言を信じ、僞作之神託、自作の古語、附會天妄の説をまじへて説くものは、用ゆべからざる事、

一國史を釋するに、或は儒に便り、或は佛説に習合し、理説を以て高上に説上げ、佛語を用ひ虛誕に馳せ、奧秘口決と稱して證文なきは信ずべからず、古記實錄を以て研覈すべき事、

一國學の儀は、誰によらず學べしといへども、祭神の事、齋戒もなく種々の行法を執行ひ、巫覡のごとく非分の願を祈り、神明を瀆すの類、非禮の至なり、堅制すべき事、

右三條、先生談話之隨、以㆓俗語㆒筆記畢、猶不㆑忍㆑辭㆓其席㆒、請㆓懇敎諭㆒、先生齡既超㆓古稀㆒、然語㆑人不

不レ倦、

右吉見幸和神道學規大綱、神學初會記所載也、以レ無二類本一不レ能二比校一、明治四十四年九月、

學規の大綱終

神道或問

或問、昌達古代舊事紀古事記などあるに、帝王正統龜鑑に日本紀を定めらるゝ、如何、曰、信直舊事紀古事記等には、天地開闢の元神天御中主尊國常立尊、共に天子萬民の祖差別なく、すべて書紀の體混雜にて、天子の正統となりがたき故に、元正帝勅二舍人親王一日本紀を撰集有しぞ、誠に帝王寶祚の系圖、國常立を以天子の大祖と崇め奉るより、伊弉諾伊弉冊二尊日神を出生し玉ひ、天御柱を以天位を授け玉ふ、書紀撰集の旨、帝王萬代の記錄、難レ有覺へ奉る事也、神風倭記曰、聖德太子云、姑二神を分て、國常立をば一向帝王の元祖とし、天御中主をば君臣の兩祖とし玉へり、曰、漢學にては五常五倫の目を立て、敎への筋々細也、神道にては其敎も不レ見、神代卷然も天子の記錄とあれば、何方に其の敎への立所ありや、曰、信直漢學の趣を以神道を見ては濟がたき事也、五常五倫の目をしるも、儒書をうけて云也、我國の道は唯君臣の中を尊し、日神より今上皇帝まで、常磐堅磐に、天地と

共に不レ變をのみ大事に說、故に自帝王の龜鑑を以敎る事也、垂加翁曰、神書を讀事、僅に信せざれば不レ通、唯信心を本として私意を加る事なかれ、此書の言々事々、皆道を說皆妙を語ると見る事なかれ、是は天子の記錄にして、神代の事を取輯して記せるなれば、其意の淺深其事の輕重、所に從て見るべし、自妙處を得んと云り、兎角道に志て純一に、年月を重日を積て學ばゞ、意味深切自然とうつるべき義也、扨道を辨考べき心得は、土金の敎を道體とし、天人唯一を以天地人道明し、四化の目にて文義を分明、五音相通吉備大臣の作也と云り、和訓の意味を糺し、日本紀の旨を問、舊事紀古事記古語拾遺元々集歷考し、伊勢の書を翫味して、諸家の鈔義を辨論し、奥義に至べきと也、

或問、予神代卷本文と一書かはりあり、又一書の中に文義の闕たる處もあり、此訣如何、曰、公通卿日本紀は舍人親王諸家の記錄を撰集なれば、本文と一書かはりある事也、一統連屬するを本文にあげて、其所々に順て一書を載られし事也、故に是を一つ〱に引分ては、神書一篇すみ難きぞ、本文と一書を合て見るべし、又書を見る心得は立花に譬べし、挿べき枝有合ぬ時は、無理に相應せぬ枝を以ふさがず、其まゝにあけて置を上手と云也、其如書々を見てすますべき也、定家卿へ、伊勢物語に富士を鹽じりの如と云は、何の事にて侍るぞと問者有しに、卿不レ知と答らる、又俊成卿へ或人、散すなよしのゝは草のかりにても露かゝるべき袖の上かはと云歌の、しのゝは草は何にて侍るやと問しを、卿不レ知と答られしと也。ヶ樣の事は不レ知とて、歌人ならずとは云れぬ也、必不レ知しては不レ叶事と、不レ知しても其通の事ある者也、扨しのゝは草は詞のくさと同じ、しほじりと云は、鹽を燒て釜より打あけて堆を云、今も海邊人の云詞也、

或問、春海四化造化、氣化、身化、心化、之敎、たしかに其別神代卷にて見へがたし如何、曰、公通卿此四化の名目神書の中には出ざれども、後より書を見る時は此別ある事也、卜部家にて傳受の第一となせり、造化と云は、天御中主國常立五行の神靈を云、勿論日月運行花咲實生の品類也、氣化と云は、天地感應にて生形をなす中に。專人を主として云り、神代に於て氣化人體の神其數多し、就レ中伊弉諾伊弉冊二尊高皇產靈尊猿田彥神を指て、氣化の目當と見るべし、身化と云は、諾冊二尊日神月

神蛭兒素尊を初め、諸の神達御子出生し玉ふより、今日の形則身化と云者也、心化と云は、諾冊二尊あの如レ日あの如レ月と祈り玉ふ處、又諾尊泉津國へ至り穢を祓ひ、內清淨外清淨の塲、又日神素尊と劒玉誓の三女神などを指て心化と云事也、曰、心化は常に云所皆心化にあらずや、それを別て心化と名目を立るは如何、又心化と云、心化の神と云に別あるや否、曰、公通卿、心化と云は、譬ば大切なる塲に至て、きつと檢のあるを云、故に諸神皆大義の處にて心化は有ぞ、然れば常に云所心化にあらず、又心化と心化の神と二つに見るは惡し、心化に御名を奉ずるが即心化の神也、神をほうずるを、封ずるの心に見るは非也、奉るの義なり、曰、造化の上にて形あるほどのものは、皆身化と云べきを、造化身化と別は如何、曰、公通卿、天地の內、人事禽獸草木造化を不レ離、然ども此四化の目の立所は、人に對して語る故に、兎角形はありといへども、人體にてなき物は皆造化と知べし、此四化を神書熟得あるべき義也、故に垂加翁初に辨ぜられし事也、

或問、予天人唯一の合點如何、曰、公通卿、造化人事を唯一に說なり、その合點は、造化を以說て不ニ親切ニ事は、人事の深切なるを以說、人事にて深切ならぬことは、造化を以說、譬ばあめつちの訓、天は甘し、地は《なら》つゞく、造化にて合點すれば能濟て、人事にて親切ず、人事に當て親切に知さならば、敬み極りて、あゝうまいと云處が即人事のあめつち也、但人事にては土を先に云也、又瓊矛は人事にて親切にて、造化の上にてそれほどにうつらず、今是を說に、陽のきざし陰のうるほひ、舊事玄義之說也、造化の上も其親切唯是此也、

或問、土金の傳へ親切なれども、身に受る處、又自然の道と敎となる所、慥に受合なし如何、曰、信直、二金の事は傳授の通にして、中々一言半句の上にては云難し、一應是を解ば、天地人事共に自然のなりは土地之味也、是を以土地の務の敎を受て、身に守り行はん、箇様の事を以考る時は、少の五音の通用にて道を辨る事なれば、和訓の意味能々心を付べし、然ども土金と云は、其旨を受て年月を重熟翫にあらずば、心實自然の味うつるまじきぞ、神明妙用加護感通も、此土金より發る事なれば、工夫の專道の至極なり、

或問、予漢土にては道を秘すると云事なきに、神道にて傳授とするは何ぞ哉、天下の人此道を受る事なれ

ば、秘して傳來と云は不審事也、故に今神道に志す人もうすく、浮屠の爲に掠らるゝと見へたり、大道に傳授秘事とするは如何、曰、信直神道を秘する事は、應神天皇より敬玉ふ事也、百濟國より經書を奉、阿直岐王仁二人をして讀二經典一、即菟道稚郎子大鷦鷯太子の經師として、日本經學の初となれり、古事記々々論語十卷千字文一卷幷て十一卷、付二是人一即貢すと云り、翁の倭小學に此事を記せり、此御宇に日本經學を初め、第四十二代文武天皇の御宇に釋奠を初め玉ひ、延喜天曆の頃までは六十餘州に學校あり、大學寮にては二仲の釋奠をこなはれ、孝經論語などを年に巡て講ぜられしと也、明日胙を御門に奉る奠儀は、延喜式江次第にあり、本朝文粹に講書の文を載せたり、年中行事釋奠の歌に、唐人のかしこきかげをうつしとめてひじりの時と今日まつるなり、献レ胙歌に、まつりせし八月のみけをとりわけて君にそなふる今日のひもろぎ、翁曰、神武向レ日畏、應神秘レ道敬、土津靈神碑記、公通卿曰、道を秘すると云は、三種神器の外にはなき事也、是は帝王萬代無窮の璽なれば、應神帝此事にをゐて秘し玉ふ、愼の至也、既に秘傳なき證據には、中臣祓天種子命作レ之法度を以、百姓を敎て道を守らしめ玉ふ也、翁曰、欽明の御時、百濟國より佛入來して、尾輿鎌子は國神を穢しぬるとて、いみ惡めり、蘇我氏は尊び、向原寺を立て納め置て拜けり、用明の御時、守屋佛法を止と奏す、蘇我氏上宮太子と謀り守屋を弑しぬ、推古の御時、上宮太子蘇我氏と權をほしひまゝにして佛法盛に成し、皇極の御時に、蘇我氏御門をなみし、をのが家を宮と云ふ、をのが子を皇子と云、國記重寶悉己が家へはこび入、鎌子是を誅しゝかど、國記重寶は此時の兵火に皆失たり、かゝりしより神道いよ〳〵をとろへ、行基傳敎弘法等、神佛兩部習合して、佛寺は日々に作り廣げ、神社は月々にあれはてぬ、倭小學出、是より浮屠が黨、國郷里村衢路に滿々て、萬民を惑し來て、中臣祓も佛經とひとしく、其敎も絕て、漸々社人等神前の祈禱となれり、故に間々我國の道を知人も、深く藏二官府一不レ出二口外一は、浮屠が習合を恐てなり、夫より以來、神書の內道にあづかる所は彌秘して、其人を窺、信厚を見て傳授する事也、伊勢にて嚴く佛を忌事、內外七言の忌詞にても知べし、伊勢の記錄も、今は古代正統の傳書も多は失て、道を存する記錄、鎭座次第記、同傳記、同本紀、寶基本紀、倭姬世記等也と云り、尤外は儀式次第年中行事などは格別也、又世に神道者とて、幸に秘事を以金銀に代て僞說を傳るは、神聖の罪人也、畢竟道を秘するは愼の至なれば、唯其人の心實を以、大秘至極といふとも何ぞ可レ隱哉、翁此道を傳受ありてより、宗源全存し、今人も兩部の惑を除くも少からず、

或問、予中臣祓、古の法度なる事尤也、此故にや、卜部家にて初學に講じ敎らるゝは、深切のやうに覺へ侍る、然に垂加の門にては、是を道の至極に立て、講辨なきは何ぞや、曰、信直中臣祓は道の奧義也、然ども垂加の門と限たるには非ず、伊勢にても重き傳なるぞ、翁も伊勢大宮司精長より傳授有しぞ、されば卜部にて初に說敎る處深切とある誤を一應語らば、學文は其源を糾し導き、敎を專とする事也、中臣祓の發る所、皆神代卷に存せり、故に此卷を翫味して、中臣祓の旨を得心可レ有事也、然ば卜部の初に講ずるは誤に非ずや、猶此道に入て永く丹誠を步ばゞ、自奧義を得ん、

或問、予中臣祓の文義、延喜式伊勢卜部一決せず、何れを是とせんや、曰、公通卿、伊勢の祓には、駒牽小男鹿なくして大中臣あり、天津金木之上乃文、卜部家には大中臣なくして駒牽小男鹿あり、喜延式には駒牽計あり、垂加翁此等を校合して、三言ともになくては叶はざる旨を極られて、加筆ありし也、然ども私意を以て定めざる愼にて、白紙を隔て載られし事也、

或問、予漢學を應神帝の用ひ玉ひ、經學を初め六十餘州に學校を置玉ふなれば、漢學と日本の學と一つにして苦しかるまじきや、然に垂加翁より傳來の誓詞に、異國の道と習合附會致す間敷とは何ぞや、又應神帝の、倭の道存しながら漢土の道を用ひ玉ふも不審、其訣如何、曰、信直神道儒道を一つに語れば、是も又儒と習合也、純粹とは云れぬ事ぞ、應神帝の漢學を用ひ玉ふは、天地人道を以五倫の序を施し、其上文學の形作詳也、故に異國の道にもせよ、聖人の敎我朝へ傳來は、能實に非ずや、爰を以帝我道の助とし玉ふぞ、されば舍人親王以來有德の人稀なるにや、中臣卜部齋部家の書抄を見るに、多くは儒を引付、就レ中天地造化の間は易を以濟し來る、倭漢の道別れざる時は、神

道の大意も見へず、混雜して無用の沙汰也、殊に我國を異國より道を立るやうになれば、國の殃なる事ぞ、應神の御時、高麗王敎二日本國一と云表を奉る、時菟道稚郎子其表を讀て、怒て高麗の使を責て、表形無禮なるを以、則其表を破りすて玉ふとあり、猶應神の我道を祕し玉ふ意味能々辨べき義也、世間に儒者とて、我國に生て居ながら神道をなみし、日本は儒を以道を立るなど、天照大神を泰伯と誣付る事、此證具に文會筆錄泰伯篇に翁糾れし也、皆造言の刑を犯し、正直の敎に違ふ曲事也、我垂加翁倭漢の道に通達して、判然たる神道、天人唯一明白土金の功淸々しく、神明齋元左右に不レ違、元々本本洞に顯るゝ事、是ぞ應神帝の御心にも叶、倭姬の意を受て、舍人親王以來道嗣の一人と云ものなり、

或問、昌達神道に加持祈禱はある事にや、是は佛家より出たるやうに云傳るぞ、今卜部にて護摩をたき、さまざまの行事の體を見れば、佛家より出たる樣に人々も云侍る、此訣如何、曰、信直加持祈禱は神道の大事也、浮屠是を習合して、佛法盛なるに隨て、自然と己が道となせり、行基傳敎弘法等神佛習合してより、諸社に僧を付て別當とて、神前給仕の役をつとむ、忌べきの甚なり、然に卜部兼倶の私を以、佛家の護摩を神道に用ひ、十八神道と云事を誣付てより、是を專として諸社に行也、夫より博士陰陽師等能事になし、人を惑し寶をむさぼる事となれり、今に殘る所、伊勢出雲などには箇樣の附會の行事は無事也、加持祈禱は、神道熟得の上自發る所をしらん、

或問、神道に水火の穢の說多し如何、曰、公通卿、諸說皆附會也、唯水の穢は見へやすく、火の穢は見へがたし、故に火をいむ事重し、

或問、舍人親王の訓義、伊勢にてはやどゝ云、卜部の抄にはとねりともいえひとゝも云、何か是ならんや、曰、信直舍人は諱也、とねりともやどとも訓ずべし、されども藤森の社家には、いゑひとゝ云傳るとあれば、翁もいゑひとゝ訓じ玉ふと也、

右者多門氏玄丈之所二著述一之書也、

右神道或問壹卷、以平出氏鏗二郎所藏本書寫校正、明治四十四年九月、

神道或問終

神道啓蒙

天地開闢篇

高屋原八近文誌

謹以、本邦之開始、往代之所說至哉、近世構辯爲說者、悉出于周易矣、雖不足敢可射、卻蠱惑神道者、我奚猶口乎、蓋彼書不入于我朝、則豈可不知其元乎、原夫無始無終之大氣、專是精玅、而包含於天地造化之所以當然者也、故日本紀神代卷曰、開闢之初、洲壤浮漂、譬猶游魚之浮水上云々、斯寔非國土漂泊流離矣、曷有一物無根底、而濛漾于其閒者乎哉、當知强設其形象云其至理、又曰、于時天地之中生一物、狀如葦牙、便化爲神、號國常立尊、又名可美葦牙彥舅尊、又名天御中主尊云、是僉元氣之尊神、唯隨德用而異名耳、至玅之精氣、非一非二、皇統無窮之元靈、林羅萬象之起源、無可得名、無可得則者、號以爲國常立尊、既至含牙有時而成象者、號以爲可美葦牙彥舅尊、一水之功動、無所不施、而品物盡所依者、號爲天御中主尊、然以古事記中訓牙云訶備、近世妄變清濁之音爲可密、附會徵之說、腐爛之一氣何足造立天地乎、以日本紀神代紀中、熯干也此云備、可爲濁音歟、可笑不知女賀比之訓義、所謂女賀比之言者芽也、穎也、又元々集引大和葛城寶山記云、水則爲道之源流、萬物之父母、故長養森羅萬象、當知天地開闢、背水變爲天地以降、高天海原有獨化靈物、其狀如葦牙、不知其名云々、愚不肯解以降二字、如何者天地已相定、而後期有獨化靈物如葦牙者乎、不思甚矣、當知有未發混沌、已發混沌、今略云則混沌未分、元氣既足、陰陽淸濁盍轡、而當爲天爲地之眞氣如雞卵者、則應號未發混沌歟、天地已剖、日月專明、四序代謝、人君安于上、百姓休于下、而德流衰々無窮者、則應號已發混沌歟、苟非其人語之、則如會聾而鼓之、熟讀玩味多歷年所、或夫有得焉、

元靈至尊篇

神代卷曰、于時天地之中生一物、狀如葦牙、便化爲神、號國常立尊、次國狹槌尊、次豐斟渟尊、凡三神矣、乾道獨化、所以成此純男云々、謹按、此三神者開闢祖神、天地元靈、七代宗統、實是乾道獨化、而正是純

男也、然近世講二此書一者、不レ克レ研二窮此至理一、多附二會于周易一、以爲三三爻成就之義一、已及二吝決一則澁訥不レ能二自辯一、終以二自レ乾至レ男十字一、叨爲二後人之加筆一、釋曰、後章所レ謂凡八神矣、乾坤之道相參而化、所以成二此男女一、有二此文一則前後矛盾、必以爲二加筆一、且長寛元年大外記中原朝臣師光所レ述奏覽勘文、以レ脱二此十字一爲二之證一、痛哉至尊之道、私二之卑臆一、其辜不レ可レ道矣、師光朝臣者不レ知爲レ不レ知者、而爲二後人之加筆一者、不レ知爲レ知者也、暗推蠡測、何知二大方一矣、曾起下於執二乾字一之甚上乎、蓋乾者天也、坤者地也、乾爲レ父坤爲レ母、並合二解陰陽男女一、以明二天先成而地後定之義一耳、原夫乾道獨化成二純男一、故復乾坤之道相參、而成二男女一也、若夫非二乾道獨化一、則無レ有二泥土煮尊沙土煮尊、大戸道尊大苫邊尊、面足尊惶根尊、伊弉諾尊伊弉冊尊等、陰陽耦生及男女交合之理一、天地不レ位、日月失レ明、萬物不レ育、無レ有二人君一、無レ有二庶民一、只是此文一篇深旨、舍人親王用レ力務二于茲一矣、宜哉符二合于伊勢二宮舊記中一、而振レ古最奧祕焉、故選二其機一、待二其熟一、而後傳レ之、否則大害二周行一、苟非三膚受淺習之所二能堪一、神學之徒、不レ知二其源委一、謾以二妄作紙傳邪祕口授一、爲二道之大全一、載焉終矜、且導二其徒一、是一盲牽二衆盲一者乎、非二世無一レ道、唯是無レ師焉、

天神化現篇

古事記曰、天地初發之時、於二高天原一成神名、天之御中主神、次高御産巢日神、次神御産巢日神、此三柱神者、並獨神成坐而隱レ身也、又舊事本紀曰、古者元氣渾沌、天地未レ剖、猶二鷄卵子溟涬含一レ牙、其後清氣漸登、薄靡爲レ天、浮濁重沈、淹滯爲レ地、所謂州壤浮漂、開闢別割是也、譬猶三游魚之浮二水上一、于レ時天先成而地後定、然後於二高天原一化生一神、號曰二天讓日天狹霧國禪月國狹霧尊一云々、襲以此一神、與二可美葦牙彥舅尊、國常立尊、天御中主尊等一、異名同神、而有二些差等一、蓋處レ天之神理、號二天常立尊一、處レ地之神理、號二國常立尊一、徹上徹下之神理、號二天讓日天狹霧國禪月國狹霧尊一也、此神名亦非レ無二師傳一、然皇統直出二于國常立尊一、而垂二其德於萬世一者也、高皇産靈尊正出二于天御中主尊一、而施二敎於無窮一、而氣與レ理相兼者也、既是本二于大元尊神一、譬如二水中生一レ魚也、復日神月神出現、而照二臨六合一、當レ知訓二日本一云二耶麻騰一、于越他釋儒日月之論、與三我神國所二瞻仰一甚別、故古今神君、尊レ之

崇レ之至矣盡矣、先哲亦作二拜禮一、散齋致齋、連日六色禁忌謹修レ焉、誠有レ以乎哉、庶人至レ修レ之、則有下以二他神靈一應二祈請一之謂上歟、然今時見二聞日月拜禮之儀一、雜焉沓焉、終夜宴飮歌舞、或雇二僧尼一行二釋氏之法一、豈神國之遺風乎、是由下于妄庸不レ知二其實一而竊中其名上矣、只祇レ祇則天休滋至、若有レ越二厥志一、天毒降レ災乎、

造化本源篇

神代卷曰、天神謂二伊弉諾尊伊弉冊尊一曰、有二豐葦原千五百秋瑞穗之地一、宜二汝往循一レ之、廼賜二天瓊戈一、於レ是二神立二於天上浮橋一、投レ戈求レ地、一因畫二滄海一而引二擧之一、即戈鋒垂落之潮、結而爲レ嶋、名曰二磤馭盧島一、二神降二居彼島一、化二作八尋之殿一、又化二竪天柱一、陽神問二陰神一曰、汝身有二何成一耶、對曰、吾身具成、而有下稱二陰元一者一處上、陽神曰、吾身亦具成、而有下稱二陽元一者一處上、思下欲以二吾身陽元一、合中汝身之陰元上、云レ爾即將レ巡二天柱一、約束曰、妹自レ左巡、吾當右巡、既而分巡相遇、陰神乃先唱曰、妍哉可愛少男歟、陽神後和レ之曰、妍哉可愛少女歟、遂爲二夫婦一、先生二蛭兒一、便載二葦船一而流レ之、次生二淡洲一、此亦不三以充二兒數一、故還復上二詣於天一、具奏二其狀一、時天神以二太占一而卜二合之一、乃敎曰、婦人之辭其已先揚乎、宜更還去、乃卜二定時日一而降レ之、故二神改復巡レ柱、陽神自レ左、陰神自レ右、既遇之時、陽神先唱曰、妍哉可愛少女歟、陰神後和レ之曰、妍哉可愛少男歟、然後同レ宮、共住而生レ兒、號二大日本豐秋津洲一、又曰、陽神先唱曰、美哉善少女、遂將二合交一、而不レ知二其術一、時有二鶺鴒一、飛來搖二其首尾一、二神見而學レ之、即得二交道一、亦曰、次生レ海、次生レ川、次生レ山、次生二木祖句句廼馳一、次生二草祖草野姬一、亦名二野槌一、既而伊弉諾尊伊弉冊尊共議曰、吾已生二大八洲國及山川草木一、何不レ生二天下之主者一歟、於レ是共生二日神一、號二大日孁貴一云々、伏以是乃天神、有レ時而致二命令於二尊一、陰陽感通、而化二作八尋之殿一、又化二竪天柱一、以爲二造化之基趾一也、曾有二陰陽失一レ候、則天神以二太占一卜二得之一、乃敎二牽倬一、又逮三于合二交合之意氣一、而不レ知二其術一、則天地精神爲レ之示三鶺鴒搖二首尾一、二尊豁然感通焉、說者以爲二夫婦合歡之曲言一、雖レ無レ害二於理一、亦邇レ無レ益矣、蓋天瓊戈者、天神授與、純陽之消息、伊弉諾尊固有之寶器也、是乃造化之始本、不測之德用、而生二日神月神及大八洲國山川草木且精神一者、

無レ不レ係二于茲一、然生二山河大地一之二尊者、以三造化與二氣化一也、生二日月兩神等一之二尊者、原二于形化心化一也、總謂レ之則造化、而細論レ之則有二氣化形化心化之異一矣、譬如レ有二幸魂奇魂荒魂和魂之異一、復有二術魂一、是此四魂忽然現二變異於一時一者歟、於戲造化之至理、神靈之妙用、學者須三工夫一、

靈運當遷篇

神代卷曰、是後伊弉諾尊、神功既畢、靈運當遷、是以構二幽宮於淡路之洲一、寂然長隱者矣、亦曰、伊弉諾尊功既至矣、德亦大矣、於レ是登レ天報命、仍留二宅於日之少宮一云々、近世復註下登レ天報命、仍留二宅於日之少宮一之文上、而有下老陽變二少陽一之說上、是亦祖二於易一而述二神道一者也、蓋日居月諸、自二何處一化生乎、可二愼思一レ焉也、登レ天報命、仍留二宅於日之少宮一者、乃欲下致二命於上天一、垂中勳於皇統上者乎、淡路之洲者、開闢之時爲レ胞之土地、故構二幽宮一、下津磐根大宮柱太敷立、寂然而鎭坐、自レ爾以來、諸國宮社亦寂然而鎭坐、且伊弉冊尊爲二遇軻突智一見レ焦而化去、其理大概如二伊弉諾尊神避一矣、嘗閱二校正神代卷一、命二泉津平坂之文一顚倒、其校二國史烏焉一、正二句讀差誤一、則或是、易二若レ茲之文一、則甚不是、匪二啻自愆一、又使二將來眩曜一、神學之徒不レ傳二此口實一、不レ探二此蘊奧一、故於二死生之理一也、如二望レ洋向一レ若矣、凡人之將レ死也、不レ知二其歸處一、則不レ異二牛馬斃死一、庸詎作二萬物之靈一乎、且浮屠氏自レ入二我國一以來、愚蒙之徒循々然陷二于彼道一、意志迷惑、終昧二固有神性一、悲哉神道日陵夷矣、

皇統無窮篇

自三天地既剖、神聖位二其中一以來、歷代帝位不レ失二其統一、不レ毀二其德一、不二爲レ他侵一、不二爲レ臣奪一者何謂乎、神代卷曰、天照大神暨レ授二此國於天津彥彥火瓊々杵尊一、勅曰、葦原千五百秋之瑞穗國、是吾子孫可レ王之地也、宜二爾皇孫就而治一焉、行矣、寶祚之隆、當下與二天壤一無上レ窮者矣云々、且以レ有二神器一也、所謂神器者、八坂瓊曲玉、八咫鏡、草薙劒是也、謹以八坂瓊曲玉者、水德之表、與二天地一可二成就一乎、又天照大神有下纏二其髻鬘及腕一八坂瓊之五百箇御統之玉佩上、並是先二天地一而成二萬物之功一者也、八咫鏡者、神代卷所レ謂、天照大神入二于天石窟一、閉二磐戶一而幽居焉、于レ時使三石凝姥圖二造彼神象一者也、然自二天地開一、非レ無二此物一、故云、伊弉諾尊曰、吾欲レ生二御レ宙之珍子一、乃以二左手一持二白銅鏡一、

則有㆓化出之神㆒、是謂㆓大日孁尊㆒、右手持㆓白銅鏡㆒、則有㆓化出之神㆒、是謂㆓月弓尊㆒、又曰、天照大神手持㆓寶鏡㆒、授㆓正哉吾勝々速日天忍穂耳尊㆒、而祝レ之曰、吾兒視㆓此寶鏡㆒、當レ猶レ視レ吾、可㆔與同レ牀共レ殿、以爲㆓齋鏡㆒、又古語拾遺曰、矛玉自從、草薙劒者素盞烏尊得㆓之蛇尾㆒、而后獻㆓天照大神㆒矣、復有㆘天照大神爲㆓素盞嗚尊㆒設㆓武備㆒、躬帶㆗十握劒九握劒八握劒㆖、如㆓天瓊戈㆒、以㆓伊弉諾尊㆒雖レ爲㆓其祖㆒、由來尙應レ舊矣、凡劒戟之精銳勝㆓于外國㆒、至レ今炳焉、是皆神德之餘慶者乎、是三種者、皇天相承之神器、萬代不易之靈物、使㆓寶祚能隆盛、國家能鎭護㆒、大凡有㆓血氣㆒者、無レ不㆓尊信㆒、無レ不㆓愛戴㆒、如レ是之鄙說、雖レ如レ可レ恐、今祇遹㆓其大旨㆒耳、一日有レ客云、或云、美擧等之和訓、的當㆓于玉矛鏡之三㆒、所謂美者鏡、擧者矛、等者瓊也、故兼㆓備三種之德㆒神、稱㆓之美擧等㆒、是祕訓也、然耶、答曰、是愚者之臆說也、夫神爲レ德、奚唯局㆓三種㆒而已乎哉、且如㆓可美葦牙彥舅尊等㆒、未㆔曾有㆓三種之辯㆒、若謂㆔暗合㆓三種之名義㆒則可、謂㆘以㆓三種㆒爲㆗尊命之訓㆖、則甚不可、美擧等爲レ言也者、御事、而稱㆓其神㆒之謂、別㆓字於尊命㆒者、如㆔權設㆓神之品位㆒、噫小人之言甘如レ蜜、其斯謂レ是歟、是甘㆓腐鼠㆒嚇㆓鵷雛㆒者類耳、猥因㆓和訓㆒立レ義、强作㆓妄解㆒者、祿㆓々乎世㆒矣、

祓除贅始篇

神代卷曰、伊弉諾尊既還、乃追㆓悔之㆒曰、吾前到㆓於不須也凶目汚穢之處㆒、故當レ滌㆓去吾身之濁穢㆒、則往㆓至筑紫日向小戸橘之檍原㆒而祓除焉、遂將レ盪㆓滌身之所レ汚、乃興言曰、上瀨是太疾、下瀨是太弱、便濯㆓之中瀨㆒也、因以生神、號曰㆓八十枉津日神㆒、次將レ矯㆓其枉㆒而生神、號曰㆓神直日神㆒、次大直日神、又沈㆓濯於海底㆒、因以生神、號曰㆓底津少童命㆒、次底筒男命、又潛㆓濯於潮中㆒、因以生神、號曰㆓中津少童命㆒、次中筒男命、又浮㆓濯於潮上㆒、因以生神、號曰㆓表津少童命㆒、次表筒男命、凡有㆓九神㆒矣、其底筒男命、中筒男命、表筒男命、是即住吉大神矣、底津少童命、中津少童命、表津少童命、是阿曇連等所レ祭神矣、又曰、乃往見㆓粟門及速吸名門㆒、然此二門潮既太急、故還㆓向於橋之小門㆒而拂濯也、于レ時入レ水吹㆓生磐土命㆒、出レ水吹㆓生大直日神㆒、又入吹㆓生底土命㆒、出吹㆓生大綾津日神㆒、又入吹㆓生赤土命㆒、出吹㆓生大地海原之諸神㆒矣云々、是乃祓除之濫觴、古今之徽典也、又以㆓九神六神㆒、爲㆓祓戸神㆒、所レ謂祓戸者祓

處也、解除爲レ言、洗也掃也、天下鎭靜之公道也、至哉偉哉、神代岩戸前之祈禱、亦令二心之與レ神感應一、尤昭晣焉、竊謂和歌爲レ德亦愈矣、顯二于上一者吟二天之象一、形二于下一者詠二地之儀一、靈二于其間一者叙二五倫之彝一、遂逮二乎艸木之文章、禽獸之音響一、無レ不三物而彰二生質一、無レ不三事而致二雅情一、應レ時無レ遺者和歌也、其體已多、以二艷歌一爲レ最、苟不レ能二自裁一、則宜下吟二咏古歌一而崇中其道上、其旨與二祓禊一不レ異、蓋以二住吉三神一爲二和歌神一、最有二其義一乎哉、故於二住吉一也、祓禊和歌之詞源、眞住吉等相傳異二于他一、夫能二和歌一者、古來見レ載二敕撰一之外、亦不レ遑二枚擧一歟、抑四條六條二條冷泉飛鳥井等之家流、間有下以二一時一鳴者上也、卓二立于古今一、開二發詞花一、潤二化百世一者、唯二條飛鳥井兩家、而大率同レ趣歟、其設二詠格一乎、非三別故立二敎、只無レ他、脩道之謂レ敎而已、凡或下無二學習一而好レ之、以二俚語世諺一綴二成一首一、剩不レ切二主意一、自爲二和歌一、然誇二于人一者上、堪レ可二大笑一者耶、累世之歌仙傑出之達人、尙有二瑕瑾一、何況於二淺習之輩一乎、蓋纔歲習慣、要有レ無レ益者、以二輕薄一也、五尺幼童偶有レ中者、以二實情一也、欽可レ致レ思哉、志二於道一之厚薄、亦可レ覩二于斯一耳、嗚呼祓除也詠歌也、我朝之令猷、共二天地一不レ可二永廢一、

祭禮奉仕篇

夫祭レ神祀レ祖之禮、竝神社拜禮奉幣等者、天下之憲章、惇レ宗之大禮也、豈可レ忽乎、故龍圖自二踐祚之朝一至二讓位之夕一、尊二崇天地神祇一、奉二事四時祀尊一、昭二々于國史家牒一、其拜禮之法者、以二勢州之式一爲レ詳、又神事祈禱之法、上世朴實之則者、雖二凡庸巫覡之非一レ所二識用一、而以二橘家之式一爲レ備乎、凡自レ造二宮社一、迄レ儲二祭器一、上古既用レ心之規範、漸殘二于今一也、古記曰、日本者厚二於道一、故置二于物一、不レ置二于物一、則道乎薄、又曰、在二於物一者厚二于行一、在二於道一者薄二于行一云々、奉幣之法式者、近衞九條兩家有二小異一、而各存二深理一焉、今見二諸社祠官拜禮奉幣之威儀一、法則中レ節者鮮矣、抑詣二宮社一也、有二如レ彳而到者一、有二如レ走而進者一、如レ彳者可也、如レ走者甚不可也、是憑レ不レ知レ治レ己哉、咨嗟不レ見下乎搢紳君子謁二公門一之威儀上矣、不レ如レ隨二其職分一允執二厥中一焉、偶生二于祠家一、如レ是恒規尙不レ能二講習一、而況道之綱要乎哉、以二其恍惚一與二神明一交、且可レ嘆焉、彼祠祿豐饒而溫飽者、沈二湎酒色一、荒怠弗レ敬、及レ圖二己利一、衒二禱神祇一、徒以二祓除等之符一、就

レ人求二其價一、擧レ世雖レ不レ信二其人一、汲々貪レ得、實可レ惡之甚者、而是釋氏所レ謂有財餓鬼也、間亦有下志二于道一者上、或貧賤而不レ果レ行、或魯鈍而不レ克レ遂、嗚呼祭祀也拜禮也奉幣也、非二敬而嚴重一、則神夫可レ有レ應乎、

神道啓蒙跋

大道寞而無レ形、虛而有レ靈、寬而栗、柔而立、彊而義、强字稱二神道一、中古見下爲二異教一混同上、而不レ挹二淳朴之風一、寔可レ嘆矣、予自レ幼遊二墨江神學生梅園氏惟朝之門一、比レ壯受二垂加靈社之槖籥一、鈍銕雖レ不レ足二淬礪一、辱與レ有レ聞二其宗一、依忘二固陋一、力二沈痾一、以慰二於多年之素懷一、非三敢回二既倒之狂瀾一、聊發二擊二二三子之蒙蔀一而已、只恐不レ免下不文與二不孫一之呰上矣、時

正德壬辰(二年)仲冬望日、採二筆於坂城閒居一、

右神道啓蒙壹册、以予往年於大坂書肆鹿田所購求本、付活刷畢、明治四十四年九月、

神道啓蒙 終

唯一論

開闢以降、百餘代之天子不レ易レ姓、繼二日神之血肉一、我神國而已也、故君臣之道亦明、而以二神祇官一置二諸官之上一、是重二神道一也、國神國、道神道、人神裔也、依レ之道天照大神之道、而敎者猿田彥大神之敎也、道之建立、天神口勅二伊弉諾伊弉冊二尊一、乃亦賜以二瓊戈一、譬猶下將軍赴レ敵之時、天子命二閫外將軍制一焉、而後賜二節刀一以爲中符信上也、是我國武士常佩レ持レ鑓之緣也、其後天照大神、以三三種神寶一授二皇孫瓊々杵尊一、自二瓊々杵尊一至二崇神天皇一、天照大神同レ床共レ殿、是神皇無二之謂也、宇佐八幡大神詫二宣淸麻呂一曰、我國家開闢以來君臣定矣、以レ臣爲レ君、未二之有一也、天之日嗣、必立二皇緒一、無道之人、宜二早掃除一、伊豫守源朝臣賴義、祈二八幡賀茂新羅之三神一求二男子一、果有二三子一、其嫡男義家號二八幡太郎一、次男義綱號二賀茂次郎一、三男義光號二新羅三郎一、是亦重二神國一故也、一條院御世、卜部兼延曰、唯一宗源者、天照大神授二天兒屋根一、爾來唯汲二一氣之元水一、不レ嘗二三敎之一滴一、起謂、是神國風俗厚、

非下彼兼倶欺レ神誣レ人、而矯ニ其祖一之類上、我國天照大神以降、神以傳レ神、皇以傳レ皇、皇道神道、天人唯一、而豈二哉、中臣祓三部書古語拾遺等書者、天下君臣蒼生各可ニ熟讀一之書籍也、今不レ極ニ三敎之蘊奥一、少明ニ一敎一、曰ニ三敎一致一、是即知ニ胡椒之辛一、不ニ咀嚼一飲レ之、是如レ曰ニ丸飲一乎、若有下明ニ三敎之極處一人上曰ニ一致一、可也、〔頭註〕留守友信按、此語不レ瑩、蓋雖下明ニ其極處一者上、曰ニ三敎一致一、則不レ知レ道也、神代卷文段者、往古文章也、古語大道、而以レ理說レ事、以レ事說レ理、辟假ニ嬰兒一、心求ニ神聖一、夫上古儒佛二敎未ニ曾有一、故不レ比ニ二敎一、自不レ異ニ二敎一者、天地之通理也、〔頭註 友信按、自不レ異以下十二字、大失ニ本旨一、佛說豈天地之通理哉、〕天無ニ神道一、則無ニ三光一、亦無ニ四時一、地無ニ神道一、則無レ有ニ五行一、亦無ニ萬物一、人無ニ神道一、則無レ有ニ一命一、亦無ニ萬法一、是天人唯一、而神明之直傳、一牙開闢之一法也、以ニ天地一爲ニ書籍一、以ニ日月一爲ニ燈明一、是則純一無雜之密意也、故不レ可レ要ニ儒佛之二敎一者也、〔頭註 不可要…、友信按、山崎子要ニ乎儒一、蓋非耶、余信不レ及、大山氏略有ニ偏見一、〕只出レ自ニ渾沌之堺一、守ニ渾沌之初一、爲ニ神人一也、吾國之人以不レ可レ不レ知、有心無心、有氣無氣、萬機政皆是莫レ非ニ吾神道一也、政與レ祭同訓、辨ニ正統紀一也、夫尊レ天事レ地、崇レ神敬レ祖、則不レ絕ニ宗廟一、經ニ綸天業一、又屛ニ佛法息一、奉レ再ニ拜神祇一、桃華老人曰、神道之所レ本唯中而已、惟足於ニ會津源君前一、講ニ于中臣祓一曰、不偏不倚無ニ過不及一之名也、予師聞レ之論曰、中庸與ニ中臣祓一爲ニ一致一、則學ニ中庸一歟、或學ニ中臣祓一可也、以ニ三一敎一致書一學ニ兩書一、勞無レ益也、予思是惟足闇ニ儒書一、而習合之費也、敏達帝不レ信ニ佛法一、尾輿鎌子不レ拜ニ佛像一者、神國之遺風也、生ニ神國一違ニ神道一、則一日不レ可レ頂ニ日月一、正直而後知ニ日月之心一也、此所レ謂兩大神託ニ倭姬命一曰、日月廻ニ四洲一、雖レ照ニ六合一、須レ照ニ正直之頂一之神語也、今代以ニ奇妙一告ニ諸人一、妖巫贋僧之說也、守屋敬ニ我國神一、不レ敬ニ他神一、是以レ爲ニ神國一廢レ佛也、馬子崇レ佛蔑ニ如神祇一、故旣弒ニ我君崇峻帝一也、聖德太子黨ニ弒レ君惡臣一、是同志之人也、守屋我朝神忠臣也、世上小人却嘲レ之、不レ足レ論、太子曰、神道根本、儒道枝葉、佛道花實、予案、何知ニ神道爲ニ根本一、黨ニ馬子一乍、林氏亦此非ニ太子之語一也、後來卜部中臣之所レ托也、只佛爲ニ根本一、神儒爲ニ枝葉花實一、蓋太子之意也、吁以ニ寺院一爲ニ學校一、而佛事爲ニ祭祀一、敎レ之以ニ孝弟一、勸レ之以ニ忠誠一、則神道人道豈二哉、惜乎太子之不レ知レ此也、予謂、太子明ニ儒佛一、闇ニ神道一乎、聖武孝謙共淫ニ于

佛氏一、是故起二兩部習合之名一、以二儒佛醫仙術諸道一合二神道一、亦習合也、不レ渡二諸道幷漢字一以往、以二吾國之道一號レ柱、號二神道一、亦近二習合一、予詳二柱祕訓一也、雖レ然此御世、尙記二宇佐八旛大神宮在二續日本紀一也、其後醍醐帝御宇、記二大菩薩一載二延喜神式一也、板倉防州翁曰、諸宗諸道者、人家炊二食物一如レ器、闕レ一則不レ調、師語レ予、勤レ事成レ功日蓮宗也、正心禪宗也、脩身儒道、知二生死之端的一不レ若二我神道一、予三十有三年學二神道一、昏愚不レ到二至明一、朝望二高天原一、暮臨二五十鈴川一、欲レ守二天下國家之法度一、志二神垂冥加祈禱正直一而已也、一一蒙二神惠一成レ功類レ人乎、故於二諸道一不レ勞二齒牙一也、元祿十四辛巳年五月十九日、偶作授二味酒社職掌之人一、詳思レ之勤仕、珍重々々、葦水翁大山誌、

附葦水翁行狀

大山左兵衞秦忌寸爲起翁、其先出二武蠶命一、父稻荷上神主從五位上松本爲穀、母某氏、翁三歲爲二大山正康之養子一、居二于洛下一、然后諸兄等比年亡、十有三歲夏五月、父爲穀亦歿、粤庶族議曰、松本之本家不レ可レ以二他姓一、幸有レ起存、可二迎入レ之、衆皆諾、由レ之同年秋八月、俱二養父母一歸二於稻荷一、勤二仕神職一、娶二某女一、雖レ生二三男子一、幼孩共亡無レ嗣、養二同姓爲量之子爲國一、以令レ繼二本家一矣、翁事二養父母一至孝、父病竭二力醫藥一、沒盡二情喪祭一、廣漁二獵和漢之書一、洽聞博識無レ遺、更見二垂加翁一究二其奧秘一、門弟多進、迨二三十有六歲一、因二養父正康遺命一辭二神職一、復寓二居于洛一、以二大山一爲レ氏、以二葦水一爲レ號、日々敎二授神書一不レ怠、門弟彌衆、已而母老家貧、貞享四年丁卯十一月、應二豫州松山侍從公之高招一、預二味酒社神職一、歲三十有七、及レ行爲二正親町前大納言實豐卿之猶子一、有レ以然也、至レ彼神事暇日、講レ書說レ道、而國中他領之神人、逐レ日重レ月會集、欲レ屬二門下一者以數百人也、然尊レ道敬レ身、不三敢謾言二其秘一、若有二深信厚志輩一、喜導レ之懇授レ之、因レ玆都鄙門人、蒙二許可一者僅五六人耳、就レ中稻荷旅所神主平通秀、以二志深且神職一、傳二其深秘一矣、元祿元年戊辰二月、於二味酒社宅一、始講二日本書紀全部一、以二其所說一爲レ註、迄二于二十有二年一筆削就、名曰二味酒講記一、自清書奉二於國主侍從公一、獻二納公造營之神庫一焉、先レ是養母八旬、以二天年一終、而翁謂、我至二此邦一、素爲二

老母一、今願遂望足、盍レ歸二于洛一乎、速辭二神主職一退焉、侍從公以二祝安兼一任二社主一、翁傳二神道奧祕行事口訣一、而后國主强留レ翁曰、起來國以來、領内之神人等、知二神爲レ神、而邪曲之敎悉止一、可レ謂二國之重器一也、厚遇レ之、別給二祿及宅地一居レ之、時令レ講二神書一、信二容之一、翁亦辱二其恩惠渥一、而未二敢果一レ去焉、平生所レ著者、葦水草一冊、古語拾遺私考二冊、傳神妙記註一冊、御柱訓傳一冊、桃葦傳一冊、賢木葉抄三冊、天孫本紀咒蘭草三冊、神人母鑑四冊、神名帳比保古十五冊、職原玉掇九冊、氏族母鑑十七冊、稻荷社記十五冊、内秘卷一冊、有二神道奧秘、味酒講記五十五冊、唯一論一冊、星冑秘訣一冊、蛭兒傳一卷一、都盧十有六部也、

夫以當世之人、以二神道一或習二合儒佛之說一、或混二雜巫覡之事一、而不レ察下元レ元本レ本、與二天地一無レ窮之正道上、翁雖レ憂二之深一、慮レ時從レ俗、不二甚排斥一焉、又行二於世一、若二神代卷諸抄一、家々之說繁多、而未レ訣二其是非一、至二人皇卷一、有二卜部家之釋一、尤考二于此一質二于此一有レ所レ資、而事畧言簡、擇焉而不レ精、讀者憾レ焉、若二講記一、廣考二百家之書一、間附二傳受之意一、以明備也、是補二遺漏於千載之前一、龜鑑開二於萬歲之後一者也哉、其處レ世、亦非二其人一何知レ之、見二所レ著書一則可レ知焉、余與レ翁爲二師友一三十有餘年、親炙日久得二許可一、且以二其奧秘一面受口授、雖レ然淺陋短才、未レ克レ廣二發其蘊奧一、惟信レ道守レ敎而已、蓋生二吾國一傳二吾國之道一、不レ雜二異國之道一者、何幸如レ之乎、頃日同志某告レ余曰、書二翁出處一使二門人普知一レ之、數辭レ之、不レ許、攄二其大概一而應二其需一云レ爾、

寶永七庚寅年四月十五日　　藤原好澄敬識

右唯一論及葦水翁行狀合壹册、以豫州松山味酒神社社司田内逸有所藏本書寫校合畢、明治四十四年九月、

唯一論　終

十二支之訓傳

子は根なり、日の終て始るとき、萬化の根元たるを云ふ、

丑は稚《うひ》しなり、地下にうごける始を云ふ、

寅はとろけるなり、日のまさしく出玉ひて、蕩然たる融和するときを云ふ、

卯はうつるなり、日東に昇るときを云ふ、

辰は建なり、日すでに震ひ起るときを云ふ、

巳はみるなり、日まさしく盛なるを云ふ、

午は熟きなり、日の天に中するときを云ふ、

未は日土なり、漸く仄き地に近きを云ふ、

申は去なり、日のまさしく入んとするときを云ふ、

酉は取なり、をさむるなり、日の地下に入んとする時を云ふ、

戌は寝《いね》るなり、日の地下にかくれ伏す時を云ふ、

亥は居るなり、日の地下に居とゞまるときを云ふ、

右十二支之傳者、桑名先生之訓註也、敢慢勿二漏脫一矣、

十二支訓傳

子はねざすと云事にて、一陽の氣が北方にて新起り、

丑は稚しと云意、初と云ふても意同じ、一陽が未だ若きと云ふ意也、

寅はとらゑと云ふ事にて、一氣が陽の丈夫な所をとらえたと云ふ事也、

卯は浮と云ふ事也、一陽が丈夫になつた故に云ふ、氣の得て土中を浮ゑる故に云也、

辰とは立と云ふ事にて、丈夫になつたときに、きつと土地より立のぼるゆへに云ふ也、

巳は見ると云ことにて、太阳立のぼれば、萬づのものが明白にこと〲くみゆるぞ、

午とは生と云事也、一陰の氣を生ず、太陽きはまるときは一阴の氣が起るものぞ、

未とは火の土と云事にて、火生ㇾ土と云、火より土を生ずるまで、

申とは去ると云事也、阴氣高天を去る時にあたる、故にさると云ふ、

酉とは通ると云事也、日徳土中にをよぶ故に云也、

戌とはいぬると云事也、大阴今日を照して、じそ◎し〔りカ〕むき也、

亥とはいねたと云ふ事也、いねたるだ◎さ〔きカ〕萬氣悉くをさまるぞ、

右十二支之傳者、松雲翁之訓註也、道の敎以二自筆一書寫畢、

坊州　村田深齋敬書

秦山集雜著甲乙錄ニ云、十二支、人皇之初已有レ之、當レ有二我國之訓一、然垂加不レ取レ之、京家有二訓說一、恐儒說也、予亦有レ訓、未レ知二是非一也、

又云、土御門梨木皆曰、有二十二支古訓一、垂加再三請レ之、二氏言レ逸レ書不レ肯レ出、豈其書中、載二家之大事一、有下難二出示一者上歟、

右十二支訓傳二種、並神代奥秘抄所收載也、以伊豫宇和島人毛山正辰所藏本令謄寫、以無類本不能校正、明治四十四年九月十二日、

十二支訓傳　終

與中村恒亭書　辛巳作

谷　重遠

重遠啓、前日不下以二徒步之勞一、風雨之淒一、爲上レ可レ病、惠然顧二我鏡野一、意愛深厚、感謝曷已、幸爲二兩日之欵一、而榮蔬蛙鱔之供、尙爾不レ能レ滿レ意、愧恨萬々、不レ可レ解レ心也、向所レ承君臣之說、鋒穎森然、不レ可二嚮邇一、而盃酒之餘、不レ能レ窮二其辨一、盍不三止高明爲二是說一、世儒往往唱而和レ之、僕竊病焉、嘗不二自揆一、欲三論究以歸二于一是一、今謹布呈、幸反二復之一、天照大神賜二天津彥彥火瓊々杵尊、八坂瓊曲玉、及八咫鏡、草薙劍三種寶物一、又以二天兒屋命、太玉命、天鈿女命、石凝姥命、玉屋命、凡五部神一使二配侍一焉、因勅二皇孫一曰、葦原瑞穗國、是吾子孫可レ王之地也、宜二爾皇孫就而治一焉、行矣、寶祚之隆、當下與二天壤一無上レ窮者矣、是乃吾道之本原、而天地之所二以位一、君臣之所二以叙一、正在二乎此一、更千秋而萬歲無二二道一者也、西土之立レ國也、二レ本焉、謂泰伯之去、夷齊之饑、事レ君無レ貳是也、成湯之放、武王之伐、順レ天應レ人亦是也、天下豈有二兩是一哉、非レ二レ本而何、夫爲レ子死レ孝、爲レ臣死レ忠、爲レ婦死レ貞、此三者則天

地之大經、亘レ古亘レ今顚撲不レ破者也、然而西土獨有二臣殺レ君之道一何耶、其立レ國之本原如レ此、宜乎末流之弊、簒弑相躡、至二歲易一レ主也、西土之爲レ國、有三湯武之大聖既爲二放伐之始一、孟子之大賢、復爲祖二述之一、則儒者紛々有二不レ得レ已之論一、亦必到之勢也、獨恠聖朝之人、生三乎君々臣々、忠厚誠篤、數萬載之邦一、何苦乃信二外國二本之說一、天步少不レ若レ古、輙名以二衰周一、攘レ臂抗論、欲下擬二諸國一以中齊梁上、悍然不レ顧三天誅神罸之爲二何物一也、悲夫、莊子所レ言、以二詩禮一發レ冢者、於レ此乎驗矣、抑日本神國也、從二天安河之古一、距二平安城之今一、天照大神鎭常在二於高天原一、明々赫々臨二我斯人一、雖二天下之事萬起萬滅一、然天上之日輪未レ墜二于地一、人間之皇統不レ可二搖移一、移動イ 此皆一人、相、將、相與保守祕護、不二敢失墜一焉者、其豈艸野刻薄之儒、所二得而窺一也哉、儒者之學可レ謂レ富矣、其所レ謂居敬窮理之訓、如二菽粟布帛之切一レ身、顧今之學者、不二是之學一、而以二彼二本不レ得レ已之說一先焉、不レ食レ肉而喫二馬肝一、亦可レ笑也、前日所レ喩、傲言不祥、有下可二大駭一者上、夫皇朝神明之統也、一本之國也、與二異邦之今日賣レ履、明日踐レ祚者一、不レ可二同レ年而語一、是以毫釐忽レ上者必罸、芥蔕慢レ君者必殃、可レ不レ敬乎、戲言出二於思一、願高明戒レ之、王文成詐僞欺罔、其跡炳如、陳東莞辨二晚年定論一者明矣、僕嘗謂、明朝之滅、由二乎王氏良知之遺毒、人心恠僻之馴致一、比二諸晉氏淸談之弊一加レ酷焉、詳考二於李贄藏書理學名臣諸傳一可レ見、今不二悉論一也、別後不レ知レ做二何功夫一、此一大事、固不二艸々一、冀深志篤學、以副二初期一、此外世間之譽毀、斗升之沈浮、何足レ道耶、何足レ道耶、

答井澤長秀書 乙未代二松下長敬一

谷　重遠

長敬敬慕之餘、往歲卒爾呈二一翰一、自料蕪陋之甚、不レ免二拋擲一、不レ意雅量廣博、誘二勉後進一、蒙レ回二賜手敎一、薰讀反覆、啓發殊深、信後涼燠代謝、不レ審二尊候一、起居如何、麟息意漸成長。日々有二過庭訓導之樂一、慶幸之至、此間無レ他、京師書肆、寄二致菊佐傳記、東國太平記等書一、考索敘述、詳傳不レ猥、奇賞惟甚、喩及二神世神世七代之說一、發明切當、三復歎仰、此間朋友亦著二一說一

曰、神者天地人物之本心、明而不レ可レ欺、幽而レ不レ可レ測者、故指言ニ一物一也、國天地也、常立自ニ開闢一至ニ永々一堅固不動之謂、狹槌少土也、國狹槌尊水神也、斟渟汲煑也、豐斟尊火神也、國常立者、天地萬物之靈、一而無レ對之神、天之運行、水火燥濕之氣、各運而不レ交、故曰ニ乾道獨化一也、此三神純陽之神、言ニ天成一也、埿土煑沙土煑木神、大戸之道大苫邊金神、于輕音、須重音、道貝、邊姬、皆陰陽之神號也、至ニ此二代一地成矣、蓋以ニ木金之形一因レ地而出一也、面足惶根土神、面爲レ陽、根爲レ陰、顏面具足、而恐惶之根存レ人之道也、蓋至レ土萬物備焉、故以レ人言レ之伊弉相誘之言、那助語、義牙音爲レ陽、美脣音爲レ陰、此皆男女人神始生、相共爲ニ夫婦一之名也、此二神者、五行兼備、三才全體之神、而凡造化、氣化、心化、胎化之本根也、木金土主ニ形質一、陰陽相交而成レ化、故四代之神、男女耦生焉、分レ之七代十一神、合レ之一代二神而已矣、所レ謂未生之諸册、已生之諸册者、蓋謂レ此也、是說規模氣象之大、雖レ不レ能レ遽ニ來說一、同是垂加遺傳也、因寫呈以求ニ批誨一、千萬勿ニ鄙外一、茲有ニ一少稟一、仰瀆ニ高明一、垂加翁之神道、卜部獲ニ之視吾土津一、忌部受ニ之石手吉深一、伊勢得ニ之度會延佳一、其他阿倍有ニ土御門一、賀茂有ニ梨木一、稻荷有ニ大山一、各奉ニ家傳之秘一以告レ之、翁年來折衷集成、以著ニ風水風葉二書一焉、斯書也、翁沒前數日、函封親ニ授正親町公通卿一曰、卿四十歲之後、始可レ開ニ此緘一也、蓋戒ニ其成心一耳、爾來多歷ニ年所一、至ニ近歲一其書稍有ニ漏洩者一乎、頃日伊豫國松山書生大月勝藏、勝藏學ニ神道於高田未白、未白備後國鞆人、垂加門人、今年八十六歲猶無レ恙、新文有下引ニ其序段一者上、尊兄牙籤萬軸、或貯ニ其書一乎、然則推ニ有レ馬者之惠一、救ニ一方道術之窮一、至懇切祈、如未レ得ニ其書一也、尊兄年來購索之富、豈無ニ其手段一邪、伏乞垂念、我鄉有ニ谷重遠者一、嘗暫侍ニ垂加社一、時年甚少、雖レ未レ能レ盡ニ其學一、而彼家大小雜事聞レ之熟矣、僕少從レ渠讀レ書、但渠得レ罪廢錮殆十年、不レ得ニ面會講論一爲レ可レ恨也、近聞渠亦得ニ尊兄諸書一篤好レ之、聞ニ僕書疏往來一、想爲ニ慨然一也、今春武江新刊ニ垂加文集一、編者旗下貴士跡部宮內良顯、而序者其門人友部武右衞門安崇也、據ニ發垂加神儒之遺旨一、可レ謂ニ近時之傑然者一也、遙料必得ニ清覽一、垂加易レ簀三ニ紀乎茲一、筑紫有レ若ニ尊兄一、吾妻亦有ニ此消息一、推尊發揮、如ニ拂レ雲見レ日、天意果欲レ開ニ此道於當世一乎、豈云ニ偶然一哉、會津風土記、筑前續風土記、各國十襲秘籍也、俗說辨引レ之、知ニ夙在ニ几案一、何其剽掠之敏妙也、驚喜飛動、伏乞惠ニ借各一部一、療ニ此膏肓之癖一、渴望不レ知許レ之否、然山海阻長、非レ無ニ六丁之慮一、貴國必有ニ筆人之可上レ雇、如得下寄ニ傭賃一取上之、幸尤甚、未レ繇ニ晤言一、仍冀珍ニ重鼎實一、以須ニ川至之福一、長敬不レ勝ニ拳々一、

右谷秦山書簡二通、秦山集所載也、以日本書紀通證比校了、明治辛亥八月中澣、

谷重遠書簡終

神道天瓊矛記上

肥後隈本　井澤長秀著

○天部

抑我日本は、天瓊矛の所レ成にして武國也、其故は、天地開闢のはじめ、國常立尊謂ニ伊弉諾尊伊弉並尊一曰、豐蘆原千五百秋の瑞穗地に、汝往て脩むべしと、天瓊矛をたまふ、

天瓊矛は、太一の義にて、所ニ以陰陽之爲ニ陰陽一、所下以常上爲ニ滄溟之國一、すなはち神道の根元なり。古語に、玉戈の道といふは、道の本源の天より出たるを云へり、天地自然の主宰を、國常立尊と申し奉る、古書に曰、國常立尊、虛而有レ靈、一而無レ體、天地始而神常在。形體消而神不レ滅、性命訖而神不レ終、一氣開闢以降今日亦在、故號ニ國常立尊一、此尊を稱して一神則是八百萬神、八百萬神則是一神とす、天地同根萬物一體の神にて、天地の初めより天地のおはりまで、常に天地のあいだに立給へり。此可美の美知より、天地人もあらはれ、萬物も造化するなり、天おほふておちず、地のせてくつがへさゞると

ころ、此瓊矛の德なり、〇豊はゆたかなり、蘆は江湖沼沚の水底の泥中に根を生ず、千萬莖といへごも、其根連綿として同根なる造物なり、伊弉諾伊弉並の、天神のみことのりをうけ給ひ、大八洲をはじめ、萬物を造化し給ふも、其根本は萬化を連綿し給ふ豊受の神德を表稱する國號なり、〇原は廣博をいふ、〇千五百秋は長久を祝するの語也、〇瑞穗は水火なり、水は萬物和潤也、火は温暖和氣なり、和潤を稱する水德を、瑞と書し、めぐみを稱する火德を、穗と書す、水火成功の和潤の字義をもつていへり、

其後伊弉諾尊伊弉並尊天浮橋の上に立て、天の瓊矛一作沼矛を滄溟に指下して探り給ふ、

天とは、天と共に久堅にしてたえざるを祝す、浮橋は、八方に通て方處不レ定をいふ、たとへば、人の胸中に感ずるところの、善惡邪正眞僞の機を天に通じ、それに應じて賞罰をあたえ給ふ端也、〇瓊矛は敏なり、利なり、此矛の利こと、天地鴻荒草味を剖分、天地は上下に位定り、萬品おの〳〵其性命を正し、善惡邪正理非を果斷す、則是高天原にまします豊受太神の、天讓日天狹霧宮の代々の日嗣の璽矛靈明不測の動物也、火凝とも日凝とも記す、皆故あり、滄溟は陰なり、矛は陽なり、水火和液し、これを斟、これを煮て、一島をなし得給ふ、この故に斟煮のこゝろをもつて、國をくにと訓せり、

其矛鋒滴瀝の潮凝て、一島となる、名て磤馭盧島一作淤能基呂島といふ、

おのころ島は、陰陽二神の天道萬物を施し、日月五行海山川の神を生給ふに、先づ太祖豊氣の神胤を永くせらる、神變の元本正直の國中の柱となす島なれば、上天高天原の天圖形地圖形を齊給ひて、氣形ともに不偏不易なり、

矛は劍なり、是れ人心剛毅の勇にかたどる、矛のさきよりしたゞる潮とは、最初の義にとれり、

しほといふは、元水凝て國土と化するのこゝろなり、元水は清明至陽の氣なり、この氣を通用に、至といひ、陽といふ、をほ、かな通用す、

自凝島といへるは、他力をからず、我武勇をもつて、獨立するにたとえ、男兒の節操になぞらふ、至陽精氣の凝てなる故に、陽凝島ともいふ、又和奴國とも書

す、畢竟路は助字にして、男兒と見るべし、武具全く備るをもつて、細戈千足國ともいへり、又二神陽凝島にましく〳〵て、天瓊矛をもつて、國中の柱として、八尋殿を建給へり、

およそ陰陽二神の國土をうみ給ふ萬化の妙用は、天瓊火凝をもつて、滄溟の天元水をくみて、これを煮るなり、變化妙用の中に、不偏不易の元陽の凝てなる磤馭盧島を大本元根の柱とし、萬化の妙用は、天瓊火凝をもつて、元根の柱として、妙用を施し給ふ神變の垂跡なり、これ青橿根尊の不偏不易の神胤、天浮橋に感じあれます神變なり○八尋殿は、兩手をのべて八つひろごりたる大さの家なり、むかしは何間といふことなく、手をのべてはかる、これを、たかばかりといふなり○八を神道に用るは、神德の八方へ布を稱する名義なり、

萬の器財おほきなかに、矛を用いて國をおこし家をたて給ひしを見て、我朝にうまるゝ者は、殊更武をもつぱらにすべきをしるべし、國中の柱は、中極の表なり、天瓊矛を天瓊玉戈、八坂瓊矛、天逆鉾、天逆太刀とも、天御量柱、國御量柱ともなづく、

今心御柱忌柱とまうすは、これを表するなり○俗間にも、家の中柱を大極柱といへるは、國中に瓊矛を建るに效なり、

即天地開闢、陰陽發動、神聖化生、萬物元起にて、國常立尊の御象なり、天地日月星辰國土山川草木人倫鳥獸魚蟲にいたるまで、皆是天の瓊矛の應變なり、此瓊矛立ざれば、天もおほふことなく、地も載ることなく、人倫の生命もなし、瓊矛を人にをいては、性となづけり、この故に、心をこゝろと訓ずるは、瓊矛の不測の靈明、心臟に垂跡ましまして、凝といふ義なり、此瓊矛大にしては天地、小にしては人倫、あるひは敎になぞらへ、あるひは器にかたどる、神書をよむ者其所によつて曉すべし、一偏になづむとなかれ、又二神天御柱をめぐつて、みとのまぐはひして、日神を生し給ふ、大日孁貴とまうし奉る、天照皇太神是なり、又二神天柱をもつて、天照太神を天上に擧給ふとあるは、天の柱は、天瓊矛なり、天上に擧るは帝位に即給ふなり、地の器物を用ひず、たゞに瓊矛をもつて即位し給ふは、武德によつて天下をしろしめすことをいへり、大日孁の國なる故に大日本となづく、日は大

陽なれども、陽中おのづから陰をふくめり、爰をもつて、太神日德をそなへて、女體なりとす、内に仁をいだき、外に勇をふるふの謂なり、又伊弉諾尊十握劔を拔て、軻遇突智を斬て三段になしたまへば、おのおの神となる、是雷神大山祇高龗なりとあるは、勇猛の陽神を生す形容なり、又二神蛭子を生す、

一書云、蛭子は日入兒なり、無二流行復生之德功一神なる故に、謚して日入兒といふ、

三歳になり給ふまで、脚なをたゝざりしかば、

三五七は、數のきはまらざるを稱言するなり、しゐて三年とは見るべからず○脚猶不レ立とは、蛭子は流行の氣なき神なれば、脚たゝずといふ、脚は氣をもつてあゆみたつなり、氣流行せざれば、脚たつ事あたはず、此ひるこ、氣の流行し給はぬ神なる故、かくいへり、今の世にも、武なき者を腰弱脚弱などいふたぐひなり、

天磐橡船に乘て、順風放棄とあるは、

天磐橡船神は、鳥石楠船神、又名は謂二天鳥船一、伊弉諾尊伊弉並尊所レ生也、磐橡は堅固の意にもかたどる、船に乘て風にまかするとは、蛭子のうまれつき多病孱弱にして、武備にたえざるを、天磐橡船神につけて武を斂しめて、其爲レ人を待給ふの謂なり、

一書云、順風放棄とは、萬化の舊陳をあらため、新氣復生する神解除にて、先非をあらたむるをいふ、

又伊弉諾尊往二黃泉國一歸り給ふとき、八雷神に千五百黃泉軍をそへて追しめしに、尊佩給へる十拳劔を拔てふせぎたまふとあるは、表に劔をもつて賊を退る事をいひて、裏に邪をはらひ正に歸するの理を述たり、又天照太神、素盞嗚尊の天に昇り給ふことをきこしめし、國をうばゝんが爲なるべしとて、武備をもうけ、結レ髮髻とし、裳を縛て袴とし、八坂瓊の五百箇の御統をもつて、其髻鬘及腕にまとひ、背に千箭の靭と五百箭の靭とを負、臂に稜威の高鞆を着、弓彇を振起て、劔柄を秉握、堅庭を踏で陥股し、沫雪のごとくに蹴散かし、稜威の雄誥をなし、

稜威は、いかめしき事なり、神の威のおそるべきかたちなり、雄誥は、何故に來り給ふぞと、よばゝり給ふをいふ、

稜威の嘖讓をおこし、

嘖は高聲によぶなり、讓は責なり、其罪をせめ問を

嘖讓といふなり、

徑に詰て問給ふとあり、

詰問は、急に尋問なり、

女神といへども、武勇すでにかくのごとし、其後天照太神素盞嗚尊のもち給へる劔を喫斷て、吹出し給ふ氣噴の中に、天穗日命正哉吾勝々速日天忍骨尊を生すとあるは、武德の人君出生のことをいへり、此神は素盞嗚尊の御子にして、天照太神の御養子なり、かゝりしかども、素盞嗚の所爲、なを無賴故に、天照太神天磐戸に入せたまふ、諸神これをなげき、神樂をなして太神を出し奉る、時に猿女遠祖天鈿女命、手に茅纏矛（一作著鐸矛）を持て、天石窟の前に立しとなむ、

是れ警固のこゝろなるべし、

素盞嗚尊此罪によつて、出雲國にくだりたまひ、樋川上にをいて、人民のあたとなれる八俣大蛇を平げ給ふ、此とき尊帶たまへる十握劔をぬきて、大蛇を寸斬給ふに、尾にいたつて劔の刄少し缺り、故に其尾を割裂て視たまふに、ひとつの劔あり、

是叢雲劔にて、後草薙劔とあらたむ、

此劔をさゝげて天照太神の御ゆるされをかうぶり給へり、又素盞嗚の子大己貴命を、八千矛神ともいふ、

神威森嚴なること、戈矛の如きを稱せり、此故に今にいたりて大己貴を軍神とあがめり、

大己貴を、大國玉ともいふ、此故に後人竺土の大黑に混淆す、詳に廣說俗說辨にこれを評せり、考みるべし、

大己貴神蘆原中國の荒芒て、磐石草木までも强暴を、ことごとく碎きて和順せしむ、高皇產靈尊皇孫を、豐葦原中國へくだし奉らんとて、先經津主命（香取大明神）武甕槌命（鹿島大明神）をくだし給ふ、二神出雲國五十田狹小汀にいたりて、十握劔を逆に地に植て、其鋒端に踞て、大己貴に問ていはく、高皇產靈尊、皇孫瓊々杵尊を降して、此地に君たらしめんと欲す、故にわれ二神をつかはして驅除平定《はらゐしづ》む、避たてまつらんやといふ、大己貴答て、我たのみし子（事代主命健御名方神）だも避去ぬ、われも又避たてまつるべし、われふせがば、國内の諸神ふせぐべし、われ今さけ奉らんに、たれか不順者あらんやとて、平國せしとき所レ杖廣矛（比々良木八尋矛）を出して、二神にさづけていはく、われ此矛をもつて治レ世ことあり、天孫此矛を用ひて國をおさめ給はば、かならず平安

あらんとてかくれ避り、經津主、武甕槌、此矛をもつて、螢火光神及五月蠅聲邪荒振鬼神等を、神拂にはらひ、磐根樹立草之垣葉をも語止て、國すでに驅除平定ぬと復命まうさる、

○地部

かゝりしかば、皇孫天津彥々火瓊々杵尊豐葦原の中國へ天降給へり、此とき天照太神瓊々杵命に、八坂瓊曲玉神璽八咫鏡、

眞經津鏡とも、眞澄鏡ともいふ、是世にいふ內侍所なり○內侍所は神鏡所レ在也、

草薙劍を賜ふ、

是所レ謂三種神器なり、

天御中主神、大日孁貴尊盟ニ皇孫尊一宣く、天皇八坂瓊の勾れるがごとく曲妙をもつて、天下の政を治め、白銅鏡の如く分明をもつて、山川海原を看行し、靈劍を提て天下を平げ、萬民を利せよとのたまへり、言は、八坂瓊のごとく曲妙は、柔順のこゝろを表す、玉の温潤は仁惠なり、此玉の柔なるごとく、温潤の仁德をもつて、天が下の政事をきこしめせとなり、

一書云、玉の外うるほひなめらかにして、內に光をふくむは、君子の德なり、寬裕温柔の仁なり、故に心の德を仁といふ○一書云、玉のまどかにして光あるをもつて、日にかたどるなり、

曲とは、まがれるなり、道は一定の直にあらず、事物にしたがひ時宜を取の義なり、されども邪曲ならざる故に、曲妙といへり、是則時に中するの道なり、情を直にして徑におこなふは、夷狄の道なりといへるごとく、卒直ならずして、其時のいきほひにより、人情にしたがひ、天下を利するの政道なり、此仁の道は生れ出るより人々にこれあり、故に神書に、人波天下之神物也といへり、あはれみよりおこなふ衆善を、すべて仁といふ、此仁の道を、みづからたのしみ、人にほどこすなり、仁をおこなふは、則天地の御こゝろにかなへり、これを神宣に尊レ天事レ地とあり、凡世界の源は、天まづなつて後に地さだまり、人其中にうまれ、萬物したがふてはごくまる、人をもつて神物とするは、胸中に神妙不測にして、天地の德とひとつなるこゝろをそなへて、萬物をいつくしみめぐむの命を天にうけて、のべをしゆればなり、國は是神國、道は是神道、大祖は是天照太神なり、一神の威光、あまね

く世界を照し、一神の附屬とこしなへに王道につたふ、一切の靈性、ことぐく神明の所爲にあらざることなし、故に天地のこゝろは神なり、神のこゝろは人なり、かく天地の正氣をうけてうまるゝをもつて、其こゝろ明らかに、五常の理を得たり、つとめて、人の人たる道をわきまへ、尊レ天事レ地の道をつくし、身をおさめ人をみちびくべし、人は天地におくれて生れて、天地の始をしり、天地に先つて沒して、天地の終りをしれり、天地の始終一身にあるゆへに、人は天地を備へたりといへり、今をもつて古を見、身をもつて天地をさとし、氣をもつて陰陽をはかり、心をもつて神明をしるなり、神書曰、天無二神道一則無レ有二三光一日月星亦無二四時一春夏秋冬地無二神道一則無レ有二一命一亦無二萬法一とあり、天地人三才ともに、神道相はなれず、この故に、祭ことを在が如く、神を祭ること神の在がごとくすといへり、神前は寂然として、音もなく臭もなき所なれども、人の至誠に感ずること、手を拍て響の應ずるごとし、これを我心に誠なきときは、則神なしと記せり、此神の道は、天地をわかちて、天の氣を陽といひ、神といふ、地の氣を陰といひ、鬼といふ、此二氣循環して、萬物生長消滅するを、鬼神の造化とも陰陽造生ともいふ、二氣をはなれては、物あることなきなり、又時宜を取とは、事物を裁制して、宜にかなはしむるをいふ、又時に中するとは、たとえば、夏は葛、冬は裘し、饑て食し、渇して飮、朝に作て暮に息ふごとき、其正しきを得るを時の中とす、よきほどをいへり、又白銅鏡のごとく分明なるといふは、智の本元なり、鏡は一物をたくはへず、私のこゝろなくして、萬象をてらすに是非善惡のすがたあらはれずといふ事なし、其すがたにしたがいて、感應するを德とす、是正直の本源なり、鏡は明をかたちとなり、心性あきらかなれば、慈悲決斷は其中にあり、天にあるもの、日月よりあきらかなるはなし、これによつて文字を製するにも、日月を明とす、則ち神の體に表せり、人うまれてより、胸中に固有の一神おはします、是國常立尊の分神にて、高天原仁神留坐の心體なり、

一書云、魂魄はもと國常立尊の分身にて、人のうくるところに寓す、人は此神明を身におさむる故に、神書に、人彼則神明乃本主他利、莫レ傷二心神一とあり、

これをいへり、

神人合一の理をわきまへ、無二黒心一以二丹心一、左物不レ移レ右、右物不レ移レ左、左レ左右レ右、元レ元本レ本、事事無レ違して、天祝詞の太祝詞を以て宣ときは、大虚元理の聖神來格まし〳〵て、自己固有の神明を感得する也、神明は天にあり、人にあり、正直のをしへを守り、明德を明らかにするときは、心裏の神舍たちまちひらけて、神明を拜し奉ること、鏡にむかひて影のうつるごとく、祈るにしたがひて、感應あるの心用なり、

一書云、きよくあきらかに、虛にしてわたくしなく、是非をわかち、善惡をしり、來るものをも、去ものをも、よくおもんぱかるは、智なり、智をもつて鏡にかたどるは是なり〇一書云、鏡の清くして、くもりなきは、月にかたどる、

此明鏡をくらますを、神明天磐戸に閉居たまふとし、これをさとして、非をあらたむるを、神樂をなすとし、つとめて明らかにするを、天磐戸をひらき給ふとし、この明鏡をしらずして終るを、根國底國にさまよふと傳ふるなり、又朝に佞邪なく、野に遺賢なくとあるは、邪と正とをゑらび、善と惡とをわかつことをいふ、善惡邪正をこゝろみたゞすことは、智あきらかにして、よく心を用るにあらざれば、あやまりて、端士を惡人とし、佞者を君子とすることあり、かの佞者のごときは、常に媚諂ひて、人のこゝろにかなはんことを思ひて、善惡をわかたず、おもむきにしたがひて、己が身を立んことをはかる、これをよろこぶものおほし、齊の阿大夫がたぐひなり、端士はこれに異なり、己を正くし、忠を專らにし、善を好み惡を退け、權門勢家におもねらず、これを譏もの多し、齊の即墨大夫がたぐひ也、古語曰、以二世俗所レ譽者一爲レ賢、以二世俗所レ毀者一爲二不肖一、姦臣以二虛譽一取二爵位一とあり、察せずんば有べからず、此故に聖人の人をためし給ふに、視觀察あり、視とは、人のなすところを視て、善をするもの、惡をするものを知て、君子小人をさだむ、觀とは、人のなすところ、善と見へぬれども、眞實より出たるか、利名のために僞るかと、そのこゝろの奧をはかり見て、君子小人を定む、察は、なすところの善は、たぐひなくして、君子と見ゆれども、實に樂まずして、かりそめになすにや、若しからば、久しからずして變せんかとおもんぱかる也、かく智明らか

に、心を用ひなば、賢人すゝみ、佞者しりぞき、國おさまり、民賑ふべきなり、又靈劔を提げて、天が下を平げ、萬民を利せよとあるは、靈劔は決斷に表し、至剛無欲にかたどる、志つよくこはくして、やまずたはまず、義をみてとげおこなひ、直にしてまがらず、事にあふて截斷し、内に私欲奸佞の心敵をほろぼし、外に邪惡暴逆の賊徒を誅し、身心政事にいたるまで、なべてたゞちにいさぎよく、おのづから威ありて、天下を畏服せしめ、萬民を利益し給へとなり、

一書云、劔のいよやかにひらめくは、星にかたどる、

治世の要は、柔剛正直の三を過ず、和なければ人したしまず、故によく柔なり、是八坂瓊曲玉にて、仁にかたどる、威なければ下あなどる、ゆゑによく剛なり、これ草薙寶劔にて、勇にかたどる、まがれば敎おこなはれず、故によく正直なり、是八咫寶鏡にて、智にかたどる、

一書云、此三器をもつて、日月星の三光に比す、三光なければ、天地くらし、三器なければ、朝廷あきらかならず、日月の二字をあはせて明とす、明は光かゞやく體にて則神明の德也、日月といふ時は、星を兼たり、

智仁勇は、五倫をおこなふ心の德なり、心中もとよりあるところの三德、神明の舍り給ふも爰にあり、外にありては三神器、内にありては三達德なり、よく善惡を知て、不義を截斷すること、利劔に似たるは、智の中の勇なり、仁を保ちて、身を終るまでうしなはざるは、仁の中の勇なり、勇の大なるは、仁義の勇なり、これを三德となづけて、一心にあり、淸く明らかなるは、則神明也、帝王の天下國家を治め、萬機の政をしたまふは、悉皆此德をもつてなせり、天照太神の皇孫にさづけ敎へたまひし神勅に、視二此寶鏡一當レ猶レ視レ吾と宣しこと、實にふかき意なり、如レ是ならずしては、身を修め、家を齊へ、國を治め、天下を平かにすること、あたはず、神勅言約にして、旨廣し、此三種神器は、神代の經典なり、いにしへは、字もなく書もなければ、此三種をつくりて敎とし、皇孫にしめし、神器のたとえの三德を守り給はゞ、寶祚の隆こと、

寶祚は、天子の位をいふ、寶祚を、あまつひつぎと訓するは、あまつは天也、ひつぎは日繼なり、天照

大日孁の御跡を繼給ふの謂なり、

まさに天壤ときはまりなかるべしとの御敎なり、

一書曰、三種神器を智仁勇の三德に比するときは、一心の外にあらず、一心の外に神もなし、天照太神此三德をもつて日本をおさめ給はゞ、帝位天長地久と限なく、御子孫萬世まで主たるべしと勅し給ふなり、

是神道皇道にして、文武の兩道なり、かくて後、瓊々杵尊高天原より、

高天原は、此ときまでの皇居の地をさす、

豐蘆原中國にくだらせたまふ、

日向の高千穗に遷都ありて、御住居をあらためたまふをいふ、

其とき天兒屋命は、執二持伊賀志桙一本末をかたぶけ給はず、天忍日命は、來目部遠祖天穗津大來目を帥て、背に天磐靫を負、臂に稜威高鞆を著、手に天梔弓天羽々矢を取、八目鳴鏑を添、頭槌劔を帶給ふ、其外もろ〳〵の神達したがひ奉り、天の磐坐を押放ち、天の八重雲を、伊豆の千別に千別て、日向の襲の高千穗槵日二上峰にくだらせ給ひ、それより代々天祚をつたへさせ給へり、諸臣おほき中に、天兒屋命執二持伊賀志桙一とあるは、前にもしるす如く、二柱の御神みづから瓊矛をもつて國をおこし、瓊矛をもつて人主を立給ぬれば、此ときも桙は皇孫のみづから持せ給ふべき義なれども、天兒屋命の持たまへること、帝にかはり奉りて、政を執給へるの理、こゝにあらはれ侍る、はたして其御子孫、代々關白として、今につたはれり、執持とは、服膺してうしなはざるをいふ、伊賀志鉾は、嚴矛共記す、飾たる桙なり、飾は文にかたどり、矛は武にかたどる、本末をかたぶけずとは、本末前後をわきまへ、偏僻なく、平衡に、政事を執給ふを表す、文武二道そなはりて、中道をもつて、世を治たまふことをいへり、故にながらふるこゝろにて、其姓を中臣といふとなむ、瓊矛は、天の一理氣なり、

理のあるところに、氣おのづから備る也、

天にあつては、瓊矛といひ、地にあつては、國中天柱といひ、人にあつては、嚴矛といふ、

日本舒明天皇紀云、大臣可遣群卿者、從來如二嚴矛一取レ中事奉請人等也と、是なり、

天地人の三才は、皆是自然の理にして、我國の神道萬

代變動なきものは、今磤馭盧島の號をもつてさとすべし、

神道天瓊矛記下

○人部此卷は矛劔に類せる事を輯めてこれを記せり、

神武天皇西國よりおこつて、東征し給ふとき、荒坂津の丹敷戸畔といふもの、つよくふせぎて、したがはざりしに、天照太神の勅をうけて、武甕雷命、韴靈といふ劔を下されしかば、程なく丹敷戸畔を平げ、其外名草邑の名草戸畔、菟田縣の兄猾、國見の八十梟帥、磐余の兄磯城、鳥見の長髓彥、波哆の丘岬の新城戸畔、和珥坂下の居勢祝、臍見の猪祝を誅して、平均し給ふ、

崇神天皇の子豐城王の夢に、大和國御諸山にのぼり、東にむかつて、八回弄槍し八回擊刀と、即此夢を奏し給へば、帝東國を治めよとて、おもむかせ給ふ、

垂仁天皇二十七年八月、祠官に令して、兵器を神幣にせんことをうらなはせらるゝに、神の御こゝろにかなふ故、弓矢橫刀を、諸神社におさめらる、兵器をもつて神祇をまつるのはじめなり、

景行天皇十二年秋七月、熊襲日向國人そむく故、誅伐として、筑紫に幸し、周芳の娑磨にいたり給ふとき、神夏磯姬といふ女、一國の魁帥なりしかば、磯津山の賢木を抜て、上枝には、八握劔をかけ、中枝には、八咫鏡をかけ、下枝には、八尺瓊をかけ、素幡を船舳にたてゝ來る、

是上古の三種神器を表して帝を祝せり、

それより帝菟狹豐前國宇佐也の川上にある鼻垂御木筑後國三池也の川上にある耳垂、鳥羽の川上にある麻剝、綠野の川上にすめる土折猪折等を誅し、速見邑豐後國速見郡鼠石窟にある青白といふ土蜘蛛、

いにしへは、賤者は家なくして、山に穴をほりてすまゐて、これを土蜘蛛と名づく、この故に今も家なき人を蜘といふなり、

直入郡禰疑野にすめる打猨八田國摩侶を誅し、熊襲八十梟帥を誅し、熊縣肥後國球摩郡の熊津彥を誅し給ふ、

其後熊襲そむく故、皇子日本武尊を西國に下してう

たしめたまふ、尊川上熊襲建をたばからんために、姨倭姫命の衣裳を賜て着たまひ、劔を懐におさめ、童女のまねをなして、敵をあざむき、兄熊襲を刺殺し給へば、弟建にげて、木にのぼりしを、劔につらぬきて殺し給ふ、

其後帝東方十二道の荒振神及不順人等をしたがへよとて、日本武尊に、比々良木（續日本紀曰、杜谷樹俗曰比々良木）八尋矛をたまはる、此矛は大己貴の命、皇孫瓊々杵尊にたてまつられしの廣矛なり、かくて日本武尊東國におもむき給ふとき、道を枉て、伊勢太神宮にまうでゝ、比々良木八尋桙を、太神宮にたてまつらる、倭姫命草薙劔を取て、日本武尊にさづけて、愼レ之莫レ怠也と宣ひ、又ひとつの嚢をたまはりて、もし急事あらば、此ふくろの口をとくべしとのたまふ、尊それより尾張國にいたり、東の國におもむき、山河の荒神不伏人等を平げ、駿河國（一曰相摸國）に着給ひしに、其國造いつはりていはく、此野に大なる池あり、其中に道速振神すめりとまうす、尊まことゝおぼしめして、其野に入給ふに、國造野に火をはなちて、尊を燒ころさんとす、尊あざむけることを知て、倭姫のたまはりたる嚢の口をときて見たまふに、其中に火打あり、まづ御刀をぬきて草を薙給ふ、

此劔是れまでは叢雲劔といふ、是より草薙劔と改む、草薙の説、俗說辨に詳に載たり、

次に件の燧をもつて、火を打出し、向火をつけて、跡のかたへ燒退かせ、かへりて國造を誅せらる、其後走水海をわたりて、あらぶる蝦夷荒神を平げ給ひ、足柄の坂本につき給ひしに、其坂の神、白鹿となりて出けるを、食し給へる殘の蒜をもつてうち給へば、まなこにあたつて打ころさる、それより甲斐に越、科野（今信濃國）にいたり、尾張に歸り、宮簀比賣の許にやどり給ひ、草薙劔を宮簀姫が家に置て、伊吹山の神をとらんとて、のぼり給ひけるが、病疾をうけて、能褒野に薨じ給へり、後に草薙劔をば、尾張國年魚市郡に、熱田大明神と祀ひ奉る、

天智天皇七年に、新羅の沙門道行といふもの、草薙劔をぬすみて、新羅ににげ行しかども、神の御とがめにや、中路にて風雨に芒迷て、ゆくことかなはず、劔を日本に殘し置、其身ばかり新羅にかへれり、此劔しばらく大内裏にあり、後に熱田にかへし

おさめらる、

仲哀天皇日本武尊子八年正月筑紫に幸し給ふとき、岡縣主筑前國舸郡人祝熊鰐天皇の車駕をきゝ、百枝の賢木を拔取て九尋の船の舳にたて、上枝には白銅鏡をかけ、中枝には、十握劍をかけ、下枝には、八尺瓊をかけて、周芳娑磨浦に參むかふ、又筑紫伊覩縣主筑前國伊覩郡人祖五十迹手天皇の行幸を聞て、五百枝の賢木を拔取、上枝には、八尺瓊をかけ、中枝には、白銅鏡をかけ、下枝には、十握劍をかけて、穴門今の長門の國引島に參むかひ、これをたてまつり、奏していはく、臣此物をたてまつるは、天皇如二八尺瓊之勾一、以二曲妙一御レ宇、且如二白銅鏡一、以二分明一看二行山川海原一、提二是十握劍一平二天下一矣と、天皇五十迹手を美て、伊蘇志とのたまふ、故に時の人、五十迹手が本土をなづけて、伊蘇國といふ、今伊覩といふは訛也、

神功皇后三韓をうたんとおぼしめし、諸國に令し船舶をあつめ、兵甲を練給ふといへども、軍卒集ひ難し、皇后のたまはく、これかならず神のこゝろならんと、大三輪の社を建て、刀矛を奉り給へば、軍衆おのづからあつまる、皇后みづから斧鉞をとりて、三軍に令してのたまはく、金鼓節なく、旌旗たがひみだれなば、士卒とゝのはじ、財をむさぼり、欲おほく、私をいだきて内に顧みば、かならず敵のためにとらはれん、敵少くとも、あなどることなかれ、敵おほくとも、屈することなかれ、奸し暴はんをば許すことなかれ、おのづから服はんをば、ころすことなかれ、戰かつものには、賞あらん、そむきはしらんものは、罪せんとのたまひ、御船にめされて、新羅にわたり給へば、新羅王武威におそれて、一戰にもおよばず降參しければ、新羅の重寶府庫を封め、圖籍の文書を收め、則皇后の所杖給ひし矛をもつて、新羅王が門にたてゝ、後葉のしるしとす、其矛なを新羅王の門にたてりとあり、以上

僕おもふところありて、斯書を輯めて、家兒にあたふ、前にも述るごとく、瓊矛のなれる國に生れ、瓊矛をもつて性としぬれば、瓊矛の敎を守りて、瓊矛の功あるべし、しかれども、古語に干將莫耶雖レ利、不レ得二人力一、不レ能二自斷一、人才雖レ高、不レ務二學問一、不レ能レ致レ聖といへり、いかなる利劍なり共、人力を

くはへざれば、きるゝことなく、いかほどよきうまれつきにても、學問なくしては、聖の道にかなふことなし、ひとへに劔をすて置て、鐵精生ずるがごとし、若此さびたる劔をとがんとおもふものあらば、我國もろこしの書籍をよむべし、因ておもふに、むかし釋の一休和泉國に居けるとき、よりく市に出てあそぶに、一ツの木劔を帶り、ある者問ていはく、劔はものをころすをもつて功とす、師此木劔を帶は、何のためぞや、こたへていはく、汝等いまだしらずや、今諸方の贋知識、此木劔に似たり、室にあるときは、眞劔とひとしけれども、拔出せば木片なり、人を殺すことなを得ず、況や人を活さんやといへり、此說のごとく、武士の中にも、眞武士と贋武士とあり、たとえば、眞武士は眞劔にひとしく、贋武士は木劔のごとし、但し眞劔と木劔とは、手に取て輕重をこゝろみて口輙くしれやすし、たゞ眞武士と贋武士とは、ためし見るはいまだし、心をつくる人だも希なり、殊更眞は質にてうるはしからず、しかも利劔なる故、謾りにもてあそべば、疵をかうぶるなり、贋はかざりありてうるはしく、しかも木劔なる故、常にもてあそべども、傷くことなし、爰を以てたまく眞贋をさとす程の人も、兎にも角にも、身をたつるこそよけれと、眞を捨て贋を學ぶなり、かゝれば贋は日々にかざりを新たにしてすゝみ、眞は日々に光を失ひて退けり、近世武家の風のくだりぬるは、職としてこの由なり、しかはあれど、武士たらんものは、節義武勇にをいては、端直におこなひて、他にゆづるべからず、是當道の職分なり、この意を諸葛亮は、我心如レ秤、不レ能三爲人作二低昂一といひ、ある語には、寧爲レ玉碎、勿二爲レ瓦全一ともいへり、かれをいとひ、これにかゝはりて、猿鶴のそしりをおそるゝものは、丈夫の志氣なしといふべし、元來武夫の身は、非常の設不虞の備なれば、萬事をさしおきて、文武をつとめまなび、忠孝をはげまさんことを思ふべし、

享保五年三月朔旦

細川宣紀武臣鳥銃首
井澤十郎左衛門長秀書

神道天瓊矛記終

玉籤集目錄

菊理媛神之傳
虛空彥之傳
和歌之傳
洗眼鼻之傳
八雲神詠之傳
日之少宮之傳
猿田彥太神之傳

卷之五

猿田彥太神秘訣
天兒屋命之傳
宗源之傳
八咫鏡之傳
眞經津鏡之傳
日矛之傳
小瑕之傳
寶鏡之傳
寶劔之傳
熱田之傳
八坂瓊之御統之傳
五百箇眞坂樹之傳
五男之傳
三女神之傳
道主貴之傳
劒玉誓約之傳
三種神寶之傳
神籬磐境之傳

右日本書紀神代卷之傳

卷之六

頭八咫烏之傳
金色靈鵄之傳
大星之傳
葵桂之傳
高倉下劔之傳
神寶日出之傳
逆鉾逆太刀之傳
如日靈物之傳
五十鈴川之傳
始天降之傳
二宮一光之傳
千木內外挨之傳
樋代船代之傳
小車屋形文之傳
心御柱之傳
四神五坐之傳
笏之傳
輪王弓龍神劔之傳
太玉命御璽之傳
守混沌始之傳
平賀之傳

右神武紀及神宮書之傳

卷之七

中臣二字之傳
神留坐之傳
神漏岐神漏美命之傳
天御蔭日御蔭之傳
天津祝詞太諄辭之傳
四神之傳
左男鹿駒牽之傳
八耳之傳

右中臣祓之傳

卷之八

十種神寶之傳
三種太祓之傳
五文字守之傳
神體勸請之傳
遷宮之傳
垂加靈社神體之事
疱瘡禁厭之傳
雷除守之傳

玉籤集卷之一

玉木正英謹記

天人唯一之傳

垂加靈社曰、唯一之神道と云事は、異邦の敎を習合せざるのみを云に非ず、天人唯一の道と云名目なり、天地と人と全く一と云事なり、神代卷に見たる如く、造化を以人事を示し、人事を以造化を說、五山祇を以人體とし、人體を以五行を說、土金を以敬を示す類、皆此天人唯一の神道なり、大織冠云、吾唯一神道、以二天地一爲二書籍一、以二日月一爲二證明一云々、天人唯一之道に通達せざれば、神明不測の境に至る事なし、

公通卿曰、元より天人唯一なれども、造化にては能知れたる事の、人事にては知難き事あり、又人事にては能知れたる事の、造化にては知難き事もあり、譬ば造化の日月の明なるは、能目に見へたる事なれども、人心の明は知れ難し、又人の陰陽交合は能知れたれども、造化陰陽の妙合は知れ難し、故に其知れたる所を以、知れざる所を示す、又造化を直に說き、人事を直に說きたる所もあり、是神書の見様なり、有二口傳一、

四化之傳

嘉謂、我神之來封、有二四品一焉、造化之神、氣化之神、身化之神、心化之神、奉レ拜二此四神一、然後可三以語二我神道一矣、今奉二擧而申レ之、神代卷天神七代、地神五代、國常立尊者、即天御中主尊同體異名、天地全體之神无レ形、而八百萬神、大中臣、百姓萬民、悉皆此尊之所レ化也、國狹槌尊水神也、豐斟渟尊火神也、泥土煑尊、沙土煑尊者木神也、大戸道尊、大苫邊尊者金神也、面足尊、惶根尊者土神也、伊弉諾尊、伊弉冊尊者陰陽神也、水火木金土之神、皆有レ氣、陽也、有レ形、陰也、而形氣各有二陰陽一焉、氣虛而形實也、以レ形觀レ之、水火猶虛、而木金土正實、以二其虛一故、屬三水火之神於二天地之神一、而曰三三神、乾道獨化、以成二此純男一也、以レ陽言レ之忌部口訣所レ謂、乾道獨化者、狀如レ无而有、猶三天養二萬物一之神也、此由也、水火之神、各奉二一尊號一、分二陰陽一之由也、木金土神、各奉三二尊號一、分二陽中陰、陰中陽一之由也、六代者造化之神也、第七代伊弉諾尊、伊弉冊尊、兼二造化氣化一之神也、造化者无形也、氣化者有形也、地神五代者、身化之神、有形也、以二伊弉諾尊、伊

弉冊尊一交二語造化人事一、以開二示天人唯一之道一、卜部口傳所レ謂、未生之伊弉諾、伊弉冊尊、天坐之陰陽、已生之伊弉諾、伊弉冊尊、地坐之陰陽、此之由也、伊弉諾尊、伊弉冊尊、共議曰、吾已生二大八洲國、及山川草木一、以二人事一語二造化一、何不レ生二天下之主者一歟、於レ是共生二日神一、次生二月神一、次生二蛭兒一、次生二素盞嗚尊一、此二尊之身化也、以語二日月土金一、手持レ鏡化生之日神月讀尊、廻レ首顧眄之間化神之素盞嗚尊、洗レ眼生之日神月讀尊、洗レ鼻生神之素盞嗚尊、此皆伊弉諾尊之心化也、伊勢之書、并伊弉册尊不レ言レ之、有二口傳一、此外二尊、或一尊、化生之子、有二造化之神一、有二心化之神一、皆无形之神也、高皇産靈尊天坐者、造化之神也、神代卷曰、高天原所レ生神、名曰二天御中主尊一、次高皇産靈尊、次神皇産靈尊、地坐者氣化之神也、古語拾遺云、天地剖判之初、天中所レ生之神、名曰二天御中主尊一、其子有二三男一、長男高皇産靈尊、次津速産靈尊、次神皇産靈尊、此我國四品之秘傳、異邦所レ不二曾聞一也、

正英聞、四化の傳を得て、此例を以、神代卷、及外の神書をも窺見るべし、不レ然ば文義通じ難し、又聞、造化の神は、天地、陰陽、日月、山川、艸木の神の類、氣化の神は、最初一箇の人、无レ種而天地の氣より自然と生じ出るを云、身化神とは、形化とも云、一箇の人生じ來て後、生々不レ究を云、心化神とは、神人之心事に感じて凝、其靈に尊號を奉り封じたるを云、故に无形也、四化の義、此也、

土金之傳

土の訓は、つゞく、つゞまる、いつゝ、金の訓は、かねる、ねる、此古來よりの訓傳也、土有ば必金あり、金は土に兼てある也、土金は相離れぬ物也、土しまれば金を生ず、金にあらざれば土しまらず、土しまりたる是をつゝしみと云、人體は土也、人體をつゝしめば金生ず、土金にあらざれば人全からず、嘉謂、面足尊、惶根尊土神也、面足者人體具足也、惶云二加志古一、賢字之訓、而書二惶字一者、示二敬者賢之爲レ根也、伊弉諾尊、伊弉冊尊者、面足惶根尊之子也、故常磐連曰、人得レ敬而生焉、敬云二土地之味一、云二土地之務一、五者土也、口訣曰、伊菟津者土也、伊弉諾尊斬二軻遇突智命一爲二五段一、此各化二五山祇一、此火生レ土、而爲二五之言本一矣、色布知八箇祝詞云、天地之體土也、性金也、故久堅之天、荒金之地也、鎮坐本記曰、人乃受二金神之性一、須レ守二混沌之始一、

公通卿曰、つちはつゞき也、つきの反ち也、

正英聞、口傳云、斬二軻遇突智一爲二五段一、五は土數也、

首身中手腰足と人體を以說、此天人唯一にして、人の體を土と見る證文也、又磤馭盧島は、自ら凝島也、島の訓はしまる也、此土はこりしまる義也、土しまれば金生ず、土金全して堅固也、故に國御柱と云、柱の訓ははしらず也、不動の義也、心柱、忌柱、皆一也、人身を敬は心に存す、つゝしまざれば放心す、故に敬を主とす、つゝしみは誠也、むまことにして甘也、土の味也、いつはりは五破也、土しまらざる貌也、无道と云、むまからざる義也、又金過て外にあらはるれば物を害す、劔も鞘に納むれば身の守と成、又ぬき放ば物をやぶる、素盞嗚尊は金過玉ふ故、勇悍ふして殘傷り給ふ、又金なければ土しまらず、柔弱にして蛭兒の如し、土金全備して身心を脩守るべし、又聞、土地之味は道體也、土地之務は受用也、靈社文字を塡て、此を示し給と也、又金の訓は根の義、寢の義も相愜也、

玉籤集卷之二

玉木正英謹記

渾沌之傳

渾沌如二雞子一、溟涬而含レ牙、渾沌の名目此より起れり、然れども渾沌之傳は、以二淡路洲一爲レ胞、生二大八洲一段にて說くこと也、天之中間に國土を生ずるは、人子の胎中に生ずると同事也、子胎內にて袍衣を戴き、兩手にて目耳口を塞ぎ、未見未聞未言、牙を含みまろく玉の如くにして居也、是人の渾沌也、誕生は人の開闢也、天地亦如レ此、天人唯一に、人事を以造化を示し、淡路洲を胞として大八洲を生給ふ、地の形はまろくして玉の如し、天根內に縮り、地氣外に發す、是開闢也、上古の天地も、今日の天地も同事也、今日の狀が混沌也、開闢也、天地の始は今日を以初とすとは此義也、故に口傳に、開けても混沌、未開でも混沌と云也、有二口傳一、

天地之傳

天の訓はあまき也、地の訓はつゞく、つゞまる、いつつ也、重濁者八方上下より內へとしめよせ、一つゞき

に凝肅る、故に地氣外に發し、淸陽者薄靡て天となる、土地の味は甘し、天は地より發する氣なる故に、甘と云事也、地は天の中央に懸て、地氣八方上下へ發す、故に天形も地の形もまろし、陰陽の訓、陰はめると云こと、陽はをこると云こと也、天人唯一之訓也、

垂加靈社曰、天地之圖、神代口訣說得佳也、

葦牙之傳

天地之中生二一物一狀如二葦牙一とは、天地大元之生氣、發動之始也、生活としたる狀を葦牙の初て泥中より出生したるを以表レ之、其生氣の靈を尊封して、可美葦牙彥舅尊と號す、便化爲レ神、國常立尊と號し奉る、有二口傳一、

正英閧、生二一物一者、天地之間无二一物一、唯一箇之生也、渾沌含レ牙者、未發之生、如二葦牙一者、已發之生焉、生々不レ息、萬物化生矣、

國常立尊之傳

國常立尊は、天地、陰陽、五行全體之神靈、號二大元神一、伊勢神宮之書、爲二天御中主尊一、有二口傳一、別して國常立と號し奉るは、帝王の御太祖なれば也、國の立所は帝王之任也、日本書紀、以二國常立尊一爲レ首、是義也、帝王之實錄、以二國號一爲二題號一之意、亦在レ玆矣、國常立尊有二口傳一、

正英按、日本書紀は天皇之御紀なる故に、開闢より君之御正統一筋を立玉へり、故に國常立尊を以最初とす、國の立所は帝王の任也、舊事紀、古事記は、君臣共の記也、故に開闢より君臣の二系を立たり、舊事紀には俱生二代、耦生五代を合して、神代七世として天皇の系とす、此俱生之第一代を天御中主尊、可美葦牙彥舅尊、第二代俱生を國常立尊、豐國主尊とす、幷天八下尊を合て獨化天神第一世の位より、次々の神を代々に併て、第六世高皇產靈尊に至る、皆別天神也、高皇產靈尊以下、臣下之系を記せり、國常立尊、天八下尊、共に第一代之天御中主尊より出玉へり、ゆゑに天御中主尊を君臣之兩祖とす、然ども國常立尊は君之御正統とし、天八下尊を第一世と註して、臣下の家を立て、別天神と號せり、古事記は開闢の最初を天御中主尊とし、次高皇產靈尊、神皇產靈尊とし、五柱の神を立、是は造化之神と雖、既に神號を擧たり、次國常立尊以下七代を立たり、臣下之系を先にして、天子之系を後にす、然れば舊事紀、古事記、共帝王御正統龜鑑之書に非事明白也、

天御中主尊之傳

天御中主尊は、水中主と云訓也、水悳之神也、伊勢神宮之書には、八坂瓊之曲玉を九宮に捧て、水變じて天地成、御名を天御中主尊と號す、是也、國常立尊と御同神なれども、先後次第有事也、國常立尊は國の立所を主として尊奉し、御中主尊は元氣水悳を主として尊奉す、故國常立尊を以帝王之元祖とし、御中主尊を以君臣之兩祖とす、

正英按、舊事紀曰、一代倶生、天御中主尊、可美葦牙彥舅尊。二代倶生、國常立尊、豐國主尊、別天八下尊、（獨化天神第一世之神、）國常立尊は帝王之御元祖。天八下尊は臣下之元祖也、共に第一代天御中主尊より出る、故御中主尊を君臣之兩祖とす、八百萬神、大中臣、百姓萬民、悉皆此尊之所化也、神代卷曰、天地之中、生二一物一、狀如二葦牙一、便化爲レ神、號二國常立尊一、（本章如二葦牙一とばかり記して、神號無し、一書には葦牙彥舅尊と尊號せり、）又曰、國中生レ物、狀如二葦牙之抽出一、因レ此化生之神、號二可美葦牙彥舅尊一、次國常立尊、又云、天地混成之時、始有二神人一焉、號二可美葦牙彥舅尊一、次國底立尊。（葦牙彥舅尊を先とし國常立尊を次とす、）舊事紀所レ謂葦牙彥舅尊は、亦天御中主尊と同體也、（第一代倶生神）然

則神代卷所レ謂葦牙彥舅尊も、亦天御中主尊と同體なること勿論也、天御中主尊、國常立尊同體たりと云へども、化生之次第先后有事、上にあぐる記文にて考知べし、鎭坐次第記、及神宮之書々に、古語を引て、大海之中有二一物一、形如二葦牙一、其中神人化生、號二天御中主神一、（亦名二國常立尊一、亦曰二大元神一、）古語大海之中と云を引は、御中主を水中主と見る證文之由口傳也、人事にては身中主の義とす、天御中主尊國常立尊、畢竟二神にてはなけれども、元氣水德の全體から申すと、土金中心の凝縮るから申とにて、自然と分れさせ玉ふ也、又天御中主尊、可美葦牙彥舅尊も、倶生にて御一神なれども、御中主は元氣水悳の全體、彥舅尊は其太元水の精髓、潔白清明純粹なる所の中主なるもの丶尊號也、故に可美と稱し、舅と云、可美は稱美の辭、舅は可レ愼の尊號也、神代卷所謂、天地之中生二一物一、狀如二葦牙一、便化爲レ神、號二國常立尊一、又云二葦牙彥舅尊一、次國常立尊とは正に謂レ之也、中と云ひ一物と云ふ、屹と指處有て謂也、是帝王之祖也、又云、有レ物若二浮膏生二空中一、因レ此化神號二國常立尊一とは、大元水の中に如レ膏して水と

混せず、屹と一脈立て中主となるもの有、是帝王御血脈之本源也、諸臣萬民も皆水中主の水を得て血脈とすること也、故に水中主を君臣の兩祖とす、然れども統御するものと、統御せらるゝものと、尊卑雲泥也、故に天地根元より君臣上下嚴然として分明也、國之所立は帝王之任也、有二奥秘一、故に國常主尊を以帝王之御太祖とす、伊勢神宮の書に、外宮を天御中主尊と記せり、兩宮は帝王之御太祖なれば、國常主尊と記さるべきを、天御中主とあるは、專水德を云ん爲也、實は國常立尊也、其根元より記して御中主と稱せり、扨水を主に說は、內宮は天照大日孁貴尊、日神にして火德なり、外宮は國常立尊、月神にして水德也、兩宮は陰陽也、二宮一光、水火幽契之義也、猶有二深旨一、

乾道獨化之傳

乾道獨化は、國常立尊は大元之靈神、國狹槌尊は水神、豐斟渟尊は火神也、水火は形有が如にして无し、故に氣に屬す、氣は虛にして陽に屬す、乾道とす、獨化とは、水より火不レ出、火より水不レ出、一物づゝ也、大元より先水火と一物づゝ化生する也、木金土は形實にして氣相具す、依て乾坤之道耦生すと云、木金土よりは水も火も出る也、

高皇產靈尊神皇產靈尊之傳

高皇產靈尊、神皇產靈尊、在レ天者造化之神とは、天御中主尊者、大元之靈、水中之主、鎮へに高天原に在之神、高皇產靈尊者、開闢而於二高天原一化二生萬物一之神也、神皇產靈尊者、靈降而爲二生物之魂一神也、三神各雖レ有レ所レ主、而實天御中主尊同一體也、在レ地者氣化之神也とは、御人體にして、則御中主尊之御子也、みむすびとは、水むすびと云訓也、水中主尊の水をむすび氣化し玉ふ義にして、御同悳之神也、神皇產靈尊も水むすびの義也、御同悳故に、御兄弟之神と云也、

正英按、神代卷曰、高天原所レ生神、名曰二天御中主尊一、次高皇產靈尊、次神皇產靈尊、古事記云、天地初發之時、於二高天原一成神名二天御中主神一、次高御產巢日神、次神御產巢日神、此三柱神者、並獨神成坐而隱レ身也云々、此三神は國常立尊より前に立たり、然れば造化之神勿論也、神代卷同 口訣に三神を造化の神として說は、是に本づけり、天に坐ば造化の神とは此義也、古語拾遺曰、天地剖判之初、天中所レ生

神、名曰二天御中主神一、其子有二三男一、長男高皇産靈尊、次津速産靈神、次神皇産靈神云々、此三神者氣化也、舊事紀所レ謂別天神、第六世高皇産靈尊、次神皇産靈尊、是亦氣化之神也とは此義也、古語拾遺には、御中主の次に直に氣化の神を擧たり、舊事紀には御中主尊より八十萬魂尊迄六代は造化の神を擧て、第七代に氣化の神を擧たり、上へ説上れば天御中主尊一代、下へ説下せば高皇産靈尊一代、説別れば七代也、然れば是亦七代一代、一代七代と見るべし、

浮膏之傳

又有レ物若二浮膏一生二於空中一、因レ此化神號二國常立尊一とは、前段の浮膏とは意味異也、此浮膏は氣凝て國土となるべき物の、水中に膏の浮たる如く、水と混せず屹と筋立たるを云、是より國土と成也、其靈を國常立尊と號し奉る、葦牙氣之始、浮膏形之始 天常立尊と國常立尊と對に説たるもの也、

口傳曰、氣より直に形とはならず、氣つもり凝て、につとりとしたる物出來て、それより形となるなり、

伊弉諾尊伊弉冊尊之傳

伊弉諾尊、伊弉冊尊、在レ天者造化陰陽之神、此を未生之二尊と云、在レ地者氣化人體之神、此を已生之二尊と云、故兼二造化氣化一之神也、二尊より上は造化の神を御先代とす、靑橿城根尊之子也とは、二尊土金の悳を備、敬を得て生れ玉ふ也、夫婦之道を正し給ひ、血脉正しく人道立たり、是以人之始と云也、造化陰陽合一之神也、

垂加靈社曰、面足尊惶根尊者土神也、面足者人體具足也、惶云二加志古一、賢字之訓而書二惶字一者、示二敬者賢之爲レ根也、伊弉諾尊伊弉冊尊者、面足惶根尊之子也、八鹽道翁曰、水火木金土之神、皆其功を以神號とす、水よりは土を生ずる功有、火は水を乾かす功有、木は煮功有、金はしめかたむる功有、土は萬物を生ずる中に、人を生ずる大功有を以、面足惶根と、人體具足の號を以尊號とす、人體の土神へ引かずして説くるもの也、人は土神の悳を全具て氣化する也、人得レ敬而生ると云也、人の賢智あるは、土金全備する故也、人畜の分是也、神人は全土に著て生ず、下愚は土に著こと不レ精而生る、勉て土に

著べし、故に神道に土金を專一とする事也、伊弉はいざなひさそう詞也、諾はなぐ也、陽悳也、册はながれて平ぎ順也、

天鏡尊之傳

天鏡尊は、國常立尊之御神靈の明なる所を指て鏡と云、造化大元の明也、此天鏡より日月二鏡出生し玉ふ、神宮の書に、三面之寶鏡と記せり、天鏡尊は根元の寶鏡、形なし、故に直に日月を天鏡尊と見ること傳也、天地之化不レ違は、此天鏡尊在ます故也、人々此天鏡を傳持こと也、有二口傳一鏡の訓は、かゞは明なることを云、燎、暉、酸醬、皆赤く明なるを云、みは見ゆる也、

正英考に、鎭坐次第記云、天鏡尊、月殿居焉、所二鑄造一之寶鏡三面之內、伊弉諾伊弉册尊傳持天、神賀吉詞白賜弖、日神所レ化乃眞經津鏡云々、鎭坐傳記云、猿田彥神謹啓白久、夫天地開闢之後、雖二萬物已備一、而莫レ照二於混沌之前一、因レ茲萬物之化、若レ存若レ亡、而下々來々志天自不レ尊、于レ時國常立尊所化神、以二天津御量事一、地之精金白銅撰集、三才相應之三面眞經津寶鏡乎鑄造表給陪利、故鑄顯神名曰二天鏡尊一云々、天鏡尊は形なし、天鏡の形を顯し玉ふは、是日月也、口傳曰、天鏡尊は天地根元の明也、其明なる所より天萬尊御出生也、天地の覆載る、四時の行るゝ、日月の照す、皆此天鏡尊在す故也、萬物皆其鏡有故に、萬物之化不レ違、此鏡无れば、萬物之化若レ存若レ亡して不レ尊也、日用事物之上、其鏡を得れば其事存し、其鏡を失へば其事亡ぶ、伊弉諾尊、伊弉册尊は、此鏡を全く傳持玉ひて、天照太神を御出生まします、有二深秘一也、

天萬尊沫蕩尊之傳

天鏡尊之靈之明なる所より、水火木金土の五代の神化生す、萬物此五つより生ずる故に、五代之神を指て天萬尊と號す、然れども水火木金土、別々につぶ立沫立たる樣にては物を生せず、此五つ融通妙合して、沫立たる物蕩さらかして人を生ず、伊弉諾尊を擧れば册尊はこもれり、融通する所の神靈を沫蕩尊と云ふ也、

七代一代之傳

神世七代とは、國常立尊より面足惶根尊まで六代は造化之神也、伊弉諾尊、伊弉册尊は、造化氣化を兼て一代也、國常立尊は、天地、陰陽、水火木金土全體之

神、國狹槌尊は水、豊斟渟尊は火、泥土煮尊、沙土煮尊は木、大戸道、大苫邊尊は金、面足、惶根尊は土、伊弉諾、伊弉冊尊は陰陽之神、此六代之神は、國常立尊の具へ玉ふ處也、國土の凝固まる手段に付て、五段に別ち、神號を奉り玉ふ也、伊弉諾尊、伊弉冊尊は、在レ天は造化の陰陽也、在レ地は氣化人體也、上の陰陽水火木金土妙合して氣化する所、造化と御合悳と云は、手延也、直に御一體と見ること傳也、故に上へ說上れば、國常立尊一代、下へ說下れば、伊弉諾伊弉冊尊一代、別れば七代、合せば一代、是を七代一代、一代七代と云也、七代の神は一傳に、伊弉諾、伊弉冊尊の尊奉して封じ玉へる也と云、

八𪉩道翁云、神代卷に、是謂二神世七代一者矣と結語有て、下卷に、神世五代と云結語なきは、五代は身化の神なれば、代々數へことはるに不レ及、七代は造化の神と、氣化の神相まじり、獨化有、耦生有、仍て代の數知れ難き故に、七代とすると斷りあり、

未生已生二尊之傳

天浮橋之段、未生已生之二尊と云ことあり、伊弉諾、伊弉冊尊、立二於天浮橋之上一とある二尊は、造化の日月と見るが傳也、浮橋之上に立玉ふとは、日月之東西かゝり玉ひ、相對し玉ふを云也、望の朝として見るべし、夕として見るべからず、二神於レ是降居二彼島一とは、此二神は已生の二尊也、氣化人體也、造化陰陽と全合一之神也、造化陰陽と御合悳と云へば手延なり、直に造化之二尊降居玉ふと見ること傳也、故に造化の二神も、御人體の二尊も、一御神號也、是天人唯一之義也、是卜部家之傳也、

天浮橋之傳

天浮橋とは不通を通ずる義、陰陽感通之處を云、橋箸端訓通ず、上に立とは、陰陽共に屹と立て感通するを云也、浮とは大虛を指て云、坐二于高天原一と云ひ、立二天霧之中一と云、皆同じ、又浮橋とは、物之未レ定ことを云、國土之最初と云ん爲也、天忍穗耳尊、立二于天浮橋一臨睨之曰云々、又皇孫遊行之狀也、自二槵日二上天浮橋一云々、此等も皆國の未レ定場を指て、天浮橋よりと云り、

正英聞、浮橋とは陰陽感通の義を、河橋を以示す、兩岸隔絕したる所に、橋を渡して往來す、兩岸は陰陽の義、陽より陰に通じ、陰より陽に通ずる所の橋也、又鵲の橋と云も、浮橋と同じ、烏鷺の橋と云義、

島は黑、鷺は白し、黑は陰、白は陽に象る、陰陽感通の橋の義也、又曉方東方の白みたるも鵲の義也、夜より晝へうつる橋也、又夢の浮橋など云も、夢は陰、現は陽也、夢より現へ移り、現より夢へ通ふ橋也、事之端も、端より其本に通る也、凡皇居、神前、及諸橋、皆浮橋とも鵲の橋とも云也、

國中柱之傳

磤馭盧島は自凝也、島は縮也、國土の惣名也、一島の名に非ず、柱は不レ走也、不動之義也、土金にて國土の立所を柱と云、國常立尊之御悳、敬之道體也、眞秘あり、

八鹽道翁曰、國柱、又天柱共云、國土は天の爲の柱也、日月此土地を旋玉ふ也、二尊是に習ひ玉ひて國を巡り玉ふ也、舊事紀云、名曰ニ磤馭盧島一矣、則以ニ天瓊矛ニ指ニ立於磤馭盧島之上一、以爲ニ國中之天柱一也云々、瓊矛を指立、畢竟此磤馭盧は瓊矛のきざし潤により成たるもの也、扨矛を土に指立て柱とすとは、意味深き事也、

左旋右旋之傳

左旋右旋とは、ひだりは日足也、日之東方より進升玉ふにて云、みぎりは見限と云義、月の西より地下に入玉ふにて云、望朝南面して仰見れば、日は東、左にあたる、月は西、右にあたる、是浮橋の上に、日月相向ひ對し玉ふ時、左をひだり、右をみぎりと訓ずる此義也、夫日月星共に東より西へ右旋也、左旋右旋と云は、其仰望む所よりして云也、此陽神陰神は未生の二尊也、同會一面とは晦を云也、

雌元雄元之傳

雌雄之元を正し給ふは、二尊始て夫婦之道を正し玉ふ故に、血脉正く人道立たり、人は二尊より始ると云は是也、扨交合之時に、猥に情欲を慾にし、陰陽之理に違へば、生るゝ子必惡く、清明敬誠なれば、生るゝ子必善也、太占之段、白銅鏡之段、能々考へ知べし、日神蛭兒にて心得べきもの也、

八尋殿之傳

化ニ作八尋殿一、又化ニ竪天柱一とは、必一尋は八尺にして、八方之殿を云に非ず、其住する人の手を伸て尋として、幾尋に成とも造る、扨其殿相應之柱を立て、其餘の太さは皆柱の太さを尺として是を割出して、殿舎を造る也、是を手量共、長量とも云也、家を立柱を

立るに因て、家を治る御柱の道を化堅給也、手量とは、小一指の節を以量る、是を幾咫と云、段も同じ、中は四指を以量、幾握と云、束も同、大は手を伸て量る、幾尋と云也、

鶺鴒之傳

鶺鴒は稻負鳥也、常に首尾を搖す鳥也、二尊交合し玉んと思召折しも、此鳥飛來其首尾を搖すを見給ひ、交合の術如レ是と感じ玉ふ也、陽氣動くにいざなはれて、陰氣も動く、陰氣にいざなはれて、陽氣盛也、陰陽共に感ず、造化亦如レ此、依二柱神學レ之とは云也、不レ知二其術一と云は、輕可レ見、鶺鴒之首尾を搖すを見て、氣付玉ふ也、太古の筋と同じ、末の交合の道を不レ知とあるに心を付べし、蓋二神見レ搖二其首尾一、得二交感之術一二氣亦不レ動、則紀息、是自然之道也、

國號之傳

大日本、日本、此云二耶麻止一、豐秋津洲、大日本は畿内大和國也、此國に日神皇居を立させ給ひ、御即位ましますが故に、日神之本國と云義にて、大日本と文字を塡玉へり、やまとの名は、伊弉諾尊より起れり、訓は山跡の國と號する也、豐秋津洲之名は、神武天皇より起ることなり、後大八洲之總號となれり、葦原中國と云は、筑紫を指て云り、舊事紀、古事記に、大倭豐秋津島、謂二大御虛豐秋津洲一と同神の號あり、然は神武天皇已前より、豐秋津之名已に有也、

正英聞、開辟之初に、山は先水上に現る、此時は水多土少、國狹槌之塲也、次に水涸き平地現れたるは、豐斟渟の塲也、此神の號に野と有は、此意也、野は平地にして、山より跡に現たる處也、そこに國を立る程に、山跡の國と云也、神武紀曰、昔伊弉諾尊、目二此國一曰、日本者浦安國、細戈千足國、磯上秀眞國、神代卷所レ謂天高市、今大和高市郡也、天安川は菅原也、天香山は金剛山也、又磯上郡也、

生二國土山川一之傳

國土山川艸木を生給ふとは、造化陰陽之萬物を生ずると、二尊の國土を經營し玉ふと、天人唯一に說、扨國土山川艸木等、悉それぐの神靈を心化して封じ奉玉ふことを、生玉ふと云也、

玉籤集卷之三

玉木正英謹記

大日孁貴之傳

大日孁貴、大は稱美之辭、ひるとは日の中し、四海を照し給ひ、日悳十分なるを云、孁は女神の義、貴は持也、天下を持玉ふの義、造化御人體の御神號无二差別一、天照太神共、日神共申奉る也、大日孁貴は身化御人體也、御女神也、

正英聞、神宮の書曰、日神即留二宅於日之少宮二焉、當神寶日出之時云々、日少宮は日神之始終を止玉ふ所、少宮は後世の東宮の意也、神寶とは寶鏡を云、造化の日を寶鏡と見奉る、日出は造化の日出にして、則御人體の日神、御即位坐て天下を照治玉ふことを、天人唯一に說也、神代卷に、別に造化日月の御出生を不レ言して、御人體の日月を以、造化の日月を語る事、甚深之意也、

月讀尊之傳

月夜見尊、造化と御人體を唯一に說故に、造化の月弦望を以直に御人體の御名とす、此神は身化御男神也、可二以配レ日而治一とは、日神同く皇居に坐して、天位を輔佐し玉ふを云、可三以治二滄海原潮之八百重一とは、政務指引の事を云、海潮之滿干、月之盈虛に隨ふ、可三以配レ日而知二天事一也とは、政務の事を預知食す也、

正英謂、日神は御女體、月神は御男神、故に後世の攝政の筋也、推古天皇之朝、聖悳太子攝政也、知二天事一は、天子に非して政務を知食也、後世知太政官事の知の如し、太政大臣に非して、太政大臣の事を知るを云、保食神を殺し玉ふ故、廢せられ玉ふ也、萬葉集六、月の歌、

天爾座　讀　壯士　幣者將爲　今夜乃

あめにます、月よみおとこ、まひはせん、こよひの

長者　五百夜繼許曾

ながさ、(ながさはイ)いほよつぎこそ、

同七、

三空往　月讀壯士　夕不去

みそらゆく、月よみおとこ、ゆふさらず、めには見

因　緣毛無

れども、よるよしもなし、

蛭兒之傳

蛭兒は造化にては干地也、土しまりなく、はらくとしたるを云、人體にては金氣なく、柔弱にしてしまりなきを云、神代卷云、先生二蛭兒一、便載二葦船一而流レ之、次生二淡洲一、此亦不三以充二兒數一、御人體にては蛭兒、造

化にては淡洲、共に違二陰陽之理一所以也、淡洲はあはしく、はら〳〵としまらぬ土地也、

正英謂、金氣无蛭兒を以、造化のしまり无土を語る、舊事紀云、陰陽始遘合、爲二夫婦一產二之兒一、即是水蛭子、入二葦船一而流也、水蛭子とは流産歟、五箇月迄は水にして形體なし、又云、次生二蛭兒一、雖二三歳一而脚尚不レ立、初二神巡レ柱之時、陰神先發二喜言一、既違二陰陽之理一、所三以初絓生二此兒一矣、神代卷にも、蛭兒兩度出生也、

素盞嗚尊之傳

素盞嗚尊と造化の金とを唯一に説、素盞嗚尊は土少なく、金氣過玉ふ神也、金現れたる故に、荒くしてつつしみなく无レ道、譬ば扳放たる劔の如し、君二臨宇宙一と云、可三以治二天下一云と、可三以御二滄海原一と云は、天君を輔佐し、地下を治玉ひ、指引し玉ふを云、日神月神には、授以二天上之事一と云、可三以御二高天原一也と云、使レ照二臨天地一と云、可三以配レ日知二天事一也、皆天下を治玉ふ任を云也、素盞嗚尊には君二臨宇宙一と云、可三以治二天下一と云、皆是あめのしたと云、地下を治玉ふ任也、垂加靈社、東鑑曆算序曰、神道衰、王風降、素盞嗚尊治二天下一之權、歸二于武家一、始二乎平清盛一、而成二乎源頼朝一矣云々、此意にて素盞嗚尊の任察すべし、

天柱之傳

以二天柱一擧二於天上一也とは、元來日神の固有し玉ふ國常立尊之道體之天柱之御悳を以、帝位に即せ玉ふことを云、天皇の立せ玉ふは則天柱也、皇極立せ玉ふ故、國土動き无、君臣上下の相別る、此我國帝王御即位之始也、此より始て君臣の道嚴重也、有二奥秘一、

根國之傳

根國とは一箇國を指に非、遠國の人しれぬ國と云ふこと也、陰地にして隱たる處を云也、艸木の根も土中に在て見へぬ也、金は地中に藏れ居が金の居べき所也、素盞嗚尊、荒金氣過玉ふ神なる故、根國へ逐玉ふは、土金の悳になし玉はんとの義也、素盞嗚尊、日本の西北山陰道出雲國に鎮住玉ひて、土金の御悳に成せ玉ふ、

白銅鏡之傳

白銅鏡は眞澄鏡也、天鏡尊所レ生之日月兩鏡也、左は日、右は月也、二尊の精誠、日月に祈て珍子を感得し玉ふ、此日神月神は、心化にして身化也、

八鹽道翁曰、此段心化にして身化なれども、別に心化の神を立ず、其故は、二尊日月へ御祈有て、必日月の如き御子御出生と、手に握て御心に感じ玉ふは心化也、そうして其感ずる所、月満て直御誕生也、是身化也、夫故別に心化の神は立玉はぬ也、二尊御柱の巡違ひては、蛭兒御出生、又御精誠に感じては日月御出生也、寔に雌雄の元を正し、交合の時日を撰み、神明に誓ひ、誠敬を以交らば、生子必清善なるべきことにこそ、

顧眄之間之傳

顧眄之間とは、仰で日月に感じ、次に俯して地の精髓を感ず、此素盞嗚尊は心化にして身化也、

地の精金より感じ玉ふ故に、始は其金氣外にあらはれ、荒金にして殘害り玉へども、土金成就し、御悳全ならせ玉ふ也、

軻遇突智之傳

生二火神軻遇突智一とは、造化の火神也、伊弉冊尊熱惱に付て、人躰の熱きは造化の火也、身の潤ば水音を發するは、金全躰は土也と、天人唯一に説、伊弉冊尊神退給ふ因に、水火木金土結て躰を生じ、去て死ることを云、親切に説示したる殊勝なること也、

一傳に、伊弉冊尊を紀伊國に祭るは、火を生ずるは木なる故、木神として木國に祭奉る也、伊弉諾尊斬二軻遇突智一とは、陽神の功にて火を斬出し玉ひて、其火萬物に及ことを示す、血色の赤は則火也、人身のみ火を含に非ず、萬物皆火を含む也、

稚産靈之傳

軻遇突智娶二埴山姫一とは、軻遇突智は火也、埴山姫は土也、娶とは火氣土に入の義、稚産靈は五穀發生之靈、倉稲魂同神也、土地有ても火氣土に不レ入ば、物を生ぜぬ物也、伊弉冊尊の崩を説中、早稚産靈の生を説、衣食の説は天地の生々を示す也、

醜女八人之傳

伊弉諾尊、哀情純一なる所より、伊弉冊尊を見給ふ、不淨を見て急に走歸給ふは、理の當然也、醜女とは脹滿高大、膿沸虫流之躰を云、八人とは、尊骸全躰之數也、諸尊要し言を用ひ玉はざれば、自快からず、故に醜女の迫を見給て、劔を揮鬘櫛を投じ玉ふは、追者を拂ひ防玉ふ也、蒲陶は形の似たるを以合せ説、陽氣生生するを云、採噉とは陰氣殺伐するを云、浮橋陰陽合

躰の時は、共に物を生じ、隔絶の時は陽は生じ、陰は殺す、二尊別離れ玉ふ因に、造化を帶て說也、向二大樹一放屁も亦追者を防ぐ也、化成二巨川一も亦天人唯一に說來者也、前に醜女を見て正躰を見玉はず、後に伊弉冊尊の正躰を見玉ふ、是時伊弉諾尊已到二泉津平坂一玉ふといふ、意味甚深也、

八色雷公之傳

八色雷公は、八は伊弉冊尊御全躰の數、雷公は人心を驚すもの也、冊尊御全躰の脹滿太高を見給ひて驚玉ふ故、則雷公と云也、醜女八人と同事也、

尊骸を見給ひて驚き玉ふは、伊弉諾尊也、驚かしたるものは尊骸也、依て此方の驚き玉ふ所を以、彼方の驚かしたるものゝ名としたる也、醜女之名も凶目玉ふは伊弉諾尊也、凶目かしたるものは尊骸也、依此方の凶目を以、彼方の名としたる也、

檍原祓除之傳

檍原祓除、先身之濁穢を祓除、次に心を祓清め給ふ、身心一に祓清ること、神道之大事也、身一にして相離れぬ故也、六根清淨祓を不レ用者、背二此意一故也、

檍原、今筑前國に有由、八幡本紀に詳也、

九神之傳

八十枉津日神は、先非を知る心神、直日とは、神は心の靈、直日は天より受得たる靈の儘にして、少も物に汚れず、心が身一盃に廣がり、かたゆき无、かたよらず、糸を引たる如く正直なるを、神直日と云也、大直日とは、大は廣大なる義、神直日なる心の、天地と一躰になりて、行亘らぬ所もなきを云也、枉津日神、直日、大直日と、皆日を以稱することは、心を研くことは、造化天日を法とする也、天日は天御中主尊の御心也、心者火也、心の訓は火凝也、人の心と天心と唯一也、底中表の祓除は、反覆丁寧に海を盡して祓濯ぎ給ふ也、三の少童は、海神の號也、濁穢を盪滌するは海水の悳也、其濯ぎ清むる所にして心化し玉ふを、少童命と號す、又天人唯一の義、其清まる所にして心化し玉ふを、筒男命筒土訓同一書土字を塡と號す、共に心化之神、畢竟心の動靜也、底中表御心之淸明赫然玉ふこと、天日と唯一也、八十枉津より筒男に至る次第研究の功窺見奉つるべし、九神共に伊弉諾尊心化之神也、日道三天と云ことは、底筒男命は冬至の日道に當る、中筒男命は春秋二分の日道、表筒男命は夏至の日道に當る、此伊弉諾尊

如レ此運轉し玉ふ狀、則造化日道三天と唯一也、日本曆道之始也、

曆を作るも、冬至より算を推こと也、

五山祇之傳

五山祇とは、五は土の數、山は土也、かぐづちより化成とは、火生レ土之義、首身手腰足と、土を人躰として說、此人躰の土なることを、天人唯一に說示す、

天石窟之傳

天石窟とは、天は天上皇居也、石窟磐戶石坐など云は、皆堅固之稱也、皇居を祝して云也、日神磐戶を閉玉へば、造化天日も光を隱し給ひ、常闇になりし也、造化天日と御人體日神と、べつたりと御一躰なる故に、感通して然らしむる也、長鳴鳥は、鷄が鳴ば日出じや程に、鷄を鳴すべしと也、此私意を加ふべからず、此度は祭祀也、御祈禱也、其御祈禱至誠の感にて、日神磐戶を出させ玉へば、造化天日之光も忽六合に滿玉ふ、是亦感通也、此意味至誠に求むべし、

思兼命之傳

思兼命は、土金之悳全き神也、思は重と通ず、土の義也、兼は金と通ず、金は土に兼てある義也、此神思慮智深き神也、智は土金より發す、身を敬み心懈らぬは、土金之功也、土神の號を惶根尊と云も、敬は賢の根也、土金は則思兼なれば、神靈舍に止る故、其智靈妙なり、

大己貴命七名之傳

大國主神、國を持つの名 大物主神、褒賞するの名 國作大己貴命、國を經營し玉ふ功を褒稱せり、大家を持つの名、己貴穴持共、又阿那太布止の義、 葦原醜男、怒容也、武勇顯れてにく〳〵しき意也、 八千戈神、八千戈は武備也、廣矛を以國を平治し玉ふ也、 大國玉神、幸魂、奇魂問答之時、 顯國玉神、躬被二瑞之八坂瓊一而長隱時、

山城國下加茂本宮之前庭に、七小社あり、大己貴命七名を祭れり、是を一言、二言、三言の社と云也、中の二社を併て二言にして一言と云り、此社號は、幸奇問答の句を別つこの事なり、

神光之傳

大己貴神言、今理此國唯吾一身而已、嘉謂、驕二吾身之績一而忘二吾心之妙一、其可三與レ吾共理二天下一者、盖有レ之乎、嘉謂、驕而言者也、于レ時神光照レ海、忽然有二浮來者一、嘉謂、神光心也、海原謂レ腹也、照海謂心光感二照于腹中一、如吾不レ在者、汝何能平二地國一乎、由二吾在一故、汝得レ建二其大造之績一矣、嘉謂、吾者指レ心、汝者指レ身、是時大己貴神問曰、然則汝是誰耶、對曰、吾是汝之幸魂奇魂也、幸魂此云二佐枳彌多摩一、奇魂此云二倶

斯美多摩一、嘉謂、自問自答也、此身與レ心一而二所、纂疏云、幸魂奇魂者、一魂兩化之名、幸魂者念而先臨而就、奇魂者不レ念而成、是即天命一身之主也、嘉謂、幸先同訓、奇櫛同訓、櫛解レ物者、忽見二白物一、則先知二是白一幸魂也、然而知二此物是何物一、奇魂也、此亦一魂兩化之美也、釋日本紀、幸魂奇魂、私記云、問其義如何、答、幸魂是左支久阿頁之元留魂也、行矣是久遠之意也、奇魂者城衛之義也、言此魂守二衛宮門一之魂也、私案、今爰幸魂者是魂神也、奇魂者是魂鬼也、以レ之謂レ之、奇魂者用二魂字一之條、可レ叶二本義一歟、又幸者行之義、奇者久止之義歟、

大己貴神曰、唯然廼知、汝是吾之幸魂奇魂、嘉謂、此大己貴神覺悟之處也、今欲二何處住一耶、對曰、吾欲レ住二於日本國之三諸山一、嘉謂、亦自問自答也、住處无レ宅、只此身而已、三諸者身室也、故則營二宮彼處一、使二就而居一、此大三輪之神也、古今歌曰、我廬波、三輪乃山本、戀敷波、訪比可來、杉立留門、此三輪明神之御歌也、杉之直、正直之象也、

正英聞、幸魂奇魂者、一身之主、是天神之賜也、大己貴神至レ此始悟、向來大績、皆天功、非二己力一焉、日本者大和國、則日神之皇都也、後年大己貴神歸二順本朝一、昇レ天陳二誠欵之至一、因留二魂於三諸山一、以守二王室一、其意切矣、自祭レ之而爲レ神焉、有二奥秘一、

和魂荒魂之傳

嘉謂、荒魂、荒暴之心麁魂、麁厲之心新魂、新初之心現魂、示現之心改魂、改革之心皆云二阿羅多摩一、而通用之、隨レ處可二心得一也、和魂和合之心云二尼枳多摩一、云二珥胡柁摩一、尼枳者握也、敬之意、珥胡者溫也、熟之謂、

正英聞、荒魂は品々有と雖、大槩其神存生之靈を祭たるを云、和魂は神靈の日少宮宮大元に歸する所を祭たるを云、日少宮は一氣始る所にして、又終る所、神道始終の本體也、

被レ瓊之傳

嘉謂、瓊者所レ謂幸魂奇魂也、躬被レ瓊而長隱者、則住二三諸山一也、三諸身室也、

被レ瓊とは、天神より樣々慇懃に勅ありて、御恩惠の瓊を被り玉ふことを兼て云、

事代主命之傳

事代主命は、事代とは事知と云義、天上地下の道を知せ玉ふ神也、神籬之道に叶ひ玉ふ故、天神之勅を欽み、父を諫、遜讓して去給ふ、忠孝全き神也、蹈二船枻一去玉ふ風、仰見るべし、八重柴籬は、八重垣の意有、神祇官八神殿に祭玉ふも、天下を安じ玉ふ大功坐す故なるべし、

附、正英聞、惠比須と稱して、烏帽子淨衣を着し、磐石に坐し魚を釣の像有、是事代主神、三穗之碕にして釣を垂玉ふの御像也、惠比須は笑の義、此神仁愛の御悳坐し、顏せ笑を含玉ふより稱美する也、又

蛭兒をゑびすと號するは、足立玉はぬ又不應なるを外より笑ふ意にて、夷と云也、

鹽土老翁之傳

嘉謂、海潮之盈虛云二滿干一、云二指引一、滿干之訓、與レ導相通、故神代以來、導レ人指引之者、稱曰二鹽土老翁一、正英聞、をぢは、をぢをそるゝの義にて尊稱也、をきなは沖中の義也、

海神宮之傳

底津少童命、中津少童命、表津少童命、是阿曇連等所レ祭神矣、延喜式神名帳曰、筑前國糟屋郡志賀海神社三坐、姓氏錄曰、安曇宿禰、海神綿積豐玉彥子穗高見命之後也、

宮號之事、海神之社なる故、海神宮と號し、又龍の宮なども云也、海底の事に非、又天孫此處へ臨幸し玉ふ故に、尊て宮と稱すと云、豐玉彥少童宮を掌どり玉ふ故、干滿の玉を傳へ、海潮を自由にし玉ふ也、神功皇后三韓を征伐し玉ふ時も、安曇礒良をして龍宮へ被レ遣、干滿の瓊を傳玉ふこと、住吉社記、八幡社記にも見へたり、

反矢之傳

取レ矢而咒レ之曰、若以二惡心一射者、則天稚彥必當レ遭レ害、若以二平心一射者、則當レ无レ恙、因還投レ之、矢の天上に來ること說々ありて、或高津鳥取傳ると云說もあれども、畢竟此傳は取傳たる人を沙汰することに不レ及、善惡共に感通する故也、殊に天子へ叛者冥罰の速なることを云也、天神矢の來るを疑玉ひて咒レ之也、遭レ害とは、まちなびかれなんと也、无レ恙とは幸あるを云、天稚彥矢に中り立處に死は、冥罰感通の速なる也、此を弓道鳴弦之根元とする也、於レ此射之、於レ彼中是也、反矢可レ畏とは、上に對し弓を引ば、必天罰不レ逃、此天稚彥を見て可レ畏と也、又軍陣矢入之時、敵より射入たる矢を取て咒レ之、敵の方へ射反す也、正英曰、橘家弓之傳に、反矢の事審なり、

正英謂、矢を取傳る者を沙汰するに不レ及共、其聞る所を記す、天稚彥に賜る弓矢は、后世の節刀の如し、朝家の弓矢にして征使の印也、神武紀にも天羽羽矢を出し見せ玉ひて、皇孫の印なることを示し玉ふこと有、其類の弓矢なるべし、矢の天上に來ること、取傳る者を沙汰することに非ずとは、殊勝なること也、強て人を尋ば、一書曰、无レ名雌雉、中二其

矢二而上報申すと有、還投玉ふとは、征使の印に賜矢、天上に留玉ふべきに非、更に朝使をして、此矢を天稚彦に還し賜也、朝使天稚彦が僭して新嘗の禮を行ふ叛逆を見て、忽に其矢を以射殺す、然るを矢の直に天上に至、又直に下て胸に中ると云は、神罸の端的なることを明す妙筆也と云り、其旨明白に聞ゆと云へども、直に矢の天上に來、又直に落下て射殺すと見ること、正意也、

龍雷之傳

嘉謂、伊弉諾尊斬二火神軻遇突智命一、爲二五段一、是火生レ土、五土神也、爲二三段一、是火之三角、而其一亦土神、龍雷之二神則助二土悳一之神、龍云二多都一、起而立之謂、雷云二伊弉圖智一、怒而撃之謂、土生二五穀一養二萬物一、然非二龍雷之力一則不レ能レ生二育之一、雷怒二龍之臥一撃使二之起而立一、共成二生育之功一、故生斷死斷婬亂无道之罪人、則災レ之矣、是則卜部龍雷之傳也、

口傳曰、軻遇突智を斬て三段になし給ふは、三は火の數、一段は雷、是陽火の分散也、雷はいかる神と云義、又怒撃の義也、一段大山祇、是土也、火生レ土之義、一段高龗、是龍神、たつの訓は立也、截也、金氣也、土五穀を生じ、萬物を養と雖、龍雷の力に非れば、生育すること不レ能、龍地中に伏て居、雷龍の懈怠を怒りうつ時に、龍の金氣立て之に應じ雨を降し、龍雷共に生育の功を成す、感應也、是以人に示す、君は臣下の懈を怒り、師は弟子の惰を怒り、起し立て功を成しむ、是雷悳也、臣子弟命に應じ立て功を成、是龍悳也、故不義无道婬亂の者は、天雷必撃、怒て不レ撃者は雷に非ず、立て不レ應者は龍に非、可レ惶可レ敬矣、

玄櫛之傳

取二囊中玄櫛一投レ地、則化成二五百箇竹林一とは、囊は身袋也、玄櫛は心靈也、靈をくしびと訓ず、投レ地とはあの竹を取て作らんと思付所を云也、造化にては、玄櫛は火氣、地に入て竹を生ずるを云、軻遇突智、娶二埴山姫一、生二稚産靈一と同意也、

口傳曰、事急に迫進退窮りたる時は、必二念なく、本心の靈發し、善智出る者也、是玄櫛也、櫛は解ほごく義も有、

玉籤集卷之四

玉木正英謹記

瓊矛之傳五十未滿不レ傳

瓊矛は瓊は玉也、努と訓ず、瓊と矛と二つ也、瓊は陰の潤也、矛は陽の牙也、此段人事を以造化を說、瓊は陰根女の陰の潤也、矛は陽根男の陽の牙也、きざしは、いきざしなり、滄溟を女腹と見ること秘也、人事の陰陽交合は能知れたれども、造化の陰陽妙合は知難し、天人唯一なる故、人事の交合を以、造化又只此是と知たる者也、潮凝成レ島と、一滴凝て子と成と同事也、瓊矛は二物にて一也、陰陽妙合すれば、水火べつたりと一也、

太占之傳小賢敷智有者、不レ可レ傳、

嘉謂、太占、神のまゝにして、私の心无、會釋无之謂、此事口傳有レ之、八鹽道翁口傳曰、太は稱美之詞、まにはまゝと云こと、神の告の儘にする也、何事にてもあれ、合點ゆかぬこと有を、何程思慮しても不レ知時、神へ申上て御告を待時、何となりとも神の御告必有こと也、其卜合せ玉ふまゝにすること也、此至敬至誠に非れば得べからず、〇天神以二太占一而卜合、有二口傳一、八鹽道翁曰、還復上詣二於天一とは、此一書には、陰陽二尊より上に天神を立たり、殊勝なる事也、二尊氣化し玉ふも、天神の詔を受て降給ふ故、今又天に上詣て天神へ窺玉ふ也、此意味は、今日も知れぬことの有時に、神社へ參詣して、屹度接掌し、其趣を申上て敬て居内に、何となりともふと心に浮み來て、こうよと思ひ付ること有、是則神明卜合せ給ひて、告諭し玉ふ也、吾智を以智ることにてはなし、辻占聞など云も此筋也、卜二定時日一と有も、御柱を改巡玉ふ時日を、天神へ窺玉ふ、此亦御心へ此日此時と浮みたるもの也、右太占の極秘口訣也、此時に支干の時日は无れども、今日さか、明日さか、夜さか、晝さか、朝さか、夕さか云時日あるべし、此傳は小賢敷智有人には傳べからず、又曰、凡卜は、自卜すれば一毫も私意の加はらんことを恐て、人に卜するをよしとす、天兒屋根命太占之卜を以奉仕是也、此命の至敬至誠知るべし、

正英謂、後世にて占法樣々也、神武天皇天香山の埴を取玉ふこと、无レ水造レ飴こと、嚴瓮沉レ川事、神功皇后爲レ釣二獲細鱗魚一こと、御頭滌二海水一こと、景行天皇石如二柏葉一而奉焉ことの類、皆神明へ祈て其驗を得玉ふ、皆太占の筋也、龜卜、鹿卜、何れも至

誠の所感にして、卜合也、是皆太占也、

神祝之傳

神祝祝レ之とは、何にても思ふこと胸中に充積ぬれば、胸中熱くなる、是心火也、其心火外へさけあらはれたるを、火さきと云、心中に湛たる誠を、會釋なく有の儘に言葉に云出したるを、神火さきと云、是至誠の自然とさけ出たるもの也、神祝に非れば、神明を感せしむることなし、

祈禱之傳

祈禱申してとは、のむは呑込、心源に入る也、いのるは言宣る也、心中に湛たる誠を有の儘に言葉に宣る也、祈禱は様々式法あれども、畢竟誠の感通する所にして、祈禱成就すること也、式法に泥むべからず、又古き式法を背くべからず、至誠を以祈るべし、一毫も私意疑心あれば、曾感通无き也、口傳曰、人の交妙合して子を生ずるは、至誠感通の印也、其妙合の時他意なき如く、其心を以何事をも祈奉るべき也、此垂加靈社より八鹽道翁へ相傳とけカ◎て甚秘せられた傳也、有二口傳一、

无戸室之傳

无戸室は、口なき土室也、入二居其内一、誓之火を放、室を焼給也、火の物を焼は定理也、誓て火に入玉ふは誠の至也、至誠之感火も不レ能レ害は神道也、私意を以量るべからず、於レ玆有レ疑者は、年を同して神道を語るべからず、

集レ魚逼問之傳

集レ魚逼問こと、色々の説あれども、畢竟實に魚の物を云たると見こと傳也、豊玉彦命、君を助奉らる至誠にて、鈎を呑魚を求む、只一網にして鈎を呑魚を得る也、魚の言語たるを豊玉彦は聞玉へる也、是至誠之感、神明の冥助也、私意を以量るべからず、

天鈿女命之傳

天細女命は、古語拾遺に、强女《こはきをみな》謂二之於須志一、磐戸前の俳優、衢神に向玉ふ躰、共に按排會釋なく、心に浮むことを有の儘に、直に渾沌より出たるもの也、无一物なる胷中、窺見るべし、目二勝於人一は此故也、露二其胸乳一とは、胸中の開露し玉ふ事、自然と躰に見れたるもの也、有二口傳一、

齋主神之傳

齋主神は、經津主神也、眞經津鏡、又齋鏡とす、齋はまつる方也、經津と云は振と云ふこと也、眞經津は運動

する義、まことふるなり、振は動の義也、遷宮に神體を移すを振と云ふ、十種神寶を振と云、皆運動する義也、物の振動は元氣發動し、生々する貌也、故に祈禱也、齋也、經津と齋と義通ず、物滯不ニ循環一、故に災難起る、それをめぐらすは祈禱也、加持也、天人唯一なる故に、至誠なれば天地之化育を贊る也、齋主を檝取と云ふ、檝は船のかぢ也、於レ此檝を推て彼方をなをす也、檝を取て船を思ふ岸に着るは檝の悳也、爰にて祈禱して災難を除き、幸を致すは、加持の悳也、齋經津檝相通ずるは此義也、

泉津平坂之傳

泉津平坂者、不三復別有二處所一、但臨レ死氣絶之際、是之謂歟とは、坂は高胸坂の坂也、胸中の平になりたるを平坂と云ふ、諸尊泉津國に至玉ふは死の方、悲及二思哀一者、是吾之怯矣と御氣付玉ふは生の方、此界を平坂と云ふ、坂は升も降も平にてはなし、頂は平也、臨レ死氣絶之際、是之謂とは、无道なる人も臨終には、心胸中平になるもの也、是極秘也、

道反太神之傳

道反太神とは、伊弉諾尊心化之神也、善道に取て反し玉ふ心化也、道反玉是也、道に反す所の御心堅固なること、千人所引磐石の如し、其御心を尊崇し、神號を奉て御心とし給ふ也、惡き道を塞ぎ善道に反す神也、今日人々過を改て善に移ること、如レ此の心化を法り、手本とすべし、此道反太神を尊奉るべし、十種神寶の道反玉、猿田彥太神の魂を反し本づけ玉ふも、皆此筋也、尊き神なる故、太神と稱し奉る、

泉守道者之傳

泉守道者は、泉津國にて伊弉冊尊の尊骸を守る者也、有レ言矣とは、冊尊泉守道者に託して告玉ふ語也、吾とは冊尊自言也、汝とは諸尊を指て云也、更に生んことを求んやとは、死して无レ所レ恨之謂也、留二此國一とは、此國に留り玉ふ也、不レ可二共去一とは、天壤と共に留り玉ふ義也、陽神は上て主レ天、陰神は下て鎮レ地、伊弉諾尊神功既畢、還二於天一、伊弉冊尊生二火神一歸二于地一、其義炳焉、有二口傳一、

菊理媛之傳 以二垂加靈社直筆一寫レ之、

嘉謂、速玉之男、泉津事解之男者、男神也、菊理媛者女

神也、三神共伊弉諾尊心化之神也、白山權現、中者菊理媛、左者伊弉諾尊、右者伊弉冊尊坐焉、祓之聞食云者、皆菊理媛之妙用也、卜部家八耳之秘傳有、

口傳曰、菊理媛神は、伊弉冊尊の御神靈、乃伊弉諾尊之心化して、祭玉ふ所也、速玉之男、事解之男、亦心化にして伊弉諾尊の御神靈也、熊野社本宮の中央の坐を御幸の玉坐と云、是菊理媛神來格し玉坐也、左右は速玉之男、事解之男御鎭坐也、客人權現と云も菊理媛神也、來客之義稲荷社之相殿客人に付、二神の虚空彦と云奥秘有も、此神は伊弉諾尊の心化にして、伊弉冊尊の御神靈なる故也、白山權現の社勸請にて可二心得一也、勸請の極秘に云、凡神靈を勸請するは、祭主心化して其神靈を來格なさしむること也、神靈來格して其形を現するもの、之を虚空彦と云、菊理媛神、是其證據也、此五十未滿不レ傳也、

正英聞、菊理とは、聞とゞくる也、何事にてもあれ、其事を得と心腹へ呑込合點し、疑无覺知し、それをきゝきると云也、耳にて聲を聞計のことにてはなし、此段は伊弉冊尊の上をとくと覺知し、心化し玉ふ時に、冊尊來現し玉ふを云、仍て聞きるを直に神號に擧し菊理媛神と申奉る也、きゝきるなり此意味其言語も絶たる所也、故に白事有と計書して其語なし、白山妙理權現と號するも、妙なる理と云義也、言語も絶たる理と云こと也、

虚空彦之傳五十未滿不レ傳

虚空彦とは、神靈のことを指て云、神靈來格して形を現し玉ひ、有かとすれば忽なく、目恥くして見定難きを云也、

是段は虚空彦かと云ばかりにて噂也、實神靈の虚空彦來格は菊理媛神也、此傳神道に達せざれば疑有もの也、仍五十未滿不レ傳也、口傳云、天垢も地垢も无ものが虚空彦也、何となりとも名付べきものは虚空彦にてはなし、妙美はまばゆき也、見定られぬ義也、

滿涸瓊之傳以二垂加靈社直筆一寫レ之、

嘉謂、如意珠者、神代卷思則潮溢之瓊、思則潮涸之瓊是也、口傳云、瓊者心也、潮之溢涸者、用レ心之表也、導也、指引也、みちびく、さしひく、しほの緣語也、持二此瓊一教レ人者、神代以來稱二鹽土老翁一、おしゆ、うしほの轉語也、

正英聞、瓊は心也、海潮を滿さんことを祈、又涸さんことを祈に、滿涸自由になる也、至誠神明に通ずれば、造化の功を同くす、是天人唯一之故也、祈雨、止雨にて察すべし、思則潮溢之瓊、思則潮涸之瓊是也、思と云が瓊を使ふ法也、心あれども思所切ならざれば、功を遂ることなし、思の意味親切に求ずんば得べからず、古事記云、兄貧究、若恨ニ怨爲レ然之事一而攻戰者、出ニ鹽盈珠一而溺、若其愁請者、出ニ鹽乾珠一而活、此神軍に大將の指引、軍配に乾滿の傳有、皆大將の思に有、

神功皇后、此神軍の法を行ひ玉ひ、潮韓國に溢る、近くは新田義貞、鎌倉稻村崎にして金作の太刀を海に沈め、神に祈て潮廿町涸也、

此二種寶物は、海神宮の寶器也、此瓊を以心の滿涸を傳へ玉ふなり、猶三種寶物を以道を傳へ玉ふ筋と同じ、

神功皇后三韓を征し玉ふ時、此玉を龍宮に求玉ふこと、住吉社記、八幡社記に見へたり、

瀛風邊風之傳

瀛風邊風は、干滿のかはり也、嘯は息也、天地の風は人の息也、風招は風を招也、勸請の筋也、瀛より風吹來れば潮溢々也、邊より風吹歸せば潮引て涸也、豐玉彥天孫を助奉て、共に祈禱して瀛風邊風を起し玉ふ、二神の至誠天地を動し、造化と功を同くす、神軍之傳に、嘯は合圖手合せの事也、迅風は早みち士卒也、

遠瀛海瀛之傳

田心姬命を中瀛に祭るは本體の義也、湍津姬命を海濱に祭るは、濱は水の淺所也、邊津鏡を神體とす、市杵島姬命を遠瀛に祭る、遠瀛は水の深所也、瀛津鏡を神體とす、則一の田心姬命之鏡の用き也、三にして一也、筑前風土記に、胸肩の神體爲ニ八坂瓊紫曲玉一云云、三女者以レ劒化し成、以レ玉化し、或爲レ鏡、共に義一也、有ニ奥義一

正英曰、此奥義十種の傳書に見ゆ、

和歌之傳以ニ垂加靈社直筆一寫レ之、

嘉謂、住吉三神稱ニ和歌神一、口傳曰、日月之行、天地之情見焉、伊弉諾尊伊弉冊尊、立ニ天浮橋之上一、此日月對望之時也、陽神左旋、陰神右旋、此日自レ東而上、月自レ西下、以ニ望之晝一言レ之、不レ可ニ以レ夜言一レ之、同會ニ一面一則日月晦合也、伊弉諾尊定ニ日之三天一、然後此道益

明矣、古今集序曰、花山僧正尤得ニ歌體一、然其詞花而實少、如ニ圖畫好女、徒動ニ人情一、後鳥羽御門、有ニ古今序六人之中、誰乎之勅問一、定家取ニ出遍照一以答レ之、又問、少レ實如ニ之何一、對曰、其此之謂レ歌、此定家得ニ住吉之傳一云レ爾、詠歌大概、歌の心之心に情の字書レ之、亦其所レ得之意也、宗祇云、此勅答可レ用ニ功夫一之事也、

正英聞、望之朝、日月東西に對し、陰陽感通し給は、天浮橋之義也、日は左より旋、月は右より旋玉ひ、一面に合給ふは晦の義にして、陰陽合體也、以天地之情見ゆ、底中表は、日道三天也、底は冬至、中は春秋に分、表は夏至の日道也伊弉諾尊伊弉冊尊、未生二尊は、造化日月也、已生二尊は、氣化人體也、憙哉遇ニ可美少男ニ焉、憙哉遇ニ可美少女ニ焉之御詞は戀也、古今集四季戀と次第する意此也、歌の訓、うつたふ、うたふ也、定家卿住吉の傳を得玉ふ故、歌之心のこころに情の字を書せらる、歌は情を種として、何となりとも情に浮びたる事を、ますぐに詞に述るが歌也、花を雲と情に浮たれば雲と詠じ、紅葉を錦と情に浮たれば錦と詠ず、是皆其實に非れども、其情を有の儘に詠じたるもの也、此情之實也、戀の歌は殊に情を深述る者也、歌は感情ある所を第一とする也、感情なきは歌に非ず、扨何にても情に浮むことを、ますぐに言葉に出すは祓也、住吉三神は、祓の時に心化し玉ふ神也、又聞、西行云、歌は花を見て花とも不レ思、月を見て月とも不レ思、只月よ花よと詠じ捨るもの也、

混本歌之事

上瀬是太疾、下瀬是太弱、是混本歌也、混は根元始之義也、興言曰とは、格別に言葉を擧てうつたへ玉ふ也、是うた也、五七五七を混本歌と云也、

洗ニ眼鼻一之傳

洗ニ左眼一とは、左眼を日とし、洗ニ右眼一とは、右眼を月とし、洗レ鼻とは、兩眼の次にして鼻は金とす、皆天人唯一に説來る、致ニ内外之祓一心身赫然、天日一般にならせ玉ひ、以前に御出生の三子を顧玉ひ、其徳を品第し玉ふ也、此段は身化神の上を精察して心化し給ふ也、白銅鏡の段は、心化にして身化也、此段は身化にして心化也、

公通卿曰、日神より以下は、三種神器を以天位を讓玉ふ璽とす、伊弉諾尊住吉三神を心化し玉ひ、次に御眼を洗玉ひて、明に御三子の配任を定め、心化し玉ふは、三種御相傳の璽に同じ、正英聞、日神、月

神、素盞嗚尊を生賜ひ、其御德に應じてそれ〳〵に御配任有と雖、其時は二尊御人體の上計にての御配任也、此段にて以前御出生の御子等の御悳を精察し玉ふは、諸尊天日御一體に成せ給ふ上の事也、故國常立尊、直に御配任を定玉ふと云もの也、因此段の御配任の心化は、日神天君の御悳に極り玉ふ證文也、故三種神寳と一義と見ること、秘訣也、

八雲神詠之傳

嘉謂、口傳曰、末句、含二安不レ忘レ危之意一、

口傳曰、八雲之神詠は、素盞嗚尊出雲國清地にて詠じ玉ふ御歌也、素盞嗚尊、始は荒金の神にて坐けるが、祓によりて土金の悳に至らせ玉ひ、大蛇の尾より靈劔を得させ玉ひて、彌敬十分に成せ給ひ、劔悳明に磨け、寳劍一致に御心淸々しく成せ玉ひ、與言曰、吾心淸々之、今此地を呼て淸地と云也、此處に宮を建て、稻田姫命と共に住玉はんと思召けるに、折しも其處より雲立上りければ、八雲立と詠じ玉ふ、八は神道貴ふ數、八重に雲立也、出雲と云枕詞也、出雲國號も此神詠より起れり、雲の八重立眼前の景氣を、初五文字に詠じ玉ふ、雲は物を立かくすものなれば、八重垣の緣語也、扨大蛇の尾に靈劍ありし故、雲氣常に覆ひかくせり、此事を蹤玉へり、八重垣は重々に念を入られたる故也、妻ごめには、稻田姫を籠をかせらるゝ也、閨門を敬守るは人倫の始也、八重垣造るは、此宮成就して、重々に念を入、八重に垣結廻し、外よりの災なく、內よりの風塵なし、如レ此重々に愼て念を入守玉ふは、素盞嗚尊土金之神に成せ玉ふ故也、其八重垣をさは、反覆して詠じ玉ふ、此歌之至極也、安不レ忘レ危之心、此詠一首の眼目、奥義秘訣則是也、八重に垣を造玉ひ、堅固の守は盡させ玉ひしかども、大蛇の如き物有て、此八重垣をも破り犯す災もあらんかと、常に此八重垣に、此と御心を留め敬守、安に危を忘れ玉はず、其八重垣をと詠じ玉ふ、此大蛇の尾に至、劍刄缺たるより、萬事に御愼起れり、此御詠內夫婦の道に始り、外治國平天下に達し、遠は四夷の守に及なり、

日之少宮之傳

日之少宮者、造化にては丑寅之方を云、日の出方也、是一晝夜之始終也、少宮とは始之義也、神靈留る所

也、少宮とは若きは物の始也、始に歸る義也、生死始終一也、心は火藏也、日也、神明之舍也、乃日少宮也、神祠を保古良と云、火藏也、故に日少宮は、神道始終之本體也、依て神道之葬禮は、遷宮の義に同じ、此秘傳也、臣下萬民は日少宮之名目は憚るべきこと也、

正英聞、日之少宮とは、一晝夜の界を云、日の出んとして未レ出處を云、一氣動始る所にして、亦終る處也、動始は生也、動息は死也、其始終の所を指て此を日之少宮と云也、凡萬物皆始終有、氣動靜あり、太元之靈は生ずる始もなく、又滅する終も无して、萬物萬化皆此太元之神靈より不レ出と云ことなし、所レ謂留ニ於日少宮一とは、こゝに止ることを云、

正英竊謂、今日靜に心を鎭て未レ見未レ聞未レ言して、混沌の始を守、寂然不動なる時の未發の生なるもの、是則天地之根元、太元の心、天御中主尊の中心也、心臟其中虛にして、神靈の留る處、生玉是也、心は身全體に充滿せり、是を足玉と云也、其明なること鏡の如く、其嚴なること劍の如し、天地萬物の理悉具れり、故に不レ知と云ことなし、神社をやしろと云は、八ッ知の義にて、此由也、萬化此所より出る也、應物感通してしかも无レ跡、妙用不測なるもの也、所レ謂日少宮は神道始終の本體者是也、以レ祓舊染の穢惡を除き、土金の功夫を以此地に至るべき事にこそ、齋部家傳云、葬レ人冢上建レ社祭レ之、此乃隱宮也云々、正英謂、葬處の骸骨土に歸して後、社を建て可レ祭歟、又社を立る事不レ能者、其冢乃隱宮也、神道葬禮に、遷宮の義を用るは此由也、凡死穢を忌事は、吾朝之法也、神社と墳墓甚別也、然に齋部社を冢上に立るは如何、按に、骸骨穢とすれば穢也、今改て淸とすれば淸也、骸骨元是天人唯一にして、只一箇の土也、此理を以社を建るか、又按に、神靈に和魂荒魂の二義有、和魂とは其靈の太元に歸する處を云、荒魂には區々の義有と云へども、大槩其神の存生の時の功業悳を以、其存生の靈を封じ祭たるを云、諸社此例多し、和魂も其感格する所に差別有は、神悳の厚薄による也、今神社の神悳の不同にて可レ察、凡人爲レ善は、其善天地ともに不レ朽、爲ニ不善一も亦然也、不レ可レ不ニ恐愼一也、

猿田彥太神之傳　以ニ垂加靈社之直筆一寫レ之、

嘉謂、朝日刺、夕日照、日向之國、猿田彥神指示處、神

鑰之秘訣、在二于此一矣、日待月待之神事、皆庚申日行レ之者、以レ此也、申與レ寅對、寅則日出之方、日之少宮申則待二日之出一、送二日之入一方也、所レ謂庚申之言本矣、自レ子至レ申九、自レ丑則八、自レ寅卽七、自レ卯則六、自レ辰則五、自レ巳則四也、自レ午至レ寅九、自レ未則八、自レ申則七、自レ酉則六、自レ戌則五、自レ亥則四也、晝夜之七寅申、相二爲首尾一、所レ謂寅首、申尾、七庚申之口傳是也、

朗詠集、庚申歌曰、をきなかの、えさるかたなき、つりふねは、あまやさきたつ、うをやさきたつ、此源順之歌、本朝庚申祭、猿田彥神者也、翁庚申无レ方釣舟者、蜑也先達、魚也先達、翁者鹽土翁、所レ謂天下之土君也、庚申者猿也、无レ方者神之无方也、舟者心腑貌、心則神明之舍也、先達者導之者也、蜑魚賦言之、沖中之、得去无レ方、釣舟者、蜑也先達、魚也先達、沖中者、天地沖漠之中、得去无レ方者、未レ視未レ聽未レ言、所レ謂守二混沌之始一者也、去未二字、與二猿字一訓相似、故兼言之、一說得去无レ方者、迷惑之謂、一說不レ得无レ方釣舟之訓也、是御師之口傳也、

嘉謂、面足尊、惶根尊者土神也、面足者人體具足也、惶云二加志古一賢字之訓、而書レ惶者示二敬者賢之爲一レ根也、伊弉諾尊、伊弉冊尊者、 面足惶根尊之子也、故常礬連曰、人得レ敬而生焉、敬云二土地之味一、云二土地之務一、猿田彥神得二土悳一而爲二天下之先達一、故曰、吾是天下之土君也、到二居伊勢五十鈴川上一、伊勢者五瀨也、出レ自二五十鈴川之名一也、五十者土也、 口訣曰、伊莵津者土也、伊弉諾尊、斬二呵遇突智命一爲二五段一、此各化成二五山祇一、此火生レ土、而土爲二五之言本一矣、鈴者金也、川者水也、土生レ金々生レ水、是我神道之傳、而川名則表之者、伊勢風土記云、五十者敬禮之意、根元之義也、鈴者如レ字也、

嘉謂、道則大日孁貴之道、而敎則猿田彥神之敎也、

八鹽道翁口傳曰、鼻者幸先之義、七咫者七寸、是御鼻の長さ也、背長は廣さ七尺也、此神の御顏、御身の大さを記せり、七の訓はなあつ也、夏熱義同じ、日に向へば熱き義也。又自然と寅申の數は七に當れり、口尻明耀とは、表裏打拔て明なること也、眼如二八咫鏡一とは、日悳を稱して云、日向へ導き、伊勢に到給ふ事、日神の叡慮と妙契す、猿田彥とは、御貌一身に毛を生じ、猿に似たる故に名付ると也、此神像猿に似て左右の膝を立、左右の手にて面を押へ、指を以左右の眼、人指中指左右の耳、大指口无名指小指を押へ塞き、圓く踞り玉ふ如に作ること、未レ見未レ聞未レ言の貌、混沌の姿也、三體に作るは非也 人體胎中の形則是也、人の胎中に居は混屯也、此神を祭るに庚申の日を用るは、庚は金、申は西南の隅、土の位する所、申は日出寅方に對し向ふ、此神の御德に相叶故に、此日を用る事也、此神之事、有二奥秘一、次卷に記、

玉籤集卷之五

玉木正英謹記

此卷者、潔齋而可レ奉二拜見一焉、

猿田彦太神之秘訣

聞三天照太神之子、今當二降行一、故來迎相待者、神籬之奥秘、在二于此一矣、猿田彦太神者、日神合悳也、諸神不レ得二目勝《まかつ》一此故也、天日に向へば、目恥《まはゆ》くして不二目勝一也、七之數、及眼如二八咫鏡一とは、皆日徳を云也、天下之土君、土金之神人、生ながらにして神籬之道を知玉ふ神也、故に日神之御子と聞奉ると、其儘やれ奉レ迎て導き奉らんと、按排會釋なく、混沌よりころりとこけ出たる者也、天孫を朝日の向ふ、夕日の照す日向國へ導き玉ふ、兎角日を離ては云ぬ事也、日を尊み敬ひ守ること也、日神に先達、五十鈴之川上に到り、鎮り定り玉ふ、結二幽契一降、深有レ以、五十鈴之敬禮、猿田彦命所レ守所レ導神道、土金之傳、敎則猿田彦太神之敎、天下之先達とは是也、學者深可レ致レ思之事也、

口傳云、五十鈴之敬禮、守二混沌之初一、日を惶み尊み奉る、此傳之極秘也、

天兒屋命之傳

勅二天兒屋命、太玉命一、惟爾二神、亦同侍二殿内一善爲二防護一とは、兒屋之兒は、日嗣之御子の義、屋根は物を覆ふ也、殿舍に付て天御蔭、日御蔭を説も同事也、君を覆ひ守玉ふ神徳を、屋根を以て説、善防き護玉ふ神徳也、故に兒屋根と號す、有二奥秘一、三笠山に御鎮坐も、笠は身を覆ふ物也、三笠は御笠也、身笠也、身を以て君の笠として覆ひ守る義也、太玉命同じ神悳也、太は稱美之詞、誠之丈夫なる貌、玉は心の靈也、

春日之訓、霞日也、霞にて日を覆奉る義也、仍て春日と字を塡む、

神事宗源之傳

天兒屋命主二神事之宗源一者也とは、祈禱寶祚衛護神慮此也、朝政祭祀一也、祭政訓同じ、神籬者神事宗源之至極也、有二深秘一、以二太占一奉レ仕とは、太は稱美之詞、至誠之貌、丈夫なる義也、占はまにまに也、神明の告覺し玉ふまゝに行ふこと也、祭政私心を不レ加、神明に任せ行ふ也、兒屋命之神悳の大知るべし、卜之事、代々傳て爲レ職、鹿卜龜卜此也、龜卜は今に存す、別卷に記す、

卜部兼倶云、宗源神道行事之壇上にて、榊のすは之を束《たばね》て太元水を行ふ事有也、ひほろきは、此木の事ぞ、神籬即位之一寶也、自二天兒屋命一至二今日一、我家に此一寶を的々相傳也、然間惡神惡事があれば、此寶にて其社を打破すれども无二其咎一也、

嘉謂、內侍所中、曰二宗源壇一、東曰二萬宗壇一、西曰二諸源壇一、吉田宗源殿同レ之、

八咫鏡之傳

八咫鏡を一名眞經津鏡と云ふ、又齋鏡とも云也、眞經津とは眞振と云ふ義也、振とは造化流行して少時も止り息ざる貌也、眞經津鏡と云は、太陽天日也、天日は少時も止り玉はず、運轉坐す也、是をまことふるとは云ふ也、天地之元靈、是を布留と云ふ、振は生々也、生て働く義也、十種神寶、鎮魂祭にも布流と云ふ事大切なる事也、死は動止也、振は生なる故に齋と云ふ、祝之義也、八咫鏡を直に、眞經津鏡と云は、造化天日と、御人體日神とは、御合德、御一體之御事也、天人唯一也、其日神之御正體之寶鏡なる故に、眞經津鏡と申奉る也、然ども八咫と申せば、御鏡之御形之方主になり、眞經津と申せば、造化之方主にならせ給ふ也、此御鏡を日神之御神體として齋ひ祭奉る故に、齋鏡と申奉る也、

日矛之傳

日矛は寶鏡也、矛は金也、彼神之象とは、日神之象を金を以圖造奉る、故日矛と云、奉二招禱一とは、招はまねく義、風招など云に同じ、たちまつるは、立て祭る也、日神を勸請して祭奉ること也、寶鏡を日神之御神體と崇め祭奉る故嚴也、寶鏡之御形、中は圓形にして、八方へ比禮出玉へり、比禮は金氣也、因て日矛と申奉る、是極秘也、

小瑕之傳

此傳は、卜部家には、天子御一人へ傳奉る傳とて重く秘する傳也、日神御神體之御鏡の瑕の沙汰故、容易に申さぬ事也、小瑕は感通之義也、造化天日に日蝕有、太陽の寶鏡瑕付せ玉ふ也、又御人體日神、以レ梭傷レ身瑕付せ玉ふ、又日神之御神體として、磐戶之前に招禱奉りし御鏡も、自然と瑕付せ玉ふ、此皆感通之理也、太陽天日、御人體日神、御璽之御鏡は、三而唯一也、

寶鏡之傳

吾兒視二此寶鏡一、當レ猶レ視レ吾、可三與同レ牀共レ殿以爲二齋鏡一、三種寶物之中に、別而御鏡の一を擧させ給ひ、日神之御手に持せ玉ひ、御影を寫し、御神靈を留めさせ玉ひて、代々の日嗣へ傳へさせ玉ひ、同殿同牀に在坐て、代々之日嗣を守護し玉ふ也、日嗣よりは此御鏡を齋せ祭り玉へと也、御離之大事在二於玆一矣、御鏡一種を擧て、二種を帶て道を御相傳也、然ども御鏡を主として云時は、御神體にならせ玉ひ、御形見の方重し、御内所之御鏡、三種之一種なれども、神璽寶劒は常に御隨身坐す、寶鏡は神として別殿に崇め祭り玉ふ、是にて知るべし、古語拾遺に、八咫鏡、及艸薙劒、二種の寶物と記して、鏡の下に及の字を加ふ、實は鏡一種之意也、因て玉矛自從ふと、鏡一種に玉劒を帶たり、故に證文に、鏡一種を吾勝尊へ授させ玉ふ文を下に引たり、有二口傳一

寶劒之傳

嘉謂、尾中之劍、蛇之針也、是口傳也、東家秘傳曰、神劍乃八岐大蛇精神也、舊事玄義曰、寶劍者即八握劍、府錄曰、八握劍一柄、註天村雲劍、亦名艸薙劍也、素盞嗚尊趣二根國一所レ令二感得一、即在二蛇尾一、其寄自劍也云云、至レ尾劒乃缺とは、斬レ頭斬レ腹玉ひて、後尾は斬安き所也、其斬安き尾に至て、劒乃缺たり、是に感じて安に不レ忘レ危之敬を得玉ふ、是秘傳也、有二深秘一、

正英聞、八岐大蛇、一書說區々有と云へども、尾に至て劒乃缺る事は皆同じ、大事之傳有所は諸家慥に傳て、其說一也、尾に至て劒乃缺たるに付て、安不レ忘レ危の敬を得玉ひ、それより土金之御德にならせ玉ひ、寶劒一致に御心研け玉ひ、清々しき塲に至らせ玉ふ也、八岐大蛇とは、實の岐蛇也、其精神尾に至り、凝て利針となれり、其形自劒の如し、是天地自然之靈劒也、素盞嗚尊之劒も缺る程の利劒なれば、此上もなき靈劒也、以天子之寶劒たるべき物也、附從一位公通卿曰、劒璽渡御之時、臣下寶劒之取樣秘傳、御坐の左の方向の方より、寶劒の坐すなりに直に取也、人案に代る意也、扨安置の時、御坐の左方に置奉る、御神樂の時出御、御劒は晝御坐之御劒也、此時は刄方を上にして持也、但四方拜出御之時は、刄方を下にして持事故實也、晝御座之御劒は、三條小鍛治宗近作なり、

熱田之傳

尾張風土記に、國號之事を記すと雖、寶劒御鎮坐に因ての名也、尾張は尾針と云義也、熱田も寶劔より起る、熱は夏也、火也、田は土也、劒を安置し奉る殿を土用殿と云、大和本紀、風土記抄云、熱田宮土用殿、取ニ於火生レ土、土生レ金之義一也、火剋金を惶れ、四季の土用の中、別て夏の土用を敬み、夏越祓を行ふ也、土生金の大事也、口傳云、あつとは比禮の悳也、蛇蜂等の針にて、さびはあつくひらゝくもの也、有ニ口傳一

口傳云、人も金氣鑠る時、土にうちこみ敬む故に、土生金と、生たる金になる也、金の精髓を活金《いきかね》と云也、夏越祓、菅貫之輪、自レ南而中、而西するの義、土生金金生水之行是也、

八坂瓊之御統之傳

八坂瓊之曲玉は、造化にては天御中主尊之寶玉也、八坂瓊之勾玉を、九宮に捧て水瓊にて天地となる也、一元氣之玉也、水德也、其玉之靈を天御中主尊と稱す、則國常立尊也、玉の數多すべつなぎたるを五百箇御統と云、玉一顆にても數顆にても、古物にても新調にても同事也、共に天御中主尊之寶玉、八坂瓊之曲玉也、劔玉誓約之玉、掛レ榊五百箇御統、羽明玉命所レ献之寶玉、共に一玉也、此寶玉より日嗣は御出生在坐也、故に玉體則八坂瓊之曲玉也、歴代御身を不レ離之靈璽とは是也、自從ふとは此義也、如ニ八坂瓊之勾一、以ニ曲妙一御宇めす也、御統とはすべしろしめす義也、有ニ口傳一

五百箇眞坂樹之傳

五百箇眞坂樹とは、榊數百本にて、玉鏡の掛らせ玉ふ榊を、四方より覆奉て森の如くに立たる事也、日神の御神體を如レ此覆奉る、此神籬也、榊をひもろぎと云ふは是也、眞坂樹有ニ口傳一、

五男之傳

此國者國常立尊より立て、伊弉諾尊伊弉册尊、以ニ天柱一授させ給ふ、天壤无窮之天位、天照皇太神敬守り玉ふ皇統也、故に親迎防禦玉ひ、素盞嗚尊誓而清心を顯し玉ふ、元來國を奪ひ玉ふ黑心なし、唯日神之日種之皇統无窮を願ひ玉ふ、欲下與ニ姉尊一相見、而后永退上本意是也、遂降之後、上來玉ふ段にて、此意明白也、曾て天位を陵奪玉はぬと云ふ御誓に、日嗣之男子を生玉ひて、日神に獻り玉はんと也、日神も日種之男子御出生あれと、共に御誓坐す也、共の字、力を入て見るべし、一劔玉を取て誓せ玉ふは、事理一に

見るべし、勅曰、原二其物根一、八坂瓊之五百箇御統者吾物也、故彼五男神悉是吾兒云々、此御誓に感じて、素盞嗚尊之御妾日種を懷姙し玉ふ、忌部色布知神代七箇條曰、誓約所レ生之子、素盞嗚尊有レ所レ娶而生レ之、非二天照太神所一レ生、劔玉共に日神之御心之靈感通して、男子やどらせ玉ふ也、例せば白銅鏡に感じて日神を生せ玉へる如し、故に五男は素盞嗚尊之御種に非ず、日神の御種なること炳然たり、

正英考、本章は御誓之品を素盞嗚尊より仰立らるる也、第一之一書には、日神共二素盞嗚尊一相對而立レ誓曰、若汝心明淨、不レ有二陵奪之意一者、汝所レ生兒、必當レ男矣、此は日神より誓之品を仰立らるゝ、第二之一書は、本章之意と同、第三之一書曰、日神與二素盞嗚尊一、隔二天安河一而相對、乃立二誓約一曰、汝若不レ有二奸成之心一者、汝生所子必男矣、如生レ男者、予以爲レ子、而令レ治二天原一也、此は日神より御誓約之趣を仰立らるゝ也、此一書之意、親切に求むべし、素盞嗚尊此勅を聞食玉ひて、然らば男子出生有と御誓有て、其御子を御自身之御子として、天位に即玉はんと思召さば、此則逆心也、素盞嗚尊に此御心有て誓玉はゞ、女子出生必然也、日神之勅を唯正直に受玉ひて、逆心无驗しに男子出生なれど、共に誓約玉ふ也、御出生の男子は、元來日神皇統に立玉はんとの御誓なれば、日嗣之御子勿論也、素盞嗚之御子に非ること明白也、磐戸章下之一書曰、素盞嗚尊誓之曰、吾若懷二不善一而復上來者、吾今嚙レ玉生兒、必當レ爲レ女矣、如レ此則可三以降二女於葦原中國一、如有二清心一者必當レ生レ男矣、如レ此則可四以使三男御二天上一、且姉之所レ生亦同二此誓一と、此は素尊より誓の趣を仰立らる、素盞嗚尊自ら男子をして天位に即玉はんとならば大逆也、唯日神之皇統御相續の爲、誓て男子を生せしむ、此御誓感にて素尊之御妻日種を懷姙し玉ふ也、劔玉を以誓玉ふとは、實に劔玉を掌握して誓玉ふ也、有二口傳一眞名井は、一元眞水に振濯ぐ義にして、實に劔玉を井に濯ぎ玉ふ也、咀嚼と云、嚙と云、含と云、共に其誓をかみしめ呑込義也、掘二天眞名井一相與對立玉ひ、或天安川へ出御し玉ひ、或劔玉を相換取給ひて誓玉ふは、嚴重之義也、此御誓にて御出生の御子、御男子なれば日種にして、日嗣之御子と云ことを、天下萬民に示し玉ふ顯露之義、

勅曰、原其物根、則八坂瓊之五百箇御統者是吾物也、五男之秘訣則是也、

三女神之傳

眞名井は一元眞水、清心之深處は心之體、田心姫者玉凝也、本心湍津姫者水動貌、動市杵島姫者嚴之義、靜日神天位皇統を守護し玉ふ御心凝せ玉ふ御神靈也、日神御女體なる故心化之神姫神也、无形之神也、心化有口傳勅曰、其十握劍者、是素盞嗚尊物也、故此三女神悉是爾兒とは、素盞嗚尊天位を尊み、皇統之无窮を祈玉ふ故、誓て男子を生て日神に獻玉はんと也、日神此誓を感じ玉ひて、皇統守護之三女神を心化し給ふ故に、其物根素盞嗚尊之天位を防護り玉ふに在、十握劍有口傳授給ふとは神籬之道を御相傳之義也、有極秘、胸肩者胸之形也、此亦心化之證、後世以給官之姓尸となる也、

道主貴之傳

道主貴を道中主貴と舊事紀に有、三女神は君臣父子之道を守給ふ神也、因て道中主貴と號し奉る、天上に祭玉ふは、天照太神內侍所伊勢是也、地下に祭り玉ふは胸肩嚴島等是也、御同體なれども天上地下を別ち祭り玉ふに深意あり、故に內侍所伊勢より外に日神を祭り奉るは皆三女神也、姫太神と稱奉る君臣之道を守玉ふ、奉帥天孫、而爲天孫所祭也とは、神皇一體之心傳、神籬之大事在於茲矣、凡日本國中、大小神祇之本體、皆此神也、有口傳

玉籤集卷之六

玉木正英謹記

八咫烏之傳

八咫烏者日神之瑞也、實に大烏之飛來れること也、日神之瑞故八咫烏と云、是神皇産靈尊之冥助也、八咫烏者神皇産靈尊之靈、追行者鴨建角命也、其爲之飛行儘に出給ふ也、是傳也、

神皇實錄曰、神皇産靈尊八咫烏靈坐、亦伊勢朝臣上祖、神日本磐余彥天皇、欲向中洲之時、山中嶮絕跋涉失路、於是神魂命、鴨武速津命、化如大烏、翔飛奉導、遂達中洲、天皇嘉功特褒賞、天八咫烏號從此始、故道德靈生、姓氏錄曰、八咫烏者鴨建角命也、口傳曰、建角命化大烏翔行とは、此命烏

を追て、飛行儘に翔行玉ふ、仍て烏となりて翔行とは云也、此功を以直に此命を八咫烏と稱する也、烏は神皇產靈尊之冥助にして、追行者建角命也、共に八咫烏也、

金色鵄之傳

日神之瑞也、實に鳶の飛來て御弓之弰に留る事也、八咫烏、金色鳶、皆神明冥助也、私意を以量るべからず、

大星之傳

神武紀曰、今我是日神子孫、而向レ日征レ虜、此逆二天道一也、不レ若下退還示レ弱、禮二祭神祇一、負二日神之威一、隨レ影壓躡上、如レ此則、曾不レ血レ刃虜必自敗矣、僉曰、然、嘉謂、此我國之軍配所レ謂大星者是也、子時擊二南方一、卯時擊二西方一、如レ此負二其時之方一而向レ之、則負二大日孁神之御威光一、必得二勝利一之法、藏二之於星字一、以傳レ之者也、保元物語曰、朝日に向て弓引事有レ恐と云々、

口傳曰、天子者日神之御子孫なる故、太陽天日、天照太神に向ひ玉ひて、弓を引矛先を向玉はぬ御事也、又天子は則今日之日神にて在坐ば、君に向ひ奉て弓を引、矛先を向れば、滅亡必然也、太陽天日、天照太神、今上皇帝は、全御一躰なることを不レ可レ忘者也、有二奧秘一、

葵桂之傳

葵桂は鴨社御蔭社に是を尊み用ゆ、下鴨は神武天皇御祖皇太神宮也、御蔭社は天神高皇產靈尊也、天御蔭、日御蔭之道、以二葵艸一表レ之、葵艸一名日蔭艸、好で日蔭陰地に生じ、その色靑し、又負日と訓通ず、大星傳の義とおなじ、桂は勝と訓通ず、負日なれば勝之義、又御蔭日蔭にして勝なり、祭二此神一日、以二此艸一掛二於殿舍一、挿二于冠上一、以守二日神蔭一之義也、

高倉下命庫中劔之傳

高倉下命庫中劔者、高皇產靈尊、天照太神、神籬磐境を起立給之冥助、神武天皇、皇天二祖を敬尊み給ふ神籬之大孝、高倉下命神籬之道を守り給ふ忠心、共に至誠廣大之感、天地を動す、其驗庫中靈劔を現ず、布都之魂劍有二口傳一

神寶日出之傳

神寶日出とは、日神日少宮に留坐は、造化にては日出以前丑寅之間に坐時を云、御人體にては御即位以前東宮之時を指、伊弉諾尊日少宮に留宅とは、終も亦日

少宮に留り玉ふ也、故に日少宮は神道始終之本體也、日神日少宮に留り坐とは、御即位以前よりを擧て、扨伊勢に御神靈を留めさせ給ふ事也、始終を帶て說、日出とは御即位也、御在位之時に當る、其れを神寶日出と云は寶鏡也、天日を天鏡とす、八咫之寶鏡、是即造化之天鏡也、是則御人體之日神也、此意を帶て神寶日出と記すは、有道者之妙筆也、

口傳云、太陽天日、御人體、寶鏡は三而一也、

逆桙逆太刀之傳

逆坂訓通ず、胸之義、桙太刀は金也、日神之御神靈天上より伊勢五十鈴川上に天降玉ふを、逆桙逆太刀を投下し玉ふと云、桙太刀とは金氣也、嚴なる靈を云なり、

如レ日靈物之傳

嘉謂、此乃天照太神之靈體、猿田彥神所レ護之寶物也、口傳曰、日神天上より伊勢五十鈴川上に吉處有と見定給て、御神靈天降留り玉へり、時に如ニ大日輪一靈光有て出現し玉ふ、此日神之虛空彥也、猿田彥神代々此靈物を守護し玉ふ、垂仁天皇之御宇、倭姬命參逢玉ひて、日神之御神靈と申事知れたり、

五十鈴川之傳 以ニ垂加靈神直筆一寫レ之、

猿田彥太神曰、吾則應レ到ニ伊勢狹長田五十鈴川上一云、伊勢者本大倭之中、狹長田者狹田長田之略、太神之御田也云々、伊勢者五瀨也、出レ自ニ五十鈴川之名一也、五十者土也、鈴者金也、川者水也、土生レ金、金生レ水、是我神道之傳、而川名則表レ之者也、五十者敬禮之意也、根元義也、鈴者如レ字也云々、

始天降之傳

垂仁紀に、天照太神始て天降玉ふ所也と有は、伊勢は天照太神降誕之御國也、故に始て天降玉ふ國也とぞ、生死始終一なる故に、御神靈を伊勢に留させ玉ふ、伊弉諾尊淡路國に隱宮を作り玉ふと義同、

伊弉宮、社家之傳には、始天降玉とは、神武天皇之御宇、伊雜宮、言賀岸白亡石と云處へ始て祭玉ふと也、今も言賀岸と云處有、石は木葉に埋もれ、今は不レ見、仍て始て天降とは、神武天皇之御宇を指と云傳也、井上河內守寺社奉行之時、伊雜宮より此通中上る也、垂加靈神、直に御聞とぞ、其後出雲路信直、大伊雜宮にて此事を尋れ、言賀岸を拜見せられしとなり、

二宮一光之傳

外宮は天御中主尊、水德也、月也、內宮は天照皇太神、

神、火德也、日也、造化に水火幽契有、渾沌之時は水火へつたりと一也、天に日月並照し玉ふ、御人體にては神皇一體之義、伊勢にては內外兩宮並坐して、合レ明齊レ德し玉ふ、此皆二宮一光幽契也、

平賀之傳

平賀、手壺、小壺、手抉、坏之類、皆埴土を以作る、是諸神納受之寶器なるは、其器質素にして、用終て地に埋めば、其儘本の土になる故也、是を以諸神納受之寶器とする也、是舍人親王之御傳とぞ、深艸之土器作是也、一說に平賀を作並て、諸神來集之神坐とする也、嚴瓮は嚴は嚴重之義、瓮は土瓶也、凡平瓮、嚴瓮は、祭神土器之惣名也、

樋代船代之傳 潔齋之傳也 以二垂加靈神直筆一寫レ之、

嘉謂、樋日也、心也、船則心腑之貌、日坐云二比久羅一、火藏也、心臟也、神祠云二保古良一、此之謂也、日少宮者、神道始終之本體也、

口傳曰、內宮之御璽寶鏡は、日神之御神靈、樋代は心臟、船代は心腑を表したる也、是秘傳也、

小車屋形紋之傳

外宮之御衾之御紋は小車也、小き車兩輪有て、半蔀車の樣なる屋形有、車は轉る故に、造化運轉の義にて、小車の御紋也、內宮は屋形紋小き屋形也、屋は物を覆ふ義、天御蔭日御蔭之義也、

心御柱之傳

心御柱は、天柱國柱之表也、天柱は天御中主尊之本源、國柱は國常立尊之道體、心柱の鎭祭り樣、心御柱記に見ゆ、口傳曰、上古は心柱になる材を取て、大宮司と長官として、大概に木を切て箱に納、都へ上る、天子執柄御神事坐して、件の木を取出し、當今の御長にくらべて印しを付て、伊勢へ歸さる、又大宮司長官請取奉り、其しるしより自切て心御柱とする也、兩宮御神體の眞下に立るは、天子御體を戴き奉り給ふ表示也、是極秘也、今は此事絕たりとぞ、

四神五坐之傳 伊勢外宮 以二垂加靈社直筆一寫レ之、

類聚本源、神鏡篇云、豐受皇太神相殿坐神、左皇孫尊、天上玉杵命二柱一坐、右天兒屋命、太玉命、前后、嘉謂、天上玉杵尊者、瓊々杵尊之荒魂二面一坐、同御船代坐、所レ謂度會宮五所四坐之秘事是也、

笏之傳

笏は訓也、すぐと云こと也、舊事玄義に、笏は直と記

せり、牙笏は葦牙之義、一元氣之表也、笏を正すは御柱を立る義也、故に神前に向ふ時は、必笏を正す事也、冠は天、沓は地、笏は人也、

輪王弓、龍神劒之傳以ニ垂加靈神直筆一寫レ之、

嘉謂、日月運轉爲ニ造化一、是謂ニ輪王一、龍與レ立訓同、國常立之所レ變也、

口傳曰、神宮書之内、當時所レ作の鏡、弓、劒等を以、則天鏡尊輪王龍神の造る所と記す、是皆道體より說出て、全造化と差別なきことを示す、有道者之妙筆也、

太玉命御璽之傳

鎭坐次第記に、太玉命寶玉を以御神體とす、五百箇御統之玉とし、吾勝尊所化之寶玉とすることは、玉の悳を說たるもの也、今作出す玉にても、是則磐戸前にて榊に掛し五百箇御統之玉、吾勝尊所化之玉、天御中主尊九宮に捧玉ふ寶玉と見る事也、今作出す鏡にても、是則天鏡尊の所化の鏡と見ると同事也、兒屋命御璽之笏榊を、磐戸開の時持玉ふ笏榊と記せるも、皆同義也、

守ニ渾沌之始一之傳

鎭坐傳記曰、皇太神及止由氣皇太神敎、所ニ託宣一、汝正明開給陪、人乃天下之神物也、莫レ傷ニ心神一、神垂以ニ祈禱一爲レ先、冥加以ニ正直一爲レ本、任ニ其本心一皆令レ得ニ大道一、故神人守ニ渾沌之始一云々、鎭坐本記曰、人乃受ニ金神之性一、須レ守ニ渾沌之始一云々、渾沌之始とは、天地未レ開、混沌而含レ牙是也、牙は大元未發之生也、未レ見未レ聞未レ言之處也、守とは大元之靈を守り、任ニ其本心ニ莫レ傷ニ心神一、不レ散ニ失其正一、致ニ精明之德一、鎭ニ守謹愼之誠一、是也、

口傳曰、人の胎中に居は混沌也、大元之靈氣物に觸て發動せざる以前也、此を守ることは土金之功にあり、

千木内揆外揆之傳以ニ垂加靈神直筆一寫レ之、

外宮揆レ外如レ此、内宮揆レ内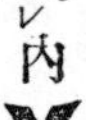如レ此、堅魚木之形、如ニ鰹干一、如ニ搗砧一、而大如レ此、外宮九丸、内宮十丸・千木合散、口傳有レ之、

口傳曰、陰陽妙合之形、水火幽契、二宮一光是也、諸社造化之神、无形神者、准ニ外宮一而千木レ揆外、人體之神者、准ニ内宮一而千木レ揆内也、

玉籤集卷之七

玉木正英謹記

中臣二字之傳

嘉謂、云レ中者天御中主尊之中、此爲二君臣之德一、此祓述二君在レ上治レ下、臣在レ下奉レ上、而不レ號二君臣祓一者、以二其德一稱レ君、而表二君臣合體、守レ中之道一、以號二中臣祓一者也、

神風和記曰、聖德太子云、國常立尊爲二帝王之元祖一、天御中主尊爲二君臣之兩祖一、

嘉謂、國常立尊、天御中主、同體異名也、然國之所二以立一則帝王之任也、故爲二帝王元祖一、日本紀、國常立尊爲レ首此義也、中者君臣相守之道也、故爲二君臣之兩祖一也、

鎭坐次第記曰、天御中主尊、亦名二國常立尊一、亦曰二大元神一云々、天御中主尊爲二君臣之兩祖一とは、混沌之塲に、最早君臣上下の不レ可レ易事、其端は不レ可レ見、而隱然と含藏せり、所レ謂含レ牙とは正に此にて、此處天地本原自然生の君臣と云を知所也、全躰何も角もひつくるめて、くるり〳〵と運轉するは、天にては其主宰を天御中主尊と申奉る、御中主之訓は、水中主にて、是大元水之元氣元靈也、天御中主尊と申奉れば、自ら天地萬物を統御の神號也、其統御する所之德は、則帝王之立所にして、其統御せらるゝ所の者は、則諸臣萬民の出る所也、是皆悉此尊之所レ化也、故に君臣之兩祖とす、然ども其混然たる中に、君臣上下の不レ可レ易之條理自嚴然たり、是君臣合體、守中之道而、極秘有レ之其德自ら君に統歸す、君臣祓と云ずして、中臣祓と云者、全在レ茲矣、扨其全體統御運轉する中に、四方八方、四維上下より、凝りに凝、縮りに縮て、眞中に主宰と成もの、是ぞ國常立尊と申奉る、こゝが統一无雜之帝王之御元祖也、是日本紀開卷の大事、帝王龜鑑とする所是也、畢竟二神にては无れども、元氣水德の全體から申奉れば、國常立尊と自然に筋が別るゝこと也、天御中主尊は幽にして、國常立尊は顯なり、故に同躰異名也、其土金中心は、則國御柱又云二天御柱一之根底也、國常立尊を國底立尊と號し奉るも此義也、日本自凝島は、其御柱の中心根底よりはゑ拔たる國にして、其帝王は國常立尊之臍から帝王之臍へ貫て、國常しなへにはゑ拔て躰在

ましく〳〵て、天照大日孁尊、天柱を以天位に即せ給ひしより、天壤无窮之皇統也、神皇一體之大根本なる故、伊勢兩宮に、心御柱立せ玉ふ、柱の御長に付、大切の口訣有ことなり、翁所レ謂 繼レ天立レ柱、正謂レ此也、因て天に二の日无、地に二人の王无、國は天下萬國之御柱、君は萬國萬姓之大君にして、凜と中に位して、たばね括りと成せ玉ふ御事也、依て國常しなへに立が、至尊の職任と成て有と云ふことは、固より其中に在、惶思ふに、此柱字を翁の塡給ふとき、さこそ心肺を潜玉ふらめ、

神留坐之傳

神者天照太神也、留坐者寶鏡に御神靈を留させ玉ひ、代々の日嗣と同殿同牀にましますも也、伊勢御師之口傳には、神留者天御中主尊、而天照太神配レ之也、

神漏岐神漏美命之傳 以ニ垂加靈神直筆一寫レ之、

伊勢御師口傳曰、神漏岐神漏美命者、高皇產靈尊神皇產靈尊、是以皇孫之外祖兄弟配レ之者、古語拾遺、鎮坐傳記、以ニ神皇產靈尊一、爲ニ神漏美一也、卜部家以ニ高皇產靈尊一爲ニ神漏岐一、以ニ神漏美一爲ニ天照太神諭號一也、

垂加翁曰、岐陽神之稱、美陰神之稱、

口傳曰、高皇產靈尊、神皇產靈尊、天坐者造化之神、地坐者氣化之神也、天御中主尊者、鎮高天原に所レ坐、大元の靈神、高皇產靈尊者、於ニ高天原一萬物を化生する神、神皇產靈尊者、靈降て生物之魂となる神也、故に造化にて云ば、神漏岐は高皇產靈尊、神漏美は神皇產靈尊也、舊事紀の天神紀には、高皇產靈尊、神皇產靈尊、二神共に在す、御人體にて云ば、神漏岐神漏美併て高皇產靈尊一神之號なり、地神紀には、高皇產靈尊一神政事に與り給ふて、神皇產靈尊不レ與ニ此義一也、岐は陽、美は陰也、陰陽の德全備る人をきみと云ふ、王公君ともに、きみと訓し、尊稱とする是也、神漏岐神漏美の漏は助語也、神陽、神陰の義、畢竟神きみと中尊稱也、高皇產靈尊一神也、神代紀一書に、神高皇產靈尊とも中也、

高皇產靈尊、天照太神を皇天二祖と稱奉ること、神武紀に明白也、政事を輔佐し玉ふこと、神代卷に審なり、神皇產靈尊政事に與り玉ふ證諸書に不レ見、神祇官八神殿に、神皇產靈尊與り玉ふは、八咫烏の瑞、姓氏錄、神皇實錄に出たり、一說、神皇產靈尊を女神とす、然ども此神の子孫系圖等に見ゆ、男神分明也、中臣祓、神留坐、神漏岐神漏美命を以と云は、皇天二祖の御事也、中臣祓は神武天皇へ奏し玉ふ神代の古事也、神武紀の發端に、昔我天神高皇產靈尊、大日孁貴、擧ニ此豐葦原瑞穗國一而授ニ我天祖彥火瓊々杵尊一とある、則是也、天御蔭日御蔭の義也、神皇產靈尊與り不レ給事、此等之證文にて知べし、又中臣祓には、神漏岐神漏美命と、命の字一字有て、一神の號勿論也、延喜式祝詞部に、神漏岐神漏美命と記し、或又神漏岐命、神漏美命と記、又は有ニ家々之異說一二神とし、二神とする故也、然

とも祝詞の體、皆中臣祓の文法に效へり、一神の號として、命一字の文法をよしとすべき事也、又一神の號にも、間に命の字有例、勝速日命兒天大耳尊云々、

天御蔭日御陰之傳 以二垂加靈神直筆一寫レ之、

嘉謂、天御蔭日御蔭、是皇儀而表二神道一者也、天御蔭者、天御中主尊、高皇產靈尊之御蔭也、日御蔭者、天照大日靈尊の御蔭也、皇天二祖、爲二皇孫一加二護之一、皇孫奉二行二祖之命一、所レ謂上則答二乾靈授レ國之德一、下則弘二皇孫養レ正之心一者、神籬嚴境、爲レ此而建之、

口傳曰、中臣祓、天御蔭日御蔭止隱坐之、止の字に心を付べし、神武天皇叡慮何事も皇天二祖の冥助により、安國と御宙知食すと也、御孝心知べし、上は下を惠守り、下は上を惶尊む事也、神籬之大事在レ此矣、秘訣有レ之

太諄辭之傳 以二垂加靈社直筆一寫レ之、

嘉聞レ之、天津祝詞太諄辭者、心口誠之言也、誠云二麻古騰一、天津祝詞太諄辭之略語也、此大中臣氏之口傳也、天津祝詞者、未レ言之詞、太諄辭者、已言之詞、此卜部氏之口傳也、按、祝詞者宣二其時一、由二其事一宣中也、非レ有二一定之詞一矣、延喜式所レ謂天津祝詞太諄辭、皆其時事者也、

四神之傳 中臣祓、四神極秘也、以二垂加靈社之秘卷一寫レ之、

瀨織津姬、天照太神荒魂也、日也、三女神之內、湍津姬命是也、邊津鏡也、速秋津姬、天照太神荒魂也、三女神之內、市杵島姬命也、瀛津鏡也、右二鏡者、田心姬命、一鏡之分作也、伊吹戶主、止由氣皇太神荒魂也、天御中主要貴 月神也水氣、也、天御中主尊者、則寶珠也、速佐須良比咩、土藏要貴、土生レ金劔也、素盞嗚尊者、大戶之道尊也、速佐須良比賣神者、大苫邊尊也、此神道土金秘訣之口傳也、四神者畢竟玉鏡劔也 是極秘也、

左男鹿駒牽之傳

鹿はしかと聞食せと云こと、駒はこまかに聞食せと云緣語也、凡神書如レ此類多し、文字に泥み、義理を深付るは、正意に背也、

八耳之傳

嘉謂、卜部口傳云、首曰レ戴、目曰レ見、耳曰レ聞、鼻曰レ嗅、口曰レ言、身曰レ動、手曰レ捉、足曰レ踏、能戴曰二首利一、能見曰二目利一、能聞曰二耳利一、能嗅曰二鼻利一、能言曰二口利一、能動曰二身利一、能捉曰二手利一、能踏曰二足利一、八能皆謂二之利一、而聞之訓與レ利同、耳之訓身皆之略訓、耳

利者聽利也、八耳之名此之謂也、社云ニ八知ニ神知ニ八方ニ之謂也、八者神道所レ貴之數、八者天地渾沌之全躰、所レ謂神人守ニ混沌之始ニ、出ニ鎭坐傳記、寶基本記ニ此其由緣也、

玉籤集卷之八

玉木正英謹記

十種神寶之傳

口傳曰、瀛津鏡、邊津鏡とは、元本體之鏡が一つ有て、其働きに付て、瀛津邊津と云ふ、瀛は深し、邊は淺し、鏡の明に照す事の淺深に付て云、又瀛都は天上を照す鏡、邊都は地下を照す鏡也、八握劔は、八は四方四隅全體を云、握は權威をすべ握るを云、劍は金氣劍德也、生玉、死反玉、足玉、道反玉とは、元本躰の玉が一つ有て、其働きに付て云、生玉は生々之元氣、生ている玉也、死反玉とは死玉也、然ども祈禱に用る故、死を反して生す也、仍て死反玉とする也、足玉とは玉の滿足る也、不足なきを云、道反玉とは、玉の朽去んとするを引反すを云、魂を反し本づくる也、玉が惡方へ走るを、善方へ引反す故、道に反す玉と云也、蛇比禮、蜂比禮、共に比禮は金氣劍德也、蛇比禮は蛇の針也、蛇は下に居もの、下を惶れつゝしむべしとの敎也、蜂比禮は、蜂は上に飛もの、上を惶れ愼むべしとの敎也、蛇を先にして、蜂を后にするは、陰陽升降之義也、品物比禮とは、品物は萬物也、廣く萬物比禮有事を云、則天子之寶冠是也、比禮を以君を覆ひ守る也、能君を輔佐し防護は臣下の任也、品物に比禮有事を云て、萬惶れ敬むことを示す、鏡、玉、比禮、共に陰陽を付說也、品物比禮は、君の寶冠、君天下萬物の比禮を統玉へり、寶冠は君を覆ふ器物、君を覆ひ防護るは、臣下の任也、十種神寶は品物に止る、十種之義、自從抄審也、

十種神寶祈禱之傳

十種神寶の圖、紙に書き、四方にたゝみ、上を又別紙にて包、糊にて封じ、上に十種の名を一々記し用ゆるなり、又金銅の小板に、十種の圖を彫付、上を絹錦などにて包、上に書付して用る人も有、祈禱之時、右十種を机上に、一より十まで次第に並て置、拍手して攝掌し、其祈るべき品を、天津祝詞太祝辭を以神へ申上て、屹と心を凝し、雜念なき時に、第一を瀛津鏡と唱

て、手の內に握り、兩手を組合て、右旋りに振也、旋す時、一二三四五六七八九十と唱へ〳〵振旋すなり、一と一旋り、二と一旋り、三と一旋り、以上十旋り振也、振終て又瀛津鏡と唱へ、屹と心を凝して祈念し、瀛津鏡をもとの机の上へかへし置、次に第二邊津鏡を執て振、品物に至まで皆初度の儀に同、十種終て攝掌し、唱曰、

一そろへて　二ならべて　三いつはり　四さらに　五たね
六ちらさず　七いはゐ　八をさめて　九こゝろ　十しづめて

と祈禱、拍子して終る、祈禱終て、十種を袋へ納置也、

口傳曰、十種を振時に、心を天地一ぱいにして、心身共に動搖し、天と共に運轉して振也、進居云、三（いつはり）齋（いまはり）なるべし、まをつに傳誤るか、

十種神寶守之傳

紙を四方に切、一の所を圏を瀛都鏡と屹と唱て書く、二の處は邊都鏡と屹と唱て書く、一の方より二三の方へ旋らし書く、次に一より十迄書、次に年號月日、官位姓名祈禱と書、次に紙をたゝみ糊にて封じ、兩手の內に握り、十種を唱へ、一二十迄唱振て、そろへて、ならべて、を唱へて、屹と加持して、守として帶也、小圏十は、朱を以書也、◎圖略す

天上皇太神宮紀在レ之十種之御神寶狀、○——○本書有二十種圖形一、

八鹽道翁物語曰、垂加靈社十種祈禱行ひ玉ふに、何も封じたるものは手に取玉はず、右手にて空中を屹とつかみ、瀛津鏡と握り取て、左右手を組合せ振玉ふ、一より十迄皆同じ、扨今日は何の寶にて感を得たり、今日は何に感有と度々仰有て、此祈禱は成就、是は不成就と、預仰事ありし也、誠に一として相違なかりし也、誠に神人と云つべしと、常に物語有し也、

三種太祓之傳以二垂加靈社直筆一寫レ之、

吐《と》玉《ほ》矛《かみ》神《えみため》善見坎《かん》艮《こん》震《しん》巽《そん》離《り》坤《こん》也普也加身也依身外女賜也寒也　言也神也尊也利也根也

陀《だ》兌《けん》乾　此十二支也、且欲レ易レ唱而借二卦音一云レ爾、也見也　宜レ唱二子丑寅卯辰巳午未申酉戌亥一者也、波羅《はら》伊《い》玉《たま》

意《え》拂賜《きよめてたまへ》清賜也　喜餘目出玉也

口傳曰、玉は八坂瓊也、矛は劔也、神は鏡也、三種を以明に善見賜て、くるりと所レ殘なく拂賜清賜ふなり、

五文字守之傳以二垂加靈社直筆一寫レ之、

五文字法、聖德太子二相大悟卷中有レ之、弓兵政所秘

傳之事也、七日內外清淨、每日讀二中臣祓一、唱二三種太祓一、其間不淨之心起、則吐二之於言一而祓レ之、第七日封レ之、其上書二神垂祈禱冥加正直八字一、此五文字法也、正與二三種太祓一相合者、口傳有レ之、

口傳曰、紙寸法、竪五寸、橫二寸五分、上之方劍形に切、◎圖略す

守書內、雜念起て書たる守は不レ可レ用、書終て竪に折、疊て糊にて封じ、上に神垂祈禱冥加正直と書也、其上を大和錦にて包、糊にて付て、上方を劍形に切也、小き守に封ずるは、竪二寸五分、橫一寸五分に紙を切て書べし、板札になりとも書べし、然るときは、左右に神垂、祈禱、冥加、正直と書、上を錦にて包べし、

此守、胄の天邊、甲の胸板、太刀刀の柄頭へ封納る也、五兵白刄の災を除く、若川上敵陣、川下味方陣にして、川上より毒を流すことあらば、此守を矢に結付、川中に立れば、忽毒消る也、又高津神の災、高津島の災、昆虫の災、疫病、萬邪、危厄、災難を除、靈驗著明なり、謹可レ信、

神體之傳

璽箱、金尺五寸四方、高さ八寸、但外法、蓋は打付、檜の三分板にて作る、外を大和錦にて包み、金銅の板を札にして神號を彫付、箱の表に打付る也、箱內へは靈社神山の清き埴を取て、箱內へ一ぱいつめ固むる也、蓋を覆ひ打付て、上方を錦を包、糊にて付る、璽箱之坐、方六寸五分、高さ二寸の二重坐也、坐上に大和錦を四方にして鋪也、璽外箱、金尺外法八寸四方、高一尺二寸、檜板厚三分、蓋は落し蓋也、蓋に上より三寸五分下りて圓穴を明る、圓徑八分、外箱の外を大和錦にて包む、或白木にても用ゆ、璽箱と外箱との間、榊枝木綿を付立る、四分に立る也、外箱の上穴より上の方に鎮繩を引、木綿及榊の小枝を付る、御箱の下、疊茵を敷く、

璽及外箱寸法、强て右の寸法に泥むべからず、大小心に任すべし、小き社ならば相應に作べし、覆衾は白き生絹にても練絹にても縫合て覆べき也、

御璽は大和錦にて包、御札は金銅、或木、神號、靈璽、或神璽と書く、

外御箱、大和錦にて張、或白木にても、

疊緣、大和錦、或雲繝、高麗等、

茵表、白平絹、或白綾、繡菊唐艸有、或无レ繡、裏濃打の平絹、緣は大和錦、或は綾錦、雲繝等、

外御箱の上を、覆衾にて覆ふ也、茵疊を略し、磐坐に安置たるも有、又御箱の御帳臺を内に安置するもあるなり、

凡神禮无二一定之法一、鏡、玉、劔、弓、石、榊、幣、笏、札、枕之類、或空坐、其例有レ之、

垂加靈社御璽之事

銅にて箱を作る、蓋は四方の側より少内へ下て、底は四方の側より少上へ上て作る、蓋と底との中央に小方穴あり、穴の大さ柱の太さ也、箱の中央に榊で五分四方に削り、御柱として立る、柱の長さは箱の高さ同寸法也、柱の上の方、蓋の上は也上に切かけ有、下には底へ出たる所にてせんを指穴有、柱を立て後底へせんをさして、蓋の取ざる爲、又柱の抜ざる爲也、御箱の内へは、清き神山の赤土を取一ぱいつめ、中央には柱を立也、土を納、蓋を覆て后に柱を立、底にせんをしめる、柱の上の木口に心字を書、箱の表に靈號を彫付る、

八鹽道翁曰、土を納る時、假に別の柱を立、其外を赤土少計しめし、得と堅くつき、假柱を拔捨て盖を覆ひ、后に本柱を立て、底にせんを指、終に柱の上の木口に、心字を謹で書也、此度の赤土、吉田齋場所の后、八神殿の后に在赤土を取て調たる也、此神體は、直に垂加靈社御指圖にて、靈社御存生之時、信直翁封じて、遷坐勸請は則靈社の御宅葭屋町下立賣上る町東側にて祭をし、靈社着坐有しと也、祭主は信直翁也、其后下御靈御社内に社建立有て、遷し祭られたる也、此時も靈社着坐し玉ふとぞ、其時も祭主は信直翁也、其后故有て件の社をたゝまれたる也、公邊よりの御構にても、吉田家よりの構にてもなし、別に故有事也、今は此御璽、下御靈末社、猿田彦社の中に假に安置する也、正月廿二日鏡開の神事、二月廿二日祭日、十一月廿二日火燒神事、毎度神供は靈社御好にて、田作二尾、燒鹽、神酒計、質素を尊玉ふ故也、此神事度毎に、忠彦靈社の像を席上に掛て神供を獻る、是埴津靈神の家臣友松勘十郎也、靈社の道の友也とぞ、靈社神鏡裏形のこと、山麓に鳥居有、其内に老人烏帽子淨衣を着し、梅花の枝を婦人に與へ玉ふ、婦人跪て謹受る圖也、山は日吉山、婦人は靈社母公也、靈社は日吉山王の申し子なり、母公靈夢の感有て孕み玉ふとな

り、其靈夢を神鏡の裏形とす、是又靈社命ずる所なり、

璽箱の下に坐有、上を衾にて覆ふ、外箱は二方屋根の小さき火藏也、前に開戸、錠金物あり、

遷宮式

先假殿を造る、大小心に任すべし、前に御階有べし、内に神坐を設、或は板にて牀を作、板の四方に小穴を開、榊枝を木綿を繋け、すき間なく四方に立る、假殿の神坐に、御璽の箱を安置す、其側に案を立、神寳を飾る、

片半屋之事片早とも書

假殿より本殿迄、片半屋を作る、柱を立、屋根は片なだれ計也、至て輕く作る也、仍片早とも云也、下には板を敷、板の上に葉薦を敷、其兩端を竹を二つに割て、所々を釘にて打付る、薦上に白布を敷、所々紙捻にて薦へ結付る、風に吹取れぬ爲也、假殿の前には葉薦を敷滿、片半屋の左右、及假殿、大殿、共に白幕を二重引也、或本殿の廊、祝屋《のりとや》などには、内の方には絹の五色の大幔を引、外には白幕を引也、略義ならば幕一重引べし、片半屋を略すれば、必錦蓋を可レ用、雨儀には茅蓋を可レ用、雨儀ならば、遷坐の時に臨で兼薦布を用《しく》べし、御神體渡御の外、布の上を不レ可レ蹈、

本殿御裝束之事

本殿の内に御帳臺を立、大小は社の大小相應に作るべし、尤御璽之大小も可ニ心得一事也、帳臺は檜にて作、白木、或黑漆に塗也、天井は組天井也、天井の地板を白綾にて張、或白粉にて塗、下に臺坐有、上下共緣二重見ゆる、但天井緣、坐緣共也、柱は四方也、十二本、或は八本立る、十二本なれば、隅に三本づゝ、八本なれば、隅に二本づゝ、帳臺、御神體一坐なれば、四方にてよし、御神體二坐三坐を一帳臺に安置すれば、横へ長く作る、厚さは疊の厚也、疊二帖敷べし、疊の緣は雲繝也、然ども神社には大和錦を緣にすべし、帳臺の緣、上下とも金銅の金物有、柱にもさか輪金物有、上の方天井緣の下、長押に帳たりの金物有、つぼ金物四方同帳は、冬は表練綾、裏は濃打の平絹、紐は帳に同、夏は生絹、白糊張、表裡同じ、白粉にて艸花を書く、紐は帳に同、紐の繪は夏冬共蝶鳥也、夏の帳は、裏表端を捻て重ね合する也、棹通有、帳の上の方を折返す、五色の糸を以、三針さしに縫、兩方糸の餘をあはぢ結にして垂る也、上の方に帳臺に掛

る紐を付る、濃組紐也、張て掛て上に帽額張、帽額表大和錦、裡濃打の絹、夏冬同じ、右帳臺の后に、屛風を立る、

錦蓋之事

帳臺を略すれば、錦盖を覆ふべし、骨は白木、或黒漆に塗べし、八角に蕨手有、上は大和錦にて張、水引を垂る、絹也、裏に鏡を付る、鏡面下を照す、夏冬共差別なし、

屛風之事

屛風六枚、表は絹張、畫有、襯縁は錦、大緣小緣有、裏は緋色の綾、紋小葵、朱塗のふち金銅の金物、

茵之事

疊の上に茵を敷、茵は表白綾、繡は菊唐艸、雲形、五色の絲を以繡、或は繡を畧するも有、裏は濃打の平絹、緣は雲采也、神社大倭錦可レ然也、

帳臺を略すれば、濱床を設、其上に茵を敷也、小社なれば一向帳臺、屛風、几帳、錦蓋、疊も略して、濱床の上に茵ばかり敷也、又茵も畧すれば、大和錦を四方に切て可レ敷、

御簾幌之事

御戸内に御簾を掛る、御簾内に幌を掛る、表白綾紋、小葵、或織物大和錦、或平絹、裏は濃打の平絹、夏冬は差別なし、表は紀二所付二筋也、几帳の紀を付る如し、棹通し棹有、棹は檜丸く小平めに、紐を上に二所付る、

壁代之事

壁代は白絹を縫合せ、四方及内外陣の間などに掛る、組紐有、幌の如し、棹通し、棹有、上に紐を付て、長押の釘に掛る、壁代は大概畧する也、神社四方のはめ柄の内にて掛る、外よりはめ板の透間より、内陣窺見へざる爲なり、

遷宮次第

先祭主以下盥嗽著坐

次祭主以下身曾貴祓有、神官一人散供、人形、解繩、大麻於葛籠蓋仁乘弖、祭主乃前仁置、祭主散供於散須、左右左解繩於解、左繩、右繩、人形仁息於吹掛、大麻於取、身躰於祓布、神官祓具於徹、次祭主假殿乃前仁着座、拜揖如レ常、榊枝取進、御戸開如レ常、或御戸開なし

次假殿仁弖神供御酒於献、暫時有弖神供於徹、

次神寶渡御有、神寶渡御之時、本殿の内へ一人進入、神寶を納む、一人は假殿に留り、神寶を渡す、神寶多ければ、召立文に記す、御劍一振は假殿に留め、御神體遷坐の時、一所に渡御する也、

次庭燎御燈於消、一人は本殿の階下に伺候して、御殿を守、一人は假殿の階下に伺候して、御殿を守、

次祭主榊木綿付取、再拜平伏志弖警蹕於唱布、

祭主覆面、手袋、木綿襁、御遷り奉仕の手長、皆覆面、手袋、襁を可レ掛、

次御動座、神躰於衾仁弖覆奉利振奉留、

御璽重ければ、手長舁奉る、此時御舟に乘奉る、舟は板の四方に縁を打て、內に絹を敷たる物也、片早あるは、蓋を覆ふに不レ及、片早なくば、錦蓋を覆ふべし、雨儀なれば、茅蓋を覆ふべし、

一人榊木綿付取、御先祓、

祭主警蹕の時、本殿に伺候する者、本殿の御戸開、御簾を卷、幌を揭、階下に下、平伏すべし、神體渡御の跡に、假殿に伺候する者、假殿の御戸を閉、階下に伺候し守るべし、神體御座數多ければ、渡御の度毎に御戸開閉あるべし、又一度に御舟に載て移奉ることも有、祭主の可レ任レ心、御遷坐終て、本殿の御幌御簾を垂、御戸を閉、但鎖は不レ加、各階下に伺候すべし、此間に覆面、手袋、襁などを可レ徹、

○御殿の內に假に燭を燒、箱に入置也、私に御璽の御安置の樣子を窺奉ること也、終て燈を徹す、是故實也、

次庭燎御燈、

次祭主進弖、御戸閉如レ常、榊に木綿付取て、御戸前を左右左と祓ふ、榊を御殿の上戸の角に立置、御戸を開也、御戸開閉共に各可二平伏一、

次神供於獻如レ常、

次神酒於獻如レ常、

此間神樂於奏志、神馬於牽、

次祝詞於讀如レ常、

次神供神酒於徹如レ常、

次御戸閉、各平伏鎖於加布、祭主階下仁弖再拜、

次退出、各退出、

右神躰之傳、并璽加靈社神躰之事、遷宮式、其外遷宮之故實口傳、八鹽道翁口授之旨記レ之、神靈を神璽へ移し鎭奉る事は、筆に及難し、仍口傳に存す、

疱瘡禁厭之傳下御靈社傳也

吉日を撰み、小兒を沐浴させ、加持する人も沐浴し、謹で修行すべし、

先淸き白木の三寶一膳に、土器二枚、敷輪にのせて左右に置也、酒瓶二つ設也、

次小兒に向て中臣祓一返讀、小兒人嫌せば、次間より小兒に向可レ讀、拍手も心得て可レ拍、

次に小兒の肩を脫せて、灸の時の如、衣服を前後にして着すべし、祓串にて身躰を祓淸むべし、次に小兒の脊へ三方を居、酒を注べし、男兒ならば左の土器より盛、女兒ならば右の土器より盛べし、三献注べし、次に拍手、八神殿之神號、大直日命之神號を唱へ、疱瘡禁厭玉へと祈念加持して、直に男子ならば左方土器の酒を祭主の右食指に少計付て、小兒の脊の第一推の骨上に、瀛津鏡と唱加持し、屹と骨を押てつけて、手を組合せて一二三四五六《ひいふうみよいむ》七八九十《なやこと》と唱て振也、次に右方土器の酒を指に付て、第二推の骨上に、邊都鏡と唱へ加持し、屹と骨を押て

付て、手を組合、一より十まで振、次左、次右と十種神寶を、第十推迄悉封じこみて、加持し振也、振終て一 二 三 四 五 六 七 八 九 十《そろへてならべていまはりさらにたねちらさずいわゐをさめてこゝろしづめて》と加持し、次に拍手して、疱瘡の患祟なく、无病息災、邪氣近づくことなく、壽命長久と、屹と加持すべし、次に清紙を以、小兒の脊を拭ふべし、次に土器の酒を土器共に清き土地に埋む、或は川へ流すべし、紙も同女子ならば、先右方土器の酒を第一推に付、次に左方土器の酒を第二推に付、次右、次左と一より十迄付、十種神寶を封じこみ、振て加持する也、

一より十迄振加持することこと、男女共同じ、寒冷の節ならば、小兒の脊に別衣服を打掛て、酒を付る時、左手にて衣服を擧、右手にて酒をつく、一より十迄振間は衣を覆ふべし、

雷除守之傳一位公通卿御傳

桃樹の東へさしたる枝を、立春の節分夜日不入前切取、潔齋して切べし、清水を以洗清め置、守を封ずる時は、潔齋神事して認る也、紙を四方に切、先五文字の守を書、次に中央に意富加武津美命と書、右方に伊弉諾尊と書、左方に岐神と書、其側に高津神乃災、雷神乃災於、科戸乃風乃天八重雲於吹拂如久、朝風夕風乃朝霧夕霧於吹拂如久、祓賜比清女弖賜邊と書、次に件の桃枝を、長さ紙の内へ納る程に切、守一つに一本宛巻込、糊にて付、上に雷除守、神垂、祈禱、冥加、正直と書、上を錦にて包、榊枝木綿付を取て警蹕ひ、右の三神を封じ祭り、中臣祓三種太祓を讀て加持す、或神供神酒を獻り、祭て後に守袋に納め、又は家の棟柱等に掛る也、

天兒屋命五十五傳垂加靈社正傳

八鹽道翁直授相承

玉木正英謹書

右玉籤集八卷、予所藏本也、引用書各以原本校合畢、明治四拾四年九月廿六日、

玉籤集 終

三種神器極祕傳

三種の神器は、神璽、内侍所、寶劔と申す、神璽は八坂瓊曲玉也、内侍所は八咫鏡也、寶劔は草薙劔也、日神より皇孫へゆづり玉ひ、天子御代々のみしるしとして、御位の守りとなり玉ふ也、この三種は、天地開闢の前にそなわり、開けては明らかにあらわれ、天地と窮りなく、みち〳〵てある也、日本書紀開卷の始より、皆此三種之ことはり備りてをる也、其渾沌如二雞子一、溟涬而含レ牙とあるは、渾沌は水火分ぬ前、妙合の所也、これ水は玉也、火は鏡也、含レ牙て中に立てある、その牙は劔也、先こゝに三種具る、天地の間、天鏡尊在す故に日月明也、天地日月の運行は、玉劔之徳也、その照り明なるは鏡の徳也、伊弉諾伊弉冊陰陽二神へ天神より瓊矛を賜ふとあり、これ陰の潤陽の芽を瓊矛と云、瓊は玉、矛は劔也、自凝島之成るは、劔の金氣よりしまりて成る也、その瓊矛の照てあるは鏡也、凡三種は天地萬物に具る、天地自然のことはりを形にうつし玉ふ、日神の御心をこの器に封じて、天子御代々の御璽とし玉はんと思召ところに感應して、おのづからあらはれ出たる天物なり、それを則ち封じて授け玉ひ、萬代の御璽としたまふ也、八坂瓊之曲玉は素盞嗚尊の日神へ獻じ玉ふたま也、この玉は素盞嗚尊へ羽明玉の捧げられし玉也、八は八方全體渾沌の數、坂は平坂、高胸坂の坂也、瓊は赤色玉、是心之色也、則ち玉は心にして、心は火徳也、これによりて高天原と云も、高は胸の中にして心の上を云、天は間にして、心は則ち玉也、原は腹也、故に天子御即位の時、天子を玉とし、鏡劔斗を捧ることゝ也、元々集に詳に見へたり、元々集に曰、至二于三種寶物一者、正是傳國之神璽、无三物之可二比方一焉、或云二一種一、或云二矛玉自從一、書紀の異說、具列二于上一、謹尋二神皇傳受之素意一、三種之寶、缺レ一則不可也、上古之世、神與レ皇、同レ床共レ殿、官物神物、又无二分別一矣、人皇第十代崇神天皇の朝、漸畏二神威一、同レ殿不レ安、即六年奉レ遷二鏡劔於別宮一、神與レ皇之初也、更造二鏡劔一爲二護身之璽一、八坂瓊曲玉者、自從而不レ改、當レ知有二深以一也、三種をそなへて置たまふは、天子の御徳なければ、此三種の神徳にて天下を治め玉ふ、御徳あれば共に合て治め玉ふこと也、これ秘傳至極也、又曲玉と云は、この玉の徳にて、天子も天下をめぐみ玉ふ也、曲玉は圓形なり、玉は水徳にてまろがれにして恵うるわしく温潤の徳有、則天子の御心にして玉の徳にて位にいます也、八咫鏡は日神之天の岩戸に入玉ふ時、御正體をうつし奉る御鏡也、これも諸神至誠を以て日神の出御を祈り、その感應より天のなせる御鏡也、天にて造化之日輪、人體にて日神の御正體、ぴつたりと一つなり、八咫は八寸にして、圓形也と云り、尤八寸ほどあるといへど、その寸法にはよらず、八と云に傳あり、倭姫世記に八頭《やあた》と、鎮座傳記には八花崎八葉形とあり、則内宮御正體之小底の鏡也、八花形は日輪八方を照し玉ふ御形也、日光の天地八方へ照徹て光のさす形也、鏡の徳は萬物を照してかくさず、正直の神體也、天子向ひ玉へば、日神の玉體このかゞみの中に在して照徹らせ玉ふ、吾を視るが如くすべしと宣ふなれば、今天子の御身上こゝにてら〳〵とうつりて、私なく正直の政をほどこし玉ふ、人々に朝毎に鏡を執て見て、善悪明にうつる、鏡の明に照り、吾形のうつると相照して正直也、天地清明天鏡尊也、草薙劔は、素盞嗚尊の出雲にて大蛇を斬玉ふ時の、其尾よりあらはるゝ天物也、日神に奉り神寶としたまふ、素盞嗚尊は金德に過て暴くたけき神也、故にこれにをほはれて悪事をなし玉ふ、然れども天性清明にて、土金の徳至り、劔もあらはれ、献じ玉ふ劔は決斷のことはりにて、智恵のさばき也、元より金氣の立て、土金のつゝしみ御身の守り也、十握劔は天地八方の數也、八握は八洲をにぎるつかにて、握はつかむの訓、權柄をとると云と同じ、古語拾遺曰、即以二八咫鏡及草薙劔二種神寶一授二賜皇孫一、永爲二天璽一、所レ謂神璽之劔鏡是也、矛玉自從、即勅曰、吾兒視二此寶鏡一猶レ視レ吾、可下與同レ床共レ殿、以爲中齋鏡上、この矛玉自從とある、極秘のことにして大切の語なり、古語拾遺、鏡及劔とあるは、舊事紀に、天富命捧二天璽鏡劔一とあるをうけて二種を出せり、然れども及の字は、鏡の内は劔はこもる義也、次に寶鏡斗を出せり、其時は矛玉は内にこもる也、上の矛玉自從は、此鏡の下に入て見べし、御鏡は御姿をうつしとめて形見に殘し置玉ふゆへ、こゝにて鏡が主となる也、今の世の形見と云も此縁也、◎信哉按、鏡を邦語にかゞみと云ふは、かげみの轉にて、影見の義ならん、又按、太古鏡の無かりし時には、水を以て影を寫せり、古今集に收むる大歌所御歌のひるめの歌に、さゝのくまひのくま川に駒とめて暫し水かへ影をただに見むとよめる以て證すべし、因て想ふにかゞみは原と影水の義より出でしかも未だ知るべからず、及はこもると云義也、又玉を主とすれば及鏡劍とあり、所により主ちがふ、然れども劍を主として及とあることなし、三種一つにつゞまる、玉につゞまる也、鏡を主として云ふことは、我主として宣ふゆへ、御かげをすぐにうつし玉ふ、これ御形見を本として、二つはそれに從ふとなり、三種の至て大切はこゝにあり、日本書紀には、此御鏡の所に、矛玉自從が及の字にてこむなり、日本紀には、八坂瓊の曲玉及鏡劍とあり、又手持二寶劍一祝曰とあり、玉を主とすれば、及の字にて鏡劍もこめて見べし、御鏡斗の所は、矛玉自從にて見べし、三種各一器に皆三種の德具てある也、十種神寶は饒速日尊へ授け玉ふ、その十種も三種につゞまる、三種も亦一種につゞまる也、饒速日尊を天降し玉ふとき、十種をさづけ玉ふは、臣位を傳へ玉ふ也、瓊々杵尊は生れながらに德すぐれ玉ひ、御名の如く三種の德自具り玉ふ神也、故に三種を授て天位ゆづり玉ふ、十種瀛都鏡は至て深く照す、沖のふかきが如し、邊津鏡は照すこと輕く、磯邊の淺が如し、八握劍は八方權威を掌握に持て、天下の柄を取る、生玉は生々萬物のいきている陽の玉也、死反玉はまがつた陰の玉也、反の字は祈禱に用ゆ、足玉は玉があつても此に滿たらねば用に立ず、道反は善道へ取て反す處也、蛆比禮は下を愼む也、足下に蛆有つてさゝんかさ、油斷するなと也、上より萬民を恐れ愼義也、蜂比禮は上を愼む義也、空を飛ものゆへに、下より上を恐れ愼義也、品々物比禮、ひれは金氣也、品々と云は、金氣を引すへて云、冠は覆ひ守る也、天子の頭を守るもの也、九つのものを寶冠につゞめて君を覆也、十種は臣下の任にて、それを一つにあつめ、冠にして天子を覆ふ也、十にて數終り、又一に始る、一ッ二ッ三ッ四ッ五ッ六七八九十とふるへ、ゆら〳〵とふるつて、生々としてやまぬ也、この十種、又三種につゞまる、三種又一の玉につゞまること深祕也、三種の德を以て天位をたもち、天下をしろしめす也、一玉のうるはしき御心を以て天位に居たまひ、あまねく四海にみつる也、鏡の明なる正直の正體を以て天下に望み玉ひ、劒の決斷を以て天下を平げ玉ふ、この三種皆玉一つに備りつゞまりて一つの玉也、玉は一元氣也、天地の成り始めも、一元水の德よりなる、萬物皆一元水のうるをひより生じ成る也、人も一元の精水よりむすびて成るぞ、其精汁のうるほふ元は玉也、萬物の魂《みたましひ》にして眞體となるを、一水《はじめのみづのいきほひ》の德を受けて續命の術《みち》を生ずとはこれ也、大海の中に一物有と云も水のこと也、續命の術は物を生ずるの道也、瑞八坂瓊之曲玉を九宮に捧ぐとあるもこれ也、捧二九宮一とは、水氣のあらはるゝ所也、是水德國狹槌の塲也、丸きものは內空なり、吹玉などの如し、始あをうなばらのなれる、これ水德の玉也、それより國土人物なる也、九宮は天地わかれず、混沌の時を云、水德の玉を捧て、そこで水德にて天地開け、萬物生々してやしなはるゝ也、玉を天に捧るとは、陽德の火氣を以てあぐる也、天にさゝげて、この元水の德をむすびて萬物生ずる也、此一元水德は則外宮豐受太神也、御饌津の神とも申す、この一元水の德を以て五穀生じ、萬民之身命をつぐ也、御饌津は食をけと云ふ、則水氣の略訓也、されば神璽之玉、一元水の德につゞまり、劒鏡も一玉にそなはりてある也、天地自然に備ることはりを、この三種の器に封じて存し、天子の御護りとなり、御敬みとなりて、天位御長久也、人々この三種の相傳を受るときは、則今日日神より天兒屋命へ御傳受の所也、敬て聞き、心に思て、三種のことはり萬物にそなはり、吾一身にも具りてある所、天人唯一の道、常にかへりみ、三種の道にたがはざるやうにと、深く畏れ敬むべし、

右之秘决者、自二垂加翁一傳二授正親町公通公、出雲路信直丈一、玉木正英傳二受之一、傳レ予、故予考レ之、詳書レ之者也、

享保丙申仲秋日　跡部光海翁

三種神器秘傳

傳曰、十種而三種、三種而二種、二種而一種也、瀛都邊都、一之鏡也、八握劒、蛐蜂、品物比禮、一之劒也、生足、死反、道反玉、一之璽也、一之鏡、一之劒、即是一之神璽也、高天原是腹心也、心在二腹上一、亦云二高天原一、神則心靈、以レ玉表レ之、其明處以レ鏡表レ之、其嚴處以レ劒表レ之、

元々集曰、至二于三種寶物一者、正是傳國之神璽、無三物之可二比方一焉、或云二一種一、古語拾遺云レ爾、或云二矛玉自從一、舊事紀、古語拾遺皆云レ爾、謹尋二神皇傳受之素意一、三種之寶、缺レ一則不可

也、上古之世、神與レ皇同レ床共レ殿、官物神物、無ニ分別一矣、第十代崇神天皇、漸畏ニ神威一同レ殿不レ安、奉ニ鏡劒於別宮一神與レ皇初也、更造ニ鏡劒一、爲ニ護身之璽一八坂瓊曲玉者、自從而不レ改、當レ知有ニ深以一也、又曰、踐祚之日、獻ニ神璽鏡劒一之文、是乃寶玉自從之義也、若然者、未ニ曾離ニ歷代帝王御身一之靈璽也、

神武天皇御即位の時、天富命鏡劒を奉るより以來、今に於て天子御代々此例を用玉ふ也、玉のことなきは、御心身則玉也、故に玉體と申奉る也、

崇神天皇の時、大和國笠縫邑に社を立て祭り玉ふ時も、鏡劒ばかりにて、玉は內裏に留め置たまふも、玉體一致の玉なれば也、

上有レ道則三種靈德在ニ玉體一、上無レ道則三種靈德在ニ於神器一焉、

雖レ爲ニ無道之君一、傳ニ賜神器一、即是有德君也、此神器與ニ玉體一合一、無ニ分別一故也、

是は上道あれば三種神器と玉體一致也、有道の君に非といへども、此神器を備をけば、此神德を以日本國を治め玉ふ事也、是によりて有道の君も同じことになる也、日本に女帝の多もこの故也、三種神器を備へ置けば、男女のかまひは無レ之、天照大神は女帝ゆへに、此例を以日本には女帝を立ること多しと云說あり、誤り也、武烈天皇は惡事の多き帝なれども、三種神器を備へ置て、大伴金村其節の體を考る內に、崩御の後、大神の御子孫を尋出、越前國より繼體天皇を迎奉り、神器を授奉りて御即位をなし、四海安全となるも、皆此神器の靈德也、

正親町公通卿御口授に云、

三種神器の傳は、畢竟玉一つにつゞまる事也、此心のなりを、すぐに形にして出したるものなり、玉は物を惠み出す德にして、先づ玉のすき通りて明なる所、鏡也、玉のきつめ畏べき所ある則劒也、是玉一つにつゞまる所也、矛は柄の長き物なれど、丸くすれば則鏡也、矛玉自從と云も、玉とばかりあげて云へば、鏡矛がつきそふ也、鏡ばかりを上て云へば、玉劒がつきそふ也、劒を上て云へば玉鏡がつき添ふ也、

傳に曰、三種神器の根元は、神代卷曰、古天地未レ剖陰陽不レ分、渾沌如ニ雞子一、溟涬而含レ牙とあり、是根元也、まろがれなる所、萬物の生氣を含む所の明なる德具る故に、開闢しても日月明かに照し玉ふ也、牙は劒

の德也、是三種の神德、開闢の前に具る、故に開闢の後も、此神德の顯れ出る也、それを大神、天人唯一の德、天子御代々絶ぬやうに形に具へ置て、御代々護身の神璽となし、日本を治め玉ふ事也、

右雖レ爲ニ極祕之傳一、而會津中將源正容公、信ニ我國一尊ニ神道一、守ニ土津靈神之御德一、依ニ御深志一、傳ニ授之一、愼勿レ怠矣、

跡部光海翁

享保九年甲辰五月吉辰　源良顯

右三種神器極祕傳壹册、以東京帝國大學史料編纂掛所藏本令謄寫、雖有不審、依無類本不能校合、明治四拾四年五月三十日、

三種神器極祕傳終

神道問答　一名和漢問答

或問、山﨑敬義の儒學は群を挺たる事、世の人の知れる所なり、然るに我國の神道を學び、晩年に至りて、儒道よりも尊信ふかく、門人へも敎られし事、いかなる故ぞや、儒道は聖人大中至正の敎なれば、これにまさりたる事あるべからず、我國は東夷なり、中國の尊きに勝れる事もあるべからず、昔よりいひ傳るを聞に、何としても日本の國は物每に中國よりおとりて、文物不レ盛、典籍も少く、聖人も生れ給はず、道理を說にも禮儀を立るにも、何となく淺はかに、平假名を以て傳ふる風なれば、其信仰おのづから不レ篤、上古より神道とて、朝家より地下に至るまで其傳之あれ共、何としても禮法は中國を學び移し給ふ事のみ多かりき、とにかくに此國の中國におとりたるとのみ思はるゝは如何、

答曰、予が昔おもふ所も、今又いましの問所に同じかりき、數十年の間、其疑晴ざりしに、近年神の道、山﨑垂加翁の傳へを源良顯君より傳り奉りて、朝夕思ひ

を豊葦原の妙なる道に移し、心を中津國の平なることはりに感じてみれば、昔の思ふ所はひたすらにあやまり過來し也、夫天地のうち、いづれか親なからん、いづれか君なからん、親をいとおしみ、君にまことをつくし、萬代の天地と共にかぎりなくかはりなきにあらざれば、誠の忠孝の道、神聖の心にあらず、抑日本の國は、伊弉諾伊弉冊二柱の神聖、天の御柱を立給ひしは、則天地のかたよらず平なるの道にして、中津國動なきもとなり、これより天照太神あらはれさせ給ひて、御心のめぐみうるはしきひかり、六合の中にてり徹り給へば、此國の人永くうつくしみをかふむり、天地と共にかぎりなくいやまひ奉りて、天が下の君とならせ給ひしより、ひとつ日嗣の、今日までも動事なく、此比の御即位までも、かけまくも同じ太神の御心のてりとをらせ給ふものならし、その道の御教は、猿田彦太神、高皇產靈尊、天兒屋命、太玉命、村雲命、傳へまし〱て、中津國の人を教導き給ふより、今にたえざる御事也、天が下何れの國か、君たる道是に及べるや、子たる道、いづれかこれに及べるや、臣たる道、何れか是に及べるや、水土清ければ其ことはりも亦清くして、人の心極めて正直なるがゆへに、天地開けはじまりしより、久堅のけふに至るまで、天地あらためかはることなきは、ひとり大和の國也、まことに神聖のみことのりのごとく、豊葦原中津國にして、萬國にすぐれたる事疑なし、此國の外、中國といふ事をしらず、此國を東夷といふは無稽の事にして、忌憚事なきこゝろ、恐れおほき事なり、西土は天地の改めかはる事、すでに三十たびに及べり、然れば君を改ることも三十たび也、親を改る事も三十たびなり、そのうへ。近年は韃人に國を奪れ、あの大國の人一人も韃人を主人と仰がぬもの丶なきはいかなる心ぞや、たゞ聖人十人計も生れ給ふにて、あの恥ある國の名を揚て、其疵をおほひ給ふものなり、されど其國がらあしきゆへにや、聖人といへども、常を用る事なり給はずして、やむことを得ずして惡人と紛る丶程の權道をなし給ふ、されども聖德ゆへに其光はかけ給はねども、あはれ日本の國にむまれ給はゞ、あの權道は必なし給はじ、西土に生れ給ふは、聖人の不幸也、西土の文を見るに、帝堯は下民の舜をあげて天下を傳へ給ひ、其子にはあたへ給はず、其比二十二人の賢臣と聞へ侍りしも、皆君をわすれて舜にしたがひ、堯の子をばをのがともがらとせし事は、いかなる忠敎の心ならむ、不審し、舜の子の時も、またかくのごとし、その事を物知人にとへば、皆これ堯舜聖德の妙なりと云ふ、それを聖德の妙としていぶかる人もなきは、いかなる國ぞや、こゝを國がらのあしきしるしと知べし、よく／＼眼を付べき所なり、日本の國にては、いかなる賤山がつまでも、かやうの事をきゝては、かへす／＼勿體なく思ふべき也、殊更に湯の桀を放ち、武王紂をうち給ふは、天地非常の變化なり、さればこそ德にはづる事ありとはいへり、孔子も又湯武順レ天應レ人とは、いかゞしてほめ給ふや、皆是西土といふあしき國がらによりての事也、其ごとく君父をわすれやすき國なる故に、湯武の改め給ふが、一入いやなれども、萬民塗炭におちぬる事のたえがたければ、猶更けもの丶國になる故にこそほめ給ひつれ共、日本に湯武ほどの聖人下にあり、桀紂程の惡王上にありとも、決してあのごとくなる放伐はなし給はじ、孔子も日本に生れ給はゞ、又湯武をほめ給はじ、皆是西土に生れ給ふが聖人の不幸なり、日本にては武烈天皇の如きあしき君まし／＼て、其よつぎたえ給へども、忠臣大伴の金村公のごとき有て、繼體天皇をはるかの北國より迎へて、天位に仰ぎ奉りぬ、武王とても、孔子のいまだ善をつくさずとの給ふを聞給ひては、紂を伐給ひし事は後悔あるべし、されば伯夷の首陽にうへしことは、孔子も快くもの語し給ふならん、思ひやるべき事なり、又國號も代々かはる事、心得がたし、國號は、その國の治りしはじめより、自然と神聖の德を以て其號そなはり傳ふるはずなれば其時の帝の心々に國號を付らるゝは、わたくしなる事也、是も國がらのあしく、帝王一姓の正脉にて治らざるしるしなり、さて西土はいかなる事にか、心のおくれたる事を恥とせざるの國なり、たとへば宰相たる人、罪ありて獄に下り策《むちうた》れても、またもとの位にのぼりて事をとりさばくことあり、周の大王の如き、小を以大に事るとて狄人に事へ、後には權道なりとて其國をすてゝ去れりけり、論語にも載せし所の、陳文子は、傍輩に君をうたれ、その仇を報る事わすれ置て他國へ去りぬる事を、孔子も淸しとゆるし給ふ、蘧伯玉も、傍輩の君を亡さんとする謀をきゝて、しらぬ體にて其席を去し事、君子なるかなとほめ給ふ、曾子も武城の太夫のもとに居られける時、寇盜の來れるを見すてゝさられにけり、此皆聖賢のゆるし置れし事は、皆其の國がらに付ての事なり、日本の國には常の民にもその恥はしれり、是にて日本の國のまさりたる事を知べし、朱子の明叡を以てさへ、武王紂をうてる後、微子の賢あり立べしと門人の問ければ、先生眉をひそむと語類に見えたり、聖人の上にいりて眉をひそむる事あるや、皆是生れし國がらの清からざることは、是非もなければ、わざと默したるものなり、蔡沉が、堯舜は父子之衰也、湯武は君臣之缺也といひしも、こゝろよくいひ出せる事にてはなし、やむことを得ずしていひしものなり、かへすぐゝ西土の國がらは甚あしくして、聖人のかげばかりにて、あの恥をおほひたるものなり、孔子晩年に春秋を作り給ふも、亂臣賊子のおそるゝために作り給ふ、亂臣賊子のひたすら多き國なる事知べし、日本の神は、西土の聖人よりも德化の厚き事をしらずんば、たとへば數卷の經書をそらんじ味ふといふとも、忠孝に益なきことをおもひしるべし、又假名の和訓は淺くして、漢字の文は尊く覺ゆること、あさましき事なり、詞は心のさき出る花なり、心明かなれば、其ことば味あり、文字の形は其國々の相じるしにて、其うへ漢字はいひたらぬことのみにて、多く註を加えざれば明ならず、和訓は一字片言にても、其ことはり早くさとれり、詩に作ると歌によむとにて、其志の詩よりもはやく通じ、やすくさとる事にても知べきことなり、和訓をあさく思ふは、心に功を用ざる人なり、心の開る所は明かなる事和訓にあり、漢文にもまた移しやすし、和訓の淸らかに轉化するは、此國水土の淸くまろがれの性を得たるゆへなり、さて日本の國は文物の不レ盛とは、かつて此國の道にうとき人のまうし事なり、中華より西土の法うつりて、我國の禮とまじはり來れり、たとへば此國の櫻は花もたへに、諸邦にすぐれたるを珍しからずとて、異邦の李を用るがごとし、西土の飮食は肉を用て專とす、庖厨を遠ざくとはいひながら、重をおひ、遠きにひき、人の力にかはるなる牛を殺して食とする事、いかなる不仁ぞや、小學を讀みたる人は知べし、飮食の節といふ所にのせたる文は、日本の國の土民とても用がたき禮法なり、器をひとつにして、より合て食し、くひあまりをもとの器にかへすがごとし、又おやの衣服を洗ふにも、足にてあらふとのせたり、主人の食する器にても、ぬりものさゝなどにあるものをば、そのまゝ食て洗て、また主人へ用る事なり、秦の王猛は桓溫に對して虱をひねりて當世の務を談じ、宋の王荊公は衣垢け共あらはず、面あかつけどもあらはずとぞ、いづれも官祿高く名あるものなるさへ、かくのごとし、文物いづこにありやいぶかし、禮記にのせたる料理の用やう、かへす〲もいさぎよからざる事なり、又典籍の日本の國に少くなりぬることは、蝦夷の亂に多く亡ぬれど、その殘りし書も今は傳へ來り、その後此道に明かなる人書傳へをき給ふ書もおほくして、やつがれも見聞しなり、家々に秘して出さず、神道衰へ世に行れざる書おほきゆへ、世人我國の書は少きやうに覺、神代の文字ありといへども、知る人まれなり、我國には神代より文字なし、夷狄に同じと嘲る者多し、是も無稽の詞なり、近頃俗説辨に、我國は文字なし、神職の家に、神代の文字とて書るは、皆道家の符字也と書り、それもまた無にあらねども、正しく神代よりの文字傳へ來りて有、又古語拾遺の序を引て、なきの證とするは、いまだ詳に考ざるの過なり、忌部廣成の家には傳らずと見へたり、神代卷口訣に、神代の文字は象形也と忌部正通は書おかれし、是を考ても知べし、中臣祓は神武天皇御即位の時、天種子命、祖父兒屋命より傳へ來る所の中臣祓を書てさゝげ給ふ、是すなはち神代の文字なり、然るを厩戸皇子漢字にかきあらためられしと也、又常磐の大連の書改られしともいへり、神代の文字にて書し書卷有し事、日御崎社記にもくはしく載てある事なり、神代文字の始りは、大己貴命、濱千鳥の砂の上にあとをつけしを見て、造り出し給ふといへり、その傳多くある事なり、凡儒學ばかりして、我國の神道正傳を學びざる者は、あやまりおほし、中村惕齋は世に名ある學者にて、和漢の書を詳に見たれども、神道を明らかにしらざれば、尊む事おろそかなり、ちかき比、姫鑑といへる書世に行る、これ惕齋の著せる所なり、其中に二位尼の事を賞美して書り、三種神器を私に西海の底に沈めし事、神明の罪人にして、忠孝の大義に背り、是を賞美して書るは如何なる道ぞや、又佐穂姫を賢女と書るも大なるあやまりなり、不忠不義のしわざ成を賞美するは、これもまた如何成道ぞや、如レ此の類おほしといへ共、略してあらはさず、まづ神代卷神武紀を本として、忠孝の誠を味得たらんには、西土の文もまた、此國此人の助ともならん事必然なり、もしさあらずば、西土の文にて、却て此國の人の生れ得たる神恩、あだにすたれなんことの、おもひはかりあるべき事なり、

寶永七年庚寅仲冬日　重垣翁識

辨三蘐園議二垂加先生一

夫先生之道之大、識之高、未レ容二輒議一レ之也、近有二一書一梓行、題曰二蘐園隨筆一、大給某之所レ著也、其中議二先生一曰、予十四時、從二先大夫一流二落南總一、獨自讀レ書、未三嘗聽二世師講說一、及下値レ赦還上、而見二世講レ書者一、別有二一種俗學氣習纏繞一也、皆與二予所一レ見不レ同、訪レ之則前年有二闇齋先生者一、首倡二朱學一、先レ是諸儒莫レ有下能攻二閩洛學一者上、而及二闇齋者出一、海內靡然嚮レ風、凡爲二經生一者、皆其餘流、然其人始逃レ禪而歸二於儒一、逃レ儒而又歸二於巫祝一、其於二聖人之道一、實無レ所レ見者可レ知焉、

辨云、噫是何言乎、君子於二其所一レ不レ知蓋闕如也、今指二先生一曰三逃レ儒又歸二於巫祝一者、知而言レ之乎、不レ知而言レ之乎、夫先生之所レ學者、我國神聖之道、而朝廷之授受、萬世之摸範也、其爲レ道也天人唯一、而三種神器宗源清明正直純粹、雖レ以二異邦之數聖一、而有下不レ及二於我國之德化一者上也、日本西土、風氣雖二各有一レ異、而其道自然有二妙契者一也、而先生之所レ學亦是也、其說具二於日本書紀、中臣祓、及朝廷之舊記實錄、伊勢之舊記、卜部家之所レ藏諸國神社之所レ記、公卿以下家々所一レ錄、廣大精深、未レ易二窺測一也、蘐園實得レ窺レ之乎、又臆度而言レ之乎、若有レ所レ得則其議不レ至二於此一也決矣、今蘐園乃何人斯、敢指二朝廷列聖之道一、以爲二巫祝一、而忘二忠孝之大義一、誇二文字之微伎一、豈學二孔子一者所レ宜レ言哉、忠與レ敬兩失、道與レ學共迷、謗二聖言一、譏二朝廷一、孰甚焉、且以二神道一爲二巫祝一、則孔子所レ謂知二禘之說一者之於二天下一、如レ示二諸掌一乎者、及朱子祈レ晴祈レ雨祭二土地一文、載在二文集一、歷々可レ見也、是亦爲二巫祝一而可乎、逃レ禪歸二於儒一、乃英才間氣者所レ爲也、雖二程朱

之大賢一、初年未レ免二於斯一也、朱子亦有下了二此無爲
法一之句、及萬古長空一片心之陰上、而逃レ之者所レ當
レ仰也、而今反似二乎病レ之者、最爲レ可レ疑、神儒之道
既有二妙契者一存焉、故先生之學、必先二我國一而不
レ廢二異邦一、今急欲レ詆二先生一、而以レ逃レ儒爲レ言、則未
レ免二迫狹之病一、不レ知逃字何所レ當乎、大抵儒生不
レ講二神道一、槩論不法、何不二忌憚一之甚乎、

先生作二世儒剃髮辨一曰、世儒剃レ髮、是其黨之俗、而
非二天下之俗一也、蘐園非レ之曰、此天下指二我國一、而唯
中國得レ稱二天下一、亦緣二平生常言所レ稱而誤、

辨曰、是以二我國一自賤也、是指二斥乘輿一也、不敬孰
甚焉、舍人親王著二日本書紀一、非二我國之正史一耶、其
書稱二堯舜之國一爲二西土一也、且天照太神勅曰、豐葦
原中國、吾子孫可レ王之國也、非レ有二我之得私一也、
蓋有二深意一也、固非下理二頭異邦之書一者所中能識上
也、

蘐園辨二仁齋一謂、伊川始以二仁義禮智一爲二性之名一、最
爲二謬妄一、引二韓詩外傳、白虎通、韓文公原性一曰、皆足下
以見中仁義禮智信謂二之性一者、自二漢唐一已然上、又併考二
諸左傳劉子語一、以推三於孟子引レ詩、有レ物有レ則、及仁
義禮智根二於心一、則性命皆以レ理言者、自レ古已然、而漢
儒皆有レ所二傳承一也、嗚呼闇齋不レ識二韓詩白虎通一、而
稱二原性一爲レ始、仁齋併二原性一不レ識、而稱二伊川一爲
レ始、皆目不レ識二古書一、而廼欲三開レ口談二古學一、多見二其
妄一爾、

辨曰、今蘐園無レ所レ見二於性一、而徒比二並古書一、以議二
先輩一、其學識亦止二於此一爾、夫韓子以二仁義禮智信一
爲レ性、是韓子所三以度二越諸子一也、即朱子之說也、
如二今所レ議、則朱子亦目不レ識二古書一、而開レ口談二古
學一、多見二其妄一者也、其於二性理之說一既如レ此、儱侗
汗漫、他復奚論乎、

蘐園又曰、如二此方稱レ倭、本非二佳稱一、故本邦自以レ和
代レ之、而近歲學者頗識下稱二本邦一爲二本朝一者爲上非、
而不レ識下和比二諸倭一反爲中雅名上云、

辨曰、國號之有二深旨一也、彼固不レ得二神道之奧義一、
而徒爭二和倭二字之間一、則見下其昧二于我國之道一也
甚々上矣、既得レ窺二其奧義一、則其爲レ和爲レ倭亦相通、
字書有下倭字爲二敬貌一、爲二順貌一者上、其所レ謂倭非二佳
稱一者、可レ謂二無稽妄論之甚一也、

蘐園文戒二和習一、譏二先生之作文一曰、如二近思錄序一、

在二致知力行之二一、當レ作レ在二知行一、詳察二文理一、倘去二致力二字一、則於下存養實貫二一者一之旨上相去遠矣、夫何輕二於言一耶、

近思錄序又曰、何北山著二發揮一、恐微言未レ析也、蘐園議レ之曰、是似二懸度語一、其議如レ此、特見レ無レ用二力於經典一、其他所レ論、未レ免レ囿二於詞章一爾、

又曰、有二牧養潛先生者一、叩レ之以二持敬之方一曰、唯安二心于臍一爲レ近レ之、予始疑二其不經一矣、徐而思レ之、人之精神周二流乎一身一、而其本在レ是焉、凡持レ敬者之傷二於急迫一、皆不レ知レ是故也、然中華書所レ不レ道、因而思レ之、此中華此方性質之所二以殊一歟、予學二華音一、字々句々皆自二臍◎一、和語則否、又驗二諸畫圖一、華人與二此方之人一、其形貌所二以不一レ同者在レ是矣、因稽二於聖人書一、足容重、聲容靜、頭容直、氣容肅、立容德、頭頸必中、山立時行、盛氣顚實、揚休玉色、及レ行不レ擧レ足、車輪曳レ踵、圈豚行、端行頤霤、皆是物也、又古來黃鐘爲二樂本一、亦有下關二係是一者上、乃知三養潛子之不二吾欺一也、故書以諗二學者一、凡中華此方之不レ同者、豈啻此焉、此廼其大者、

辨曰、蘐園謂安二心于臍一、爲二異邦書所一レ不レ道、可レ謂二踈箆一也、朱子答二門人一、敎以レ著二心於臍腹一、夫持敬之方、莫レ詳二於敬齋箴一、而不レ取二臍腹之說一、別述二調息箴一、言三呼吸由二臍腹一者、眞有二意思一也、是非下深用二力於敬一者上、則難二與語一レ此、夫聲音之出レ自レ臍、和樂之傳、由來旣尙矣、且有二安坐呼吸之傳一也、今言二和語否一者何乎、且我國朝禮、足容、手容、聲容、皆有二典禮之存一、今以二臍之異一、論二我國不一レ及二異邦一者、是亦不レ講二神書一之過也、凡學者不三徒爲二異邦之學一、而得レ爲二我國之用一、欲三能曉二吾先生之學、果有一レ大二功於國家一也、夫理者天下之公共、固不レ待二予辨一レ之、而可レ西可レ東者、世已不レ少、則深畏レ誤二先入一、予之辨レ之、亦不レ得レ已也、

右光海翁之所レ辨也、故蒙レ命以書焉、

正德五年乙未三月下旬　源　安　崇

辨二一儒者爲レ學之說一

夫自二天地始闢、上古聖神、繼レ天立一レ極以來、大中至正之道、自傳自來、萬々世之久、千萬國之遠、宇宙古今、一揆同轍、或雖二東夷南蠻之相隔一、而有二血氣一者、莫

レ不二尊信一焉、而其敎出二於天一、其實具二於己一、三綱五常、日用當然之理、巨細精粗、至明至著、如二日月之繫レ天、山川之布一レ地也、是則所三以極レ天無一レ墜、而百姓日用而不レ知也、蓋知レ之者爲レ知、不レ知者爲レ愚、能レ之者爲レ賢、不レ能レ之者爲二不肖一、知レ之能レ之之至爲二聖人一、不レ知不レ能之至陷二禽獸一矣、是理也、前經舊典、綿綿歷々、固不レ待三區々淺陋等費二餘贅一矣、

辨云、此乃天道之自然、人道之當然、所三以萬代不易一者也、此理不二惟異邦之聖人發一レ之、而賢以爲レ止二異邦之聖人一、而片言不レ及二我邦之神聖一者、所レ謂日用而不レ知也、我邦之道、與二異邦之所レ謂繼レ天立レ極、大中至正者一、賢以爲レ有レ異者、只我邦爲レ無二四子六經之簡帙重大一也、其亦不レ講二日德一之過也、然世之博覽宏才不レ爲レ少、而知レ此者幾希矣、彼訓詁小道、固不レ足レ論、或雖下宗二孔子一學二朱子一者上、且於二是非眞妄之實一、不二明辨一レ之、則輙主二張井蛙之見一、或直阿二異邦一、或妄美二我邦一、相與侮罵擯斥、甚則至レ如二怨讎一、何夫意必之甚耶、

辨云、阿二異邦一者、與下妄美二我邦一者上、皆非也、而妄美二我邦一者其罪尠也、君子不レ知爲レ不レ知、今言三吾不レ阿吾不二妄美一、而專讀二異邦之書一、絕不レ講二我邦之書一、以三一不一レ接レ目爲二見識之高明一、是亦非二意必之甚一耶、以レ此觀レ之、則我邦之書、異邦之書、於二其當レ講者一、兼二講之一者、幾レ無二意必之私、自負一定之誇一也

夫道不レ可レ有三二道一、敎不レ可レ有三二方一、則豈爭二自他之雌雄一乎、惟唐虞三代之傳、鄹鄒有宋之學、則天人合一、體用一源、所レ謂建二於天地一而不レ悖、質二鬼神一而無レ疑、是乃天下之正道、天下之定理、至哉盛哉、若一毫異二於斯一者、皆誣レ天自私之術、非二異端一而何、非二邪法一而何、華而尊レ之、則固其所、而夷而尊レ之、則以レ夏變レ夷之賜、先王之澤所三以爲二無レ窮也、因レ是觀レ之、則千萬國之規、千萬歲之矩、決莫三可レ疑者一矣、然則無レ華無レ夷、王公皂隸不レ可レ不二尊仰一矣、

辨云、既曰二道無一レ二、敎無レ二、則不一レ可レ爭二自他之雌雄一、而賢槩排二斥我邦之道一、此亦自踐二其過一也、賢以レ此論二天竺南蠻韃靼一則當矣、若以レ此槩二論我邦之道一、則不孝不忠不信不義、其罪決不レ可レ遁、天地之一罪人也、世人往々讀レ書以反重二其過一者、可レ畏之甚也、不レ如レ無レ學也、夫我邦之道、天人唯一之正

統、日月之眞德、渾沌純粹、赫々明々、生二此邦一者、同蒙二其澤一、今不三惟不レ講二其說一、而反槩以二異端邪法一論レ之、嗟可レ嘆哉、文舍筆錄曰、宋大宗召二見奝然一、聞二其國王一姓傳繼、臣下皆世レ官、因歎息謂二宰相一曰、此島夷耳、乃世祚遐久、其臣亦繼襲不レ絕、此蓋古之道也、中國自二唐季之亂一、寓縣分裂、梁周五代、享歷尤促、大臣世冑、鮮二能嗣續一、朕雖三德慙二往聖一、常夙夜寅畏、講二求治本一、不二敢暇逸一、建二無レ窮之業一、垂二可レ久之範一、亦以爲二子孫之計一、使三大臣之後世襲二祿位一、此朕之心焉、垂加先生曰、大宗謂、中國唐季之亂、豈惟唐季哉、秦漢以下皆然也、推レ上而極言レ之、則庖犧氏沒、神農氏作、神農氏沒、黃帝堯舜氏作、湯武革レ命、若二我國寶祚天壤無レ窮之神勅、萬萬歷々焉、則六合之間、載籍之傳、譯說之通、所レ未二曾見聞一也云々、賢已生二我邦一、得レ免レ爲二異邦之天地一、易レ處革レ命之民一、然而於二國神深厚之恩一、恝不レ介レ意、吐二醜言一以非レ之、讀レ之至レ使二人流レ涕、夫君臣一壞革二天命一、人不レ知二其祖一、不レ敬二其先一、至二殷士膚敏將レ灌二於京一、殷士何面目至二此反覆一乎、忠孝兩闕、可レ思之甚也、且以レ夷稱二我邦一之誤、垂加先生丁寧訂レ之、如以レ夷稱レ之、則是以二己身一爲二禽獸一也、於レ是不三少用二其意一者、非二小失一、請痛加二究察一、

予嘗有レ志二於此學一、而資稟暗昧、未レ得二錙銖釐毛之驗一、是吾憂也、然所レ希非レ記非レ詞、只要レ識二我經術關鍵緊要端的一而已矣、蓋修レ己治レ人之方、我道已全備焉、則何他求之有乎哉、

辨云、其論二學術一之志、可レ謂レ善矣、然如二前論一至レ使二人流レ涕者、何能有二治レ人之望一乎、又言下我道已全備、不上レ假二他求一者、賢可レ用二頂門一針一之病處也、夫執下不レ假二他求一之學上、而此方或至レ用二湯武之權一、則不レ忍レ言之之甚也、如二平日一不レ知二此邦之道一、而祭二鬼神一則瀆二鬼神一、神怒不レ可レ測、不レ講二此邦之道一而治レ人、則人忘二其本一、反覆不レ可レ測、毒二國家一也決矣、宜二深慮レ之也、所レ謂經術關鍵緊要端的、果何用乎、且異邦之聖人、所レ未レ發者數多、而我國言鄉談、相傳親切、簡約明白、決不レ可レ不レ學者也、

我黨有下習二合儒神一者上、予未レ窮二其旨一、則固無下可二妄議一之理上、竊意其道或有二髣髴者一、不レ如二吾道之宏濶廣

大一也、彼道或不レ倚二四子六經一、而自足、則非二吾所一レ知矣、彼秘與閉匿之敎、雖二一不一レ得二其傳一、而道之公共、豈有二一家之私一乎、彼道實與二我道一契、則固無レ言焉、如不レ同則非レ道矣、非レ敎矣、

辨云、神道自神道、儒道自儒道、而有二自然之妙契一、今言レ習二合神儒一者非也、我邦之神聖、異邦之聖賢、未下始與二天地一不上レ同、是以自有二妙契一爾、其地其時固不レ同、不レ用二相俟而後立一レ敎、故神書不レ倚二四子六經一、而其道其敎已赫然、故講二神書一者、獨說二神書一而足、不レ俟レ習二合之一也、賢言下實與二我道一契、則固無上レ言焉、此何等之言乎、如下我邦之道與二異邦之道一妙契符合上、則必先二我邦一、後二異邦一、相輔相明而可也、今言下雖レ曰二假令同一、獨學二異邦之道一而足上者、則其偏執爲二何如一乎、上古神道之盛、遍布廣施、中葉舍人親王、著二日本紀三十卷一、以布二天下一、何隱之有、神代卷則其首卷也、中臣祓則律令格式之始、而自二上古一歷々傳來、人讀家誦、後世胡佛盛行、動則習二合之一、故傳二神書一者、重二其說一秘二其旨一、固非二一家之私一、其他隨二學者淺深一、敎不レ躐レ等者、儒書亦然、雖レ然朝廷之規模、宮社之祭典、存二舊章一者、顯然可レ見二其大綱一、只不レ說二與欺妄不信之徒一而已、賢於二國史大典一、不三少用二其力一、殊不レ可レ曉爾、

夫學之要在レ知二至善之所一レ在也、所下以深探二聖經一而窮中其理上也、

辛卯仲呂日

辨云、知二至善一之說、的當不レ可二移易一也、大學之道未レ有下不二格物一而知二至善一者上、我邦自有下神聖之道、天人唯一之敎上、王道神道書文歷々焉、今既爲二我邦之人一、且吾垂加先生、發揮親切、興レ廢續レ舊、賢既信二其所レ傳之儒學一、至二神道一則不レ學レ之、而直曰レ欲下探二聖經一知中至善上者、於二格物之說一早相悖、深以爲二不審一、其亦不レ見二鼻端一、學不二親切一之過也、宜二深考一レ之云、

正德元年辛卯九月二十一日

重垣翁源安崇敬辨之、

一儒者熟二復辨論一數日曰、伏讀二辨批一、更無レ所レ開二口舌一也、然有二未レ安者一、夫聖賢所三以爲二聖賢一、全在二忠與一レ孝、今若二辨批一、則湯武之爲二聖人一、亦皆乖二忠孝之大義一、孔子憲二章之一亦非也、而四書六經皆爲二無用之

言一、未レ得ニ曉然發一レ蒙、
安崇曰、不レ然也、窮レ經最難、不ニ亦可一乎、孔子曰、泰伯其可レ謂ニ至德一而已矣、又曰、周之德其可レ謂ニ至德一而已矣、均稱ニ至德一之際、自有ニ次序一也、於レ是可レ觀ニ其微旨一也、故又曰、謂レ武盡レ美未レ盡レ善也、又曰、伯夷叔齊求レ仁而得レ仁、且作ニ春秋一以寓ニ王法一、朱門有レ問曰、有ニ微子之賢一可レ立、先生顰レ眉、蔡九峯承ニ其統一、亦曰、堯舜父子之衰也、湯武君臣之缺也、此聖賢相傳之密旨、精蘊之所レ存也、惟彼邦自ニ五帝建一レ國以來、盛衰不レ一、易レ姓受レ命、汚俗濁習、一肇不レ止、其來尙矣、雖レ有ニ數聖迭興一、終不レ革レ命則不レ措、吁痛哉、孔子之爲ニ大聖一、朱子之爲ニ亞聖一、精蘊之可レ觀、只在ニ微意之存一也、以レ此觀レ之、則使三孔朱生ニ我邦一、則賤ニ革命之權一也決矣、讀ニ四書六經一者、果識レ之則明ニ忠孝之大義一、得ニ聖賢之至情一、能益ニ其身一、能益ニ其國一、可レ謂ニ善讀レ之者一矣、非ニ神國之德化一、而其誰能知ニ革命之非一乎、垂加先生之於ニ儒書一、發揮親切之妙、其淵源可ニ從而知一也、賢其深思レ之、一儒者默然曰、退深體ニ究之一也、

辛卯十月日　　安崇謹書

垂加先生於ニ神儒之道一、洞究ニ精蘊一、從遊私淑之士、各充ニ其量一者甚衆焉、世之宗ニ孔朱一者、亦莫下不レ信ニ先生之經術淵源一者上也、然至ニ於神道之說一、則非ニ惟不一レ信レ之、却嘲レ之者亦有也、夫一心無ニ二用一、斯人而有ニ斯學一、又奚疑、彼議ニ神道一嘲ニ先生一、如ニ蘐園隨筆一者、噫甚哉、其實昧ニ于神道一、而妄議レ之、疎ニ格致之學一、爲ニ無稽之言一、非ニ眞有レ所レ見者一也、故以ニ蘐園隨筆辨一、幷和漢問答一、附ニ文集之後一、著ニ明先生之學未一レ可ニ輒議一云レ爾、

正德乙未季秋日　　友部安崇

右神道問答一名和漢問答一册、原藤塚鹽亭謄本也、以東京帝國圖書館藏本令書寫一校了、明治四十四年八月二十四日、

神道問答終

神道初傳口授

垂加靈社曰、道者大日孁貴之道也、而教者猿田彦大神之所レ導也、

垂加靈社は、山崎敬義先生のことなり、會津故左中將正之卿の賓師にて、伊勢流の神道を正之卿へ傳へ玉ふ、正之卿は元より吉田卜部の傳へ、神籬磐坂の極祕までを、吉川惟足翁を使にて、吉田兼連卿より許されたまふ、其傳へを又正之卿、惟足翁よりして垂加翁へ傳へ玉ひ、伊勢吉田合せて大成し玉ふ、正之卿は土津《ハニツ》明神と祭り、會津に御宮あり、垂加靈社は京の下御靈社內に祭奉る、

神道と申すは、天照大神の道なれば、大日孁貴の道と云、道主貴の道と申ても同じ事也、貴とは天が下を治めたもちたまふを云、天津日と全く御一體にて、天が下を治めさせ玉ふ也、然れば神の道と申すは、日の御德を仰ぎ學ぶことなり、目當とする所、天津日にてまします、天地とても、日の出玉はんとて、あの如く開け玉ふなり、異國の道とのちがひめは、根元爰にあり、それ故日德をよく辨へて、是に叶ふ樣にと學べば、冥加を得て、萬善を身に持、一身より家國天下まで皆脩り整ひ、太平の化に叶ことなり、其日德と申すは、第一に神璽、寶劍、內侍所の三種の御寶に備り玉ふ、神道脩行は三種を目當とし、祓祈禱も此を目當とすれば、必其驗あることなり、さて其日德に叶はんとねがはゞ、猿田彦大神を祈り奉れとのことなり、此神は愼みの神なり、土金の神とも申奉る、導の神とも申す、導は滿引にて潮の指引の如くに、人を指引教へ玉ふことなり、伊勢の書に、此神の神德數々載てあり、御宮は石壇にて、內宮の瑞垣の際に立せ玉ふ、天地も人も唯一のことゆへ、國土の土金しまるほど、日月の光り精明にならせ玉ふ、人も身を愼めば心の日德明になることなり、よつて土金の傳と云を受て脩行すれば、心身しまり神やどり玉ふことなり、土金は愼みなり、天地も愼みにて立玉へば、人體もとより土金に非れば、心身を持くづして立ぬことなり、不敬不直の者へは、日月の光り移り玉はず、それを根の國に入と云て、甚きらふ事なり、日月の御分體の光り吾

心身にましますを護立奉るが神道の脩行なれば、かりにも利害の心出、又は名聞つくろひの心出、道を脇にするは心を穢すなり、丹き心になれば禍を轉じて福となし、神慮の御惠みを蒙ることなり、

大織冠鎌足公曰、我神道以二天地一爲二書籍一、以二日月一爲二證明一、

大織冠は、今の太政大臣の如し、此神道は天人唯一なるものと云ことなり、儒書などにては、天人合一と立て、唯一とは云はず、唯一とは天人べつたりと一つと云ことなり、それゆへ天の事を以て人のことを説き、人のことを以て天を説き、べつたりくくとかはり無と立玉ふなり、世上では佛法の雜らぬを唯一と覺へたるは、淺はかなることなり、それは云にも不レ及ことなり、書物とては天地が直に書物也、神は目に見へぬといへども、證據證明の驗は、卽ち毎日國土を照させ玉ふ、日月は人目に仰ぎ形にふれて、明白實正の神體なり、天地を書物とは何ぞと云へば、つくくと看よ、渾沌の誠は直に天地のまゝなり、寒暑陰陽時をたがへず、一草一木までも筋を取ちがへ、種を取ちがゆることなく、花咲實のり、水は必潤し、火は必燥かし、晝夜の長短、分度の違ことなく、萬代不易の誠は、直に書物なり、其誠其神體は、元より我身に御鎭座ましくて唯一なれば、土金の脩行忘怠るまじきことなり、

託宣曰、日月巡二四方一、雖二六合遠照須止一、實波照二正直乃頂遠一、

是は大神宮の御託宣なり、一面に國土を照し玉ふ日月にましませども、泥水には影の移らぬが證據なり、鴨の長明、天の安河の傳を受て知たる故に、石川やせみの小川の淸ければ月も流れを尋てぞすむと讀たり、水すむゆへに月やどり玉ふとの意なり、物を乾すにも横に日のあたる所は干ず、正直の頭より外は神やどり玉はず、正直と云は別に傳書あり、毛頭私意作爲なく本心のまゝなるを正直と云、正直ほど神の好ませ玉ふことはなし、

又曰、神垂以二祈禱一爲レ先、冥加以二正直一爲レ本利、

神の垂とは、神の御惠みの下ることなり、神は惠ませ玉へども、人の方より祈らぬ者には便なし、ねぎごとは祈り也、祈る心は誠なれば、神の惠がしでかかり下ることなり、冥加とは、神慮を冥と云、神慮

に叶ことなり、正直にさへあれば神慮に合との意なり、垂冊靈社と云も、此文字を用玉ふ、神垂祈禱冥加正直の八字を一生是を守て忒まじとの御誓もあり、さて北野天神の御歌に、祈らずとても神や守らんと讀玉ふを、會津の土津靈神説せ玉ひて、祈らば猶更守り玉はんと宣ふ、可レ尊ことなり、◎信哉云、予亦嘗て此歌をかく解したり、固より如レ此なるべし、世俗はあしく讀て、祈らずにすむと云は、甚心得そこなひたるもの也、

日本姫命曰、左乃物乎右爾不レ移、右乃物遣左爾不レ移、左レ左右レ右、萬事無レ違志旦、大神爾仕奉禮、

日本姫命と申すは、垂仁天皇の皇女にて、伊勢の齋宮に立せ玉ひ、雄略天皇の時まで五百餘歳御長壽にて、兩宮の伊勢へ御鎭座も、此命の御一代に成就ならしめ玉ふ、左り右とは日本禮儀の始めなり、伊弉諾尊伊弉冊尊、御柱を巡り玉ふより、男神は左より巡り、女神は右より巡り玉ひて、大八洲成就まします、日月の運行も、日は東より巡り始玉ふは、左より旋也、月は西より巡り始玉ふは、右より旋る也、此巡り違はせ玉はぬゆへ、四時行れ萬物成就す、よつて神拜も亦上を拜するにも、左右左を笏又は扇を以て振ることなり、日は左り、月は右なり、君と親とは左なり、臣と子とは右なり、左の手に持たる物を右へ移しかへず、右の手に持たる物を左へうつしかへずとは、日月を尊び、君臣の道を守り父子、兄弟、夫婦、朋友まで、上下順を守り、かりにも逆にならぬやうにと、正直の道を守ることを不レ移と云、此左右を萬事にとりちがへず勤るが、乃大神宮への御奉公にて、御恩を報ずると云ものなり、

五部書曰、心乃天地乃本基、元レ元本レ本、人乃天下之神物也、莫レ傷二心神一、

五部書とは、神藏十二部の内の五部にて、禁河の書と申して、宮川より外へ出さぬと云、伊勢の重き書なり、心は人の心なり、人の心は天御中主尊の正統より受て、天地の靈なる日月のやどらせ玉ふ物なれば、天地の本基なり、元と云も本と云も、天御中主尊にてまします、其大元の神を忘れ奉らず、汚し奉らぬは、元めを元めとし、本を本とするなり、元レ元入二元初一、本レ本任二本心一とも出てあり、元來天人唯一の神道なれば、尊二天神一信心さへあれば、元

めの初にも叶ひ、本の心にも叶ふことなり、人は萬物の中の神つ物なれば、心に天御中主尊舍らせ玉ふからは、黒き心出れば神を汚すことなり、黒き心を以て、此至て尊き天神を汚し奉らぬやうに、清く心を持てとの御敎なり、正直清淨へ立反れば、汚し奉ることなし、

忌部正通曰、古語大道而假㆓辭於嬰兒㆒求㆓心於神聖㆒

忌部は氏、正通は名なり、神代卷の註を初て作られたる人なり、嬰兒はみどり子なり、みどり子の詞は淺くきこゆれども、極めて正直なるもの也、丁ど和訓を漢字や梵語から看れば淺く見ゆれども、道の尊き神聖の御心は、中々外國の漢字、梵語の及ぶ所にあらず、外國の文字渡り、こびたる音をきゝ、却て神國の詞、和訓の尊きことを知らぬゆへ、其惑を開けとのことなり、

託宣曰、人乃受㆓金神之性㆒、須㆑守㆓渾沌之始㆒、故則敬㆑神態、以㆓清淨㆒爲㆑先、謂從㆑正式爲㆓清淨㆒、隨㆑惡以爲㆓不淨㆒、惡者不淨之物、鬼神所㆑惡也、

天神七代の終りに、面足、惶根尊と申し奉るは、土金成就の神にて、愼みの神德也、天地の成就も、人の成就も、此惶根尊の御德也、そこを人に金の神の性さなごを受たるとは申也、第六天神とも申奉る、元來此神より受て人となりたれば、其大元渾沌の始なれば、此神德を守り、愼みを成就せよとのことなり、守ると云こと脩行の肝要なり、渾沌の始に、一點の穢も無れば、神をいやまふしわざ第一に清くせよとのことなり、然るに清めのことには心得ちがへのあることなり、よつて神代紀に、中の瀨の祓と云ことあり、清めとて每日湯水を浴、身の垢をすりみがくことにてはなし、其子細を述玉はんとて、謂とはの玉ふなり、清淨とは、正き道に從のことなり、けがれとは、惡き道へつき隨ふを云、何ほど身を洗ひ垢をみがきても、放心して人欲氣偏に引さるれば、大なる穢れなり、其心では神慮に叶はぬことなれば、清めの心得を取ちがへぬやうにとの敎也、

右の外覺へて守るべき神語數々ありといへども、先づ此に載たる語を熟讀して、そらに覺へ味ひて、さて三種大祓、光りの祓、土金の傳を初に受て學ぶべしとの傳來なり、穴賢、

伴部八重垣翁識

右神道初傳口授壹册、以東京帝國圖書館本令謄寫一校畢、明治四十四年九月十二日、

神道初傳口授終

神道大意

おそれある御事なれども、神道のあらましを申奉らば、水をひとつ汲といふとも、水には水の神靈がましますゆへ、あれあそこに水の神罔象女様が御座被レ成て、あだおろそかにならぬ事とおもひ、火をひとつ燈すといふとも、あれあそこに火の神軻遇突智様が御座なさるゝゆへ、大事のこととおもひ、わづかに木一本用ゆるも、句々廼馳様の御座なさるゝもの、草一本でも草野姫様が御座被レ成ものをと、何に付角に付、觸るゝ處、まじわる處、あれあそこに在ますと、戴きたてまつり、崇めたてまつり、やれ大事とをそれつゝしむが神道にて、かういふなりが則常住の功夫ともなりたるものなり、まづさしあたり面々の身よりいへば、子たるものには、親に孝なれど天の神より下し賜ふ魂を、不孝にならぬやうに、臣たるものは、忠なれど下し賜ふ魂を、不忠にならぬやうに、どこからどこまでも、けがしあなどらぬやうに、もちそこなわぬやうに、この天の神の賜物をいたゞき切て、つゝしみ

守ることなり、これを經學でいへば、理といふことなるが、それを神樣の詑度上に御座なされて、其命をうけ、其御魂を賜わりて、一物一物形をなすゆへ、内外表裏のへだてなく、いつわらうやうも、あざむこうやうも、けがしあなどらうやう、そこなひやぶらうやうもなきこと丶、詑度あがめ奉つりて、敬み守が神道の敎なり、志をたつるといふても、此五尺のからだのつゞく間のみではなひ、形氣は衰へうが斃うが、あの天の神より下し賜はる御玉を、どこまでも忠孝の御玉と守り立て、天の神に復命して、八百萬の神の下座に列り、君上を護り奉り、國家を鎭むる靈神と成に至るまでと、ずんと立とをす事なり、さるによりて死生存亡のとんじやくはなき事なり、若も此大事の御玉ものをもち崩して、不孝不忠となせば、生ても死ても天地無窮の間其罪不レ可レ逃なり、孔孟程朱の敎も、かう云事なれど、風土おなじからぬゆへ、通事を中にたて、こまかにいひまはさねば、切におもはれぬなり、道は神道、君は神孫、國は神國といふも、抑天地開闢の初、諾册二尊、天の神の詔をうけ、瓊矛を傳へ、此大八洲に天降玉ひて、かの瓊矛を詑度八洲の眞中にさしたて天柱となし給ひ、二尊その柱を旋らせられ、共にちぎりて天下をしろしめす珍の御子を御出生と詑度祈念し思召誠の御心より、日の神御出生ならせられ、二尊かの天柱をもて、日神を天上に送り擧たてまつりて、御位に即させ給ふより、天下萬世無窮の君臣上下の位足りて、さて日の神の御所作は、但父母の命をつ丶しみ守らせられ、天神地祇を齋祭て、寶祚の無窮、天下萬姓の安穩なるやうにと祈らせ玉ふより外の御心なし、神皇一體といふも是なり、祭政一理といふも是なり、あなたを補佐被レ成、諸臣諸將も、上樣のかう思食みことのりを受て宣るより外なふして、兒屋太玉命の宗源を司どらせらる丶といふは、その綱領なり、神祇官が八省の根本となりて、天下萬事の政これより出るといふも是なり、禁秘御抄に、凡禁中の作法、先二神事一後二他事一、旦暮敬神之叡慮無二懈怠一とあるは、こ丶の大事を記させ給へり、是より推ていへば、諸臣諸將は申に及ばず、天下の蒼生までも上の法令を敬守て、背きたてまつらぬやうに、天地神明の冥慮おそれたつとびて、あなどりけがす事なければ、おきもなをさず、面々分工の祭政一理といふもの、神道、神孫、神國とは、まづかういふ事なり、苦しき事は、上古神祖の敎を尊び守らせ給はぬゆへと見へては、上はおそれあれば申奉らぬ御事ながら、下へ流の風俗、唐のみ讀て、却て我國の意はしらず、浮屠は信じて、却て神明は尊びたてまつらず、かの君上を大切になし奉り、冥慮をおそるゝやうなるしほらしき心は、殆どむなしくなりたり、誠に可レ哀事ならずや、しかれども天地開闢以來今日に至まで、君も臣も神の裔かわらせ玉はず、上古の故實もなをのこりて、伊勢神宮を初穂をもて祭らせ玉はぬ內は、上樣に穀をめしあげ玉はぬの、伊勢奉幣、賀茂祭の時は、上樣も圓座にましますの、僧尼は神事にいむなどの類あり、されば末の世といふて、我と身をいやしむべからず、天地も古の天地なり、日月の照監も今にあらたなれば、面々の黑心を祓淸め、常々幽には神明を崇め祭り、明には君上を敬ひ奉り、人をいつくしび物をそこなわず、萬事すゞめたがふことなければ、おのれ一箇の日本魂は、失墜せぬといふものなり、餘所を見て怨みとがむる事なく、たゞ我志のつたなき事を責め、我心身のたゞしからぬ事のみをうれひ、冥加を禱りてあらためなをすべし、惣じて神道をかたるは、ひらたうやすらかにいふがよきなり、忌部の正通の、辯を嬰兒にかりて、心を神聖にもとむといへるが是なり、あのあさはかにあたなひやうなる中に、きつう面白うまひ意味がある、理屈らしひ事を甚だきらふ事なり、經學も本法はかうあるべけれども、儒者のしらぬぞきのごくなる、孔孟程朱の書をとくと熟讀し得るものは、定て此旨をしるべし、

若林先生述作

右若林强齋著神道大意一卷、以豫州宇和島宇和津彥神社 社司毛山正辰所藏本令謄寫、一校畢、

神道大意 終

神道學則日本魂

蓼倉精舍文雄撰

天成地定、陰陽造化、陶運轉轂、不以古今殊其態、不以遐邇易其則、而吾邦毋宇宙能比其盛焉、宜矣哉神國神道之名稱、特存諸風俗也、譬諸形體、如方寸神靈統屬于全軀也、耳目於視聽、支口於言動、各致其用、施其材、莫弗總攝於此矣、斯吾大祖國常立尊、所以建於天地樞紐、居於四極綱紀、而出群拔華、跨八紘越六合、獨擅其美矣、或曰、國常立尊、造化大元之靈、而伊弉諾尊、伊弉冊尊、氣化人體之神、而國藉直繫之宸極命脉焉、安知其出想像臆度之見、而非杜撰孟浪之妄也、曰在昔尊、始鑄皇極、天統不承、一姓以傳無窮、與日月同照、極天罔墜、此自非國常立尊之所統、天地精靈之所鍾、曷以得之哉、

右一則

道在天下也、無處不到、無時不然、亘古今而不變、放四海而有準、然至於造太中至誠之極、盡仁義中庸之蘊、特吾邦中臣之道爲然焉、唐虞之隆、事業雖可見、文章雖可觀、禪讓之擧、醞釀倫理泯絶之禍、馴致綱常淪斁之災、湯武之世、治迹雖可稱、風化雖可嘉、革命之擧、造天綱解紐之厄、揚地維脫結之變、邪說之魁、暴行之首、孰大焉、而堯舜湯武、藹然自得、驩然以爲、天地位焉、萬物育焉、後世解之爲權、奉之爲道、孔孟之明、程朱之智、狃於舊聞、牽於意見、不得爲之弗眩焉、遂至於謂仁熟義精之極、臣弑其君、父廢其子、莫往弗中庸矣、世之可駭者、豈有過於是哉、浮屠絶仁義、廢禮樂、樹其教、彼以其害倫理綱常、斥之爲邪說、毀之爲暴行、然其要在中庸、而曁乎其所謂造中庸之極焉、則爲弑君廢子、亡害其爲道、其手段雖異、及其滅彝倫、廢大典、未嘗不同也、若夫謂禪讓革命之擧、在堯舜湯武則可矣、不然則不免戕害之罪也、浮屠輩必言、接足于親首、入寂滅之域、乃可矣、不然則不免亂賊之咎也、彼以之容其爲可矣哉、彼亦知害其綱常也、予則謂、以入其域應其時可其爲可、則何不可之有、要之以其遐陬荒壤、偏氣方智故、顚倒錯亂至于斯而已、固莫損其天地之靈、神明之祚、猶人受痾也、不

レ害二其元陽一、則四支痿蹇、耳目聾盲、無レ損二其軀命一矣、故予敎三學者讀二六經語孟之書一、則以下充二博學洽聞之資一、知中艸木鳥獸之名上爲レ期、勿レ費二力於其蘊一者、爲レ是故也、

右二則

或曰、中庸也者、盡二理義之至一、究二條理之要一之謂、禪讓放伐、順レ天應レ人之擧、而盡レ仁極レ義之至矣、何以二國脈長短、寶圖沿革一論爲、曰天地既成、日月星象不レ違二其行一、寒暑温涼不レ後二其時一、艸木鳥獸不レ改二其操一、寶器一定、王子皇孫不レ革二其位一、臣庶黎民不レ失二其職一、萬古之前復如レ此、萬古之後亦如レ此、斯之謂レ中、斯之謂レ庸、與下夫堯舜設レ敎之國、簒弑爲レ常、反復無レ耻、穹二廬明堂一、左二衽黼黻一、以レ華變二於夷一而已者上不二啻霄壤一、腐儒以三天步少屬二艱險一、措二議其間一者、莽曹之徒、而固已不レ容レ誅矣、從二事於道一者、淺識局量、膠レ柱守レ株、無レ見二于斯一、往々不レ免二巫祝之陋一矣、可二勝嘆一哉、弟令儒生釋徒異端殊道之頑、村甿野夫賈販奴隷之愚、悃々欵々祈二國祚之永命一、護二紫極之靖鎭一者、此謂二之日本魂一、予所二以呶々然如レ此其不一レ已者、實懼二日本魂之敎不一レ著也、非レ好レ辯也、學者諒レ諸、

右三則

附錄

學則問答

問曰、夫天旋り地定り、日月星辰、寒暑温涼、時をたがへず行はるゝは、皆鬼神の妙用に非るなし、然れば西土天竺も皆鬼神の妙用をなす國なれば、いづれか神國に非るなし、其道なれば何れか神道に非るなし、然るを我が國のみ神國と覺へ、我が國の道のみ神道と心得たるは僻言に非ずや、

對曰、不レ然、夫天地はもと一物、天は氣にして地外を包み、地は質にして天中に凝る、其形圓かにして、萬國一かたまりの土也、其高きは山となり、くぼかなるは海川となり、四方上下もなく、東西南北もなく、たゞ面向不背の玉の如し、然れば土あつて物を生ずる所、皆陰陽二氣にむせ出されざるなければ、萬國往として神明の妙用をなさゞる國なし、

然れども是を近ふ身にたとふれば、手足耳目、四肢百骸の如く、みな一心神明の妙用にして、心持んと欲すれば手持ち、心往んと欲すれば足ゆき、心見んと欲すれば目見、心きかんと欲すれば耳聽く、是皆一心神明のはたらき也、然れども手足鼻口に神明あるに非ず、神明は方寸膻中に鎭り玉ひて、其妙用は四肢百骸にあり、すれば萬國も亦然り、西土天竺、皆手足鼻口の如し、春は花さき、秋は實る、是則天地の全躰主宰まします國常立の妙用にして、國常立は萬國の中で、人の方寸膻中の如くなる國に、じつと鎭り玉ひて、萬國の用を爲し玉ふ、其萬國の爲に方寸膻中にあたる國が我國也、故に特に我國を神國と云ふ、西土の書にも帝都を神州と名くる如し、然れば其國常立より御血脉を受つぎ玉ひて出させられたる二尊の建て玉ひし道なる故に、道を神道と云て、とりもなほさず國常立の道なり、其二尊の生んで天位をさづけ玉ふ日神の御子孫なれば、わけて天君を神孫と仰ぎ奉る、神國、神道、神孫と云ふこと然り、

問曰、國常立は造化也、二尊は氣化人躰也、造化の國常立より、人躰の二尊へ御血脉の續くとは如何、

對曰、萬國其始は、人は云に不レ及、禽獸艸木、皆國常立より生れたれば、いづれが國常立の血脉でないものはなけれども、それは皆とばしりと云もの也、實に國常立の道を身に全ふ備へて、土金至極より生れ玉ふ物は二尊の外なし、西土に聖人ありといへども、堯舜父子之衰、湯武君臣之缺、是皆國常立の全德に非る證文也、二尊の御作業を見べし、磤馭盧島に氣化し玉ひて、男神は左より旋り、女神は右より旋り、日月と等く八洲をめぐりて、國土山川を定め、日月土金に誓て四神を生み、土地の眞中を選て皇居を立、造化の眞木眞柱を立て、以て天位を日神に奉り、萬世無窮に其統を垂れ玉ふて、今日は申すに不レ及、天地と無レ窮、天津日嗣の隆へましますこと、これ二尊の國常立より受繼玉し御血脉正統たること異儀なし、こゝを以て御血脉の旨をしるべし、

問曰、西土の聖々相傳ふる中庸の道を以て論ずれば、其道理の曲尺に合ふを正統とす、日本の如く血脉は續いても、道理が續ねば、正統と云に不レ足、それで堯

の舜に讓るも、血脈を主とせず、湯武の桀紂を放伐するも、則順天應人にして、君臣名分のことに疵なし、皆聖人が天地のわたもちなれば、これを以て天に繼て極を立ると云、

對曰、此說大に非也、天に繼ぐとは、天の家督を繼ぐこと、極を立るとは、人倫忠孝のぎり〳〵の處の道理を立て、天下の標的とす、夫堯舜之禪讓、湯武之放伐を天命と云ふは、何を證文にすることぞ、今日聖人を除、常人にても見るべし、子の意には愚でも、親はいとをしゝ、臣の身では昏ふても、君が大切なり、それになんぞや、我子をさしをいて歷山の土俗を天位に昇すこと、父子の問（◎間カ）甚たのもしげなし、舜も亦己れ土俗たることを忘れて、天位の尊きを踐み、我ものがほに四海を保ち、堯の子息を取立て後見する所存のなきは、一點の私意がなしとはいはれぬ、我國の道よりみれば賊子と云もの也。然れども是はまた揖讓もあれば、少は殊勝也、湯武に至ては、一向天君をひづめて、勿論其同姓一族の賢者をも取立てず、自ら帝位に即て四海を治る、是天命をかこつけ、位を竊める亂臣也、然れば聖人といへども、皆日本魂から見れば亂賊の棟領也、只我國は、昏ふても天君は天君と仰ぎ戴き奉り、愚でも宗領を宗領とたつるを比蕃呂岐の道とす、若臣子たるもの、君父を不是とさくものあらば、聖人とも賢人とも云ひ難きは勿論、常人にも非ず、一向に從頭亂賊と云て、竹鋸をあつるが日本の道也、それを聖人なれば、他人に讓ても主を弑しても、外の者のするとは各別で、天からするも同前じやと云ことぞなれば、釋氏が雪山より出て、淨飯王の頭上に足を接へしも、常人なれば無禮なれども、佛になりたれば各別じやと云樣なもの、西土ぎりにしてしまへば其通り、日本の如く君父名分明かなる道ある國にて、箇樣な紛らはしき事をとくは、則面のかはりたる異端也、異端とは君父の眞味眞實を主にせず、何やら日用を離れて、あそこに一つ道があるの悟るのと有難がるを云、旣に釋氏の敎然り、聖人の敎は日用平生の實學といへども、學問が長じて、とんと聖人になりて、湯武の樣な事躰の塲に居るときは、何時天命ごかしにせうやらしれぬゆへ、是も日用常行を云ひ立てにする異端也、勿論釋氏

なども、父母恩受經など、云て、日用を主にとけることもあれば、澤山そうに異端々々と辨ずる儒者が、反ていやらしいぞ、若し我國にて西土の學をするものは、只文字通用の爲と思ふべし、かれが説く所の義理は、皆中庸が至極にして、中庸と云ものは皆日用平生を主にして、つまる處は聖人の中和を致して、天地位し萬物育る身になれば、禪讓革命も變なりの中庸じやと、つめねばならぬ、あの樣な道は、我國では道とは云はぬ、我國中臣の道と申すは、中は君の事、臣は臣下萬民のこと、開闢以來君は眞中に立ち玉ひて、北極の如し、臣下萬民は衆星の如く、北極をとりまいて、くるり〳〵と旋るなりに彼紫微宮に朝する、是天一度開けて、南北極の動かざるは、天地の樞軸なればなり、君臣一度開けて、吾天君の位かわらざるは、萬國の統御れなばなり、是をしらぬ神道者は、巫厄祝覡同前、是を辟言と云儒者は、王莽曹操も同じこと、又異端といへども、此君を尊んで寶祚長久を祈り奉る者は、反て我國の一物也、只明けても暮れても君は千世ませ千代ませと祝し奉るより外、我國に生れし人の魂はなき筈也、吾常に此道に志す人に、只此の日本魂を失ひ玉ふなと、ひたすらに教るは此の故也、

刊二蓼倉先生學則一跋

蓼倉先生作二學則一、蓋志レ道者、此其所レ由乎、敬長不佞、亦幸得二與聞一、乃不二敢私一、刊傳二之四方一、其書三節、且答問一篇、亦先生與レ人論レ之者、附以刻云、

享保癸丑冬十月　三好敬長謹跋

京松原通麩屋町西へ入丁
書肆　谷口七老兵衞版

右神道學則日本魂並附錄學則問答壹册、以平出氏鏗二郎所藏本、書寫校合畢、明治四十四年九月廿七日、

神道學則日本魂終

神道

孝德紀曰、惟神者、謂下隨二神道一亦自有中神道上也、萬葉集云、葦原水穗國者、神在隨事擧不レ爲國、桓武紀曰、神道難レ誣、○談苑曰、日本國中專奉二神道一多二祠廟一、

今按、我神人自下國二於天地一、有中與立上焉、啓二造化倫理之微一、明二天人一致之妙一、神皇一體、以同レ殿、以共レ床、祭政一訓、乃主レ祭、乃執レ政、聖子神孫、繼々承々、則二天地一以御二宇內一、崇二神化一以布二敎令一、故謂二之神道一、林羅山曰、神道乃王道也、神道明辨曰、日本之道者、寔開國自然之道也、其言二神道一也、出二于用明孝德二帝紀一、非二易所レ謂神道一、神國雖有二儒佛名一之後、以二神皇所一レ行、稱二之神道一、別二諸儒佛一神代之人道、使人世之神道也、然而王事應緊、祭政難レ參、宰臣祠官遂分、以二同宗一殊二其職一、文武天皇詔曰、藤原朝臣所レ賜之姓、宜レ令二其子不比等承一レ之、但意美麻呂等者、緣レ供二神事一、宜レ復二舊姓一焉、

名法要集大織冠曰、吾唯一神道者、以二天地一爲二書籍一、以二日月一爲二證明一、口訣曰、萬物文字也、天地書卷也、

垂加翁曰、道貫二天人一、是謂二唯一一矣、謂レ不レ混二儒佛一爲二唯一一者甚非也、孝德紀曰、天覆地載、帝道唯一、又曰、神代卷有二專言レ天者一、有二專語レ人者一、以レ人談レ天、以レ天話レ人者亦有レ之、以明二天人唯一之道一、今按、嘗開二之冊一、曰、造化妙合至不測、故示以二人事一、人心之明德尤難レ見、故曉以二天日一、熒惑互錯綜之妙筆、讀者更宜二推知一焉、○草木子曰、春秋言二人事一、易言二天道一、天人之道一也、

橘諸兄公謂、厚二於道一、故施二諸物一、不レ施二諸物一、則薄二於道一矣、澁川氏謂、我國以レ言教者鮮矣、只法立而下自習服耳、

今按、此書類因レ物曉レ道、皆深切著明之訓、無下一涉二于空理一者上、故首曰三天地之中生二一物一、蓋物外無レ道、道外無レ物也、松下氏曰、我神國以二神道一設レ敎、以二神器一象レ道、欲二其常接レ目警レ心、而不レ至二忽忘一也、講述抄曰、古云於二言上一會得者淺、於二象上一會得者深、

垂加翁曰、道則大日孁貴之道、而敎則猿田彥神之敎也、學レ道者敬思焉、

今按、夫大者天地、其次君臣、道云敎云、豈有レ他哉、天孫降二臨日向一、而基二無窮皇圖一、衢神豫到二伊勢一、而結二萬歲幽契一、其在レ茲乎、嗚呼、自レ非下深浴二日德一妙味中土金上、則其誰能發二此言一矣、

鎭座傳記曰、謂神道之化、不レ可レ示三以非二其人一也、後漢書、傳二與其人一、註其人謂二好レ學者一也、

今按、秘而傳レ之、於レ古有レ之、蓋欲レ傳二之其人一也、苟非二其人一、則道不二虛行一矣、應神帝秘レ道之事、見二八幡宮緣起、舊事大成經等一、

垂加翁曰、唯授一人之法、異端曲藝輩往々言レ之、而謂三吾神道亦有二此說一者、可レ笑之甚也、惟憂二知者之不レ多、傳者之不レ廣耳、山本氏曰、若使下神道果秘事、以二明示一人爲上レ非、則舍人親王著二神代卷書一、以

詔二天下後世一者、甚爲レ悖レ道、其可乎哉、

垂加翁曰、吾神道四焉、造化、氣化、身化、心化、造化心化無形也、氣化身化有體也、此學二神代一者、所レ當レ知也、玉木翁謂、造化神乃日月草木國土山川之靈、氣化神乃二五之精妙合而化生者、身化神乃男女構レ精以胎化者、心化神乃神人有レ事所二感而凝一之靈、共奉二封之一同稱爲レ神也、

今按、凡神人有二此四品一、而立二此目一者昉二乎翁一、而本二乎古傳一、苟知二其要一、則四化一化耳、造化氣化身化西土之書多言レ之、周禮疏云、鳩化爲レ鷹之類、皆身在而心化、與二我書所一レ言異矣、

右神道一篇、谷川士清著日本書紀通證首卷所載也、其所引文者、各以原書比校了、明治四十四年九月、

神道 終

日本學則序

鴻濛之世、人文未レ開、世質民淳、結繩之約、足三以傳二天下信一矣、正直之言、足三以守二萬民德一矣、日神德暉明彩、穆々巍々、仰觀俯察、登二馭八紘一、立二人極於大八洲一焉、是以皇統綿々、歷二乎百億萬歲一、而鎭常悠久、黎庶正直、歌二於市一抃二於野一、皡々如熙々焉、是所下以度二越於萬國一爲中君子國上者、自不レ俟下勒二諸金石一播中諸歌頌上矣、所レ謂正直之訓則神道、而上自二峻宇彫墻搢紳太夫一、下至二篳門閨竇厮役賤夫一、莫レ不四啐二面盎三背日神正直之訓一矣、應神帝御宇、儒書濫二觴於此一、欽明帝馭㝢、佛籍輻二輳於此一、況有下蘇我氏之亂甚二乎秦政焚坑之厄一者上矣、爾後海內不レ左二祖于儒一、則入二于佛一、不レ鑽二仰于佛一、則歸二于儒一、神道日漸衰矣、當世昇平百年、人文大開、閭閻闤闠、講レ道論レ文、道學性理之精、綜繪詞藻之華、殺青日新、靑衿滿レ市、識下國則神國、道則神道、人則神民、而神道可上レ本者、視二十一於千百一、尙不レ饜焉、雖下道明二蠶絲一、義辨二牛毛一、老儒生文制二鱷魚一、詩哭二關帝一大手筆上、不レ知下土金渾沌之人生日用親

切敎、而日本開國有レ道有レ學、適涉ニ獵神代卷一者、亦至ニ其生レ山生レ川事一、則爲下神異捜神之荒唐虚誕、捕レ風繫レ影之談上、總付ニ之烏有一、不レ識下未生伊弉諾伊弉册是以ニ天地一爲ニ二尊一、已生伊弉諾伊弉册、是人體二尊、天人唯一之妙上矣、或以ニ其在一六國史中一、只爲下馬遷史記不レ立ニ傳紀信一、温公通鑑歸ニ統阿瞞一、涇渭不レ分、薰蕕滾淆之史上、不レ覺下上世無爲、事則道、道則事、而垂拱治平、眞比屋可レ封之皇化上矣、是猶レ謂下吾親不レ文、鄰家親文學ニ漢以前一、詩不レ下ニ大歷一、文華可レ愛、孝則出而孝中隣家親上、本末倒施、冠履易レ處、嗚呼非下可ニ大息一之尤上乎哉、是欲余忘ニ固陋一、捃ニ摭前修格言一爲ニ學則一、地無ニ和漢一、道無ニ古今一、實天下公論、而孔子春秋内レ華外レ夷大旨、其此之謂也與、其此之謂也與、

延享丁卯之冬

浪華　上月丹藏信敬撰

日本學則

神名秘書曰、日本云者、大日孁貴治國也、故號ニ大日本國一也、

大織冠曰、吾唯一神道者、以ニ天地一爲ニ書籍一、以ニ日月一爲ニ證明一、兼延名法要集

忌部志古武智曰、天地之體土也、性金也、故久堅之天、荒金之地也、八箇祝詞

忌部正通曰、古語大道、而譬假ニ嬰兒一、心求ニ神聖一、神代卷口訣

北畠准后親房卿曰、此國則神國、若違ニ於神道一、則一日不レ可レ戴ニ日月一、元々集下同

又曰、渾沌未レ分處、立レ心者大象也、苟得ニ其道一、則先ニ天地一主ニ造化一、我國自ニ神代一此道炳焉、全非レ關ニ内外之典籍一、

垂加靈社曰、道者大日孁貴之道、而敎者猿田彥神之敎也、

信敬謂、道者君臣相厚、父子相親、夫婦相貞、兄弟相和、朋友相實、或目不レ視ニ諸不淨一、身不レ行ニ諸

邪惡ニ之謂也、敎者土金渾沌祓除三種祓中臣祓三科祓等、脩ニ太神之道一之術也、

又曰、我神道四焉、造化氣化身化心化、造化心化無レ形也、氣化身化有レ體也、此學ニ神代一者所レ當レ知也、

信敬謂、造化者謂ニ天地陰陽山川草木之神一、國常立尊大山祇命速秋津日命之類、氣化者謂ニ陰陽五行妙合、初而化ニ生人體一、伊弉諾尊伊弉冊尊之類、身化者謂ニ人體生ニ人體一、天照太神素戔嗚尊之類、心化者謂丙以四如下諸冊ニ一尊天照太神上、至尊所ニ深感ニ其心一、而奉乙神號甲、底筒男中筒男田心姬湍津姬之類也、

又曰、夫我神道宗源在ニ于土金一、而其傳悉備ニ於神代卷一、

又曰、伊勢太神宮儀式序原夫神之爲レ物、初不レ有ニ此名此字一也、其惟妙不レ測者、爲ニ陰陽五行之主一、而萬物萬化莫レ不ニ由レ此出一焉、是故自然發ニ於人聲一、然後有ニ此名此字一也、日本紀所レ謂國常立尊者、乃尊奉號レ之也、國狹槌尊者、水神之號也、豐斟渟尊者、火神之號也、遲土煑尊沙土煑尊者、木神之號也、大戶之道尊大苫邊尊者、金神之號也、面足尊惶根尊者、土神之號也、蓋神一而隨レ化稱レ之也耳矣、然水火之神各奉ニ一尊號一、所ニ以分ニ陰陽一也、木金土神各奉ニ二尊號一、所ニ以折ニ陽中陰陰中陽一也、一而二、二而五、五而萬、萬而一、無方之體、無窮之用、不ニ亦妙一乎、伊弉諾尊伊弉冊尊、繼レ神立レ柱、始行ニ夫婦之道一、生ニ天照皇太神一、賜ニ皇孫瓊瓊杵尊、八坂瓊曲玉八咫鏡天叢雲劒三種寶物一、爲ニ此國之主一、因勅曰、是吾子孫可レ王之地也、宜ニ爾就而治一焉、行矣、寶祚之隆、當下與ニ天壤一無上レ窮者也、是王道之元也、太神手持ニ寶鏡一祝レ之曰、視ニ此寶鏡一、當レ猶レ視レ吾、可ニ與同レ床共レ殿、以爲ニ齋鏡一、復勅ニ天兒屋根命天太玉命一、同侍ニ殿內一、善爲ニ防護一、是神道之祖也、

又曰、夫我國神道傳來、唯一宗源之道、在ニ乎土金一、而土卽敬也、蓋土與レ敬倭訓相通、而天地之所ニ以位一、陰陽之所ニ以行一、人道之所ニ以立一、其妙旨備ニ于此訓一、

又土津靈神傳心錄土津靈神者會津國主、諱正之君、所レ著二程治教錄、玉山講義附錄行ニ于世一、碑曰、日本神代卷中臣祓者、我道傳授之書也、靈神學レ之得ニ吉田家之傳一、遡ニ五十鈴川之流一、神武向レ日之畏、應神秘レ道之敬、奉持而著ニ之心胸之間一、實弓兵政所崇道盡敬天皇以後一人耳、

春原民部太輔信直垂加翁門人、曰、學ニ神道一者、當下熟ニ讀玩ニ味神代卷神武紀一、次看ニ舊事紀古事記古語拾遺一羽中翼之上、

藤井懶齋名臧、諱季廉、號二懶齋一、學二于山崎氏一、初仕二筑後太守有馬侯一、稱二眞邊仲庵一、山崎氏答書見二于大家商量集一、睡餘錄曰、山崎氏曰、上略若孔孟之徒來二寇吾邦一、吾鋒何避二孔孟之徒一乎哉、即此是義也、

信敬謂、此有レ故假借之語也、雖レ非下實學二孔孟一徒、妄犯二人國一者上、恐乙近世學術隱晦、異言蠭出、遠二於君臣父子之實一、徒事二雕蟲篆刻絺章繪句一、道云學云、則只爲二異國事而已一矣、而不レ識下吾國開闢無窮、有中神皇神道在上者多、其流弊不甲レ可レ測也、若夫宋朝之亡、因下君相士太夫講二和議一之弊上矣、雖下朱子窮レ力、上奏二之於君一、下告中之臣上、爲二處士大言一、其議不レ用、是孔子春秋之學不レ明、職此之由也、如二吾邦弘安中、胡元入寇、神風鏖レ賊、則自二人倫綱彝之常一、至二鬼神來格之幽一、至貴至靈、固非三言語文字可二以罄一矣、不レ學則已、學焉則必主二盟神道一、識下御柱鎭二護天祚萬歲之固一、土金綱中紀人倫日用之實上、而後學二四子六經詩賦文章一、乃可レ謂二實學一矣、異二於斯一、饒使德隣二於顏曾一、而若二紅爐上雪一、若レ受二一貫衣鉢一、文齊二於班馬一、而操レ觚賦二兩都一、裁レ詩爲下白雪調上、若周孔有レ靈焉、則揮二涕乎九天之上一矣、噫、

谷重遠稱二丹三郎一、學二于山崎氏一、土佐人、所レ著有二神代卷中臣祓鹽土傳、土佐國式社考、王臣傳論抄、俗說贅辨一、行二于世一、答二中村儒士一書曰、重遠啓、前日不下以二徒步之勞、風雨之凄一爲上レ可レ病、惠然顧二我境野一、意愛深厚、感謝曷已、幸爲二兩日之欵一、而菜蔬鮭鱔之供、尙爾不レ能レ滿レ意、愧恨萬々、不レ可レ解レ心也、向所レ承君臣之論、鋒穎森然、不レ可二嚮邇一、而盃酒歌詠之餘、不レ能レ窮二其辨一、蓋不三止高明爲二是說一、世儒往々唱而和レ之、僕竊病焉、嘗不二自揆一、欲三論究以歸二于一一、是今謹布呈、幸反二復之一、天照太神賜二天津彥彥火瓊瓊杵尊、八坂瓊曲玉及八咫鏡草薙劒三種寶物一、又以二天兒屋命太玉命天鈿女命石凝姥命玉屋命凡五部神一使二配侍一焉、因敕二皇孫一曰、葦原瑞穗國、是吾子孫可レ王之地也、宜二爾皇孫就而治一焉、行矣、寶祚之隆、當下與二天壤一無上レ窮者矣、是乃吾道之本原、而天地之所二以位一、君臣之所二以叙一、正在二乎此一、更千秋而萬歲、無三二道一者也、西土之立レ國也二一レ本焉、謂泰伯之去、夷齊之饑、事レ君無レ貳、是也、成湯之放、武王之伐、順レ天應レ人、亦是也、天下豈有二兩是一哉、非レ二一レ本而何、夫爲レ子死レ孝、爲レ臣死レ忠、爲レ婦死レ貞、此三者則天地之經、亘レ古亘レ今、攧撲不レ破者也、然而西土獨有二臣殺レ君之道一何耶、其立レ國之本原如レ此、宜乎末流之弊、簒弑相蹤、至二歲易一

主也、西土之爲レ國、有三湯武之大聖既爲二放伐之始一、孟子之大賢復爲祖二述之一、則儒者紛々、有下不レ得レ已之論上、亦必到之勢也、獨恠我朝之人、生二乎君君臣臣、忠厚誠篤、數萬載之邦一、何苦乃信二外國二レ本之說一、天步少不レ若レ古、輙名以二衰周一、攘臂抗論、欲下擬二諸國一以中齊梁上、悍然不レ顧下其天誅神罸之爲中何物上也、悲夫、莊子所レ言、以二詩禮一發レ冢者、於レ此乎驗矣、抑本朝神國也、從二天安河之古一距二平安城之今一、天照太神鎭常在二高天原一、明々赫々、臨二我斯人一、雖二天下之事萬起萬滅一、然天上之日輪未レ墜二于地一、人間之皇統不レ可二移動一、此皆一人相將、相與保守祕護、不二敢失墜一焉者、其豈卿野刻薄之儒所二得而窺一也哉、儒者之學可レ謂レ富矣、其所レ謂居敬窮理之訓、如二菽粟布帛之切レ身、顧今之學者、不二是之學一、而以二彼二レ本不レ得レ已之說一先焉、不レ食レ肉而喫二馬肝一、亦可レ笑也、前日所レ喩、傲言不祥、有下可二大駭一者上、夫本朝神明之統也、一レ本之國也、與下異邦之今日賣レ履、明日踐レ祚者上、不レ可二同レ年而語一、是以毫釐忽レ上者必罸、芥蔕譏レ君者必殃、可レ不レ敬乎、戯言出二於思一、願高明戒レ之、王文成詐僞欺罔、其跡炳如、陳東莞辨二晩年定論一者明矣、僕嘗謂、明朝之亡、由二乎王氏良知之遺毒一、人心恠僻之馴致、比二諸晉氏淸談之弊一加レ酷焉、考二於李贄藏書理學名臣之諸傳一可レ見、今不二悉論一也、別後不レ知做二何功夫一、此一大事、固不二卿々一、冀深志篤學、以副二初期一、此外世間之譽毀、斗升之沉浮、何足レ道耶、何足レ道、不宣、重遠再拜、

平野子和稱二源右衞門一、號二金華一、學二于荻生氏一、陸奧人、金華集行二于世一、南郭文集序曰、蓋吾先王肇闢二吾大東一、仰二於天文一、俯二於地理一、璿璣玉衡之所レ齊、四術五官之所レ設、悉皆靡レ假二諸寰外一、而敎化大施、治具皆備、穆々在レ上、明々在レ下、數千年之間、涵濡不レ遺、比屋可レ封、與下夫堯舜設レ敎之國、篡殺爲レ常、反覆無レ恥、穹二廬明堂一、左二衽黼黻一、以レ華變二於夷一而後已者上、天淵不レ啻、

信敬謂、使丁此人實知丙如下漢土儒二於道一、天竺佛中於道上、日本有乙神道甲、則必爲二吾道之柱石一矣、惜哉天之不レ假二年于斯人一矣、

山本復齋先生稱二原藏一、諱信義、攝州五百崎人、學二于淺見氏一、曰、夫我邦開闢之古、世質民淳、人文未レ備、故繼レ天立レ極、聖神因二天地自然妙用一、而敎二日用當レ行人道一、順二乎風氣之宜一立レ政、而不二先レ天以開レ人、謂二其道一曰二神道一、謂二其世一曰二神代一、天人唯一之敎、而與下夫異邦之古、伏羲時以二卜筮一

敎中民生日用上異域同情者也、然彼國則歷聖相繼作、文化浸開明、而其明レ道立レ敎、皆原二天命本然實理一、而敎二人倫綱常實用一、不レ離二下學之功一、而自得二上達之效一、天人一貫妙亦在二其中一矣、是以日用平常之道、粲然明備、不レ待三盡用二卜筮一焉、惟大事變故、難二以レ理明一者、以二卜筮一決レ之耳、若二我國一、則上古以來相傳要妙精微之道、雖レ存二乎神代中臣等書一、其言詞古奇幽邃、不レ由二于師傳一、則其指意歸趣、全然不レ可二領會一、且無下聖賢者出、以發二揮推三明其道一、就二日用平常上一而敎上人、雖レ有下略傳二得其旨一者上、或稱二神秘妙訣一、或曰二密傳口授一、自藏二其說一、不二敢顯然以見一レ人、是以至丙於遠二三綱五常、孝弟忠信、修レ己治レ人之實一、流裔之弊、陷下巫覡符章、鬼怪神奇、不レ可二窺測一之域上、其道與レ敎湮晦埋沒、使二人不レ知レ爲二何事一焉、若使下神道果秘事、以二明示一レ人爲上レ非、則與下異端邪說唯授二一人一術、欺レ己欺レ人、得二罪於罪人一者上何以異、而舍人親王著二神代卷書一、以詔二天下後世一者、甚爲レ悖レ道、其可乎哉、蓋自下上宮太子攝二天下之政一、制二十七條憲法一、其第二條立二篤敬二三寶一目上、令丙尊二信浮屠一、造乙作佛寺甲、邪說日盛、神道月衰、及二空海最澄徒出一、則創二神佛一致、本地垂跡妄說一、社祠之側建二寺觀一、以掠二奪靈地一、(如二日吉愛宕之類一、)寺觀之中置二社祠一、以託二鎭穢塲一、(如二三十番神之類一、)以二是姦術一、易二天下之心一、由レ是擧世靡然從レ之、無二貴賤一無二賢愚一、盡信二仰之一、上而朝庭歲時之中、行二齋會讀經灌佛之法一、下而鄕黨州閭之間、爲二家々朝夕拜趨之禮一、敎化陵夷既如レ彼、風俗之頹敗亦如レ此、是以雖下爲二吾神明學一者上、亦目慣耳熟、以爲二當然一、而未二曾爲一レ異也、慕二效彼眞言秘密之方一、作二爲此秘密傳授之法一、且以レ此爲二可レ居之奇貨一、終身不レ知二其非一也、吁可二醜耻一之尤、而邪說之行酷二乎洪水猛獸之害一者、於レ此乎信矣、近世垂加先生出而一二掃邪誕妖妄之說一、推二原上古以來相傳遺意一、議論辨訂、發明擴充、然後天人唯一之指、妙道精義之蘊、赫然昭著、然猶未レ說二破傳授秘密之誤一者、蓋以下神書說語似二淺近一、而理實深遠、苟非二其人一、漫相授受、則不三啻未レ曉二其意一、却誣讒輕訾、以爲二兒談戲論一、精微之說爲レ所上レ瀆、故姑仍二其舊一、爲二傳授秘訣一、不二妄見一レ人也已、如得二其人一、則必爲竭二盡底蘊一、以語レ之、未二嘗少隱一、豈若下妖巫贋僧之徒、竊秘授尊信、以成二其私一者上也哉、余之愚幸得レ聞二其梗概一焉、偶有レ所レ感、與二一二同志一講二其大意一、有下錄來請二緒正一

者上、輙采序ニ其顚末一、命曰ニ神路山講義一、蓋神路者天照太神鎭座之地、而道則太神之道也、是以敢名レ之云、神路山講義序

又曰、學ニ神道一者、當下熟ニ讀玩三味神代卷中臣祓神武紀等一、擴レ之以中伊勢五部書上、此書不下惟記ニ鎭坐之義一而已上、自有ニ精微蘊奧在一矣、

信敬謂、五部書者、御鎭坐次第記、御鎭坐傳記、御鎭坐本紀、寶基本紀、日本姫世記也、

右日本學則壹册、以流布版本令印刷了、明治辛亥九月二十四日、

日本學則 終

神學納涼問答

發端

やつがれが住侍る庵の、うしとらのすみに當りて、ふるき檜の木あり、いく年をへたるらん、枝葉しきかさなり、日影も雨ももらさぬばかりなり、夏のあつさをしのぐには、いとよろしき陰なれば、年々の夏は、夕まぐれよりこゝに來りてすゞむ、此夏も又かの陰をとひよりてすゞみけるが、ある夜月のあかき、空ふく風もことに涼しく、秋かとばかりおどろかれて、夜更るまで涼みけるに、たちまちにして一人の老女來りて、わがかたはらに座し、予を拜して國ぶりの傳へをうけむと、さま〳〵問ことあり、予もいぶかしくおもひながら、かの老女とよもすがら問答したることをしるして、後のかたり草とする物ならし、

老女問て云く、皇大御國は神の御國にしあれば、神の道にたがひて一日だも天津日月をいたゞくまじきい

はれなり、しかはあれども、其道びきを得ざれば、道も教もしることあたはず、いかにしてか學ぶべきや、又世の中に神學者流、其派さまぐ\あり、いづれをよしとしてか傳へをうけむや、ねがはくは其大すぢをだに示し給へ、答云、先師いへらく、道は日神の御道にして、敎は猿田彥大神の御敎なり、其道其敎を書紀にしるして後世に詔給ふは、藤森大神舍人親王これなり、されば其道も敎も日本書記にのせられてつばらなり、皇神の大御道を學ばんもの、此書紀を拜讀し、道ある人について其說をうけべし、まづ神代卷神武紀をうまく辨へ、しかして中臣禊詞、古事紀を學びて知べし、さても其書紀を學ぶに、其書紀のみよみて解るものにあらず、羽翼として見るべきふみは、舊事紀、古事記、古語拾遺、姓氏錄、和名抄等、猶ひろく續日本紀已下の國史、官牒、令式、萬葉集など、其外古記實錄をよみてそれを書紀にかへり本づけて見ざれば、師說を受たりとも、其實をうることあたはじ、しかあれど、右の古書どもを涉獵せんこと容易からず、こゝに於て、予わらはべの初學の爲に、是等をぬき出つゝ、日本書紀集說をつくれり、是を見てそが上にて師說を受べし、古事記、中臣禊詞も、やつがれが略註あれば、それを見て講義をきくべし、此四つをよくよく學つらば、道と敎は自ら明かなるべし、正親町一位公ののたまはく、國つ書をとくに、國史官牒の證文なきは用べからずと、然れば諸家さまぐ\の流派ありといへども、古記實錄に證明なく、あるは僞書などをもて小楯としていふものは、ひたすら用るにたらじ、神つ書學ぶに、なぞ流派あらんや、しかはあれど、神祭の式法などに至りては、其家々の流派あるべし、よくく\辨ふべし、又問て云、世に舊事紀、古事記、日本書紀を三部の本書といふ、又舊事紀、古事記は日本書紀よりは前に成ぬれば、書紀と並べ用てよろしきや、又外につばらなる見解もあることにや、答、三部本書と云名目、古書に見へず、たとへば天神七代、地神五代、一女三男などいふごとき俗稱なるべし、舊事紀はもと厩戶皇子と蘇我馬子の撰なれども、皇極天皇の御時、入鹿の亂にやけうせぬれば、今あるものは其殘餘なるに、何人か書紀、古事記、古語拾遺、姓氏錄をもて補ひつゞりけるものにて、それぐ\の文、明らかに見へ分斗なり、委くは予文段考、又饒速日命辨にいひぬ、國造本紀などには、撰者よりよほど後世の事出つれば、實錄ならぬは明らかなり、しかはあれども八百年ばかりにも成ぬべき書歟。當時學者舊事紀は僞書なりとす、いかにも厩戸皇子の作とは僞なれど、一部皆なき事を僞りしるしたりといふに非れば、よく撰みて用べし、何くれと混雜の書なれば見分つ事が專ら成べし、又誤もいとさはなり、かりそめにはのべつくしがたし、饒速日命の事などは、僞り作れるものなり、先輩其非を辨へざりしはいかにぞや、古事記は、稗田阿禮が口づからおぼえ居し先代舊辭を、太安麻呂に記さしめ給ふ書にして、眞實の書なり、古の假名、清濁、訓讀など、此書以て則とすべし、日本書紀を學べる人は、此古事記と合せ考へば、委曲なる旨を得べし、しかあるを、今の神學者流、古事記をうとくするはいかにぞや、世に三部といへども、日本書紀には並べ難くなん、只舊事古事の二部は、書紀の一書の意にて見べし、書紀は掛卷も畏き天皇の大御書の第一なれば、何の書かこれに抗べんや、又何の書かこれに增らめや、天が下に双なき書なれは、此外の書は皆これに横たはるものと知べし、

問云、當時人の言をきくに、古事記は書紀にも勝れたりとはいかに、答、そはあやまてり、舊事紀の事は前にいひぬ、古事記は實錄なれども、天神を重んじて皇祖を次とす、是君臣の系脉亂れたりと云べし、わが大御國は君臣を以て道を立、四倫は其中に統ぶ、儒の五倫を立ると同じからず、天御中主は天神なりといへども、其末裔は皆臣下たり、高皇産靈、神皇産靈是に同じ、然るを皇祖國常立尊より上にしるす、是君臣の亂れたるに非ずや、又大神降誕の御事を闕く、これらの類、元と口傳に出たるものゆゑ全からざる歟、事實の上に於ていはゞ書紀は三十卷あり、古事記は只三卷也、十か一にたらず、其上書紀は六國史の第一として、御代々朝廷講筵を開かせ給ふ、類聚國史、釋日本紀をみて知べし、古事記は國史と不レ立、朝家にて講述ありしことも不レ見不レ聞、何も事たらず、文章も備はらぬ書を以て、いかでか書紀の上に置べきや、しかるを又ある人の說に、古事記は古語のまゝの書なり、書紀は漢めきたる事以て飾りたる書なり、よりて書紀よりは古事記增れりと、按に神代の古語を漢土の文字を以て記させ給ふこそ親王の博識大才といふ

べけれ、漢めきたるをきらはゞ、宮殿の制より御即位、朝賀式、官服の狀まで、漢唐の禮をうつされたるはいかに、是外域の事を貴み用るにあらず、實意は大古の神意にして、漢唐の文物を以て莊餝とせる奪胎換骨と云べきものなり、これを不レ知して漫りに書紀をおとしめ、古事記のみ賞するは非也、又古事記を撰せられてわづか七年をへて書紀成ぬ、もし古事記正史にてあらば、わづかの年の後、又更に國史の撰あらんや、所詮古事記と書紀の優劣は、君臣の系脉の書法の正と不正とに在、漢めかしきと漢めかしからざるとの事には非ず、こゝをよく辨ふべし、

又問、古語拾遺、天書、其外古書に書紀と異なる説あるはいかに、　答、書紀を以て正説とし、他書は異説と立る事なり、何の書にまれ書紀に違へる事は皆採るべからず、伊勢五部書、忌部八箇祝詞、神令などいへるもの、「先輩皆用レ之、予はひたすらこれをとらず」、

又問、伊勢五部書は、垂加翁など專ら用られ、玉木正英をはじめ、世々の神學者流、皆々信用講習あり、しかるを先生其餘流にして、五部書を不レ用とは何言ぞ、

答、五部書は古書のまねしたるものなり、よく見れば僞物也、吉見先生の考に、伏見天皇永仁の頃、たれ人か漫りに作りしものなり、くはしき考はことものにあり、もし其書を信ぜば、日天子、月天子、輪王、龍王をはじめ、佛書の文字にてつゝまる所、佛菩薩をもつて神明の本地とし、兩宮を以て金胎兩部の大日とし、一つとして古意ならぬもの、元より國史に合はざれば、何ぞ信用せんや、垂加翁などのこれを用られしは、翁もと佛徒なり、それより儒に入、晩年又神に入故、いまだ其旨開明に及ばず神去ぬれば、是非に及ばぬ事歟、翁もし長壽ならば、五部書の僞書たることを見破して用られまじ、予も始の程是を信じて講せしが、近頃其非を知て不レ用、僞撰の證論、くはしき事は、吉見幸和先生の五部書説辨十二卷に在、忌部八箇祝詞は忌部色弗の作といふ、よく見れば文も意もいと後世の旨なり、古何ぞかゝるものあらんや、もし古の祝詞ならば、延喜祝詞式に載らるべきに、其無を以て僞をしるべし、又神令といふものあり、熟見るに古書のまねして後の物なり、又舊事玄義は沙門の作にして、五部書同意のものなり、それを垂加翁など尊み用られしはいかにぞや、さらに心得がたきことになん、

問、伊勢五部書の僞書たることは聞ぬ、其五部書を廢して、神宮の事實いづれの書にかある、答曰、延曆年中奏覽の兩宮儀式帳なり、いと正しきものにして、近來板行成ぬ、

又問、中臣禊詞に異本多し、いづれを用てよからんや、答、古文今文のわかち有、今文に三本ほど有、いづれも其家々の傳本なれば、さること成べし、其可否を論はんは益なし、予は延喜式の古文もて講習するなり、又世間に中臣祓とかくはひがごとなり、祓は行事の名、祓を行ふ時よむ祝詞なれば、祓詞といはでは不ㇾ通、予は古語拾遺に載せし所をとりて、中臣禊詞といふを用ゆ、

問、神代神武紀の注解、よの中に多有、先生いづれをかとり給ふ、答、書紀の注解は私記にしくものなし、これ朝廷講莚の筆記なる故なり、されど今は亡て釋日本紀の内に少し殘れるのみ、其他口訣、纂疏、直指抄、卜部抄、環翠抄、講述抄など、ふるきものなり、されども悉くは用られず、可ㇾ取所少づゝなり、そは旣に拔萃して集說に載置、其餘の註解多なれど云に不ㇾ足、近世大神重遠が鹽土傳いでゝ、人々信用す、其後谷鶯老人の藻鹽草行はれて、人々亦悅用、又通證成て全部の註も備りぬ、これらの書、予はとらず、如何となれば、まづ神世七代を造化無形とし、五行に配當し、陰陽消長の理說向上にして實なく、四化未生巳生の說、或は日運、三天、九道の傳、兩宮一光の理など、皆習合附會にして可ㇾ取物なし、書紀は帝王の御記錄なれば、正統の事實を專ら說べきに、そは外にして、宋儒の理屈の如く說なすこそをぢなけれ、垂加翁もとより朱學なり、それが國學にもうつりたる物歟、其流弊門葉支流に及びて、理屈神道となりける物ならし、鹽土傳、藻鹽草、通證、皆同意の書にて、其作者、たとへば水上に漂泊して足實地を踏ざる如くなり、いはんや、跡部良顯、岡田正利、友部安崇が類はいふにも不ㇾ足、古の假名字を不ㇾ知、古語の氏爾乎波も不ㇾ委して語釋するゆゑ、往々誤謬多なり、然はあれども、通證は少し假字を正しけると見えて、よき事もあり、いづれも五部書等の僞撰を信じける眼より、國常立尊、天御中主尊同躰異名の怪說、水中主、身中主などの訓うるさく、虛津彥、菊理媛、鹽土老翁の傳のいぶかしさ、倘さはなるべし、

問、しからば四化の傳も用られまじ、此傳を廢しては、諸神出生のわけ、何を以てことわるべけんや、答、四化と云名目、古記實錄に曾て見ゆることなし、就レ中心化と云事、わけて古意に非ず、荒魂和魂を生前に祭ることは、出雲國造神賀にみえたり、造化の神はあれども、造化斗をたてず、祭主を定め祭らせ給ふ、其祭主がすなはち同德同名なれば、無形にはあらず、氣化、胎化は常に聞馴たり、四化と云珍奇の名目をいはずとも、國史をよむに事かくべけんや、かへすがへすも心化といふこと、いふべきことに非ず、又未生已生の傳などいふ名目をたて、未生二尊は太陽太陰の精靈也、已生二尊はそが其儘天降り人と生れしなりと云は、佛者の三世を習合せる歟、わが邦の古にかかること有べきかは、天浮橋段、磤馭盧島までを未生とし、其次段より已生とす、其前段の解を聞けば、面足惶根尊にて土地成就せりと、然らば其成就したる土地が、たちまち滅却して滄海となり、其御子の二尊が、たちまち日月と變化して、國土をうみ、再開闢する歟、其說の胡論なる、何ぞ信用せんや、大祖國常立尊、人體神聖にして七代を經る、百物皆備るべし、何ぞ造化無形とせんや、予は最初六十五字の外は造化を不レ言、悉く人事にして、皇統の事實、百官職掌の根本を專らとして、假字を正し、語釋を詳にし、かりにも古意ならぬことを不レ言、歷代祭政の故實をとくをむねとする事とせり、故に玉籤集の類は不レ用、別に琢玉集を撰して、深志の門人に示す、そは見て可レ知、

問、造化理說を廢する時は、道も敎も自らうすく成べし、いかん、答、何ぞしかあるべきや、抑吾皇大御國は、大祖國常立尊人體にして、神聖七代を經て、天照太神始めて高天原に即位まします、此所天高市にして、天上とも、天原とも、又後世は雲ゐ、雲上とも申、畿內を虛空と云、それより外は葦原中國といひ、外域遠境を根國、底國といふ、瓊々杵尊、今の山陽道の邊に遷都あらんとの御催なりしが、猿田彥大神奏して日向國へ道引給ふて、自らは伊勢に鎭り給ふ、是敎の大原なり、神武天皇日向より起て、再び高天原の都を復し、橿原都を建給ひてより、代々大倭に都まし〳〵、延曆中今の都にうつりましぬ、日神の正統かはらず、君は君、臣は臣、分位嚴重にして、上を犯すものあることなし、君は三種寶物を以て此國民に臨御し、百官

は神籬磐坂の道を以て祭政を先じ、君を補佐し仕へ奉る、萬民は耕織の業怠らず、ひたすら君の永祚をいのり、太平を樂しむ、しるもしらぬもわが天皇を尊み崇めつかへたてまつる、これを神代に推せば、日神の光六合に充滿すと云べし、禮樂刑伐もとより神代よりおこれり、寶祚は常磐堅磐に與二天壤一無レ窮、あら大なる哉、隆んなる哉、是道と敎の要領なり、何ぞうすしといふべきや、又何ぞふくみもせぬ理を物毎に附會して敎とせんや、これらの旨幸和先生の神道大綱を見て知るべし、造化理說を專らとする時は、習合の災まぬかるべからず、

問、垂加翁、玉木正英、岡田正利、跡部良顯、友部安崇などの大人たちも、皆假字をしらずと、然れば其作書も悉く違へるや、　答、たがへり、近世別板の神代卷、神武卷、鼇頭舊事紀、古事記、四宮版古語拾遺、鹽土傳、藻鹽草、みな假字たがへり、通證と新刻の書紀は假字正し、中臣禊詞なども、俗間の本は假字皆違ふ、假字の事は、予著す假字用法辨、同類聚抄を見て知べし、

問、古事記は假字淸濁正しきものなりと、しかれば書紀と引合せ可レ讀歟、　答、可なり、かく有べきことなるを、古事記を熟々不レ讀からに、神代卷よみ誤ることさはなり、たとへば、國之常立《くにのとこだちの》尊をくにとこたちのみこと、天瓊矛《あまのぬほこ》をあまのとぼこ、磤馭盧島《おのごろしま》を、おのころじま、葦牙《あしかひ》をあしがひ、猿田彦《さるたびこ》を、さるだひこ、このたぐひなり、古事記を手本としてよめば違ひなし、書紀は正字を專らとす、古事記は假字を專とす、故兩書併せよむべし、

問、世の中に中臣禊詞の外、祓辭祝詞の數々あり、これにも先生の用給ふと用不レ給あるべし、いかん、

答、延喜祝詞式に不レ載者、後世の作なるべし、龜卜の詞を三種大祓などゝいふことも聞へたれども、かゝる事は神祇職の預る所なれば、予は是非を不レ言、

問、神拜に鈴をふり祓詞をよむは、ひがごとなり、いかん、　答、可なり、祓除は不祥を解除するの事なれば、神拜せんとするまへ修す、此時祓詞をよむ、尤中臣禊詞只一篇よむ、鈴は少納言の鈴奏と、內侍所御鈴の外は、古記に見及ばず、驛鈴などは格別の事なり、神拜社參は祓戶にて祓除畢、本社に到て兩段再拜、拍手斗なり、奉幣祝詞も勿論なり、本社にて祓詞をよ

み鈴をならすは、故實に不レ聞、近來のこと成べし、其外行事にも可レ論ことおほかれど、予講書は官許ありてこれをなせども、神事行法は預る所にあらざれば、口をつぐむと知べし、

問、神學者は倭歌をよまねばならぬといふ、いかん、

答、尤可なり、倭歌を學ざれば古歌がすめず、古歌がすめねば語意に不レ通ゆゑ、國史を解することあたはず、よりて神書を學ぶいとまには、萬葉集、古今集をはじめ、代々の古集をよみ、歌は當時の風の和歌をよみ習ふべし、又いとまあらば、職原抄、裝束抄等を見べし、尙いとまあらば、歷代の書をひろく見て、古今に通ずべし、それより物語類、双紙類、何にても古き書はよみて得る所あるべし、博雜は好む所にあらずといへども、弘くみる內に、本づく所さへ失はざれば益あらずと云事なし、かへすがへすも皇大御國の大御道は、日本書紀に詳なれば、書紀に眼を定めて、そが爲に他をも見るべしなどかたりあふ程に、八聲の鳥のうち驚かし、東雲のたなびく比になりぬれば、老女もいづちいにけん、かいくれて見えずなりにし、

文化九年六月十五日しるす　梅菊園主人

和田本奥書云

文化九年六月十五日　平高潔しるす

文政元年九月十日　源正盛寫

右神學納凉問答壹册、梅菊園主人小野高潔著也、以予所藏高潔自筆本爲底本、以知人和田氏英松所藏高潔門人蜂屋正盛謄寫本比校畢、

明治四十四年八月卅一日、

神學納凉問答終

神路手引草序

一圓相の眞銅は、御中主の形容にして、虛靈兼含の表、温順淳和の曲玉は、天照神の尊德、殺人活人の寶劔は、素盞雄の陽勇なり、是神人合一の陽、萬代不易の神道也、遠求て近く、近を探て遠し、不《シテ》レ可レ知しらば秘中の秘ならん、

十寸穗耶馬臺

神路の手引草卷上

植しうへば秋なき時や唉ざらん、花は散るともと、萬代につきぬためしをいはゐてぞ、九々の此日を重陽と祝く、殊に此月伊勢には、いともかしこき勅下り、いみじき祭事ありと、いとまなき身はおもへ共かなわず、心にまかする體もちながら、行てぬかづき奉らざらんは、日のもとに住む甲斐なしと、己と我をいさめて、奴一人に旅の調度からげもたせて、秋の日短しといへども、又さして急ぐべき道にもあらねば、便よき茶店にやすらひ、淸ら成芝生にいこゐて、山谷の秋づく色を目の及ぶだけながめ、野茂《のもせ》の虫の吟ずるに、耳のとゞくまでかたむけ、我より圓く向へば、さきに角立者なければ、しられず知らぬ遠近人をも伽にして、舊跡を指、名所をかたりゆくに、上る人あり、下る人有、逢ふ人、別るゝ人、しづかなる、いそがはしき、向應て世に匹如身なる廻國僧、同じ明衣に諸白髮の參宮人、又は駕に錦をかさねて全盛なる道者、汝に錢を乞て貧乏なる拔參り、羨しき境界、あはれむべき身のうへ、晝中泊る趣向は、一樹のかたかげになんぞ殘事有そふに、夜通し步行目算は、一河のながれに水へらさぬためか、きよきが上も淸むるは是の中の最、淸き中に濁有るもいゝのがれはのがるゝとぞ、よしあしともに太平の行客、あとへは一足も步ねば、都は遠く、神路は山のちかくみゆる所に、山を後にし、水を帶にして、ふるき松の苔むし、老たる杉の枝しげれる、いづれにゆへつきたる宮と見へたるが、いつよりか荒にあれて、榊桂は梟の寢床となり、萩薄

はきつねの臥場にして、信の頭をかたむくる參り人なければ、おきあまる露のみ散米に替り、仕へぬかづく宮司あらねば、葉にもる月ぞ常燈をかゝぐならん、木魂のひゞきにうそ氣味わろく、只ものすごく、名もしらぬ草のみ、人の肩をこして、いぶせげなる邊に、六十に三つ四つなんあまるかと見へし女の、身には絹布のわかちなき褌かけたれど、髪結形のさもしからで、どこともなく氣高きが、倒たる鳥居に尻かけて、さも怒々《のさく》とやすらひおれり、若もとがむる人あらば、小町が答もすべき骨長、白眼がちに世を見るけはひ、我弘法の問をなすべき器ならねど、天然礫に鳥をおとせし昔もあれば、不圖一句の下に久しき迷ひもはるゝ様しと、いかに老女、おことが尻かけたるは、辱も神化妙用の表門たる鳥居木にてはなきか、そこしりぞきて餘の所にいこひ候へ、老女神化妙用の表門とはうけ給はり候へ共、是ほどにくされはて、陰陽交合の通ひ木もなく、あめしもうくる笠木もうせて、只橋杭とこそ見へたれ、予たとへ埋れしはしぐひなりとも、長柄の名をばよもふまじ、まして神籬に立たる木、などかしるしのなかるべき、老女われも痩れし老木なれども、心裏し花のまだあれば、手向になどかならざらん、さて表門たるべきいはれはゐかに、予それ鳥居は皇孫降臨のはじめ、小蚰螢火の穴に栖み洞にやどりし荒振を、賎し拙しと祓除て、高知、堅木の磐根、常盤に威津立給ふ戸位《かたしろ》に、御舎地を太敷たてし印表にて、清濁別れし緣なり、老女有難し、陰中の陽地徳の素盞雄は、土生金の金徳にて、秋にかたどり、殺罰を主どり、陽中の陰照神は、句々廼智の木徳より火生長して夏を包、萬物繁茂を主りおはします、陽清本陰により、陰濁又陽に出づ、陰陽本には二つなく、あらわれては則二つなり、實本來一物なるときは、鳥居も尻もへだてなし、しからば立て有内が鳥居の陰陽わかれしかたち、倒て有は陰陽混雜なり、神明不測の極理、天地本分の域を探らば、鳥居なしとて神なからんや、鳥居のたつゆゑんは、神人躰別の緣なり、無色無形の所に、淨穢わかつ事なし、無色無形の神はうやまはずとて威の減事もなし、敬たればとて威のます事にもあらず、敬に威を增す神は、人躰形化の神の御事なり、しからば荒垣、瑞垣、玉垣より、忌竹注進にいたるまで、魏しく美《いみ》じからんこそ、神國の規摸なり、

榊木非㆓唐木㆒、明鏡亦天授なり、立たる鳥居は拜べし、こけたる鳥居は朽木なり、尻をかくるに何をはゞかるべき、

横になる幣には神の居坐ねばこけし鳥居ぞ尻の置座

又鳥居の鳥は、諫皷に驚ざる姿、二つのはしらは謗木のけがれざる形にして、聖代德君の世を御むる印なりと、此說鑿《いりほが》なる趣ながら、神を敬ひ君を尊の心よりぞ、かく心得たらんも道にそむかじ、又鳥居に入は死門、鳥居をいづるは生門として、陰陽の隱顯なりと、是義も捨べからず、さりながら深く探り厚く考へば、義は千差、理は萬別、云つくしかたりきはむる事かたし、只神代素質の門なりと見、それに椽からげ、横竹くゝりて、家とし棲となせし舊古の居宅の淳朴なるを、神代はかくと今にしるしおきて、神社に立ることゝろへるが鳥居の正說なり、あながち鳥は何ぞ、居はどうぞと、文字才覺は神代をしらぬ推智邪解なり、柱二本立て、上に棟の平なるが、鳥の居るに安らかならんと見立て、鳥居とぞ上代に云たるべき、能あらはれて見へがたく、ふかく隱れてよく見ゆる、是神秘也、又一人にあらはして萬人に隱し、萬人にしらせて一人に隱す、是神秘なり、畢竟秘すべき事の、秘すまじき事にて、道に志なく、神にうすからん人には、曾而事相の神道をしらすべからず、又傳にあらざる神道もなく、傳へられざる神道もなし、秘するも神道、秘せざるも神道、凡慮に及びなく、情識に解すべからず、

千木鰹木も  かくのごときは打ちがい木なり 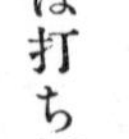 かくのごときはかため木なり、神代の二柱たてゝ、通木をとほし、それにちがい木を渡し、草をふきておさへのかため木を置たるなり、質素の家作りにして、それに木の枝の葉のしげりたるにて、幾重も見へすかず、風のいらざるやうにかこひし八重垣なり、外面はあら〳〵敷是荒垣也、内はうるはしければ玉垣なり、是に各陰陽の表事を、義解により理によそへて辨をつくれば、測がたきの玄妙を談ずべし、是等は學智の識情にして、自然の神化にあらず、又自然の神化の中に、陰陽の不測はこもりて有ものなれば、智辨ある者は智惠次第、辯才次第に、言勝なるべし、口にのせ、舌に囀るの分際は自然にあらず、自然は本なり、智解は

末なり、しかるを末の別たる異論の一偏に執して、本來法爾の直道をあやまる、恐るべし〱、

拍手、拍手も天竺には合掌を禮とし、支那は拱手を禮とし、我國は手を拍を禮とせるが、三國の俗風化と見へたり、左手右手は陰陽にして、拍て音あるが無より有を生ずる不測の虚靈なりなんどは、智解に落たる辯才なるべし、叶といふ字は十の指と口とあはする、言たる通りに物を究るとき手を打、是叶の字なりなんど、饒舌のはたらきなるべし、事代主の尊の、此國を皇孫へ任じ奉る時、手拍たまふぞ、末に傳へし萬物究の據ならん、

木綿、幣串なんども、往古は物を載する臺なし、竹、木を割て、それにはさみて捧たるなり、寸尺も社により宮により、大小長短時に變ずべし、只劔玉鏡の三つのみ、勇仁智の表徳にして、萬代不易の賜、神理秘妙の傳道なり、

まことに御舍を開し女ぞと、餉菓など饗て、何いふも詫宣聞心に、いぶかしき我人の迷ふ事どもたづね問、

そも〱根の國、底の國とは、何れの所をさすや、

答 陰濁の土地、萬物凝滯て、臭氣穢氣のあつまる所なり、人と生れて喜怒已發は、根底の國の起なり、卒爾にして說盡すべからず

高間原はいづれのところぞ、

大虚空なり、碧落地際すべて大虚空なり、萬物を載蓋て一としてとゞまらず、穢もすてず淨も取らず、捨ずとらずして清き所、清中の清にして、又清といふ名もなき高間原なり、人に有て一念未發の心識、陰陽不測の場、混沌未分清濁一元を强て名付て、高間の原といふ、

又今日陰陽別れての高間原は、陽中の陽、現に日月星辰を見る、天上の清地の高間が原なり、又陰中の陽の高間原は、天子より月卿雲客公武の尊貴は、高間が原なり、凡人にしては一身頭上の清地は、高間原なり、惣じていへば、天地人ともに高間原なり、別して論ずれば、天は高間が原、地は根底の國なり、人は根底、高間原を具したるなり、所によりて高間原のたてやうにちがひ有、神書を見る人一概に心得べからず、惣の中の別、別の上の惣をしらざれば、必まよふべし、口傳されども、

（天人／高間）（地／原）と、かくのごとく心得べし、別傳

高間原とさしていふ所もなく、又高間原ならざる所

もなし、天際地極は惣の高間原、別ていはゞ、塵濁の中にも高間原あり、又先の根底の國も准へてしるべし、今日訓し示すところは、天の淸陽なる所を高間原とし、地の濁隱を根底とし、人の中にもいともかしこき神種を繼せ給ふを高間原とし、鳥畜の片濁のかたちなるを根底と立て、人と生れて魂魄淸陽に修持する者は、高間原に生れ出て樂しむ、魂魄陰濁に滯溢する者は、根底におちて鬼畜に生るゝとおしへて、以て人の正直をすゝめ、誠をうしなはざらしむ、

高天原と指所ははかりなき九天なり、根底とさすはかぎりなき九地なり、此國はじまらざる先より、大中主の不測の靈魂に備へ持給ふ高天原、根底なり、國ひらけ世はじまりては、高は天、間は人界、原は地なり、高原の間に有る人に、高天淸陽の心、根底濁陰の心は包含で有、しかれば天上の日月星辰あきらかなるにくらべては、地下に立つ萬物は皆濁陰の根底なり、其陰陽根底に萬物あり、其萬物の中に、人は高間原なり、畜類石木は根底なり、其人の中に、天子諸侯卿太夫は高間原也、中人已下は根底なり、中人も又下々の人にくらべては高間原なり、下々の人も畜類草木にくらべては高間原なり、かくのごとく上より下は根底、下より上は高間原と見れば、高間原ならざる所もなく、根底ならぬ國もなし、小家の内にも、主關白は高間原、家來下人は根底、竈將軍は高間原、婢奴僕從は根底なり、男女に別は男は陽の高間原、女は陰の根底なり、形に取ては、腰より上は高間原、腰より下は根底なり、又根底の二つを男女に別れば根は男根、底は女根、國に取ては山は根なり、底は海なり、然れば今日和光の神の敎へは、萬人根底に落入らで、高間原をわすれざる樣にとの御事、一を守り、直にかくす事なくて、餝ず僞らず、有やうに貧なれば貧、福なれば福、分際相應のたのしみをなして、おもしろく目出度くらせば、其心天心にして高間原なり、其所の其身即神なり、分に過て衣食の奢あれば萬事たらず、足ざるを人に知られじと、かくしかざる心より僞り有、いつわりより盜、其ぬすみといふは、必手を出して人の物を剝うばふにはあらで、心にたくみ、口にいゝぬけして、他にはもつともおもはせて、底にぬすむなり、其報ひ必底の國に落べし、又手前福祐なる者も金銀にあかず、其金銀の減ことをかなしみ、まだ倍して〳〵と思

ふ中に、心のまゝならで幾度か損失出來、それを埋て又其上を倍してと思ふより、類親家僕にもからき目を見せ、其者どもの躾の爲とて、おのれさへ衣食に吝にして、貪虫の嗇名を呼るゝは、報ひ根底の國におつるなり、大様世の有様を考るに、費を思ひ一紙半錢も一粒一滴も大切にして、衣をかさねず箸をいたゞいて、此身をしづかにせず、躰をはたらき、朝夕利倍を工みて、一錢を君のごとく神のごとく敬ひ尊みし人は、自然と天德にかなひ、金銀潤澤に集る、彼大福長者の物語りに、正直にして約を固ふすと云へるは、おのれをまげず、天祿を尊む心なり、ぬれ手で粟をつかみ、石を抱て淵をとぶやう成大荷儲を好むものは、德有ば己に納め、損すれば人を倒思案なれば、邪智の謀計一旦の利有とも、いかんぞ子孫の榮あらん、二代目に辻謠、三代目に莚をかぶる者數千人ぞ、其うへ積惡の凝る所、性惡世悴を產出して、己が躰をわけし者を勘當し、果は先祖の系圖をうしない、家滅亡して、貯おきし金銀を、他人のものとする類又多し、

問天地氣化の神の外に、形化の神あれば、人間則神、神事則人事なるにあらずや、

老女のいはく然り、

問しからば形化の神は、尸を立て社におき奉りてぬかづくべしや、

老女のいはく勿論、

問神像を立るは、神を輕忽じ奉るとて、大に斥筋有、いかん、

老女の曰く、神像を立て輕忽じ奉る心そならばたてべからず、敬ふ心ますべくんば、立るに何の憚あらん佛法の中に祖師□□て、舎利をくだき、佛像を笑へども、しかも表には佛像をたて、寺塔を荘る、心外に法を立ざる宗風さへ、外相をすてず、考へ見るに、卓犖不羈にして、英雄群出の輩は、神像有は愚人の下機にしたがふと知るゆへ、それに拘事なし、生學半熟の類が、古人の糟に咁《ねぶ》りつきて、時機の應變をはからず、管をもつて天を見るなり、夫神像をたつるは、虛にして靈なり、一にして形なしといふ、本元不測の形をとることにはあらず、氏神產土神をはじめ、我國神となりて人道の始を立て、あらはれ給ふ神の御尸を畫にし、木に刻て、先祖をわすれざらしむる善巧なり、其上又虛靈の神は、天地を社とし、萬物を躰とするゆへ、一としてとゞまる形はなきぞ、天地遍滿の神は、一として形なければ、一として

名もなし、惣じて名付て神明といふ、氣化の形化と出るにおよんで、わかれて名あり、名は躰を呼にあらずや、躰なきに決定せば、神のわかれ名も呼べからず、國常立と申から、蘆茅の形容有にあらずや、兎を待のこゝろを捨て、何ぞ株を守る笑をなさんや、

（問）しからば家々に、祖神、産神を勸請しぬるつぐべし、おのづから裏屋借家のいさぎよからざる處に神形を置は、犯穢不淨にまみれたまふべし、すれば服忌の令格もすたり、淺間に落、敬心おのづから疎からん、

老女曰是又一槩に論じがたしとはいへども、和光の物を利し給ふに強て犯穢をへだて給はんや、盗賊の中にも正直のかうべ有、博奕の中にも誠は失なはず、誠あり、正直なる所、神の置座なり、いやしき赤土屋にも、親をやしなひ、主を仰ぐ恭敬あらざるべけんや、恭敬有所、神うつり居給ふ、しかれば分際相應の質素清淨あり、前にいふ處の根底高間原は、一微塵の中にもあれば、神はその清きにまします、たとへ玉階金樓なりとも、不信輕慢の室には、神はすませ給ふべからず、馴てしたしむ心に、敬ぬかづくときは、曾て不淨犯穢を忌べからず、といふとて不淨犯穢をくるしからずと思ふは、敬親にそむけて神のにくみあるべし、おそるべく、つゝしむべくして、親和をわするべからず、

問わけのぼる麓の道は多けれど、おなじ雲井の月にかわる事なし、儒佛はふもとの道なり、のぼりのぼりて、雲井の月は同じ、何をかさしてへだてん、是例の大づかまへなり、のぼり〳〵てとは、佛心をあきらめ、無明塵勞をすて、聖理にかなひて、格物致知する所なり、其佛聖の大圓鏡よりは、照す所至らざる事なし、釋迦も孔子も和朝に生れ給はゞ、日本流のしきしまの道の外は說宣給ふべからず、國により所にしたがふ應化利物なり、いよ〳〵日本にては、神の掟を守べし、天竺人の麓の道は佛法なり、支那の人のふもとの道は儒法なり、日本人の麓の道は神の道なり、日本人が支那の麓、天竺のふもとへ行は、まはり路なる事をしるべし、のぼり得たらば、鷲峯の月も西湖の玉兎も、此國の明石の波にうかみ走らん、或者子に世渡りをなすには、朝夙〳〵おきて身じまいし、其日其日の先にすべきこと後にすべき事を工夫してよとおしゆるに、其子こたへて、一升入る瓢は、大海に

ても一升といふ、親仁いかつて、それは瓢になつての事といゑり、思ひゐはすべし、

問 此ごろは神道者といへば、別に秡修行の規則有、八足の卓にむかひ、鈴をふり、錢切散米の供をなし、手搦をかけ、小忌衣を着し神祭りするを、神道者と世もつて思えり、いかん、

是祈禱師、祭主、宮司等の神社につかふまつる役人の職也、たとへば出家の袈裟は木綿だすき也、衣は小忌也、比丘、比丘尼等の七衆の出家是を着して、佛祖に向の行事方ぞ、俗男、俗女の預る事にあらず、俗男俗女は別に禮服有て、それぐ\に用ゆ、佛法は異國の法なるゆへに、それに隨順するしるしに、在家にも數珠をもたしめ、極信なるには、衣をゆるし袈裟をかけしめて、佛法歸服の相をあらはす、我國は神國にして、神代より上一人下萬民、着類衣服神製ならざる事なし、職により位によりて、上下品有事、見ぬ上代、しらぬ國、世のはじめ、千早振し袖より、君臣尊卑の別有事疑べからず、何ぞめづらしさうに、神道の衣服とて、常の衣服の外に用べけん、祭主、宮司は古法をまもり、神代に仕へし形をなすは、神社を守る職分なり、士農工商の人、是をまねて着するは道にあたらず、夫も己が所作を捨て神職に身を任する人ならば左も有べし、又神に志厚して、せめて神拜の内ばかりも、古代を慕ふ心になるべきとて、用る心あらば、奇特ともいふべし、我々職分々々のつたわりし衣服、則神道神制の衣服なり、此外に神の服有と思ふこそ道をしらぬ愚人なり、犢鼻褌二布も人作にして神制なりとしるべし、神人合一の理を習ひしらば、おのづから明なるべし、然るに神道者といふ者出來事は、儒者佛者の行狀を日本人がなし得て、國風それに狹まるにより、それに對して神道は加樣にすると立て見する成べし、衽を左にする者は右にして敎る也、我國に傳りし右まへなり、よく工夫すべし、支那に立拜するの法、手を拱の式あり、我國に用ひず、天竺に尊貴に向て、偏袒右肩とて右をかたぬぐ、我國にはかたぬぐを無禮とし、立はだかるを無躾とせり、かくのごとく國につたはりし格を、上代よりたがへず用ひ來るぞ風俗なり、伊勢に住吉に、平人の拍手打をとがむる事、左も有べき事ぞ、神職の業を平人はすべからず、平人は平人の格を用ゆるが神制なり、神道なり、神前神形に向ふ共、只兩手をつきて、頭を地に

付禮し奉るべし、

問身道心道眞道とはいかん、

身道は身におこなふなり、心道は心に修するなり、身に行ひ、心に修して眞の道にかなふ、身に行ふには儒法の禮格のはつきりとしたるを借り用べし、心を修するは佛法のおしへ細なるを借り用べし、しかれば儒佛は神道の用の一偏にして、兼含が神の道なり、又本より神制に隨ひ、正直素質ならば、眞道に入て神人合一を知りて、自然の神化にかなふ人は、儒佛を借用せずして儒格佛制にそむかず、是格をはづれて格に中る、一戒を持ずして萬戒をやぶらざる所なり、口授

問カミの訓はいかん、

カミと唱へ、上の字の時は恭敬の義なり、自性の本分儒に近し、尊貴の禮、

鑑と見るときは智覺にして佛に近し、智義の德、

鏡のときは虛靈の義にして儒佛兼含で眞道なり、

かゞみの中のにごりをのぞく事、淸陽の訓を尊む習ひ、

カミと訓ずる中に、尊貴、智德、自性共に包藏る事、神國の語脉絶妙なること、工夫すべし、

神路の手引草巻中

釋迦は梵語とて天竺の語、支那の文字に解合て見れば、則能仁の字義なり、すれば我國勾玉の仁なり、孔子の德も、聖の任なる者とは、我勾玉の曲妙なるにかなへり、陀羅尼を誦し、佛名を唱ふるも、思想を破り、情をやりて、仁に隨ふ法界の心、獨を愼も、神の照覽を恐るゝにして、私意を恣にせざる訓は、仁にもとづきて、天心に浴する外なし、我國の和歌に此德をすべ持事は、古今の序につまびらかなり、力をも入れずして天地をうごかし、目に見へぬ鬼神を哀とおもはするは、佛なり、聖なり、神心ならずや、中古俊成の卿、和歌を捨て佛道に入らんとねがひしを、住吉明神の、和歌の外に佛の法なしと告させ給ふ事、明恵上人の渡天をとゞめ給ひて、春日山に靈山會上をあらはし給ふは、我國の外に淨土もなく、神化にもれたる悟道もあらず、理をもつて論ずれば、陰陽不測の妙所、事によせては和光隨類の應化なり、有難も辱も、神化神國の妙用ぞかし、然るに神を語るの學者、隨類の應化

をはからず、至誠感格の理をのみ談じ、敬恭の禮のみかたりて、神をして俗をはなれ、凡を遠ざけしむ、事理は神車の兩輪、體用は神鳥の兩翼なり、車に一輪かけ、鳥に片羽を殺で、いかんぞ神の道行るべき、凡愚下賤を救こそ、三國の通化也、理より事にわかち、體より用にくだきて、進退顯隱自在にして、智に向ひ愚を誘ふこそ、神通とも神變ともいふべきを、智に向て愚をすて、高きにとゞまりて卑を救はずんば、神局にして神通にあらず、神一にして神變に非ず、其變ずるものよりしては、佛とも聖とも、蛇とも狐とも、草とも木とも、男とも女とも、機に臨て影を向ひ給ふなれば、福をねがへば福を與へ、祿を願へば祿をさづけ、よき男をねがへばよき男を給ひ、よき女をねがへばよき女を給ふ、壽乞も病患も、無實の讒も中天の難も、失物のありかも、欠落者の居所も、妬の釘も、咒詛の人形も、謂ありて受入給ふぞ通にして局なき神、變にしてとゞまらざる神の妙化妙術、其神のひらきし國なるゆへ、餘所の國の人作を撰で、神國とはいふぞ、人國にも非ず佛國にもあらず、神の國なり〳〵、日月の惠は明らかにして迷ふ事なけれ共、盲者の杖をたのむは、杖の先に明らかなるをもとむ、天の照覽を知るほどの者こそ、獨を愼むおそれは有り、愚者は眼前の賞罰なくては、いかんぞ高く遠き天德にもとづくべき、それがために降臨應化の神を、村々所々に立て、以て人の信敬を增しめ、それより誘て天德の惠みを知らしむ、此人道にも一天の君は高く、將軍家は是につぐ、下賤の情をしろしめさんがため、御史觀察有て、下の情を受紀給ふにあらずや、其御史觀察の賞罰は、天子將軍の命ずる神璽寶劒內侍所なり、是天德の神より隨類の神出て、世を救民をおしゆるの法ぞ、牢獄刑殺の拷器は、罪を恐れしむるの謀なり、罪なく科なく天德にしたがふ者にもちゆる具にはあらず、やむことなくして民の愚を敎ゆる器なり、神人合一の神化をしらば、隨類の神を立て愚盲を救こそ、天德の命にかなふべきを、一槩に理處の心地にかたよりて、いかでは下類の樂欲に向ふべき、是により觀音地藏、聖天庚申なんど立て、欲に向ひ願に從がふ、兩部に落入者のみ多く、唯一宗源の神訓に、下機は一向にもとづかず、故に神社は次第に佛事に變ず、其病根を探らずして、外療にのみかゝはりて、佛僧の繁花をにくんで、宋儒の僻理に括られ、無形無色の神理を談ず、全く本朝形化の神慮にあらず、日本人の魂を以て、異端を砕く心ぞならば、佛制儒格ともにもちゆべからず、

天に繼て極を立るといふ事は、無極の無より、大極の有の出るにあらずや、是皇天に代て人皇出て、無形無色より色形を生じて、人を掟、民をおしゆ、聖智佛眼に至り至りては、本無に契によりて、罪を天に得つれば祈るに所なしと知り、法も何すつべしといふ、是有色有形より、本無に修し得るの語なり、庸愚の凡俗を訓すにあらず、然るを偏智黠才の分をはからず、識了分別に落して、此語を以て、己得たり貌に、賢愚のわかちなく訓さとすによりて、耳の利、口のかしこきは、大道を識得たりとほこつき、凡愚をあなどりかろしむ、半熟の管見ども、井蛙の樂みにかたむきて、大海の幽遠をしらず、修して至り、行じて得べきの道を、巣立の雀が羽いまだと〻なはずして、枝より落、階子を用ひずして心を屋上にのぼせて、身のあやまち有ん事をはからず、空壁に向ても神、大虚に對しても神なんど〻、入魂をたよりに囀こそ、鼠の唧々、鳩の啌々なり、まづ一に止るの形をとり、有相の極を修し得て、以て無極の無相にいたるべし、

天上より神の降臨の事、或物識の書に、神は雪雨なんどのごとく、空より降べきにあらずと、件いわれて半熟の學智有類は尤と點頭、是重は秘すべきの大事ながら、世の迷をしばらく解べし、夫天上より降臨の事、元陰陽の降昇を以て論ず、天の陽清の降り下るは陽中の陰濁也、又地中の陰濁の昇り上るは、陰中の陽清の氣なり、天の萬物を生育給ふは、地中の陽清をいざなふなり、則日光の土地をかはかすによりて、土氣いざなはれて、煙のごとくして空に昇は、又土地の陽清、天中の陰濁をいざなひて、雨と降り霜と下る、春夏秋冬に土用を兼る事、是を以てしるべし、又四隅八方の風是に准へ合すべし、東西の風は陽中に陰ありて、萬物にふれて物しめり潤ふ、西北の風は陰中に陽有て、萬物はしやぎかはく、須臾の間一瞬の内も、變動やむ事なし、是皆陰陽不測の神なり、常に降り常に昇る、何の疑あらん、今天地ひらけ人はじまりて、天德に随ふべき節をあらはゞ、地德の天德を得べき到來をはかり、鹿島、香取の二神、機嫌をうかゞひ、皇

孫下界に降臨まします、人體形化の表事、事にして理、理にして事に託するなり、凡庸の肉眼にて降臨の尊容を見るべきにあらず、惠眼法眼ひらかば、今も神代の降臨を見奉るべし、愚昧の衆盲は、他の智識の導により、降臨の事相をたしかに思ふは、信の上に理に契事なり、中ぶらり共こそ、理にも事にも明らかならでまよふことのみ、

又眞實無極無相を修し得たらば、有相有色の變用をしるべし、有色有相の變用をしらずんば、無色無形の實體を明らむることあたはじ、然ば口に談ずるのみにして、かつて無色無形の極にいたらず、故に空壁に向ひ、大虚に對しても祈得ず、又神有共定得ず、鏡を立幣帛をならべ、手を拍鈴を振て、咒文を誦し、祓文を讀、祝詞をあげて祈禱す、

丘が祈る事久しと、子路がいのりをとめ給ふは、なんのことぞ、

問 正直にして身操よく、善根も成し慈仁も有人の、貧にして、慳悋、不仁の仕合よきこと世に多し、正直を守る神の甲斐なし、又無道の者に罰もあたらざるは、人毎にまよふ事なり、いかん、

老女曰賢なるもの、富るは少也、子細は世財に心をとめて奢り悋なるは、本人倫の道にあらず、卑悋の金銀に富をうらやむ心から、神の惠なしと思ふ、世をすくひ民を惠こそ神の友たる人なり、己のみ金銀にほこりて、世を救はず人をめぐまざるは鬼畜也、浮雲と沙汰し給ふひじり、慧なしときらひ給ふ富は、眼前の利潤にして、必子孫の後榮あらず、貪富をうらやみ、浮名をよろこぶは、佛も聖も神もきらひ捨給ふすてものぞ、清貧を樂しみ、求名を願はざるこそ、神の利益に實にかなふ人ぞ、貧してへつらい、盜し富で奢んと思ふものこそ、此うたがひ有なり、かへすぐあさまし、

問 日待月待等はいかゞ仕るべきや、惣じて今の世、日待する者ども、碁、將棊、双六、かるた、ほうびきの勝負、又は淨璃璃、小歌、琴、三味線にて夜をあかし、又は經よみ念佛して獨寂靜なる、又は代待とて、山伏或は坊主にあつらへたのむもあり、又神道者とて、秡數返し、潔齋、浴して、かくなければ日待月待にあらず我もと、思ひ人にも訓るあり、いづれかしかるべしや、

老女曰是各好所の日待なり、身をきよめ、心を改め、秡數返し、獨經よみ念佛して、身心ともにしづかならんは、いづれ天徳にかなふべき業なれば、いやといはれず、又おのれ不淨の家、不潔の形にして、日月を待奉らんをおそれて、清僧修驗の徳にあつらゆるに、金銀資財をおしまず、分際の資糧を以て修力を買、行力にかゐて己が福壽を祈らんとするも、恭敬の心あきらかなればすつべからず、又謠亂舞し、思ふ事なく、双六ほうびきに、兒女家僕をよろこばしめて、其夜たのしみに、家擧て上下なしにおもてしろからんも、寛仁の一つなれば、冥慮の清しめなるべし、しかし其日月を待奉るも、家の祈、身の安全のためぞなれば、日本人は日のもとの日天月天と心得おがむべければ、僧山伏を雇ふべきにあらず、月讀日讀の我國の守りとならせ給ふ御神の根本なりとして、天恩を報じたてまつる心に、御酒丸餅して再拜せんには、神人をやとひ執行すべし、久しく和風を失ひし折からなれば、つど〳〵に示す、凡日待、月待、幸神待、子待、巳待なんども、一間を清め水火をあらため、身も心もいさぎよくして、神巫をむかへ、供物幣帛を捧、秡數返し、亭もぬかづきて、扨日待ならば、日天を待奉る由緣を神主に説しめ、奴僕にも聞せ、其儀式の後は亂舞も勝負業も心々になして、慰たのしむべきぞ、其家の祈禱、安全の祭なるべし、其夜は亭夫婦はいかなること有とも家僕を怒る事なく、至極温和を以てむかふべし、一年五度に此祭禮を成し、月の一六に又此祭禮を思ひ、毎朝に此祭禮をわすれずして修習せば、心鏡常に曇らず、勾玉規矩備り、寶劒決斷すべし、しかれば家に邪祟疫鬼の患なく、中天無實の憂を消せん、かくてぞ二世安樂三世常住の如意圓滿たるべし、庚申の事、佛説もなく儒説もなし、道家より出たり、三尸蟲の談人に利あり、故に佛家に借り用たるなり、我神家にて庚申待とは、猿田彦也、幸神と心得べし、攝州天王寺の庚申の事、太子より遙に後、眞言家よりたてし事也、猿田彦を國底立の尊と申は、氣化の神、又瓊々杵の尊の御先拂をなし給ふ、嚮導の時は形化の神なり、又太田の命と現じ、日本姫に出逢給ふは、いよ〳〵形化の神ぞ、又猿田彦と素盞雄と一體と見る傳あり、奇玉、新玉、和魂の別授、稻田姫、天照太神、細目の命、日本姫一體分身、理一事別の傳口授、八幡、神武天皇一體分身、神皇后、玉依姫一體分身、神人合一の義、凡慮に測がたし、神秘、琴中の趣をしらば絃を鳴らすに及ばずと、かくあきらめたらば、無絃の琴を床に置し心にして、神像になづむべからず、虛々實々、實中の虛、虛中の實、是すなはち神秘なり、

問今の世にのこる神形、夷三郎殿を蛭子とおぼえたるはあやまりにや、

老女曰蛭子は三とせ足たゝず、海に流しすつと、又一書には淡路の洲を産で我恥とし給ふと同じく支離子《かたわご》産給ふとて、樟船に入て放ち遣り、重て交合ありて、照神を産給ふと、いづれか正說なるべきぞ、思ふに土德の不足を表して三年足たゝずと、此理勿論ながら、事相の神道は、支離子産でながし給ふとすべし、今家家に祭る緣は、大己貴、事代主にして、日本の地主神なるゆへなり、是に付て考へ見るに、事代主の海に釣し給ふは、神書に明かなれば、水衣にて葛巾に圖し奉るべきぞ、後海邊を領じたる國主の、仁化有て國民を惠み、釣し網して漁に利ありしを、蛭子、事代主の變作なりとして、像を刻て合祭りけん、其時烏帽子を着せて、事代主と一所に置しを、後の人心々に、葛巾を圖し、烏帽子に圖して、いつとなくとりまがへつらん、大己貴の丸頭巾も葛巾にて有べき、さもあれ蛭子は事代主の荒魂、夷三郎は事代主の變作と見れば、敬拜に何の妨かあらん、さりながら蛭子をゑびすとよむは、鍛冶《たんや》を鍛冶《かぢ》と讀たるあやまりにして、俗にいひつけたれば、改るに及ばず、又中古兩部家に、日本の神像を蠻神にまぎらかすこと有ゆへ、日本人の神忠ある者、丸頭巾烏帽子にして、此兩神を別して、日本の神形としらせたるといふ說有も、すてがたし、西宮といふ名にて、左大臣高明の像を蛭子とし、木辻の宮を金賣吉次とおぼへ、玻璃女の宮が繁昌と唱へちがへたるにて、世の誤りはしるべし、勢州の相可といふ所は、日本姫の鹿に逢給ふゆへ逢鹿なるを、今の字にあらため、其所の見初路は神路山をはじめて見初給ふゆへの名なれば、神道に由緒有る大事の所の名なるに、今は磯部寺となる、見初路磯邊寺紛るべきことぞ、

伊弉諾の鼻を洗給ふに素盞雄出給ふと、高敖慢心自讃毀他は皆邪佞の表にして、其しるし悉く鼻に歸す、鼻の高は地神にならぶ者なし、是猿田彥なり、和朝に天狗といふ者山々にすむ、其中に高雄、愛宕に榮術太郎、比良の山に同く次郎、飯綱の三郎を始として、猿

田彦の主り給ふ部類眷屬の神にして、高慢の徒をおさゆる役神ぞ、もつとも隨機應變の利物なり、たまたま僧正房、妙喜坊なんどの、學に慢じ、智解に執するの僧侶も、淫を斷せずして魔民となりしは、皆猿田彦の所從となりしぞ、神社考に、四大師をはじめて狗賓なりと判ぜしは、宋儒の心より、佛子をあざけりにくんで書たれども、おのづから其道なきにしもあらず、一書に、人に天狗の詫して、和國の高僧碩師、皆魔境に入て、其徒三百餘人、其中に解脱、明惠の兩僧のみ、いづちへ行しやらん見へずと、此兩僧には春日大明神の朝夕付添給ふと、傳記にのせたれば、高間原にぞ住給ふらん、魔界即佛のあきらかならば、天狗は懲惡の神靈にして、山々に住せ給ふこそかたじけなけれ、しかるを佛法の威力におそれて、和國の神は迯まどひ給ふやうに語りなされ、扨は佛樣ならではとおもはする方便をはからず、いつわりに僞りをかたりそへ、賣僧僞巫に倒されはつることそ淺間しき、

我國神のおしへ、祈言、厭魅、太占あり、理を以て論ずれば、相尅相生にもなり、奇隅の數にも合、正卦變爻、天地の通塞、算數陰陽、事は別にして理は一なれば、佛にもまぎれ儒にも混ずる辯才利口に牽合附會すれば、愚はそれぞと取りつき、圖方をうしなふことのみ、

太占は　神のまに〳〵なり、人爲の智解に評して、此理、此筋ともてあつかふことにあらず、

祈言　私意をはなれ、凡慮をすて〻、己を虛して神によざしたてまつるなり、

厭魅　かれを爰にうつして陽德を勝しめ、陰邪を追退るのみ、何の此のと巨細を論ずる事にあらず、

皆自然の神化にして、理屈分別の智了にかゝはる事なし、勿論文字義學の沙汰におよばず、

佛は三世とたて、人はかならず生れ變ると、儒は一世にして、樹頭の花は去年の花にあらず、ゆく水の本の水にあらざるがごとく、死するは四大五形もとにかへり、七魄三魂も體はなるれば漂散りて、ふたゝび生ずる事なしと、滯なきは人の常にして、氣淡く情薄ふして物に滯なきは、何の生替る理あらんや、水の無心なるにたとへ、花の無情なるによそへて見れば、左も有りといふべし、人は情欲によりて魂魄滯溢す、其所に中有再生の事あり、佛のたつる所は、善魂凝て極

樂を感じ、惡魄滞りて地獄を見ると、中陰の化生をかりに形容していふ、此間に烏亂つきまよふを幽靈と名づく、又其浮魄の人に託するもあり、一心の虚靈なるは、體やぶれて倶に散ずるに違なし、邪氣執心の凝滞るは中有にして必化生あり、天竺國は極惡の人多し、怨執凝慮の生變て、其念望をはたすたぐひいかほども有べし、三世因果の談、理にかないたる國風化なり、支那は情うすく、凝滞せぬ國なれば、一世のをしへ國相應なり、され共天竺にも百人に十人は一世のもの有べし、支那にも百人に一人は凝執の者有るべし其所々の天地、陰陽の氣なればなり、敎訓は國俗に随ふなれば、釋迦の化導は天竺には至極の法なり、支那には用ゆまじきといふ儒士はもつともなり、さりながら釋迦を誇は、川向ひの喧嘩の鞘をもつなり、圖方なしとはか様の物識の事ぞ、我朝に根底高間原と立給ふ、三世と見へて一世、一世にして又三世なり、天竺の三世にあらず、支那の一世にあらず、此國神の我國俗に合したがひ立給ふ道なり、國學にくわしかれとは是なり、佛談儒講にていけぬ段ぞ、よくよく工夫し給へ、

我神化陰陽和合と視くは、男女一双にして、高下尊卑なし、然るに女は男の奴のごとく、何事も男にしたがふ筈と思ふは、支那の禮格に迷ひて、我國の道をうしないたるなり、是男の意地賤しきより、己が權を高ふして、女を随んとする法を、是ともてはやすに至り、夫婦別有の格、去擯に七つ、去ざるの三つなんどの、人作の支那物語をもつて、無理おしに女をないがしろにする、いつしか國俗それを好して、國神の化にそむくともしらず、抑人は一箇の小天地なり、天のみさかへ地のみはびこりて、立べきいはれなし、天は蓋、地は載てそむかず、一方不順ならば、萬物成就する事なし、男女の中に一毛も高下尊卑を論じ、私意邪僻有て天德の蓋のみほこりて、地載の功をうしなはゞ、いかんぞ温淳の子孫を生ずべけんや、我國神の天七地五は、唯其事のみ、一貫の通理は言語に絶たり、秘とすべからず、事相の中に神秘有て秘すべし、

問佛法には親の日精進し、魚肉を斷、香花をそなへ念佛し、經よみ、遠きを追て跡を訪ふ事、孝の至れるにあらずや、神道には親の日にも魚肉を服し、殺生をおそれず、何とやら不孝のやうに思はるゝは

いかゞ、
老女曰是又道をそこない、法を取みだしけるより、悉く佛法へ抱こまれし事なり、まづ日本の古風を考へ見るに、上様にたちし人は、神の正統を繼給ふゆへ、心も清く、身もきよく、行も清ければ、其德を天に配し、一箇の神靈と祝て、社を建、御陵を築きて、孫子是を祖廟の攝社として、緣日を祭るに神酒丸餅し、氏子は潔齋し淨衣を着し、物忌祭典せる也、八百萬神の由て來る事是なり、下様の蒼生は德の光るべきもあらず、行の人の鏡ならぬ類は、地に配して野に捨て水に葬して、魚に喰せ狼に養て、生靈を肥して地德に報ずるを矩として慕愁に及ばず、是によりて萬人高間原をねがひ、上を尊み己をすてゝ、神慮にあやからん事を欲す、行を能し、德をほどこして、神靈にならび立ん事を規摸とせるなり、卑賤下俗の輩の墳墓をかまへ土地を校むる事、國郡の費なり、今も熊野の浦人なんどが、海へ死骸を捨て、鯛に成て御入來《おじやれ》と呼で葬るは、是往古の遺風なり、

註 鯛に成れば熊野の神の供御にそなへられてうかむ事とかや、

佛法渡りてのち、火葬を我國にもちゆる事、道昭法師に始り、上様には持統天皇に起る、是又死骨ばかり瓶につゞめて土地を費ざるためか、されども上代の野葬水葬には劣れり、檀林皇后の野葬の遺勅ぞ神慮にかなふべきか、ふかきゆへあるべし、嵯峨の天皇の縄からげの棺桶に入らせ給ふ、又高野に惣て骨を納よと弘法の入定しめ給ふも、餘國の土地をつゐやさずして、不毛の地におさめしむる謀事と見へたり、

近き比支那流の儒式に葬送せし國有しに、一國の田畠二十年の内に、費萬石におよびしかば、早速巳前の佛法取置に成りぬ、いづれ我國不毛の地はすくなし、五穀豐饒なるべき地を、むなしく死骸のためにふさげん事、道にかなはじ、一天の主、國家の柱石ならん人か、若德行群に出るの徒なんどの、神魂靈々として、土地の鎭め子孫のまもり共ならせたまふべきぞ、祝ひ祭るべきは尤なり、

今時神道者、儒格の葬をもちゆるは、國に益あるべからず、一つどりには佛の火葬が土地のためならん、得失いづれ、

神道に魚肉を用ゆるは、神靈を祭るなり、潔齋沐浴して、曾て殺生をなす事にはあらず、無益の殺生は常にさへ禁ずる事なり、神靈を祭るに、何ぞ殺業を事とせんや、あやまるべからず、

三十三年五十年忌なんどの遠忌を弔ふ事も、至孝なりと思へり、儒にも三年の喪有、是人生れて三歳まで無理をいへども、親これを愛して機嫌をとりし報、鳥の反哺なるべし、七回忌より五十年を弔事、諸經論に曾てなしと、古人の碩德あきらかに判ぜり、一日一夜とするなんど、長短の僞說にまよひ、いつまでもあさを吊ふが孝心とおぼへし、人間の五十年を地獄の是につけて論決すべきことあり、凡佛法は妄執と戀慕を輪廻の業と立て、執着を斷を悟りとす、しかるを死たる骸に、さまぐ\の莊りを成し、棺廓を厚くし、外聞なりとて大勢を葬塲にあつめ、啼嘆者數有を美目とする、そのへ七日々々より三十三年五十年まで、跡をしたい、言出し、かたり出して泣悲しむは、亡者もまよひをかさね、子孫も愁てのみ墓はゞ、至極の輪廻にあらずや、又今時の年忌とぶらひは、旦那坊主に座上させて、一門振舞、町衆の曾合と見へたり、齋非時といふ條、大酒數献して、世話咄の外他なし、

それ我國の法則は、世の鏡、人の守りなるを神靈と崇て、國郡村里の鎭として、四時の祭禮を成し、平人にて德の光るべくもなく、功の世に立ざる類は、其孫子たる者、我家々にてひそかに、其日は父母存生の撫育の恩を思ひ出し、世事世話をすて、報恩のたらざるをも工夫し、父母の世に有し時、親しかりし類緣、又は他事なく語合されし舊友などを招て、父母在世の昔語を聞、有し俤を思ひ出しなぐさむは、愛慕の情をつくすなり、又強て米錢を施して快しさせば、類緣の甲斐なきものにあたへ、親の光りをふけらかし、猶も餘りあらば鰥寡孤獨の便りなきに蒔配り、他を救ひ世を惠め、件してぞ天道の冥慮、神明の照覽にかなひ、先祖の靈魂もよろこび厚かるべき、神祭り靈祀りの上にもしなわかりて、禮讓の道も立べけれ、

問　親のいます時死一倍借る不孝者も、せめて死なれて後なりとも、名聞ばかりにするとても、精進し、寺參りでもするは、せめて恩報じになるまじきや、左様の者が神國の法なりとて、魚肉を喰ひ、親の日も戲遊ばゞ、いよく\極惡に落まじきや、

老女曰　本を失ひて末を取ものゝ言ぶんは皆此格なり、神道の生を樂しむ親和の中に、死一倍借る戲氣はなき事なり、萬一有にしていはゞ、其戲氣が名聞の寺まいり、ふしやうながらの精進をよろこぶ神靈あらんや、神靈あらばつよく罸し給ふべし、いよく\にくみ

を重たまわん、か様の事は一向論にも及ぶべからず、我國の孝道といふは、一日も親のいます內、一口のものも甘美をすゝめ、温なるを着せまし、我身のいたづら成をやめ、親の嬉しがりよろこび給ふやうにと心がけ、朝夕つかへ、老さらぼけ、ほれたわれたりとて、あなどりかろしめず、懇に給仕すべし、死たる骸はぬけがらなり、供じ養て詮なし、親去て十二月は、戀慕の情をつくすなり、それ過て、我身を親の遺躰と合點し、家につたわりし士農工商の家職の一をわすれずして、親の名跡をうしなはず、身を大事にかけ、情をやしない、氣をやすんじ、我ながらわれもなつかし垂乳根のわけて殘せしかたちと思ひて、夫婦中よく、子孫の繁榮を期し、隱たる惡を愼み、かくれたる善を成なんこそ、先祖の報恩、兩親へ至孝たるべし、

夫佛法は生をにくんで、死をおそれざるをもとゝす、輪廻妄執を忌、厭離穢土として、此界は苦しみの所、王位も將軍も、火宅の住家なり、此人に生れし身を、苦果の依身とて、淺間しき科の入物と立て、草衣にてあたゝかならぬやうに、木食して甘からぬやうに、樹下石上に居て安からぬやうに、淫を斷ち、色を絕り、精氣のつよからぬために、寺に棕櫚八手をうへ、櫁を焼て情をよはませ腎をへらす、我執をはなるゝ爲に解脱の袈裟をかけ、嗔恚をやめん爲に忍辱の衣を着し、殺業をなさゞるやうに手を念珠に括り、輕慢をおさへて乞食を行とす、是生たる骸をさへ踈いましめて、髮を剃て世のまじはりを避、產業生活を捨切て、一物をも畜ざる事を矩則とす、しかるに死したる骸にながく愛慕するの事あるべきぞ、故に火に燒て着のこらざる印をなす、卒都婆の三摩《さんまや》形は畢竟空にあらずや、しかるに三十年五十年死尸に珍菓を盛り、飯菜をすゝむる理あらんや、今時の在家人も室々に佛壇をかまへ、朝夕經よみ念佛し、法を聞、血脉を得てのうへに、臨終に僧をむかへ、娑婆の執なからん事を思ひて、枕のまへに佛をひらき、鉦を鳴らして聖衆の來迎を期し、棺へ入て後も、導師悟りの語を吐て淨土へ往しむるにあらずや、淨土へ生れて清淨潔白の百味に耽聖者に、厭離れていやがる穢の國の食物を捧げ泣慕てしたしみたらば、さぞやうるさからん、若又地獄へ落し生靈のためといはゞ、盆の十六日の釜の蓋の開時ばかり食悦さすべし、もし又常にも佛を

たのみ、臨終に賴み導師に導びかれ、四十九日をとぶらはれ、一周忌第三年を作善しても、往生もせぬ亡者は、よく〳〵の業人と見へたり、然ば三十三年五十年の吊ひをするは、先祖六親の恥をさらすなるべし、我國風の追孝は、右いふごとくの天地に功德あるは、神魂靈々として鎭め祭りし祉に在せば、氏子產子、鉾を捧げねり物をからくみ、神靈をすゞしめ奉るに敬を以てし、凶年にも減せず、豐年にも增せず、事每に麁畧すべからず、

文盲無智、庸愚頑魯なりとも、正直にして誠あつく、生の儘繕なく、艶も莊りも禮も躾もあらず、自然と道にかなふぞ、聖とも賢ともいふべし、智學有て君子の風をなし、聖賢のあとに泥で、すきうつし物眞似するを道に入させざるが、日本流の國風なり、柳下惠が禮をはなれたる和、伯夷が愛相なき淸、閔子騫が我をすてたるの孝、陶淵明が節に拘ざる身操こそ、和國の神化には契べきなり、其外の賢人といはれし者共は、都ては繕物拵ものなり、惣じて學解より、辯才理屈なる者に至淸極和はなき事なり、眞忠至孝は素質の意地よりぞ出ん、仵すれば忠、かくすれば孝なりと、議でなし識て行ふは、似せ物眞違ものなり、天道は天然なり、地道は法爾なり、人道何ぞ天地の外の道あらんや、色にまよふは法爾と身に備し迷なり、賢に易は智學の力なり、子を思ふ道にまよふは天然なり、癡特をはなるゝは義解の功にあり、無作の妙用こそ神明の不測、格をはづして格に中るこそ眞の達德なれ、智慮にもあらず、學解にもあらず、是を甚深の極秘と名づく、釋迦七千卷の謎を迦葉笑て見せ、百丈の野狐に仰山一人ばかされず、文殊千度問へども維摩は口默、六一は祖先に逢てはじめて聖理に入り、退之は大顚に參して儒の儒たる事を知る、闇に馴たる盲目は灯挑の光りを用ひず、眼有る者は目の光りをたのむゆへ、闇につまづく、此重はよく工夫すべし、かくいへばとて學文を捨よとにはあらず、生半ならば邪魔ぞ、學に入、智をみがくとも、はやく道學にいれかしとなり、

出家の家を出たるもなく、山に臥山臥もなし、出家も山伏も日本の國風化におのづから落ながら、口には輪廻無常をかたり、捨身歸命を談ずるゆへ、言行相違し、道は神佛混雜《こじゃ》々なり、心あらん人、世間の法、出世の法、眞諦門、俗諦門をわけて、たうとむ事は尊み、

敬ふ事はうやまふべし、夢に夢見るやうなる佛事作善は、是非ともに非なる事を知れかし、厭離穢土をもとゝする出家があくまで輪廻し、捨身を表とする山伏が口過に算を置て世をわたる、陰陽師ならば陰陽、暦者ならば暦易者、在家は在家、出家は出家にてこそ、道とも法ともいふなれ、法にもあらず道にもあらぬことを尊みうやまつて暮すは、まよひにあらずして何ぞや、いまどきへらずぐちに、坊主はともあれ、法がたつときといふ、法ひとり弘まらず、是をひろむるは人にあり、其法を弘る師惡師なれば、正法を邪法と成す事、下手醫師のくすりを毒にするに同じ、藥が尊しとて、下手醫師を敬ふべきや、さてさてあほうらしきことのみ、

神路の手引草卷下

問 右の訓のごとくんば、和國の者は、一向文盲無智なるがよかるべきか、

老女曰質素正直清明ならば、學智あらずとも事足りぬべし、儒士のわるかたまりなるは、學文もせず、文字もはたらかずんば、愚不肖のみにして、我意私欲多からんと思えり、是例の學智執習の病眼より、空花を見るなり、むかし支那人の日本へ渡りしに、我朝の裝束ならずとて、筑紫より追返されし代も有り、百濟の王仁も難波津の歌よみ、片岡の飢人も、我大君の御名はわすれじとなん、婆羅門僧正は天竺人なれど、行基にむかひ三十一字をつらねしは、皆我國風化にしたがひたるにあらずや、古の人はおのれを捨て道に隨ひしゆへ、其化遠くすへに傳はれり、今の腐儒の半學は、一向國學をしらず、我等は歌の事は曾て不得手なり、假名は書差別知らずと、異國の文字に富る自慢たらく〳〵、是は此國化をあなどるにあらずや、又愚婦庸俗の天竺魂なるは、現世は神の助をかふむりてすめども、來生は彌陀にあらずしては浮むことなしと心得る、是彼他力本願を、今時の世智辨僧があしく說敎るゆへのわるかたまりなり、夫自在王佛の御前にして、四十八願をおこしたまふ法藏比丘は、自他不二の本理、平等悟入の學路をひらき、最下極惡をすくはん

との誓とぞ、凡七佛の通戒も、諸惡莫作、衆善奉行とて、前佛も後佛も、百億恒沙の淨土も、惡を成してうかむ事なし、然るを無始本有の圓極をやはらげ說て、無賴の强惡を攝するの方便に、假にもふけし西方淨土成事は、古德先轍の判譯あきらけし、唯稱彌陀の唯の字、無他方便の無の字、まよふことなかれ、「唱れば佛も我もなかりけり南無阿彌陀佛の聲ばかりして、聲ばかりしてに心をつくべし、又「一たびも南無阿彌陀佛といふ人の蓮のうへにのらざるはなしと、古德是を判じて淨蓮化生なり、愚人は往生すべし、智有人は往生すべからずと決せり、童の戲の塔が成佛の種となると說に同じ、自性に入ては無功德なるべし、塔を建るの無功德は善にとゝまらず、惡を容るゝの本理は無作の淨土なるべし、眼前の境界は、惡因は惡果を感じ、善因は善果たるべし、これによりて佛力業力にかたずとて、自業自得なるものなり、露がはなしに、極樂をこしらへ給ふ手間にて、地獄をつぶし給ふべきなりと、左樣には成らぬ事と見へたり、すれば無緣の大慈悲とて、佛の慈悲の餘りをしらせたるばかりなり、故に三部經の中に、極重惡人を救ふと、唯除五逆の文とは相違せり、極惡をすくふは佛の慈悲の餘る心をあらわし、唯除五逆の段は自業自受の處なり、然ば亂世極惡の世には、此方便にて道に入る者有べければ、圓光大師の敎化は時機相應と申べし、治國平天下、文明の今にしては、此おしへは還て世のまよひなり、執を去り我をやめて大道を知らば、元祖の本意にもかなふべきぞ、又一向專念の宗旨も、佛緣をむすぶまでに、親鸞は立たまふと見へたり、妻帶し肉食を元祖も最とは思ひ給ふべからず、止事を得ずしてかゝる法を弘め給ふらん、さればこそ今時は、彼の宗の坊主も禪錄を習ひ、儒學なんどゝて智學を專らとす、是せねば今時にはやらずと見たるゆへなり、さらば魚服妻帶はやめたき事なり、それはいやなり、宗旨はおろかなり、是又元祖の意味にたがふべくぞおぼゆる、亂惡强盛の代に易行を亦和らげたるなれば、文明の勸善に志有ものゝ用ゆべき法とはさらさら見へず、何の道を志にも一心不亂といふ事修行の專要なり、此一心は本法界の入物なれば、境にさそはれ緣にひかれて、それがために紛動く、其一心の小出しなる念と情とは、かならず風に起さるゝ波のごとし、物を見て物のほしきは、物は風のごとし、ほしきと思ふ念は波なり、ほしきと思ふ念やめば、波しづまりて本の一心のしづかなるに歸る、しかるに六根有からは六塵入來、六塵の風起れば六根の波立ざることなし、故に上智上根の人には本の一心を攝せよと修せしめ、下根の者には外に的を立て念佛題目に情と念をうつさせて、六塵の風をふせぎ、妄想を出ざらしむ、妄念ながら往生業惡ながら成佛とは、まつたく方便なり、ことごとくだましの勸ぞ、是所へ圓極無作の談をまじゆる事にあらず、ゆめゆめまよふ事なかれ、夫圓極無作の談は一心不亂も迷なり、不起一念と思はゞ、それも妄想ぞ、言ば格立し、思へば境存す、生死涅槃昨日の夢、有爲の報佛は夢の中の權果とて、彌陀も釋迦もまよいの佛と見、菩提本樹にあらず、堀らぬ井のたまらぬ水、やみの夜の罔兩にして、言語道斷なり、心行所滅なり、其重には厭離すべき穢土もなし、欣求する淨土あらんや、しかるに厭穢欣淨のおしへはなしながら、極惡の人のうかむとは、片轍もなき戲言なり、小兒の泣をやむるの談勿論々々、慶長治天の當代は、大半幼年より物書手ならふわざに馴て、人皆歷史をうかゞひ、令記をのぞき、眼をひろめ、こゝろざしを磨、さるによりて空拳をあたへ黃葉を握らせて點頭べきや、淺博なるおしへをさみして、儒見におちいり、さなきは別傳の活法を得たり貌に、斷無釋眼の名字の禪門に泥む、終歸於空の空を舌上にのせば、斷無にぞならん、其斷無に思慮を止ば、今日の人間世は一日も立がたし、世世相續で無窮に至れとの神の詫を叛は、國敵なり、恐るべし、彼耶蘇が宗理と同じ法賊なり、本の本、始の始を守る國の神のおしへは、此身を鎭るにあり、士農工商家業の一にとゞまりて、形をつかひ、身をはたらき、時をうしなわず、節をみださず、分を知り、己をはかりて、其道々々の智をみがくによりて、世とあらそはず、我家々々の職にかしこく、下をあなどらず、上をかろしめず、おのづから法を守る、女は女の職、男は男の職にかしこく、只今日の身を大事にかけ、あやまらぬやうに月日をおくり、世をうらみず、人にあかれず、朝夕たのしみて、天命をつくすぞ道也、是をささらば彼も悟り、此世も直ならば未來も又直ならん、

老女曰佛法と神道との國化大きに變る事は、佛法には女人禁制の山あり、神道には出家禁制の社あり、是程たしかなる違目有神佛の道を、强て一つなりとは、託事附法といふ名目もしらぬ愚僧の談なり、事々無碍法界は、觀成所見とて、天地同根の域を悟りあきらめたる果上の塲、法眼にても惠眼にても見えず、四眼融入したる佛眼、元品最大力の無明を斷破せずしては見へぬ重なり、唯名のみ知文字に通ずる一分にて、即具の本理を我物に語は、彼摶賣則鹽賣の上人なるべ

し、笑ふにも絶たり、一心の有無は己にありてわれさへしらず、四大五形の體は屹としてあり、誰か實有の相に着せざる、此有相のからだゆへ、名に耽り利を貪る、世にまじわりて名は捨られず、體ありて衣食なくんば一日も送られず、利を求ずんば片時も立ず、是止事を得ざるの境界なり、しかるに食は甘を數寄、衣は華美を好んで厚く重ねん事をねがひ、しゐて賢を顯し德をかたりて、名を求る事を欲するは、世の常の心なり、是を押へて佛法、聖典、神制の由て來る所なり、詮は欲のうすらぐやうに、望をすくなかれ、上に有て下をなやまさゞれ、富でおごりをわすれよ、世をすくえ、民をあはれめよとの外はなし、曲て利を得、かざりて名をもとめ、道ならで榮、邪にして世にたつは、一旦の事にして子孫の長久にあらず、天祿地福は己にそなはりて來るなれば、かたちをつかひ、身をはたらき、飢ず寒からずば、樂はおのづから添、此外に何をもとめん、天帝も炎魔も、地獄も極樂も、皆人間世の直をおしへし事なり、返すぐ日本の人は、天竺の寓咄し、支那の作り物語に心をうつすべからず、多聞は迷ひ、廣見はあやまる、天竺の人は其敎にて浮みつらん、支那の人は彼訓にて身を脩けん、我等は神國に生れたれば、神の掟の聖目をちがへず、めでたくおもしろくたのしまんと合點すれば、そつちはそつち、こつちはこつちなり、

支那と風化の變る事は、儒は一世なり、我神は根底の國、高間原ありて上下に浮沈すると立たり、これ勸善懲惡のおしへに設たるにもあらず、天地の自然なり、此一天地の下にて捌事なれば、佛法の配立にも異なり、孟子の性は善なりといふも、喜怒未發の處を强て善と名付しなり、情欲本性より別出る性の本然に、豈善惡の種固有せざらんや、萬境と心と本一致なり、萬境に善惡あらば、性に善惡なかるべき、此所は神道口授の一大事、變化無碍の秘藏なり、

問 支那には古しへより、達德賢哲の人多く世につたへて、人其跡をしたふ、和朝にはさして達德賢名の人稀なり、神國の威うすき歟、

老女曰異國には却てすくなし、故にめづらしさに拾集めて、筆に記し書に錄して翫興ず、老子支那に出て既に評すらく、大道の代には家々に孝子、戸々に忠臣あれども、めづらしからで其跡をとめず、大道廢れてよ

り、忠臣孝子の名あるは、學解、智慮のなすところなれば、徳を釣り賢を買のつくろいものをあつめしと云云、是を以てしるべし、我國神はひさしく神化つたわりて、人王三十代の比までは、家々に忠臣戸々に孝子ありて、其の跡をたゝず、それより後も學により智によりて、忠賢を釣る者なきは、いまだ神化の遺風國に殘りし質素なるべし、名利からする業は、なべて眞の人にはあらず、人樣の人のほむるをよろこび、そしりをおそるゝ、位ぞならば、同じく輪の內をめぐる化物にして、百步を笑ふ五十步なり、しかるに支那の虛名を求、偸閑を成すの跡をとめたる咄本を、眞の人の樣に、唐宋の時に文筆に工なる者どもが、己が世に用ひられざるをいきどをり、古人をほめて當代を嘲たる惡性根の捨卯を、日本人にして尤とうらやむは、さりとは虛人なり、半學文の世の妨となるは是なり、古のいさぎよき跡を見て、己が徳は至らずして、其跡をまね世をにくみ、人のおのれをしらざるを憤りて、祿を辭し、身を退き、いまだ若齡にして齋號、表徳をわれと世に鳴らす類、時代の政事を嘲りにくんで、隱逸を是として、己のみ道ありと、閑居して不善を成す徒、皆我とおのれが智にくらはれ果は、佛も聖も拆給ふ捨者也、又我國の和歌を詠ずる輩も、剃髮をもつぱらとし、支那めける軒號異名をほまれとす、連歌師、俳諧師も同じ、大かた敷島の陰に寄る者も、隱遁をもとゝするは、世をにくむ姿ぞ、又俗名にて名の照らざるをくやしく、耳にたつ名を要とするは、貪求の域に落入さらに風雅の情にあらず、和風に浴するからは、和名にてこそしかるべけれ、

問 神道に根底の國と立しは、人生れかはりて畜生ともなり、草木共變ずる事ありや、

老女曰此重は神化の極秘、あからさまに說盡がたし、天性の本心は無色無形にして、形骸に主たる物なり、體やぶれぬればともに散じて天地に歸る、しかるに心王は寂靜なれども、體ある內は六欲の境界に碍渡りて、色にそみ、香に着す、凡心は常に心をかたちの役として情欲に凝、たとへば水はもとやわらかにして器にしたがへども、寒に堅りし氷は器にしたがはず、斧にてうてども壞ざるがごとし、心の水なるは體の器くだければ、水も散じて消ゆ、心を情欲の氷となしたるは、此躰やぶれても着念執情凝りて散せず、

人に託し畜にうつらん事、緣にひかれて有事決せり、情欲の凝滯よりいへば、生れ替るのみならず、此體にて鬼形と變じ、蛇となり牛と成り馬となる事、三國の先蹤、傳に載せ書に筆し、其數多し、又石になり木に成りしも慥なり、情淡しく氣薄くば何ぞ散せざらん、儒の一世は天心の本理、佛の三世は情欲の凝滯なり、倶に得たりすつべからず、此所に情欲よりいへば、變のうへに因果三世おのづから有、本心によらば造化自然にして、一世に漂散す、それは人々の氣質ひとしからざれば、一概に一世とも三世とも究がたし、氣質の凝ざる人つよく凝る人も、生れつきにあり、其はじめは男女夫婦の交合より出るなれば、睦はじめを濃にせよと陰陽の大事をおしへ給ふが、我國神の訓ぞ、

問 神道事相の天カ◎大事は、何を以て第一とすべき、

老女曰服忌令なり、常に火をあらため、水をあらため、身を清むれば、心おのづから正しく清よく成る也、清潔よければ萬の物ために奸されず、六塵にひかれず、五欲にせばめられず、其うへに神前に對して、朝々秡修行すれば、萬惡はいつとなく消滅して、衆福とこしなへに入來らん、是れ清は清にあつまるの天理なり、又常に高間原に住居する心なり、かへすぐおろそかにすべからず、それとても心きよからずして、形の行義ばかり件するはづが神道者と、格にのみ括られたらば代待なるべし、

問 平生の心の修行はいづれをか先にすべきや、

老女曰四恩をわするべからず、曰天地の恩、國王の恩、父母の恩、衆生の恩なり、此中に師長と主君はこもれり、しかるに、流れに立て源を濁し、陰に居て枝を折は、恩をしらざるもの丶喩にあらずや、神の開き初給ひし國にむまれ、神化の古法をみだすは、恩をしる者とせんや、

老女曰一天四海、三種の神器に收よと、天照神よりの勅宣あり、神璽、內侍所は大裏にとゞまり、寶劔は賴朝卿より武家の手に入りし事、宗廟よりの御指圖にして、時に應じ節にかなふ御利生なり、しばらく凡下のために、私ならぬ日本の經史のあきらかなるを訓、平家物語に是のみや法力にても有けんその外はみな天照太神の御はからひとぞきこへける、又靑侍が夢ものがたりの中に、節刀を安藝の嚴島姫より、淸盛に賜り、取返して賴朝にたまへと、八幡神の仰なるに、

其後は我御孫にもたまへと、春日大明神の宣ふ、すこしもたがはず、頼經頼繼二代は、藤原氏の將軍、それより五代の將軍は竹の園生の御裔へ皈り、其次八幡の氏子高氏の世々十五代、信長の卿、秀吉公、桓武春日の庵系たれども、將軍の位には任じ給はず、又慶長より新田に移り、八幡神の正統に歸して、大神君四海静謐の聖武、たれか古今にならぶ者なければ、東照の御賜號、天照神の御はからひたる事、あおぎ奉るべし、和國は氏系を尊む國なり、天竺支那は何國の牛の骨やら、馬の末孫やらが帝に成ところなり、左樣の國のおしへを、敬たつとむ事は、陰に居て枝を折、ながれに立て源をにごすにあらざるや、是恩をしらざるなり、日本の人は、王樣を天照神樣、攝家を春日神、將軍家を八幡宮と畏たてまつりて、律令格式、萬事御成敗の政事を、下として背く事なく、おのれ〳〵が家業の一に止り、神とは上なりとあきらむるこそ、神道事相の專一なり、

問　先祖の遺像を作りても、面貌一毛ちがはゞ他人なりと、此言理ならずや、

老女曰是何事ぞ、古しへより佛祖聖賢の影像有て、題して誰某とす、もしくは半身に圖するあり、聖賢佛祖に半身の者ありしや、尸とは彷彿とほのかに、その姿をうつすなり、骨を書、髓を彫に及ばんや、寒からねど雪を畫ば雪、薫なければど花を作れば花也、却句念をいれすぎ、虎に羽を加へ、虵に足を添へば、人の笑ひをまねくのみ、大己貴の像にむかいたてまつれば、寛仁、淳朴、身操心達を類《あやかり》、事代主の像にむかへば、手足眞やかにして、拝にしくことなきを知り、猿田彦の勇猛なるにむかへば、陽勢盛にして、萬物に屈伏せず、是往を鑑とし、他を鑑として己を正すに、身の奸醜と心の怯惰とをあきらむべきぞ、神鏡の義こゝに究る、素盞雄の不忍にて、諸神に捨られ、罪を悔て淸地に皈給ふ、出雲路の道神の娘の荒淫て、鄙國に追遣れ、其國民をそれなりに導き、愛鷹の明神の、戀せば痩ぬべしと、妻神をふすべて易簀て、再び嫁給はざるなんど、國社村祠に由緣傳記、所の口碑里の俗風、筆にいとまなきかず〳〵、皆是大きにやはらぐの利物、神人合一の濟度なり、蠻格夷制の定規に寸尺を論ずべからず、

問　宗廟より始て公家にも、木具と土器を用ゆるは、いかゞ心得申べきや、

老女曰神代の遺風又質素なり、物はあらため、あたらしきを賞す、随分簡易にして、用さへ調へばかけながしにして、又新敷を替用ゆれば心清よし、穢油づきたるは賤しきなり、近世は塗りもの丶器のふるきを翫興ずるも、舊貫に寄の支那流と見へて、物識だての唐宋臭族が仕出したるを、變を好む勢虚が、俗をはなれて格の立を嬉しがりて、豆麥《なに》もしらぬ青二までが、傳へおぼへて敖程に、世擧て夫にうつり、時代とて兀印籠をふらめかし、わたりとて茶染たる天目を秘藏す、是より日の本の素質を拆、唐物を貴、おぼへず知らず我國神を輕忽奉るになり、いつとなく國風化を忘れ果し事ぞ、是によりて日のもとの費多く、拔荷の紛等も出來るなり、願はくは夷狄の物を輕んじ、我國の土産を重せば、恩を知り道にかなふべきぞかし、注連繩曳て家を淸るなんどいふ事は、支那天竺に無圖なり、序ながら神明縄七五三縄の傳別授

問大秡の八字は其傳を得べしや、

老女曰（吐水（普火（川美木（依身金（多女土すなはち五行なり、水と火は一字にして、木金土に二字を配する事別傳家に入てならふべし、平人は三五の妙といふ事を傳へて、朝夕に唱へて祓すべし、際限なき益を蒙るべきぞ、子細は天地の恩、父母の恩、國土の恩、衆生の恩を報ずるなり、

問空風火水地の五輪は、五行の配當に異なりや、

老女曰則五形五行なり、第一重の團形は芦芽の國常立なり ○ 地臺の黄色 □ は土に歸る地神の始なり、此段は神家に入て傳授すべし、生死の大事、無生死の大事、天地の本源、又神道に黄色を忌て、五色の中に紫を用ゆるならい有、甚深の秘藏、筆に記し言につくすべからず、しばらく工案のために訓のみ、

老女曰いつまでかたり居るとも、甚妙の神理は水に畵がきて跡をとめがたく、又いはずかたらずとて、外に求むべきにもあらず、事々物々は神なり、所詮は人々の境界、色形心識ともに神とこ丶ろへ、向ふ所に御戸を形容して、信を厚ふし、敬を嚴にせば、自然の神化は法爾として我に得べし、此一巻は神路の手引ばかりなりと、假名書の一軸を袖より袂にうけて、名殘おしくうしろを見かへると思ふに、枕はづれて明野が原、きよめの茶のみて、宮川に身の泥をすゝぎぬ、

享保四巳亥歳七月吉旦
大坂高麗橋二丁目
山本九右衛門版

右神路の手引草三册、以流布板本爲底本加一校畢、明治四十三年十月、

神路の手引草終

中臣八箇之傳目錄

中臣八箇之傳

高天原

高天原は、陰陽五行、天地萬物、何れとしてかふむらざるものなく、孕ざるものなし、故に今日も高天原、開ぬさきも高天原、その差處は天上を云、原ははらむの訓にして、腹也、すべてもの丶はらまれている處を、天の原、海原、人の腹と云、天と云は、土地をなはれて智慮分別の預らぬ所を云、一身にとつては心中を指て云、心本虚にして、一物たくはふるものなくして、萬物の理をはらむ、是則高天原也、秡は雜念妄慮を秡て、清淨の高天原に至るを云、

元々翁按云、高はたかき也、天はたね也、たま也、靈也、原は廣きを云、諸を含み孕出す、畢竟清淨空虛の塲にして、神の留ります臺と心得べし、すべて六根にまよはず、己が罪咎を知て、神座に自己神をうつして、己が妄念を掃ひ、安心して自然の心を得る、是則高天原也、然ば天地の空虛胸の空心也、

愼齋云、凡高天原、指處三つあり、一には上天虛空、二には天上皇居、三には高胸坂、扨上天虛空とは、地をはなるゝ處の一點くもりなき清淨の大虛を云、天上皇居とは、天下を統御し玉ふ天子の皇居、又は神靈留らせ玉ふ處の神の宮殿を指て云、高胸坂は、人の胸中、方寸の心を指て云、高は推尊之稱也、高天は、たかくあつまるの中下略なり、原は廣大を云、上天虛空は勿論のこと、天上皇居、神殿、人の胸中、皆大虛也、大虛のむなしき處は、陰陽二氣混合して滿々たり、其氣即理也、其理即神也、神道に理のかたらずして、其氣の靈妙なる大元一氣を理と見こむことにて、佛者の所レ謂與二謂レ氣謂レ虛者一、大に異也、於レ是一毫一髮見謬る、與レ神與レ佛何ぞ異ならん、只この隱微の間にをひて心を盡すべし、神道は其一氣の妙用はたらきのすぢめを尊び、尊二於活物一也、佛者は一念不レ起虛無の處を尊ぶ、尊二於死物一也、故に其隱微の見あらはれて遂に我身をなきものにし、父子、君臣、夫婦の道を指て、人の人たる大倫を失ふ、我神道に於ては、父子、君臣、夫婦の道を守り、一念生ずる處にをいて邪ならぬ處のつゝしみを推立、常にこのつゝしみを起し立て、清淨の道を尊び、邪さらぬことを祈る、是神道の要領にして、この隱微の塲に毫厘の謬あるときは、終に君父を無し、人道を亡し、天地に逆ひ、神明に悖るの甚きに至る、是神人唯一の道にして、高天原より生じて、復高天原に至る、生死始終一につらぬく、實に神道の神道たる處こゝに極る、古今この隱微の處を謬て、遂に君父を無し、天理に逆ひ佛を混じて兩部習合の說を建て、吾道の本原を亂る、是吾神道の罪人也、賢愚夫是を愼て深く思をめぐらすべし、此一條略して是を云、悉別箇に記、

口傳云、高天原は、清陽の氣の一ぱいにみち〳〵たる處を指す、萬工夫、

天津祝詞

天津祝詞とは、眞實至極の誠を云、天津祝詞は天の祝

詞、太祝詞は地の祝詞なり、天長地久に配して云へば、一身にとつては我心を天長、我身を地久とす、天照太神こもり玉ふ處は天津祝詞、出現し玉ふ處は太祝詞と云、一生何をつとむるも、此二つをはなれたことなく、天長地久と祈るは行事方の大事也、人々胎内に十ケ月こもるを天津祝詞と云、出胎して事を行ふを太祝詞と云、工夫にては一念うかみをこるは天津祝詞、發して事をとゞこをりなく行は太祝詞也、今祭祀をとりをこなふに、向の神は天津祝詞、祈る我心は太祝詞と心得て、神の道なり、自然の誠ををしつらぬひて、天地一體の邪念なき心をもつて祈願し祭るべきことなり、

元々翁按云、天神よりうけつとふる傳のことで、天津祝詞は天神の御心、太祝詞は兒屋根命の實心なり、

愼齋按云、天津祝詞太祝詞は、心と口と符合して、心ありたけの實心、まことをふるひだして云のべること、天津は尊稱の言葉也、太はふとくたくましきこと也、祝詞はのべうつとふるの畧訓也、祝詞と云は、神事にあたつて其事の由を宣うつとふること也、故に一定の文段あるにあらず、然るに此中臣祓は格別にして、君臣合體、守レ中之道、教レ人之典法也、

可可呑天武

可可呑天武は、罪咎をとくとかんがみあじはへて、のみ入ることにて、善惡をかんがみのみわけて、善なればつとめ、惡なれば改て、其惡は氣吹戸主うけこみて、いぶきはなつぞ、可可はかんがみの畧語、のむはのみこみ合點しあじはえること也、

元々翁按云、一心の罪咎穢惡を知り、心をひるがへし、情を改る時は、諸の罪咎を秋津姫がみのみすつるなり、

愼齋按云、秋津姫の本體なる鏡にて、善惡をたもちかんがみて、善を善とあじはへのみ入れ、惡を惡とあじはへのみいれることなり、

荒振神

荒振神は、我心の雜念妄慮を云、國中にをひては人のために惡をなし、さま〴〵いろ〳〵のさまたげをなして、理ある善人をふみをかす邪なる人を云ぞ、

元々翁按云、國は五體を云、中は五體の中を云、荒振神は一心の不淨惡念發るときは、神明退きまして、一身こと〴〵く荒振神也、畢竟自己惡念の神なり、

愼齋按云、荒は手あらきこと也、振は威をふるふ也、又ふれさはり犯す也、あらくる神と稱る時は、向ふよりこなたへきてわるさをしかけ、ふみ犯すこと也、荒振神は、國中にて心中つゝしみなくあれはてゝ、理ある道を道とせずに、あらゆる邪の事をなして、己が惡を振ひ起して、善人をも振れ犯して、わるさをなす惡逆の人を云、神と云も同じことにて、天地の理ある正しき神を神とせずして、その正しき神をふみをかして、天地人のためにさま〴〵の災禍をなす邪なる神を云、人の心の上に於ても、惡念の邪欲一たび發るときは、正しき道のすじめある自己神明をふみ犯して、惡念邪欲のいきをひをふるひて、さま〴〵あらゆるわるさをなして、内神明もこれがために元を失ふて、心中眞くらになつて、善人をもくらまして惡くする、これ心中の荒振神也、かくの如き荒振神の心中にはびこると云も、ぞだひに常立なりの、正にきつとした、つゝしみの推立ず、ねむりたらけて、さゐ〳〵とせぬから、内本心の神明も守らぬやうになつて、わづか一念ちらりと心にきざす邪欲も、のびふとつて、そのいきをひさかんなる荒振神となるぞ、然れば心中常にこの荒振神のをこり出ぬやうに、手出しをせぬやうに、時々刻々にねむりをさまして、常立なりのつつしみを推立、常に至誠を起して神を敬ふべし、神を敬するはつゝしみなりの至誠がなければ、本の敬でなひゆへ、神道にをひて、常にこのつゝしみなりの至誠を推立て神を敬するを第一の敎とす、神は人の敬によつて威を益す、神威盛んなれば自ら守ること厚し、守ること厚ときは遂に荒振神災をなすことあたはず、故に平生我身に荒振神ありと心得て、由斷なしにつゝしみの誠を推立て神を尊敬すべし、祓と云も、この邪惡の念、荒振神の不淨を祓て、淸淨にすること也、可レ愼可レ恐ことにて、よく〳〵工夫修行をなして、行住坐臥に怠ることなかれ、後愚按ずるに、我身をはなれた國中にある處の荒振神は、聖人といへども犯さるゝことあり、いはんや常人にをひてはなをさらのこと故に、をそれしのんでつゝしむべし、

天津宮事

宮は身ありかの畧訓、身は中主の家、宮は身の在處、宮は天照太神の宮殿を云、この宮につかへ祭る處のしかたのことを云、神につかへ祭ることゝ、皇孫の天

下の上に立て、しをきまつりごとし玉ふは、みな天照太神の宮より出たる處のしかた、のり、かね也、故◎敬カの本、祭祀の本を云、

元々翁按云、太神の御心の事を云、諸神太神の御心をさつし、御心に叶ふべきを議賜、自己清淨なれば、太神磐窟を出て新宮に遷ります、畢竟太神の御心の表相也、俗歌云、

身は社心に神を持ながら餘所をとふこそをろかなりけれ

愼齋云、天津は尊稱の言葉なり、宮事は吾身のけがれ罪咎を祈ふしかたのことを云、又神を祭るしかたのことを云、上に立處の皇孫のとり行はせらるゝ天下のしをき政も、下の民たるものゝ道にたがはぬやうにして、もしその道にたがうたものは、身のあがなひ科料を出させ、又はをひやろふたり、又刑罰に行ふたりして、惡をこらしいましめてはらひ、又をん賞ほうびをやりて、天下の人のすなをに、よく上につかへてゆくやう、よく神につかへてゆかせるやうになさるるしをきまつりごとを云、天下萬物のすぢめ、道の行れ出るもとは、太神一神の德なれば、祓のしかた、祭のしかた、天下のしをきまつりごとのしかた、何れも太神の尊び天津宮事也、

瀨織津姬

瀨織津姬は、太神の荒魂、川の瀨に坐す神なり、又人の背に坐す、萬物身にふれ行ふことを先へ知りさとる神德也、

元々翁按云、背に坐て、朝暮禍を除き祓て、永く蒼生を惠み玉ふ、人清淨をなせば背に坐す神威力を益す、

愼齋按云、瀨織津姬は、瀧津瀨川の瀨人の背に坐す所の神也、自己神明かなるときは、瀨織津姬の神鏡照りかゞやひて、善惡を先へ知り辨へ、我心中の邪念きざさんとする處を知り、又暴惡の心になりきつてをる處にをひて、一念善に牙し、誠敬を起すときは、其羅惡を知て瀧のなだれて急に落ちたる如く、切てをさまるゝ神德なり、是則湍津姬の神にして、所レ謂邊津鏡也、

口傳云、邊津鏡は、事物の上を照し見ること淺きを邊津鏡と云、天照太神の荒魂瀨織津姬神、內宮荒祭宮に坐す也、人の背はまつすぐに推立て瀧の如し、川の瀨

瀧津瀬矢に同じ、故高山短山の末よりと云出し、決泳に落瀧津速川瀬と云述たる枕言葉なり、

氣吹戸主

氣吹戸主は、豐受太神の荒魂也、海中にあつて鹽の滿涸を主り玉ふ神也、人の身にあつて、腹に坐て呼吸を主り玉ふ神なり、

元々翁按云、息氣を主る神にて、惡念を吹拂神德也、瀬織津姫、氣吹戸主、腹背内外に坐て、晝夜人の身を守り、罪咎を除き祓玉ふぞ、

愼齋云、氣吹戸主は、人の丹田氣海に坐て、呼吸を主り玉ふ神也、豐受太神の荒魂、天御中主太神にして、即十種の内にある生玉、死玉、足玉、道反玉也、是四玉は元一つの玉にして、そのはたらきにつひて四つの名あり、

口傳云、生玉は生々の元氣、いき／＼としてをる德を云、死玉は生々の元氣、隱微の内にかくれんとする德を云、病人の祈禱に用るときは、死を反して生々する德あり、生玉は陽にして順、死玉は陰にして逆也、生生の上で云へば、道に順へば生、道に逆へば死也、足玉は玉の德滿足を云、道反玉は玉の立去んとするを引反す德を云、又邪惡の方へ走るを善道に反しもとづくる德あり、故に道に反す玉と云、是大海にあつて鹽の滿涸の本體、天地にあつて風の本體、人にあつて呼吸の本體、人心にあつて善道に滿足、惡念の芽をこれば、ぢきに吹拂て善道に引もどす本體なり、是田心姫一鏡の全德也、能々可㆓工夫㆒、微妙の味あつて言語に述がたし、

祓

祓は邪惡の念をはらひ去て清淨にすること、祓は敬也、つゝしむの訓、土しむるの畧訓、五行圓滿の形祓て、元の本體にかへるは、素盞嗚根の國にいたる也、是祓成就の場にて、土金の德に至り玉ふなり、

元々翁按云、祓は檍原に始る、一毛の罪咎のこりなく祓ふときは、清淨に至る、清淨なれば神留る、神留れば我と神とへだてなし、隔なければ成就す、

愼齋按云、祓は心身内外をかねて云、身を清る時は、自ら心も清淨の端ををこして清淨也、衣服のあかをあらひきよめて、内心まで清淨の端を起てきよらか也、これによりちなんで、心中邪惡の欲念をはらふ、祓ひきよむる心も神也、祓ひ清ることを成就するも

神德也、その始め終り皆つゝしみ也、いかんとなれば、その清々の端を起すもつゝしみ、成就するもつゝしみ也、畢竟二六時中心をよびさまして、きつとをこし立ていることで、その間に動き出んとする邪欲の念を、一念機微の間にきつてをとすやうにする、これ祓の至てくはしき處也、能可ニ工夫ー也、

中臣祓再八箇一箇之傳目錄

中臣祓再八箇一箇之傳

中臣二字之傳

中臣祓は、天兒屋根命之神作祝詞也、中は天御中主の中にして、少しもかたよらぬ中すみの理を指て云、是則中極にして、君の本體、臣たるもの守るべきの道なり、君は一天下の上に位し、中極の場に敬を推立て、下臣民をとり治む、臣はとみ也、則富也、又とゞまる也、とゞまるは、とゞむの義にして、む、み、相通、故にとみ也、臣下たるものは、この中すみの場にとゞまつて、君を輔佐し守る故に、一天の君を君としうやまひ、己に中すみなりのつゝしみを推立て、君德を下にあまねふす、

愼齋按云、神風和記云、國常立尊、爲ニ帝王之元祖ー、天御中主尊、爲ニ君臣之兩祖ー云々、鎭座次第記云、天御中主尊、亦名ニ國常立尊ー、亦曰ニ大元神ー云々、天御中主尊爲ニ君臣之兩祖ーとは、混沌の場に、もはや君臣上下のをりは、位は易て易られぬと云動きにじりのつかぬ理は、隱然と含藏せり、如レ此動きにじりのつかぬ易

て易られぬ常立なりの理あるゆへ、夫なりに芽を含で中主の本體發動して、統御運轉するなりに、四方八方上下より凝にこり縮に縮て、清濁上下に成定て、天は上に位し、地は下に位して天位を輔佐し守る、其天はとりもなほさず君の位、中極本元の塲で、この天君の德を以て萬物それ〴〵に生育をとげ、臣民それぞれにをりばを得て、己々が業をなしとぐるぞ、其地と云は、とりもなほさず臣の位で、萬古を歷ても動ず、常立なりに中すみのつゝしみを起し立て、上天君をうやまひ輔佐し守て、天德の思召なりをあまねく一ぱひに、生育の功を成就しなしとぐる、是天地上下共に中すみなりのつゝしみを以、たがひにその成功をとげ、天君も地の臣民たるもの、輔佐し守て、萬物をそれ〴〵に生育をなしとげるにあらざれば、天君の德を成就することあたはず、又地の臣民たるものも、上天君の萬物を發生する仁愛の恩惠なりの德を受ざれば、己が生育の功業を成就することあたはず、是ぞまことに君臣合體、中を守るの道にして、天も地のをりばに易ることならず、地も亦天のをりばに位を易ることならず、君臣も亦如レ此、上下の位は、萬方を歷てもかえられず、條理は嚴然として、臣民たるの德は自ら君に統皈す、こゝを以見れば、君臣の道、中を守るの本體は、いづれも天地の本原より自然生なるもの也、然るにかくの如く上下の位嚴然として易られぬほどの、尊卑上下の分別あるものなれども、其本原は二つともに、太元水の元靈、天地萬物に統御なさるに、天御中主の全德より生出されたものなり、故に各中を守るの道あり、こゝを以、天御中主を君臣の兩祖とすとはいへり、扨全體其元氣の統御運轉する塲に、四方八方上下より凝に凝、縮に縮て、眞中に至宰心本の御柱本體に推立、德を國常立尊と申奉る、こゝが純一無雜の帝王の御先祖なり、萬物臣民をの〳〵國常立なりをそなえざるものなきにしもあらざれども、國のとこしなえに推立は、帝王の任なり、故國常立を帝王の御先祖とす、是日本紀開卷の大事也、畢竟二神にてはなけれども、元氣水德の全體より申奉れば、天御中主尊土金の中心凝縮るより申奉れば、國常立尊（天御中主は幽にして國常立は顯なり、）と自然に筋が分るゝ事也、故に同體異名也、其土金中心は則國の御柱（又天御柱と云ふ、）之根底也、國常立を國底立と號し奉るも此義也、自凝島は、其御柱の中心根底よりはゑぬひた國で、其帝王は國常立の臍から帝王の臍ゑ貫て、國常しなゑにはゑぬひて、體任まし〳〵、天照大日孁尊、天柱を以天位に即せ玉しより、天壤無窮之皇統也、是神皇一體の大根本なる故、伊勢兩宮に心御柱立せ玉ふ、柱の御長につき、深祕の口訣あり、故に中臣は、國常立御中主の天地の本原よりはゑぬき、天照太神、兒屋根命に始る、其中と云ふは、天地を統御運轉し、萬物を生々するの神をさして云、其神は天地を形體として統御す、その神は君にして中極、その形體とするの天地は臣民也、夫天地位しては、天は中極の君の位、地は臣民なり、又天地人備つて、人の上では、一天下を統御する一天の君が中の位、臣下萬民は臣也、人一人の上で云へば、心が中の位、君のすぢめ、形體は臣民也、人と萬物と對して云へば、人は中の位、君のをりば、萬物は臣民なり、全體中と云ば、誠のことなり、敬のこと也、この誠と敬とを對して云へば、誠は中すみの君の位、敬は臣の位なり、然るに敬にあらざれば誠ならず、誠ならざれば敬ことあたはず、是則中すみの理也、是神の神たる本體、人の人たる本體也、扨其誠敬の中すみなる理を推立るも、邪欲の念慮あつては、しばらくは誠ならず、敬ことあたはず、中すみの理にをし立ことあたはず、故に其邪欲の念をはらふて、中臣の誠敬、中すみの本體に至る、其邪欲の念慮罪咎を拂も、誠敬なくて祓ことあたはず、君邪欲ゐつて君たるあたはず、臣邪欲ゐつて臣たるあたはず、萬民邪欲あつて民たることあたはず、邪欲の惡は物をへだつ、隔ときは和せず、和せざれば誠感通せず、誠感せざれば合體なるあたはず、合體ならざればたがひに守ることあたはず、故に邪欲の念を拂ふ祓にあらざれば、誠なるゐたはず、こゝを以中臣祓と云、是上一天の君より下萬民まで、この祓を以罪咎を祓て、誠敬にいたり、神の感應をえて、中すみの塲にとゞまる處の、萬古を歷てもかはらぬ典法とする處也、臣の字をとみと訓じ、とゞまるの義にとるも、上君の中の塲を目當にし、とゞまるの義也、又中すみの誠の塲を目當にして、こゝにとゞまるの義也、又富の義にとるは、全體に邪欲己にゐるときは、必其心まづしくして、且いやし、たとえ財寶衣食の自由に滿足とても、必其心まづしふして、且人ををそれ、臣民何ほどつきしたがふとも、皆欲の爲につきしたがふ故、心はなれて實に其人を守ことゐたはず、故にその心ともしくして甚いやし、故にこの邪欲を拂のけて、一點くもりなき中すみの神理の誠なる道を尊て、つゝしみを以誠敬に至るときは、邪惡これを害することあたはず、天下の人、その君を君とし、其人を人として輔佐し守り、神人共に心を其人にかたむけ歸しなびく、かくの如くなれば、心中富さかえて、誰をそるゝことなく、實に心ひろく體ゆたかに富の義也、是吾神道の教とする所也、能工夫修行して、神理を深く味え考ふべし、此一條略してこれを云、餘は推て求べし、

口傳云、中とぶ、とむの義なり、

中の字、深く味ふべし、中と云は誠のことで、天下一統、この誠を目當とす、この誠は中すみなりの誠で、とりもなをさず神のことなり、

神留坐之傳

神は天照太神、天御中主尊也、留坐とは、宮殿の寶鏡御神靈を留させ玉ふことにて、代々の日嗣と御同殿同牀に坐すなり、

愼齋云、天御中主、天照太神留せ玉へば、自ら天地間の神留坐也、

神漏伎神呂美之傳

神漏伎は高皇産靈尊、神呂美は天照太神、與玉傳記云、天照太神是皇親神漏伎命、高皇産靈尊是神呂美命也、鎮座傳記、以㆓神皇産靈尊㆒爲㆓神呂美㆒也、

口傳云、高皇産靈尊、神皇産靈尊、天坐者造化の神、地坐者氣化の神也、天御中主尊は、とこしなへに高天原に坐す、太元靈神、高皇産靈尊は、高天原にをひて萬物を化生するの神、神皇産靈尊は、靈降て生物の魂となる神也、故に造化を云ば、神漏伎は高皇産靈尊、神呂美は神皇産靈尊也、

愼齋云、天御中主、高皇産靈は、同體異名、三神にして一神也、畢竟高皇産靈、神皇産靈、天照太神を指て云、

天御蔭日御蔭之傳

天御蔭は、天御中主尊、高皇産靈尊之御蔭也、日御蔭とは天照太神の御蔭なり、

愼齋云、天御中主、高皇産靈、天照太神、倶に皇孫のために加護し玉ふ、皇天二祖の慈、冥助により我國としろしめす皇孫も、亦皇天二祖の冥助を大切に思召、誠敬を起し立て、皇宮の玉座に推立せ玉ふ、御孝心深くまします故、彌深く冥助をえさせられて、安國としろ

しめす、如レ此なれば、今日何たるもの、人れもみな此三神の德化をうけて出生するものなれば、皇孫ばかりのことでなく、人々此皇天二祖の冥助にあづからざれば、一國、一家、一身をたもつことあたはず、畢竟つまる處、恐ながらも、中主、高皇産靈、天照太神より見れば、己れ〳〵が自己の神は、とりもなをさず皇孫也、その皇孫なる神を内に安置することなれば、常に誠敬を起立て、天御蔭、日御蔭の冥助をかふむるべきことなり、此段遷宮、家移、姙誕、姙胎の祈禱祭祀のとき眼をつくべし、

天磐戸之傳

天磐戸、天は尊稱之言葉也、磐は堅固不測之稱、戸は出入往來の所を云、堅固に凝しまりて發達せざる塲を云、天上皇居、又一箇の心也、人我とも誠敬なれば、出入來往、發達運轉して、德化外に顯れ、功用往として行れざるなし、若不敬にしてあなどり、理ある正き道を道とせずして、ふみをかすときは、此磐戸は禁門をとざして、來往出入の感通することなし、故に晝夜善惡の分別なく、常闇となるぞ、可二工夫一也、

愼齋云、天磐戸は惡のばにをひての御座所也、晝夜で云へば、夜の御座所なり、聖智の人で云へば、道明らかならざる世にあひての居所也、然れば、この磐窟戸は今日の上にあること、人心では己不敬で邪惡さかんなれば、内自己の神は磐戸をかたくとざして、功用のはたらきなし、故に心に善惡のわいだめなく、實に晝夜の分ちなきが、ことに善心一たび芽て、天津祝詞太祝詞の清淨誠敬なるものを推立いのるときは、いかなる堅固不測の禁門にても感通し、ひゞきこたへざるなし、誠なるかな神明の德、眞なるかな中臣の誠敬、身心安靜にして、深く味え考ふべし、

速秋津姫之傳

速秋津姫は、天照太神の荒魂也、太神の別宮並宮也、三女神の内、市杵島姫命にして、瀛津鏡也、是事物の上を至て深く照し見玉ふ神也、瀛津鏡、邊津鏡の二鏡は、田心姫の一鏡の分作也、

愼齋云、瀨織津姫は、湍津姫の別名にして、邊津鏡也、速秋津姫は、市杵島姫の別名にして、瀛津鏡也、此二鏡は田心姫の一鏡にして、氣吹戸主の分德也、速秋津姫は大海にあつて、鹽の八百會に坐す、此大海の瀛中也、人にあつて腹中に坐す、善惡を深くのみあぢはへ

しろしめす神也、海中にあつて鹽のみちひを主り、人身にあつて呼吸を主どり玉ふ、田心姫は氣吹戸の丹田氣海に坐て、呼吸の出入を主り玉ふ、太神の御本心なりの德化也、速秋津姫は腹中を主り、善惡を深く味ひ考へ玉ふ、太神の御本心の靜なる所の德化也、瀨織津姫は、川の瀨、人の背に坐て、善惡を始て見つけしろしめす、大神御本心の動の所の動の塲の德化也、何も水德の神にして、陰神因て姫と稱す、劒玉誓の章、伊弉諾尊解除祓の章、合せ考べし、深長の味あることなり、

根國底國之傳

根國底國は、陰暗の人知れぬ地を云、かくれたる陰所を云、草木などの根も土中にあつて、人知れぬ見へぬ所ゆへ根と云、すなはち黃泉を云ぞ、

愼齋云、根はつゝしみの根底也、つゝしみの訓、土しむる也、素尊荒金の氣すぎ玉ふ神なる故、伊弉諾尊、根國をしらすべしと導敎玉ふ、然るをはたさせられぬから、太神のきつとこらし戒らるゝによつて、誓の本心を顯て、根國のつゝしみの塲に至り玉ひて、速に清淨むきづの本心をみがき得玉ひて、八重垣の神詠をなし玉ひ、永く土地を主り、天壤無究の皇統を守護し玉ふを以能考べし、畢竟高天原に對する言葉で、則高天原の根なり、根は、ね也、北方水德の塲で、太阳天日も是より發生の芽をなし、萬物を生出す初の塲なり、古今根國は陰暗の塲なると云を以、佛者の地獄なるものと附會し終る、是神紀を見ことの淺く、神理を求るのうすく、高天原の奧儀を深く考へざるのあやまちにして、神を穢し道を害する甚き罪人なり、如レ此見謬る所なれば、彌深く思ひ求、厚く神理を考ふべし、

速懍良姫之傳

速懍良姫は、土藏靈貴にして、素盞嗚尊の荒魂也、素盞嗚尊は、大戸之道尊、速佐須良比賣は、大苫邊尊也、此四神は玉、鏡、劍にして、主とする處は八握劍、蛇比禮、蜂比禮、品物比禮也、さすらは、さそひやらふの略訓、やらふは退也、

愼齋云、天照太神は高天原に坐し、素盞嗚尊は根國の清地に坐し、皇孫は國中に坐し、秡戸の神は天、地、人身中に坐し、天の祓は風、地の祓は水、人の祓は息、三才三種の祓、其祓所のものは、邪、欲、惡の三つにして、

則不淨なり、其不淨を祓ものは、本心動靜の陰中の陽德なる神德を以祓ひ、三種の神器も、三にして二つ、二つにして一つ、彼祓戶の三神も、三神にして二神、二神にして一神、其神も太神の本心動靜につひて顯れ坐す、祓心も本心動靜也、其動は靜の根、其靜は動の根にして、本心のはたらき也、邪欲もこの動靜によつて顯れ、不淨をなすも亦心の動靜によつて不淨をなす、善惡も亦動靜によつて善心を發す、其善惡は皆身體に因て顯る、故に不淨を祓ふの發端は、身を以祓、其身の不淨を祓にちなんで、心の動靜につひて祓をなす、然るときは、本心淸淨にして一點くもりなき處は高天原なり、其高天原は、根底にはゐぬひたつゝしみ、其敬は人の生れ出る根本で、人は敬を以生るゝもの也、故に敬は人生始中終のつとめ、そのつゝしみの至極は、眞の誠、其誠は過不及なき中すみの理、其過不及なき中すみの理なるものは神也、其神は中也、この中の神なるものを、とふとみうやまう處の、萬古かわらぬ法は中臣祓也、故にこの八箇九箇の傳を以、深く考へ厚く思ひ求め、必疎略に拜見せず、深妙の味を得べし、愼而勿レ怠矣、

一箇祈禱之傳

祈禱の訓は、のみいのる也、のみは呑込なり、心源にのみいるゝなり、いのるは言述るなり、心中にたゝえたる誠を、ありのまゝに、言葉と心にいゝのぶるなり、祈禱にさまぐの式法あれども、つまる處は誠の感通する所にて、祈禱成就するなり、必古き式法を背くべからず、只至誠のつゝしみを以祈るべし、一毫も私心疑心あれば、曾て感通なきものなり、

口傳云、人の交合して子を生ずるは、至誠の感通するしるし也、その妙合のとき、他念なき如く、その心を以何事をも祈奉るべきことなり、是深秘の極致也、必不レ可ニ放過一矣、

往昔圖ニ寫八箇傳一、加以ニ愚鑑之言一、顧爲ニ其書一、尤秘奧之極致、千萬世所ニ以不レ可レ易者也、然恐不レ可レ得レ盡ニ於中臣之蘊奧一焉、於レ是寶曆戊寅歲、以ニ父祖相傳之秘書一、集ニ八箇一箇傳一、使ニ中臣一書明白一焉、欲ニ附以ニ愚鑑之言一、其意亦曠ニ充傳來之深意一、而發ニ於中臣神代之蘊一、以使ニ後學曉易一、而遂筆ニ之書一焉、然後今

後閲レ之、聊不レ滿ニ於心一、却而恐レ使ニ後學惑一焉、改ニ正之愚言一、而以附ニ其後一、號ニ八箇九箇傳一、以與ニ于門弟子一、于レ時明和元甲申歲中冬來復月、謹而記レ之云レ爾、

右中臣八箇九箇之傳者、雖レ爲ニ深秘密要一焉、累年因ニ懇望一而直ニ授松村高定一畢、自今拜ニ此傳書一、則深求ニ其意一、厚考ニ其旨一、而必不レ可ニ放過一、愼而勿レ怠焉、且雖レ爲ニ同門一、而敢不レ許ニ於他見一矣、

甲斐守大賢照魂靈社三世孫
淺利愼齋源信賢

右中臣八箇九箇之傳合壹册、以伊豫國北宇和郡宇和島町縣社宇和津彦神社社司毛山氏正辰藏本令書寫、雖有不審、依無類本不能校合、
明治四十三年二月十一日、

中臣祓再八箇一箇之傳 終

神道秘傳抄目錄

神道秘傳抄

中臣祓

中臣二字之傳

中は則吾國の君のこと、君之事かと思へば、則天地の神明の御座る處も中と云、全體道の目當も、道體の根元も、皆此中と云が主になることは、夫故に此國の大祖の御名を天御中主尊と、中字を云が至て大切に預こと、臣と云は、とみ、をみ、たみ同訓で、則臣下のこと、其内をわけて官祿のあるををみと云、凡人をたみと云までのこと、君と云は、吾國は勿論、天地萬國に

一人ぞ、あとは皆をみたみ、◎信哉案、竹内式部の神道を以て公卿を遊説したるも、亦正に此説の如くなりしなるべし、然れば畢竟中臣祓は君臣祓と云こと、然るに君臣祓と云はず、中臣祓と云ければ、此中の字が今云通り、天地に有て、天の眞木眞柱となつて、動ぬ處を中と云、人に有て、なんでも人の道の動ぬことを國中柱と云て、道不レ偏不レ倚、過不及ない正中の正統正面の道が中の字也、依て天地の萬物を化育するも、此中から萬物生々する、天下の政も此中字から立、學者の學問する目當も此中字、兎角どこ迄も、此中字と云ものが立ねば、善やら惡やら分が知れず、則造化で土しまつたるものが天地の正中に立て、形葦牙の如なる物生と書てある、能日月星辰も運行する、然れば是が造化の樞軸、品彙の根底となりて、動かざる處がこゝにある、去によつて、君も此中の道を守て、中なりに立つらぬかるゝ君でなければ君でなく、又臣下はどこまでも此中五の君を戴て、こなたから法なり道なりを守と云が、上一人より今日匹夫匹婦に至ての道なり、故に君臣合體守レ中と云ことが、此中臣祓の大事、君の上に有て下を治らるゝも、此中の黑がねから出、下の上をいたゞくも中をいたゞく、とんと此中と云道なりを相守て、萬國に道なりが立つらぬくぞ、それで御中主尊と云詞をえたと云が、とんと陰陽の場に君臣上下の名分が立て、中の道でなふてはと云ことが、君の出ぬさきから立つらぬいたこと、それを聖德太子の詞に、天御中主尊者、君臣の兩祖たりと書れたと云て、御中主と云へば、君のことより外はないけれども、それを君臣之兩祖となせと云れたと云へば、あの中の字ぞ、中字は君の爲もいたゞき奉る中で、これが君臣の兩祖ぞ、然れば道體本原より道の道たるものは、此中の一字より外はない、如レ此造化より道なりに立つらぬく我君ゆゑ、今日まで萬古不易に繼がせられ、國とこしなへに立こと也、勿論吳國でも、中字を以中心中五之國と云ことは知てをれども、其實が立ぬゆゑ、中がぐれつく、あのやうに中がぐれつきたり、替たりしては面白からず、於レ是見識をすへて、天に二つの日なく、地に二つの王なし、土金は天下萬國の柱、君は萬國萬世の大君、道なりから、直にすいと、たゞねとなつて、りんと中に位なされて、其位の替ぬこと、そこで此祓と云も、民の罪科を不レ殘君から祓て下さるゝ、其祓はせらるゝは、皆中の字を以祓たもの、易いこと悪事をして自身中臣祓を讀で罪が消たとは思はふけれども、公儀からゆるさねばなんの役に立ず、然らば君が又我手にゆるさるるかと云へば、天津祝詞乃太諄辭於以、神明へ申上て、四神の冥助をゆるさるゝ、是皆君と云へども、中を守て中なりに天下を治らるゝ、そこを國常立と云物を以、天子の元祖としたもの、其國のとこしなへに立いはれを、も一つつめて云へば、御中主尊で云ねばならぬ、とこしなへに立いはれは、中で立によつて、垂加翁山崎闇齋の、國常立は帝王之任也と、柱字を埋給ことは、如レ形心肺を凝してのことで有ふと、八鹽道翁出雲路信直の仰られたが尤なこと、

神留坐之傳

高天乃原は、前云通、指所二あれども、こゝは直に天子の皇居を指、神は則天照太神、留坐は寳鏡に御魂を留られて、吾子視ニ此寳鏡ー當レ猶レ視レ吾、可ニ與同レ牀共レ殿以為ニ齋鏡ーと仰られた、それより同殿同牀に御坐られて、幽冥のことは日神、顯露のことは時の天子執行玉ふ、それを高天原爾神留坐と、こゝの口傳の大事が、日神は今日まで崩御ならず、やはり今日が日神の御治世、内侍所にきつと留て在坐は、あなたの冥助を以、今日の上様は、其取次手傳をなさるゝ、こゝで祭政一致と云が始つてくる、祭は神を祭こと、其祭たなりを天下の政にする、そこで神武天皇御一代の功業、皆日神の御蔭々々と、日神をあたまの上に戴て、常住事をなされた、皆こゝからでることぞ、

神漏岐神漏美命之傳

是は高皇産靈、神皇産靈のこと、造化に有て萬物發生の功業を生ものは、御中主尊は其本體、それを高皇神皇の兩神が事を執らるゝ、それを直に人體のなりにもてきてといて、日神は御中主尊、其日神の命をむすびわけて萬民へ下されたは高皇産靈、時に造化では高皇神皇の二神なれども、人體では一つにあわせて、高皇産靈一神ぞ、造化では高皇産靈神皇産靈と擧たれども、氣化の時には高皇一神ぞ、日神は内侍所に留在座は、此尊が其命を以神集仁集賜比、神議仁議賜と云が道、色々事を仰付らるゝ政の、此高皇産靈のなさるゝと云こと、これも古かふで有たと云ことでない、此傳の大事が、則今日御内侍所に日神の神靈は留坐、高皇産靈の神靈も留て、神集神祓仁祓賜ふ、此二神

で吾國の政は立たもの、なにほど君有ても、君の命令を持出す處の攝政關白が、役に立ぬ者では埒は明ず、然に高皇産靈大德で、神籬岩坂を起樹て、萬々歳まで此國に留て、神集神祇によつて、神武天皇の一生、皇天二祖々々と崇び玉ふが、かふしたこと、やはり今日が日神、高皇産靈の御治世の神代とみよと云傳ぞ、

天御蔭日御蔭之傳

天御蔭は天御中主尊、高皇産靈之御蔭、日御蔭は日神の御蔭、兎角吾國は日神の始て天位に御して、高皇産靈の神籬磐坂を起樹て、上天子を守護し、下萬民を治られた、此御二方の功業によつて、如レ此今日まで安國と、神世の遺風歴々としてあることじやによつて、今神武天皇の此大和國に都なされ、如レ此天子と仰れ、安國と所知食は、畢竟天御蔭日御蔭と仰らるゝ意から、神武紀の大星の傳、葵桂之傳、とかく皇天二祖をあたまの上に戴て、懼み愼みて敬崇て、みぢん我功業となされず、天御蔭、日御蔭止隱座す、こゝが中臣祓の至極、神武天皇の心法を説たはこゝぞ、これが神武天皇の神籬、勿論御蔭と云ことは、御殿のやねに付た語、或は笠に付て語、或は榊の葉之茂たに付て語り、なんでもしげみの下に隱坐て、日を懼敬と云の心法、夫故に日神高皇産靈二神を叡山の麓に自身祭せられて、御蔭仕と名られたはこれぞ、それで天乃御蔭日乃蔭御止の、止字を大事にする、止の字一つで、何事をも神明の冥助として我功業とせず、御膳一つ、御衣一つでも、皆天御蔭日乃御蔭と思召、これで御厚心を察知べし、

天津祝詞太諄辭之傳

是をト部の傳は未言已言と云て、天津祝詞を未言の誠と云、胸中にたゝへてある處、それを太諄辭は思ふ儘に、胸中の誠を申出したことを云、祝詞は、のぶること、其ことをなんでも云出すこと、天津は付字、太は稱美したこと、胸中にたゝへた誠を、ありの儘に云出すことを、天津祝詞太諄辭と云、然れども伊勢の傳には、天津祝詞太諄辭を合して誠と云ふことゝ傳へた、何れにしても誠のことではある、大中臣が朝廷百官不レ殘申出たる罪科を、天津祝詞太諄辭で、誠を以天帝四神へ告上と云こと、

四神之傳

瀬織津姫と云は、川の瀬に在坐から云、神體は造化の

天日、御入躰日神の荒魂として川の瀬に祭て、祓の神とすること、全體祓主るは日神のなさる〻ことでは有て、和魂ではない、荒魂ぞ、因て是を伊勢の阿波羅波命の能傳へられて、内宮は日神の和魂を祭、荒祭宮に造化の天日を祭て、これを日神の荒魂として、是を爲二瀬織津姫一と記してある、至極能しるされた、速秋津姫は、是も同く日神の荒魂、海の鹽乃八百會と云て、どんと潮のた〻へてをる一深き處に勸請する、是は先祓をする者が、山から川へもて行、川から海へもてゆく、然れば川は淺し、海は深、淺は邊津鏡にし、深は瀛津鏡と云て、十種の二の鏡になること、時に瀬織津姫、秋津姫、皆鏡の御徳、なぜぞなれば、日神の荒魂で、天日を云からは、皆鏡ぞ、御名は罪を段々流してやる次第で付た、川の瀬に在坐て、それを海まで指出させらると、鹽の八百會に、速秋津姫が口をあけて待て御座られて、罪科を呑でしまはれる、速はすみやかなこと、すみやかに其罪科を呑込てしまはせらるるが速秋津姫ぞ、それで持可々呑天牟とある、これは次第で名付たもの、畢竟こ〻の大事は、罪を祓と云ものは、もとの通明になること、もと生れた處は、天神より明に生付たもの、私意私欲によつて覆はれたものを、二度明にすると云目當は、天日より外に明な目當はない、人の私意私欲に覆はる〻は、皆氣のくるい、陰陽二氣の正い神靈と云は、直に天日ぞ、天日が正明になられて、人の罪科を祓せらる〻、然れども天日がもと人の罪科を祓ふ爲ではない、實は萬國を照す役、そして荒魂を以勸請する、然ればこ〻に難レ有ことは、人如レ此に心の靈を存して生れたは日御蔭、それで直に人は日留の訓、そして衣食住に事か〻ぬ樣に事足てあるも、日神の御蔭、直にそれが日神と云天子に成て、道を立人を敎、御生也は勿論、今日まで伊勢内宮に鎭座在て、天下萬民を治て敎ことをのみ誓となされ、其上罪科あれば又祓せらる〻、竪になり横になり、どちらへこけても、皆日神の妙助を以、此國に居者にわだつこと、是等に付て難レ有敬べし、猶日を目當にして祓をすると云は、初重、檍原祓除之傳に、伊弉諾尊、日向にて日に向て祓をなさつた處で委說たれば、考合見べし、伊吹ど主と云は、御中主尊の荒魂ぞ、伊吹は息吹と云こと、速秋津姫が可可呑れたのを、根國の底の國の造化の場へ吹て〱

吹まくられたと云こと、可々呑天と呑込れたものなれば、又吹出さねばならぬ、こゝでこれ造化の月を目當にして祓ふたれば、則造化の御中主の體と一體に成た、さんと造化の神に御目にかゝり、造化のもとへもどしてみても、どこに一つくいちがふことない樣な人間になると云こと、こゝは自ら玉の德に成て、御中主の本原の水に立歸た樣なもの、其次に速佐須良比咩と云は、人躰で素盞嗚尊、造化で大戸道尊の荒魂で、土の精粹の靈也、時に土の精粹の靈と云へば、直に金ぞ、其名をなぜ佐須良比咩と名けたなれば、流浪することをさすらふと云、これは素盞嗚尊から付たこと、あの金氣强き素尊が、根國へさすらはれて、段段きたいにきたはれて、姫の云氣象にならせられた、それでこゝを五部書に能說て、速佐須良比咩、神素盞嗚尊と力を合て在座とある、直にこれが素盞嗚尊じやとも說ぬ、なぜなれば、金は土にかねてある、それで土の中のさんと正中の金のじつとしづまつている處へもていた、造化の御中主のもとへもていて、それなりが金の塲へせんじつめたも、をの〳〵造化本原こゝよりやり處はないほどに、持佐須良比失給た金氣で、事をしもふて取たこと、それを素盞嗚尊をもてきて書たは、佐須良比咩と、比咩の德に氣質變化なされ、遂に根國の底の國で、土金全備、淸々之地に至られたと云を書た、それでこゝは自ら劍に當る、それで四神が三種につまる、瀨織津姫、速秋津姫は鏡、伊吹戸主は玉、今こゝは劍、自ら吾國造化の學術を說なり、佐須良比失給とあるゆへ、こゝにての三種は、是まで持てくる飛脚の樣に思ふている、さふない、皆持出給天牟、持可々呑天牟、伊吹放給天牟とあるが、高い處から卑い處へ持ていき〳〵する內に、段々罪科がきえて、佐須良比咩の處へもていく時には、みぢんほどに成た處を、金氣を以失たと云こと、

左男鹿馬牽之傳

是は中臣秡卜部の傳に、左男鹿の八耳乎振立云々とある、あれは畢竟、詞をよせたもの、左男鹿と云は、しつかりと聞食と云こと、馬牽立は、こまかに金氣を振ひ立て、自ほどに、あなたもしつかりと、八耳を振立て聞食と云こと、鹿はもとよりれいりなもの、夫故にれいりな耳を、又振立てしつかりと聞食と云こと、神道は皆此やうなもの、穿て理窟を付れば甚わるいか

ら、云なりが神書のさばき、おちからしつかりと聞食ば、こちからはこまかに馬牽立、金氣を以申上と云こと、

八耳之傳

耳は聞が徳で、外は皆夫々の徳があること、替たことで耳、目、鼻、口、四肢、百骸々、皆耳の徳が感のある、それで目の能みるを目きゝと云、鼻の能かぐを鼻ききと云、手の能きくを手きゝと云、能することを皆耳の徳で云てある、そこで八耳と云へば、神明の何も能させらるゝ聰明など云合點、耳は身皆の訓、身皆能きくと云ことで、神明の徳の聰明なることを、八耳と稱したもの、

右神道秘傳抄壹册、以伊豫宇和島一宮社司毛山正辰所藏本令謄寫、
以无類本不能校合、明治四十三年二月紀元節、

神道秘傳抄終

神道指要序

神道者、尊二皇猷一之稱也、迺者至治無爲之法、頗乘レ或二古今之少異一、而且別二厥目一耳、已庸下日本紀中或二神代卷一、而或中皇世篇上當レ知焉、蓋厥稱レ神者、嘗非下崇二太古久遠一之事上、亦嘗取下德風合二于天心一、而仁澤應二於自然一之義上矣、或曰、此神道者、乃稱二皇祖之高迹一也、故神道也、爲二中正之大經、而天下之古實一耳、指要者猶レ言下擧二大本一而杪末者舍上焉、夫以皇猷者、國家之憲法、而人倫之綱領也、是故王民所レ學凡斯弗レ二歟、而古也專因二于工夫一而進焉、今也專循二乎書典一而薦焉、而視二書典一也、必先務レ本、否則時史生之有耳、而今時也、祠家頗似下見レ要二于師職一者上、於レ是二三太祝自任レ之而起二學則一、若比賀大夫櫻塢先生、著二神學指要一、本邦之學術、始獲二厥所一レ嚮歟、然孔高雅、故如二常人一、已雖レ或レ志、亦安獲レ知下厥或或中所二依賴一之至者上乎、蒼生病焉、愚私謂、先生爲レ人慈惠、素心固欲レ遍焉、因熟察レ之、則默而難レ止、於レ是余終欲レ明丁以約二厥道術一、撮二其要處一、使丙人々速志レ仁愼レ德、安乙厥心平高

天原之淨域甲、而此作二神道指要一也、既而亦考二厥諸太祝前所レ擧之學則者一、僉時憂三覺古義之廢絕一、而略述二厥旨趣一、最親非四好將三爲下神吏上而導二蒼生一也、已亦輓近異端累起、而悉爲二本敎之害一、坐弗レ忍レ見焉、敢以擧二舊範一也、於レ是皇綱將二紓レ紐而却亦張一、恐期運使二之然一矣、今此所謂指要者、著二日用急務之事一、尤指二斥天地人和融一致之義一、而爲二全篇一、蓋時以二太古神人之所レ傳者一序レ焉耳、如敢要レ之、則謂レ設下講二齋庭一之爲上亦可也、抑齋庭之言也、已忌二穢惡一、輸二三才之淸淨一、而殲二誠於天一是也、時乃神民之達道矣、故古語曰、天人唯一、天人唯一而治風無レ窮、海内亦洽浴二天照太神之光華、及弓兵政所之明德一、而當レ甘二神氣之至處一耳、呼勗哉、民生能百レ之、則雖二小人童蒙一、已或レ獲二厥大概一、況復大人老長罄二精眞一、厚川亢レ之、則神理亦或レ臻レ之也、於レ是余忘二僭踰一、而敢以此事二陳力之義一云レ爾、

天明七年丁未晚春

神州《カヒノクニ》二宮主

榮名井廣聰謹識

◎信哉云、和田本七年丁未攺八年戊申

神道指要目錄

上篇凡十六章

下篇凡十五章

右上下凡三十一章◎信哉云、此目錄原无、今補、

神道指要上篇 上下凡三十一章、中上凡十六章、

榮名井廣聰章句

一凡自レ古而序二天地人一、之謂二三才一、稱二厥魂一爲二神祇靈一、王臣庶之謂二三生一、稱二厥德一爲二聖賢哲一、璽鏡劒之謂二三器一、稱二厥敎一爲二實白直一、而君敎二于臣一、父敎二于子一、夫敎二于妻一、時謂二之三綱一、後世撰下老翁長者先格之勝二厥德一者上以爲レ師、能從二于厥師一而全レ仁爲レ學焉、蓋能率二厥天性一之謂二正直一、能率二厥大經一之謂二明白一、能率二厥道理一之謂二眞實一、而旁格二厥眞實一、以臨レ下則時爲二仁慈愛一、仰レ上則時爲二忠孝貞一、移二之於他一則行二乎昆弟師友以下衆生之間一、而嘗罔レ所レ弗二和順一焉、推二之於世一、則已雖二天下之廣一、猶二同一家一也、奚夫此而已哉、於二乾坤覆載一、亦時光彩徹底、而德風固弗レ戾焉、宇宙之間渾々罔レ弗二清々一、三種之神敎亦不レ盛乎、崇神帝曰、天神地祇共和亨、而風雨順レ時、百穀用成、家給人足、天下平矣、眞實此云二滿古登一、明白此云二滿須美一、正直此云二麻須俱一、

二凡開闢之始、王臣庶天爵已定矣、神代上曰、于レ時天地之中生二一物一、形如二葦牙一、便化二爲神一、號二國常立尊一、時爲二之乾祖一、又一書曰、高天原所レ生神名、曰二天御中主尊一、時爲二之坤祖一、亦一書曰、天鏡尊生二天萬尊一、時爲二之蒼祖一、蓋時三綱主宰之濫觴也、傳云、已以二天子一稱二一姓一、以二人臣一稱二諸姓一、以二庶人一稱二百姓一、中古王也以二五世之子一賜レ姓而爲レ臣、臣也以二三世之子一賜レ居而爲二庶人一、允恭紀曰、三才顯分以來、多歷二萬歲一、是以一氏蕃息、更爲二萬姓一也、姓此云二宇治一、亦云二箇婆禰一、

三凡三器之在レ朝也、猶三三光之麗二于天一矣、神代下一書曰、天照太神手持二寶鏡一授二天忍穗耳尊一而祝之曰、吾兒視二此寶鏡一、當レ猶レ視レ吾、可三與同レ床共レ殿以爲二齋鏡一、又勅曰、以二吾高天原所レ御齋庭之穗一、亦當レ御二於吾兒一、亦一書曰、天照大神乃賜二八坂瓊曲玉、及八咫鏡、草薙劒之三種寶物於皇孫尊一、因勅レ之曰、豐葦原瑞穗國者、是吾子孫可レ王之地也、宜二爾皇孫就而治一焉、行矣、寶祚之隆、當二天壤無レ窮者矣、謹按二一書一、以二三種之事一爲二太神之勅一者、蓋遙稱耳、且以二三種一統レ之、稱二寶鏡一者、猶下世人當レ爲二帆範一者言中龜鏡上、相傳古以二三器一稱レ之爲二天柱一、以二三器之所レ鎭之處一、稱レ之爲二國柱一、齋庭此云二由仁波一、

四凡當二八洲起元之時一、四神出生、而三種之神敎已興矣、神代上曰、陰陽二神生二日神一、此子光華明彩、照二徹乎

六合之內、故二神喜曰、吾息雖レ多、不レ有二如レ此靈異之兒一、次生二月神一、其光彩亞レ日、次生二蛭兒一、自性便弱、次生二素盞嗚尊一、此神有二勇悍以安忍一、然終到二于素我地一曰、吾心清々之、蓋各爰以二實白直一爲レ心、所レ謂神敎之所レ原也、厥若二蛭兒一、舍而不レ論レ焉爾、能適二乎神敎一、是謂二神々之一、（神々、此云二古夫古婦一、）五

凡天皇之始、三種之神敎益明、而博所レ行矣、神武卷曰、辛酉春正月庚申朔、天皇即二帝位於橿原一、因勅レ之曰、上則答二乾靈授レ國之德一、下則弘二皇孫養レ正之心一、亦曰、天皇素聞二饒速日命是自レ天降者一、而今果立二忠效一、則褒而寵レ之、亦曰、今運屬二此屯蒙一、民心朴素、巢棲穴住、習俗惟常矣、蓋風俗雖二朴素一、然實體守レ常、乃孝行之集二通義一者歟、豈敢鄙レ之乎、（孝此云二箇志豆喜一、亦云二遠也仁志多加婦一者、未訓耳、）六

凡雖二赫天皇之尊一、以レ耆二大孝於乾靈一爲レ道、矧於二衆人一乎、此稱二大孝一者、猶レ言二天忠一歟、神武卷曰、天皇曰、海內無事、可下以郊二祀天神一、用申中大孝上者也、（忠此云二都箇婦末都理一、）七

凡神武帝建二皇極一焉、綏靖帝繼二厥志一焉、安寧帝全二厥德一焉、世稱是謂二天皇草創之三世一、仁義禮智信自然所レ行二于茲一、而風俗淳々乎、崇神帝曰、昔我皇祖大啓二鴻基一、聖業逾高、王風博盛也、（仁此云二宇都久之一、義此云二多陀之一、禮此云二箇志高之一、智此云二佐登之一、信此云二奈保之一、）八

凡上古海內無事而無レ患者、不レ過二于四孝之世一歟、若二厥前後之美一姑舍焉、當治殆三百載、厥衆口者僉順二乎戶長一、戶長者僉順二乎邑長一、邑長者僉順二乎郡司一、郡司者僉順二乎國司一、國司者僉順二乎政官一、政官者僉順二乎天子一、天子者已順二乎天神一、而上下和睦、天下安泰也、或亦有二國造及縣別者一、而共務二分憂之職一、後世是謂二國主及郡主一、如二神代一今日如二今日一、末代猶二一日一、時謂二之天下之大道一、而以二禮樂政刑一齊レ焉、于レ時衆民有二口分田一、男凡一頃四分之一、女凡減二厥三分之一一、蓋以二廿分之一輕一爲レ稅、恐多須二貢法一而少二徹法一、或云、神代也奉法、皇世也德法、而自二大化時一而貢爲二廿分之一一、亦云、延喜頃爲二十分之一一、多須二徹法一歟、自二覇府起一而來、進爲二四公六民一、後世（大閤之時）募之爲二五五一、可レ謂二苛法一也、崇神帝奉レ稱二先皇一曰、世闡二玄功一、時流二至德一矣、凡爲二民之父母一者、宜下在二豐年一而設中凶年之蓄上、是即所三以陽神飢時生二倉稻魂一也、宣化帝曰、食者天下之本也、黃金萬貫、不レ可レ療レ飢、白玉

千箱、何能救レ冷乎、

九 凡皇室有二五等之尊一、天皇也、皇后也、太子也、親王也、諸王也、而以三有德一爲レ主者、天下之幸、蓋親王者已特有二四品之階級一而序レ焉、而親王也、帶三三卿及尹帥三太守等一、諸王也隨二于齒一而帶三諸省諸寮之長官一、今也如レ伯、猶爲二王職一頗傳二佳例一者也、夫雖二小王者一以レ依レ仁爲レ德、繼體帝曰、所レ寶惟賢、爲レ善最樂矣、

十 凡天下治綱四、祭祀也、政刑也、守衞也、糺彈也、職員令曰、神祇官、大政官、近衞府、彈正臺、可レ謂事已見二于官一矣、而此官也、自二神代一而分二厥職一歟、且屬官不レ尠、崇神紀曰、百寮竭二爾忠貞一、孝德紀曰、置二八省百官一、今按、百官者、內則七職、四府、二十寮、十餘司等、外則兩府、六十六國司、及二島司、六百餘郡司、幷三關、三津、六坊、諸牧監等是也、厥祭官貴者、齋宮、齋院、次レ之者、祭主、長官以下、大宮司、厥次大社司以下、三千餘坐、式外之諸神司等是也、上古祭政一致、中世分爲二二途一、而神官尤所レ卑焉、既而人臣各有レ祿、而世守レ職、蓋頗有下賞二德功一之風上、已分二厥位一爲二三十階一、而各安二厥素業一爲二常心一、以二大臣一爲レ公、以二參議上一爲レ卿、蓋以レ位則三位上總爲レ卿矣、以二諸司之長官上一爲二大夫一、以下爲レ士、蓋如郡司等不レ然矣、有二位田職田功田等之格例一、而應二于厥分一云、已以二忠肅一爲レ主、挺々邁二職役一矣、崇神帝曰、群卿百寮、竭二爾忠貞一、並安二天下一焉、神祇官此云二箇武都加佐一、太政官此云二於保以萬豆利古止乃都加佐一、近衞府此云二末茂理都加佐一、彈正臺此云二多陀之都加佐一、

十一 凡天下萬鄉億邑、兆戶京口、此無盡之庶民、雖二厥倫弗レ一、然要レ之則唯弗レ過二此五等一耳、內則父子也、夫婦也、兄弟也、外則主從也、師友也、而以二孝貞信一爲レ主、則倫理弗レ紊、而各事レ業、則厥身尤安矣、繼躰帝曰、朕聞、士有二當年而不レ耕者一、則天下或レ受二其飢一矣、女有二當年而不レ績者一、則天下或レ受二其寒一矣、故帝王躬耕而勸二農業一、皇妃親蠶而勉二桑序一、況或下厥百寮曁二于萬族一、廢二農績一而致二殷富一者上乎、

十二 凡天下之人者、僉惟神孫祇裔也、故各卓然蔑下弗レ或レ懷二神性一者上、然自レ匪下億兆世讓二賢哲之質一、而使中之能守上焉、安獲三久符二神祇之素一也、因通色相傳曰、人性也主善者矣、猶二日或レ夜、年或レ寒、天或レ陰、而言レ善則頗惡從レ焉、蓋時古今之流俗、自然之風躰耳、於レ是太神垂二大仁一、能欲丁起二人道一而布レ敎、已使丙之學焉、而後厥獲乙純善上、學亦豈廢レ之乎、然人也自弗レ志二于道一、則敎罔レ所レ施レ之、故學也專尙レ志焉、若二厥小人

女子者、當多令依于父兄老長耳、雄略帝聽后之諫曰、樂哉、皆獵得禽獸、朕獵得善言而歸焉、性此云古古呂彌主善此云於茂與之

十三

凡人也須先爲正直如劍、已正直之則十而七八僉可也、而亦須以爲明白如鏡、已明白之則十而十僉可也、而亦須以爲眞實如玉、已獲眞實則百而百僉合也、蓋人也欲厥爲正直、則宜愼事而爲快乎心矣、人也欲厥爲明白、則宜預格物而詳爲致知矣、人也欲厥爲眞實、則宜志道脩性、乃爲神人、長稱至人矣、垂仁帝奉稱先皇曰、剋己勤身、日愼一日、

十四

凡人各或當尊信之神四柱、天神也、祖神也、德神也、功神也、厥以豐受太神爲天神、以天照太神爲祖神、以春日明神爲德神、以三輪明神爲功神者、蓋天子之事也、以內宮及八幡宮等之至尊爲產神、以外宮及加茂宮等之至貴爲氏神、以高良明神、塔峯權現、弓兵政所、天滿天神等之有德爲齋神、以士也住吉、農也御崎、工也新蚑、商也惠美壽等之有功爲守神者、蓋臣庶之事也、而若信厥他神者、或謂則可也、否則頗亦似于媢歟、矧於或害者乎、必也弗信之而可矣、尾輿大連曰、我國家之王天下者、恒以天地社稷百八十神、春夏秋冬祭拜之爲事、然拜他神、則國神尤發怒也、德此云以都久之美、功此云以佐保之、弓兵此云由都惡、

十五

凡神官所掌之方四、祭祀也、祈禱也、祓禊也、揖拜也、而若揖拜、衆人亦相同、一揖、二拜、拍手是也、蓋是爲通敬、厥若兩揖再拜爲篤敬、厥若兩段再拜爲至敬、率若篤敬至敬、已亦爲搢紳及祠職之事也、然厥若通敬、固仰神之禮、人各弗可弗知焉也、否則復馬牛而爲襟裾矣、厥若所稱之祓禊祝詞、先爲三品、世壽祓也、中臣祓也、三種祓也、然若常人者、任所意略之而當誦焉耳、蓋若體用二種祓者、祝俗一般共宜傳之也、時謂之唱天唱祓而顯信盡實、尤時抽丹誠之義也、唱天者念天神地祇也、是爲體之一種、唱祓者觀祓除禊滌也、是爲用之一種、二種統之稱天祝詞太祝詞也、厥若祈禱、多祠家之所有、非平人之當執行者歟、厥若祭祀、天下之人最宜事之、乃奉祖之務、行道之本、豈亦忽之乎、崇神帝曰、今解罪改過、敦禮神祇、亦垂敎而綏荒俗、擧兵以討不服、是以官無廢事、下

無二逸民一、敎化流行、衆庶樂レ業、世壽此云二與保儀一、實神代上下之本文也、上代是稱二壽詞一歟、天神地祇、此云二阿末都箇美、久仁都箇美一、祓除禊滌、此云二波羅比多滿邊喜與妙太末倍一、

十六

凡今日於下弗レ逮二人力一之處上、爲レ援者神祇也、且勝二于人力一、而征二暴戾一者亦神祇也、此神祇幽冥之賞罰、在二人事一而甚雖レ迂、然天地之公儀、終所レ弗レ獲レ免、豈亦弗レ愼レ之乎、孝德紀盟詞曰、天覆地載、帝道唯一、而末代澆薄、君臣失レ序、皇天假二手於我一、誅二殄暴逆一、今共瀝二心血一、而自今以後、君無二二政一、臣無二二朝一、若貳二此盟一、天災地妖、鬼誅人伐、皎如二日月一也、抑宗廟社稷者、時國家之大本也、民人之所レ遂二厥生一也、於レ是山田公曰、先以祭二鎭神祇一、然後應レ議二政事一也、神功紀曰、旣而皇后則識二神敎有一レ驗、更祭二祀神祇一云々、國家自レ古、厥以二祖先考妣一、乃比二之於神祇一者、無窮之高風、已有二奇奇妙妙玄玄之謂一、厥知二天地自然一者、或有三洞然親辨二明至處一、時亦非二私言一、所レ載二于神代紀一之微意爾、愼此云二都都之武一、

神道指要下篇 凡十五章

榮名井廣聰章句

一 凡本邦雖レ多二經典以下、儒、僧、道、及諸子百家之經史書傳等一、然於二厥奉レ道者一、已靡レ貴レ於二日本紀者一、而以二紀首兩卷一爲二神代一、則敎化之最上、本邦之人、特可二尊信一之書矣、或云、直二于今之時一、則以三三十卷一總僉當三以稱二神代一歟、然允恭時、儒聿致起焉、推古時僧聿致起焉、已或レ爲二混雜一、則頗可レ或二用捨一者歟、勿論若二神功應神仁德三代以往一、最爲二純德一、雖二履中反正二世之末風一、猶可レ尊レ之、則以上十二卷、當レ稱二後神代一也、日本紀也、養老時、弓兵政所之所二撰錄一、實皇室之經王、而神家之典眼也、故雖二野人鄙夫一、已有レ力有レ才者、當二謹熟覽一之、亦或二頗獲レ德者一爾、厥若二神代卷一、乃著二皇王之本源、而臣庶之最初一也、於レ是戶々當二貯而恭一覽一之、或多下所レ蒙二冥加一者上矣、或云、常人如已執二此書一乃貯二諸於草屋一、則有下得レ罰而家或弗レ榮者上、例之浮屠家、闇忌レ或下見レ識二大經大法一、而却見上疎二自門自己一、爲レ之而所レ設之奸辭爾、民生必也憑二彼等之言一、而莫レ取レ惑焉、神代上曰、陰陽二神勅之

曰、吾已生二大八洲國及山川草木一、何不レ生二天下之主
二者一歟、於レ是共生二日神一矣、弖兵此云二由豆惠一
凡本邦仁君、得二厥稱一者弗レ尠、先以二應神帝一爲二神聖一、
以二仁德帝一爲二聖之全者一、以二神武帝、神功后、倭姫武
尊一爲二亞聖一、以二孝安、垂仁、成務、繼體之數帝、百襲、
稚郎之二王等一已爲二亞聖之次一者也、忠臣有レ德者亦
弗レ尠、武内宿禰爲二聖之碩者一、已曰二神人一也、鎌足公
爲二聖之任者一也、其亞者室屋公、其亞之次者、道臣、大
彥、守屋、山田等之數公耳、若二木菟臣、金村連之賢哲、
吾田彥、博麻呂之忠節等一、雖レ未レ爲二簇々一、然弗レ遑二枚
擧一耳、蓋時日本紀中之事、厥若二神代一輒恐レ焉而姑憚二
于茲一而已、續紀以下雖レ或下旣於レ君則大寶養老延喜天
曆之明、於レ臣則政王菅公之聖、以下文忠公、新田王、
吉備公、大江帥之大賢上、乃略二于茲一、爾來亦多二志士仁
人一、當下訪二之於書簡一而知上レ焉矣、一儒家謗レ我而爲二無
レ聖國一者、勿論闇昧之甚、可レ謂二西蕃無慙之卑奴一也、
亦有二何面目一而得レ窺二知巍々我神德一乎、允恭紀曰、
夫天下者大器也、帝位者鴻業也、且夫民之父母、斯則
三聖賢之職也、神德、此云二美以幾保比一
凡誕嗣之禮、及冠婚葬祭之式、載有二謨典一、然今以二葬

式一不レ爲二國禮之事一、而却爲二浮屠之有一、猶下儒生以二學
文一不レ爲二本邦之事一、而却爲中異域之有上歟、甚哉時人
之誤也、請試嘗論之、我上古也、以二葬事一爲二禮之重
者一、以二今現所レ存之陵墓高大者一當レ察焉、伏惟赫々陰
陽二神始レ焉、天孫三世嚴レ焉、且用二素尊之棺製、稚彥
之密藏一、亦當レ證レ之、垂仁應神二帝大レ焉、孝德天武
兩朝盛レ焉、而迨二乎大寶養老之時一、而頗超過焉、故有下
禁二奢侈一之制已出上矣、爾來天平大同多用二浮屠一、國風
將レ爲二一變一、延喜天曆時、亦將レ甚、然偶有二諫爭之臣一、
降二乎安和承曆一、而后終恣淫焉、乃以二葬式一爲二彼等之
事一、而更不レ顧二厥初一焉、自二保元平治一以下、已爲二戰
國一而特以爲レ專、厥汚風甚藉、嘗亦弗レ可レ論レ焉也、若
比後世自下已假二彼等之手一、禁中耶蘇之新術將レ起者上、而
益極焉、呼悲夫、天何無レ智乎、彼厥爲レ法、已以二火葬一
爲レ貴、以二水葬一爲レ次、以二野葬一亦爲レ次、而以二我之
埋葬築葬一非焉、自レ我而言レ之、則水葬野葬姑舍、火葬
尤非也、已破二人倫一、汚二天地一、忍二不レ可レ忍者一、啞道照
以二大寶時一始焉、海内靡然而趣走焉、人無レ罪而悉坐二
于焚刑一、可レ禁而可レ惡矣、孝德天皇曰、葬藏也、欲二人
之不一レ得レ見也、廼者我民貧絕、專由二營墓一、爰陳二其制一、

尊卑使二之別一云、葬此云二保婦羊理一、

四凡我上古人心之厚也、臨二泉竈一則先遷二神靈於屋上一、已捧二諸禮奠一、哭泣而餝二亡骸一、愼斂二之於棺一、以レ灰充レ之、而納二之乎椁一、用レ禮送二之於葬所一、乃爲二之墓一、擧レ哀而去、庸レ期弔レ焉、厥胥送之次第、乃因二于官位及親疎之分一而爲レ列、偏事二悲哀一以行レ之云々、蓋自レ葬二其化躰一、而後恭安二置神靈於壙上一、如在禮奠爲レ恒、重々有レ法、使二厥人掌一レ之、時謂二諸荒魂之奠一、旣代レ世乃絕二常人之敬一、而更須二尊貴之禮一、時謂二諸和魂之祭一也、如二荒魂一者無二服忌之紀一、而禮奠必相駁焉、如二和魂一者、有二服忌之紀一、而禮祭必純精焉、如二厥奠式一也、即有識老輩已傳レ焉、厥祭式也、祝家俊哲固存レ之、故亦不レ擧レ焉矣、住吉神有レ誨曰、和魂服二王身一而守二壽命一、荒魂爲二先鋒一而導二師船一也、三輪神、古言二于事代主一曰、汝是我幸魂奇魂也、傳道幸荒也、奇和也、一箇二名之謂、

五凡服紀者、所二以厚レ親、而固愼レ終之事也、蓋有二五等一、第一等者服十三月、暇五十日、爲二君、父母、夫、本主一、蓋如二君父母一、縱雖下在二遠境一而經二年月一告來上、乃自二得レ聞之日一喪如レ法也、如二夫本主一以二卅日一爲レ暇、第二等者、服五月、暇卅日、爲二祖父母、養父母一、蓋如二養父母一、相二續家督一則暨二本父母一同前、然則如二本父母一、當レ受二第二等一也、第三等者、服三月、暇廿日、爲二曾祖父母、外祖父母、夫之父母、伯叔姑、兄弟姉妹、嫡子一、第四等者、服一月、暇十日、爲二高祖父母、舅姨、嫡母、繼母、繼父、庶子、嫡孫、同居異父兄弟姉妹一、第五等者、服七日、暇三日、爲二庶孫、從兄弟姉妹、師匠、養子一、蓋養子已相二續家督一、則養父母者以二嫡孫一受レ之云、如二大祖父母、再伯叔姑、嫡玄孫等一、雖レ未レ見焉、然推レ理則宜レ受二此等一歟、以上時謂二諸喪禮一、人不レ可レ不レ愼レ之者也、而如二心喪二一等者爲二三年一、但略爲二廿五月一、二等者爲二一年一、但略爲二十三月一、三等者爲二五月一、但略爲二百廿日一、四等者爲二三月一、但略爲二五十日一、五等者爲二一月一、但略爲二卅日一、蓋如レ師愼二一等一矣、服者著二藤色之服一、而擧レ哀是也、藤色是謂二色衣一、暇者賜二官職之休日一、而使二之縱一レ哀者也、相傳如二喪禮以下追遠弔期一也、自二上天子一、達二乎庶人一、致レ志一矣、綏靖紀、奉レ稱レ帝曰、孝性純深、悲慕無レ已、特留二心於哀葬之事一矣、

六凡國字也、而足尊時或造レ之歟、神代卷曰、晝二成蒼海一、

或云有レ書、豈獲レ蔑二文字一乎、太神時作レ史歟、不レ然則如二七代以往之事迹一、必以二言語一不レ勝レ傳レ焉矣、或云、素尊作二文字一、蓋稱レ更レ躰歟、亦云、瀲武尊末年、周字已來二于茲一、未レ詳字躰共不レ傳焉、天武帝時、雖三更作二和字四十餘卷一、終廢而不レ行焉、今偶或下傳二和字一者上、信僞難レ决、聖武帝時、吉備朝臣作二片假字一、而塡二之於我五十韵一、或云、文屋淨三等作二平假字一而代レ之歟、爾來乃擬二諸國字一、然以二日本紀假字一、爲二厥原本一、則今此擧レ之曰、阿加左多奈波末也羅和、伊幾之知爾比美圍利裴、宇久須都奴布牟由留禹、延計世氏禰閉咩枝禮惠、於古曾斗能保毛與呂乎、今少或二出入一、且若二平假字一、已用三以呂波之文二訓レ之、而爲二通用一、雖レ未レ詳二其作者一、然自然之語路、已爲二一風一歟、

七 凡學二聖道一者、是爲レ儒、聖也以二仁義一爲レ宗、以二堯舜一爲二祖述一、以二孔子一爲二師範一、儒敎也以二天皇拾六代應神帝時一來焉、阿直、王仁、弓月、都賀奉レ焉、宇治太子、木兎宿禰等學焉、仁德帝時、置二史於朝一而記二厥政一、然未レ專、履中帝時、置二史於諸國一、而志二厥事一、允恭帝時、愛二彼禮樂一、自レ此而儒敎稍起焉、繼體帝時已盛矣、然學則未レ嚴、文武帝時大備、而始釋奠焉、已用二十三經一、乃有二級第之事一、且作二大學於朝一、作二國學於諸州一、而使下王公大人以下史生及庶人之俊秀者學上焉、幾似レ或レ辨二本邦一歟、或云、如二書典禮記一、共僞書也、必也非二于古經一矣、亦云、本邦古傳二眞書經一、故日本紀文字多依賴焉、未レ詳、而今也所レ行者所レ謂僞書也、然儒生敢不レ捨レ之、則頗從レ之而略取レ焉爾、（聖此云二比志梨一、儒此云二茂能志梨一、一云二波箇世一者、異言耳、）

八 凡儒敎也、以二禮樂一爲レ事、則曁二本敎之大旨一、多弗レ遠、然若二厥杪末一、幾相似、而至二于大本一、則格別也、如何者、厥敎肅二天下一爲レ官、故以レ德讓二於德一、因或下用レ臣代二于君一之義上、孔則以二放伐一爲レ事、或有三不レ召之臣一、或有下學二南面一之士上、間二二其本一、而有二彼此爲レ是之論一也、於レ是學風爲レ我而當レ惡者弗レ尠、故宜下頗收二厥文一而多捨中厥質上者也、而彼學風猶有レ五歟、堯舜禹湯之仁風一也、孔顏思孟之德風二也、程朱究理之精風三也、陸陽良智之高風四也、韓柳歐蘇之他、于鱗元美之雅風五也、乃日於二本邦一、或下將三以爲二博風一者上、特或レ害二于國風一者也、厥徒動以爲、本邦別無二可レ名之道一、若下稱二厥神道一者上、復惟祭官巫祝之事耳、所レ謂若下稱二神代一者上、僉夷狄之邊風耳、自レ傳二唐虞之敎一、而

肇或知五倫、且辨五常、亦起禮樂、而稍獲爲人也、甚哉厥蒙昧也、五倫也、五常也、禮樂也、皆繫天性矣、古今一貫、豈祇獲爲因敎而後新所禀者乎、已先格之討論廓然、故今煩不擧于玆也、學者載宜思焉哉、

九 凡學佛道者、是爲僧、佛者梵語亦爲浮屠、道之梵語爲菩提、佛道也以戒定惠爲學、以阿彌陀爲先佛、以釋迦爲師佛、僧之梵稱爲比丘、亦爲苾芻、異名沙門、亦云桑門、事木食草衣樹下石上、而當安一心者也而已、厥法以天皇卅代欽明帝時來焉、自神武元年相去一千二百有餘歲、元來西戎逸民之一術、出家捨身之行方也、而以出離生死、而斷滅輪廻、敢獲娯樂爲學則、厥事安心者、聊與神道有背肖、而至絶無義者、天地懸隔、愛無義者、猶以寂滅爲樂爲法意、以出家捨身爲本業也、于時稻目大別等始信焉、然朝議忌之、而固禁焉、敏達帝亦輕之而不信焉、守屋連、鎌子臣等固諫之而止焉也、既而逮乎用明帝、始許容之於朝堂而拜之、上宮太子、馬兒等最尊之、乃懲中家亡物家、而浮屠始蠻焉、推古、舒明兩帝亦惑之、而大信焉、用高麗惠慈、百濟慧聰、同生勸勒、漢人旻師等、乃若神、爾來天下揚々嚮之、至乎聖武、平城兩帝特淫焉、行基、道鏡、最澄、空海等、累々乎出而唱焉、圖討我神道、後世幾一變此人物、蓋若道行、智尊、行心、玄昉等、亦時雖爲奸謀反計之巨魁、然忽焉恣蒙天罰立殪、亦不愉快乎、佛此云保登計、僧此云與須巳、一云保婦之者、異訓耳、

十 凡浮屠家所宗八、法相、三論、華嚴、阿含、倶舍、成實、天台、眞言是也、然阿含宗不度來、故以律充焉、後世淨禪二宗來焉、厥中淨土兩流出、禪家二派行、且或天台傍流自稱法華、新爲一宗者、以上十五宗、互爭法而各立一己云、北准后曰、以禪爲佛心宗、實佛法之正脉也、蓋以我考之、則尤眞言歟、然日蓮與天台曰、念佛無見、禪天魔、眞言亡國、律國賊、諸宗無得道、唯如法華則釋迦之正意也、如何者佛說法五十而講法華、以說四十餘年未顯眞實矣、按今所謂法華經者、必非釋迦之述作、已稱佛曰、佛告、佛言等之語、而爲後時之談、猶以論語爲成於曾子有子之門人與、或云阿難記之、蓋臣爲全說歟、一說上行以下十哲等敢作爲之云、尤時誣也、或曰、千歲之後、羅什三藏者、稱奉詔譯而所造作云、此說亦未詳、如舌根不燒寺之談者、復唯例之妄耳、而佛典要之則爲一字不說

焉、而迦葉止或レ爲ニ拈華微笑一、則已於ニ厥道一得ニ全通一者、先爲レ在ニ禪定一歟、以ニ徹底一爲レ事矣、蓋雖下以ニ般若一爲上經、以ニ語錄一已爲ニ學則一、然達磨曰、不立文字、如レ此則經也錄也僉方便、而精舍之故紙耳矣、然則如ニ一切之梵典一、豈亦悉得レ爲ニ眞敎一乎、已以ニ直指人心一爲レ悟、則儒之天性亦然、然況祝之神魂、何以爲レ有レ二之乎、然釋氏各立ニ門戶一、其風不レ一、當レ觀ニ衆祖之設レ法也區々一矣、以レ此道レ之、則僧家之諸說總無ニ主意一、故敢爲ニ諸戎蠻之方一、果最後禁支丹伴天連宗來焉、特能或レ衆者也、於レ是國家固制斷レ之、今唯誣レ俗者、坐禪觀望念佛題目是也、就レ中以ニ念佛題目一爲レ甚、或許之而加以ニ稱辭一、則不レ過レ言ニ眞實一、而必不レ及ニ我璽德一耳、特古語爲下自ニ他國一自國、自ニ他親一自親上、則以ニ國風眞實一爲ニ正旨一者、天下之確論也、豈誰得レ誣レ之乎、如ニ彼護法論一、以ニ同一理之故一、舍レ本而取レ末者、可レ謂ニ紫之奪レ朱者一也、若以ニ妄言一亢レ之、則彼厥法也、與ニ外道耶蘇等一素一般、而甚戾ニ于世敎一者歟、世人擧事ニ地獄天堂一不レ覺之、而於ニ再生之說一特取レ惑、噫痛哉、天民曷靡レ智乎、禁此云ニ忌利一、俗作レ切、

十一 凡學ニ仙道一者、是爲レ緇、緇敎也已專ニ清淨無欲一、事ニ長生久視一、以ニ黃帝一爲ニ始祖一、以ニ老子一爲ニ師宗一、以レ易爲レ學、老子經莊子傳次レ之、尤貴ニ閒暇無爲之事一、故每說ニ虛無本然一、以爲ニ旨趣一、頗或下曁ニ本敎之質朴淳素一弗レ遠者上歟、然於ニ大躰一、最或レ爲ニ雲泥一、則固以勿レ論ニ難レ取者一矣、以ニ天皇卅四代推古帝時一來焉、其人道欣、路子工等是也、乃稱ニ道人一、然終不レ行焉、文武帝時、役小角等弘レ焉、廣足等證ニ妖惑一以來、曾不レ震、已不レ克ニ獨立一、而總諸國諸山之役徒、終與ニ浮屠天台眞言等一相混焉、乃目ニ之於修驗道一、顧信ニ大日不動等一、全爲ニ浮屠之奴隸一、故西土稱レ我、爲レ不レ知ニ老子之方一、元來以ニ遁世安獨之事一爲レ常、則亡々不レ知者却亦可也、修驗道有ニ二途一、本山東山（◎信哉云、東ハ當レ作ニ當山一）是也、此他亦有ニ比叡羽黑等之部屬一矣、愚按、如ニ老子經一恐僞書也、文躰多傚ニ莊子一、而密加ニ釋意一、闇將レ鬪レ儒、其謀尤有ニ梁以後一與、然儒家不レ辨レ之、千歲不レ闢レ焉、今我敢亦何薄レ之乎、仙此云ニ也末比登一、緇此云ニ久呂岐奴一、

十二 凡學ニ神道一者、是爲レ祝、祝敎也、自ニ高木神一專ニ神籬磐境一、中臣忌部掌ニ神事一、而始起レ焉矣、然神道曁ニ皇猷一固爲ニ一般一、則唯非下稱ニ神祇道一耳上也、日神忌レ物、置ニ天狹長田一而作ニ神饌一、造ニ天新機殿一而織ニ神服一、乃躬親祭ニ天神地祇一、而淸ニ明宇宙一、神武天皇以ニ嚴瓮一之

置二躬親作二顯齋一、誅レ虜而安二天下一、神功后、躬親爲二神主一祭二神祇一、而征二三韓一之類、在二皇猷一、則至重者也、故如二書紀一、如二國史一、如二律令格式一、至二乎神祇之事一、秩已過レ半、蓋祭也與二天地一相應之道、而甚存二大義一者矣、一儒家不レ知二大人之祝一、而譏以二小人之祝一卑レ之者、實誤哉、且浮屠以レ祝稱レ俗者尤妄耳、緇徒亦弗レ知二尊貴之祝一、而敢以二凡鄙之祝一侮レ之、却弗レ辨二自之杜撰一、嗚癡哉、既而本邦之祝也、多是神孫王裔、而僉清明正直之仁器、故與二他邦之祝一不レ比、職任最高尚者也、故今猶不レ絕レ賜二天爵一矣、蓋若二厥國造之裔一也、古依二不政一而不レ保レ任、或領二郡司一、亦不レ勝二時務一、而多爲二祠官一、今也幸有下以レ家爲二神主一者上矣、良種之志祝、宜三學レ道雪二前過一、然或誇二于分職一、或躭二乎逸樂一、而弗レ辨二古實一、況於二文字一乎、如レ斯之祝生者、却劣二於儒僧一與、加之詫二于神一而每貪二財寶一、可レ謂實巫覡也、崇神帝曰、導レ民之本、在二於敎化一也、今既禮二神祇一、灾害皆耗焉、祝、此云二保富理一

十三 凡神道之學則也、以二官位令、神名式、祝詞帳、神代卷等一、爲二素讀之本一、以二書紀、五史、四典等一、爲二熟讀之本一、且以下其作二和歌及祝詞一者上爲二祠家之急務一也、加之今爲二文字一也、兼學レ儒、其書先讀二孝經、四書、及五經、左傳一、或亦讀二史記、漢書等一、近來祠家多作二詩文一而爲二讀書之裨一、且以二敎學二一途之故、祝子暨二蒼生一門風不レ一、祝子也事レ敎、蒼生也事レ學、是亦自然之運、豈獲二亦誣一レ之乎、既而一人有二師範一、東宮有レ傳、王公大人以下、亦有二學頭一而從レ事、時僉所二以奉一レ師也、雖二士庶一已有レ師、則蕩々獲三速薦二此道理一哉、而有識之祝也、衰世之師職也、可レ謂君師也、大師也、國師也、齋師也、故非下唯可レ知二俎豆之事一耳上、亦不レ可二以不一レ學二治術一、宜下詳二古實一而薦中善路於民人上者也、蓋敢毋レ必二博才一、要レ之則不レ過レ知二書紀一耳、修二神性一、時樞要也、修二神性一者、載眞二實眞實一是矣、

十四 凡神學家、以二白河、藤浪、吉田、及忌部一爲二四流一、多以不レ爲二不可一焉、亦伊勢、出雲、尾張等次レ之、厥如二橘家及安家一、頗難レ爲二家業一與、已以不レ足レ稱レ學也、在二平人一則如二惟足、垂加一、聊依二于卜家一、偶有二可レ取者一也夫、至二于習合家及太子流者一、而比二之於異端外道一、猶三浮屠有二禁支丹伴天連一、最足レ紊二正法一者也、彼徒將下數二我神道一、而滅中却之上、已有二反簡之謀一、因先出二舊事紀、太子傳、大成經等之僞書一、蓋如二大成經一、有二公

裁二禁レ之、猶レ忌二禁支丹伴天連一也、此他如二釋日本紀、纂疏、七部抄、講議、合解、直指抄等之僞注一、當レ惡而可レ避レ之也夫、且中臣注、有二古鈔、集說等一、亦雜書、有二天書、神風和記、或神道闕疑篇、或神道肝要集等一、乃假レ神而賣レ佛、非レ遑レ責レ之者也、學者必毋二以惑一則幸甚、

十五 凡祝家稱二神家一之先格者、如二神代一姑舍レ焉、自二橿原一至二乎近世一、聖賢之他、神八井耳命、武雄心命、大田田根子命、野見宿禰、十千根連、中臣大島、忌部廣成以下不レ尠、厥後巨魁者鮮レ或レ聞焉、唯多名二于和歌一耳、然伯家一立、而中臣、卜部、忌部弗レ絕如レ線、在二中興一則忌部正通大夫、卜部兼俱卿、渡會延佳神主、加茂祐之神主、鳥谷長庸翁、加賀美光章先生爲二我道統一、按鳥谷翁者、頗依二乎卜家一、而兼二取其三派一、已始明二祭政一致之旨一、職俗共可レ憑之流、覩二賀子所レ識之神學指要一、而宜レ察二其風一也、而神學也、專學レ古以則二于今一、乃取二規於神一、而全レ人者是也矣、且嘗世有下稱二和學一者上、以二古事記、萬葉集、和名鈔等一爲レ學焉、與二神學一畧似而稍非者也、如何者和學也、以レ知二古辭一爲レ專、神學也以レ知二古義一爲レ專、學者必須臾毋レ孫レ義、時乃公道也、厥若二辭章一者杪末爾、成務帝奉レ稱二父皇一曰、沿レ天順レ人、撥レ賊反レ正矣、先格、此云二佐幾太智一、

右神道指要二册、以流布印本爲底本、以和田氏英松所藏校訂本補正畢、明治四十四年十月四日、

神道指要　終

神學一口傳

道とは古道也、古道とは上代の皇道なり、中世の皇道是を神道といふ、聖、佛、仙に分かたんが爲也、近世の神道を正道といふ、異敎に對て云レ爾、神國の大法也、其大本を神祇道といふ、爰に是を祭政一致といふ、其御敎とは三つ、眞實、明白、正直是也、玉、鏡、劔の神德よりして申事なり、よて是を三種之神敎といふ、其行ひの冴々清々しなどゝいふ、是を進むには祓を唱へ、天津を唱へ、遠神を唱ふ、その的を齋庭といふ、其齋庭にいたりては、天にも耻る所なく、地にもおくする所なく、心定りて魂潔よく、平らかに安らかに成なる、然れば則神と同體にて、人は人なれども能人といふものなり、但し形ち斗にて、魂の不レ似を柄《か》々しといふ、是本の虚け人也、又異人、邪人ともいふべし、凡我國の人々は皆是神孫、祇裔なり、よて神の魂有り、祇の貌有り、故に天照太神を天上大御神と敬ひ、天祖太神を大元尊神と崇め奉る、その御敎に從ひてこそ、眞の道の人と可レ申事なり、然るに千年ばかり以來は、外國異敎の諭しを專らとし、國道を仇し神、捻け神を敬ふ、外レ本にし內レ末にする、邪しま逆しまの心といふべし、遠は國祖に背き、近くは先祖に違ふ、是こそ夷俗、和奴、異端、外道とも申べし、返々心を國に留めて、魂を家に傳へて、先祖よ子孫よと互ひに尊敬奔走せられてこそ、神の御裔よ、人の末葉よ、古の道に寄今の掟に從ひてこそ目出度學方と申べし、あなかしこ、

甲斐二宮隱士在留京西之岡

文化元年甲子春彌生　榮名井聰翁述

右神學一口傳一枚、以神代卷清地傳校合了、明治四十四年辛亥仲秋望、

神學一口傳終

神代卷獨見

平　貞丈述

神代よりして人皇十五代應神天皇の十五年に至るまでは、我國に文學なかりし也、されば神代より以來の事をかき記したる書籍もなくして、上古の人、唯口にて語り傳へ聞傳へたるのみにて、多くの代々を歷たりし也、同十六年に百濟國より王仁といふ博士を召て、皇太子菟道の稚郎子の師となし、諸の典籍を學しめ給ひし由、日本紀に見へ、古事記には、王仁が來りし時、論語十卷、千字文壹卷獻りし由記せり、此時吾國に始て文字渡り來りて、文字をかき習ひ、書籍を讀習ふ事始りたり、然れども此事、一年や二年の修行にては、文字をよくかき、書籍をよく讀み、文義をよくさとる程には成まじ、王仁の來りし時よりして後、あまた年月を歷て、よふ〳〵成就したるなるべし、斯て後みづから書籍をも著述する程に成りたる時に至りて、神代より以來、古人の語り傳へ、聞傳へし事共を書記したるもの、諸家に多く有しなるべし、然れ共はるかに遠く世々を歷て、あまたの人々口々に語り傳へし事なれば、おぼへ違も有べし、いひ違も有べし、聞違も有べし、されば其記し置し事も一やうならず、各まち〳〵なりし成るべし、應神天皇より王代は二十八代、年數は四百三十六年を歷て、人皇四十三代元正天皇の養老四年に、舍人親王と、太朝臣安麻呂に勅して、日本書紀を撰しめ給ひし也、此時神代の事さだかならぬによりて、昔し諸家にて記し置し記錄どもを多くあつめて編集せられし也、其諸說同じからざる事有に依て、何を眞とし、何を僞りと決定し難き故に、一書に曰と言て、こと〴〵く異說をあげられたり、是舊說のまゝに記して、撰者の私意を加へざる所を見つべし、後代に及て、神代卷を釋する人々の諸說を聞くに、心得がたき說多し、天地開闢より天神六代までの事は、陰陽五行の理を以て釋する事、さも有べし、伊弉諾伊弉冊より以下人躰出生の後、諸神の行跡を記せるに、不理奇怪なる事あるを、不理奇怪にあらざる樣に釋せんと欲て、或は五行の相生相剋の理を以て釋し、或は此段は造化を以て人事となして記したるものなりといひ、或は此段は人事を借りて造化をいひたるもの也抔と釋し、或は此事を本文には曲言して、如レ此いひたる者なり抔と、本文を寓言とし、又謎語とするに至る者なり抔と、秘傳口訣と稱す、其秘傳口訣のおもむきにては、文義穏ならず、貫通せず、是正解にあらざる故也、夫日本書紀は國史也、史といふものは、事を記すに少もかざらず、實事を直に書記して、後世の鑑とするもの也、寓言謎語は史の筆法にあらず、後世の鑑とすべからず、かの不理奇怪の事は上古より語り傳への誤りなるべけれ共、夫を正さんとするに證據とすべき書籍なきが故に、唯不理奇怪のまゝに記し置れたる處が、是正史の意味也、寓言謎語を以て記したるものにはあらず、吾國の日本書紀のみ、不理奇怪の事を記したるにはあらず、西土にても漢の司馬遷が著したる史記に、上古の事を記したる中には、不理奇怪の事あり、殷本紀曰、三人行浴、見三玄鳥墮二其卵一、簡狄取呑レ之、因孕、生レ契云々、三人つれだち行て水をあびたる時、つばくらが玉子を落したるを、簡狄と言婦人取て呑たるに因てはらみて、契といふ子をうみたると也、つばくらの玉子は食すべきものにあらず、夫を簡狄が取て呑たる事、何故とも心得難し、又つばくらの玉子を呑たるに因て、はらみたるもあやしき事也、又周本紀曰、姜原出レ野、見二巨人蹟一、心欣然欲レ踐レ之、踐レ之而身動如二孕者一、居期而生レ子云々、姜原といふ婦人、野に出て大なる人のあしあとを見て、心によろこばしく、是をふまんと思ひてふみたれば、腹中動きてはらみたるが如くなりしが、來年の其頃に至て子をうみしと也、大なる人の足跡を見て心によろこばしく思ひし事、何故とも心得難し、其足跡をふみし故に、はらみて子をうみしもあやしき事也、又秦本紀曰、女脩織、玄鳥隕レ卵、女脩呑レ之生二子大業一云々、女脩と言婦人、はたをおりて居たる時、つばくらが玉子を落したるを取て呑たれば、はらみて大業といふ子をうみたる也、是前にいふ處の簡狄と同じ様成る事也、あやしむべし、又夏本紀曰、天降二龍二一、有二雌雄一、孔甲不レ能レ食、未レ得二豢龍氏一、陶唐既衰、其後有二劉累一、學二擾レ龍于豢龍氏一、以事二孔甲一、孔甲賜二之姓一曰二御龍氏一云々、夏の孔甲王の時、天から男龍女龍二つを降したるに、孔甲其龍を飼ふ事ならず、豢龍氏とて龍を飼ふ事をしなれたる人をいまだ得ざりし時の事也、陶唐の代衰へて其後劉累と言人ありしが、龍を擾る事を豢龍氏といふ人に學びて孔甲に事へ、龍を能飼ひしかば、孔甲御龍氏と言姓を劉累に賜りしと也、夫龍は變化不測の靈物にて、人間に馴れ近づく物にあらず、又鷄犬を飼如く、飼て玩物にすべき物にあらず、然るに龍を飼ひなづくるとは、不理奇怪の事也、又唐の司馬貞が史記に補ひ加へたる三皇本紀曰、太皡庖犧氏、風姓、代ニ燧人氏一、繼レ天而王、母曰ニ華胥一、履ニ大人迹於雷澤一、而生ニ庖犧於成紀一、蛇身人首、有ニ聖德一云々、太皡庖犧氏と言皇は、姓を風と言、燧人氏と言皇に代りて王となる、母をば華胥と言、華胥雷澤と言所にて、大なる人の足跡をふみてはらみて、成紀と言所にて庖犧と言子をうみたり、其子身は蚰にして首は人の頭にてありしが、聖人の德ありしと也、大なる人の足跡をふみてはらみたる事は、前に記したる姜原と同じ樣成事して、あやしき事也、身は蚰にて首は人なる事、不理奇怪の事也、又曰、女媧氏亦風姓、蛇身人首、有ニ神聖之德一云云、女媧氏と言皇も、姓は風と言、身は蛇にて首は人の頭にて有りしが、神聖の德ありしと也、又曰、女媧氏鍊ニ五色石一以補レ天云々、女媧氏と言皇、五色の石を錬りて天の闕たる所を補ひつくろはれしと也、右にいふ處の事ども、皆不理奇怪の事ども也、西土にても吾國の如く上古の事は古老の語り傳へ聞傳へを其まゝに記したる故、右の如くなる不理奇怪の事あり、西土にても後世に及ては、右の奇怪の事共を、奇怪にあらぬやうに說を作りたる人もあり、上古の事は和漢ともに古老の語り傳へを記したる故、其奇怪の事は皆傳へあやまりなるべし、され共、其誤りを正さんとするに、證據とすべき上古の書籍なきによりて、誤りにて有べしと思ひながら、其奇怪をその儘にて傳へたるなり、然れば其不理奇怪の事をば、只其儘に、文に隨て義を釋すべし、不理奇怪にあらざるやうに釋せんとて、別の義を設けて、辨說を巧にしていひまぎらかし、本文をば寓言謎語の如くに取なして、國史といふ事を忘れたるは笑ふべき事也、又佛說を交へて釋する事などは、是非を論ずるに及ばず、

安永七年戊戌六月八日　　伊勢平藏貞丈錄

右神代卷獨見壹册、以和田氏英松所藏本令謄寫、以史記及補史記訂正畢、明治四十四年九月廿日、

神代卷獨見終

三社託宣考

伊勢平貞丈述

三社託宣の事、正史實錄に載せず、古代曾て聞へざる者なり、後の僞作なり、其作者は詳ならず、推て考るに、吉田家の先祖卜部兼倶が僞作ならん歟、夫は如何と言に、卜部家は古より龜卜を用る家にて、神道の家には非ず、其先祖は詳ならざるを、兼倶に至て新に系圖を僞作し、天兒屋命を以て大祖とし、中臣氏と同家にて、天兒屋命より代々神道を家に傳へ來れりと稱し、其證に備ん爲に僞書を多く作り、種々の奸計を巧みて、遂に押て神道の家に成れり、其事は度會延經が辨卜抄、及吉見幸和が增益辨卜抄俗解に、詳に見へたり、然ば三社託宣も亦兼倶が僞作ならんと言は、妄言ならざらん歟、

此託宣實に有し事ならば、神託は貴く重き事なれば、何天皇の御宇、何年何月何日、何國何郡何鄕にて、何某に神がゝりまして、何某に對して此託宣ありしを、何國司何某解狀を以て太政官に注進せしを、何月何日、何某卿奏聞せし由、國史官牒に明に載て後代に傳らるべき事なるに、其事を記たる書なければ、僞作なる事疑ふべからず、類聚三代格曰、弘仁三年九月廿六日、太政官符、應レ檢二察神託宣一事、右被二權大納言正三位藤原朝臣園人宣一偁、奉レ勅怪異之事、聖人不レ語、妖言之罪、法制非レ輕、而諸國信二民狂言一、申上寔繁、或言及二國家一、或妄陳二禍福一、敗レ法亂レ紀、専甚二於斯一、宜下仰二諸國一令上レ加二檢察一、自今以後、若有下百姓輙稱二託宣一者上、不レ論二男女一、隨レ事科決、但有二神宣灼然、其驗尤著一者、國司檢察、定レ實言上止、此格文を讀で、上古朝廷神託と稱するを輕々しく用ひず、其虛實を檢察する事嚴重にして、神託實正なれば尊信し給ふ事を知べし。三社託宣實ならば、國史官牒に記し載ざる事あらんや、其載ざるを以て僞作を悟るべし、

此託宣の文、天照大神を中に立て、八幡、春日の兩神を左右の脇に置て三社と稱するは、佛家にて阿彌陀を中尊とし、觀音、勢至を脇侍として、三尊と稱するを移したる也、卜部兼倶が新作の神道、其說も其行も、佛家の事を移したる事多し、三社も佛の三尊を似する事、兼倶が神道の風に合へり、託宣の文を評する事左の如し、

八幡大菩薩

雖レ食ニ鉄丸一、不レ受ニ心汚人之物一、

雖レ坐ニ銅焔一、不レ到ニ心穢人之處一、

評曰、食ニ鉄丸一坐ニ銅焔一の語、佛家にて地獄の苦患を説く語に似たり、佛者の口氣あり、不レ受ニ人之物一の語賤し、神慮何ぞ酒食財物を受る不レ受を以て意とし給はんや、不レ到ニ人之處一の語解せず、神祇何ぞ人之處に到り給はんや、此文の一躰、神祇を以て乞食法師が毎日人の處に至り、施物を受る類と同じ様に思て作れる文也、

天照大神宮

正直雖レ非ニ一旦之依怙一、終蒙ニ日月之憐一、

謀計雖レ爲ニ眼前之利潤一、必蒙ニ神明之罰一、

評に曰、此語は大神の託宣に非ず、聖徳太子の語也、其證は無住法師が（無住は、梶原景時が孫也、）砂石集（第六の下、正直得レ寶之章、）曰、聖徳太子の御詞には、謀計雖レ爲ニ眼前之利潤一、終當ニ佛神之罰一、正直雖レ非ニ一旦依怙一、必蒙ニ日月之哀一、まことなるかな心あらん人、深く此心を存すべきなりと見たり、此太子の語の正直云々の句を先にし、謀計云々の句を後にし、佛神を神明と改め、當を蒙と改め、哀を憐と改て、大神の託宣と僞りたる也、是託宣僞作の根本也、自餘も推て知るべし、八幡春日の神託に至らば、更に一己の自作也、又云、無住法師が在世、鎌倉將軍の時代までは、三社託宣と言物なかりしを知るべし、

春日大明神

雖レ曳ニ千日注連一、不レ到ニ邪見之家一、

雖レ爲ニ重服深厚一、可レ趣ニ慈悲之室一、

評に曰、千日の注連と言名目は、古書に曾て見へず、到と言ひ、趣と言は、何の事ぞや、佛家にて彌陀の來迎といふ如く、神祇も人の家室に趣く者とする歟、日本國中諸方百萬億兆の人家に到り趣き給はゞ、神なりといへ共さぞ開敷疲勞し給はん、邪見慈悲と言詞は、佛家の名目也、實の神託ならば、佛家の語は有べからず、兩部習合の神社の縁起、又は物語の冊子の類の俗書に載たる神託に佛語あるは、皆後の人、佛を信ずる者等の造言なれば取に足らず、又雖レ爲ニ重服深重ニ云々の語も、朝廷神祇道の法に背けり、神事に死穢を忌む事、祭祀の大法也、日本紀に伊弉諾尊が伊弉冊尊の死穢に觸れしに因て、祓除し給ひしを以て

考へ見るべし、朝廷神事の時に、群臣の中、慈悲心ある者は、重服たりといへ共穢を忌ずして、神事に闕らしめよと言事は、神祇令にも、神祇式にも見へざる事なり、

此託宣若實ならば、三神言合せ給ひて、同日同所にて一度に託宣有しには有べからず、年月日時も、國郷も異にして、託宣の語も長きあり、短きも有べく、不同にて、其詞も祝詞祓詞などの如く古雅なるべきに、左はなくして皆一様に對句を設け、且佛家の詞に似て賤し、句の作り様一致にして相似たり、是作者一人の手より出たるが故也、此託宣を僞作する人は正直ならず、邪見の人にて利潤を受んが爲の謀計、心汚の所爲也、必ず日月の憐を蒙らずして、終には神明の罰を受しならん笑ふべし、卜部兼倶が生質に能く合り、

或曰、大神の託宣には正直を敎へたり、八幡の託宣には淸心を敎へたり、春日の託宣には慈悲を敎たり、世人是を實の託宣なりと思ふが故に、尊信して誡とす、人の爲に益あり、汝じ僞作なりと言事を人に告る事勿れと、予曰、人を敎るには儒道あり、何ぞ僞作の託宣を借るに及ばん、方便と號して詐僞を設て人を導き敎るは佛家の道也、汝じ僞りを好まば、好む所に隨ふべし、予は僞を好まず、只正直に從はん而已、

右三社託宣考、春日逸居獨樂漫筆焉、

天明四年甲辰正月十一日　　伊勢平藏貞丈

右三社託宣考一册、以和田氏英松所藏本令謄寫校合畢、明治辛亥九月廿日、

三社託宣考終

神道正統記 又曰神祇道正統記

夫神道は、吾國開闢のはじめ、伊弉諾伊弉冊の陰陽二神化生たまひて、國常立尊より七代の統を起し、天照大神を化生たまひて、萬王不易の帝系を建たまひけるは、此二神の行ひたまふ道なるがゆへに神道といふ、其敎なるがゆへに神敎といふ、陰陽自然の道をもて、男女左右の道を建て、男は外を治め、女は内を守るの道を敎へ、天照大神を天上に擧て、下土を照臨し、萬物を生育ひ、天君の位を授けたまひ、月神に輔佐を任し、素盞嗚尊に武職を任したまへり、是におひて君臣の大義立て、上下貴賤の差わかれたり、天照大神、素盞嗚尊盟約したまひ、吾勝尊を生たまひて君統を傳へたまひ、吾勝尊は高皇產靈尊の女千々姫を娶りたまひて、皇孫瓊々杵尊を生たまひ、この葦原の中國を授け給ひてよりこのかた、今日に至まで皇統歷々綿々たり、是君臣父子夫婦の大道大義にして、異邦の敎をまたずして三綱すでに吾國太古に明なる事神代紀に分明也、所レ謂皇天二祖の勅によりて、皇孫日向の國に天降りたまふ時、中國はもとより荒芒たりしを、盞素嗚尊の子大己貴命、神勇をもて摧伏て、歸順せしめ給ふ、此大己貴命は君主天上にましますの間は、しばらく中國のあるじのごとくなるも、其いはれなきにあらず、經津主武甕槌の二神香取鹿島に鎭座の神なり、春日、大原野、吉田等の神社にては、第一二の神殿にいはひまつらる、天下泰平、武運守護の神也、に勅したまひて、邪神を平定したまふのとき、皇天二祖の大己貴命に條々の勅を陳べたまへば、大己貴命、其命令の慇懃をかしこみおぼして、すなはち顯露の事を皇孫にゆづり奉り、廣矛を進獻して、退て幽神の事をつかさどり給ふによりて、皇孫天上の磐座をはなれて、中國に降臨たまふ、此時に天上の格式悉く中國に摸擬たまへり、すなはち殊に高皇產靈尊より天兒屋命藤原、卜部、中臣三姓の祖神なり、天太玉命忌部の祖神也、に勅して、すなはち天津神籬、及天津磐境の密旨を傳へたまへり、其記文神代記にいちじるし、天照大神より皇孫に三種の神器を御相傳ましまして、天下を統御したまふ大道の密意を授けたまひて、天位の璽となしたまへり、神器の御事は、天君の御相傳なれば、鄙陋の口舌にもらし奉るは恐れあることなり、その天津神籬、及天津磐境は、道のよりて出るところの本原なり、高皇產靈尊の、別天神の元祖天御中主尊より傳へうけたまへる君臣合體、大道の密旨にして、兒屋太玉の二神に直授したまふ御事也、しかるに太玉命、其雲《すゑ》仍微々にして、この傳遂に亡滅して傳はらず、天神の御守りにや、兒屋命より傳へたまへるところは、藤原氏の正統大織冠鎌足公に及べり、しかるに鎌足公入鹿の亂をしづめ、天下の執柄一人の任となり給ひて、萬機いとまなくして神事を怠りたまはむことを恐れおぼして、此大道の密旨を、同姓の從父兄弟意美麻呂鎌足公、子とし玉へり、中納言兼神祇伯たり、昇進續日本紀に詳なり、に附屬したまひしより、この密旨吉田の家今の卜部氏なり、天兒屋命の神胤、意美麿の血脈、卜部の正統なり、この意美麿の後五代に、日良麻呂といへる、伊豆の國にて誕生ありて、血脈にあらざるよし世にいふ人のあるは、本系の詳をしらずして、みだりにいひなせることなれば、論ずるにもたらざることなり、日良麻呂は知治麻呂の子にして、麻呂五代の孫なる事分明也、意美につたはりて、血脈とともに一代も絶せず、うけ傳へ守りつゝしみたまへることとなり、されば神道といへるは、吾日本國の大道にして天下往として道にあらざることなし、太古異敎の渡り來らざるの前は、此道自然に民間の風俗となりて、應事接物、皆神敎のまゝに尊み敬み、君臣、父子、夫婦の道はいふに及ばず、日用動靜、往として神道にあらざることなければ、此天地の間に生出る人は、高天原に坐す天御中主尊、高皇產靈尊の神心より、父母の兩間に生れ來れるものなれば、人の形體は即ち天地の形體なり、身の動作云爲も天神地祇のよざし定めたまへる法則と尊みつゝしみ、君臣、父子、忠孝の道を守り、親、義、別、序、信の道、をのづから明にして、其身の分に超ず、利欲に走らず、夙に起て鏡にむかへば、祖先の神靈を敬拜し、國祚の永命を護る、これ日本人の魂にして、大道の主意なり、萬のこと神事をもてさきとする、吾國太古より定れる法なれば、正史の記文をはじめとして、順德天皇の御記にも、先神事、次に他事としるさせたまひ、後醍醐天皇も神事を先とすべしと、後村上天皇に傳へたまひしことも、敬ておもひを致すべし、朝食夕食にのぞみては倉稻魂神を拜し、一衣着するときは稚日女尊を拜し、新水をくみては罔象女神を拜し、新火をうちいだしては火產神を拜し、木を伐て薪となさば句々廼馳神を拜し、金銀銅鐵の費用は金山彥神を拜し、農夫耕耨のときは埴安神を拜したてまつるべし、是れすなはち唯一宗源神道の敎にして、一家の私言にあらず、舍人親王の日本書紀を撰定したまふ時も、諸家の傳記數多あれば、神道の秘決口傳、一家のみに私する理なきこと知るべし、しかあれども、その密旨口決の奥義に至りては、たやすく諸家につたへて、あまねく人のしるところにあらず、古傳證明正しきものをたづねもとむべし、其大道をあづかりしる家を、神祇道の長と稱する、これすなはち天下公共の論なり、神傳相承の家は、むかしは他にもありつらむ、太玉の神胤も絶はてぬれば、道をつたへて神祇道の長といへるは、吉田家にかぎれることゝおぼえ侍る、是則天兒屋命の神胤、神道正統、古傳相承の家嫡なるものなり、吾國の大道、神籬の密旨正印を相承し來れる家なれば、いにしへに志ある人は敬みおもふべきことにこそ、蓋神道の要領は忠孝の二つにありて、その密旨正意にいたりては、所レ謂神籬の傳、これをつくせり、君是をもて寶祚無窮の基本とし、臣是をもて朝政輔佐の本義とし、百姓萬民に至ても、これをもて業をまもり、身を脩むるときは、天下泰平、國土平安にして、外襲の患なし、禽獸草木の微物、瓦礫土塊のたぐひにいたるまでも、皆この神籬の道にもるゝことはなし、

此傳來の正しき吉田家なるが故に、いにしへより天皇の侍讀にめされ、講筵に陪して古傳を授け奉り、かたじけなくも御師範たれば、時ありては御手代をうけたまはり、大嘗新嘗等の祭祀にかならず奉仕して、國郡小忌の卜定、臨時の御卜等、天兒屋命の太占の卜事、雷大臣命の相承、龜卜の神業を掌りて、勅賜卜部の職業顯著なり、されば天兒屋命の太諄辭を相承して、長日のねぎごと怠らざる勅を蒙れり、かゝるためしも千早振神代の風の吹つたへける吉田家なるが故にこそ、御手形宸翰をはじめとして、神祇道の管領、南座勾當の宣旨、諸社神主祠官の事、可レ爲ニ進止一の勅定、天下諸神社執奏の事等、神道行事條々已下、殊に諸社勸請靈符、神祇道諸事、依レ爲ニ神祇管領一、古來一身の進退也云々と、世々の　天皇の綸旨をくだしたまひ侍りけれ、夫中世以來をおもむ見れば、兼直は止雨の祈りをうけたまはりて神祇官に參籠し、一首の和歌を唱て雨の憂をとゞめ、八雲の傳をもて、京極の黄門定家卿にさづけられたり、兼熈は永和の大祀に主基の奉行をうけたまはりて、直衣をゆりたまひ、上階の天恩を蒙れり、兼倶は神祇道の秘旨を　天皇に授

け奉りて、直衣の天許をかたじけなくし、内侍所の御搦を奉仕此義近年に至まで數度なり、して、安鎭祭參勤の賞爵にすゝめり、兼右、兼見等の卿は宗源の神法を天皇に授け奉り、神道の奥旨を奏し申さることあまたゝびに及べり、それより後に至りても三器、八雲、三神、三聖の傳のごとき、すべて神道にあづかることどもは、吉田家に仰下され侍りけること、なをいにしへのまゝにこそ侍れ、東照神君は常に兼見の亭に渡りたまひて、園碁の興など催しおはして、雜話したまひし間には、神書幷に卜部の神道に由緒ある舊家なることを感賞したまひぬ、鹿島香取の神宮の義をたづね給ひて、吉田の社の修理料など沙汰せしめたまへり、多武峯大織冠破裂の祈を仰下されて、感應の速なることを褒賞せられて、神君の花押を用られ消息を兼治にたまはりける、されば天下諸國の社人、神主、禰宜、祝等專ら神祇道を學びて、神事、祭禮、怠慢すべからず、社家官位執奏、神事の裝束、神道の傳授は、皆以て吉田家の職掌たるゆへに、其條々東武連綿の條目を下したまひ侍れば、かゝる神君の由緒をおぼしてや、嚴有院殿は、吉田家雲客の位たるときも、公卿の序にすゝまし

め、有徳院殿は、神拜などの次第おほせられけるによりて、相傳申されき、たび〲神道の義をたづね下されしことども侍りけるとなむ、そも〲大八洲の神社に奉仕する社人は、いふもさらなり、この國に生る益人等に至まで、吉田家に就て神國、神道、神教の正しきをうけ習ふべきことにこそ侍れ、他家に就て道をもとむる道理はあるべからず、近く世にきこえし吉川惟足、山崎闇齋などいへる、道を吉田家に問てその傳をうけかしこみ侍りぬ、殊に神職のともがらは、天皇の綸旨を守り、東武の條目に從ふべし、もし此法則にたがへるときは、道に背き法に違ひ、神祇の冥罰免かれがたかるべし、異教を專らにし、神教を外にするものは、萬世父母の國を無蔑し、吾道を敬みおもわざるは罪人といふべし、今日なを舊儀のごとく、朝廷の神事吉田家にうけ給はり奉仕したまへること、皆人のしれるところなり、もとそれ神祇官といへるは、神武天皇の御時に濫觴して、天庭まぢかく八神を安鎭したまふ、天神地祇の齋場なり、祈年、月次等の祭祀、諸社の奉幣發遣の時、百官神祇官に集侍りて、其事行はれしことなり、伯、副、祐、史等の官名、つ

まびらかに式令、及職原鈔などに見え侍れば、今更いふもくだ〳〵し、凡天下の神社に預ることは、此所におゐて沙汰し申され侍ることなれば、一神祇は人主の重ずるところ、臣下の尊ぶところ、福祥をいのり、永貞を求る、神祇の徳に歸せざるはなしと、古人の言に侍りぬ、令の撰定、神祇の官をもて諸官の上に置たまへば、職原鈔などもこれにならひたまへり、されば崇神天皇のむかし、神物官物格別となりし後もなを、代代の天皇神事を先としたまふ叡念、敬みあふぎ奉るべきことにぞ侍る、しかあるに天庭まぢかき神祇官八神殿荒廢してより、神殿を吉田の神樂岡に遷しまいらせたまひしに、後陽成天皇の慶長の年間、神君のおほせたまひて、吉田の兼見をして更に八神の祭典を嚴重にしたまひ、それよりこのかた、伊勢神宮の官幣發遣などの儀、神樂岡八神殿の齋場にて行はせたまへり、今に至りて恒例のごとくなれり、（私の宅地に、小社をつくられて、往古の八神の神體を安置せるといふやからの侍る、これ上をかすめ、下をまどはすの所爲にして、往古の八神の子細をしらぬ人のよこしまより出たるものなり、）されば神祇道管領は、吉田家一身の進退たること、前文綸旨の趣顯然たれば、道の長たること異論なかるべし、其神祇伯の官かけたる人、中臣藤原にもかぎらず、石川、文屋、橘、田口、在原、高階の諸氏混任のこと、正史の文明白なれば、一家にとゞまる官にあらず、神祇伯といへるは、神祇官におゐて一官の長なり、（但し大副權大副のつかさどること伯におなじといへり、）いづれの家にても道のつたへの有無をとはず、神祇伯に任ぜらるゝ時は官の長といふべし、道の長といふべからず、むかし鎌足公、意美麿のたぐひは、道の長にして官の長なり、しかあるに、近き此白川家といへる源氏なるが、神道の傳ありとて、人に其門人たらんことをすゝめたまへることうけたまはり傳へぬ、いぶかしきことにこそ侍れ、その白川家といへるは、花山法皇の皇子清仁親王の後にて、（但し親王の血統は後はてゝ、他家より相續のこと三度にも及ぶ歟、）親王の子の延信と申しが始て神祇伯に任じたまひしより、うちつゞきて此官に任じたまへり、しかあれども道の傳來は聞及ばざることなり、大かた王孫は四世にして、五代にあまりぬれば、王の數にもあらず、今の白川家も數代に及びぬれば、格別の家にてもなきこと、關白良基公なども記し置きたまへり、伯に任ずる日に王氏に復せらるゝなど、白川家のみの例にて、職原鈔にも是近例なりとのせたまへり、神道は吉田家に問て傳をうけたまひしこと、彼家記分明なれば、道の傳來なきことはこれにてしられ侍れば、むかし石川、文屋などの伯の官かけたるもおなじこと也、白川家雅業の領地、攝津國にありしが、一村の鎮守、神體の勸請など、吉田家に懇望ありて、吉田家より勸請遷宮等有しことなど、さま〴〵かの家記にあるを知らずがほにて、愚盲の人々は神祇伯といへる官名によりて、道の長と同じ様におもひ、就て道を問ときは、古傳と稱して、さま〴〵とりあつめたる説をつゞり、これを家傳としてその人に授け、諸國に口佞の奴隷をつかはして、ひそかに諸社の神人をあざぶき、妄りに金錢をむさぼり、謾に裝束をゆるし、官位を執奏せむとすゝめ侍る者をつかひたまへるは、何事ぞや、私曲をもて神明をけがし、邪路に迷ふて身をほろぼさむことは、あさましき事にこそ侍れ、今世に吉田家を誹謗せる書籍のまゝ流布する、皆これ神代より相承し來れる家業をうらやみ、衆を惑はして、おのれが私にひきいれむの謀計ならむ、一々辯說するも益なきとにぞ侍る、予はもとより吉田白川いづれに適從し、いづれに荷擔すべきこゝろなし、いはゆる義と共にしたがふのみ、吾國神祇道の正統傳來の敎をまなばむ人のために、嘗て聞見するところをもて、あら〳〵しるし侍れば、神代以來の的傳、神祇道管領、吉田卜部家の由緒の小緣《おぼろげ》ならぬことをあふぎ信じて、神道の古風をたづね、神明正直の敎にしたがはむことをこひねがふのみ、あな賢、

寶曆壬申（二年）之春　　都下散位藤中溪謹識

同盟の借觀しば〳〵にして、書寫の勞にわづらひあれば、木にのぼせて需めに便ず、敢てこれを交易のためにせむとにはあらざるものなり、

右神道正統記一卷、以予藏本書寫、以神道正統記考比校畢、明治四十三年四月卅日、

神道正統記終

吉田家記文

一當家神祇道職掌之儀者、天照太神天の岩戸へこもらせ給ひし御時、天兒屋根命春日大明神、中臣卜部藤原姓の祖神也、岩戸の前にたゝしして、諄辭し給ひしより起り、天押雲命、天種子命まで、地神五代の間執柄の職を司り給ひ、人皇のはじめ神武天皇の御宇、天種子命、宇佐津臣命、執政神祇道の兩職を司り給ひしより、兒屋根命十一世の孫雷大臣命まで中臣姓、執柄の職は、依怙贔負なく、中道を取用るを事要さする故に、中臣を姓さするよし、諸書に見へたり、人皇十三代成務天皇の御宇、雷大臣命龜卜の奇瑞によりて卜部の姓を賜り、兒屋根命十八世の孫常磐大連公、人皇三十代欽明天皇へ中臣祓を授奉り、神道御相傳の事叡慮に叶ふて、卜部を中臣に復姓を賜り、兒屋根命二十一世の孫大織冠鎌足公、入鹿大臣の逆亂を鎭め給ひ、大功宇宙に輝しかば、忠臣の家族藤の榮ゆるごとくならん事を祝し給ひ、中臣姓を改て藤原姓を賜り、御嫡不比等公國政を司り給ふ、五攝家の元祖也、鎌足公入鹿の亂を鎭め給ふ時、陣中は存命難レ計、若我落命せば、神代より嫡々相承の神祇道、寶璽、神寶に至るまで可レ致ニ亡滅一こと、遠慮をめぐらされ、甥意美麿を御養子として、大化六年、太占の卜事、宗源神道、神籬、磐境、祖神の妙業、神寶等、悉被レ爲レ有ニ附屬一、是吉田家の元祖なり、爰において政事は攝家、神祇道は吉田家と二つに相分る、兒屋根命二十四世の孫清麿、神護景雲三年、中臣姓へ大の字を加へ給、大中臣と改させ給ふ、兒屋根命二十七世の孫日良麿、神道大業、太占、卜事の恩賜として、平野社執務弁大中臣を改、卜部に復姓を賜りしより以來、卜部を姓とす、兒屋根命三十世の孫兼延代、永延元年十一月吉田社へ行幸、同年大織冠諱の字の傍を吉田家代々名乘の頭字に可レ用之旨、一條院震筆を賜りしより以降、鎌字の偏をのぞきて、于レ今兼字を用ゆる事連綿たり、兒屋根命三十四世の孫兼俊まで數代、神祇伯兼任あり、亦石川家、文屋家等、神祇伯兼任の事もありしが、伯にて神祇道に携り候例曾て是なし、人皇六十五代花山院の皇子清仁親王の男延信、はじめて神祇伯に任じ、男康資神祇伯兼任、男顯康、神祇伯に不レ任、是白川家元祖也、男顯廣より白川家代々神祇伯兼任なれども、漸七百年以來の家にて、神代よりの神道傳來せらるべき謂なし、烏合の家士ども、猥りに僞謀をもつて世人を惑はすもの也、當家は天兒屋根命より當二位良倶に至まで、神胤血脈連綿して、神祇道嫡々相承、吾國道の基本たる家柄なるによつて、御代々天皇の師範たり、內侍所の御搦、御一代一度之大祭大嘗會、其外新嘗會等、年々朝廷に行給ふ所の大小の神事、何によらず當家の所行にあらざる事なく、他家の拘る事これなし、依て數通の綸旨拜戴して、諸社勸請靈符、官位執奏、社家進退、神祇道管領長上、當家一流の職掌に限る事、他家に比類なし、故に唯一神道と申也、

一宗源殿と申は、園の內庭續に宮柱太敷立、神代以來の古傳、唯一宗源神道、神籬、磐境、寶璽、神寶等を安置し、諸神勸請の靈場なるがゆへに、此殿において十八神道宗源行事、火の祭の三壇行事を執行ひ、寶祚遠長、武運長久、天下泰平、萬民豐樂の抽二懇祈一年中の行事を束ね、御年禮の節、御祓献上いたし來候、此殿大破に付、修理料として關東より寛文十一亥年銀廿貫目、寶永五子年銀廿貫目被レ下レ之候也、

一齋場所と申は、神樂岡に造立し奉る八角の宮殿、當家神秘の靈場にて、廻廊には延喜式に載る所の諸國の鎭座、三千一百三十六座の神々を安置し、往古禁庭近くましまする神祇官八神殿、此所に遷座して、神祇の事を執行はせ給ひ、既に慶長十三申年伊勢奉幣、吉田神祇官にて可二執行一之旨、駿府於二御城內一御直に被二仰出一しより以來、伊勢奉幣、由之奉幣、七社奉幣、勅使發遣の公式執行はせ給ひ、於二今に一齋場所神祇官へ勅使參向ありて、形のごとく勅使發遣の儀式絶る事なく、公務の靈場なり、然るに近年他家にて八神殿を僞作し、世人を欺く方有レ之由、恐多耻かしき事どもなり、此殿破損に付、禁裏御所より慶長七寅年修理料下賜る、員數不レ詳、正保五子年白銀五十枚下賜る、關東より正德四午年修理料銀五百枚、寛保二戌年宗源殿、齋場所、吉田社修理料として、銀卅貫目被レ下レ之候也、

一吉田社奈良春日同體、天兒屋根命、齋主命、武甕槌命、姫大神、永延年中、天正年中行幸あり、奈良の都には春日の社を皇城鎭護とし、長岡の都には大原野を守護の社とし、今の平安城には吉田の社を鎭護とし給へる事、御堂の關白道長公の撰書に載せられ、是藤原姓の氏神にて、于レ今關白吉田詣の儀式絶ざる也、當社破損に付、修理料と

して禁裏御所より慶安元子年白銀五十枚、寛文十二子年白銀十壹貫十九匁、寛政二戌年判金貳枚、仙洞御所より判金壹枚、大女院御所より白銀十枚、女院御所より白銀十枚下賜り、關東より慶長二酉年修理料として米百石被レ下レ之候也、

一宗源宣旨と申は、天兒屋根命より代々祭政一致の職を司り、宗源神道の神宣を以、諸社の願にまかせ、上古の通り、神位、并社家官位等授來られ、猶亦壽永年中其旨可レ守之由永宣旨下賜りし事、御代々の天皇しろしめし給ひ、勅定を蒙りて神位を授られし例間間是ありて、當家の規摸たる所、近年に至り神位は勅裁に限るべきの旨仰出され、往昔よりの仕來も必至と被二差止一候得ども、宗源の神宣を以、神位授與の社、諸國に數多有レ之、顯然たる事に御座候也、

一東照宮永祿年中、初て當家へ被レ爲レ有二御音問一候てより日增に御懇情厚く、文祿年中、慶長年中、數度被レ遊二御成一、神代よりの古傳、唯一宗源神道の奥儀、當家職掌の趣旨、諸神社執奏、諸社之進退、春日大明神の由來、當家の系譜等、具に御糺問あらせられ、數通之綸旨、并日本、紀延喜式御上覽、書寫被二仰付一、堂上方兩三輩、淺野霜臺細川幽齋等侍座にて、圍碁酒宴の御遊興、間々御止宿あらせられ、判金、時服、鶴、雁等、毎度拜領物有レ之、文祿二巳年兼見男左兵衛祐兼治、於二武州岩附一御對顏、雖レ爲二雲客一、公卿の座に被レ加、歸洛之節、御朱印傳馬等被二仰付一、且亦慶長五子年、軍勢亂妨放火等禁札被二成下一、同十三申年、和州多武峯御破裂祈りの義に付、本多上野介を以、御懇之御直書を賜り、格別の御懇情ども筆紙に盡しがたく、又二位兼見へ對し、神祇道職掌、追て糺問之處、神代より嫡々相承之旨、無二相違一之間、如二舊儀一永久可レ爲二神祇管領一之條、被レ爲レ有二嚴命一候に付、兼見深く恭被レ存、公の御武德四海に輝き、古今に秀給ひて、神祇道まで委敷御糺問之上、吾國道の本を本となし給へる事、前代未聞の御明德海内に溢れ、御他界の後は神靈と齋祭られさせ給ふべきのよし申されしかば、御滿悅の御氣色にて、其旨申遺し神に祭り候樣被レ命しを、兼見速に記録して子孫へ遺言せし故、御他界の後宗源殿へ勸請し奉り、寶永七亥年兼見玄孫兼敬、皇城鎭護、武運長久、天下泰平御祈りのため、公裁之上、吉田境内へ御宮造立、關東より爲二御見分一新井

勘解由御側衆之由也、致二上京一、御宮繪圖面差出され、同年十一月廿六日御遷宮式相調、萬端事濟候て、十二月十七日於二御宮一月次之御祭を初、廿日轉度之御祓致二修行一、於二今に一毎月十七日恒例の御祭、廿日轉度の御祓致二執行一、例年頭御祝儀之節、年中之行事を束ね、御祓献上いたし來候、東照宮右の如く神祇道被レ爲レ有二御信仰一候ゆへ、大猷院殿御上洛之度、神祇道再應御糺問之上、如二先規一專可二進退一之旨被レ爲レ有二御懇命一、引續嚴有院殿、寛文五年、諸國之神職等吉田之許容を受、神祇道可二相守一之旨御條目被二成下一、御代々御書替被レ致二拜戴一候也、

一有德院殿神道御入門、奉幣次第、神拜式等御相傳、神祇道格別御信仰あらせられ候て、享保年中依二御內命一大御奥え御鎭札差上られ、於レ今毎年被二差上一、御初穗として判金二枚宛年々被レ致二拜受一候也、

一寛文八申年三月、御城內紅葉山御宮附高野宗濤蒙二台命一、爲二神道傳授一致二上京一、十八神道、宗源行事、火の祭、惣て事相の相傳、切紙を受、神服八組、木綿手繦等免許事濟候て致二歸府一、紅葉山御宮致二勤役一、當家神道之風儀押移候よしに御座候也、

一寛文五年、御條目被二成下一、吉田兼敬關東より歸洛之砌、御朱印傳馬被二仰付一、其上家士共吉田家職掌疎意に不レ存、吉田爲能樣可二勤仕一之旨、假初ならぬ重き蒙二上意一、御所司代屋敷におゐて、吉良若狹守、牧野佐渡守宛、家士共差上候起證文左之通り、

起證文前書

一今度被二仰出一候神社御條目之旨相守、違背仕間敷候、社人執奏許狀之儀に付而、無二依怙贔負一、正路に沙汰可レ仕候事、

一神道事理之學、吉田家來之內、二人三人程宛斷絕無レ之樣傳受可レ仕事、

附り事理共に傳受口決之義、雖レ爲二貴人高人一、不レ當二其器一者、一切傳受仕間敷事、

一吉田侍從若年に候間、連判中萬事申合、吉田爲能樣に沙汰仕、奢たる儀無レ之樣相嗜、諸事相談之節不レ立二私之所存一、多分につき吉田之ため能樣可レ仕事、

附り內證より執奏許狀之取次、其外表向之義申出候共、一人として許容仕間敷、但連判中相談之上、障無レ之義は可レ爲二格別一事、

右條々雖レ爲二一事一於レ致二違背一は、蒙二天神地祇、殊には神祇官齋場所吉田社之御罰一可レ申候、依誓紙如レ件、

寛文五年十二月二十二日

鈴鹿將監
大角主水
鈴鹿采女
鈴鹿左京

吉良若狹守様
牧野佐渡守様

右之ごとく神文差上候以來、上意之趣一統難レ有畏入候、右體神祇道御大切に被二成下一候儀、全祖神兒屋根命より神胤血脈連綿、嫡々相承なるが故に、數通之綸旨を賜り、諸神社執奏、諸社進退、神祇管領長上、當家一流に相限り、他家に比類無レ之事、東照宮御糺問之上、明向に相分り、彌々可レ爲レ如二舊儀一旨、被レ爲レ有二嚴命一候てより、引續御代々御條目、且天明二寅年御觸流被二成下一、於二今に一格別之御取扱を以、職掌被レ致二相續一候儀炳焉之儀御座候以上、

吉田殿家

寛政六年九月　鹽田兵庫

右吉田家記文拔書壹册、以予所藏本書寫校合畢、明治四十四年二月十一日、

吉田家記文終

神祇伯家學則

伯王殿御口授　御門葉等謹承

凡當家の門葉に相列し、一神國士民の道を學ばむと志を立候徒は、舊來示し置く處の伯家條目の最初に「夫神道者、萬國一般之大道、古今不易之綱紀、神武一體法令之出處也」と記せる旨を恆に遺忘致さず、本朝の御政憲は、素より神代の天儀を傳給ひ、神隨に行給ふ神道に候由を、孝德天皇紀に「惟神者、謂下隨二神道一亦自有中神道上也」共、「帝道唯一」とも是あるに相證し、其儀を委曲に相心得候に、古事記、日本紀、古語拾遺、姓氏錄等の皇典に相據り、まづ古事記序に「乾坤初分、參神作二造化之首一、陰陽斯開、二靈爲二群品之祖一、所以出二入幽顯一、日月影二於洗一レ目、浮二沈海水一、神祇呈二於滌一レ身、故太素杳冥、因二本敎一而識二孕レ土産レ島之時一、元始綿邈、頼二先聖一而察二生レ神立レ人之世一、寔知喫レ劔吐レ珠百王相續、懸レ鏡切レ蛇以萬神蕃息歟、議二安河一而平二天下一、論二小濱一而淸二國土一、是以、番仁岐命初降二于高千嶺一、神倭天皇經二歷于秋津島一云々」と見え候次

第の如し、慇懃に相學び、第一に天地の初發は、天地に先立つ天祖天之御中主神、高皇產靈神、神皇產靈神三はしら、無始より天之最中に御坐し、爲こと無して爲たまふ謂ゆる無爲の神德より、造化の首たる一物を作り賜ひ、其物二つに分開して、天地陰陽こゝに始まり、皇祖伊邪那岐、伊邪那美二柱の神の群品の祖と爲給ひ候、太素の古傳、本敎の來由を諦に相辨へ、然して天、地、泉の成立、神世七代の定說、天祖三神の詔命、皇祖二神の神業は更なり、度量の初元、太兆の淵原、文字の濫觴、語言の本來、皇國の創造、萬國の大體、蒼生の元始に及び、然て謂ゆる五行の神化、鎭火の古義、火土二神の妙用より、武神、山神、雷神、龗神等の功德に及び、次に塞神、道饗祭の大事、かつ妖神の所成を知り、殊に祓戸神、水戸神、海神等の出自、及び其靈用を探ね、然して日神、月神の本生より、武道の鴻基、皇胤の紹運、祭祀の起元、神樂の最初、大祓の秘旨、駁蕃の權輿、神社の初建、顯幽の微旨、皇孫の降臨、大嘗の初儀、神世の年歷、神歷の推步、鎭魂の玄義、行氣の要旨、郊祀の大元、式內式外、官知未官知の神社の本緣、姓氏の本由等に相及び、猶班々の故實を温ね候、其成學中に、惟神の古道の神道に是あり、神道の帝道武道にして、神武一體の御政道たる趣き粗相伺はれ、謂ゆる經世の術、正心、修身、齊家、治國、平天下の道の要領、缺る事なく固有致候事も、郭然と相見え、尙他邦の古說をも考索折衷致し候へば、皇國素より萬國の祖宗、君師の國にして、諸蕃の國々皆我が神眞の開闢含養し賜へるにて、彼に用ふる政刑、兵陳、律曆、度量、文字、卜筮、醫藥より、總て國家を治むる道の根元、悉く皇國古眞の授け賜ひ候事も、分明に相知られ候、神道者萬國一般之大道とは、即是義なり、其上に令式格律等の古今の沿革、その條例をも兼學び候て、國體の大義、封建の制度、祭政一致の御憲法を拜承致し、然て當家の職掌、神祇四姓の家格は更なり、其學風をも相辨へ、其他異邦の學事たりとも、今現に公武に於て施行し給ひ、國學中に立置れ候學問の限り、總て御政用中の事に候へば、神道を學ぶ者も知らで叶はぬ事に候、然れども儒道の經籍、佛法の敎戒を始め、頗ぶる御取捨の是ある趣き、御政蹟に嚴然たる其御例を欽仰奉り、某々の書類をも敢て偏黨の情を用ひず、公平に讀涉り、或は其諸學に謂ゆる蠻夷の華を猾り、莠草の苗を亂る俗弊あり、止ことを得ず、其義を討論いたし候に、皇典の謂ゆる神習ふ質素の古意を主と致し、一向に上件々の御政憲を相守り、神武の道の御治世の根本にして、他道はみな其枝葉なる義を諦に相辨へ、白地にも皇蕃の本末、尊內卑外の典例に相悖らず、遇にも異邦に對する事ある時は、假にも其辱めを受る事なく、士民純一の大日本心を執り、死を守りて道に順ひ、古道精要の旨を研究に及び、其考證の確乎たる義は、篇冊にも相著はし、庸夫の思ひ街巷の談も、徒に棄給はず、一片の冰心螻蟻の努力も、何時か御治國一端の御用にも相立べく、報國恩の義を恆の心と致し、嘗ても異なる行ひなく、時の御令に順ひ奉ること、神國士民の學問の大本に候、抑此大本の學則、旣に堅固に相立候へば、道の大端已に定まり候を、此大本立ざる倫は、假令宇宙間の書籍盡く闇記を極め候とも、學問の統要是なき故に、却て僞功の情のみ進み、動すれば由なき異邦の浮華を稱して、我が古代の質素を卑しめ、其癖增長しては、自然に他邦を尊びて、我が父母の國を貶するを見識の如く心得候て、謂ゆる悖德悖禮の惡弊是より相生じ、

適にも我國美を顯揚する者の是ある時は、其嫉妬心より、衆口金を鑠する譖愬を企て、或は此國に居て此國の禁令を問はず、臣として君を放伐すべき權道ある由の外敎を奉じ、誣ても其辨を作むと欲し、或は後輩の、鬼神は二氣の良能、鬼神は造化の迹など申せる類の、鬼神を無に歸せる說に因りて、天道の古義を誤まり、天は理のみと云ひ、氣と理を以て鬼神を論じ候より、皇典に其事蹟烈々たる天祖皇祖の神等の古傳をさへに、寓言假說の如く思ひなし、或は穆々たる我が天子の御大祖を、己が情の引く方に異邦の種類に申し成せる倫も是あり、然て神祇の妙用を知らず、眞の神道を知らざる故に、祭祀の式あるは民に信を示す術策の如く存じ、神前に俎豆を列ね禮容を設くる類の神事を以て神道なりと思ひ錯まり、夫より神道と申すは巫祝の業とのみ心得候者も間これあり、抑神事も神道の事には有れど、事と道とは素より別にして、實には陰陽の二氣、これ天神地祇の良能、造化は天神地祇の迹に候て、神祇在すが故に二氣造化の行はるゝ迹あり是乃神道に候、故に其生々化育の良能を謝し、なほ其靈應を仰ぎ願ふとして祭祀の神事

を作賜ひ、其神祇の加護に賴りて益々に天下を平治し、萬民を安撫し給ふ朝憲に候、是故に祭政二字の訓相同じく、祭政一致と申すは是なり、其根元は高天原に神留坐す天照大御神、高皇產靈神の御言依して、武道の棟梁たる神等を先降し給ひて、是大御國に有ゆる荒振神どもを攘ひ平たまひ、皇孫邇々藝命を天日嗣の高御座に即奉り、天降し給る往昔、天照大御神御手づから鏡劍二種の神寶を、天璽と授け賜ひて、「豐葦原瑞穗國者、吾子孫可レ王之地也、爾皇孫就而可レ治焉、寶祚之隆、當下與二天壤一無上レ窮矣」と詔命し給ひ、高皇產靈神、御口づから種々の神式を御傳へ坐て、如二天上之儀一せよと故寄し給へるに起りし事なり、是故に神武天皇その神武の道を以て天下を平定し給ひ、御親から天神地祇の顯齋したまひ、靈時を立て皇祖天神を郊祀し給へるを始め、皇御孫命の御々代々、此道に因順し給ふこと、國史官牒の諸典に歷然たる事にて、菅家遺誡に、「凡治世之道、以二神國之玄妙一欲レ治レ之」とあるも、即此神武の道の事に候、然るに中世梵漢の外敎甚く流行せるより、遂に神道を蔑如して佛を崇め、武道を卑眡して文を尊び候故に、古風の質素は漸に廢れ、文官武官の間相和せず、神國の典要已に亂れて私の合戰をなし、天下の事つひに鎌倉に歸して朝威を畏まず、そは神事の等閑に成れるに因る事なる由を鑒み給へるか、建曆の御世に、禁秘御抄の御記あり、其開卷第一に、「凡禁中之作法、先神事、後佗事、旦暮敬神之睿慮無二懈怠一、白地以下神宮並內侍所之方上不レ爲二御跡一、萬物隨二出來一必先奉レ之云々」と、敬神の道の第一たる義を記させ給へり、然るに此御世すでに朝憲を無する鎌倉の陪臣北條義時あり、大江廣元と云へる儒者の議に從りて、彼商湯周武が先蹤に效ふ由にて、承久に三柱の天皇を遠島に放ち奉りて、その後元亨の御世にも、其裔高時また其所行に效ひて、天皇を島に遷し奉れるが、此者新田楠などの武功に依りて族誅せられ、再び公家一統の御世に復しては有れど、神武の古風なほ復せず、大內裡の御造營等あり、仍しも文官を尊び、武官を卑しむ漢風の行はれし故に、兇猾無慙の武士ども憤りを起して世を亂り、其中に足利氏つひに天下の權を握りて、大樹の大任に在りつれど、其代々には天下一年も事なき年なく、況て應仁の大亂より世中は麻の如く亂れ、京師に度度兵火あり、古典は多く其時々に燒失し、其末世に至りては、君臣、父子、兄弟、互に私の軍を用ひて挑み爭ひ、相殺し相奪ひて、其さま恰もかの周代の春秋戰國の世の如し、亂臣賊子の多有しは、職として中世より表を文りて誠なく、上を陵する風俗に移れるゆゑなり、足利氏の代には、皇よりは殊に大樹を篤く會釋ひ坐つるを、然る大任を愼まず、却りて皇を蔑如し奉れる故に、天下の武士みな其風をまねびて、次々に上を犯しつゝ、然る亂世とは成にけり、其は甲乙を以て云むに、乙よく甲を尊崇すれば、丙また乙を尊崇し、丁もまた丙を尊む、乙もし甲を蔑如すれば、丙また乙を蔑如し、丁もまた丙を蔑如する自然の勢なればなり、然有れど我が朝の本敎はも、上件天照大御神の神勅の如く、天壤と共に無窮に、君は君たり臣は臣たる道の動なく立たれば、適にも其臣を土芥の如く見給ふ君の在とも、臣として其君を寇讎の如く見るてふ道はなき事にて、此は畏き朝廷の御上のみに非ず、下が下までに及ぶ君臣の道なり、故今世賤しき船脚車夫の屬までも、新田楠などの忠臣を稱し、北條足利等の所行を憎まぬ者なし、彼孟子てふ書の舊く未施行なりしは是故なりとぞ、抑外邦の道々、取りて皇猷の贊となし給ふ事も少からねど、謂ゆる馬肝の擇び無くて叶はず、慶長の御世に是を鑒み所思てや有けむ、「神道者爲二萬法之根柢一、儒佛二敎者皆是神道之末葉也、頃學二儒佛一者夥、而知二神書一者鮮矣、物有二本末一、事有二終始一、何棄レ本取レ末焉云々」の睿慮を以て、始めて日本書紀を彫刻せしめ給ひ、竟に往昔に復し給ひて、神武の道を崇重し給ひ、天下の事を武家へ御委任ありし時に、三台の連署し給ひ候禁中諸法度に、天子の御學問は、禁祕御抄の御習學専要なる由にて、不レ明二古道一、而能政致二太平一者、未二之有一也と是あり、古道と申すは、皇極天皇紀に、天皇順二考古道一而爲レ政と有るに據給へるにて、謂ゆる惟神の神道、唯一の帝道、乃是に外ならず候、此頃武邊に於て、有ゆる古典を探索ありて、古道を順考せられ候こと、當時の記錄等に許多相見え、世人も多く知る所に候、然れば今しも武家より出る御政令、やがて神隨の神道、古道に候なり、當家條目の初めに、「神道者古今不易之綱紀」と云ひ、「神武一躰、法令之出處也」と記せること、是にて明亮たるべく候、扨しか古道を復興し給ふ御令條一度立ちて、尾張大納言義直卿に神祇寶典の撰あり、水戸中納言光圀卿に大日本史の作あり、是より以來、絕て久しき典例の、公武に於て復古なし給ひ候事等も多く、かつ此學の弘く世間に及べるより、荷田東滿、岡部眞淵、本居宣長等の英哲次々に勃興いたし、益々に此學の古義を賛稱して、外邦學の混雜を簸揚し、實に世寶と稱すべき書類をも數多相著し、今既に民心なべて上世純一の古意に復すべき御世に至り候は、全く神武の古道に因循して御治世ありし其鴻業の嚴然たる徵にて候、抑民心の純一、尊卑の等差、これ治道の根元、守國の大事に候を、外學の徒往々に其義を相猾り、譬へば神儒佛と云べきを、儒者は儒を先に稱し、佛者は佛を先に稱し、かつ其學を直に學問と稱し、本朝の學をば殊に和學と稱する類ひ、自然に他邦を主として、我國を貶する心の底ひ見え候て、此は小義の如くなれど、遂には民の守國に純一なる義心を賊ふ可き基と成れば、然る稱謂の糺し、尤關係の大なる事に候、其は唯右等の事のみに非ず、總じて道は正名に因りて上下猥らず、事々順宜に行はれ候は勿論の事にて、令式の條々、職掌の尊卑も、みな正名の義に本起せる事に候、然るに今度屬官の中にさる故實を亂り、我家の職掌を蔑如せる文章を以て群庸に示せる者あるに、止事を得ず官裁を請白す事に及べり、故此事を畏み惟ひて、今殊に我が家の學義の較略を口授して、門葉の徒に誨すこと斯の如し、汝等深く此旨を心得て、公武の奉爲に古道の研究懈らず、右件々の講義をも致し、神明の祈請彌丹誠を抽出て、聊か怠慢致すまじき者也、

以上

神祇伯家四十二代　御名　御花押

文化十三丙子年

右伯家學則壹册、以皇典講究所本令謄寫一校畢、明治辛亥九月六日

神祇伯家學則終

神道通國辨義卷上

神道あり、神系あり、名を正さずして意義を求むる時は、言の從ざること必せり、神道は天地の神氣循環して、萬物生々化々するの名にして、和漢竺は勿論、四夷八蠻、萬國一般の大道なり、天地廣しといへども、萬物多といへども、一つも其化に洩ることなく、尺地も其循によらざる所なし、知者も神道裏の人、知らぬ者も神道裏の人、鳥獸虫魚の有情、草木砂石の非情、皆其化に出入し、人々其神の分賦を受て、これを心の臓に容て魂と為ながら、神の所爲たることを知らざるは、實に神道の大いなる所なり、

神系と云ふは、日本の天子の連綿し玉ふ日神純化の御血脉にして、是を皇道と云ふなり、萬物生化の上へより云ふ時は、人は勿論、鳥獸虫魚草木砂石の萬物に至るまで、皆これ神孫神系にても、一つ神化に原づかざる者なしといへども、質天地にして日月星の神象別れしより、純清濁の三つと成て、日神の純化に出る者は純一に連綿し、月神の清化に出る者は、明かなる者時を得て、暗者は從ひ、星神の濁化に出る者は散亂奔走するなり、因て神道の運化に正して、神孫の系を辨ずるときは、宗統の純化を神系と云て、庶流の清化濁化は神系と云べからざるの意義分れども、神系を以神道を論ずるときは、始祖と仰がせ玉ふ、日神の萬國を照臨し玉ふ理が通せぬなり、

日本書紀三十卷は、神孫歷代の御跡を書記し玉ふ書にて、天子の御系圖の書なるに因て、日本の二字を上に置玉ふ者なり、其三十卷の中の一二の卷を神代紀と云て、萬國一般の天地の神の世代を説玉ふ、是神道皇道の分ちある所なり、何故に日本帝系の書紀たる一二の卷にて、萬國一般の天地の神の世代を説て、神代の卷と題し玉ふぞなれば、日本の天子は、日神純化の系統とて、天地の間に生出する萬物の中にて、精清潔粋の純一なる宗氣を受玉ひて、古今一系に連綿し玉ふ祥瑞坐て、唐の變革する所の天子と異ならせ玉へば、實に日神純の神孫たる眞の天子たる明證あらせ玉ふ故なり、

天地の間、萬國と隔たりて、其の國々の風俗各異にして、其萬國千差萬別なりと雖ども、太素の昔より今日

に至て、生々化々して盡ることなきは、一神氣の伸暢する所爲なれば、萬國共に皆神道と云者なり、其一神氣の無の所よりして有と成て、天地位し萬物育する伸暢の次第は、皆理を元として、理具はらざれば氣のと云ふことなく、其氣が巡交は牙らざれば質の凝と云ふことなく、質より積ざれば形となることなし、此理氣質形の四の妙遷は、萬物一つも此次第の違ことなく、其後に目に見る所の實形實物となるなり、其神氣の妙物妙化、目前にそうかうと語言文字を以て物を借り譬を設けて、悟し示すことはならざれども、形ある者一つも此の四の運なくして頓に出來る者に非ず、故に此四つの運は、事々物々相應に具りて、天地開くるは天地の理氣質形あり、人の生ずるは人の理氣質形あり、鳥獸虫魚の生ずるは、鳥獸虫魚の理氣質形の運びあれども、人と鳥獸虫魚と、皆萬物の內にて、形天地成就して後、日月星の三光循環照臨して、日輪の陽氣日夜大地を蒸立、地氣交和して段々と出來る萬物にて、人は其萬物の中の靈長とて、靈異なる所の神氣を受て長頭なり、其長頭たる人之中にて、天子を長頭として神孫神系と仰ぎ奉るなり、然るに唐の天子は變革して定かならねば、天の子と云ふ實なくして、天子と呼名すれども眞の天子ならねば、自然と神孫とも神系とも云ず、其實なくして只上に立つの呼名とせば、一國一郡にても天子と云ふべし、唐土は月神清化の臣下の國にして、月の明暗あるが如、明かなる者權柄を取る、左輔右弼の國なれば、實は天子なき國なり、其外國に依天子號を立るは、皆唐に習て實ある天子に非ず、唯日本の天子一系古今に亘りて片時も穢なき眞の天子天孫たる奇特祥瑞坐して、往古より萬民共に渇仰し奉り、自にも神系神孫と知し食て、始祖たる天の神々を祭り來らせ玉ふと、自然の實證ならずして、後世儒佛と爭はんとて、數千歲の前より工み設て祭り玉はんや、是を唐天竺に正して、天子の天子たる奇瑞を以て證とし、祭來らせ玉ふの實とし玉ひ、天地の理氣質形を以て、因て出來玉ふ所の本源とするなり、去るに因、別に人の理氣質形を說ことなし、理氣質形の運びの間を神代と云ひ、形天地の形神よりして血肉實體の形を現し玉ふ、是より人皇と申奉て、人皇即地神にて坐すなり、然るに神道者流ども、訓點に暗まされ意義を知ず、文章の上に疎くして、神世七代と云ふ理氣の幽隱を結ぶ一句に、地神五代と云名目を作り足して、天神七代、地神五代と云ふは、何なる是天神、何なる是地神と云譯も知らず、元より天七地五と云ふ數の叶はざることも知らず、一犬虛を吠れば萬犬實を傳へて、天神七代、地神五代と云ひ古したるなり、是皆訓點便りに雙紙物語の如く讀なして、四天地の運限を立玉ふ聖旨を求ず、神と云ふは何したる者やら、萬物の字は何したる所を云ふやら知らずして、日神よりは人體の有るやうに、神道皇道を混雜して、神と人との譯さへ知らざるなり、凡て神代記に記し玉ふ神は、皆虛體の天神と云者なり、今日肉體の天地にては、人は父母有て父母の氣血を受て體をなせども、其最初無より有となり、天地開けて萬物生化する時は、萬物共に天地を以父母として、今の虫などの如くに人も生化したる者なり、因て人は人の生ずる理氣質形の運びあれども、別に理氣質形を亡はずして、天地を以て父母とするなり、この天地の開闢する理氣質形の運びを四天地と云ひて、此四天地に當運の神と妙遷の神有て、理氣質形の時運に因て、世代別れ神德替れば、中々一神二神など云紛はしき傳授祕訣事、曾て無きことなり、虛體は時運と德をよく分ざれば、凡て萬神一神なり、

先づ神と云者をよく工夫會得すべし、昔より神學者流ども、神道と皇道を一つにして、神と人との差別を知らざる故、虛體の神と見れば神代二卷が嘘說となり、人體とみれば奇恠に成て落着せず、故に色々の見やうを立て、こゝは氣化、かしこは造化、夫は虛體、是は人體と云、門人に講じ聞すにも、初註、再註、再々註と嘘を巧にして祕傳、口訣、切帋と名付て人を迷はし、正直の祇を嘘かために固るは、自分が暗き故なり、神と云ふは太素の無の所より有と成て、天地開闢する運をなす活氣を神と云て、外に體有者に非ず、元來一活なれども段々伸暢するに因て神と云なり、伸《のび》暢《のびる》と讀て、無よりして理具はり氣交はり、質凝形成と云運びは、一活の段々と伸暢るなり、其のび〳〵て天地開闢する間は、一物も無くして只神氣の活ばかりなり、其後日月星の循環する照臨にて、陽氣大地を蒸立、萬物化生する、其時に神氣精粗清濁とて、精きと粗と清と濁との分有て、其中にて精中に精粗清濁あれば、粗中にも亦精粗清濁と段々別れて萬物となる

に、理と氣とは形なく、質よりしては目に見ゆる象有て、物と別る丶也、故人の理氣質形を云へば、質よりしては一點の精氣と云象あれども、是は父母と云實體ある上へのことにて、其最初天地を父母として說ことなれば、形天地の理神と云ふは、天地の形具はりて、人はまだ出生すべき肉體の理の神氣なり、今日父母の精氣を受て生る丶人體にても、胎肉にある質、胎內にある形の間は、直に見ることとならず、因て形天地の質神までは皆虛體の神氣にて、形天地の形神と云時運當て肉體出來て人皇と申す、是即地神なり、然れども其神氣の靈體なるにも、理には理の體氣には氣の體ありて動かす所の體象あり、詳に入式六體異象の條にあり、

其一活の伸暢する神と云もの、大豆を以て譬云ば、豆は一つの活物なり、動かざれども活物なるを以て、蒔植るときは生出て立のび、枝葉出來て花咲實のりて豆となるの理あるなり、然れども人よりかくの如く推し知の理は定理とて、儒者の取捌く所の理にして、百粒が百粒、千粒が千粒ながら同じことにて、死物なり、其死物の定理に因て播植るに、果して沾ひ脤れて氣ざし催し、竟に生出る二葉より段々と枝葉できて、花さき實のりて豆となる、其運の按排は、其豆の伸暢する活に具はる活理にて、同じきもあり異なるも有て、定理の如く百粒が百粒ながら一定することはなし、是皆豆の活理にて、豆に具はりある活の上にあることにて、活する故に伸暢するなれば、其活即ち豆の神なり、活する故に伸暢する理有て、神と活と理との三つは、相依てはなる丶こと無し、試に其豆を煑燒して殺ときは、活さりて伸暢するの理も亡ぶるなり、此活の豆を保ちて、一年二年乃至三年五年にても蒔うへざれば、聲もなく、臭もなく、活を保ちてある、是を豆の渾沌と云ふなり、渾沌とは活の存養するを、渾渾沌々と形容したる名なり、存養とは活の存養で、保ことなり、渾沌は二字ながらにごると讀で、にごるは分るべき者が分れず、一つに相渾雜するなり、其豆の渾沌たる中には、何が渾雜して有ぞなれば、竟に陰陽の二氣となるべき者が、一活の中に渾沌として渾じ有なり、豆の眞中に二葉となるべき者が抱合、一つに成てあるは、陰陽二葉となるべき者が渾雜して有なり、此渾沌即豆の理天地にて、理の豆なり、其豆

を播植るときは、豆に保ち存養する所の活より、そろそろと滋ひ脹れて生へ出んと催し牙すは、豆の氣天地にて、氣豆なり、然れども理と氣とは形なくして目には見へず、理氣共に形なけれども氣には牙と云、巡と云交と云象ありて、牙すと云活潑の所よりは、氣に屬する故、神學にては動きなき理中に於て活を見るなり、諸學皆動くに因て活をいへども、神學にては動くを氣と云ふ、是神儒の違目なり、因て神代紀に渾沌たること鷄の子の如しと譬へて、玉子の活物にして動かす間に、漸々として存養する意を示し玉ふなり、其活潑の氣竟に發動して生立るは、豆の質天地にして、質の豆なり、質は氣の交はり凝結者にて、目に見るの初なれば、脆き者にて未だ豆とも草とも分らぬ所なり、然も豆の如種を以生ずる上にては、氣の凝結ぶ質と云者取合難ければ、只眞最初化生する所に就て、其質の凝結ことを思ひ觀るべし、夫より段々立のびて枝葉全く出來揃ふは、豆の形天地にして、形の豆なり、然れども未だ目に見るべき豆はなし、其後花さきみのり、月日を歴て初て最初植たる所の豆となる、是豆の肉天地にて、肉體の豆なり、右の如理の豆、氣の豆、質の豆、形の豆と別て、肉體の豆までは豆と呼名すれども、豆はなく、只豆に保ちたる活の伸暢して、豆となる運の次第なれば、豆と云呼名すれども、皆虛體の豆にして、是を豆の神代と云ふなり、是等のことを以て、肉體人の出來る神代をよく觀心會得すべし、

天地は萬物の器ものにして、萬物の中の靈長とて、靈異なる長頭は人なり、其靈長たる中にて一系古今を貫ぬく靈異ある天子を、萬國一君の眞天子、神孫神系として、靈體の神明より連綿し玉ふ道統を引來、是神代記と云なり、若宗統庶流の分ちなく云ときは、人は勿論、鳥獸虫魚に至るまで、其最初は皆神代に原づき、天地を父母とする神系神孫と云者なり、然れども系圖の法にして、宗統は始祖より續記し、庶流は其別れ來所を始祖として記すなり、日本の天子の一系に連綿し玉ふと、唐の天子の變革して始め終りの定かならぬと、思ひくらべて見るべし、假令祭來らせ玉ふ處の神號なく、神武帝は勿論、推古帝より書紀ありても、神孫神系崇奉るべき明證坐す眞の天子たることは炳焉たることなり、因て宗統の純化を受つがせ玉

ふ天子ならでは、神孫神系とは云れぬ筋なることなるに、吉田卜部家に、始祖にもあらぬ天の兒屋命を遠つ祖として、神系神孫呼はりするは、朝敵にも勝たることなり、◎信哉云、吉田卜部は天兒屋命の神裔にあらずと云説は既に度會延經の辨卜抄、及び吉見幸和の辨卜抄俗解等に見えたり、然るに平田篤胤は其著猶言に於て之を駁せり、されど予は仍は前説を以て穩當と認む、　殊に神職の身として神號の字義も知らず、兒屋根尊と尊の字をかき、屋根の根の字を入たるは、家の屋根の事と覺悟したるや、笑止なることなり、吉田家は伊豆卜部平麿より出て、對馬卜部と各段なること、增補辨卜俗解に詳なり、

凡て天地の萬物神化に出る、　其神化の妙遷理氣質形と次第するに、理氣は無形の幽隱と云て、目にみる事ならず、質形は有實の顯露と云て、目に見るの實あるなく、幽隱は幽に隱と讀て、心にて觀じ見る所を云、顯露は顯はに露はると讀て、現在に見る所を云ふなり、一理、二氣、三質と續て、　一理渾沌として具はると、活潑して二氣となり、二氣が交ると、　奇偶合して三質を結、質よりしては目に見るの象できて、彼は是ならず、是は夫とならずして、物の差別始なり、　因て二を神道の成就の數として用るなり、　天地開るときは三才と成て、天は日月星を象とし、地は海山陸を形とし、人は君臣庶を品とし、人の性は智仁勇を德とし、器は鏡玉劒を寶とし、國は和漢竺を秀とし、　其外千差萬別なる者、皆三つを以て統るは、天地自然の數にして、其三即理氣質に應ずるなり、日は古今時を違ず、晝夜十二時にして東出し、海は萬國一水にしてよく受容し、君は古今一系にして他混塵することなき、皆理の動なき象なり、月は明暗を代へ、山は高低を形はし、臣は左右に輔する、皆氣の陰陽ある象なり　星は散在して進み、陸は平面して隔なく、庶人は奔走して役使せられ、皆質の象なり、三は理氣質と次第する質位にして、質に三の象あるなり、質は陰陽二氣の凝結の者にて、陽の象は奇、陰の象は偶なり、　此奇偶の象凝ときは三なり、三は奇偶の凝る質の象なる故、老子にも三は萬物を生ずと云て、三の質よりしては、物我の別れあることを明せり、　因て事物の三にて別るることをよく會得すべし、

何れの學にも、定理に二つはあらざれども、佛者は方便を主とし、神學者流は和訓に泥で義理を知らず、肝心要の本源とする神代紀は、双帋物語の如なり果、假

名付なければ讀得ぬ書と成たる故、◎信哉云、吉田の社僧梵舜嘗て徳川家康の御前にて無點の日本紀を讀ませられ大に閉口して引下りしことあり、伯家の徒或は暗に之を諷するか、義理を捌くこと專ら儒學の術と成、神代紀に於、字義文意を分け、理非を云ふときは、儒に習合する如心得、一向に和訓を云ひたて、祕傳口訣を神道の極意と心得て、夫れも祕事是も傳授と云ぬけ句を覺て、祕傳の譯をゆがみなりにも知らず、隱すことばかりを神學の胸とするは、知たる者も知らざる者も、際立ことなくして、神職といかめしく云ども、奉仕する社の神徳さへしかと知らぬ邪なる一社の傳にて間を合、學問せざる故、碇々眞字のよめる者なく、邂逅に筆を取ても字義文章の事は曾て知らず、當字交に間を合せ、目を明す僻に、口がましく義理は皆嘘なりと云者あるなり、相應によみかきしながら、義理を嘘と心得たるは珍しき見識なり、今日下もざまに取扱ふ狀文にさへ、令致仕と相應に意義を用ひ書分るが、筆を取る者の道なり、心得なるに、神孫天子を書記たる神代の卷に、字義文章の譯なく書玉ふべき者なるや、假名物は知らず、文字を並べて書に、字義文章を知らずして書立らるゝ者に非ず、其證據は、手を書ながら字義文章を知らぬ者に、少しの事なりとも書せてしるべし、一行も書得る者に非ず、況んや古今未曾有の聖手を以て、神孫天子の系統を書き立玉ふ神代紀に、字義文章の差別なく、何んぞや草紙物語の如く書き玉ふべきや、少しは思慮して見るべし、唯一の活より、理氣幽隱の微妙を説き玉ふこと、四聖人の手を經たる易よりも詳密にして、一字を下し一句を置き玉ふにも、その意味深長なる所あれども、餘手高き所なれば、大槩の儒學にも下た地なくては、中々及ばぬ所なり、まして神學者流の和訓を表として、祕傳口訣にて間を合せ、仲間學問にて、口利位の者の兎や角と目にも耳にも及ばぬ筈なり、

儒に太極動て陽を生じ、靜にして陰を生ずと云、陰陽二氣の神と云ふは伊弉諾伊弉冊二尊にて、其前に一氣の氣天地あり、其前に渾沌の理天地、其前に唯一神有て、儒の無極にして太極と只一口に云なすとは、各別なることなれども、神代紀和訓者流によみ殺されて、草帋物語よりも拙く見ぐるしき書と成たれば、學者分の者は見こなして思を極めず、只神學者の自己ども落字には傳を付け、誤字には口訣を拵へて、竟に

錢なりの種となれり、千百餘年以來、唯神祇伯延信《のぶざね》王のみ、親王の聖旨を淑し玉へども、諸の楚人啾しくして、意に齋語せしむること能はず、因て親王聖作以後、延信王のみにして、三代格式、類聚國史といへども、聖旨に叶ふ作にあらず、去るに因て、親王の聖旨を見んことを思ふ者は、只一向に神代紀を素讀するの外手段なし、讀書千遍意自ら通ずと、之を守て朝夕に讀で、前後照應するの取廻自由なれば、經緯の取捌きも次第に明らかに成なり、

神代紀を讀に習あり、訓點に拘はらず、唐本と同く見なして、音訓兼用て平々に讀なして、たゞ意義の通ずるを旨とすべし、よく始終の意義を合點したる上には、如何やうとも讀なすべし、兎角書物は意義を會得して、作者の本旨を知るが肝要なり、

第一神道の書と云ふこと非なり、日本の天子百王に勝させ玉ひて、日神の純化を受つがせ玉へば、唐の月神清化の天子、天竺の星神濁化の王と違ひて、一系古今を貫き玉ふ奇特坐、其始祖たる所の天の神々、世代を說玉ふ神代紀にて、御系圖三十卷の中の一二卷にして、神道の書には非ず、然れども虛體の神の當運妙遷を分ちて、世代を立玉へば、理氣の幽隱より質形顯露に及で、意義自ら神道の玄微を含んで、神道を說は說るゝなれども、初より神道の爲に說玉ふ書に非る故に、日本書紀と日本の二字を以書に題し玉ふなり、眼前萬國を照し玉ふ書に、日本書紀と題し玉ふこと、系と道との辨へなくして通ずべきや、神系の書を借て神道を說に、神道殆ど餘蘊なく說き盡さるゝ者は、聖作の妙所なり、然れども一途に神道の書と云ときは、大八洲の生立、其外出雲日向の地名ある所通せず、神道日本限の事と成て、皇神と仰ぎたまふ日神の萬國を照し玉ふが、いらざる世話し玉ふ如くに思はるゝなり、併ながら昔より皆道と系との分なく、日本ばかり神道と心得たればこそ、伊勢の外宮に天の岩戸を作、參詣の者共を愚にすること、身すぎ、口すぎとは云ひながら、餘り拙き手段なり、然れどもしら〳〵しき作り事ほど、世によく取はやさるゝ者なり、又何某なる家の說には、唐の日月と日本の日月と別なる者と云たる由なれば、神道の衰ゆくも無理ならねども、折角聖慮を盡させ玉ふ神代紀なれば、只一人を導き得るとも、國への忠義、蒼生の本意ならん

かし、

天地の間は一神氣の運行なれば、萬國共に神道にして、萬物皆神の子たる中にて、唯り日本の天子、古今一系に統御し玉ふ奇特祥瑞坐すほどの事なれば、上古より誰云ふとなく、西の果より東の果まで、自然と神孫神系と仰奉て、萬民共に畏服し、露塵ほども他系の一交りなく、片時半刻も尊位の塵なく、敎ざる民の敬ひ事へ奉る自然の神德、つら〳〵思ひみるに、恐れ多きことなり、

日本の事は書紀なくして、其始定ならぬ如くなれども、自然の實具はり、唐の事は文章面白くして甚だ慥なる如くなれども、皆見合の作り事なれば、下推してみると皆其實なし、日本の敎ざる民の心服して崇敬し奉ると、唐五常五倫の敎正しき國の意に弑奪すると、よく思ひ較べみるべし、日本の天子の如、一系古今を貫くと云程の奇特なくして、天子と云はるべきや、暴惡にして衆人が見放と、一夫獨夫となるは、元筋なき一夫獨夫なるを、諸人が擧用ひて天子とする故、見はなすと元一夫獨夫となるなり、逸物ならぬ犬猫を逸物と付ても、常にさして害になる事もなけれども、若し逸物の用ある時は、逸物の役が勤まらずして、平生の耻を顯はす如く、天子に非ずして天子と名付る故、天子と云名の實なく、一夫獨夫と成て位を保ち得ずして、日頃の虚名なる耻を見はすなり、同じ肉體の人を、人主、人長と云はずして、天の子と云ふこと、其實なくして云はるべきや、名正しからざれば言從はずとは、實に唐の天子の事なるべし、

日本の天子の神德坐す事、心も詞も及ばぬ事なれども、外に見くらべ者なければ、上下共に何とも思はず、只無爲に治まり來るなり、中古に至て、段々唐天竺の雜書渡來て、國風の異なる所見へ、神系の百王に勝させ玉ふ所の祥瑞顯はれ、其書漸く行はれ、國の古風移りかはるに因て、初めて神系混沌なきやうと思しめして、上古より祭り來らせ玉ふ所の始祖の神號に、こゝかしこの文書記錄を合せ考、書記し給ふ所の日本書紀なり、因て儒書佛書の駁雜なる、くらべもの無ければ、神系自然の祥瑞坐す事も、只かやうなる者とばかり思はれて、さして書記する用は無きなり、唐の帝の初め終定かならず、湯王、武王の聖人、君を弑し位を奪ふの道を開てより、代々弑奪の事やまず、天

竺の父大王の頭え足を戴せたる傍若無人の果は、拔提河にて往き倒死たるなど見及びて、初て神系の神系たる奇瑞と思めし譯玉ふなり、去に因て日本の書紀は、遙にをそく出來て、物ごと皆唐に習て始たる如くに思はるゝなれども、日本は上下共に道を生れ付てあれば、今日よりは際立て作り敎るに及ばず、唐にては敎へてだに弑奪する人情なれば、早く敎を立て敎るなり、然れども敎へて勤させる敎はつけ燒刄にて、元と生れ付ぬ事なれば、竟に弑奪するの本性を顯はすなり、かゝる雲泥黑白の違ある國がらなれども、儒佛の國のかく淺間しき混雜ものゝ入來るまでは、書記して置く用なき故、上古より書記せざるなり、唐の弑奪する國さへ上代は無爲なる由なれば、日本の上代日向に坐す時は、一向に書記すべきことなきなり、今にても試に、一國或は一郡にて事を記し見るべし、人情柔和に一致すれば、何も書留ることはなし、剛情にて出入事多ければ、其中には分別者もあり、力者もあれば、能書も有なり、然る所にては色々と利口なる法度式目ができる者なり、因て唐の聖賢澤山にて敎事の調たるは、國氣人情惡き故なり、

書物は、前人の善惡、賢愚、得失等を記して後人に知らせ、善を勸め惡を懲す爲なれば、日本の如く自然に道をうまれ付たる國には入り用なし、日本に上代の書紀なきは、無爲自然の神習とて、自然と生化して巧作を容され、神代の習はしにて、神系たる所の證據なり、よく思て見るべし、初より書紀有べき國なれば、天より書記する者を降して書記させるなり、書記すべき國へ、天が油斷して其人を降さず、唐より渡りて後、見習て書記するならば、唐は天より勝たる者とや云ん、土地語言通ぬ所に通用する事のあるは、元と兩地共に有て、ひしと相叶ふ故に、段々通用するなり、書記ある國と、書記なき國と、事を通用る時は、竟に書記する國に習て、事を初めたる如く思ひなさるゝ事となるは、人情の思ひ僻と云者なり、日本にも惡逆なりとて天子を弑して、一夫獨夫が位に即くならば、君臣の道も唐に敎られたる如く云べけれども、聖人の敎より上をゆく日本の生質美なる所が有て、涅にすれども緇まぬ所は、神系自然の風俗なり、神武帝大和に都を遷し玉ひしよりは、新都古都の差別できて、漸く事を記しをく事となり、荒増の知るゝ

事と成たれども、日向の上代は定かならせ玉はぬによりて、神化の妙遷を以て云ひ傳たる地名、祭り來らせ玉ふ所の神號を次第し、諸家の筆記までを集めて經緯を立置玉ふなり、和漢合運によつて見れば、神武帝の頃が周の末に當て、日本は遙に遲く開けたる如くなれども、和漢竺と稱して萬國に頭ら立て、其三國の中にても理に應じ君に應じて、漢竺に勝たる國なれば、別に漢竺より遲開ると云理もなく、又日本は未だ髙不合尊と云神代にて、漢は人代と云理もなき事なり、かやうなる意味合の事は、神と人との差別さへつくと、自然と明白になるなり、今さへ靈神と云へば虛體にて、實體ある間は人なり、日向の上代は、實あれども書記なき神習なれば、說はなきなり、凡て日本の事は實有て說なし、武烈帝の如き惡性坐ても、弑奪せぬ君臣の實はあれども、君臣の義はそむかうと云說はなし、唐には竟に弑奪して、君臣の實はなけれども、說は君臣義ありの、或は父と君との仇には共に天を戴かずと立派に云なすなり、去るに因て日向の上代を兎や角と云ひて、儒佛の徒と爭ふには及ず、天地の間に日神の純化を受つぎ玉ふ神孫神系の事に於ては、義理ほど慥なる證口はなく、實ほど有難目當はなし、唐の如立派に書立云ひ並べても、神系の天子ならねばこそ、竟に淺ましき一夫獨夫と成て、追ひ放たれて位を奪はれ、其身賴とした臣下に弑殺せられて、子孫の成りゆきも定かならぬ有樣、何ほど文章續はいかめしくても、肝心の實なくては、何の詮なき事なり、

凡て義理ほど正しき證據はなきに、神道者流共、義理の明かにして動かぬと云慥なることを知らす、己が心の愚昧なるを盾にして事を疑ひ、直に見た聞たと云へば、吉田の兼倶が日神の神勅に任せ神語に因て是を書くと云ふ、舁で廻るほどの噓でも、噓とは思はず有難がるなり、

昔より神學者流の僻として、本據證文を引たがれども、書記なき神習にて、書記なければ本據證文はなき筈なり、殊に格と式には、本據證文なくては、一家の私ごとなれども、義理ある事に於ては、義理を定規として、本據にも證文にも及ぶことなし、因て日本と唐の事は、よく思ひくらべて義理を定規とし、身に引あて今日に押しもとづけてみるべし、歷々聖人が出

て五常五倫を立て、敎へ道びく、唐の天子の弑殺せられて、其末葉のゆくゑ知らず枯はつると、敎なき日本の民の自然尊敬し奉りて、古今一系に連綿し玉ふと、何の差別もなく、只其國の天子とばかり心得て、天子の稱號はいかなる事にて、天子と云ふ實の有無しをも正さぬは、義理は何を正すものと思ひ學問することぞや、なるほど學問筋の文華ごとは唐が具りたれども、唐人は學問しても、湯王武王の如き弑奪する惡性あれば、學問なきときは、一向人面獸心と云ふ惡國なり、日本人は學問なくても、自然と道を生れ付て、假にも弑奪の念を起す事なし、自然の生れ付は、造次顚沛にもはなれずして、一人も生れつかぬ者也、學問の付燒刄は敎屆かずして、敎たる人も時として亢ること有り、よつて日本人は學問せぬ生得のまゝなる人には、得て善人或は忠孝の人あれども、昔より名ある學者には、稀にも善人なく、元より忠孝の人もなし、學問すれば辨口はよくなれども、根情は唐の陰惡がうつりて、却て惡くなるなり、現の證據には、よくためし見るべし、武士ならば一家中、町人ならば一町内、農民ならば一村にて、引くらべて例しみるべし、少にても學問した者は、學問相應にいけぬ道だて云て底意地あしく、勿體なくも君父を誹りて、文盲なの、不學なのと高慢する者なり、書物の中に高慢せよとも君父を誹れともなけれども、唐の一體が五倫の初めに、君臣義ありと云て、勝手のよき間は義を守れ共、普代相傳の主君でも、少し運がよはくなると、一夫の獨夫のと名を付て弑奪しながら、五常五倫をことごとしく云立て、口と心と一致せぬことを耻と知らぬ國にて立たる敎なれば、學問すれば口と心と別つに成て、行ひは却て學問せぬ者よりは惡く、君父をも誹嘲けるは、皆其隱惡の毒氣に中るなり、日本は日神純和の神孫を君として、其道に準じて父に事る故、忠孝共に同く、假にも背かぬと云が盾なるに、唐は月神淸化の左輔右弼の臣下の國にて、時を得た者を君として立たる敎なれば、君に立たる者も、惡逆なれば取かへて其代に君となる者、又同く臣下の時を得たる者なれば、竟に又衰へて弑せらるゝ時節至るなり、孝は君に事る所以とて、父に事へるの道は君に事へ、君に事の道は父に事へるの道なれば、唐にては父にても道に叶はざれば弑殺することや、君臣の義を以て五倫之初に置たれども、元臣下の國にて生の貴き君に非れば、君の用ひ方にて、臣下の忠の仕方替りて、君に事ふるによく其身を致すと云たばかりにて、日本の君臣とは別つなることなり、

忠臣二君に仕へずと云ひ、又父と君との仇には共に天を戴かずと云、是らの語には、唐にて云て至極の要語なれども、唐には曾てなきことなり、二君に仕るの事はさしをき、衰運になれば普代恩顧の者弑殺して、自ら王となれば、外々の者口々に一夫獨夫と云ひ立て、却て其仇に奔走し仕ることは、代の替りめの定まり事なり、因て生質の柔和なる日本人は、學問すると却て唐の陰毒に中りて、强情になるなり、草木其外作りものにても、未だ生氣の調はざる間にむざと肥し土かふと、却て生氣を害して毒となるなり、學問は人情の肥しものに、唐の如き陰惡の磽地の人には宜しけれども、日本の如き素朴なる土地の人には却て毒に成り、見分の伸び立は宜きやうなれども、內心朽て用に立ざるなり、因て和漢竺三國の土地柄をくらべ考るに、國氣人情に段々美惡あること、皆自然の事なり、

天地の間、萬國と隔て、地界人物異なれども、其隔は水にして、水は萬國一海なり、只其國々の間に大なる谿ありて、海水湛へ深ければ、容易に通路ならぬまでなり、天の外に包むこと一天なれば、地の中央に凝るも一地にして、其根もとは一つなり、唐、天竺、阿蘭陀、琉球、朝鮮の國々も、四國、九州、隱岐、佐渡の國々も、別といへば別れども、一地といへば一地にして、泥土沙石の地の體に替りはなし、遠くして自由ならぬ所は別とし、近くして從ひ通ずるは國同と思ふは、少さき人情の差別なり、天地大なる一神氣の運化より云へば、隔は水にして、水は萬國一海なれば、萬國共に一地なり、因て物ごと萬國に通じて見ざれば、一偏に片よりて通曉せぬ事多し、其數々なる萬國の中に、和漢竺三國は意義通じて秀たる國なり、三國と云こと儒佛の書になく、日本にて付たる名目なる由なれども、事の千差萬別なるを三にて摠括ることは、理氣質に應ずる自然の名にして、國俗自ら理氣質に應ずる象有、一理二氣三質と次第して、質よりして目に見る實できて、天地人の三才と成り、天は日月星を象とし、地は海陸山を形とし、性は智仁勇を德とし、器

は鏡玉劔を寳とし、人は君臣庶を品とし、國は和漢竺を秀とする、皆理氣質に應ずる自然の象なり、

純一にして明なるは理なり、天にして日と成、地にして海と成、性にしては智と成り、器にして鏡と成、人にして君と成、國にしては日本と成る、

兩立して順なる者は氣なり、天にしては月と成、地にしては山と成り、性にしては仁と成、器にしては玉と成、人にしては臣と成、國にしては唐と成る、

濁りて凝る者は質なり、天にして星と成り、地にしては陸と成、性にしては勇と成り、器にしては劔と成、人にしては衆諸と成り、國にしては天竺となる、

三は神道の成數にて、事物皆三つを以分るゝ、老子が三萬物を生ずと云所にて、陽奇、陰偶の二氣凝り結の質なれば、三は質の象位を兼たる者なり、理と氣と形なければ目に見ることならず、質よりしては目にみゆる者出きて、物我の別ある故に、質天地にして日月星と神明の託り玉ふ象わかれて、形天地三神の化を經て、形天地の形神の運に當て生化する萬物にて、其萬物に靈長たる人なれば、日月星の純清濁の化に應じて、君臣庶と別れ、和漢竺に應じて、理氣質の象を顯はすなり、

日本は日神純化の理に應ずる君國なり、其化の純一なる中にて、又純清濁と別れて、君臣庶を化すれば、君は純中の純なる故に、古今一系に連綿し玉ひて、他の混塵なく、臣下庶人に至るまで永く續く事を美とするなり、其國風、坐するを以て禮とするは、理の動きなき君の象なり、

唐は月神清化の臣下の國にして、清化の中の純清濁に因て、君臣庶と分るゝ故、其君を化する純と云者、清中の純にして、日本紀中の純とは各別なり、月は明と暗と相半して、常に明かなる所を以て日に奉ずる如く、左輔右弼の臣下兩立する象にて、明なる者行はれて上に立て、暗き者は下て從ふなり、因て聖德あるか勢あるか、又は引つゞきの宜きことあるか、何れ時を得たる者上に立て天子と名のれども、生貴の君に非ず、其化源が、月神清化の中にて純化にて、其化源とする月象に明暗の盛衰あれば、日神純化の中の純化とは、一段下にして、純一に古今を貫くこと能はず、竟には暗く衰へる時節到來するなり、故に天子と云べき象はなけれども、聖德と云、藝に懷きて天子と

稱する故、其子孫に至て徳が衰へると弑殺せられて、天の子と云たる名の詮もなく、人に取捨せらるゝ、なり、天子と名付て人より取捨しては、名の叶はぬと云ことを知らぬは、天子なき國の自然なるべし、唐、立を以て禮とするは、氣の兩立する象なり、今日應對の上にて、立が恭しきか、坐するが恭しきか、よく心にて思ひ分けて見るべし、かうなる自然の姿に、國の美惡は備はりある者なり、

天竺は、星神獨化の庶人の國なり、濁化の中にて純清濁と分れて、君臣庶となれば、其純化の君と云者濁中の純にして、唐の清中の純よりは又一段下なり、因て其王の子たる釋迦の山籠して工夫するより、得道して天上天下唯我獨尊と云、父大王の頭へ足を上たるさま、其外平等利益、又物我の隔なしと敎ながら、九品の淨土を分け、唯我獨尊と云ふは、日本で云舌二枚なり、方便と名付けて嘘を云ひちらし、門に立て人に貰ふ事を表とし、果々は河原にて往倒れて死する、皆諸人の業にて、日本にては乞食非人の境界なり、尤も熱國とは云なから、偏袒右肩とて、偏に右の肩を袒て禮とする實、諸人の驅馳奔走するの象なり、日本の諸人は日神純中の濁化なる故にや、諸人にても釋迦の行位を本意とは思はぬなり、然るに唐にても佛法に迷ひこむは、畢竟諸人の國の敎なれば、自墮落にして成し易き故なり、

凡て宜しきことは手高くして學び習ひがたく、賤きことは成易して染りよし、因て下の事は上へ移やすく、上の事は下へ移りがたし、何故なれば、好事は似せられずして、惡き事は似せやすし、譬ば大名高家の人柄にても、棒をかたげる姿にて肴を呼べば肴賣、靑菜を呼べば靑菜賣と知らるゝなり、然らば其の肴賣、靑菜賣が、大名高家を眞似は一向成らぬことなり、佛法の流行も、畢竟成し易くして、益なきことなる故なり、今日にても成ぬ者の果は、天窓を剃こかして鉢に出ると、もはや佛弟子にて、極意を云へば歷々色衣を掛たる和尙上人よりは、佛意に叶也、然を何と思召迷はせ玉ひてや、聖武帝の頃より頻に貴び玉ひ、僧には段々位階官祿をあたへ、何國の牛の骨やら、馬の骨やら知れぬ者に參內させ、智恩院へ住職すれば、準親王と成て、親王に勝りて紫宸殿の階下まで杖傘をゆるされ、外聞實義此上もなき面目なり、夫には替

り、始祖の宗廟と仰がせ玉ふ伊勢の神宮を守奉る長官は、二位に成ても參內せず、かゝる事にて未だ神職の殘ありて、絶々にも御燈の影の見ゆるは、道の道たる不思儀なるべし、かく成りゆくも、元と神職の者の未熟とは云ひながら、寂滅爲樂を表として勤行する寺院を、寶祚長久の御祈とて建立し玉ふ程の迷ひこみなれば、悟し方有まじきなり、何に暗からぬ純化の神系を連綿し玉ひながら、胡佛の敎へ濁化の道の有難とは、是も不思儀の一つなるべし、

佛法は、人皇三十代欽明帝の御宇に初て渡、推古帝の御宇に聖德太子迷ひこみ玉ふより、段々廣がりたる由なれば、三十代はなくても事の欠たることなく、太子より行なはれて、彼是害はあれども益はなし、殊に地獄極樂の沙汰なき時も、死で後往所なしとて歸りたる人もなく、又信仰したりとて、其功德にて蓮臺の上より便りしたる人もなく、何を云ふも皆闇の夜の礫にて、當所なき事なるに、神孫たる上々よりして深く迷こみ玉ひて、物事皆段々と佛の流行、神の衰、遠ざかるやうに仕成玉ふ、其起は皆愚しき欲心にて、御先々より往かせ玉ふ所へ往玉ふ思召はなくて、得しれぬ寂光淨土とやらの危き蓮の臺に、外國の者と膝を並べ、見苦しく胸乳を突出し、片肌脱て佛と成たく思し召す慾心より、引こまれ玉ふ者なり、日本人の神に成たることは、神武帝を始め奉、御歷代の中數々かぞへつくし難し、其外、臣下庶人に至て數多なれども、佛と成たる人は獨もなし、聖德太子身に替て取立られて、日本佛法の開基なれば、佛者共色々取はやし風聽すれども、今に聖德太子にて、佛に成玉ふ沙汰も無し、一宗を取立たる坊主共、仕合よく菩薩、國師、大師、上人などゝ用ひらるゝも、皆上々の愚しき思召迷より下さるゝ名にして、中々佛の力にて成たるに非ず、然れば何ほど賴願ても、日本人は釋迦や阿彌陀の手際にて、佛と云はせることは成らぬ、念佛もうしても、法華經を讀誦しても、上々に折よく愚しき迷人なくては、表立たる佛號はとられぬなり、然れば彌陀や釋迦よりは貴く有がたきは、神系の天子なり、今にては宗旨取して寺へやれば、表だゝぬ儒佛には死さへすれば成るなり、殊に古より其靈の恨み、此靈の祟とて、障をなしたる者を小祠に鎭め祭り、をさめたる事はあれども、合點せぬか佛に齋こめたることとなし、よ

く合點してみるべし、日本人が死で佛になる事ならば、日本に初より佛法があるなり、人皇三十代より後の人が願て成佛するならば、其以前の人は如何なりたるや、何にもせよ、三十代まで人々の往たる所へ行べしと思は、國の事を餘所にして得知れぬ天竺三界の事を學やうな不本意の事をせずにすむなり、殊に佛法のなき間には、武烈帝の如惡逆坐ても、地獄へ落玉ふ沙汰はなきを、延喜帝などは、なまなかに兎や角と扱玉ふ故に却て彼是と勿體なき惡說雜談を云ふなり、兎角日本人は成られぬ佛を願ふよりは、古より數多例のある神になることを願ふが近道なり、國の本意と云ふ者なり、何ほど念佛申し、經陀羅尼を讀み、日課を勤めたりとも、聖德太子の功力に及まじきに、其太子が相も替らぬ貌にて、柄香爐を横たへ、後悔げな貌にて居玉ふを見て悟るべきなり、坊主は方便とて噓を云ふが佛の敎なれば、袈裟衣のきら〳〵しきほど噓をつきて、悟り貌する者なれば、正すも詮なきことながら、佛にならんと志す人は、昔より日本に誰が佛に成たるは、名を何と云ふと尋問べし、いらざる正し事なれども、日本の人の死で神に成たるは、數々かぞへ立られぬ程あれども、佛に成たると云ことを曾て聞かず、生て居間は情慾に引れて佛の方へ傾けども、魂魄離散して幽位に就と、神にならねば合點せぬ事、讒言、無實の難にて死たる靈魂の、小祠に祭られて治まるにてとくと會得すべし、佛に成べく思ふて勤くることが無に成りて、思はぬ神と成ては、誠に食ゝない人の座しきに直されたる如くにて、すはる心地はせまじきなり、同じ事ならば、存生より神になる合點にて心に願ひ神とならば、同じ神位も穩やかならんか、

唐の事も前に云が如く、學問の國なる故、儒は濡なりと、濡と云字を以註して、德は身を濡すと云た詞は尤なれども、唐は利口に云なして、身には行なひ遂げず、日本は口がましく云ひ殘し書傳へはせねども、生れ付た性が、聖人の世話苦勞したる敎に叶て、生れ付たる性は、一人も洩ることなくして、性我にも弑奪の念を起さぬとは、武烈帝の御事跡にても知ろしめさるべき、學問の付燒刃に迷はされ玉て、肝心、國の元たる御即位など、唐冠、唐裝束に改め替玉ひ、冠衣裳は唐にて、貌と詞は日本にて、惡く云はゞ鵺と云べ

き出立をいみじと思召は、本意なき事の限なるべし、國柄なれば、唐人自には唐の裝束を合恰よく思ふべけれども、日本人自には日本の裝束ほど氣高く有がたく見させ玉ふ者はなし、唐紅、唐錦は色よき所あれば目出玉ふも理はりながら、日本にて和人に作らせ、唐櫃、唐門など〻もてはやし玉ふは、皆學問のかざりに目くれ玉ひて、自ら備はらせ玉ふ貴さも爲レ無、自然の神習のやごとなき事をも知し召ざる故なり、自ら唐めく事をのみ好ませ玉ふに、竟に君臣の間に、唐めく弑奪のことのできぬと云ふは、日神純化の純一なる事は、よく〳〵の事と有難さ、申す計りはなきなり、

和漢竺の荒增、上に論じたるが如く、美惡異なることは、其國地球のつき所に因て、始中終と天氣の化する所異にして、氣習自ら替あるなり、天地開闢し、日月星の三光照臨し玉ひて、地球より萬物を生出すること、心詞の及ばぬことながら、神道天文に因て見るに、天は一大圓相、外に包むといへども際限なく、其旋急疾にして地球中央に集凝て動くことなきなり、天は氣に屬して形なければ、星を以て天の質として、東より西に至り、地下又西より東に至一周、天の丸みを三百六十五度四分度の一として、是を天の渡數とするなり、此數は大小によらず、天の丸みを以て三百六十五分二厘五毛とするの割合なり、其三百六十五度四分度の一の丸みを、星は日夜十二時にして一度を進み、昨日の暮に東の山のすり拂に出たる星が、今日は天度の割の一度だけ進上りて出るなり、右の如每日一度を進で、一歲三百六十五日餘刻に、三百六十五度四分度の一を進み盡して、元の如く日に會する、是を一歲と云なり、歲は星の行度を以て定める故に、歲をほしと訓するなり、立春より臘盡に至るを歲と云ひ、元日より大晦日に至るを年と云ふなり、

日は古今替りなく、晝夜十二時にして東方元の位に出る、故に日は實なりと、まことの字を以て注して、日を萬古不易の定規定則として、星の進み月の退きを見るなり、月は每日十三度十九分度の七を退て、二十七日には、天の三百六十五度四分度の一をしりぞき盡なり、然れども二十七日には天に二十七度の進が有て、月と日の間に二十七度の隔たりが有なり、其二十七度を十三度十九分度の七づ〻退く間に、廿八

日、廿九日、卅日と暮て、又三日に三度の進ができて、卅日には月の退く道に、三十度の餘慶が有て、都合するときは三百九十五度四分度の一を退て、日に會するなり、其三百九十五度四分度の一を退き盡さぬ中に、三十日めの百刻につまると、大の月となり、百刻につまらぬ中に退盡すと、小の月となるなり、因て晦會なりと註して、日と月と東方に會するなり、つごもりと訓するは、地下の天にて月が日にこもり行にて、つきこもりの意なり、明る一日をついたちと云は、日月會したるが一日の朝對に立出るなり、朔と云ふは北の事にて、北は一陽來復するとて、陰中に陽を包む坎の中連の象なり、一日の朝、日月對に出立る所、月の道は低く、日の道は高し、因て日月對に出ときは、月にて日を包隱して、一陽來復の陰中に陽を包たる意あり、因て朔と云なり、伊勢内外宮の鎭座は、日月對に立玉ふ所の御影なり、

内宮は天照太神宮、外宮は豐受太神宮にて、日月對に立玉ふ所の御影なることは、神代紀に其證文はあれども、例の和訓によつて意義を知らざるゆゑに、明白に是内宮外宮となければ見付得ぬなり、其上外宮の神官共、月神と云ば内宮の次になることを嫌ひ、天の御中主尊にて、國常立尊と一神二名の水德の神といひて、我意に任せて、奉仕する御社の神體を自由するなり、是皆神道皇道の差別なく、神體に暗く、神德神號の譯がたゝぬ故に、耳を摘で鼻をかむと云やうな違を云、つまる所は、秘事口傳、神宮の傳來にて事を紛らすなり、神代紀に於ては秘事口傳も、一神二名も曾てなきことなり、

天御中主尊は理天地の理神、國常立尊は氣天地の理神にして、理は幽中の幽なれば、神代紀の本段には戴玉はずして、一書え廻、高天原にあれますの神なし、氣の活潑するより、牙し巡ると云慥なる象ある、幽中の顯よりして、國常立尊と云神號をあげ玉ふなり、神代紀は四天地を分て、當運の神と妙還の神とを分たる者なれば、其譯を知らざれば神號神德共に分らず、一神や二神は增ても減ても苦からぬやうに成、一神、二神、或は五代一神など云迷事となるなり、天御中主尊は理天地の理神にて、天地の事物一つも理に原づかざる者なし、因て理中の理は、天地の御中の主、人公、君主と云意にて、天御中主尊と申すなり、

理は聲もなく貌もなく、象なくして然も動かず明な、そしてよく明かなるものなり、因天地萬物の主宰たるなり、

國常立尊は、氣天地の理神にて、氣は一度活潑し動くときは、竟に天地に瀰淪して、萬々世々の息むと云ことなし、故に國人常住に起立すと云意にて、國常立尊と申すなり、理は無象の幽なれば立つと、姿はいはれず、氣は上に理あれば、主とは云れざるなり、理神と云へば一神二名の如くなれども、理中の理と、氣中の理と譯あることは、得と觀心して見るべし、虚體の神明、時運の徳功を分けざれば、萬神すべて一神なり、一神の上にさへ體用徳功に因て、荒魂、奇魂、幸魂有て、名義分るゝことなるに、天御中主尊にして、國常立尊と一神二名の水徳とは、一向に神の事を知らぬ詞なり、譬へば佐保姫、龍田姫と云ふが如き、一年一氣より云へば一神二名なり、春秋と別れば二神にして、神徳自ら別なり、其外年の神といへば一神、月の神と云は十二神、中節の神は二十四神、日の神と云へば三百六十五神なり、四時の化異なれば、徳自ら同からず、元日と二日と同化ならず、去年と今年と同じからず、蓺を羹にし、糗を喰者は大牢の滋味を論ずるに足らざれども、豊受と云文字にても合點すべし、内外宮の神垣を並て、天照すと云豊受と云、辨ずるに及ばぬ事なり、其上水徳と云ふこと月の神には叶ひたれども、天御中主尊にも國常立尊にも嘗てなきことなり、天御中主尊は理中の理神にて、無明の明徳なり、國常立尊は氣天地の理神にて、本然の陽徳なり、本然の陽と云ふは、未だ動靜なき一氣活潑の陽にして、元陽とも云なり、此一氣二氣の譯を知らざれば、神代紀の乾道獨化純男の句が嘗て通ぜずして、乾の卦爻に當て見るやうな、時運違あるなり、

一書に、國常立尊を大徳に配し、天鏡尊の水徳、天萬尊の土徳とは說たれども、國常立尊を水徳と云ふことは、親王聖作の書中には嘗てなきことなり、

又天御中を水中主に轉じ、御食津の神と云號に取合せて、みづは、みけつの中畧など利口に云ひくろむれども、是又四天地の時運が分らぬ故云ふことなり、一元水と云ふは、質天地にて、水中と云ふことは、質以下ならでは云れぬ理天地の理神を、質天地へ入れて、水中主など云て通ずると思ふは、一向責るに足らず、

御食津の神と云號は、月神の別號なり、日神岩戸を出玉ふ時、鏡を入れば戸に觸て小瑕つくと有て、朔日日月進退の交際、日蝕することにて、月重なりて日に蝕せしむる故、蝕と食と通して御食津と云ふなり、みけつと云は御鐸にて、日の鐸玉ふなり、因て天御中主尊には一圓ゆかりなきことなり、神代紀を見て聖旨を得んと思はゞ、先理氣質形の妙遷の次第をよく會得すべし、然らざれば神號も神も前後の時運も分らぬなり、

天地の開闢する理、氣、質、形の次第、乾坤、陰陽、天地と云の差別をよく得心すれば、神代紀の聖旨明かにして、國の美惡、神孫純化の祥瑞、自然と合點ゆくなり、日月星の三光、天の象文たることは同じことなれども、化に純清濁の違有りて、君臣庶の品を分るなり、

日は純陽にして輕く、月は清陰にして重し、星は濁陰にして尤も重き者なれども、質天地の質位に當て象をかくれば、脆き上に脆きを重て、日月の如輪相をなすことならず、一天に散亂して有なり、因て輕くして天につれて巡るなり、今試に鉢などの如き器に、水を湛へ入れてかき廻し、其中へ玉を浮みるに、輕き玉は早く重き玉は遲し、糠のやうなる細なる者は、尤も早く水につれて廻るなり、日月星の巡りも此道理にて、遲速同じからず、其旋りの早きと譬へるに物無し、諺に速きことを云には矢の如しと云、是早き譬の第一なり、天の旋りの早ことは、矢に千倍ほども有んか、矢の早きことを例しみるに、京都三十三間堂の矢數、一晝夜十二時して射出す所の摠矢數二萬矢なり、堂間二間にして六十六間なれば一町なり、一を以て二に合、二萬町なり、射出すこと早ければ、矢常に堂の間に三本づゝあれども、折ふし休あれば、平均して一本とし、摠數を倍し、四萬町とし、是を日本の道法に直し見れば、千百十一里四町なり、是即ち矢の一晝夜十二時の間少も滯なく直ゆきにゆく里數なり、因て地球の大さを計みるに、古天文學に地球圓形九萬三千里と有て、日本の道法にてはさし亘し一萬五千里なり、

月の大さ地球に倍して、其間月を容る計とあれば、月の大さは三萬里にして、地球よりは三萬里上に有なり、日の大さ月に倍して其間日を容る計とあれば、日

の大さは六萬里にして、地球より九萬里上に有なり、然るに其日月を僅四五寸の的をみるが如くに見なして、天の廣きことは其日月を物ともせず見渡なれば、三百六十五度四分度の一と、度數はたてれども、天の圓形は中々言語文字にて悟す事は成るまじきなり、其際限もなき天の丸みを、晝夜百刻の間に一巡りして、元と所へ出る日輪なれば、其早きこと矢に千倍と云ふも愚なることとなるべし、右の如く急なる天の旋りなるに因て、土水眞ん中に集凝て動かざるなり、故に天は丸く地は方なりと云ふは、動かぬ所の象意にて、地の形も丸きものなり、因て球と云ふなり、球は玉にて丸き意なり、

今其丸き地球に因て、和漢竺の附所を考みるに、萬國に秀で日東中華西竺と名に立ほどの實有て、人情風俗教法共に自然と、朝晝晩の化に應じて、君臣庶に叶ひ、理氣質に屬する象あり、日月星を三光とは稱すれども、其功用大に違ありて、天地の間は只一日氣の薫蒸のみにて、月星は光あれども氣なくして、只主時を立る計なり、

日月星晝夜に循環して陽氣地球を蒸立て萬物を生ずる、其地厚薄あれば、天化にも亦朝晝晩の替ある也、日本は地球の上東西の正中よりすこし西に附着すれども、東に國なければ發生の初氣を受るなり、其日陽の蒸立ること、夜の八つより七つ、明け六つ、朝五つ四つと、一氣に蒸立るに、東の方は土の重なく薄くして、陽氣のよく地中に透、陰陽融和して少も不和のなき故、生民の氣質自然と柔和なり、去るに因て、教道びかざれども、天性道に叶ひて何事も生れ具はり、後聖人の教を渡し見るに、日本人は習はずして教に叶ひ、生れ付たる奇特には、曾て弑奪の事なきなり、初の氣は何にても柔和なる者なり、人も二十までは隨分柔和正直にして、我慢片意地はなし、有ても直りやすく、又なほらぬとて、强て害を成すほどの大事はなさず、草木にても芽だち若ばへは、何ほど重なり茂りても、曾て欝陶しからず、只性のまゝに伸立ことを主として、木つき枝なりをかまはざれども、自然とゆがみねじれも無く、逆さまなる枝もつかねば、裏表なる葉もできず、然れども餘り柔和すぎて、物にさへられて痛やすし、惡く物にふれるとゆがみ折れて、生れも付ぬえせ者と成なり、日本人の移り氣にして毒

に中りやすく、學問して心のゆがみ出る意味、得と觀心すべし、日本は無爲自然の神習にて、往古より書記なければ學問なくしてすむ國也、何故學問なくしてすむぞとなれば、生質柔和にして、弑奪する强暴なければ、是に準じて他の事までも敎へ道びきて、くゝめ付るやうの事はいらぬなり、聖人の敎其外學問させて、前輩の是非を知らするは、勸善懲惡とて、善を見ては吾と吾心を勸めて善にうつし、惡を見ては吾と吾心を懲し戒めて、惡をせぬやうにする學問にて、專生質の惡き者に學ばせて、勸善懲惡するなれば、生質の宜きものにはいらぬなり、學問にはまり文華を羨む人は、生質の宜き者が學問せば、いよ〳〵勸善懲惡して宜き人となるやうに云ふべけれども、夫は稀々千に一人か二人かにて、多は學問で勸善懲惡の爲にはならず、却て唐の國毒に中りて、必ず惡くなるなり、作物其外庭前の植物にても、肥し培の入る物といらぬ物とあり、然るに肥し培かひのいらぬ者に、肥し培ふならば、いよ〳〵茂り榮ふべしと云ふは、手前の推量にて、肥しつちかはずして宜き所の理を知らざるなり、因て一例にこやしつちかへば毒に成て、枝葉色々の難僻でき、或は蝕み、形はできても花實少きなど、害に成て肥しには成ぬなり、此意義を得と考へて、日本の學問せまじき國にて學問すれば、却て心の惡くなることと合點すべし、小兒にても、其年相應に遊の所作は自然と備あれば、敎へ習はす事も、年相應、身相應の事あるに似合ぬ藝能を仕こむと、當分は利口發明稀者のやうに思はるゝなれども、家業ならぬ事なれば、後には家業の妨となり、竟に身を持くづす者なり、よく合點して見るべし、天地の間は皆自然の神化にて、神化即ち神道なり、其神と云者はいかなる者ぞと云へば、聖にして知べからざるを神と云と有て、神は聖より上にして、自然を主ざる者なり、其神の主ざる自然のことを、足らぬ事が有て、聖人が夫を仕足と云ことと有べきや、日本に敎が有べきことなれば、神代より敎が立て、唐より渡しこすを待つ理はなきなり、日本に敎なきは、學問なしに相應に道に叶ふ土地柄なるに、國の自然にそむきて、學問沙汰をする故に、子供に似合ぬ藝を仕こみ、若生の枝をゆがめ屈たるが如く、なみ〳〵ならず佞人と成て、竟には其藝の影にて、人交はりもならぬ者となるなり、かく云へば學問をきらひ、理不盡なる惡口がましけれども、世間に多數あることにて、其起りは文華の唐の飾り計りを羡で實學ならぬ故なれば、よく辨へて實學にすべし、

唐は地球の眞ん中に附て、日輪の陽氣を受ること、朝の四つ、九つ、八つと照、又夜の四つ、九つ、八つと二度に照らすうへに、眞ん中は土の重厚ければ、上より照すときは、陰氣沉で和せず、下より照すときは、陰氣浮て和せずして、只表べばかり和するなり、因て人情底意に陰惡の殺氣ありて、湯王武王の如き聖人分、上の人にも、弑奪するの惡性が有なり、然ども晝の四つ、九つ、八つと天化の文明なる盛を受るに因て、上へは自然と文華にして、利口發明にみゆるなれども、學問は元と其惡性の矯なをす掟なれば、學問にてできたる文華は皆付燒刄にて、時とすれば兀て、底意に生れ付たる土地の陰氣に推さるゝなり、湯王武王の聖人さへ、陰氣にをされて弑奪の道を開たれば、其餘の人々文華文才は決して當にならぬことなり、然るに伯夷叔齊の外は、恠我三人も弑奪と思はず、却て一夫の獨夫のと云つけするは、皆底に陰惡の殺氣を生れ付てある故、弑奪と得思はぬなり、殊に兎や角と云ひ繕めるほどの文華ある故、實に一夫獨夫と思つめて、弑奪するとは思はぬなり、凡て學者の非義非道をするは、慾に云ひくろめる程の文才がある故、其文才にくろめられて、自ら其非を知り得ぬなり、人にて云へば、二十より四十に至血氣の中年なれば、勤め盛りにて敎へた上にも敎、習ふた上にも習はざれば、大なる害をなすなり、草木にても、夏は枝をすかし、葉をつみて手入せざれば、鬱陶しくして景にならぬ上に、影をさして害をなし、或は風に吹きたをされて、生を保たぬのみならず、外の者まで損なふなり、唐人も其通にて、枝をすかし葉をつむが如き敎を以て、矯なをしくゝめ付ざれば、滅多に伸ほろへて生を遂ず害をなす故に、天の神國、初より聖人を降して敎を立させるなり、敎のあるもなきも皆天神の命にして、中中聖人のでかし事には非ず、

天竺は地球の西に附着して、日輪の陽氣を受ること、晩の八つ七つ、暮六つ、夜の五つ、四つと一氣に蒸立ることも、土の重ねの薄きことも、日本と同じことなれども、日本は陰より陽へ出る發生の氣、天竺は陽よ

り陰へ入る收斂の氣なれば、似たることは似たれども、生と死との違なり、寒より暑に出春氣は發生して温なり、暑より寒に入秋氣は收斂して涼と云が如く、出ると入ると氣習同からず、人にては晩年四十より六十に至るなれば、人情自然と吝嗇にして心嶮し、何ゆゑなれば、一日の終化にして末短ければ、もはや生涯も僅なりと思ひて、我意につのりて、人に從がはず、耻も人目もかまはず、老人の氣持なり、故並定まり道理事にては悟されぬ故、方便と云のきだてを以て、來世と云ふ住所を建立し、此世は僅なれば、いかがなりても高の知たることとなれども、永來世が大事と、終氣の情の穴へ持こみ、扨其往生する來世は、いかゞぞと云へば、寂光淨土と云て、七寶を莊嚴とし、庭には金銀を以て砂とすると、彼吝嗇なる人情を引こむ方便なれば、旨ひ事の限りを云ひ立、勸善懲惡の定りの事にては悟されぬ故、因果應報を云ひ立、有と云ひ無と云て、初心の者の思慮分別の及ばぬやうに說きなし、布施供養を淨土へ往生する善根とし、慾を放れさせる趣向、天竺終氣の國にて、尤もなる方便なり、殊に女の淫亂なる國なれば、出家して色慾を放れて見せ、女に異見がましき敎化は云はずして、別に阿彌陀に女人往生願を立させて、先を越して女の氣を取、五障三從とて、女の愚痴なる歎のつぼへ持込、色品をかへて說出すに、君に忠とも、親に孝とも云はずして、色と慾との二つで戒しめをとすは、其國氣人情のほどよく推察すべし、元より大熱國にて、裸身に薄衣を着ながら、帶なしに、ひぼにて結び、合自墮落に胸乳を顯はし、腹臍までを突出し、人に出會ば、右の肩を袒て禮とするなど、日本にては馬子船頭もせぬ行作、悉皆雲介非人の出會なり、半生が日本の夏より暑き故に、夏は一向たへがたく、五町十町が間に池をほりて、功德池と名付、水を浴ながら往來する由なり、かゝる偏氣の國の人を引こむ方便說なれば、寂光淨土は九品蓮臺と云水邊にて、地獄と云ふは火責湯責にて、熱一色なり、因て天竺人の思ひつくは尤なれども、日本春温、夏暑、秋涼、冬寒、調ひたる國にて、水へん蓮の臺が羨しきはいかなる物嗜ぞや、殊に坊主の廻向する三蓮託生と云法名を並べ書て、一蓮託生など記せば、夫婦膝を並て佛に成るやうに思ふは、大なる了簡ちがひなり、肝心佛弟子となる者が出家して、妻子眷屬家やしきをはなし無宿に成て、一生貰ひ喰貰着して果る者なれば、中々一蓮託生は思もよらず、よき仕合にて寂光淨土の七寶莊嚴の所にて、貰ひ喰して、兩替やの店さきに非人乞食の立たるが如くならんと、笑止なることなり、

七寶は、金銀、瑠璃、硨磲、碼瑙、珊瑚、琥珀、眞珠等の寶にて、萬國共に寶とする者なり、寂光淨土は西方十萬億土にて、道法遠き上、片便なれば善悪を問ふことならねど、萬國に重寶する七寶を以て寶として鏤たれば、左まで賴もしく思ふことも、羨しく思ふことも無となり、殊に寶は少くてこそ寶となれ、我も人も澤山なれば、土や石と同じ事で寶に非ず、よし寂光淨土を七寶にて莊嚴してあればとて、淨土の地主のものにて、往生した者は寄合借の店、でい主同前の事にて、強て願ひ往生すべき所とも思はれず、凡て人は色色變易するゆゑ、憂もあり喜もあるに、寂光淨土へ往生、七寶莊嚴の中にて蓮の臺を放れず、來る日もくる日も珠數つまぐり、南無阿彌陀佛を唱へたらば、何ほど面白く嬉きことであるや、少は思合せて見るべし、坊主共の云ほど有がたく功德ある念佛ならば、せめて日々の勤は自身すべきことなり、人には念佛をすゝめ、我は大切なる念佛を、小僧或は道心者に勤させて安閑とくらすにて、念佛の功德をよく合點すべし、

天竺終氣の國にて教る故に、此世は僅なれども永ひ來世の爲と云ひて、此世のことを勤めさすは、譬ば晩になりて事の勤さするに、今日は晩れたれば、高々勤て知れたることなれども、今日此事を成しをかざれば、翌の用にたゝずと云が如く、翌を云ひ立にして、今日の事を勤めさせる、是を方便の手段と云ふなり、實に翌の事があれば、方便にてなく、實說と云ふ者なり、是即ち天竺は終氣の國なれば、此方便を以教へたる者なり、然るに日本の朝陽發生の初の氣に屬する國に生れて、この世は僅と思ひ佛を賴むは、一向論ずるに足らぬことにて、釋迦もかく餘所外の國まで引入んとは思ひかけぬことなり、

方便と云ふは、其方に便宜なる意にて、其方土の氣僻に因て、無きことを有やうに云ひなし、其愚なる意に有と思ひこみ、其爲とて、今日も勤るやうに教道びく是を方便と云ふなり、實に西方十萬億土に淨土があ

れば、實說にて方便と云はず、實に淨土へ往生する支度、念佛三昧に成ては、方便にはまるなり、凡て今の坊主共は、方便を己が暮し方の方便にして、信者の爲になるやうには教ず。只寺へ上げ拂へ供すること計りをすゝめて、竟には邪見片意地者にするなり、其證據は實に念佛三昧に暮しても、只佛に計勤て、布施供養のあげ物なければ、信者とも佛者とも云はず、佛壇に釋迦阿彌陀を括り釣、いかなる非義非道を働らきても、寺へ物をやり坊主にとらせさへすれば、信者法義者と云立て、近里隣郷までも風聽するなり、釋迦の本旨は、勸善懲惡の方便なれども、元とが正教ならぬ故佛を信ずる者は、是も方便それも方便と云ひて、自然と不實になるなり、然れども元と終氣の老人を引こむ教へなれば、初の氣の日本人は別にして、よく迷ひ陷いるなり、諺にも、賢い兒共は誑さるゝ者なれども、愚な老人が誑されずとて、終氣は凝固まりて道びくものなるに、其終氣を引こむ方便說なれば、初の氣へはよく移りて、佛を信ずるなり、

佛と神とは死生の違なれば、似たることは似ても、發生と收斂にて、其旨甚異なるに、昔より寶祚長久の御祈とて、寺塔を建立し、武運長久とて僧侶に命玉ふは寂滅爲樂を何と了簡し玉ふことぞや、かゝる思いれの門違よりして、朝夕佛を念じ、助け玉へと願ひながら、其念が届て不圖妻子にても助らるゝと、塗方にくれて歎き悲みながら、其法の寂滅するを樂とする本旨を知らず、彌迷こみ、百萬遍、或は讀經日課などゝでかけるは、皆愛に溺るゝ者の定まりの紛し事にて、實より出たることには非れども、坊主共が弱みへ付こみ、結構なの殊勝なのとはやし立るにより、竟に外聞に拘はり、止られぬ事なり、勤め看經怠らず、信心者となり、然れども實よりでぬ佛なぶりなれば、不圖病つくと、針立よ、藥よと周章騷き、多賀明神へ命乞の立願し、伊勢へ代參立て、叶はぬ時の神たゝきとて、一入未練に死を哀み、日頃念じた念佛も、忌々しく、餘所の鉦皷鳥鳴までが氣にかゝるは、後生願の定まり事にて、日ごろ念じたる名聞の根を顯はすなり、是皆寂滅爲樂と云ふは、何の意やら胡椒を丸呑にして、信心する故なり、

日本は朝陽發生の初氣にて、朝日の登出玉ふ化なれば、伸暢とて、物事のびひろがり、榮へ茂るが自然の

國氣なるに、佛を賴念ずるは、譬ば木をうへて、春の芽立より朝夕に紅葉せよ、落葉になれよと念ずるが如し、春の間になきことを願念するとなれば、皆骨をりのむだごとなり、一力一念が屆きたらば、紅葉し落て木の天性は盡さぬなり、日本人の佛を賴念ずるも是に同じく、一生むだ骨を折ながら、國の本意に背くなり、若又念が屆たらば、折角神代より相續したる血脉の跡形もなく、寂滅して樂しき事なるべし、

朝夕に寂滅爲樂の法を念じながら、富貴繁昌に榮るは運宜生なれば、害をなさぬかなれども、其如く盛運なる人が、佛にむだ骨をらすと、運に乘じて神の惠の伸暢する有難き所をよく得心して怠らず拜禮するならば、運と願と心と三つ拍子揃て、其果長く子孫に及で繁昌すべきに、運と心は繁昌する伸暢を望みながら、願ふ口上と聞人が、寂滅爲樂の潰し事なれば、竟に運衰へて長者二代なしの諺に叶ひて、竟に孫は乞食するの事となるなり、上代は長者と云はるゝ者數多有りしと見へて、長者號の古るやしき所々にあるに、今の世終へてなきは、長者になるべき家運も少し、手廻しがよくなると一心不亂に佛を賴み願故、竟に家運の先きをそれ、下り坂となるは、賴まれる佛が寂滅するを樂みとして、長く續き傳はる事が嫌なるに、願人も何知らずに云ふ口上が、寂滅爲樂の中の文句なれば、竟に衰へ果るなり、

尤も人は今日より明日、今年よりは來年と、後を願志すことが惡き事には非れども、今日の事をすてをきて、明日の事を心がけ、今年の事を閣て來年の事を心がけて、春の種まき、夏の草きりをせずして、春夏の頃より只一向に鎌をとぎ繩を絢、棒を削りて秋の刈いれ支度をするが如し、折角秋になりても、春の種まき、夏の耘と云當用の勤がなき故に、刈べき稻がなきなり、よく思ひ見るべき、今日當用の勤むべき事を勤めて、其餘力を以て、明日の事を志こそ志と云者なれ、今日の事をすて置て、明日の事をしては、今日の事はいつの時にするや、物ごと皆當用をつとめるが即ち後々へかゝる事にて、當用を閣て、後の事を勤ては、當用の事が負目と成て、極樂へ徃てもまた古借錢につかはるゝなり、死ぬれば只一枚の改名となるとて、存命の中三盃の盛きり飯に、抹香を薫し置ては、目前暮されぬ事なり、身は今日に養はれ居ながら

今日を捨て、後生を願ひたばれとて、後生になるべき者か、よく工夫すべきことなり、君に奉公し仕る者が、當用の奉公を勤めず、末にて隱居する支度ばかりをせば、思ふまゝに隱居がなるべきや、只當用の奉公まへをよく勤さへすれば、其勳功をつみ〳〵て、世話苦勞の心がけなしに、樂々と隱居がなるなり、因て武士などに後生の氣のある者は、まさかの時の役に立まじきなり、後生を願ふは、我欲の勝手にさし當りたる恩德を忘れて、義理も法も思はぬなり、すぎ去る恩を思はぬ者は、忠孝の志はなし、

現在日本に生れ長《ひとゝ》なりて、頭の頂より足の爪さきまで日本の物にして、衣食に身を育ながら、日本の事をさしをいて、唐天竺の事を何ほど知り覺へ、よく勤めたりとて、人の人たる本意ならんや、忽ち我心に引くらべ見るべし、我扶持しをく家賴は勿論の事、我にかゝり居る人にても、餘所外の事を大切に心がけ、其家の事をすてをくのみならず、兎や角と家風例式を誹口云はゞ、其儘に扶持し、又はかくまひ置べきか、我心にも其者共を、道に叶ひたる者、心得ある者と思ふべきや、其令する所、好所に反するとは、かゝる事を云ふなり、我は日本に生れ長なりながら、唐天竺の事を貴び信ずるのみならず、却て日本の事をとやかくと云ひて誹、我召使者には我事を致させ、我を大切にさせんとは、我する所と、心に願欲する所と、うらはらと云者なり、因て人を召使ふ者は、尤も心得すべきことなり、とかく何事も得と身に引當、心に思くらべて、我ものにして見ざれば、只目さき口さきの學問と成、當時の學者の如、身持が放埒に成て、詩文章作りと成り、論語讀みの論語知らずとうたはるゝなり、

神道の中に養なはれて、神を知らぬから身を知ず、身を知らぬから忠孝も知らぬなり、神は萬國一般の神にて、天地の間の萬物は、皆神孫神系なれども、質天地にして日月星の三神象を懸玉ひしより、其化に純清濁の替有て、君臣庶の三品と成て、和漢竺に應ずる其中にて、日神の純化ならでは、純一に傳はらざる故、神孫神系と云はぬまでなり、我々にても神の末葉にして、其遠つ祖は神代何某の命なれども、清濁より化する臣下庶人は、其傳はりが矇々と知れざるなり、然ども今日に現在する人、一人も神代にもとづかさ

る血脉はなし、上の君が神にて坐す間は、臣下庶人も皆神なり、天子御一人の神代には非ず、只神孫神系と云ふと云はぬとの事ばかりなり、故に神を祭るは、我が血脉の由て出くる源を祭るにて、中々佛を拜むやうに、色々注文して賴む者には非ず、然れども其元とを忘れずして、誠を盡すときは、自然と息災延命にして、富貴繁昌するなり、故に人は神を知るが第一の急務なり、我が因て出くる所の神を知らずして、物を格し知を致し、明徳を明かにすると云ても、其知を致すの智は、何故によく應ずるやら、明徳は何にて明かなるやら、知得ぬなり、

儒學者流、論語に恠力亂神を語らずと云噂書を定規にして、神の事を云はぬ事と思ふは、大なる心得ちがひなり、孔子も語るべき易傳にては、神を表として説き、風地觀の活象に於ては、うち出して天の神道にして、四時忒はずと云ひ、聖人神道を以て教を設と云て、聖人の教も、神道有ての教なることを明せり、その外禮記、中庸にて、毎々神を説たる章あれども、亂神を語らずと云ふ片言に泥みて、見へざるなるべし、唐にて神を祭る事、孔子の神を語し事あまたあること、神學須知に詳なり、

論語に、亂神を語らずと云ふた弟子は、中々神の事を聞べき器量なき故に、聞たることなきなり、孔子の弟子三千と云へば、數多あるやうなれども、其中にて大槩なる者は七十二人なり、朱子の序に、身六藝に通ずる者七十二人とあり、然ども此七十二人と云ふも、荒つもりにや、論語の中には、十哲曾子の外あまり見及ばず、其中にて柴は愚なり、參は魯なり、師は辟なり、由は喭なり、賜は命を受ずして貨殖すとあれば、人並ならぬ高利の金貸と見へたり、然れども億ときは屢中とあれば、折には孔子の心に叶たる事もあるなり、宰我は晝寝して以の外に呵らるゝ、兎や角と吟味すると、顏淵、閔子騫の二人にて、回はそれ庶かんかとあるからは、孔子の神を語聞されぬは尤なり、譬ば隱居親父が孫兒をあつめて、又しても〳〵、祖父は山へ柴かり、祖母は川へ洗濯と咄すが如、隱居親父が、經書軍書を知らざるには非れども、孫兒が幼稚にて、未だ何の差別もなき故、あとさき無しのたらし事と知らず、只一口に隱居親父は、經書軍書は語らずと云ふが如、三千弟子も、孔子の爲には差別なしの孫兒

なれば、むつかしき神の事は語られぬなり、隱居親父さへ孫兒の器量に因て咄すに、孔子とも云るゝ聖人が、聞べき器量もなき弟子共に、むざと神を語るべきや、故に孔子の神を語られぬは、神を語るべからずの證據にはならず、三千の弟子に、神の事の問べき器量なき證據なり、併ながら唐は月神淸化の臣下の國にして、上に神系神孫と云べき生貫の人なければ、土地柄にて見識の屆かぬことも許さるゝなれども、日本の神孫天子の古今一系に連綿して統御し玉ふ國に生れ長なりて、恠力亂神の片語に眊されて、易傳中庸などに每々說てある神の事の見へぬと云ふは、開目盲とも云ふべし、

神の事は、先づ我身に引當て、生きて居るは何にて生きて居るぞ、白い黑いを見分るの智は、何にて應ずるぞと工夫すべし、人は氣血を父母にうけて形を成し、神を天地神にうけて、心の臟に容て魂と成、白い黑いを見分るは、皆神の職、起居動靜の働らきは氣血の業なり、故に神魂をたましいと訓じ、又神の字ばかりにても、魂の字斗にても、たましいと訓ずるなり、因て天地を活しをくが天地の魂にて、天地の神なり、人を活しをくが人の魂にて、人の神なり、鳥獸虫魚を活しをくが、鳥獸虫魚の魂にて、鳥獸虫魚の神なり、草木砂石を活しをくが、草木砂石の魂にて、草木砂石の神なり、凡て天地の間に出生する者は皆活物にて、其活は皆天神より分賦するとて、分け賦る者なり、土石に至るまで活物にして、火にて燒殺すときは忽ち死て土石の用をなさず、然れども人と鳥獸虫魚は有情なり、草木砂石は非情なり、有情は神と氣と別れども、非情は神氣の分れなし、

人は氣血を父母にうけて、その元、命門にあり、是を兩賢と云、父母交合の一點の精氣にして、生命の元となる故に、命門と云ふなり、其一點の精氣和合する時、精は氣を以て活し、氣は精に因て散氣相因て活す、故に血海に養はれて、段々日夜に增長して形でき、五臟六腑具るにつきて、天地に瀰淪する所の神氣、母の肌肉を通りしみこみて、心の臟に納まり、出生の後・顋直にいる、是を神魂のたましいと云、此天神分賦の魂の下に因て、父母より受たる氣血働をなすなり、然るに神と持合て神の感ずるに隨て、氣の應ずる間は、甚分り難し、少にても勝劣あるときは神と氣と明白に

分なり、小兒の智惠さとしく虚弱なる者、父母の氣血かひなくして、天の神氣滿足なるなり、又生れは丈夫なれども愚しきは父母の氣血滿足にして、天の神氣かひなきなり、又老年に至、手足丈夫にして、父母共に相應なれども、うつとりとし覺なく、又老毛すれば父母より受たる氣血は無事にて、天より受たる神氣の衰へるなり、又半身中風するは、父母より受たる氣血衰て、天より受たる神氣には握らんと思へども、氣血應ぜざるなり、凡て丈夫不丈夫は父母の氣血により、智惠の賢きと愚なると、天の神氣によるなり、是等の事は醫學なくては會得し難ことなり、神と氣との事は程子朱子ともに分らざれば、儒學にては分らぬ事なり、因て神は身の魂の元と、父母は氣血の元とにして、共に身の親なり、然るに其神を知らずして、明德を明らかにする、仁義を行ふなど云ふは、片腹痛き經學なり、

神道通國辨義卷下

天地の間の萬物、すべて神化に出る中にて、人は靈長とて靈異なる長頭なれば、日月星三神の純清濁の化に應じて、君臣庶の三品と別るゝ、其初質よりして分ると云道理は、理氣質形と次第する中で、理は無象の幽にして動なく、氣は牙し巡ると云象あれども形なければ、夫是と眼前に別るゝ者なし、質は氣の凝結ぶ者にて、初て目に遮ぎる者あるなり、喩ば寒と云の間は、微なると甚しとあれども、その分れめ見ることならず、其寒氣、ものに就て凝り結のときは、霜と成、雪となり、雹《あられ》、霙《みぞれ》、凍《こほり》、氷筋《つらゝ》と成、その氣の微なると甚しと、分ちみるなり、去に因て神代紀にも、理天地、氣天地の間は、當運妙遷の神ばかりにて、君臣高下の別ちなければ、命のみことの神一神もなし、質天地にして、日月星の象を懸玉ふに因て、君臣庶の化定まりて、理氣質に應ずるなり、因て一神二神など云紛らはしきことはなけれども、四天地と、經緯の取捌を知らずして見る故に、混雜して分らぬなり、質は形の初頭

にして、目にみるの初にて、彼は是とならず、是は夫となならずして、物我の別れできる故、本段に國常立尊より說玉へども、質の理神、日神を以て皇系の祖とし、皇太神と崇め、始祖とし玉ふなり、理氣と質形と對待の幽顯を知らざる者、理氣幽隱の結文、神世七代と云に、地神五代の名目を作り足して、皇太神を地神と云ふなり、象を天に懸玉ふ日神を地神とせば、何なる神を天神とするや、

日は晝夜百刻にして、東出して古今位をかへず、海は萬國一水にして古今增減なく、神系天子は萬國に君として、古今一系に連綿し玉ふ、皆純一にして他を交へざるの明象なり、月は明暗相半ばして、十三度十九分度の七を退き、明を以て日に奉ずる、左輔右弼の臣下の象なり、唐は月の淸化に應じ、氣の兩立するに屬して、明に時を得たる者上に立て、暗き者下り從ふ臣下の國なるに、上代よりして天子と潛號する故に、天言はず屢變革して、天子尊位に非ることを示せども、昔より聖賢と雖も曾て其意を知る者なく、天子の名義を吟味する者一人もなし、因て段々變革し盡して、昔は北狄とて、禽獸同前に云たる韃に命じ替たれども、心付ずして天子至尊と思ひ、四百餘州の諸侯大夫ども朝覲し、是が祿爵を受て榮とするは、淺ましき事に非ずや、唐の下國にして敎なければ成らぬと云事、是等にてよく合點すべし、古より段々聖人が敎をきたれども、孔子以後に人らしき人出ざれば、北狄の韃靼を天子として朝覲しても、耻かしとも口惜とも思はぬは、よく〳〵差別を知らぬ國なり、敎てさへ其人に遠ざかれば、善惡の心なく、頰をし拭て朝覲するなれば、最初より敎なくば二た目とも見られまじきなり、此意を推て、日本人の昔より敎なくても、君臣の義を欠ざる、生得の道の有難ことを知るべし、假令日本に神系の證據正しき天子坐さずとも、唐の天子の、天の子と云れぬ事は、眼前知れたる事なる上に、晩と天子なき證文あり、

禮記の郊特牲に、天下生れながらにして貴者なし、天子の元子も士なりと云ふ、天子實の天子たらば、元子は天孫なり、然るに天孫と云はずして士と云ふは、生れながらにして貴からぬ故なり、生れながらに貴からずして天子と呼名するは、天子と云名をいかなる意義と思ふや、人の子は人にて、馬の子は馬なり、子

の子は孫也、然るに天子の元子とて、總領に生れながら天孫と云れぬは、其子の咎には非ず、其親、天の子に非ずして、天子と虚名する故、其天の字、子に通せず、其後諸人にゆるされて天子となるなり、天孫と云れぬ者が、後に又天子となるも可笑しき國風なり、日本の如生れながらに貴くして、賢愚善惡に因て人の自由することならず、眞の天子が坐ざれば左まで際だつ分りは見へざれども、神系自然の祥瑞坐、眞の天子にたくらべみる時は、きはだつこと螢火の光、腐木の株の光るが如、日神の光に遇ては、見る影もなきなり、針を棒に說なす漢唐の儒者共、竟に天子の名義を說破せざるは、かゝる耻かしき譯ある故なるべし、其流をくむ儒學者流ども、幸日本生貴の神孫の御國に生れながら、國恩をも思はず、口僻の如に國を賤しめ、唐を貴譽そやし、神孫の一系に連綿し玉ふ自然の祥瑞に至ては口を閉ながら、畏服する心はなくて、滅多學問の廣き中より、吳の泰伯が三たび讓て後、東に去と云ふに、伊勢神宮に三讓と云額のある由を取合せて、日本の天子は吳の泰伯の末にして、伊勢太神宮は吳の泰伯を祭りたる者と云由なり、是等の說は銘を便りに正宗なりと秘藏するに劣りて、兎や角と相手ごるも筆を汚すなれども、其やうな愚なる者の僻として、目利良して云たがる者なれば、荒增辨ずること左の如し、

辱くも神武帝、大和に都を遷し玉ひしよりも、二千年餘の連綿、唐にては周、秦、漢、三國、晉、唐、宋、元、明、清と變革すること、奉公人の出替、臨番持の役所同前に、とりかへ引替て弑奪して位につく、其中に歷々聖賢の名を得たる者あれども、行ゑ知らず衰へ果るは、生貴ならぬ者を、天子至尊と潜號する故、竟に冥加につきる果は、初め弑奪したる天罰にて、又弑奪せらるるなり、其間に、神系の一日片時も汚なく連綿し王ふと思ひくらべて見るときは、實に土砂の中なる金玉なれども、學問に目しい心眊みて見へぬなるべし、かかる奇瑞ある神孫が、何の由緒間違にて統御し玉ふ日本に降誕ならずして、先づ唐え生、賤諸侯大夫に列座し、三たび讓りて後、東に去て日本に來べきや、天の物を生ずる事は、左ほど間違ある者に非ず、文王を譽んとて鳳凰の岐山に鳴たる由を云、孔子も西の狩に麒麟の足を折かせて、聖人の美相を擧たるに非や、

文王は累代の主君の滅亡するを見ながら、其二つを保て諫めず、孔子も十七ヶ國を遍參して、時に遇ざる人なれども、鳳凰麒麟が出て瑞を告ると云、天の助を聞ながら、奇特祥瑞坐、神系の唐へ降誕なるべき道理のあるなしを得辨へずとは、鹿追獵師の山を見ぬと云類なるべし、日本の義理がたき意にて見れば、鳳凰麒麟までも唐へ出るは、弑氣ありや、文王孔子の爲に出たるは、不調法なるべし、

日本にては、晁殿主が繪は、深草山より繪の具の出たるを妙とする如、數ならぬ藝にさへ天の助は有なり、其外山遠して薪にとぼしき所には、燃る土あり、雪深して種なき國には、水より油を絞り、人は兩乳にして雙子を產し、犬猫は六つ乳、八つ乳、水鳥は水かきあり、澤に啄む鳥は嘴と脚長く、角ある獸は片齒なく、羽あるものは手なき類、皆是天の自然にして、宜きを得ること、鳥獸より虫に至まで相應に天の助有て、間違はなきなり、然るに日本に天降り坐て、古今に渡玉ふ神系の眞天子が、唐へ生れて吳の泰伯となるは、冥加しらずの腐儒者共、何を學問し、いかなる義理を捌なれて、寐言の如きことを云ふや、凡て小學問して儒學を藝に、知行俸祿にありつきたがる者共、書物をみたる能には、人の問に相應の引き句譬を云て問を合すのみにて、行狀はさん〲縄にも葛にもかゝらず、國を治天下を治ることは思ひもよらず、僅五人か七人、己が家内をさへ得治めずして、女房にさへ見侮られ、身もち放埒にして、心が淫亂なる故に、示し言がきかずして、女夫喧嘩やら恨嫉妬に云ひごとたへず、一家一門とは、中をたがひ、面をふり合ず、近所隣には忌嫌はれ、借りたる者は反さず、買たる者は代物をやらざる故、右から左へ、猿が餅かふやうにせざれば、町内限りて掛賣にせず、學問負する者は、得て店賃を滯らする上に、兎や角詞質を取てかゝりがましく理屈ばる故、貸店札を見、店をかりにかゝるに、慥なる知音近付の請合がなければ、十軒が九軒までは先約と町內云こみに指合て、相談のならぬ事、都鄙共に近來學者の定事なり、左程皆が皆生質の惡き者計が揃て學問するに非ず、學問は勸善懲惡とて、善を勸惡を懲す道なるに、慥我に一人も素朴なる者なきは、敎の詞の中に、唐の土地柄の陰惡の殺氣がある故、善を勸め惡を懲すの能より、其陰殺の毒氣に染るなり、

よく思出し聞合せてみるべし、主人持は知らず、昔より學者の跡式三代と滿足に續きたるはなし、是皆學問を名聞の化し道具、利欲の飾り物にして、心の爲身行ひの爲にせぬのみならず、生れ長なりたる所の、國食、國衣の恩も知らず、己が愚蒙にして、日本書紀神代の卷の意義を知ぬ事は、思はずして、書物に眊されて、勿體なくも萬國一君の明證ある神系を疑、假りにも狹し奉、冥加に盡て竟には有るか無きかにも、其日を送り兼るなり、

呉の泰伯が東に去ると云、東が日本に定まりたる證據あるや、若必定日本に來住果たるならば、其子孫は今の穢多なるべし、日本は朝陽發生の初に氣に屬して、伸暢を主とする神國なる故に、生を表として死を忌嫌へば、清淨を好みて惡穢を遠ざけ、獸を剎事をせず、元より肉食せざれば、祭祀に奉犧牲のいけにへも、牛馬を畫きて奉るなり、其餘風今に傳はりて、神前へ繪馬を奉は、いけにへの故實なれば、牛馬猪鹿の外を畫くものに非ず、かゝる清淨國なる故に、牛馬猫犬などの家畜の死たるを、兎や角と取捌き兼たる所へ、彼泰伯東に去、日本に漂着し、當分食事の儲いとなみの業もなければ、捨たる所の牛馬を貰、皮をはぎて用物となし、肉を食したる故、穢多とは云ながら調法なる故に、幸住置たるなるべし、云ひ傳へにも、穢多は唐の者なる由なり、尤も泰伯は諸侯にも列なりたれば、自ら切剎手段も有まじけれども、只一人渡來にも有まじきなれば、付從ふ者が巧者に切剎したるなるべし、唐には專ら肉食し、牛などは大牢の滋味とて別て賞翫して、中々下もざまの者の喰ふ事のならぬ由なれば、泰伯も從者も結構なる國へ來、寶の山え入たる心地して住果たる成べし、

伊勢神宮に有と云三讓の額は、何の頃、誰が書て、何の殿に掲たる事か知らね共、日本は日神純化の系統にて、日神嘗て皇孫天津火々火瓊々杵尊に三種の神器を賜りしより、御代々此三種を以御讓位、御即位の御規式あれば、三讓とは鏡玉劔三つの讓にて、神系の眞物なれば、伊勢神宮の宮殿に掲る事尤有べき事なり、然に泰伯が事が心に横たはりある故に、三讓の文字が鏡玉劔の三つの讓と平聲によめずして、三たび天下を讓と中畧して、三の字を去聲によみなすなり、道は近きに有て遠きに求め、事は易きに有て、難

きに求むとは、かゝることを云なるべし、泰伯生故郷でさへ、二度三度辭讓して面倒に思、竟に迯去て跡を隱す者が、日本に來りて、よし日本人が賴たればとて、位につき天子となるべきや、左やうな理非の辨へもなき、ふつゝかなる見識にては、泰伯が三たび讓たる意味も、孔子の至德と賞美せられたる義理も、得知まじきなり、君子は義にさとり、小人は利にさとるとて、賤しき了簡をつける者は、己が心の賤しき故なり、

凡て學者の僻にて、己が學問の賣ぬに付ては、世を憤ほり、世話嫌にて仕官もせぬやうに云、市中の隱者などゝ自ら口には云へども、心は鵜の目鷹の目と聞立て、若大名方より儒者を尋る噂を聞くと、手足を廻し、傳手を求、己が學問の分に過て、知行格式を望めども、十目の見る所十の手の指處、別に秀たる評判もなければ相談ならぬ果々は、初の望と表裡して、竟に五人扶持にて仕るなり、かゝる賤しき見識にて推量しては、四百餘州を辭退して、跡を隱泰伯が心は、中々計り識らるゝ事に非ず、

古より學者共、唐に聖人の有を以て、土地人情の宜所の如思ふは、大なる僻事なり、唐の土地人情共に宜からぬ事は、上に段々說たるが如、又聖人と云ふ者の合點ならぬことは、神學入式を、聖德有無の不審の條に說たるが如なれども、猶又土地人情の惡き故、聖人の生るゝ證據を辨ず、唐に國初より彼是聖人の生るゝは、土地が惡く人情が邪なるゆゑ、聖人が出て敎ねばならぬと云入用がある故生るゝなり、萬物一つも理に初まらぬ者なければ、一つも無用なる者はなし、唐に聖人が生れて聖德の顯はるゝは、土地が惡ければ人情も宜からぬ故、天の神、聖人を降して敎を立さするに、果して人情の邪なるは、湯王、武王の如、弑奪の事ある也、敎導をさへ弑奪すれば、敎なきときは一向人とは云れぬなり、去るに因て聖人が敎道びくの調法と成て、聖人たる德がはきと別るゝなり、因て學問して利口に義理を說わけさへすれば、身の行ひはさまでの事なくても、外々の者の爲に少にてもなれば、夫れほどの功となるなり、忽ち日本は人々道を生れ付て、弑奪することなければ、敎なくても道に叶てある故、聖人が出ても何も用なくして、聖人の聖人たる德が顯はれぬなり、聖人に限ず、凡て一物すぐれたる

者の出るは、佛氣の下國なり、土地が宜ければ、天化が平等に物に及で、別に一物すぐれたる者は出ず、土地が惡き故、天化に應ずる者と應ぜぬ者と有て、よく應ずる者が一物すぐれると、應ぜぬ者は別して劣て役にたゝぬ者となるなり、因て偏氣の下國よりは、時として稀物出で、其外は一向役にたゝず、並々なる者もなきなり、唐にても、舜は諸馮と云東夷に生、文王は岐周と云西夷に生れたり、若土地が宜て聖人生るならば、東夷、西夷は、本唐、中華よりも土地が宜からんや、其外、伽羅、沉香、人參、肉桂のるいも、蕃國邊鄙の下國より出て、中華、本唐の產には非ず、日本にても、金銀玉の都より出たることなく、或は力士、大人、又は文士才人にても、皆田舍偏國より出る者なれば、心を付て考見るべし、

又學者の口僻に、唐の四百餘州を以て、日本の六十餘州を見こなし侮る、是又分別なしの御大將なり、何によらず宜き所が狹く少なき者なり、唐の四百餘州にても、南京は土地人情ともに唐のすぐれたる所なる由なり、日本にても五畿內は狹く、東西の果は大國なり、五畿內にては山城を上みとなし、山城にては京、京にては御所、御所にては內裏と、段々宜き所ほど狹く少さき者なり、人の五體あるも、肝要の所は一心なり、因て唐のひろきほどの下國なり、

學者共、書物を見て記憶するのみを學問と心得、其實を吟味せざる故、かゝる事の思はく違あるなり、神道の事も、神道者の云秘事口傳の盲說にだまされて、行事を神道と思ふは、思ふ者の誤なり、因て神代紀の訓點を、誠の事と見るは、見る者の不學なり、書物に目を晒しながら、文字を並て書たる書を、草紙物語の如く、訓點したればとて、貶さるゝは、字義に暗くして、神道を知ざる故なり、因て易傳に、觀は天の神道とあるも、目にみへず、日本に云神道と、孔子の云神道と、別にて有まじきと云見識も立ざるなり、神道を知るときは、神代紀は神系の御書にして、神道と皇道とて、分けて見るべき工夫が付なり、日本書紀と題して質の理神、天照す大日孁尊を始祖の皇神と說玉ふこと、神系と神道との差別なくして通せんや、何事にても、少は思索分別をいれて見ざれば、消息文の如くつらつらと通ずる者に非ず、況んや神系の開卷一二の書に、文義なく書玉ふべきものならずや、其上板行して

下々まで取扱ことを御免なりたる書に、何の隱すことの有べきや、尤皇道御連綿の事に於ては、深き意味も有べけれども、是は中々下ざまの耳に聞べき事に非ず、神道は萬國の共にする所、神系は天子の獨し玉ふ所の事なれば、賤しき下ざまの、とやかく口の齒につける事に非ず、然れども神道を委しくするときは、日神純化の神孫にて坐す事を自得して、皇道の御傳は知らずしてすむことなり、

萬國一般の神道よりして云へば、佛は追前供養を行事とする天竺の神道なり、儒は五常五倫を行事とする唐の神道なり、日本は祈禱祭祀を行事とする日本の神道にて、其行事勤めかたの替あり、天化に日月星の替りある故なり、其外朝鮮には朝鮮の行事あり、阿蘭陀には阿蘭陀の行事ありて、皆其國々の神道なれども、和漢竺の君臣庶に應ずる外は、別に筋たつことなければ、其事踏へざれども、朝鮮は朝鮮自然の國風あり、阿蘭陀は阿蘭陀自然の國風あるなり、因て廣云時は、神前にて經をよみ、佛前にて四書五經をよみ、聖像を立て中臣祓を修しても、誠に二つはなけれども、國に始中終の替有て、天化に日月星の應ありて、君臣庶と替れば、他の法を用ひては益なきのみならず、却て害となるなり、

唐は左輔右弼、相替て事を主ざる、聖人の敎が臣下の國の自然に叶て宜けれども、日本純化の君國にては、一夫獨夫と云て、弑奪しては中々上下共に合點せぬなり、去るに因て、湯王武王を何ほど聖人の如く云ても、其湯武の聖に學習て、弑奪せんとは思はず、是日本の妙なり、元より平等利益、物我の隔なしのと云ても、皆庶人の國の風儀にて、君國の者は主從となりては、決して一等には得思はぬなり、

何國の浦の果、山の奥にても、誠を元として其誠に感通來格する者は、三才に瀰淪する所の神氣にして、外に儒氣と云ものも、佛氣と云ものもなし、固より天地の神化とはいへども、儒化とも、佛化とも云はず、神魂のたましいとはいへども、儒魂とも、佛魂とも、天地の間に生るゝ者、釋迦でも、孔子でも、老子莊子でも、心の藏に神魂のたましいなくては、白い黑いを知る者に非ず、假令寂光淨土の阿彌陀でも、彌勒でも、活きて居る者なれば、活しをくが神の所爲なり、此所をよく合點して、吉水の和尙は、實には神ぞ佛の道

しるべ、跡を垂るとは何故か云ふと詠じて、玉葉集に入られたり、是は神を垂跡と云て、佛を本地とした ることを破したる歌なり、本地垂跡は、空海が天地麗氣記より初たることにて、天地の麗氣を神と見ずして佛と見るは、坊主の勝手了簡なり、其外坊主には、神の元たることを知る者多けれども、幼少より出家したる義理にて、流石に神とも得云はずして、本地垂跡を云ひて、只口すぎ第一とするなり、吉水の和尙は、百人一首に前大僧正慈圓と有て、慈鎭和尙の事にて、よしある僧なれば、名聞利欲に拘はらず、見識の通詠出たるなり、又自讚歌にも、わが頼む七の社の木綿縕、かけても六つの道にかへすな、是等皆世間僧のよまぬ所なり、坊主は元虛體の佛を觀念する者にて、其佛とさす者、天地の神氣をさして、天竺にて佛と思ひたるなれば、實に佛を合點したる坊主は、神の元とたることを知るものなり、如レ此云へば、佛者の云ふ神佛一體の見に似たれども、神は萬國通用の名にして、佛は天竺一土の名なり、因て神が本地にて、國常立尊と云が垂跡なれば、神に佛の本地があるものに非ず、佛でも活けられば活してをくが神なり、眼前天地の神氣と云ひて、佛氣とは云はず、神化、神魂と云ひて、佛化、佛魂と云はぬが慥な證據なり、佛經にも妙用妙化を神通神變とは云へども、佛道とも、佛變とも云はぬなり、

日本に靈神にして祭ると、天竺に佛にして供養し廻向すると同じ事なれども、天竺は終氣の國なる故に、來世と云、死でゆく所の別世界を立たるが、一つの趣向にて、人情の愚痴なる穴を、よく見こみたるなり、因て儒に云神鬼と、釋氏の云ふ佛は、只國柄に因て說方の替るのみにて、目ざす所は神氣の妙體のと云なれば、佛像なりとて麁末に取扱ふものに非ず、然るに神道者流共、何の辨へもなく、彼こそ神道者と云はれんとて、佛を仇敵の如云なし、路の傍なる石地藏觀音などを蹴倒して、小便しかけなどし快がるは、神の事も佛の事も知らず、只信心さへすれば非分に福德を惠賜はるやうに思て、欲心より起ことなれば、何ぞ不仕合事が二つ三つ重なると、打てかへて念佛申しと成て、又神をさん〴〵狎侮ごるなり、先年淺利大賢とか云神道者は、風呂場の踏石に石地藏を用ひたる由なり、何にもせよ、面目を刻みて人の拜む爲に拵置た

るものを、蹈ものにして快がるやうな若輩者の見にては、神佛共に知らるゝものに非ず、是等の人は日本に生れて神のことを知らず、儒佛を貴ぶ者と荷もたらば棒がをれると云位なり、因て儒佛なりとて仇敵の如く云ふべき者に非ざれども、肝心國の元とたる神祇を閣て、儒佛を信じ貴は、家の元とたる親を閣て、他人の親に孝行を盡すが如し、よし爲になること有りとても、人の人たる本意には非ず、殊に儒にても佛にても、世間一統に其教に成りかたまると、尤も國の大事油斷のならぬ事なるべし、

儒は譜代相傳の恩澤を忘れ、透間を見て主人にても弑して、擧句の果には一夫獨夫と惡名を付て、君臣の義を失なひ、佛は平等利益の、物我の隔なしのと云て、上下の階級を破、何れとも心奢高ぶりて、上みを侮どり輕しめて、君主自然の國風を敗る上へに、儒に傾けば唐に從ひ、佛に傾けば天竺に從て、人情自然と其元とを慕ひて、すはと云はゞ一番に組して、國に心を止める者は有まじきなり、

八宗九宗と別れたる中にも、尤も恐るべきは本願寺宗なり、信長將軍の勇勢にてさへ、僅なる大坂の御堂を攻兼て、和睦せしなり、是皆士卒の中に、夫宗旨者有て、鐵炮は玉をぬき、矢は根をはづし空へ放、只一町四方計の平地の堂をさへ、得攻やぶらぬなり、薩摩の要がいも、顯如の珠數に碎かれたる由なり、百五十年以前さへ然の通なれば、只今にては猶更のことなるべし、肝をひやす計なり、殊に東本願寺には、六萬餘、西本願寺には八萬餘の末寺あるよし、其十四萬餘の寺に付從ふ旦方、其外佛光寺末、高田末寺とて、其數々かぞへがたく、是等計にても容易の事に非ず、八宗九宗集て佛者に加勢する者ならば、諸大名方の催促に應ずる者有るまじきなり、殊に近年は、農民共一揆して、守護地頭に願やうの事有て、恨を含、思ひ合ぬ者ある由なれば、旁以恐ろしき佛法なり、

武士たる者は、家賴に本願寺宗旨の者有ては、實の喰つぶしにて、用の勤まらざる事も有べきなれば、心得べきの第一なり、かく云へば其宗旨の者は、宗旨の爲に主君の恩を忘るべきやなどゝ、立派に云ひけす者もあるべけれども、百五十年以前の甲冑を枕としたる時さへ右の次第なれば、靜謐なる世人の臆見は、決して當にならぬことなり、尤人によりては宗旨の爲に

は、君恩は忘れまじきなれども、其代りには、決して忘る人あるなり、寔に忘れまじき忠義心あらば、他宗に改めかへをくが子孫の爲なり、只左やう思ひたる計にて、改宗しかぬるほどの人なれば、まさかの時は、一番に宗旨の爲に君恩を忘るなり、恐るべし、恐るべし、

切支丹の騒より、一統に宗旨を持こみ、都鄙共に宗旨改とて、御政事の一つと成、家別に宗旨を立て、彼になづけ、神國と云ふは名のみにして、店替にも氏子吟味はなくして、旦那寺は證文に書のせ、神社に仕る禰宜神主まで宗門にいれて、僧を頼むこと、神慮に於て快よかるべきや、尤邪法を用ひ、外國に與する改とは云ひながら、佛も外國のものなれば、堅め課せて安氣ならぬものなり、日本の萬國にすぐれて、土地人情の美なることは、上に段々辨じたるが如、一々慥なる證據あることとなるに、昔より上々に迷こみ玉ひて、唐の禮を取いれ玉ふのみならず、日本の古風を取失ひ玉ひ、適筆記し玉ふ神代紀は、者流訓ころされて、當時上下共に唐を國の元とのやうに心得たるは、皆神道に暗故なり、併ながら、眞金は砂に混せずと云道理にて、眞の物は意に秀者なれば、時節至らば一統に神道に歸すること必定なり、四百餘州の唐人ども、天子の段々變革して、竟に北狄の韃人を天子と仰ぐ事なれば、自然と天子の名義に叶はぬことを心づき、禮記の生れながらにして貴者なし、天子の元子も士なりと云語を見付て、實に天子ならぬことを知、日本神系、天子の古今一系に連綿し玉ひて、上下正しきことを傳へきかば、實に萬國一君の眞の天子なることを感心して、竟には來朝すべきこと必定なり、速にも神道明になりて、上下共に日本の萬國にすぐれて有がたきことを知るならば、其化竟に外に被て、今程は來朝の時運も來るらんに、何を云ても國の者が、國のありがたき事を知らず、却て外國の儒佛を貴び慕て、國神を賤しめ遠ざける事と成てあれば、中々其化の外國へをよぶことなく、其徳の顯はるゝ事もなきなり、

神系天子の、人倫に上みとし坐すことは、麟鳳龜龍の、鳥獸虫魚に靈なるが如し、人は萬物に靈なる者なれば、靈と云ふは勿論のことなり、因て靈と云はずして、神孫、神系と云ひ、人長、人主、或は人の子と云はずして、天子と云ふなり、因て唐の如く變革して、行

くえなく成果てば、神孫神系とも云べき謂なきなり、麟鳳龜龍は形を以靈を傳、天子は生れを貴して、神を傳てこそ天子とは云ふべきに、五體共に衆に異なることなき人體を以て、天子と稱美するに、何の異なる奇特祥瑞もなく、一夫獨夫となるならば、何を以て名の實とせんや、聖人は德ありて貴ぶべき者なれども、生れの貴には中々及ばぬことなり、唐の左輔右弼、相かへて德を用ゆる臣下の國にても、紂を君として、微子比干を臣下とするは、紂は正后の子にて、生に貴き意ある故なり、古今一人と云るゝ孔子も、時に遇ざるは、德を貴ばぬ時なる故なり、德は貴ぶと貴ばぬと、時節により、生れの貴きは、時にかゝはることなし、因て生の貴きは、貴さの限なければ、引つゞきが宜ければ、唐の臣下の國にても、德が及ばぬなり、然れども元神孫の生貴ならねば、惡逆にして人に厭はるゝと、其貴きことも兀て一夫獨夫となるなり、實に生が貴ければ、人に厭はれても、見放されても、貴ことに替はなし、因て天子と天の字を付て、人より自由することならぬ意義を示すなり、凡て天の字を稱するは、人より自由する者に非ず、況や萬物に靈たる人の中にて、人主、人長と云はずして、天子と稱せられながら、善惡に因て取捨せられては、天子の名目の立たと云所に氣がつかぬとは、臣下の國ながら是非もなきことなり、鳳凰は鳳凰を生み、麒麟は麒麟を生で、其靈を失なはざるに、天子が天孫を生ずして、土を生むならば、鳥獸にも劣たるなり、

論語に、有若が孔子を讃して、麒麟の走獸に於る、鳳凰の飛鳥に於ける類なり、聖人の民に於るも亦類なりと云て、孔子を人の中、麒麟、鳳凰に當たるは大なる僻事なり、麒麟、鳳凰は鳥獸の中の靈物にして、麟は麟を生み、鳳は鳳を生みて、其靈德を失はざる者なり、聖人は然らず、其德父にうけず、又子にも傳へず、只其身一分の淸氣を受たる者にて、犬猫などの逸物と云類なり、人の中の麟鳳は、神孫天子の事なり、四靈は鳥獸虫魚、靈有、人は萬物に靈にして、鳥獸虫魚の四靈も、其萬物の數にして、人は其中の靈長なれば、靈と云はずして神系と云ひ、天子と云て生れながら貴くして、元子は即天孫なり、唐に生貴を傳へる純化の神系なき故に、連綿する生貴の譯を知らずして、有子の如き賢才にても、かゝる不埒の喩を云なり、凡て

かやうなることは、日本の如き生貴、古今を統玉ふ神系の眞天子坐さねば、較ものなき故、唐の文華なる口才に云眊されて、際立ことも見へねども、似せ物は眞の物に並て見ると、影なきなり、然れども惡人有て善人たることを知るが如く、唐天竺の雜書來りて、淺間しき弑奪の事を見るにつけても、神系の奇瑞坐すこと、奇瑞と知りて一入有がたく覺奉るなり、かゝる較物できて、猥がはしくなるに付て、國の道の混雜なきやうと思召て、できたる書紀なれば、義理に疎くして、文華に眊さるゝ者は、太子親王より始まりたることのやうに心得て、夫までは紛れもなき故、書記するに及ばぬと云譯を知らぬなり、

日本の天子は、日神純化の神系にて、神道の神の無爲自然の化を受繼玉ふ故、書記なきが即ち神系たるの證據たることをよく會得すべし、神道は無爲自然とて、萬物の生化するも、生化せんとて心を用ゆるに非ず、只爲こと無して自然と生化する活理にて、人の作爲自由することならねば、書記するの用なきなり、其無爲自然に任する神の習はしを受繼玉へば、人皇にならせ玉ひても、敎道びく事なく自然に治まりて、勸善懲惡の事に及ばず、因て書記して後の爲にするの用なくして書記せぬなれば、書記なきは實に神系の天子たる明證と云者なり、聖人は神道を以て敎を設けて、人を道びく役人なれば、書記して後世へ傳るが當り前の職分なり、天地の間の事は、皆天の神の命令にて、唐の如き惡土には、聖人を降して敎道びかせて書記させ、日本の如き朴質國には、神系を降して、無爲自然に任せ玉ふなり、鳥は樹に棲しめ、魚は水に游がせて、中々人の察度をいるゝやうに仕てある者に非ず、因て其所になき事を、人の作爲にていれ交ては、益ある如くに思はれても、益よりは害の方勝なり、日本に唐天竺の事を用て宜くなりたるやうに思ふは、天の自然なる味を知らぬ故なり、自然の氣味を主とする藥種類は自然生作爲の物とは各別なることなり、唐のこと日本のことも、自然を吟味するときは、一日の談に非ず、

唐のことは、口才にて面白く書たる故、皆實に思へども、一推しをして見ると、さしたる骨もなし、火德にしてそこに都す、土德にしてこゝに都すといへば、天子の如くなれども、段々と變革して、跡かたもなく成

果れば、火徳、土徳も取るに足らず、都すと云も過たることなり、書經に禹王の水を道びかれたることあれども、信用ならぬ事なり、天地の間は山陸に川を通して、色々廻り〳〵て竟に海に落ゆくやうに、自然とできて山間に淀溜りて、落端のなき水はなきものなり、殊に禹外八年と有て、是ばかりにては、二ヶ所と土功なるものに非ず、只今頃段々人數多くなりて、耕作すればこそ、水勝手を作りかへて利徳を用るなれ、上代左ほど水の手をかせぐ程の事も有まじければ、少しの落口など土功せられたる成べし、然るを仰山に四百餘州の川々を世話したる如くに書なすは、皆文章の餝ごとにて、生涯百年にして何ほどできるものと云ふ心積りもなきなり、唐のことは華に過て實なきに實と思、日本の事は實なれども華なければ却て訝るは、發生の氣化にて、小兒の心持と同じく、餘所外の事が羨しき神道者流共、皇道を以て神道に推當る故、物事奇怪になり、竟に訓點にて紛らし、秘事口傳にてすまぬ事となりたるなり、因て只實と自然を以て引くらべて見るときは、萬國にすぐれて明白に知るなり、然るときは神武帝は勿論のこと、反正帝の御宇より初りても、神系神孫の事に於ては、紛れなき骨髓を合點するなり、

近來、吉川惟足、山崎垂加と云もの、神道を以て世に鳴たる由なれども、吉川は吉田家を神祇の長上と心得て傳授を受たる由にて、職原のことを夢にも見ぬ人なれば、兎や角と評するに足らず、山崎は元と洛西妙心寺出にして、一變して儒者と成り、後竟に神道と成たる由なれば、心香しく思しかども、門流の傳へ云詞と、彼是書殘したる草紙、或は橘家の墓目、鳴弦、土金の傳など、只文才ありて品よく利口に仕立たるのみにて、皆者流の好事なり、殊に八百年來連綿の伯家に參り正さずして、自己にて事を改めかへ、中臣祓をさし引、品よく直したるは、昔より伯職の奉り來所の御讀の中臣祓を知らぬ故なり、三種祝詞の、寒、言、新、尊、理、魂、馱、顯を、子丑寅の十二支に替たるは、易の乾兌離震巽に似たることを嫌て、三種神寶の中の玉に象て、流理して渟滯なきの意義を知らぬなり、乾兌離震巽が唐の事にて、子丑寅が日本の事と云憶なる證あるや、兎角神學者流は若輩氣にて、儒佛に似たる事あれば、夫を止めて自己の量の狹く、見の賤きをも

思はず、心に任せて新作して傳事のヶ條するなり、其外神代紀の始終を、神代の昔、天上にて有たる事實とする由なれば、定めて神々が虛空雲中にて立舞さまと云なるべし、一向論ずるにたらぬ事なれども、折よく生れて歷々方に用ひられたる故、別して名高く一流をなし、知らぬ者は垂加と云へば、直に神の出現なりたるやうに思ふなり、第一神祇白川家、神祇大副藤波家、神祇權大副吉田家によらずして、橘家の名を借ること、我意を立るの根元なり、貞觀の頃、神祇伯橘の朝臣永名と云人あり、是等を目當に橘家の名目を立ることにや、◎信哉按ずるに、橘家神道は、闇齋の門人玉木正英の專ら唱導せし所にして、其說は橘諸兄の後裔と稱する鈴木與三兵衛、及び其門人御水小兵衛惟義等より出でたるが如し、蟇目鳴弦の法等を以て之を闇齋に繋くるは、恐らくは非ならん、其傳へる所の蟇目鳴弦式を見れば、眞言家にて作たる射手形の中にて、梵字陀羅尼を省たるものなり、彼が見識にて、墓の目と書名目の俗なることを知らざるはいかゞ、迷たることや、但庭訓往來にも蟇目とあれば、蟇目を正字と思たるや、墓《はく》は蝦《か》蟇《はく》にて、和名かはづ、又かいると云なり、蟾蜍《ぜんじょ》一名癩《らい》蝦《か》蟇《はく》、和名ひきがいる、又畧してひきと云ふなり、無稽の者ども、墓をひきと心得て、蟾蜍のひきはよく氣を通ずる恠異の虫なれば、感通の道理にてひきめと云ふと邪推して、ひきめと云ふに、蟇目と當字を書たるなり、ひきいるの感通を用るなれば、蟾蜍目《ひきめ》と書べし、蟇はひきがいるに非れば、蟇目と書ては、ひきめとは讀れず、是等は小野篁歌字盡と云俗書、虫ひきがいる、土はか、巾まくと云ふに習て、蟇をひきと用ひたるなるべし、よく合點してみるべし、弓矢は本朝第一の神器にして、正しき道具なり、萬物に靈たる人體にて、神器第一の弓矢を持、ひきめの神事を行なひながら、小虫の恠異を慕ひて、ひきめと名付るとは、淺間しき心ならずや、かゝる賤しき意義を襲て、とやかくと作爲し、傳事を工にするは、狐を正一位稻荷大明神と拜する仲間なるべし、何事も其門を得て入ざれば、宇廟の美、百官の富を見ずと云ふに、神系天子の神祇伯に任じ置玉ふ伯家に參らずして、別に橘家を起し立るは、全く口傳秘訣を作らん爲なり、

外國は知らず、日本の中にて神祇道を學ぶに、神系天子の外、流義と云ことの有べきや、伯家の流義は、即ち天子の御流義にして、白川家一己の私事には非ず、伯は天子の神祇一道の御手代にて、神祇官とて頭な

り、昔は諸家混任せられて、伯職の家と定まりたることなければ、諸家共に伯に任ぜられたる中にて、藤波家の御先祖の伯に任ぜられたること多く、吉田家などの伯に任ぜられたることは一度もなきに、吉田家の作系圖の下には、彼是伯に任ぜられたること數多ありたる如く記しある故、辨卜抄に委くこれを辨置たり、然るに人皇六十五代、花山帝の皇子彈正尹清仁親王の息延信王、神學に長玉ふに因て、萬壽二年伯に任ぜられ玉ふより、諸家混任の事やみて、白川家の定職となり、伯家と稱することと成事は、職原抄に委し、尤も少中將の間、一旦源姓を賜はれども、伯に任ぜられしより王氏に復、庶王の部に成、諱に王の字を用ひて、延信王、延廣王と書こと二代、延廣王よりの規摸にして、自餘の家にはなきことなり、

昔より御代々神拜式、中臣祓、其外神祇一道の式は、皆伯より奉りて、御代拜の事は決して伯に限、若伯に障あれば御拜を止め玉ひても、餘人の勤ることは曾てならぬ由なり、內侍所を預り玉へば、阿栞刀自《オサイトジ》までも皆伯の門人なり、殿下も御手代を勤め玉ふことある故、伯の傳を受玉ひ、假令ものずきにて、藤波家・吉田家、其外一己の神學者の傳を受玉ひても、關白職に任ぜられ玉ふ日よりは、伯の傳を受玉はざれば、御手代が勤まらぬ由なり、因て五攝家方は勿論の事、清華、大臣家方の、他傳を受玉ふは一分の私事にて、實は表だゝぬことなり、前々は堂上方一統に、伯の傳を受玉ふことは云までもなきことなり、然るにいつの頃いかゞしたる譯よりしてか、近衞家、九條家には、吉田の傳を受玉ひ、鷹司家は藤波の傳を受玉ふ由にて、二條家、一條家のみ相替ず伯の傳を受玉ふ由なり、伯の傳と云へば、白川家一己の流義らしく聞ゆれども、左には非ず、只久しく相かはらず白川家に預玉ひて、諸家混任の事止みて、伯職の家と成たるまでにて、往古より伯に掌とらしめ玉ふ神孫天子の御作法なり、日本に居て神祇を學ぶに、神系天子の御作法を外にして、神式の有べきや、尤も先祖伯に任ぜられたる家筋には、其時の書記などのあることも有べけれども、格式法則は、時に因て損益ある者なれば、時の天子の用ひさせ玉ふ事が、即ち時の臣下の守るべき道なり、然れば時の神祇伯の作法ならで、日本の中に神事の作法はなきことなり、假令伯は器量才覺にて

損益したる事にても、天子の用ひさせ玉ふ外に、何傳來事の有べきぞ、吉田家に唯受一人など云立るは、實に吉田家唯一人の私事にて、他の神職の守るべき事に非ず、神系天子の御國に生、神職と成て、天子の御作法を用ひず、臣下の吉田家の唯受一人の私法を習學ぶは、日本を吉田家の國と思ふや、但は伯、權大副の階級をも知らざるか、餘り愚しき事なり、神道は萬國一般の大道にして、神系は日本の天子の獨し玉ふ日神純化の御血脉にて、行事作法は國の樞要なるに、嗜嫌の私を以、上々までが他傳を受て、行事作法を天子と別にし玉ふは、云ふでもなき僻事なり、是皆其家の雜掌等に、世へんの上手下手有て、輕薄追從よりいつとなく浸潤したる事なるべし、併ながら兎や角云くろめ迷はさるゝは、神道に暗く、神系神孫と口に云ひて、心に會得せぬ故なり、

吉田卜部の事は、伊勢外宮の神官出口延經が辨卜抄と云書を、尾張三の丸東照宮の神主、吉見左京大夫幸和が增補して、初學の者へ通じよきやうとて、俗解したる增補辨卜抄俗解と云書に、壹岐卜部の、烏賊臣命の種類とは別にして、吉田家は、伊豆卜部日良麻呂が末にて、天和三年までは地下の官人なれば、系圖に色色僞を書記したる事、其外兼倶が謀計僞作にて、段々家格を持上たる次第、其代々僞の事を傳尸病に喩て、國史官牒の證據を引て、委細に辨明せり、

天津兒屋命の神孫にて、唯受一人の神道と云へども、吉田神道は兩部習合にて、其習合の仕かた神佛習合にも非ず、神儒習合にも非ず、佛法に道を習合したるものにて、神祇の事は曾てなく、三元、三行、三妙加持、其外神代の符文字と云もの、靈印祓の出所、委細臼井玄鉾子の破僞顯證問答にあり、伯の長官たることは古今定りたる事にて、白川家に任じ玉ふよりは、王氏に復るの規模出來て今も伊勢奉幣の荷物に王使と云會符有なり、不案内の者は、帝王の使なる故、王使と書と覺悟すれども、左にはあらで、神祇伯王の使と云意なり、帝王の使は勅使にて、神祇伯の王氏承、其王氏の使なる故に王使と書なり、昔は神祇の四姓、王氏、中臣氏、忌部氏、卜部氏共遣はされけれども、今は藤波祭主の承と成たること、皆辨卜俗解抄に詳なり、

褰帳の女王と云て、御即位の時に高御座の中にて御

帳を褰て、百官に天顔を拜ます役女あり、淸仁親王の姫宮永子、七十代後冷泉帝の寛德二年四月十八日の御即位に役玉ふより恒例と成て、其後御代々、伯の姫役し玉ふ事と成たるなり、かゝる由緒の家柄なれども、伯は神事の御手代にて、任職の間は一夜も他宿ならねば、竟に關東下向の事も無して、別に名を觸す事なき故、神學執心にても、職原の心がけある者ならでは睫々伯の事を知ず、師によらずして目盲のぞきに職原鈔をみる者は、神祇官と云下に、伯一人とあるを見て、神祇官を吉田と心得、伯は吉田神祇官の伯なりと思ふ者ある由なり、いつの頃にか、吉田の社を神祇官代に用て、伊勢奉幣使の進發し玉ふより、神祇官代の如くに云なすなれども、神祇官代に借用玉ふとは、隔別なる事なり、殊にきつと吉田を神祇官代に定め玉ひても、神祇伯は白川、神祇大副は藤波、神祇權大副は吉田にて、階級あることなり、然るに吉田の許狀には、皆神祇管領長上と書て、伯の許狀に紛らしたるものなり、去に因て、肝心其身の職分たる神祇權大副は書ざるなり、然ども數年來の仕にせにて、伯權大副の差別は知らず、いつとなく神祇管領長上の虚名諸人の耳に殘、神祇伯の外の神祇管領長上と僞り付たれども、漆はかずば兀色もなしと云ふ如、塗餝たる物は、竟に兀色を顯すべきなり、

白川家は伯の職柄と云ひ、由緒ある家柄なれども、吉田家の如、臣下の身として、直段きはめて、正一位の神階も出さず、私に大和守、出雲守など云守名をゆるす事もなく、無位の神官へ紋紗の狩衣、橡の袍をゆるすやうの不法、不筋なることを爲ざれば、志の正しき者ならでは、入門する者なきなり、不筋不法にても、吉田家の如く、木綿手繦は何程、四組、六つ組と、謝禮直段を仕わけ、正一位の神階も、初は七兩二分なれども、今は手筋よく取いれば、金一歩に二つも出して、伏見の羽倉氏と互に易くせり落しあひ、守名、紋紗の狩衣、橡の袍、それ／＼に直段を立分て、不法不筋を元とすれば、類を以集道理にて、不筋を美目とする不法者共慕よりて、御本所々々と風聽すれば、人ごとに耳なれて、歷々上々たる人は、吉田は神つかひにて、梅のずはへを以て、神をつかはるゝなど、何ぞや狐狸の如に思ふて、吉田を奇妙がるは、皆百口の三十計もぬけたる人なり、十八神道が十八貫文を云

立にして、氏子中を奉加にして、吉田官と稱して、一日晴の衣冠を着かざる者は、神職と云ふは名ばかりにて、土百姓同前の者なり、又一廉是非を咬わけて、十八神道は眞言家の十八行道より出たることを知ながら、十八貫文出して傳を受るは、齋服を着すべき爲なり、是等の事を以、吉田の仕くみ、取合せの上手なることを合點すべし、十八神道を合點せぬほどの者、一拳あれば是非齋服を着することを知りて、十八神道の傳なき者には齋服をゆるさぬと、肝心の神服を奥へまわしたるは、實に齋服を重ずるにてはなく、小學文有、手剛者にも、十八神道を違背させぬ手段なり、諺にも名をとるよりは徳をとれと云へば、渡世身代向には手本とも成べき手段なれども、正直を表する神道を、不筋不法に眊まし課ては、禰宜神主の不沙汰なるも、神祇の事の衰果るも、尤もなる事なり、

吉田家の謀計僞作の事は、辨卜抄に委しき中にも、伊勢神宮より神敵吉田と書立られ、宮川限で神領へ吉田と云名を出しては立入る事のならぬ由、世に是より大耻辱は有まじきなり、かゝる家筋を神祇管領長上の、或は御本所のと崇めては、神職の發行せぬはずなり、内宮天照大神は皇帝の始祖と仰ぎ玉ふ神、外宮豐受大神は、中臣忌部の兩臣の出玉ふ元神にて、日本に生たる人は參り詣て拜禮する神なるに、穢多の外に名ざして神前へ向はぬと云は、吉田家ばかりの由なり、日本に居て太神宮の受玉はぬ拜禮を、いかなる神の受玉ふべきや、併ながらもはや程久しく成たれば、今も其通にいれざることや、双方とも段々代替て若人に成たれば、聢と其譯も知らぬ勝なるにや、伊勢も神職の猥なる所なれば、其程覺束なけれども、元文の頃、子息侍從殿の參宮めされたる時は、鈴鹿何某と云指札なりける由なり、伊勢には忘れても、吉田には忘れられざる事也、

諺に、かせぐに追つく貧乏なしと云如、親王よりして中將の伯になると、伊豆卜部より出て侍從の權大副になるとは、上みより下ると、下より上るとにて、餘り遠からぬ間なれども、兩家共に二位に叙せらるゝ所は同じ事なり、白川は無垢の正金なれども、手入惡ければ、瑣焦て光りなく、吉田は燒付滅金の、くはせものなれども、手入よく持なしたれば、きらびやかに光て人の目につくなれども、繕ひてのは、竟に兀

るものなれば、遲速はありても、一度は兀て白地となるべし、

近來は世間一統に文明に成て、何事も元を正して廢たるを興、絶たるをつがせ玉ふ御政務となりたれば、竟に滅金のつくろひものは兀て、正金無垢の光磨かれ出んと、只有難時節を待ばかりなり、何さま日本は日神純化の神孫御國なれば、何がよく調ても、神祇の事が正しく明白にならざれば、眞實の靜謐とはいいはれまじきなり、然るに近頃は上下共に日本の上國なることを知る者多できて、正直の自然の事を貴べば、吉田の正一位も寶遠なり、不筋なる守名をば望まぬ者あれば、そろ〳〵神祇道の興立る時節に趣くならんと樂もしく思はるゝに、都鄙共に佛法のさかりほこへるを厭て、生土の神の神事祭禮を一入粧ほひいさめ、すゞしめ奉れば、幾ほどなく實の神國と成、萬古不易の御靜謐と成らんかし、出口氏が辨卜抄は、太神宮の託にひとしく、吉見氏が增補俗解は東照宮の神慮なるべし、かゝる博識廣賢の人の考索に非ずんば、誰か數百年來代々の謀計僞作を考へ正さんや、實に神祇の龜鑑、國家の重寶なり、吉田家受領の者は、憎き誹言と思ふらんなれども、更々左やうに非ず、神は非禮をうけず、正直の頭にやどると云へば、正直ならぬことは、疾か遲きか、いづれ一度は正さる筈のものなれば、迚もかくすべき耻は、片時も早耻かきて、實の道に進が其身も仕合、神職も大慶と云ものなり、十八神道の傳を受たる者は、自分に考へ見るべし、天兒屋命より唯受一人と云諸神勸請の文句に、辨才天女、十五童子、善女龍王を云立るが佛法にてなきや、三元、三行、三妙が道家にてなきや、其外印を結、護摩を焚ながら、唯一神道呼はりは何事ぞや、少しは詞の合ふ合はぬと云ことを考へ見るべし、

神道は萬國一般の大道にして、行事は神孫の御國の要道なれば、中々白川吉田兩家の爭事には非ず、只何れにも正しく成て、奉仕の神威を增、儒佛に阿從はず、安穩に月日を送る冥加には、朝夕に行事を怠らず、寶祚長久御武運繁昌と祈奉るが、神職の當前なり、其本亂て末修まらざるは必然の道理なるに、今世の如、伯を閣て權大副が管領長上呼はりしては、神慮に叶はぬ筈なり、畢竟神祇の官名にし、耳なれねば、只御公儀の方にて、御大老、御老中を閣て、武家一統

の支配、若年老と云て合點すべきや、然れば權大副の管領長上呼はりは、譯を知らぬが賴にて、知ては我と我心に耻べき事なり、儒を誹り、佛を嘲けり、神道者流を呵、吉田を笑ふ、必ずしも事を好むの惡言にあらず、只國の美なる事を外にして、醜惡の謗事に耽まさるゝ事は、神道の神道たることを知らざるより起れば、近き患の端ならんかと、遠慮て其勝劣を較證するなり、神書數多なれども駁雜にして統紀なし、故專ら神代二卷を主として、聖旨に海徊し、他の篇册を襲はず、又延信王遺篇に因て、神學入式を記し、神代紀を看るの階梯に備ふ、數百年來の蒙を發なれば、辨說すべきこと一に非ず、因て再三重復すること有と雖ども、強て誹謗惡を好むにあらず、文辭の鄙拙なるは固より予が學問の足らざるなれば、看る者よく勘辨して、無爲自然の美なる所を自得すべし、口傳に云、神學は三分の學問、七分の工夫と、信なる哉、

神祇伯資顯王家學頭森左京源昌胤

右神道通國辨義上下貳册、以和田英松氏所藏本令謄寫畢、雖有誤脫依無類本、不能補正、明治四十四年十月十一日鷄鳴、

神道通國辨義終

神道傳來系圖

○天兒屋命—天押雲命

天種子命—宇佐津臣命

大御食津臣命—伊香津臣命

利津臣命—神聞勝命

久志宇賀主命—國摩大鹿島命

巨狭山命—雷大臣命

大小橋命—阿麻毗舍卿

阿毗古大連—眞人大連

賀麻大夫公—黒田大連公

常盤大連公—加多能子大連公

御食子大連公—大織冠鎌子

伊日麿—清麿

諸魚—智治麿

日良丸—豊宗

好眞—兼延

兼忠—兼親

兼政—兼俊

兼康—兼貞

兼茂—兼直

兼藤—兼益

兼夏—兼豊

兼凞—兼敦

兼富—兼名

兼倶—兼致

兼滿—兼右

兼見—兼治

兼英—昌勝 駿河國惣社神主、志貴、從五位上大藏少輔 號二松風輪靈社一

兼起

兼敬

兼章

兼雄

昌興 惣社神主、志貴 從五位下宮内少輔 山底火靈社

兼從 豊國社祭主 從五位上萩原侍從 號二神海靈社一

員從 正三位 實富小路賴直次男

從時 吉川惟足 號二吾視靈社一

從長 吉川源十郎

○精長 伊勢大宮司、大中臣、從二位 系圖尋而可レ記之

正之卿 源 從三位會津左中將 號二土津靈社一

老翁　山崎嘉右衛門敬義　號㆓垂加靈社㆒

公通卿　從一位權大納言　藤原　號㆓白玉翁㆒

信直　山城國京下御靈社神主　從五位上　春原　出雲路民部　號㆓八鹽道翁㆒

正英　玉木兵庫　橘　號㆓五鰭翁㆒

重興　竹下昌隆　號㆓青山㆒

昌澄　惣社神主　惣社宮內　志貴　號㆓幸奇靈社㆒

泰政　惣社大藏

快範

泰賢　惣社神主　從五位上　宮內少輔　號㆓素雪靈社㆒

良顯　跡部宮內　源　號㆓光海翁㆒

信哉云、一宮巡詣記卷六貞享四年六月條云、九日駿府に至り、十二日新宮左近宅へ招れ、十三日昌興の廟所牧萱村のおきつきへ參る、輪靈神祠、昌勝主天宗靈社、昌勝室山底火靈社、昌興主皆一所なり、靈神の誓にて涌出し水、みたらしと成侍るをも見侍りぬ、

ふたそじに餘る月日のながれ來てみかげを思ふ水の哀さ

踏分し其名計を聞及ぶ人さへ道におもひ入ける

又云、同書岡田正利跋云、一宮巡詣記十三卷者、爲證庵橘三喜所㆑記也、此人肥前國平戸之產也、受㆓神道於駿府惣社宮內昌興㆒云々、

右神道傳來系圖一卷、以宮內省圖書寮御藏本令書寫一校畢、明治四十一年三月一日、

神道傳來系圖終

神道書目集覽序

民咸利レ之之謂レ神、至三于利二民、豈以二典書一哉、言三古人之糟粕已夫一則可矣、必有二名レ世者一、聞三諸參寥疑始一、則知三達道二五逵九經、所三以行二之者一也者、奚待三副墨洛誦之子孫二耶、蓋其人亡則息而已、雖レ然、在三於方策二焉、或學而知レ之、或困而知レ之、是不レ得三於典書一、而孰能焉、龍洞先生之志、常有三於神書之學一數年、故以下我朝所三刊行一、典籍之書目、與中撰述之人名上、編而爲レ帙、曰三神道書目集覽一、附以下末世者流、毫釐謬三千里一之論上、意此擧也、所レ爲三學者先務一者乎、其餘著述數篇、欲三追行一、武昭鄙陋而未レ熟三神書之學一、詩云、自レ西自レ東、自レ南自レ北、無三思不二服、於三其成二功一也、民咸利之謂乎、然則、虎豹之鞹、猶三犬羊之鞹一、故序云レ爾、

明和庚寅秋七月望

東都　城武昭撰

神道書目集覽

東武　鈴木行義子達編

日本書紀　舍人親王 三宅朝臣藤麿 紀朝臣清人 太朝臣安麿 其外文才儒臣撰　三十卷
古事記　太朝臣安麿　三卷
舊事紀　聖德太子 蘇我馬子　十卷
續日本紀　菅野眞道 藤原繼繩　四十卷
續日本後紀　藤原良房　二十卷
釋日本紀　卜部兼方　十二卷
文德實錄　藤原基經 都良香　十卷
三代實錄　藤原　平 三善清行　五十卷
延喜式　藤原忠平　五十卷
日本紀纂疏　藤原兼良　八卷
神代卷抄　清原宣賢　七卷
神代紀頭書　龍熙近　二卷
神代卷合解　兼良 兼倶 正道　十二卷
神代卷口訣　忌部正道　五卷
神代卷講述抄　出口延佳口授 山木處足筆受　五卷
神代卷評註　六卷
神代卷三部系圖　一卷

神代卷系圖傳　七卷
神代卷私記　八卷
神代卷私說　白井宗因　八卷
神代卷講習次第抄　源仲之　十五卷
神代卷直指詳解　七卷
神代卷鹽土傳　谷重遠　五卷
神代卷評閱　松下見林　二卷
神代卷和訓集成　淺利大賢　八卷
神代卷藻鹽草　谷鷺老人　六卷
神代卷御靈板　二卷
舊事紀古事記首書　出口延佳　八卷
神武卷御靈板　二卷
中臣祓抄　卜部家　二卷
中臣祓瑞穗抄　出口延佳　二卷
中臣祓考索　和田峨山　二卷
中臣祓集說　橘三喜　三卷
中臣祓纂言　靜亭春意　二卷
中臣祓訓解　釋空海　一卷
中臣祓略說　一卷
中臣祓白雲抄　白井宗因　二卷

中臣祓諺解　二卷
中臣祓一毛抄　阿蘇宮宮内　二卷
中臣祓直解抄　龍熙近　二卷
中臣祓追考　二卷
中臣祓大全　淺利大賢　十卷
中臣祓直說　一卷
中臣祓義解　流泉散人　三卷
中臣祓千別抄　二卷
中臣祓瑞穗抄追考　春海　三卷
中臣祓囊櫛　二卷
中臣祓辨　三卷
中臣祓要信解　源仲之　二卷
中臣祓本末鈔　五卷
中臣祓旁觀　一統道與　二卷
中臣祓伐柯　杉山出羽　一卷
中臣祓句投　八劔勝重　二卷
中臣祓松風鈔　青木主計　二卷
中臣祓古義　松崎義克　二卷
中臣祓註解　東弼榮　二卷
中臣祓舊傳　山口日向　三卷

神社考	林羅山子	一卷 六卷
神社啓蒙	白井宗因	八卷
神社便覽	白井宗因	一卷
神皇正統記	北畠親房	七卷
神祇卷	藤原忠平	十二卷
神名帳		十卷
神風記	疋田木屑	五卷
陽復記	出口延佳	二卷
伊勢神異記	出口延佳	二卷
伊勢兩神末社記		一卷
伊勢參詣記	土佛	一卷
伊勢淺間記		一卷
江家次第	大江匡房	十九卷
異稱日本傳	松下見林	二十卷
番神問答	卜部兼倶	一卷
元々集	北畠親房	八卷
元々集神祇部	北畠親房	十卷
古語拾遺	忌部廣成	一卷
古語拾遺首書		
古語拾遺五卷抄	龍熙近	
古語拾遺遺言餘抄	龍熙近	二卷
神道肝要抄	家行	三卷
神道深秘	最澄	二卷
神道名法要集	卜部家	二卷
神道或問	出口延佳	二卷
神道秘决	日澄	四卷
神道大意	卜部兼直	一卷
神道大意	卜部兼倶	一卷
神道演義		一卷
神道灌頂卷	最澄	
神道眞理記		八卷
神道和顯抄	卜部兼倶	二卷
神道卷上		一卷
神道故實問答	阿蘇宮	一卷
神道了簡抄		一卷
神道同一鹹鈔	頂妙寺日珖	六卷
神道俗解		五卷
神道三部抄		三卷
神道要决	龍熙近	二卷
神道苧手卷	淺利大賢	一卷

神道八箇圖	梨木三位	一巻
神道名目類聚抄	疋田氏	六巻
神道昔物語	一統道與	二巻
神道行事		一巻
神道行事祓		一巻
神道上帶	淺利大賢	五巻
神道學則	松岡太助	一巻
神道稜威道別草		一巻
神道明辨	掌彰	一巻
神道綿以呂波	相莫	三巻
神道服忌令		一巻
神道四品緣起	橘三喜	三巻
神道三貫栢	坂井兼政	二巻
神道度會之橋	八重垣翁	一巻
神道深秘解		一巻
神道八重垣傳	藤原齋延	五巻
神道檍原艸	近藤氏	二巻
扶桑略記	阿闍梨皇國房	三十巻
隱顯集		二巻
淺熊緣起		一巻
遷幸要略	出口延佳	一巻
伊勢末社傳記		一巻
大海書	文周	一巻
神皇大道本記	阿蘇宮	一巻
神社考志評論		四巻
神社一覽		六巻
禮綱本記		五巻
經敎本記		六巻
加茂皇大神宮記		一巻
井蛙問答	阿蘇宮	一巻
伊勢講義式		四巻
國名風土記	卜部家	八巻
唯一兩部神道大意		一巻
三社託宣抄		一巻
諸社一覽		八巻
神國決疑編	龍淵近	三巻
天神和光傳		一巻
神家常談	眞野氏	三巻
帝王正統錄		三巻
六根清淨祓抄	宮城春意	一巻

同風葉抄	眞野氏	二巻
首書六根祓		二巻
六根清淨大祓集説	疋田以正	二巻
六根中臣祓集説		二巻
大祓淺説		一巻
公事根源	藤原兼良	三巻
公事言葉考		一巻
二十一社記		一巻
日本七福神傳		一巻
兩部習合神道抄		三巻
兩宮遷宮次第記	出口延佳	五巻
神事供奉記	出口延佳	三巻
續神異記	慶會弘乘	二巻
三社託宣圖記		二巻
三社託宣俗談		一巻
神祇要編		三巻
神事隨筆	出口延佳	一巻
神名畧記	出口延經	一巻
神國童蒙先習	松下見林	一巻
古語拾遺句解	藤齋延	二巻

古語拾遺示蒙節解	高田白翁	五巻
日本逸史		
日本考異		
神令	藤兼良	一巻
神令鈔		
大八洲圖説	小田成胤	一巻
大八洲記	梨木三位	十二巻
天津罪圖説	梨木三位	一巻
天瓊矛記	井澤長秀	一巻
土佐國式社考	谷重遠	一巻
八幡本記	貝原好古	八巻
禁秘抄	順德天皇御作	一巻
神國類聚篇	藤波時綱	六巻
神國祭物篇	藤波時綱	四巻
神國神階篇	同	十二巻
神國諸院篇	同	六巻
神國神道篇	同	五巻
三種祓和訓抄		三巻
首書延喜大神宮式	出口延佳	一巻
神語十數和解	石本縫殿	三巻

明和七年庚寅七月、書二于好古軒一、

龍洞鈴木子達先生著述書目

二書辨追考　二巻
舊事紀大疑　二巻
射具本語考　一巻
卜　筮　論　一巻
神道書目集覽　一巻
論語朱氏新註正誤　十巻
仁齋徂來二先生得失辨　二巻
大學諸註集覽　四巻
穗　積　草　四巻
中庸諸註集覽　四巻
好古軒譫語　五巻
太宰氏辨道書正誤　二巻

附録

東武　鈴木行義子達　著

近時神學者流安に門戸を立、何流何派と稱す、其門人互に流義の是非を爭論すること、佛者の宗論に似たり、固陋の至り、皆道を不レ知ゆへなり、神道即人道也、人道即神道也、豈流派あらんや、大道を以て小道とするの罪人なり、且神學者流と號する徒、國史正史に昧く、家説秘説などと云ふの類を信じて、古典正史を取らず、皆神道を不レ知の誤なり、

神道者流の名目、古書に見えず、巫祝或は神學者流のうち、少し神書を看て臆説する者のことなり、

徂來門人太宰氏が著す所の辨道書なる者を觀るに、日本の神道は佛法を以て作れる道なりと書す、行義按ずるに、太宰氏は東都の大儒にて、博學文章其右に出る者少し、徂來門下の一人なり、雖レ然惜哉儒書には博覽なれども、日本の古典正史に甚昧し、故に此說あり、太宰氏卜部兼倶などが著す書を看て、神道は佛法を以て作りし道なりと理會す、兼倶が説は神道にあらず、浮屠の道に近し、信ずるに足らず、且太宰氏、日本上古神道の名目なく、道とのみ稱せしを知らず、只管神道の神の字に拘泥し、周易の神道の文を以て附會の説をなす、甚謬れり、神道の二字は日本書紀、孝德天皇卷に始て見えたり、儒佛の名有て後神道と稱す、太宰氏日本に生れ、其國を誹り妄説を著す、これを先王孔子之道を知る君子とは稱し難し、宋儒性理の學は、聖人の道にあらざるを辨ずるは極是なり、徂來

以後の一人にて、其論ずる處もつとも信ずべし、神道を誹り、口に任て大言を吐くに至ては、神皇之道の罪人にて、一文不通の者に劣れり、山崎垂加門人佐々木氏、書を著し辨道書を誹る、又鳥羽義著、松下謙水なる者も、書を作て太宰氏を誹れり、然れども三書ともに鄙陋論ずるに足らず、予他日辨道書正誤を著し詳論ずべし、故畧す、

日本の古書に詳畧あり、眞僞あり、後人の加文あり、故に活眼を以て看るべし、倭姫世紀、鎭座傳紀の昇ニ佛法之息ニの文は、後人の加文なり、倭姫の時、佛法日本に渡らず、故に信じ難し、其外神書の文に、和光同塵、得一、悉地、輪王、金剛神、八大龍神、福智圓滿、方便利益、福田、冥加、此等の語、悉佛書に出づ、皆後人の加文なり、行義不才にして妄に神道の古書を辨論すること、實に其罪免れ難し、雖レ然初學の徒、其邪正眞僞を知らず、浮屠氏或は後人の加文を以て、神道の正說を得たりと理會し、信ずるに至ては、日本神皇の正道を亂し、其害洪水猛獸よりも甚なり、故に不レ得レ已辨レ之、予が臆說にあらず、學者察レ之、

古語拾遺は齋部廣成撰す、其書の序文に云、上古之世未レ有ニ文字一、下略朝野群載卷第三、大江匡房筥崎宮記に云、我朝始書ニ文字一、下略人皇六十代醍醐天皇御宇、泰四年に、三善清行が勘文に云、上古之事、皆出ニ口昌傳一、故代々之事、變態遺漏、下略近時損軒貝原氏、春臺太宰氏、蟠龍井澤氏、皆此諸說を以て上古無ニ文字一の證とす、行義按ずるに、藤兼良公の日本紀纂疏、北畠親房卿の神皇正統記にも、上古無ニ文字一說あり、又神道者流の說には、日本にては天思兼命文字を造ると云、日御崎記には、神代文字の始りは大己貴命、出雲國清濱にて造れりと云、日本紀問答には、神代の文字一萬五千三百七十九字ありと書り、近時平安の松岡玄達が著す所の結毦錄には、日本上古の文字あり、唐土より文字渡りて、日本の文字失たり、今其殘れるとて傳ふる者如レ左と書し、上古の文字の形を出す、行義云、上古文字の有無識べからず、古語拾遺は實に古書なり、雖レ然上古之世、未レ有ニ文字一の語は、廣成が臆度の見なり、其外匡房、清行が說も無證の言、信ずるに足らず、古典正史に文字の有無を辨せざるを看て知べし、然るを日本の古書に博覽なる貝原氏、博學の井澤氏、只管古語拾遺に拘泥し、廣成が臆說を信じ

て無ニ文字一と云えるは、深く考ざるの謬也、太宰氏が如きは、日本の古書に不通の人なれば論ずるに足らず、又神道者流の徒有二文字一とて、後世の書を以て證とするは取に足らず、日御崎記も巫祝家の書なり、信じ難じ、松岡氏の結毦録の、上古の文字の形を觀るに、僞字に似たり、玄達何れの書より抄出して記するや未審、故に上古文字有無の論は、二説ともに臆度の説なり、從べからず、君子は其不レ知ところに於て蓋闕如すと、聖言誠に信ずべし、

漢土は敬して遠くるが鬼を待つの道なり、日本は神國の名を張る國なれば、信じて親しむが神に事るの國風なり、親レ之遠レ之、皆國風なり、和漢其道大同小異あり、考察すべし、

蘇我馬子は君を弑する逆賊なれども、佛法を信ずるゆゑに、世人其惡を云はず、物部守屋は忠臣なれども、佛法を破りしゆへに、世人これを惡人と云、守屋沒して後は日本人過半竺人となれり、可レ歎哉、

凡秘書といふは無きものなり、神書などを秘藏するは、皆神學者流の徒、利欲深きが致すところ歟、又は文盲なるゆへ歟、一人これを知て、十人知ことあたはざるは、神道にあらず、然るを妄秘するは愚昧の甚さ、論ずるに足らず、神學者流の説に、神代卷に二十四ヶ條の切紙傳ありなどゝの説は、疑らくは其門下の愚人を誑惑するなるべし、於レ予信じ難し、

俗人木綿繦をかけ、鈴を鳴し、中臣秡の文を日々に誦て、吾は神道を行ふ者なりと、他人の見聞を悦ぶ者あり、一笑に堪たり、神道は箇樣の小道にあらず、日用常行の禮義、即神道なり、日本に生れし人は、儒者も佛者も皆神民也、皇天の道を誹り、外國の敎のみ尊むは、神皇の罪人なり、愼ずんばあるべからず、

神書に、高天原と稱するは皇都のことなり、又天子の御座所を云、神書に不通なる者の説には、高天原とは虛空の名なり、或は心性の名なりと、皆妄説なり、

神書に、伊勢神宮十二部の書に及び、諸社の藏書あり、或は神學者流と號する徒の家書なる者あり、其外諸家の書少からず、行義が編む神道諸目集覽に記するは、板刻して世に行るゝ神書なり、寶曆年中開板の書籍目錄には、神書纔に三十餘部見ゆ、予が編集覽には、延寶年中より寶曆までの凡八部の書籍目錄より抄出し其外諸書を考正し、不足を補ひ、世に行ふ、然れども

淺陋の書するところ、遺漏あるべし、博學の君子正レ之、

神書に古來相傳の說あり、神儒合一の說あり、神老一致の說あり、兩部習合の說あり、社家の傳說あり、又華彼夷我の說あり、神學者流と號する徒の家說あり、行義按に、華彼夷我の說は俗儒の見なり、其害甚し、神儒合一の說は其害淺し、然れども用ゆべからず、神老一致の說は、卜部兼直が說也、從べからず、兩部習合の說は其害深し、故に初學の徒、活眼を以て神書を看るべし、出口延佳、山崎垂加が如き、◎マ博職の才子すら誤說少からず、況や其他をや、卜部兼俱、橘三喜、淺利大賢、増穗大和が類は、論ずるに足らず、

先代舊事大成一號ニ大成經一は、黃檗派の僧潮音が僞作の書なり、必信ずべからず、

龍凞近が著す神國決疑編は、陽に神道を辨ずる如くなれども、陰に佛法を尊敬せり、故に伊勢の五部の書に、佛者の加文あるを以て證文とし、神佛一致と書り、可レ惡の甚きなり、行義按ずるに、五部の書に、佛書の語意あるは、後世浮屠氏の加文なるべし、

出口延佳が著す陽復記は、宋儒の理學を以て神道を解す、甚當らず、

山崎垂加が著す垂加草には、卜部家の神道名法要集を引けり、要集には佛書の語多し、予が著す好古軒隨筆に詳論せり、

神道を解くに固有神明、或は心裏神舍と稱す、是皆心性の名にして、浮屠の道に一致なることを免れず、神道にもと此理なし、世の神學先生神道を以て心道とす、罪を神明に得ざる者、殆んご鮮し、

日本を神國と稱すること、日本書紀に見えず、三代實錄に始て見えたり、三代實錄は清和天皇陽成天皇光孝天皇の實錄なり、藤原時平撰レ之、醍醐天皇延喜元年に成る、行義按ずるに、三代實錄は時平撰といえども、實は大藏善行專撰レ之、神道者流の徒、神國とは日本のみ稱すと理會す、甚誤也、漢土をも神州と稱す、天竺をも神州と云、日本のみ神國と稱するにはあらず、

倭國を日本と號すること、人皇三十九代天智天皇の頃より稱す、天智帝の朝には、年號なし、上古は日本と號せず、故に大祓詞俗號ニ中臣祓一に、大倭とあり、日本書紀は人皇四十三代元明天皇詔して、舍人親王、紀朝臣清人、三宅藤麻呂、太朝臣安麻呂、其外文才の儒臣等

撰レ之、日本の號は朝鮮國より名づけしなり、然れども美名なるゆへ、大倭書紀と號せずして、日本書紀と號す、古の學者は彼我の見なきこと如レ此、近世徂來氏の說に、日本を皇宋皇元皇明の例に任て、皇和と號すべしと云へり、又曰、皇和の稱、古より聞かず、茂卿が文に始て書せりと自贊す、然れども徂來に先て、平安の伊藤仁齋、皇和と稱し、古義堂に仁齋自筆の書ありと、篠崎金吾、東海談に書り、今時の學者只管仁齋徂來に倣て所見も無く、日本とは無風雅なれば皇和と稱べしと云、又大東、日東と號す、行義按に國名を私意を以て改稱するは甚謬なり、從べからず、日本と稱すること、日の出る所に近き國ゆへなり、別に深意なし、藤原兼良公の日本紀纂疏、北畠親房卿の元々集の說は、二書ともに信じ難し、其外浮屠氏の說に、大日の本國也、故に大日本と號すと云えるは妄說なり、論ずるに言なし、

世人神前にて中臣祓を誦む、甚失禮なり、浮屠氏の佛前にて經を誦むに倣て失禮す、神靈を瀆の甚なり、平安の多田兵部、江家次第、延喜儀式、業資王記を引て論せり、其說甚當れり、從べし、兵部は博學多才、實に海內之英傑にて、故實者の一人なり、惜哉今は沒しぬ、彼善古典正史に通達するゆへに、其論ずる所悉古書の證文を以て神道を辨ず、山崎垂加、出口延佳と同日に論ずべきにあらず、著述する所の書、數十部あり、然れども兵部が著す獸肉論に古書を引證し、獸肉は神社に穢なしと云えるは謬說なり、古書に拘泥せしゆへなり、行義他日一書を著し詳論すべし、

龍雷神人と號する者、中臣祓舊傳と號する書を著し、世に行る、行義其書を觀るに、本文八百萬神等の等を達に作る、これ即俗本にもとづき誤れり、貞觀式、延喜式、皆等の字を書り、且龍雷子、伊勢五部の書を以て引證し、國史に昧し、其外辨論ありといえども略す、他日詳論すべし、

漢土日本中國と號す、又天竺をも中國と稱す、四十二章經に見えたり、聖人華夷の辨なし、華夷の辨は、後人、彼我の見より出づ、從べからず、

漢土は聖國といえども、皇統變亂して久しくは治らず、日本は開闢より今世に至るまで、皇統變せず、一姓萬世に傳へ、誠に神國の號虛名にあらず、雖レ然今世儒學者は儒書のみ讀て、神書は無益の書なりとて

看ず、俗人は佛名題目を唱ふ、神學者流は中臣祓を誦で、日本の古典正史に通せず、故に神國化して漢竺の國となり、形貌は日本人にて心は異國の人に近し、行義神儒佛の學者を誹らず、只日本人漢竺の人となりしに近きを、甚憂るのみ、諸君子察レ之、

孟子之書のうち、日本に用ひ難く、惡むべきの甚しきは、土芥寇讐の語なり、故古昔は孟子を不レ用、平安の伊藤仁齋は大儒なれども、孟子の誤説を論ぜず、只管其書を信ず、智者の一失なり、日本皇大之道行はる、國にて、君臣の道を亂すの語は、古典正史の學をなす學者は、必用ゆべからず、其書を讀むに至ては、神皇の罪人なり、畏べし、愼むべし、

明和七年庚寅秋七月、　鈴木行義子　達書二于東武　好古軒一、

右神道書目集覽壹册、以內閣文庫本書寫校合畢、明治四十四年九月二十四日、

神道書目集覽終

神道叢說終

難波常雄
田口重男　校
文傳正興

定価　四八〇〇円+税

神道叢説

明治四十四年十月三十日　初　版発行
平成十二年十一月二十八日　復刻版発行

編者　早川純三郎

発行　八幡書店
東京都品川区上大崎二―十三―三十五
ニューフジビル二階
電話　〇三（三四四二）八一二九
振替　〇〇一八〇―一―九五一七四